开福年鉴

KAIFU YEARBOOK

2018

《开福年鉴》编纂委员会
开福区史志档案局 编

方志出版社
Publishing House of Local Records

图书在版编目（CIP）数据

开福年鉴. 2018 / 开福区史志档案局编. — 北京：方志出版社，2019. 1

ISBN 978-7-5144-3615-0

Ⅰ. ①开… Ⅱ. ①开… Ⅲ. ①区（城市）-长沙-2018-年鉴 Ⅳ. ①Z526. 44

中国版本图书馆CIP数据核字（2019）第035332号

开福年鉴（2018）

编　　者：开福区史志档案局

责任编辑：高孟君

出 版 者：方志出版社

地址 北京市朝阳区潘家园东里9号（国家方志馆4层）

邮编 100021

网址 http://www.fzph.org

发　　行：方志出版社图书经销中心

电话（010）67110500

经　　销：各地新华书店

印　　刷：湖南省美如画彩色印刷有限公司

开　　本：889×1194　　1/16

印　　张：24

字　　数：704千字

版　　次：2019年1月第1版　2019年1月第1次印刷

印　　数：001～500册

ISBN 978-7-5144-3615-0　　**定价：**228. 00元

《开福年鉴》编纂委员会

《开福年鉴》编辑部

编辑说明

一、《开福年鉴》以马克思列宁主义、毛泽东思想、邓小平理论、“三个代表”重要思想、科学发展观、习近平新时代中国特色社会主义思想为指导，坚持辩证唯物主义和历史唯物主义的立场、观点和方法，真实反映全区自然、政治、经济、文化、社会等方面情况。《开福年鉴（2018）》记载2017年度区内各部门、各行业的主要工作、重要事件，记录若干文献和统计资料。集中反映开福区改革开放的新进程和经济建议、社会发展的新成绩。是社会各界人士了解开福的权威性工具书。

二、本卷采用分类编辑法，设类目、分目、条目等层次。全卷共设二十九个类目，正文设概况、条目、附录、资料、图表等，以条目为主体，书中插排彩色专版。

三、《开福年鉴（2018）》由长沙市开福区史志档案局编纂，所载内容均由各部门、各单位专人撰写、领导审核，年鉴编辑部工作人员加工整理后再反馈原单位核对，最后由编委会和出版社审核定稿。

四、本卷统计资料由区统计局提供，个别单位有些数据由于统计口径和统计时间等原因，与统计公布的数据不完全一致，引用时请以开福统计公报为准。

五、本卷所列机构领导名录包括各街镇、区直机关、事业单位副科以上（含副科）实职领导干部、部分单位内设（二级机构）、民主党派负责人，均以2017年12月31日任职为准，有任免的分别予以注明。

六、本卷年鉴对篇目框架结构进行了适当调整，将“社会管理与服务”中的“卫生与计划生育”调出，设立“卫生”类目；将“报刊摘登”“经济社会统计资料”两个合并为“附录”，增设“索引”。

七、资料中所使用的度量单位均采用国际统一计量单位。

八、本卷资料中排插的图片均由宣传部和各相关部门审核并提供。

开福区行政区划图（2017）

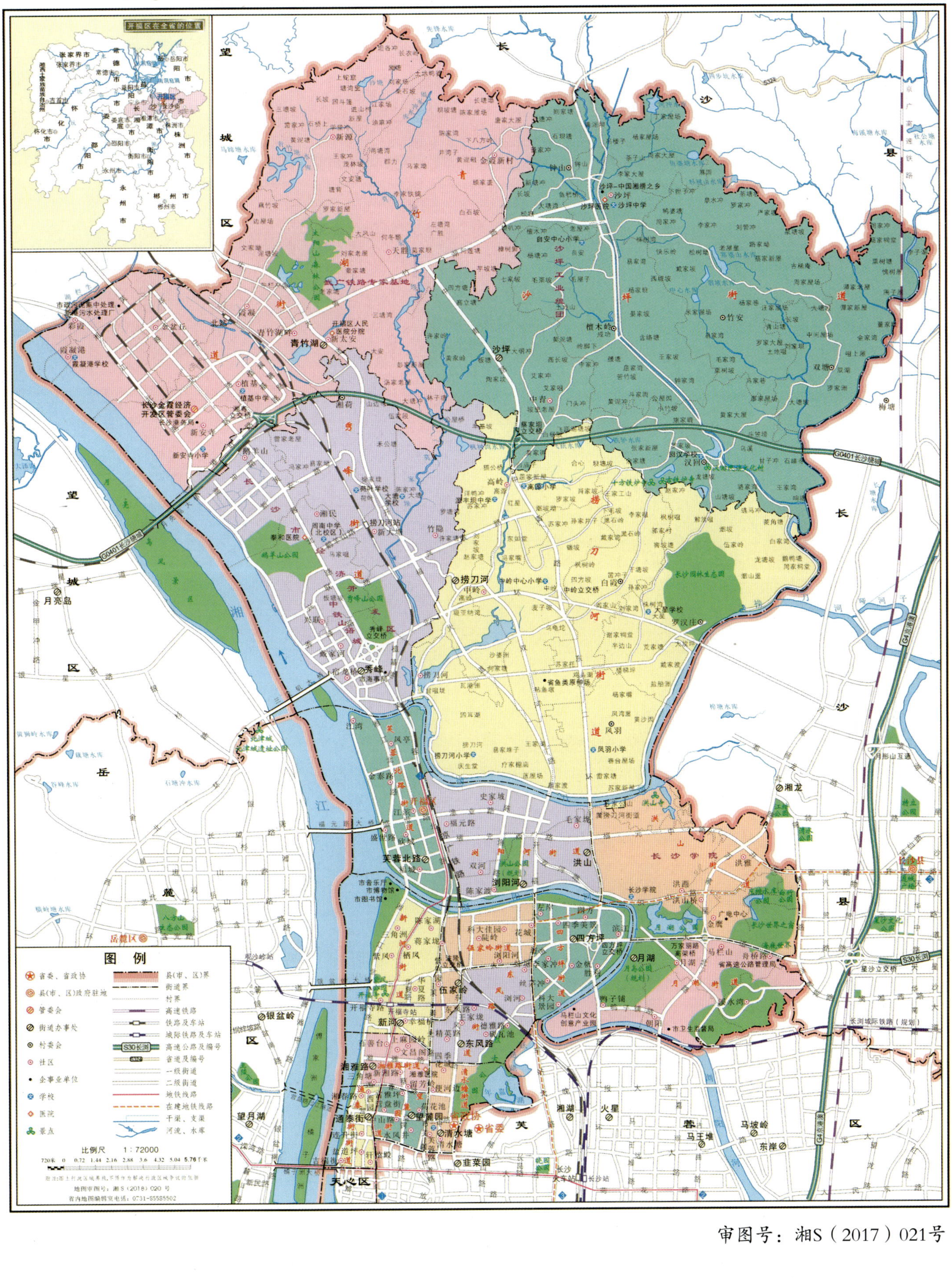

审图号：湘S（2017）021号

8月3日，湖南省委书记、省人大常委会主任杜家毫（右二）在开福区考察

8月3日，省委副书记、省长许达哲（右二）到开福区调研开放平台建设

10月12日，湖南省政协主席、党组书记李微微（左二）在开福区调研

6月11日，文化部等领导考察开福区

6月28日，省委常委、市委书记易炼红（左三）督查造绿复绿工作

6月2日，长沙市人民政府市长陈文浩（左三）到开福区调研

11月9日，水利部安监司、省水利厅、市水务局领导到区督查水利工作

8月21日，全国人大代表视察开福区

4月9日，开福区统一战线“同心圆梦”社会服务平台启动

6月27日，市委专项巡查组巡查开福区

4月22日，开福区自助图书馆开馆

产业升级

三馆一厅夜景

繁忙的长沙新港让物流通江达海

金霞中部进出口商品展示交易中心

高楼林立的背后，楼宇经济逐渐成为开福区名副其实的“立起来的开发区”

芙蓉路金融商务区

地处青竹湖大道旁的军民融合产业示范园

11月27日，布达佩斯至长沙国际货运回程班列开通 （新华网 提供）

城市建设

提质改造后的沿湘江风光带

浏阳河风光带

市民行走在面貌一新的“西园北里”

湘江金霞风光带

提质改造后的高岭社区向家湾小区

提质改造后的紫凤社区

12月16日，开福大道全线正式通车

开福大道星沙联络线实现通车

完成楚家湖等34处黑臭水体整治

民生福祉

“好人当河长 水美映开福”活动现场

区总工会组织技能比武

开福区11个社区自助式数字化“健康小屋”投入使用，图为望麓园街道富雅坪社区的保洁员到社区“健康小屋”，免费接受健康体检

开福区金泰路社区在湘江世纪城及周边小区内，以凉亭为载体，打造出32座“惠民厚德书吧”，方便居民阅读，营造社区良好的书香氛围。

邻里互助好娭驰

环保小卫士

烈日下浑洒汗水的交警

抗洪抢险

湖南省副书记、省长许达哲（左二）到区指导抗洪救灾

省委常委、市委书记易炼红（右二）到区指导抗洪救灾

区委书记沈裕谋（右一）督查防汛抗洪

区长刘拥兵（左一）督查防汛抗洪

湘江水位高涨

众志成城，严防死守

灾后清理

区委区政府筹集资金和物资支援宁乡灾后建设

目　录

长沙市开福区人大常委会 85

长沙市开福区人民政府 92

政协长沙市开福区委员会 108

商贸·旅游 183

财税·金融 192

交通·公路　251

城乡建设和管理　255

环境保护　274

Contents

区委全会工作报告

在区委五届八次全体会议暨经济工作会议上的讲话

开福区委书记 沈裕谋

（2017 年 12 月 29 日）

一、蓄势而发，成就北富迈出新步伐

2017年，面对经济下行压力持续加大、困难挑战不断增多的严峻形势，区委常委会团结带领全区各级党组织和广大党员干部，坚持稳中求进工作总基调，着力打好改革攻坚、产业升级、城市提质、民生升温“四大战役”，迈出成就北富的坚实步伐。一年来，区委常委会在统筹推进各项工作的同时，重点抓五件大事：

1.迎接、学习、宣传、贯彻党的十九大。我们坚持以此作为2017年工作的一条主线，按照中央、省委、市委要求，认真研究、及时部署、统筹推进。组织开展“喜迎十九大、共谱中国梦”“学习贯彻十九大、展现开福新作为”等主题宣传活动，营造良好氛围。扎实做好“迎接十九大、全力保平安”各项工作，强力推进信访积案化解百日攻坚行动和特护期安保工作，市委交办信访积案基本清零，特护期实现“零非访”。十九大闭幕后，第一时间召开区委常委会（扩大）会议和全区负责干部会议进行传达学习，制定宣传贯彻、学习培训两个专项方案，对全区科级领导干部集中培训，按照“五个聚焦”的要求，推动十九大精神进机关、进社区、进企业、进农村、进校园、进网站，迅速掀起学习宣传贯彻的热潮。结合开福实际，制定《关于深入学习贯彻党的十九大精神加快建设强盛精美幸福厚德的现代化新开福的意见》，提交本次全会审议。

2.认真贯彻落实中央、省、市领导同志在开福调研的指示要求。张德江、王岐山、孙春兰、李建国等4位党和国家领导人，杜家毫、许达哲、李微微、乌兰、陈向群、傅奎、黄关春、黄兰香、王少峰、蔡振红、胡衡华、谢建辉、张剑飞、韩永文、何报翔、向力力等16位省领导，先后来开福调研和视察工作，给予我们精心指导和大力支持。市委、市人大、市政府、市政协领导同志多次来区调研指导工作，对我们各方面的发展高度重视，并寄予厚望。对中央、省、市领导的指示要求，区委常委会第一时间组织传达学习，认真抓好贯彻落实，及时报告有关情况。

3.坚定不移贯彻落实中央、省委、市委重大决策部署。坚持把工作放到中央“五位一体”“四个全面”的布局中考量，放到省委“创新引领、开放崛起”的战略中定位，放到市委打造“三个中心”的部署中把握，坚持区委总揽全局、协调各方，重大决策统一协商、中心工作统一安排、工作推进统一步调。严格执行重大事项报告制度，向市委书面请示报告工作40次。扎实抓好中央环保督察交办问题和反馈问题的全面整改，信访转办件全办结、全销号。全力落实省委、市委推进马栏山视频文创产业园建设的重大部署，成立项目落地推进办，印发推进马栏山视频文创产业园建设任务分解表，6月底完成片区4300亩土地拆迁腾地。落实市委对口扶贫工作部署，安排专项资金，选派优秀干部赴龙山县驻点扶贫，主动支持桑植县扶贫攻坚。

4.以全胜高标准打赢防汛保卫战。面对超历史水位的洪灾，全区上下万众一心、众志成城，5000余名党员干部集结参战，200余家企业、8000余名群众志愿者投身抗洪一线，20余名专业技术骨干查险处险，累计出动4万余人次，做到准备早、行动快、靶向准、保障实、措施严、人心稳，交出“不漫一堤、不决一口、不垮一垸、不死伤一人、不出现一起负面舆情，城市秩序井然、百姓生活安宁”的圆满答卷。

5.全面加强党的建设。坚持党建引领，深入推进“两学一做”常态化制度化，圆满完成村（居）“两委”换届，深入推进“五零”社区（村）创建，基层党建工作在全省会议作典型推介。加强干部人才队伍培养，出台《关于坚持在急难险重一线培养使用干部的实施意见》，开展干部队伍建设专题调研，面向全省公开选拔10名“90后”区管副科级领导干部。深入开展“成就北富我要给力”“厚德开福向我看齐”主题活动，先后涌现出26位道德模范、身边好人。压实党风廉政建设“两个责任”，用好“四种形态”，全年共立案159件，给予党纪政纪处分152人。落实综合派驻纪检机构改革，成立区委巡察机构，全面推进深化国家监察体制改革试点工作。

一年来，区委常委会统筹改革发展稳定工作全局，牢牢把握经济工作主动权，加强经济运行调度，及时研判新形势、解决新问题。全年实现地区生产总值900亿元（预计数，下同），增长8%；社会消费品零售总额792亿元，增长9%；全社会固定资产投资820亿元，增长15.5%；地方财政总收入147亿元，增长10.2%，其中税收收入125.7亿元，占比85.5%，税收收入继续领跑全省城区。主要打好“四大战役”：

1. 紧扣激发活力、释放红利，打好改革攻坚战。召开4次区委深改组会议，8大类70小项改革任务基本完成。坚持问题导向，推进实施“三大改革”。围绕加强党对国资领域全面工作的领导，推进园区体制改革、城投集团化改革，成立湖南金霞发展集团，组建开福城投集团，全面实施政企分开、政资分开，推动国有资本做强做优做大。完成水利管理体制改革，加强水利人员队伍建设，为防汛抗洪奠定坚实基础。

2. 紧扣涵养优势产业、壮大实体经济，打好产业升级战。坚持项目为王，将重点项目向产业项目倾斜、产业项目向“三金”片区集聚，全年铺排重点产业项目63个，完成投资230亿元。金融商务业竞争优势增强，新引进浙商银行、台湾合作金库银行等金融机构总部8家，全国性和省级金融总部增至64家，华创国际、富兴世界金融中心、新湖南大厦等商务楼宇相继建成开业。文化创意业比较优势放大，马栏山视频文创产业园开园奠基，将建成具有国际影响力的“中国V谷”。物流商贸业绝对优势巩固，实现物流主营业务收入400亿元，增长15%；“湘欧快线”开通长沙至布达佩斯、德黑兰班列，实现七趟班列与六个国家互通，传化智能公路港加快建设。拉长科技和工业短板，积极筹建开福高新区，培育壮大高新技术企业，新增高新技术企业30家、增长79%；抢抓军民融合发展先机，成立项目落地推进办，出台“军民融合30条”，形成“3+X”产业布局，引进庄耀光电、苍树科技、华讯方舟等军民融合企业55家。强化用地保障，完成城市棚改17万平方米，农村拆迁腾地400余公顷；开展闲置土地“支帮促”，盘活闲置土地7宗近133.34公顷。

3. 紧扣对标杭州、提质开福，打好城市提质战。组织城管委成员单位到杭州专题学习，在理念、建设、管理上全面对标。突出“街区制”特色，投入5亿余元，提质提档金融商务区、新河三角洲、江湾半岛三大片区，城市主干道、品牌学校、入城口、工业园区、老城居民集聚区、交通枢纽六大节点，福城、紫凤等35个社区。加快推进路网建设，渔业路、开福大道全线通车，福元西路、芙蓉中路等主次干道完成“九位一体”提质改造。巩固“拆围”成果，拆除实体围墙近3万米、复绿增绿133.34余公顷，全市“拆围”现场推进会在我区召开。严抓环境整治，投入2亿余元，消除全区30余处建成区域的黑臭水体。

4．紧扣以人民为中心的发展思想，打好民生升温战。投入民生资金58亿元，占一般公共预算支出的85%。推进“三区三体系”建设，完成8所中小学和幼儿园建设，增加优质学位1.1万个；推动优质医疗资源下沉，全面启动家庭医生签约服务工作，获评全国基层中医药工作先进单位、全国妇幼健康优质服务示范区、全省卫生计生依法行政示范区；开展“大学生就业在开福”系列活动，城镇登记失业率控制在2.11%；成功举办“幸福向北十公里”等大型文体活动，建成4座24小时自助图书馆；积极创建国家食品安全示范城市，严格执行领导干部带队检查安全生产工作制度，社会大局安定有序，连续十三年保持湖南省“平安区县”称号。

一年来，区委总揽全局，支持人大及其常委会依法履行职能，支持政府依法依规行政，支持政协开展政治协商、民主监督、参政议政，深入开展统一战线工作，加强党管武装工作和群团工作。总体来看，开福干部敢担当、重实干、有作为，在打好“四大战役”中精诚团结、奋发进取。这些成绩的取得，是中央、省委、市委坚强领导的结果，是全区上下团结奋斗的结果，是社会各界鼎力支持的结果。在此，我代表区委常委会，向全体委员和广大党员干部群众表示衷心的感谢。

二、因势而谋，开启新时代现代化建设新征程

2018年是贯彻落实十九大精神的开局之年，是改革开放四十周年，是实施“十三五”规划承上启下的关键之年。把握大势谋发展，重点是要把全区上下的思想认识统一到落实十九大重大决策部署上来，推动习近平新时代中国特色社会主义思想在开福落地生根。

（一）准确把握新时代社会主要矛盾在开福的具体体现

十九大报告指出，我国社会主要矛盾已经转化为人民日益增长的美好生活需要和不平衡不充分的发展之间的矛盾。这一矛盾在开福也有具体体现。

新时代开福群众日益增长的美好生活需要表现在，既对衣食住行等物质需求越来越高，也对公平正义等精神需求越来越高。发展不平衡主要表现在，一是区域资源不平衡。捞刀河以南仅占全区24%的面积，集中了全区近80%的人口、88%的财政收入，以及绝大多数相对优质的教育、文化、医疗卫生等公共服务资源。二是区域发展不平衡。开福区目前还有棚户区2.5万户200万平米，全区98个社区中，老旧社区32个、农安小区20个，在基础设施、公共服务等方面，差距较为明显。发展不充分主要表现在，一是规模体量相对不大。“十二五”规划以来，主要经济指标保持了中高速增长，特别是财税收入持续领跑全省城区，但是经济总量仍未突破千亿大关，位于内五区中游，还有较大上升空间。二是发展短板难以尽快补齐。经过近年来不懈努力，特别是今年积极筹建开福高新区，工业和高新技术产业的发展瓶颈得以突破，但全区规模以上工业企业仅108家，高新技术企业仅62家，尤其缺少具有核心竞争力的龙头企业。三是开放型平台功能不全不强。受制于口岸功能不全，火车货运新北站和长沙新港均不是一类口岸，且没有指定商品口岸功能，严重制约了开放型经济发展。同时，口岸平台建设为实体经济发展修筑了另类高速公路，但因其具有较强的经济外部性而内部性不够。

发展不平衡不充分的问题，反映出开福最大的区情，仍然是发展不足、发展不优；最大的任务，还是要加快发展、协调发展。我们要坚持用马克思主义辩证法、“两点论”来客观分析问题和研判形势。发展不平衡，说明发展的空间很大；发展不充分，说明发展的潜力很大。解决这些问题，需要我们增强信心，抢抓机遇。必须认识到，开福已进入最大发展机遇期：我们面临发展提质的机遇。从宏观层面看，党的十八大以来，经济年均增长7.1%，超出预期；中央经济工作会议提出坚持稳中求进工作总基调，表明了经济长期向好的趋势没有变，有“稳得住、进得好”的信心和办法。从省市层面看，全省经济发展稳的基础在巩固、进的动能在增强，长沙经济总量进入万亿俱乐部。利好的发展形势，营造提质增效的“大气候”。我们面临政策叠加的机遇。开福处于创新和开放的叠加区，随着省委“创新引领、开放崛起”战略的深入实施和市委“三个中心”的加快推进，马栏山视频文创产业园和开福高新区必将持续升温，形成新的增长板块。除东北片区开发受限外，将形成金霞经开区、金融生态区、马栏山视频文创产业园、开福高新区四足鼎立之势。我们面临产业升级的机遇。中央提出推动高质量发展，省委将2018年确定为“产业项目建设年”，带来壮大实体经济、加快产业升级的重大机遇。通过历届区委政府锲而不舍抓产业，开福已从过去依赖房地产业转换到三大优势产业和军民融合、都市工业协同发力，供给质量大幅提高，在新一轮区域发展和产业链建设中，能够轻装上阵，载富前行。

（二）准确把握开福在新时代现代化建设新征程的努力方向，构建推动高质量发展的目标体系

十九大明确建成富强民主文明和谐美丽的社会主义现代化强国的新目标，并作出“一个决战期、两个阶段”的战略安排。按照十九大的战略安排，市委十三届六次全会作出开启新时代全面建设现代化长沙新征程的决定部署。光明的前景令人期待，我们要按照中央和省委、市委重要部署，坚持区第五次党代会确定的目标任务不动摇，一年接着一年干、一笔接着一笔画，加快建设强盛、精美、幸福、厚德的现代化新开福。

思路的含金量决定发展的含金量。基于新时代社会主要矛盾在开福的具体体现，科学研判当前形势，区委决定，2018年全区工作总体思路是：全面贯彻党的十九大精神，以习近平新时代中国特色社会主义思想为指导，坚持稳中求进工作总基调，坚持新发展理念，紧扣新时代社会主要矛盾变化，按照高质量发展的要求，统筹推进“五位一体”总体布局和协调推进“四个全面”战略布局，咬定“升级发展、成就北富”的发展目标，坚持有质效、有温度的“两有”发展，建设物质富裕、精神富有的“两富”开福，以“产业项目建设年”为抓手，统筹做好稳增长、促改革、调结构、惠民生、防风险各项工作，实施双轮驱动、三金带动、项目拉动、环境促动、作风推动“五动”发展新举措，拼搏赶超、争创一流，加快建设强盛、精美、幸福、厚德的现代化新开福，争当全面建设现代化长沙的排头兵和示范区！

预期目标是，地区生产总值增长10%以上；税收收入增长10%以上；全社会固定资产投资增长12%以上；社会消费品零售总额增长11 %以上；规模工业增加值增长8 %以上；城镇登记失业率控制在3%以内；居民人均可支配收入高于省市平均水平。同时，要加快构建高质量发展的指标体系：研发与实验发展（R&D）经费支出增长30%以上；产业投资占固定资产投资总额比重40%以上；税收占财政总收入比重85.5%以上；单位地区生产总值能耗下降3%以上。

提出以上奋斗目标，主要基于三个方面的考虑：一是充分考虑中央、省委和市委的部署要求。省委提出2018年地区生产总值增长预期目标为8%左右；市委把明年经济工作的增速确定为8.5%。我们提出增长预期高于省市1~2个百分点，既充分考虑化解政府债务、信贷政策从严从紧、房地产政策变动、打好污染防治攻坚战等宏观大势，也把握推动高质量发展的总体要求，体现开福在全面建设现代化长沙新征程中的责任担当。二是充分考虑发展目标的整体实现。区第五次党代会明确提出，到2020年经济总量跨过千亿元大关，财政总收入超过200亿元。实现这一目标，必须保持高基数下的中高速增长。三是充分考虑当前的发展实际。经过多年打基础、利长远的工作，开福的产业基础更加夯实，平台优势更加凸显，发展动能更加充足，实现奋斗目标有条件、有基础、有支撑。

准确把握总体思路，核心是要落实“拼搏赶超、争创一流”的工作要求。拼搏赶超是精神状态，精神指挥行动，行动创造实绩。拼搏赶超，拼就要拼出一种精气神，搏就要搏出一份责任心，赶就要赶出一个加速度，超就要超出一片新天地。我们不仅要与长沙的几个区比，也要与中部省会城市的城区比，还要与沿海先进发达地区的城区比，实现对昨天的跨越、对标杆的超越。争创一流，争的是集体荣誉和发展地位，创的是一流业绩和北富事业。我们各项工作都要走在前列，树立一流的视野和格局，拿出一流的干劲和冲劲，实现一流的作为和目标。

实现以上奋斗目标，必须实施“五动”发展新举措：

双轮驱动——这是最根本的动力。创新和开放如鸟之两翼、车之两轮，将为开福发展注入新的活力、提供有力支撑。要用好制度创新和科技创新两大牵引力，推动质量变革、效率变革、动力变革。要统筹对内和对外两大开放面，对标重庆发展开放型经济，打

造内陆开放高地。

三金带动——这是最宝贵的平台。“三金”片区是承载开福城市化和产业化的宝贵平台，更是实现“升级发展、成就北富”的关键所在。没有强大的产业，经济增长就会失去根基，人民增收就会失去依托，高质量发展就会失去支撑。要锲而不舍提质金融商务区，做强金霞经开区，建好金鹰文化区，加快马栏山视频文创产业园和开福高新区建设，实现以产兴城、以城促产、产城融合。

项目拉动——这是最关键的抓手。缺少项目，产业升级就会成为无源之水，“两有”发展就会成为无本之木，“两富”开福也就无从谈起。要坚持“项目为王”战略，以“产业项目建设年”为抓手，以财税为中心，以项目论英雄，抓好项目建设特别是产业项目建设，一切为着项目想、一切围着项目转、一切盯着项目干。

环境促动——这是最基本的要求。树牢“绿水青山就是金山银山”的发展理念，始终做到生态优先、环保优先、安全优先，推动清洁发展、绿色发展，打赢污染防治攻坚战；优化社会环境，推进“五城”建设，打造厚德开福；优化营商环境，做到零距离服务、零成本服务。

作风推动——这是最有力的保障。发展的差距，表面上是指标的差距，实际上却是理念的差距、行动的差距、操作的差距、作风的差距。要坚持严实治理不放松，始终保持和涵养一种良好的精神状态，把工作一件一件做实，将难题一个一个攻克，积小胜为大胜，拼搏赶超、争创一流。

必须认识到，“五动”发展新举措不是另起炉灶，而是区第五次党代会提出实施“四大战略”的延续和深化，是一脉相承的发展主旋律。我们要准确把握发展脉络和行动纲领，坚持一张蓝图干到底，不折腾、不跑调、不动摇，步步为营、久久为功，将升级发展、成就北富的事业向纵深推进。

三、乘势而上，聚焦推动高质量发展新任务

做好2018年工作，我们有坚实基础、强劲动力和难得机遇。坚实基础是气势，强劲动力是声势，难得机遇是形势，这些势汇聚到一起，形成一股推动发展的不可阻挡之势。我们要坚定信心，乘势而上，以产业发展为主攻方向，向高质量发展聚焦发力。

（一）聚焦改革提速，激发内生动力。坚持问题导向，聚焦体制机制障碍和关键瓶颈，压茬拓展改革深度和广度，推进一批事关长远发展的重大改革，将发展动力激发出来、红利释放出来。

推进系统性承接式改革。中央主要领域“四梁八柱”性改革全面铺开，十九大部署了一批力度更大、要求更高、举措更实的改革任务，接下来，改革将全面提速。要牢牢把准改革方向，无缝承接机构和行政体制改革，落实纪检监察体制、司法体制、群团组织等自上而下的改革。区委改革办和各专项组要加强统筹协调，牵头领导和部门“一把手”要亲自抓改革谋划、亲自抓改革部署、亲自抓改革推进，切实把改革抓在手上、落到实处、干出成效。

深化供给侧结构性改革。突出抓好“三去一降一补”五大任务：去产能方面，一手抓传统产业的优化升级，一手抓“高清新”企业的引进培育，促进产业迈向价值链中高端；去库存方面，加大商业地产去化工作，完成40万平方米去库存任务；去杠杆方面，全面清查区属国有企业平台负债情况，降低融资成本，严防系统性金融风险；降成本方面，深化“放管服”改革，降低企业制度性交易成本，激发和保护企业家精神，鼓励更多社会主体投身创新创业；补短板方面，拉长科技和工业短板，补齐民生事业短板。

探索自主性创新型改革。坚持把顶层设计与基层实践有机结合，全面推进各个领域的改革创新。经济建设领域，重点推进区属国有企业金融领域改革、打造“泛马栏山”文创高地、军民融合产业发展等改革事项；社会建设领域，重点推进“不见面”审批（服务）改革，用数据跑路代替市民跑腿；生态文明建设领域，重点实施防洪水、治污水、排涝水、优供水、抓节水“五水”共治工程；文化建设领域，重点推进“五城”建设，打造厚德开福；党的建设领域，重点落实区委加强政治建设的十项规定和加强城市基层党建十条举措。

（二）聚焦产业提效，增强北富实力。以“产业项目建设年”为抓手，集中精力抓产业，推动高质量发展。

向重大项目要效益。坚持项目为王，以大项目、好项目、新项目推动产业升级。扩大有效投资。加强

项目储备，科学铺排2018年重大项目计划，扩大社会投资占项目投资的比重，加大产业投资强度。围绕物流商贸、金融商务、文化创意和都市工业、军民融合“3+2”产业布局，对接省委“五个一百”工程，谋划“五个一批”：建成一批投资过10亿元的产业项目；培育一批高科技项目；推进一批产品创新；招引一批500强企业；留住一批科技创新人才。聚力园区发展。园区是弓，项目是箭，涵养产业，就要拉弓射箭。要举全区之力推进园区发展，聚焦“一主、一特、一链、一谷、一核”。一主，即在金霞经开区以现代物流为主导，涵养壮大生物医药、食品加工、跨境贸易等重点产业，形成一批百亿规模产业集群；一特，即在开福高新区探索片区开发新模式，聚焦军民融合产业发展，大力引进和培育高新技术项目，推动企业裂变发展；一链，即围绕装配式建筑产业链，抓好产业链水平整合和垂直整合，培育一批龙头企业和单打冠军企业；一谷，即在马栏山视频文创产业园抓好市政府“1+6”政策落地，协调推动省部共建，打造具有国际竞争力的“中国V谷”和“泛马栏山”文化产业新地标，向产业链的高端聚焦，积极壮大文化创意与视频技术产业，引项目、聚人才，优服务、降成本，抓配套、强功能；一核，即在金融商务区积极对接引进金融总部机构，盘活楼宇资源，培育一批税收过亿元楼宇，打造金融总部核心区。强化项目保障。开展项目落地攻坚，每季度要推进项目集中开工，着力提高履约率、项目落地率和资金到位率。加快征收拆迁，城市棚改要完成2000户、14万平方米以上，农村拆迁要完成腾地400公顷以上。继续开展闲置土地“支帮促”，促进项目尽快投产达效。

向招商引资要效益。把招商引资作为“产业项目建设年”的一号工程，全员上阵招商，全力以赴招商。突出招商重点。要强化抓龙头、强龙头意识，聚焦“三金”片区和“3+2”产业布局，着力打造“金融+文化”会商会、国企对接会、对台招商会、大院大所恳谈会“四个平台”，紧盯世界500强、中国 500强、民营500强、央企和上市公司，每季度开展项目集中签约，引进一批顶天立地的大项目。完善招商机制。实行招商引资“六个一”机制，即一个产业一名领导、一个责任单位、一个研究团队、一支招商队伍、一套优惠政策、一张推进时间表，以“钉钉子”的精神抓招商。营造安商环境。打造开放开明的人才环境，既靠优惠政策吸引人才，更靠产业平台成就人才。打造亲商清廉的政务环境，做到“不叫不到、随叫随到、服务周到”。

向创新生态要效益。始终把创新驱动发展作为优先战略，着力培育创新业态、营造创新生态。加大创新投入。实施“财政科技投入倍增计划”，成立产业发展引导基金，加强对中小企业创新的支持，鼓励企业开展项目攻关、科技研发，促进科技成果转化。打造创新平台。加强与大学和科研机构深度合作，加快布局科技研发、技术交易、成果转化、公共服务等平台。支持军民融合双创基地建设和北辰文化创意园运营，打造一批众创空间、创业示范基地。培植创新企业。实施新一轮“创新创业在开福三年行动计划”，推动创新资源、创新人才、创新政策、创新服务向企业集聚。强化知识产权创造和保护，优化创新发展环境。

向扩大开放要效益。走不出去，眼前就是你的世界；走出去了，世界就在你的眼前。要坚持引进来和走出去并重，在省委开放崛起战略中展示开福作为。要优进优出，建设大通道。全力申报和争取跨境电商综试区、多式联运监管中心、霞凝铁路临时开放口岸、多品类商品指定口岸。在保税物流中心功能基础上，叠加公路口岸功能。加快推进火车货运新北站二期和长沙新港三期建设，提速“湘欧快线”。建设港区铁路专用线，实现水铁联运。要大进大出，发展大贸易。落实全省跨境电商五年行动方案，积极开拓有色金属、平行汽车等大宗商品交易市场，打造中部乃至全国的结算中心、采购中心、营销中心、金融中心。建立产业联盟合作机制，引导企业“抱团出海”“借船出海”。要快进快出，改善大通关。继续推广复制国家自贸区经验和“跨境一锁”模式，优化业务流程，提高通关效率。

（三）聚焦城市提质，展示北城魅力。牢固树立城市有机更新和精明增长、紧凑城市的理念，在规划、建设、管理上与现代化城区对标，提升城市形象和魅力。

对标“国家中心城市”精心规划。抢抓长沙市城市总体规划（2020—2035）编制契机，按照国家中心城市的标准来定位，加快对接城市总体规划、多规合一和街区专项城市设计，推动金霞组团升级为长沙城市副中心，带动人流、物流、资金流向北集聚，在城北崛起一座现代化产城融合示范区。加强城市设计，大到街区、节点、建筑，小到雕塑、绿化、招牌，都要高起点擘画、精细化推敲，既展现出整洁美观的现代感，又保留住城市的记忆和浓浓的乡愁。强化“规划先行”“规划即法”意识，坚持规划一张图、建设一盘棋。

弘扬“工匠精神”精致建设。按照地域特征、城市特色和时代特点，统筹抓好城市建设，把每个项目都打造成今天的精品、后人的财富。让城市血脉更畅。启动长青路规划设计和金霞大道、滨河北路等道路建设，实施湘江大道、三一大道、东风路等城市主次干道“九位一体”提质改造。深化农村道路交通安全城市化管理，推进农村公路提质改造。加快停车场、慢行系统建设，破解停车难、出行难等问题。推进“海绵城市”建设，畅通地下管网，对全区水利基础设施和水毁工程进行全面修复。大力推进“厕所革命”，高标准新建和改建公厕50座。让城市骨骼更强。推进金融商务区、新河三角洲、江湾半岛、马栏山视频文创产业园、开福高新区等五大片区，城市主干道、品牌学校、入城口、工业园区、老城居民集聚区、交通枢纽、医院等七大节点“街区制”改造，与城区美化、绿化、亮化、净化、序化“五化”提质统筹起来，推动市容市貌全面提升。让城市气质更美。加快西园北里历史步道建设，保护性开发黄兴北路、开福寺、潮宗街历史文化街区，建设一批具有长沙印记、开福标识的文化地标，留存城市记忆和文化根脉。启动桃花溪“城市双修”，对接做好苏托垸开发建设前期工作，提升城市整体品质。

下足“绣花功夫”精细治理。树立“大城市、细管理”理念，坚持管理与服务并重、处置与疏导结合，推动城市管理向城市治理转变。探索联合执法新模式，提升城市管理效能。加快“智慧开福”建设，打造维系城市运行的“超级大脑”。牢固树立“人民城市人民管”的理念，增强人的文明意识，形成齐抓共管的城市治理新格局。

（四）聚焦民生提档，形成发展合力。天大地大，人民最大。要坚持以人民为中心的发展思想，不断满足人民日益增长的美好生活需要。

致力满足民众更美好的物质需求。矢志推进“三区三体系”建设，致力打造“10分钟便民服务圈”“15分钟卫生服务圈”“15分钟公共文化服务圈”“15分钟体育健身圈”“20分钟优质教育圈”的“民生五圈”，让发展更有温度、幸福更有质感。启动实施“学校建设新三年行动计划”，2018年完成7所中小学和幼儿园建设；创建省级创业型城市，动态消除“零就业”家庭；建设健康开福，巩固提升基层医疗卫生服务能力，推动分级诊疗建设；创建国家食品安全城市，确保舌尖上的安全；推进中岭、天井、福鑫苑等安置房建设，逐步解决60号令的拆迁安置相关问题；深化平安开福建设，确保社会大局和谐稳定。

致力满足民众更美好的精神需求。坚持全面依法治区和建设厚德开福相结合，实现良法与美德相辅相成，推动社会治理现代化。推进法治开福建设，严格依法决策、依法执政、依法行政，普遍建立法律顾问制度；坚持司法公正，推进司法公开，努力让民众在每一个司法案件中感受到公平正义。弘扬社会主义核心价值观，擦亮厚德开福品牌，推进好人之城、读书之城、文化之城、博物馆之城、创新创意之城“五城”建设，提高文化资源的供给能力，满足民众更高层次精神需求，推动厚德开福持续升温，让“为国尽忠、为职尽责、为家尽孝”的精神内核深入人心。

致力满足民众更美好的生态需求。良好生态环境是最公平的公共产品，是最普惠的民生福祉。开展最严环保执法，守护山清水秀的自然生态，解决民众最关心的环境问题，打赢污染防治攻坚战。全面落实“河长制”，探索推行“塘主制”，系统实施“五水”共治工程，让“一江四河十湖”成为开福最美的标识。

四、顺势而为，落实全面从严治党新要求

事业兴衰，关键在党。要不断加强党的政治建设、思想建设、组织建设、作风建设、纪律建设，将制度建设贯穿党的建设全过程，把党建优势转化为发展优势，把党建成果转化为发展成果。

（一）首抓政治建设，永葆忠诚本色。党的十九大首次把党的政治建设纳入党的建设总体布局。对一个政党来说，政治就是灵魂；对党员干部来说，讲政治的首位就是讲忠诚。要提高站位、高度自觉。不断增强“四个意识”、坚定“四个自信”，毫不动摇地坚持党的基本理论、基本路线、基本方略。坚决按照中央、省委和市委要求谋划各项工作，做到党中央提倡的坚决响应、党中央决定的坚决执行、党中央禁止的坚决不做。要维护核心、拥戴核心。要尊崇党章，认真贯彻执行《关于加强和维护党中央集中统一领导的若干规定》，任何时候任何情况下都要忠诚核心、拥戴核心、维护核心，始终在政治立场、政治方向、政治原则、政治道路上同以习近平同志为核心的党中央保持高度一致。要对标看齐、以上率下。国家层面，党中央是中国特色社会主义事业的领导核心，在开福区，区委就是改革发展稳定事业的坚强领导力量。区委常委会领导班子成员要带头落实加强党的政治建设的十项规定，坚持对各个领域、各项事业的全面领导。广大党员干部特别是领导干部，要把对党忠诚、为党分忧、为党尽职、为民造福作为根本政治担当，永葆共产党人的政治本色。

（二）善抓思想建设，挺起精神脊梁。思想建设是基础性建设，要牢牢抓住理想信念宗旨这个根基。要拧紧总开关。把学习宣传贯彻党的十九大精神作为首要政治任务，用习近平新时代中国特色社会主义思想武装头脑、强化自觉。深入推进“两学一做”学习教育常态化制度化，扎实开展“不忘初心、牢记使命”主题教育，弘扬“红船精神”，展示新时代党员干部的蓬勃朝气、昂扬锐气、浩然正气。要唱响主旋律。坚持宣传思想工作的正确方向，坚定落实意识形态工作责任制，弘扬正能量，提振精气神，为升级发展提供良好的外部环境、舆论氛围和道德滋养。要树立新观念。要树立“四破四立”的新观念，即破“有什么资源就发展什么产业”的旧观念，立“短板在哪里就发展什么产业”的新观念；破“拼总量、拼资源、拼土地”的粗放式发展观念，立“比发展质量、比科技含量、比管理水平”的集约式发展观念；破“先发展后治理”“边发展边治理”的错误观念，立“绿色发展”的新观念；破“等、靠、要”的狭隘观念，立“拼搏赶超、争创一流”的新观念。

（三）力抓组织建设，打造过硬队伍。组织建设是党的全部工作和战斗力的基础。要抓基层打基础。认真落实加强城市基层党建推进基层治理现代化的十条措施，深化“五零”创建，全面提升基层组织力。建立大事共商、好事共享、难事共帮的民主自治机制，构建以社区党组织为核心，社区居委会、社区民主自治议事会、小区业主委员会、小区物业公司“一核四元”的社区治理服务模式。要抓班子强队伍。全面落实好干部标准，鲜明“三重三用”选人用人导向，坚持在急难险重一线培养干部、使用干部、选任干部，培育一支具有政治眼光、法治思维、经济才能、专业水准、人文情怀的高素质干部队伍。建立激励上进、拒绝平庸的干事机制，旗帜鲜明地为敢于担当、踏实做事、不谋私利的干部撑腰鼓劲。落实“开福人才新政11条”，留住城市秀民。

（四）狠抓作风纪律建设，持续正风肃纪。以永远在路上的定力和决心，持之以恒正风肃纪，形成干部清正、政府清廉、政治清明的良好风气。要忠诚履职不含糊。牢记为民服务宗旨，坚持以忠诚之心对待党、以平和之心对待“名”、以敬畏之心对待“权”、以知足之心对待“利”，把心思集中到干事创业上来，把精力集中到争先进位上来。坚持把纪律和规矩挺在前面，认真履行全面从严治党“两个责任”，强化政治纪律和组织纪律，带动廉洁纪律、群众纪律、工作纪律、生活纪律严起来。要担当许区不懈怠。能否勇于担当，不仅关乎一个人的能力素质，更关乎一个人的职业操守、精神品格。人生所有的履历都必须排在勇于负责的精神之后。开启新征程，开福更需要广大干部以身许区，投身北富事业，做到目标面前敢冲敢拼、工作面前敢抓敢管、矛盾面前敢作敢为，真正把担当刻入骨子里、融入血脉中，成为开福党员干部的鲜明特质。要干净干事不掉队。祸患常积于忽微，而常生于多欲。严格贯彻落实中央八项规定，持续深入整治“四风”和形式主义、官僚主义的新表现，增强“八种执政本领”，大兴学习之风、调查研究之风，开展“治庸提能、治浮提气、治懒提效、治散提神”专项整治，领导干部要身体力行，以上率下，形成“头雁效应”。切实发挥区监察委员会和区委巡察机构的作用，实现监察巡察全覆盖，保持反腐高压态势，建立健全不敢腐、不能腐、不想腐的有效机制。区委将旗帜鲜明地支持干事者、保护改革者、宽容失误者、追究诬告者，以零容忍的态度把“潜规则”压下去，让“明规则”挺起来，为干事的人创造干净的环境，为干净的人创造干事的环境。

实干成就梦想，奋斗铸就辉煌。一个新时代的到来，总是以新思想为标志。步入新时代，开启新征程，致强的开福拒绝平庸，奋进的开福需拼搏赶超。历史只会眷顾坚定者、奋进者、搏击者，而不会等待犹豫者、懈怠者、畏难者。让我们紧密团结在以习近平同志为核心的党中央周围，高举习近平新时代中国特色社会主义思想伟大旗帜，以时不我待、只争朝夕的紧迫感，以拼搏赶超、争创一流的精气神，不忘初心、牢记使命，为升级发展、成就北富，建设强盛、精美、幸福、厚德的现代化新开福不懈奋斗，为全面建设现代化长沙贡献开福力量。

开福区人民代表大会常务委员会工作报告

在长沙市开福区第五届人民代表大会第三次会议上

开福区人大常委会主任　许振勤

（2018年1月9日）

2017年主要工作

2017年是本届人大常委会履职的第一年。在中共开福区委的坚强领导下，区人大常委会以迎接党的十九大召开和学习贯彻党的十九大精神为主线，坚持党的领导、人民当家作主、依法治国的有机统一，围绕“升级发展、成就北富”奋斗目标，依法履职，主动作为，为推动我区民主政治建设和经济社会发展发挥地方国家权力机关的积极作用。全年召开区人民代表大会1次，常委会会议9次，主任会议22次；听取和审议“一府两院”专项工作报告26项；作出决议、决定6项；组织常委会组成人员和人大代表开展视察、调研32次，依法补选区五届人大代表12名。

一、旗帜鲜明讲政治，在服务发展大局上彰显新作为

常委会始终把坚持党的领导贯穿于人大工作全过程和各方面，毫不动摇地坚持区委领导，围绕区委决策，紧扣大局中心，依法履职行权，助推升级发展，确保人大工作正确政治方向。

坚决维护区委领导。始终把人大工作置于区委的领导之下，自觉把思想和行动统一到区委的目标战略和决策部署上来，并以此来思考、谋划和推进人大工作。坚持和落实区人大常委会党组向区委报告工作以及重大事项、重要工作向区委请示报告制度，在研究通过工作要点时，充分结合区委的战略决策；在选取确定工作议题时，准确聚焦区委的关切关注；在依法履职行权时，牢牢把握区委的部署要求，全面确保区委意图的顺利实现。

审议决定重大事项。在区委的支持下，审议通过《区人大常委会讨论、决定重大事项的暂行规定》，明确重大事项的范围、讨论决定的程序等，规范重大事项决定权的行使。紧紧扣住区委确定的奋斗目标和发展战略，围绕涉及全局和长远发展的重大事项，重点听取和审议重大项目建设、军民融合产业园建设、棚户区改造、十三五规划实施等工作情况的报告，适时依法作出决议决定。对项目建设、民生福祉、产业转型等事关区域经济社会发展的重要方面高度关注、认真审议、充分支持。

全力服务大局中心。按照区委的安排，常委会领导班子成员积极参与和服务项目建设，在金霞、金鹰片区等征拆一线担当重任，为促进项目建设、助推区域发展贡献力量。班子成员和委办干部全面参与到闲置土地支帮促、社区提质提档、信访维稳等全区重点工作和中心任务中。主任会议成员深入金霞经开区及其集团公司、区工务局及区城投集团，集中调研我区政企分开改革工作情况，并将调研成果报告区委。

依法行使任免职权。坚持党管干部原则和人大依法行使选举任免权相统一，先后对区人民政府副区长、政府工作部门局长（主任）、人大专委会副主任委员、人大常委会工作机构及街道人大工委主任、副主任共58人次进行任免，对区人民法院副院长、区人民检察院副检察长及部分法律职务人员共46人次进行任免。审议通过《区人大常委会干部任后监督管理暂行办法》，创新人大任命干部的任后监督工作机制。

二、认真履行法定职权，在依法监督上取得新成效

常委会紧扣发展主题，坚持问题导向，围绕区委决策重点、政府工作难点、人民关注的热点，加强

和改进人大监督工作，注重监督与支持相统一，寓支持于监督之中，促进“一府两院”依法行政、公正司法。

开展评议询问。为促进区委发展战略的实施，以“落实‘项目为王’战略，促进招商引资工作”为主题，对区商务和旅游局开展工作评议和专题询问，对区经济和信息化局、金霞经开区招商合作局进行专题询问。历时半年，组织包括常委会组成人员在内的50余名人大代表，深入园区、街道、楼宇、企业、一线招商组开展走访、座谈和调研，广泛收集意见，形成评议报告。召开集中评议询问大会，并进行现场测评，推动解决项目引进和落地过程中的困难和问题，有效促进招商引资工作。

深化财政监督。审议通过《区人大常委会财政预算审查监督试行办法》，进一步规范和完善预算审查监督的范围、内容、流程、时限等，强化对政府预算管理全过程的监督。审查批准2016年财政决算、2017年预算调整方案，听取和审议2017年上半年预算执行情况的工作报告。注重发挥审计监督作用，出台《关于审计查出问题整改情况向区人大常委会报告的实施办法》，听取和审议2016年区本级预算执行和其他财政收支情况的审计工作报告，以及审计查出问题整改情况的报告。关注政府债务风险，听取政府债务管理及各融资平台债务情况的报告。

加强司法监督。着眼于社会热点问题，听取和审议道路交通安全法、食品安全法等法律法规贯彻实施情况的专项工作报告。立足于维护公平正义，坚持开展庭审评议，继续组织主任会议成员旁听庭审，促进司法监督创新加力、逐步深入。听取和审议区人民法院、区人民检察院、区公安分局和区司法局执法规范化建设的专项工作报告，并对审议意见进行交办。听取和审议区人民政府关于“六五”普法依法治理工作和“七五”法治宣传教育规划制定、区人民法院关于非诉行政执行等专项工作报告。做好人大信访工作，全年受理来信来访25件次、28人次，依法妥善处理人民群众诉求。

关注民生民本。围绕人民群众普遍关心的热点难点问题，先后对2016年关于“建设教育现代化强区”评议询问交办问题整改、水利建设和防汛准备、公共文化体育服务体系建设、社区（村）换届选举等议题开展视察调研、听取专项报告、进行充分审议、提出意见建议。持续深入开展“三湘环保世纪行”“农产品质量安全行”“三湘农民健康行”“司法公正长沙行”“民族团结进步行动”活动。认真做好备案审查工作，对报备的5件规范性文件依法进行审查。

三、突出代表主体地位，在作用发挥上展现新气象

人大代表是国家权力机关组成人员。尊重代表权利就是尊重人民的权利，保障代表依法履职就是保障人民当家作主。常委会切实加强代表工作，不断提升代表履职质量，充分发挥代表作用。

创新代表主题活动。落实区委要求，结合区情特色，组织开展“成就北富我要给力，厚德开福向我看齐——人大代表在行动”主题活动，代表们纷纷响应、踊跃参与，在项目建设、招商引资、创新创业等方面献计出力，在崇德向善、爱心帮扶、法治建设等方面身体力行。先后开展厚德书吧、聚爱食堂、爱心公益动漫等特色活动。特别是在2017年夏天抗洪抢险过程中，区内各级人大代表响应号召，积极投身防汛抗洪，共组织抗洪抢险人员力量3000余人次，捐赠300余万元的资金和物资，为开福区夺取抗洪全胜贡献代表力量。洪灾过后，在区委、区人大常委会的倡导下，由市、区代表领衔的七家区内建筑企业向宁乡捐赠235万元爱心资金和救灾物资，支援灾后重建。

加大履职培训力度。坚持把学习培训作为提高代表履职能力的重要手段，采取专题培训、以会代训、考察调研等多种形式，从履行代表职责、服务区域发展、解决群众诉求等方面，多层次、多渠道组织代表纵向学习、横向交流，有效增强代表责任意识和履职能力。先后组织举办四川大学人大履职能力提升班、湖南大学人大履职培训班，进一步提升人大代表及人大工作者的履职能力水平。

完善代表履职平台。在代表活动阵地全覆盖的基础上，不断提升代表活动室建设、管理和运行的水平，切实有效地打造代表学习交流、联系服务选民的平台。依托代表活动室，各级代表共接待选民1300余人次，提出各方面工作建议450多条，帮助解决问题290多个。不断拓展代表履职途径，先后邀请代表127人次列席人大常委会会议、主任会议以及参加执法检查和视察调研，认真做好向代表通报半年度全区经济社会发展情况的有关工作。

加强议案建议督办。注重加强代表议案建议办理工作，并把此项工作作为服务代表履职、发挥代表作用的重要抓手，努力做到真正让代表满意。对区五届人大第一、二次会议期间收到的1件议案及120件建议、批评和意见向“一府两院”进行集中交办，对闭会期间收到的2件代表建议及时交办，进一步加大重点督办、跟踪督办力度。常委会会议专题听取和审议议案、建议、批评和意见办理情况的工作报告，确保办理实效。

四、全面加强自身建设，在工作水平上获得新提升

常委会把加强自身建设摆在重要位置，结合工作实际，采取有力措施，不断夯实履职基础，提高工作水平。

工作制度更加完善。修订完善《常委会会议议事规则》《主任会议议事规则》，为提高常委会会议和主任会议质量提供保障。认真贯彻落实中央和省委、市委关于加强县乡人大工作和建设的系列文件精神，以及全国人大、省人大相关会议精神，在重大事项决定权行使、财政预算审查监督、人大任命干部任后监督、审计监督等方面积极探索创新，制定一系列制度规定，进一步提升各项工作制度化规范化水平，推动人大工作不断完善发展。

工作作风更加务实。认真推进“两学一做”学习教育常态化制度化，严格执行中央八项规定精神，不断增强“四个意识”，始终以严和实的标准做好人大工作。坚决执行全面从严治党各项规定，严守政治纪律和政治规矩，切实加强党风廉政建设，强化党纪党规教育，不断提高党性素养。注重发挥专门委员会和工作机构的职能作用，充分激发机关活力，形成紧密配合、互相支持的团结共事氛围。

工作联动更加有效。自觉接受上级人大的指导，积极配合省、市人大开展的调研、视察和执法检查等工作。召开“一府两院”联席会议，在交流沟通中形成监督、支持、促进的良好工作格局。加强对基层人大工作的联系和领导，对街道人大工委工作进行指导和规范。加强与其他兄弟区县（市）人大联系交流，学习借鉴经验做法。

各位代表，过去一年区人大常委会工作取得的成绩和进展，是在区委的正确领导下，全体人大代表、常委会组成人员和全区人大工作者共同努力、辛勤付出的结果，是“一府两院”积极协同、理解配合的结果，是社会各界充分信任、大力支持的结果。借此机会，我代表区人大常委会，向所有关心、支持和参与我区人大工作的各级领导和同志们表示衷心的感谢并致以崇高的敬意。

回顾过去一年的工作，我们也清醒地认识到，与宪法法律的要求、党和人民的期望、改革发展的需要相比，常委会工作还存在一些差距，如监督实效还需进一步增强，代表主题活动还需进一步深化，调查研究还需进一步深入，等等。对此，我们将虚心听取代表和各方面的意见建议，自觉接受监督，不断加强和改进。

2018年主要任务

2018年是贯彻党的十九大精神的开局之年，区人大常委会工作的总体要求是：全面贯彻落实党的十九大精神，以习近平新时代中国特色社会主义思想为指导，坚持党的领导、人民当家作主、依法治国有机统一，坚持以人民为中心的发展思想，建设能切实担负起宪法法律赋予的各项职责的工作机关，建设更好发挥代表作用同群众保持密切联系的代表机关，建设坚决讲政治、忠诚为人民、依法履职权的权力机关，把人民对美好生活的向往作为奋斗目标，为升级发展成就北富、加快建设强盛精美幸福厚德的现代化新开福、争当全面建设现代化长沙的排头兵和示范区作出新的贡献。

一、坚定正确政治方向，坚持党的领导、人民当家作主、依法治国有机统一

人大工作正确的政治方向，最根本的是坚持党的领导、人民当家作主、依法治国有机统一，并贯穿于人大工作的全过程和各领域。

坚持党对一切工作的领导。党的十九大报告强调，党政军民学，东西南北中，党是领导一切的。常委会将把坚持党的领导贯穿于人大工作的方方面面，自觉把人大工作置于区委的领导之下，放在区委工作大局中来谋划推进。围绕区委确立的战略目标和决策部署，依法行使法定职权，坚持重大事项请示报告制度，人大开展的重点工作、召开的重要会议、组织的重要活动、作出的重大决定、工作中的重要创新，经区委批准后再组织实施，做到与区委在思想上同心、政治上同向、行动上同步，使党的主张通过法定程序转化为全区人民的共同意志。

坚持人民当家作主的本质。人民当家作主是社会主义民主政治的本质特征。人民代表大会制度是人民行使当家作主权利的根本途径和最高实现形式。常委会将在区委的坚强领导下，矢志不渝地贯彻好全心全意为人民服务的根本宗旨，坚持维护人民主体地位，广泛动员和组织人民依法管理国家事务和社会事务、管理经济和文化事业。不断扩大公民有序政治参与，最大限度保障和实现人民群众依法享有民主选举、民主决策、民主管理、民主监督权利。

坚持依法治国基本方略。依法治国是党领导人民治理国家的基本方式。区人大及其常委会肩负着监督宪法和法律法规贯彻实施、监督“一府两院”依法行政和公正司法的重要职责，法律性是人大工作的鲜明特性。常委会将坚持依法治国基本方略不动摇，始终弘扬法治精神，保障宪法和法律法规得到有效实施，维护社会公平正义，维护社会主义法治的统一、尊严、权威，为我区经济社会发展营造良好法治环境。

二、坚持以人民为中心的发展思想，围绕法定职责履职

地方各级人民代表大会是代表人民行使国家权力的机关，常委会作为地方权力机关的常设机构，要坚持人民主体地位，更要时刻牢记人民重托，为人民掌好权、用好权。

紧跟核心，依法进行人事任免。坚持党管干部和依法任免相结合的原则，严守政治纪律和政治规矩，进一步规范和完善国家机关工作人员任免工作程序，确保区委意图和人民意愿的高度一致。以履职情况监督为重点，通过报告工作、专题询问、现场测评等方式，强化对人大任命干部的任后监督，保证人民赋予的权力真正用来为人民谋利益。

紧扣中心，依法决定重大事项。在区委的领导下，对依法应由人大及其常委会决定的重大事项，加大协调力度，督促“一府两院”及时提请人大及其常委会讨论决定。不断健全讨论决定重大事项的具体制度，进一步明确重大事项决定权行使的范围、内容、程序和方式，切实增强讨论决定重大事项的规范性和实效性，确保全区重大决策、重大事项落到实处。

紧贴民心，不断增强监督实效。坚持把人民对美好生活的向往作为监督方向。围绕事关我区经济社会发展的重大问题和人民群众切身利益的焦点问题进行正确监督、有效监督。加强对政府预算决算、专项资金管理和使用、政府性债务的审查监督以及审计后问题整改情况的监督，管好人民的“钱袋子”。制定出台《区人大常委会执法检查办法》，开展治安处罚法、环境保护法、公共文化服务保障法等执法检查，保障人民群众合法权益。以环境保护为主线，继续开展工作评议和专题询问，以公正司法为重点，坚持开展庭审评议。对大气污染治理、水资源保护、推进桃花溪流域绿色发展等开展监督，回应民生关切。进一步完善监督举措，积极运用听取和审议报告、执法检查、视察调研等形式，使人大监督更具深度、更具实效。提高常委会会议审议质量，加强会前视察调研、强化会后跟踪监督、完善整改反馈及评价机制，有效推动监督中发现问题的解决。

三、充分发挥代表主体作用，建设同群众保持密切联系的代表机关

人大工作的主体是代表、人大工作的开展靠代表、人大工作的潜力在代表，常委会坚持尊重代表主体地位，支持和保障代表依法履行职责和行使权力。

进一步深化代表主题活动。继续开展“成就北富我要给力，厚德开福向我看齐——人大代表在行动”主题活动，并不断引向深入，引导激励代表在服务选民、推动发展、崇德向善等方面做出新业绩，努力形成内容形式各具特色、各级代表广泛参与、活动成效显著增强的生动局面，打造我区代表活动的品牌。

进一步加强代表履职保障。发挥代表活动阵地的平台作用，建设代表履职网络服务平台，帮助人大代表更好地知民情、聚民智、解民忧。加大代表议案、建议、批评和意见的督办力度，完善代表向选民述职制度，加大代表履职典型推介力度，增强代表履职的使命感和责任感。加强代表培训工作，实现代表培训科学化、系统化、经常化，不断提高代表履职能力。

进一步提高代表参与程度。继续扩大代表对常委会和专门委员会工作的参与，指导和组织代表参加各种调研、视察、执法检查、工作评议和专题询问等活动，最大限度地动员代表为人大工作献计出力。多形式、多方面、多渠道听取和收集人民群众对人大工作的意见建议，扩大公民有序政治参与，不断汇聚我区民主法治建设的强大合力。

进一步抓实服务代表工作。健全闭会期间代表活动保障机制，提高代表闭会期间开展各项活动的组织服务水平。督促推动“一府两院”完善闭会期间向代表通报工作、征求意见的工作机制，保障人大代表知情知政权。加大对代表合法权益的保护力度，更好地支持和保障代表依法履行职责和行使权力。

四、落实全面从严治党要求，不断加强自身建设提升履职水平

贯彻落实新时代加强党的建设的总要求，进一步落实全面从严治党责任，深入落实中央八项规定精神，全面推动常委会及机关建设，不断增强依法履职能力。

加强政治建设。把加强政治建设放在首位，坚决维护以习近平同志为核心的党中央权威和集中统一领导。认真学习宣传贯彻党的十九大精神，组织开展“不忘初心，牢记使命”主题教育活动，用理论武装头脑、指导工作。认真学习尊崇新党章，严格执行党内政治生活若干准则，加强党性锻炼，提高政治觉悟和政治能力。

加强能力建设。把加强自身建设与服务中心大局统筹起来谋划，把提高履职效能与促进工作落实联系起来实施，充分发挥人大常委会的职能特点和优势，从制度上、法律上推动全区重大部署的贯彻执行。加强横向和纵向的交流联系，上下合力、多方联动，推动人大工作创新发展。进一步加强人大机关效能建设和干部队伍建设，提升服务质量，增强机关活力。

加强作风建设。落实全面从严治党的要求，进一步改进工作作风，密切联系群众，积极开展调查研究，根据新形势的要求，对常委会及机关各项制度进行修改完善。切实加强党风廉政建设，严格执行廉洁自律准则、纪律处分条例等党规党纪。加强机关日常管理，抓小事、重细节，树立人大新形象。

风正潮平，自当扬帆破浪；任重道远，更须策马扬鞭。我们处在全面建成小康社会的决胜阶段、中国特色社会主义进入新时代的关键时期、开福升级发展成就北富的重要节点，新时代赋予新使命，新征程需要新作为。让我们更加紧密团结在以习近平同志为核心的党中央周围，在中共开福区委的坚强领导下，不忘初心，以身许区，担当有为，不断开创我区人大工作新局面，为加快建设强盛、精美、幸福、厚德的现代化新开福而努力奋斗。

政府工作报告

在长沙市开福区第五届人民代表大会第三次会议上的讲话

开福区人民政府区长　刘拥兵

（2018年1月8日）

2017年工作回顾

2017年党的十九大胜利召开，我们认真贯彻习近平新时代中国特色社会主义思想，在市委、市政府和区委的坚强领导下，在区人大、区政协的监督支持下，不忘初心，砥砺奋进，较好地完成年初确定的各项目标任务。全区完成地区生产总值907亿元（预计数，下同），增长8%；地方财政总收入147.1亿元，增长12.2%，其中税收收入125.8亿元，税收占总收入的比重为85.5%；固定资产投资820亿元，增长15.5%；社会消费品零售总额792亿元，增长9%；居民人均可支配收入49605元，经济社会发展实现稳中有进、进中向好。一年来，我们重点抓了以下五个方面的工作。

（一）打好产业升级战，经济结构更加优化。坚持新发展理念，着力强平台、优产业、引项目，经济更具活力和韧性。

产业升级扎实有效。金融商务业竞争优势明显，引进浙商银行等金融机构总部8家，全国性和省级金融机构总部增至64家，金融业实现增加值88亿元，增长8%。文化创意业比较优势放大，马栏山视频文创园完成拆迁腾地和城市设计，并于12月20日挂牌成立，湖南广电和长沙广电率先入园并奠基，中国“V谷”呼之欲出；北辰动漫文化产业园获评全市“三百工程”重点产业项目，入驻文创企业120余家。物流商贸业绝对优势巩固，传化公路港二期建成运营，长沙北站二期、长沙新港三期加快推进，“三港互通、多式联运”即将实现，智能物流产业产值达390亿元，增长11%；高岭商贸城一期竣工开业，香江高岭智慧物流产业园、红星美凯龙家具MALL等项目扎实推进，商贸业迈向“4.0时代”。都市工业集聚发展，生物医药、食品加工、智能制造等产业链不断延伸，装配式建筑产业链成为全市22条工业新兴及优势产业链之一。以军民融合为主导的高新技术产业强劲有力，出台“军民融合30条”，引进庄耀光电等重点项目55个，形成“3+X”产业布局，实现高新技术产值560亿元，增长28.9%。

项目建设推进有力。坚持项目为王，铺排重大项目151个，完成投资393亿元。长沙国际会议中心、老百姓医药健康产业园、绿地中心等项目扎实推进，华创国际、富兴世界金融中心、新湖南大厦等商务楼宇建成开业。胜利村等保障性安居工程加快建设，伍家岭等片区改造项目大力实施，兴隆路等基建项目有序推进。城市更新步伐加快，完成城市棚改2827户、改造面积16.9万平方米；完成农村拆迁项目53个，实现腾地403.2公顷。开展闲置土地支帮促，推动7个项目近133.34公顷土地开工建设；坚持“不叫不到、随喊随到、服务周到”，优化前期审批、手续办理等流程，政务环境更加优质、高效。

招商引资稳中有升。优化招商引资机制，打好产业政策、产业人才、产业基金“组合拳”，引进重大产业项目36个，总投资达120亿元。台湾合作金库银行、瑞康医疗大健康产业园、华讯方舟、盾甲新材等项目相继入驻。黄兴北路S16地块被华润集团成功摘牌。摸清商务楼宇底数，建立楼宇信息平台，举办商务楼宇（成都）招商推介会，率先全省进行商务楼宇标准化认定，引进楼宇企业566家，培育税收过亿元楼宇9栋。

（二）打好改革攻坚战，发展活力更加强劲。坚持全面深化改革，以改革破解难题，以创新提升优势，以开放激发活力。

改革成效持续显现。供给侧结构性改革多点突破，“三去一降一补”扎实推进，为企业减负5000余万元，去化商业地产库存40.2万平方米，住宅地产库存基本消化，房地产市场健康稳定发展；优化投融资项目审批流程，建立PPP项目联审机制，有效防范政府性债务风险。“放管服”改革全面发力，承接市级行政职权58项，下放园区行政职权21项，后置许可办证率达98.18%，行政审批效率整体提速60%以上。重点领域改革纵深推进，国家监察体制改革试点工作和司法体制改革全面实施；金霞经开区体制机制改革落地见效；区城投、金霞发展集团改革顺利推进，政企、政资分开基本实现；农村土地确权登记颁证工作圆满完成；街道管理体制改革稳步实施；水利管理体制改革成效明显，为打赢抗洪保卫战奠定坚实基础。

创新动能加速积聚。创新平台不断优化，开福高新区正式获批；菁芒获评省级创客空间，佳海工业园获评省级中小微企业“双创”示范基地；中民筑友成立市级院士工作站，获评省级企业工程技术中心；湖南生物技术孵化中心获评市级科技孵化器；华创国际、福天兴业等 7家“双创”基地培育成长。创新主体日趋壮大，举办第二届创新创业大赛，新认定高新技术企业32家，新增市场主体17244户，增长22.45%。创新能力持续提升，积极推动校企合作，大力实施知识产权战略，申请专利、授权专利数分别增长24.8%、10.7%，万人拥有有效发明专利数达30.6件，高于省市平均水平。

开放格局不断拓展。积极申报多式联运监管中心、铁路临时口岸和跨境电商综合试验区，推动金霞经开区纳入湖南自贸区申报范围。大力推进金霞保税物流中心二期建设。湘欧快线实现七趟班列与六个国家互通，开通四趟回程班列，发运量居全国第四；五定班列运转平稳。湘粤港直通快车实现通车，全国首家海外人士外贸产业基地顺利落户，长沙跨境电商监管中心获批中部地区首家粤港“跨境一锁”模式试点。全区实际到位外资6.85亿美元，增长8.02%；完成外贸进出口总额9.5亿美元，增长36.1%。

（三）打好城市提质战，城乡环境更加美丽。坚持精明增长、紧凑城市理念，精准城市规划、精致城市建设、精细城市管理，开福宜居宜业宜游指数不断攀升。

承载功能增强。开福大道、星沙联络线实现通车，金霞大道开工建设，福元西路、芙蓉中路等主次干道完成“九位一体”提质改造，城市骨架不断拉伸。疏解伍家岭等重点片区，打通渔业路等断头路、瓶颈路4处，新增周南中学人行天桥，新建公共停车场24处、停车位3857个，改造港湾式公交站台16处，新增公交专用道20余千米，提质背街小巷14条，城市血脉更加畅通。加快海绵城市建设，改造排水堵点9处，疏浚化粪池3000余座、管道46万余米，更换井座井盖1800余套，地下管网有效疏通。

生态环境改善。坚持绿色发展，中央环保督察交办的32批次183件信访交办件全部办结。全面推行“河长制”，楚家湖、金竹河等34处黑臭水体完成整治。源头治理大气污染，全面淘汰黄标车，建筑工地在线扬尘监控实现全覆盖，空气质量稳步改善。深入推进造绿复绿，建成环城绿带，绿化提质湘江北路等道路11条，新增城市绿地143公顷、绿道49.2千米、城市公园和小游园10个，市民享受更多绿色福利。新建提质公共垃圾站所30套，推行生活垃圾强制分类试点，开展农村“三清四化五改”行动，城乡环境更加清爽靓丽。大力实施乡村振兴战略，新建提质袁青线等农村公路18.3千米；持续推进特色小镇和美丽乡村建设，檀木岭村、金霞新村分别获评全国文明村、省级美丽乡村示范村。

城市品质升级。深化最严城市管理，拆除违法建设15.1万平方米、违规广告招牌430处、围而未建地块实体围墙3.6万米，全市“拆围”现场会在我区召开。突出街区制特色，提质提档金融商务区等3大片区、城市主干道等6大节点、紫凤等35个老旧社区。完成15个小区9364户电力“专改公”。亮化提质万家丽路等3条道路。大力开展人行道专项整治，创新静态交通管理和“门前三包”机制，完善“智慧环卫”平台，城市品质更加精美、宜居。

城市文明提升。深化厚德开福建设，常态长效抓好文明城市创建。建成栖凤路等4个城市驿站，打造全省首家区级好人馆“开福好人馆”，设立全市首个学雷锋志愿服务平台“厚德志愿者之家”，2人获评“中国好人”，9人获评“湖南好人”，1人参评感动中国人物，荷花池社区获评全国三八红旗单位，人文之光、人性之善、人情之美浸润开福每个角落。

（四）打好民生升温战，群众生活更加美好。坚持以人民为中心的发展思想，持续推进有质效、有温度的发展，在发展中保障和改善民生。

扎实推进“三区三体系”建设，推动幸福在百姓家门口持续升级。投入民生资金58亿元，占一般公共预算支出的85%。教育事业均衡推进，新建清水塘江湾小学等学校8所，完成标准化学校建设19所，新增优质学位1.1万个，与长郡中学等3所名校实现合作办学，率先全市招聘编外合同制教师205名，公办和普惠性幼儿园占比72.5%，成功创建为“十三五”国家级课改实验区。文体事业协调发展，新建24小时自助图书馆、社区文化服务中心、街道全民健身中心共10个，积极开展“幸福向北十公里”全民跑等群众性体育活动，百姓精神食粮更加充实。卫计事业成果丰硕，率先全省主导家庭医生签约服务，重点人群签约服务率66.3%；引进社会办医机构19家，政府办医机构全部启动药品“两票制”；新增“医疗联合体”7个、社区“健康小屋”10个、“名（中）医”工作室4家，优质医疗资源持续下沉，获评全国基层中医药工作先进单位、全国妇幼健康优质服务示范区、全省卫生计生依法行政示范区。

始终坚持“兜底线、织密网、建机制”，着力构建更加完善的社会保障体系。全面落实“人才新政”，扎实推进“大学生就业在开福”系列活动，区就业服务中心建成运行，城镇登记失业率控制在2.14%，营盘街社区获评全国充分就业示范社区。社会保险提质扩面，基本医疗保险参保率达100%，基本养老保险实现全覆盖。福鑫苑等7个安置房项目扎实推进，124户农村危房改造项目竣工验收，多措并举解决15488户次困难家庭住房保障问题。加强对困难群众的帮扶救助，累计发放生活保障金及各类补贴补助7500万元。探索智慧养老新途径，新建居家养老服务中心和养老示范点14个，养老床位2061张。

着力加强和创新社会治理，推动社会既充满活力又和谐有序。平安开福建设深入实施，国家食品安全示范城市创建扎实推进，农村道路安全城市化管理全面推广，电梯安全管理综合标准化国家试点项目通过验收，一般安全生产事故同比下降47.8%，未发生较大以上安全事故。着力抓好信访积案化解百日攻坚行动，有效化解一大批久拖未决的信访积案，打赢了十九大特护期维稳保卫战。创建医患纠纷调解平台，率先全省实现校园调解室全覆盖，连续5年获评全市群众工作先进区县，连续13年保持全省平安区县称号。浏阳河社区获评全市唯一的省级平安创建示范社区。

（五）抓好严实型治理，行政效能更加高效。深化简政放权，提升服务质效，狠抓工作落实，树立清正、廉洁、务实、高效的良好政府形象。

依法行政实现新发展。率先全省建立法治开福建设量化考核评估体系。深入推进政府法律顾问制度，累计52家行政单位聘用法律顾问。区政府门户网站发布各类信息近3.4万条，“政府重点领域信息公开”项目在全省县级政府法治形象评议中位居第一，树立了法治政府建设新标杆。主动接受区人大及其常委会的工作监督和区政协的民主监督，全年承办区人大代表建议和政协委员提案220件，办复率100%，满意率100%。

服务效能得到新提升。优化政务服务事项515项，编制出台服务指南和流程清单，取消各类证明57件，近50%的行政审批事项实现即时办结、立等可取。畅通“12345”服务热线，受理投诉建议7960件，市民满意度98.6%，位居全市前列。推行政务服务帮（代）办制度，当好服务群众和企业的“店小二”。

廉政建设取得新成效。坚持党对一切工作的领导，“四个意识”不断增强。查处违反中央八项规定精神17起、处理41人，查处“雁过拔毛”式腐败问题27起、处理65人，“四风”问题得到有效整治。加强行政监察、审计监督和财政评审，对20个财政专项资金重点项目开展绩效评价，对387个政府投资项目进行结算审计，核减率16%，资金使用更加高效。

与此同时，国防动员、人民防空、应急处险、对口帮扶等工作扎实开展，民族宗教、外事侨务、老龄老干、史志档案、机关后勤等工作不断进步，各民主党派、工商联、无党派人士积极参政议政，工会、共青团、妇联、残联、侨联等群团组织为区域发展作出积极贡献。

特别是面对去年7月的特大洪灾，广大党员、干部群众和社会各界众志成城、奋力迎战，取得了“不漫一堤、不决一口、不垮一垸、不死伤一人、不出现一起负面舆情，城市秩序井然、百姓生活安宁”的全胜战绩，谱写了战天斗地的抗洪壮歌。

各位代表、同志们，成绩的取得，离不开全区干部群众的奋力拼搏，离不开人大代表、政协委员的大力支持，也离不开驻区单位和社会各界的密切配合。在此，我谨代表区人民政府，向全体人大代表、政协委员，并通过你们向长期关心支持参与开福建设和发展的同志们、朋友们，表示衷心的感谢和崇高的敬意！

回顾过去一年的工作，我们深刻体会到：只有始终坚持党的领导，团结一心、步调一致，才能人心齐、泰山移，凝聚“升级发展、成就北富”的强大力量。只有始终坚持改革创新，以改革激发活力，以创新积蓄动力，才能补短板、强优势，当好创新引领排头兵，抢占开放崛起制高点。只有始终坚持为民宗旨，以人民为中心，以人民为主体，眼睛朝下、脚步朝下，才能找准工作着力点，保持旺盛原动力。只有始终坚持真抓实干，才能永不懈怠、一往无前，打赢一场又一场硬仗，克服一个又一个难题，在务实进取中实现开福的致强崛起。

总结成绩的同时，我们也要清醒地看到发展不平衡不充分的问题：一是发展质量有待提高，都市工业和科技仍存在短板，招商引资质效不高，引领型的大项目、好项目不多，优势产业集聚效应还不突出。二是大气污染治理成效不明显，水生态治理任务艰巨，农村面源污染治理压力较大，生态修复任务依然繁重。三是城市发展引发的新旧矛盾错综复杂，矛盾化解和社会治理仍需持续用力。四是优质高效服务群众和企业的能力不强，干部作风有待改进。对此，我们要高度重视、认真解决。

2018年工作安排

2018年，是贯彻党的十九大精神的开局之年，是改革开放40周年，是决胜全面建成小康社会、实施“十三五”规划承上启下的关键一年，做好今年的工作事关长远，至关重要。当前，开福发展来势向好、态势强劲，但仍处于转变发展方式、优化经济结构、转换增长动力的攻关期。我们必须以党的十九大精神和习近平新时代中国特色社会主义思想为指引，牢牢把握新时代社会主要矛盾的变化，着力解决发展不平衡不充分的问题；牢牢把握以人民为中心的发展思想，不断满足人民对美好生活的向往；牢牢把握新发展理念，构建创新成为第一动力、协调成为内生特点、绿色成为普遍形态、开放成为必由之路、共享成为根本目的的发展模式；牢牢把握稳中求进工作总基调，掌控好工作节奏和力度，确保在经济增长、民生底线、风险防范上稳得住，在转换动能、调优结构、提高效益上进得好；牢牢把握高质量发展的要求，坚持质量第一、效益优先，不断增强经济创新力竞争力；牢牢把握供给侧结构性改革，着力在“破”“立”“降”上下功夫，提高供给质量和效益；牢牢把握工作重点，着力打好防范重大风险、精准脱贫、污染防治三大攻坚战，促进经济社会持续健康发展。

所以，2018年政府工作的总体思路是：全面贯彻党的十九大精神，以习近平新时代中国特色社会主义思想为指导，按照中央“五位一体”总体布局、“四个全面”战略布局和省市区党代会部署，坚持稳中求进工作总基调，坚持新发展理念，紧扣新时代社会主要矛盾变化，按照高质量发展的要求，咬定“升级发展、成就北富”的发展目标，坚持有质效、有温度的“两有”发展，建设物质富裕、精神富有的“两富”开福，以“产业项目建设年”为抓手，统筹做好稳增长、促改革、调结构、惠民生、防风险各项工作，实施双轮驱动、三金带动、项目拉动、环境促动、作风推动“五动”发展新举措，拼搏赶超、争创一流，加快建设强盛、精美、幸福、厚德的现代化新开福，争当新时代全面建设现代化长沙的排头兵和示范区！

全区经济社会发展主要预期目标是：地区生产总值增长10%；税收收入增长10%；固定资产投资增长12%；社会消费品零售总额增长11%；规模工业增加值增长8%；城镇登记失业率控制在3%以内；居民人均可支配收入高于省市平均水平，主要污染物减排完成约束性指标。同时，按照高质量发展要求，更加注重以下指标：研发与实验发展（R&D）经费支出增长30%以上；产业投资占固定资产投资总额比重40%以上；税收占总收入比重85.5%以上；单位地区生产总值能耗下降3%。

为实现以上目标，重点抓好五个方面的工作：

（一）聚焦产业提效，构建现代经济新体系。坚决贯彻新发展理念，以质量和效益为中心，推动质量变革、效率变革、动力变革，加快构建实体经济、科技创新、现代金融、人力资源协同发展的产业体系，实现高质量发展。

着力推动产业升级。保持发展定力，围绕金融商务、文化创意、物流商贸和军民融合、都市工业“3+2”产业布局，持之以恒强优势、补短板，不折腾、不懈怠、不犹豫。扩大主导产业优势。城市经济的发展，很大程度上取决于“流量经济”的集聚和裂变。金融商务业要放长眼光，吸引更多金融机构、要素平台、中介机构入驻，推动更多新兴业态发展，扩大金融“蓄水池”的储量，做大做强“资金流”。文化创意业要以马栏山视频文创园为核心，加快构建全要素、全周期、全链条的文创产业生态系统，做大做强“技术流”“信息流”；物流商贸业要加快供应链体系建设，大力发展电商物流、保税物流、冷链物流等现代物流，推动商贸业扩量提质，做大做强“货物流”。加快园区经济发展。坚持有所为有所不为，实现更加集约、更有重点的发展。金霞经开区要保持定力，围绕“一主一特一链”产业布局，全力以赴强产业、引项目、抓招商，加快长沙北站二期、长沙新港三期等平台建设，支持中民筑友、老百姓医药健康产业园、罗莎蛋糕生产配送基地、拓沃工程机械生产基地等项目发展，推动装配式建筑、生物医药、食品加工、智能制造等产业链横向集聚、垂直整合，形成产业兴园、项目强园、机制活园的生动局面。马栏山视频文创园要抓好省市区政策落地，加大招商引资力度，推进湖南广电产业落地和引爆区规划建设，建成具有国际影响力的中国“V谷”；提质周边环境，做强北辰动漫文化产业园，建好浏阳河生态文化产业带，集聚更多企业、项目和人才，打造“泛马栏山”文创产业新地标。开福高新区要迅速搭建班子，探索片区开发新模式，加快军民融合产业园建设，吸引更多新材料、新能源、航空航天、海洋工程等高新技术项目“军转民”“民参军”，打造以军民融合为主导的高新技术产业示范区。金融商务区要引导金融资本脱虚向实，支持实体经济发展；聚焦保险、证券、基金类金融机构，发展互联网金融、科技金融、绿色金融等新兴业态，实现全业态、多元化、互补性发展；加强宣传推广、优化政策配套、提质整体环境，打造金融总部核心区。提升楼宇经济效益。优化楼宇核心功能，培育更多总部楼宇、特色楼宇和专业楼宇，打造“立起来的园区”；完善楼宇网络信息平台，建好用好社区楼宇经济服务中心，推动楼宇企业入驻率、注册登记率、属地纳税率“三率”齐升，打造消费新高地，培育税收新渠道。

提升项目建设质效。始终坚持项目为王，以“产业项目建设年”为抓手，铺排重大项目172个，投资294.6亿元，用项目支撑高质量发展。重点抓好产业和社会项目。提高产业投资、社会投资占全部投资的比重，形成经济工作以产业为中心的鲜明导向。围绕建设马栏山视频文创园、开福高新区等着力引入一批大项目，围绕发展物流商贸、装配式建筑等产业链谋划一批大项目，围绕培育金融商务、生物医药等主导产业实施一批大项目，形成大项目顶天立地、小项目铺天盖地的生动局面。加快推进基建和民生项目。强功能、优环境，持续提升城市承载功能和品质。启动德雅路、晴佳巷片区等项目征收工作，提升六堆子、东风二村、山鹰潭等项目征收进度，加快福鑫苑二期、湘粤村、新塘小学等项目建设、竣工和投用。着力加强要素保障。强化土地保障，加大征地拆迁力度，加快扫尾清零速度，实现城市棚改2060户、13.7万平方米以上，农村拆迁新增用地400公顷以上，保障重大项目用地需求；抓好闲置土地支帮促，用好与对口帮扶地区的耕地增减挂钩政策，破解建设用地指标少、耕地补充难而贵的问题。加强资金保障，支持区属国有企业围绕产业实施片区开发，以时间换空间，增强造血功能；通过盘活土地资产、适度充实资本金，为平台公司融资增信，扩大直接融资；用活用好PPP模式，充分发挥政府产业引导母基金作用，最大限度地激活民间资本。加快手续办理，优化工程项目建设审批流程，探索实行“多评合一”“多图联审”“联合验收”等新模式，对重大项目实行“一项一策”，开辟“绿色通道”，随到随审，限时办结，最大限度缩短审批时限。

浓厚招商营商氛围。高质量发展需要招商引资的支撑，也离不开营商环境的保障，必须内联外引、协同推进。掀起招商引资热潮。把招商引资作为经济工作的“第一抓手”，在“精准、舍得、执着”上下功夫。着力招大引强，围绕三大优势产业链、军民融合为主导的高新技术产业链、装配式建筑等特色产业链精准招商，进一步建链、强链、补链、延链；围绕马栏山视频文创园、开福高新区、苏托垸、黄兴北路两厢、1094地块、关公湖等重点板块精准招商，切实发挥黄金地块的“虹吸效益”；围绕国内外500强企业、央企、重点湘商精准招商，在科技型、引领型项目上实现新突破。优化招商机制，创新委托招商、顾问招商、重资产招商等模式，完善招商信息库、客商库、项目库，建立全区招商引资产业数字地图，实现“人才+项目+资本”协同招商。确保项目落地，建立项目在谈、签约、开工、建成全过程动态监管和跟踪服务机制，完善招商引资“周调度、月通报、季讲评、年总结”工作机制，以钉钉子精神推动项目签约落地。优化营商安商环境。区域竞争，归根到底在于营商环境的竞争。我们既要大张旗鼓招商引资，也要多措并举营商安商，持续激发市场活力和社会创造力。建立快捷便利的准入机制，坚持区内与新进、民企与国企、内资与外资一视同仁，破除歧视性限制和各种隐性障碍。持续减费、减税、减证，降低企业用能、用地和制度性交易成本，让企业轻装上阵。深化“互联网+政务服务”改革，打通服务企业“最后一公里”，让“办事不求人”成为常态；大力开展“个转企、小升规、规改股、股上市”活动，支持区内企业做大做强，让企业家在开福放心投资、舒心创业、安心发展。

（二）聚焦改革提速，激发区域发展新动能。牢牢抓住供给侧结构性改革主线，以改革开放抢占发展先机，让开福的山山水水、角角落落激情迸发、活力四射。

增强改革推动力。坚持解放思想无止境。持续推进供给侧结构性改革，抓好“三去一降一补”重点任务；不断深化“放管服”改革，重点推进“不见面”审批改革，推动“12345”市民服务热线整合，用“数据跑路”代替群众跑腿。深入推进国家监察体制改革试点工作和司法体制改革；大力实施街道、园区等机制体制改革，进一步释放改革活力。

增强创新驱动力。实施创新驱动战略，深入推进创新创业“135工程”和“创新创业在开福新三年行动计划”。加快创新平台建设，充分发挥凯乐微谷、华创国际、福天兴业等“双创”基地优势，培育众创空间2家以上，科技孵化器1家以上。强化创新主体地位，加快完善以企业为主体、市场为导向、产学研用紧密结合的技术创新体系，培育一批具有创新能力的排头兵企业，支持企业将核心技术转化为国家标准、国际标准，培育一批知名质量品牌。优化创新发展环境，实施全社会R & D投入三年行动计划，完善多元化科技投入体系；筹建马栏山视频版权交易中心，加强知识产权创造、保护、运用，支持科技成果孵化、转化、产业化。

增强开放拉动力。坚持开放崛起战略，在搭平台、拓通道、提功能、优服务上实现新突破。加快金霞保税物流中心二期建设，拓展“五定班列”新路线，推进湘欧快线、湘粤港直通快车提质提速，力推保税备货模式（BBC）落地。加快一类铁路口岸、跨境电商综合试验区申报，推动金霞经开区纳入湖南申报自贸区范围，不断提升开放功能。完善拓展“跨境一锁”模式，积极推广“单一窗口”经验，推进区域通关一体化，打造内陆开放新高地，争当全省对接“一带一路”倡议和“一带一部”建设的桥头堡、开放崛起的主力军。

（三）聚焦城市提质，彰显宜居开福新面貌。坚持规划引领，以产业筑基、交通筑脉、山水筑体、文化筑魂，打造更加美丽、更具魅力、更为便利的宜居开福。

提升功能品质。坚持疏浚堵点、打通节点，聚焦热点、解决痛点，大力推进地铁3号、5号、6号线建设和1号线北延，加快金霞大道建设和中青路北延，启动湘雅路、兴联路过江通道建设，推动湘江大道等4条主次干道提质改造，畅通城市“主动脉”。提质提档马栏山视频文创园、开福高新区等5大片区、7大节点、27个社区，打通钟石路等4条断头路和瓶颈路，提质双拥街等10条背街小巷，增设黄兴北路江天路口等2座人行天桥，新建停车场15个、停车位3000余个，建设公交都市、优化慢行系统，加强人行道、农贸市场、城市绿道等“微建设”，构建“15分钟社区生活圈”，不断提升城市发展持续性和宜居性。抓紧防洪设施达标和苏托垸污水处理厂建设，加快涝湖垸片区雨污分流改造，继续实施老旧化粪池疏浚改造，扎实推进海绵城市建设。

提升生态品质。始终践行“绿水青山就是金山银山”的理念，像保护眼睛一样保护生态环境。让水质更清澈。推进治污水、防洪水、排涝水、优供水、抓节水“五水”共治，全面落实“河长制”，加强浏阳河、捞刀河流域综合治理，启动桃花溪生态保护和修复工程，用制度的力量呵护开福的好山好水好风光。让空气更清新。源头治理工地扬尘、面源污染、机动车尾气等大气污染，大幅提升空气质量优良率，坚决打赢蓝天保卫战。让环境更清爽。大力实施城区绿化、美化、亮化、净化、序化“五化”提质，绿化提质洪山路等5条道路，加快建设茶子山等3个社区公园，新增城区绿地100公顷；坚持“减量化、无害化、资源化”原则，全面推行垃圾分类收集处置；实行路面、立面、河面等立体保洁全覆盖，让绿色生态成为开福最鲜明特色和最持久优势。

提升管理品质。大力开展城乡环境、“三车三场”、拆违控违、市容“五乱”、户外广告、餐厨垃圾、“门前三包”等专项整治行动，持续实施最严城市管理。优化考核机制，充分调动基层城市管理积极性和主动性；升级智慧城管平台，推广以党建为引领、人民为中心、信息化为支撑的网格化管理模式；加强城管队伍建设，夯实城市管理基层基础。深化城市管理执法改革，推行城管、交警对车辆违停联合执法，坚持乡村道路24小时巡逻值守，加强共享单车管理，营造安全、畅通、有序的道路交通环境。推进“厕所革命”，新改扩建站厕50座，完成农村改厕1600户，努力补齐群众生活品质短板。

提升农村品质。深入实施乡村振兴战略，促进农业农村繁荣发展。新建提质廖茶线等农村公路22.5千米；完成高岭社区、戴家河社区等城中村改造；实施农村人居环境整治三年行动计划，深入推进“三清四化五改”专项整治，扎实做好土壤治理修复与产业结构调整结合文章；持续推进沙坪湘绣等7个特色小镇、钟山村等5个美丽乡村建设，创建1个省级和1个市级美丽乡村示范村，推动农村从一处美向一片美、一时美向持久美转变。

（四）聚焦民生提档，满足美好生活新需求。坚持民生至上，从解决人民最关心最直接最现实的利益问题入手，让开福百姓拥有更多看得见、感受得到的获得感、幸福感、安全感。

让社会文明更凝心。大力践行社会主义核心价值观，持续推进厚德开福建设，全面提高市民素质和社会文明程度，打造更高水准的全国文明城区。保护性开发黄兴北路、开福寺、潮宗街、霞凝老街、沙坪绣纺街等历史文化街区，留住开福记忆、彰显开福味道。不断深化“五城”共建，建好用好城市驿站，让城市发展更有价值高度、文化厚度和民生温度。

让社会事业更暖心。坚持教育优先，加快植基中学等14所学校建设，推进学前教育普惠发展，争创国家义务教育优质均衡发展区，努力让每个孩子都能享有公平而有质量的教育。打造健康开福，启动区公卫大楼建设，提升基层医疗卫生和人口计生服务水平，抓好全民健康生活方式促进、中医药服务能力提升等八大民生工程，扩大家庭医生签约服务覆盖面，创建全国慢性病综合防控示范区，让健康守护开福的千家万户。繁荣文体事业，加快区文体中心、24小时自助图书馆和基层文化阵地建设；大力发展社区体育，广泛开展全民健身运动，不断满足人民群众更加美好的精神需求。

让社会保障更舒心。全面落实“人才新政”，深入推进“大学生就业在开福”活动，提升就业创业活跃指数，城镇新增就业1.5万人以上，零就业家庭100%动态清零。坚持“房子是用来住的，不是用来炒的”定位，着力推进板塘三期等保障房、租赁房、定向限价商品房建设，加快建立多主体供应、多渠道保障、租购并举的住房制度，让百姓住得更有保障。探索建立多层次养老服务体系，新建社区居家养老服务中心8个，新增养老床位数400张以上。统筹城乡社会救助体系，完善低保、优抚、助残、救孤、济困制度，大力发展慈善事业。

让社会治理更安心。深入推进“平安开福”“天网工程”“地网工程”建设，完善立体化信息化社会治安防控体系。坚决打击黄赌毒、黑拐骗等各类违法犯罪行为。深化“七五普法”，依法解决征拆等各类遗留问题，巩固信访积案化解百日攻坚成果。细化属地管理责任、企业主体责任、部门监管责任，全方位加强安全隐患排查整治，扎实推进国家食品安全示范城市创建，牢牢守住百姓“舌尖上的安全”，坚决遏制较大以上安全事故发生。加快风控平台建设，深化“五零”社区创建，加强小区物业管理，实现政府治理和社会调节、居民自治良性互动。

（五）打造人民满意的服务型政府。始终坚持党的领导，牢固树立“四个意识”，提高政治站位，转变政府职能，提升政府治理现代化水平，不断增强政府执行力和公信力。

坚持依法行政。完善重大行政决策公众参与、专家论证、合法性审查等相关制度，做到依法决策、民主决策、科学决策。严格规范公正文明执法。自觉接受区人大及其常委会工作监督、法律监督和区政协民主监督，主动接受司法监督、舆论监督和社会监督，进一步加强审计监督，让法治点亮城市之光。

提升服务效能。坚持把群众和企业的满意度作为衡量政府服务的标准，把云计算、大数据、互联网+政务作为优化政府服务的基础设施和重要支撑，加强行政服务规范化和标准化建设，构建时间倒排、目标倒逼、责任倒查的清单式管理制度，让企业和群众用最短时间办成事。

狠抓工作落实。事业是干出来的。建立“马上就办、限期办结”工作制度，以真抓的实劲、敢抓的狠劲、善抓的巧劲、常抓的韧劲，做细做实做好各项工作，做到件件有落实、事事有回音。完善块抓条保、项目化管理工作机制，增强分级负责、分工协作意识。优化考核和激励机制，加大常态化督查问责力度，推动各级干部锲而不舍抓落实、担当有为破难题。

加强廉洁建设。开展“不忘初心，牢记使命”主题教育，深入贯彻中央八项规定精神，持之以恒纠“四风”。严格落实党风廉政建设主体责任和“一岗双责”，严格防控工程建设、项目招投标、资金运行、征拆安置等重点领域廉政风险。严肃查处懒政怠政、为官不为、“雁过拔毛”等不正之风。强化财政预算管理约束力，严控“三公”经费支出，加强行政监察、经责审计、财政评审，进一步扎牢制度的笼子。

新使命催人奋进，新征程任重道远。让我们高举习近平新时代中国特色社会主义思想伟大旗帜，在市委、市政府和区委的坚强领导下，不忘初心、牢记使命、砥砺奋进，为加快建成强盛、精美、幸福、厚德的现代化新开福作出新的更大贡献。

名词解释：

1. 三百工程：倾斜支持100个重点项目、100家重点企业、100栋重点楼宇做大做强，引领带动服务经济规模化、集聚化、高端化发展。

2. 三港互通、多式联运：由水路、铁路、公路三港相互衔接、转运而共同完成的运输过程。

3. 商贸4.0：利用互联网、物联网、服务网等现代信息技术，让实体的商贸市场和网络的虚拟交易相互融合，通过商品贸易的全产业链，实现生产者、销售者、购买者、服务者之间的智慧匹配，最大限度地降低商品流通成本，实现多方利益的最大化。

4. “3+X”产业布局：“3”即金霞经开区沙坪组团内的军民融合产业园、在华创国际和福天兴业等5A级写字楼建设的军民融合创新创业基地、在凯乐微谷和卓尔工业园规划建设的军民融合研发基地及中试基地，“X”即依托区内各楼宇打造若干军民融合企业集聚地。

5. “放管服”改革：即简政放权、放管结合、优化服务改革。

6. 三去一降一补：去产能、去库存、去杠杆、降成本、补短板。

7. 湘欧快线：即湖南省首条直达欧洲的国际铁路货运专列。

8. 五定班列：装卸车站固定、运行线路固定、班列车次固定、货物发到时间固定、运输价格固定。

9. 湘粤港直通快车：香港、长沙两地海关对进出口货物实施一次申报、一次查验和一次放行，深圳海关实行途中自动核放，运输车辆可直接进(出)境，实现了关口前移和直通。

10. 跨境一锁：将香港海关的“多模式联运转运货物便利计划”与广东省内海关的“跨境快速通”两种通关模式进行对接，在长沙金霞进行推广，为进出口企业提供智能通关、无缝清关服务，提高了效率、降低了成本。

11. 九位一体：路面、人行道、绿化、亮化、立面、公共空间、地下管网、交管设施、慢行系统。

12. 河长制：以保护水资源、防治水污染、改善水环境、修复水生态为主要任务，全面建立省、市、县、乡四级河长体系，构建责任明确、协调有序、监管严格、保护有力的河湖管理保护机制。

13. 三清四化五改：三清即清垃圾、清杂物、清庭院，四化即绿化、美化、亮化、净化，五改即改路、改水、改厕、改圈、改生活垃圾处理方式。

14. 专改公：由电力企业对小区电力配套设施的建设、运行、维护、更新、改造等进行统一规划、统一管理，实现“供电、抄表、收费、服务”四到户。

15. 三区三体系：即建设充分就业现代化强区、教育现代化强区、医卫健康现代化强区；健全更高水平的社会保障体系、现代公共文化体育服务体系、公共安全防控体系。

16. 两票制：是指药品生产企业到流通企业开一次发票，流通企业到医疗机构开一次发票在公立医疗机构药品采购中推行。

17. 四个意识：政治意识、大局意识、核心意识、看齐意识。

18. 五位一体：经济建设、政治建设、文化建设、社会建设、生态文明建设。

19. 四个全面：全面建成小康社会、全面深化改革、全面依法治国、全面从严治党。

20. 五动：双轮（创新引领、开放崛起）驱动、三金（金霞经开区、金鹰文化区、金融商务区）带动、项目拉动、环境促动、作风推动。

21. 一主一特一链：一主即智能物流产业，一特即军工智能装备为主的军民融合产业，一链即装配式建筑产业链。

22. 军转民：指军事工业由军事专用性的科研生产转向军民结合性（或兼容性、两用性）科研生产的一种特定运行机制。

23. 民参军：指民营企业利用民用先进技术参与国防建设，其中包括民用技术转军用、民营资本进军工和民营企业产品进军队。

24. “不见面”审批改革：利用互联网将服务窗口、服务机制拓展延伸到PC端和移动端，建立高效便民的“不见面”审批服务平台，实现“外网受理、内网办理、集中审批、无偿代办、公开透明、快递送达”。

25. 三车三场：即渣土车、砂石车、混凝土搅拌车；消纳场、砂石场、混凝土搅拌场。

26. 五乱：乱设乱贴、乱摆乱卖、乱搭乱占、乱停乱放、乱吐乱扔。

27. 五城：文化之城、好人之城、博物馆之城、创新创意之城、读书之城。

28. 五零：服务零距离、安全零事故、环境零污染、治安零发案、居民零上访。

政协长沙市开福区第五届委员会常务委员会工作报告

在开福区政协五届三次全体会议上的讲话

政协开福区第五届委员会主席　熊建伟

（2018年1月7日）

2017年工作回顾

2017年，区政协第五届常委会在中共开福区委的坚强领导和市政协的指导下，紧紧围绕开福“升级发展，成就北富”的时代主题，始终高擎团结、民主两大旗帜，扎实履行政治协商、民主监督、参政议政三大职能，与全体政协委员齐心协力担使命，同心戮力谋发展，尽心竭力惠民生，凝心聚力促和谐，充分彰显出开福政协人胸怀大局、敢为人先、无私奉献的委员风采和赤子情怀。

一、从“慎思”到“善言”，用委员智慧为大局献策

在开福致强崛起的新征程中，区政协和全体委员始终遵循习近平总书记“懂政协、会协商、善议政”的要求，以服务发展、效力开福为己任，坚持以言建功，做到言之有理、言之有据、言之有物，为党政决策提供智力支持。

1. 提升站位，着眼区情议大政。熟悉区政区情是委员议政建言的必要条件。长期以来，区政协一直努力为广大政协委员知情明政和参政议政提供平台、创造条件，2017年，区政协共召开全体会议1次、常委会议5次，组织委员听取了开福经济社会发展、全区财政预算安排和执行等情况报告，并组织委员视察了潮宗街项目建设、垃圾分类工作、新农村建设等重点工作。委员们通过交流讨论、分组发言、书面建议等形式，为开福提供了许多发展的新思路、新理念、新点子，得到了区委、区政府领导的高度重视和采纳运用。

2. 广献良策，聚焦北富促发展。“议政不行政、献策不决策”的特点，决定了人民政协要善用话语权，发出好声音。区政协主动围绕区委、区政府所关心的重大课题进行议政协商，组织相关领域的委员、专家进行深度调研，形成针对性高、实践性强的专业意见供区委、区政府领导决策参考。2017年，区政协共开展了打造内陆开放高地、城区主次干道“九位一体”、住宅电梯的运行与安全、对困境儿童的关爱工作、提高全民义务教育均等化水平等5次专题协商，以及打造马栏山文化创意集聚区、禁毒工作、乡村道路交通安全城市化管理工作、社区卫生服务中心能力建设、残疾人“生活小秘书”项目建设等5次专题视察，并就美丽乡村建设、基金小镇打造等课题提交了两篇专题调研报告。委员们所撰写的《关于打造内陆开放高地的协商建议》《关于加强我区住宅电梯运行与安全的视察建议》《关于对特色小镇（美丽乡村）建设工作的视察建议》等多项建议得到了区委、区政府领导的批示，并批转相关部门办理落实，促成了《开福区电梯管理实施意见》等区级政策的出台。

3. 体察民意，为民代言勤发声。反映社情民意信息是开福政协的一项优势工作。我们在工作中坚持了好传统，通过选题参考、分类审阅、评比奖励等方式，号召全体政协委员在履职和生活中查找问题、发现问题，做好民生问题的“代言人”。同时，我们积极探索新途径，通过召开社情民意研修会，不断提升稿件质量和委员的写作能力。2017年，区政协共收到委员报送的信息493条，研修后报省、市269条，共有39篇信息被省、市、区政协采用。其中，《建议在增值税发票系统中推广应用二维码技术》、《关于规范律师会见在押罪犯的建议》、《审慎对待城市网络公共自行车项目》等信息被省政协采用，《呼吁尽快解决长沙市域内地名相同的问题》得到了省委常委、市委书记胡衡华同志的批示，《关于全面开展农村水井水质监测与整改工作的建议》、《关于建立打击农村非法传销长效机制的建议》等信息得到了市委副书记徐宏源同志的批示。2017年，我区社情民意工作成绩再创新高，继续领先全市，连续5年蝉联长沙市社情民意信息工作桂冠，获一等奖。

二、从“笃志”到“笃行”，用政协力量为发展提速

此时的开福，正处在升级发展、爬坡过坎的关键阶段，也面临着大有可为、大有作为的历史机遇。在这个重要节点上，开福政协人挺身在前，毅然肩负起助推发展的职责使命，争做开福崛起的坚定拥护者、主动践行者和有力推动者。

1. *各尽所能，让标兵树立标杆*。政协委员是来自全区各行各业的精英和代表。2017年，按照区委对政协工作“三个不问”的要求，区政协在委员队伍中全面开展“成就北富我要给力，厚德开福向我看齐”的主题实践活动，鼓励委员们在不同行业干出实绩、当好楷模，树立典范。一年来，我区政协委员充分发挥示范作用，挖掘优势资源，牵头举办了省物联网高峰论坛、“信贷早春行”政银企金融对接会、“创业青年共筑北富梦”、开福企业家讲坛等一系列活动，取得了良好社会反响。尤为值得一提的是，在今年7月的抗洪救灾工作中，广大区政协委员、老委员、机关干部夜以继日，坚持战斗在抗洪一线，通过调度指挥、上堤驻守、捐款捐物、前线慰问、防疫清淤，为抗洪胜利作出重大贡献。据统计，区政协委员、老委员、机关工作人员为抗洪救灾捐款共计42.2万元，捐助物资总价值超过40万元，有93人直接参与了抗洪抢险工作。

2. *永不懈怠，以实干促成实绩*。2017年，区政协领导班子全面融入开福改革发展大局，与区四大家班子一道奋战在一线，拼搏在一线。区政协班子成员分别担任黄兴北路片区（潮宗街）、金霞片区、火车北站片区等多个区内重大项目指挥部的政委、副指挥长，积极参与了金融商务区建设、闲置土地盘活、拆违控违、遗留问题化解、信访维稳百日攻坚等多项中心工作，牵头办理了湘春路西入口项目结算、建湘新村社区提质改造、东岳宫恢复建设等多项重点工作，用恪尽职守诠释了责任，用履职担当回应了期望。

3. *持续跟踪，把成果变为成效*。委员提案是政协委员履职的最主要方式。提案办理的成效，不仅关系到委员的履职成果是否得到转化，也关系到区域发展中存在的问题是否得到改善。2017年，区政协以一办到底的决心，采取主席会议领衔督办、专委会对口促办的方式，通过持续督办、多轮督办，确保委员提案的办理成效。鹅羊山公园建设、地铁1号线沿线停车场建设、佳海工业园固废垃圾清运等重点提案，纷纷在年内落到了实处，见到了实效。据统计，2017年区政协委员共提交委员提案146件（其中立案106件），办理为A案的共有52件，A案率为49.1%。

三、从“探索”到“雕琢”，用创新思维为履职添彩

在快速发展的新时代，区政协坚持拓展履行职能的新领域，延伸政协工作的新触角，不断展现新姿态，实现新作为，让人民政协事业在基层得到更大的认可，拥有更强的活力。

1. *推进“互联网+”，基层站点建设持续出彩*。2017年，区政协积极响应省、市政协“互联网+政协”的新思路，将委员线上履职与基层站点建设结合起来，在16个街道实现了“线上委员工作站”的全覆盖，“五彩沙坪”、“掌上世纪城”、“指尖洪山”等一大批拥有完备功能、鲜明特色的站点，不仅为委员线上履职开辟了快车道，还在居民群众中“实力圈粉”，获得了省、市领导的高度认可。6月19日，开福政协被指定为全省唯一区县发言点，与省政协第23次常委会进行了现场连线；10月12日，省政协李微微主席一行来到我区沙坪街道视察，对我区线上站点建设工作给予了高度评价。10月17日，长沙市“智慧委员工作室”现场推进会在开福召开，市政协文树勋主席在会上对我区经验作了大力推广。2017年，区政协以突出的工作成绩，获评为湖南省政协云工作先进单位。

2. 启动全新机制，民主监督水平实现突破。作为人民政协的三大职能之一，我区民主监督工作成效一直相对薄弱。2017年，区政协找准症结，推陈出新，开创了“月反馈、季报告、半年咨询、年度测评”的监督新机制。由政协委员组成的1个民主评议小组和5个民主监督小组进驻区文体新局、区法院、区发改局、区食药局、区城管局、区交通局等被监督单位，主动亮明监督身份，认真开展明察暗访，精心拍摄了民主评议短片。在监督中查摆的问题，监督员们都原汁原味地向被监督单位进行了反馈，并逐一督促整改。全年民主监督共收集意见、建议41条，其中有36条得到了整改落实。在区政协第三季度常委会民主评议测评中，区文体新局的满意率和较满意率高达100%。通过开展监督，我们不仅有效促成了区职能部门政风行风的转变，更赢得了广大人民群众的支持与肯定。

3. 再续昔日情谊，往届委员联谊谱写新篇。区政协历届老委员大多对政协工作怀有深厚的感情，在任职期满后，他们仍然与区政协保持密切联系，并表达了希望继续服务发展、造福民生的强烈愿望。基于这一情况，我们依照“自愿、把关、自治、有度、公助”的原则，在全省率先成立了“老委员联谊会”，并从广大报名者中筛选出41名心系开福、富有激情的老委员加入。区政协在各项履职工作中都诚挚邀请联谊会老委员参加，为他们提供履职献计的平台。据统计，全年老委员联谊会参与协商、视察、调研共165人次，联合提交社情民意22篇。这种“新老结合”、“以老带新”的方式，让开福政协的各项优势和传统在新一届委员队伍中得到充分传承和发扬 。

四、从“同心”到“同频”，用厚德理念为开福聚力

区政协充分发挥人民政协代表性强、联系面广、包容性大的优势，精心做好各项凝聚共识、汇聚力量、协调关系的工作，努力为开福有质效、有温度的“两有”发展寻求最大公约数、画出最美同心圆。

1. 扎根基层，展现协商优势。基层协商是区政协的一项特色工作，在我区各类社会问题的处理中发挥了积极作用，也赢得了委员的支持和群众的拥护。2017年，我们对“线上委员工作站”、社情民意信息中反映的社会问题进行全面梳理，进一步拓宽了基层协商线索主渠道，让基层协商更能直击社会治理中的“痼疾”和“痛点”。一年以来，区政协委员牵头组织了包括“关于渔业路两厢停车相关问题的协商”、“关停毛家桥市场家禽交易并整体外迁”、“关于建湘新村社区惠民资金的使用问题”、“沙坪湘绣文化广场消防安全问题”等79次基层协商，尽心竭力地为基层群众解决问题、化解矛盾、消除隐患、送上便捷，打通了基层“微循环”，架起了委员“连心桥”。2018年1月2日，市政协文树勋主席在人民日报发表署名文章《让协商民主实实在在》，其中重点介绍了“整治沙坪社区老街水患问题”基层协商相关情况，对我区基层协商工作的成效给予了充分肯定。

2. 合作共事，营造和谐氛围。区政协牢牢把握团结民主两大主题，不断扩大团结面、增强包容性。通过中秋茶话会、交流走访等多种形式，听取全区各民主党派、工商联、无党派人士对开福区域发展、民生事业以及政协工作的意见和建议。重点组织各民主党派、工商联和无党派人士在政协全会等各种会议上议政建言，并参与到区政协的走访视察、专题调研、提案督办等履职活动中来，把合作共事的精神贯彻到政协工作的各个方面、各个环节。2017年，各党派团体共提交提案29件，反映社情民意103篇，在参政议政中发挥了重要作用。

3. 不忘初心，把握服务主旨。服务人民群众，以人民群众利益为重，是人民政协开展一切工作的基本出发点和落脚点。2017年，区政协保持了联系群众、服务群众的优良传统。我们有“开门迎客”，即通过 “政协委员接待日”制度，让委员走进社区，与群众零距离交谈，感知群众的冷暖和诉求；我们也有“对口认领”，即鼓励委员们各展所长，为民生解困。据统计，区政协委员全年共牵头组织包括“图书捐赠活动”“送医药下乡活动”“慢病非药物干预科普宣传”“进社区、献爱心”等主体履职活动381个。这些实实在在的爱心举措，让群众的脸上挂满了笑容，为人民的生活增添了美好。

4. 播撒真情，实现精准帮扶。“赠人玫瑰，手有余香”。2017年，区政协以“双百帮扶”、“爱心助学”两大品牌活动为抓手，为区内困难群众汇聚爱心。同时，我们还组织了“爱心义卖”公益书画拍卖活动和抗洪救灾募捐活动，赢得了广大区政协委员一致肯定和踊跃参与。全年，区政协委员及各界爱心人士共募捐62.7万元，为200户生活艰辛的困难家庭献上了爱心，为90名品学兼优的贫寒学子提供了帮助，更将政协委员的真情实意播撒到受助群众的心田，让他们重新燃起了战胜困难、继续生活的信心和希望。

5. 展示形象，传递开福名片。2017年，区政协共接待广东、江西、青海、贵州、山东、广西、内蒙、陕西等地及本省共41个兄弟区县（市）政协来开福的考察学习，在对外交流中生动展示了开福形象。目前，经区委批准，区政协已应贵州省福泉市政协邀请，与全国8个区县（市）政协结成了“中国福文化城市联盟”，并将借助这一平台对外大力推介“精神富有”的厚德开福新理念。此外，区政协整理出版了《完胜39.51》一书，为2017年抗洪工作留下了宝贵历史资料，生动勾勒出广大开福儿女抗击洪魔、保卫家园的英雄群像。同时，区政协文史编辑小组通过走访“三亲”老人、收集文史资料，为2018年编纂《开福宗教》书籍、弘扬和保护开福文化奠定了坚实基础。

五、从“携手”到“共赢”，用务实举措为队伍引航

第五届区政协队伍中的委员、干部有许多是初出茅庐、初试莺啼的“新兵”。针对这一情况，区政协领导班子理清工作思路，找准发力方向，不断强化队伍的战斗力、凝聚力、向心力，迅速打造出一支想为、敢为、勤为、善为的人民政协优秀团队。

1. 打出“组合拳”，强化履职意识。强化规矩意识。2017年，区政协严格执行《委员履职管理考核》制度，由全委会、专委会、联络处对委员实行“三合一”考核，科学量化委员履职成效。依据考核成绩，有10名委员因积极履职、贡献突出被评为“十佳委员”，有13名委员因履职不到位被约谈提醒；同时，五届一次会议以来，区政协共辞免委员6名，增补委员14名，极大地提高了队伍的履职积极性。强化学习意识。2017年4月，我们组织部分区政协委员赴厦门大学学习培训，通过精选课程和名师讲授，委员履职能力得到有效提升。强化智慧意识。根据省市政协“互联网+政协”的建设要求，我们号召政协委员们进驻各街道线上工作站点，在网上与群众互动发声。同时，我们在委员中大力推广省政协云app，促进人民政协工作新理论的普及和传播；目前，我区委员省政协云app的开通使用率已达到100%。

2. 经营“大家庭”，积淀深情厚谊。2017年，区政协坚持主席会议走访委员单位制度，进一步加强与委员联系，并努力协助解决委员或委员企业遇到的困难和问题，全年共走访了41家委员单位，有效拉近了与委员的距离。在区委、区政府的支持下，我们承办了市政协“同心杯”篮球赛，举办了羽毛球、游泳等竞技比赛，以及太极拳、旗袍秀等丰富多彩的文体活动，出版了《和美开福》委员摄影作品集，有效增进了委员之间的情感交流，激发了队伍的履职活力。注重委员人文关怀，通过寄送生日贺卡、看望慰问委员等活动，为委员们营造了获得感和归属感。

3. 构筑“桥头堡”，夯实基层阵地。16个街道政协联络处是区政协在基层的工作触手。2017年，区政协通过召开会议、调研走访、组织学习等方式，不断加强对各街道政协工作的联络和指导。在工作中，各街道政协联络处因地制宜，量体裁衣，创造性地实施了“三诊工作法”“圆桌议事会”“五个账本工作法”等多项新举措，并组织委员开展了“法律服务进社区”“推行河长制、保护母亲河”“小小演说家”“幸福港湾在行动”等多个特色亮点活动，让政协委员在基层的广阔天地中有所作为，更让人民政协工作真正实现了“看得见、接地气、惠民生”。

4. 把好“方向盘”，打造效能机关。注重制度建设。2017年，在认真总结第四届区政协制度建设经验的基础上，我们重点建立健全了《政协委员履职考核制度》《提案办理回访制度》《基层协商考核办法》，对中央、省、市有关政协工作的文件进行了整理汇编，促进了机关工作的制度化和规范化。注重思想建设。严格执行党风廉政建设和“一岗双责”制度建设，认真落实“三会一课”等党建工作要求，积极组织机关干部深入学习党的十九大精神，扎实开展群众工作站活动，建立并完善机关工会制度，在工作中不断强化“讲政治、勇担当、善协作、守纪律”的好风气，打造“团结、务实、高效”的机关氛围。注重阵地建设。在区委、区政府的大力支持下，对区政协726会议室进行了“升级改版”，极大地提升了办公硬件信息化水平，为今后全面对接省政协云平台及“智慧政协”建设提供了坚实技术保证。

各位委员、同志们，区政协一年来所取得的成绩，离不开区委的坚强领导和上级政协的精心指导，离不开区人大、区政府、离退休老同志以及社会各界的大力支持，离不开全体政协委员和老委员的精诚团结和努力奋斗。在此，我谨代表区政协五届常委会，向关心、支持区政协工作的各级领导和各界人士，以及所有同志们、朋友们致以崇高的敬意和衷心的感谢！

在总结成绩的同时，我们也清醒地看到工作中存在的不足和问题，主要表现为：提案办理的成果、建言献策的深度、委员的履职意识、网络在政协履职中的作用等方面还有待进一步增强。这些问题和不足，需要我们高度重视，认真研究，全力加以改进，也希望广大委员和全区各界向我们多提宝贵意见和建议，帮助我们把工作做得更好。

2018年工作安排

2018年，是全面贯彻落实党的十九大精神的开局之年，也是开福朝着“升级发展、成就北富”目标奋进的关键之年。2018年，区政协工作的总体要求是：在开福区委的坚强领导下，全面学习贯彻党的十九大精神和习近平新时代中国特色社会主义思想，牢牢把握“成就北富我要给力，厚德开福向我看齐”的工作主线，大力弘扬团结、民主两大主题，认真履行政治协商、民主监督和参政议政三大职能，广泛凝聚委员力量，充分发挥自身优势，全力服务“五动”发展新举措，为实现“两有”发展、建设“两富”开福，打造“强盛、精美、幸福、厚德”的现代化新开福贡献政协力量。

一、以狠抓学习为主线，全面增进思想共识

区政协将以高度的政治责任感和使命感，将学习贯彻党的十九大精神作为区政协当前和今后一个时期的首要政治任务和头等大事来抓。领会精神讲政治。始终将讲政治摆在第一位，在政协领导班子、全区各级政协组织和广大政协委员中深入开展十九大精神的学习宣讲活动，凝聚政治共识，夯实思想政治基础；教育和引导全区各级政协组织、全体政协委员更加自觉地坚持党的领导，坚定不移地贯彻落实中央、省、市、区委的决策部署，始终做到“区委的重点在哪里，政协的履职就开展到哪里；全区工作的薄弱环节在哪里，政协的参政议政就着眼在哪里。”把握重点明方向。以党的十九大报告中提出的对人民政协工作的新思路、新理念作为根本指导，突出重点、掌握精髓，结合开福各项中心任务和重大决策部署要求，不断夯实思想基础、突出服务功能、补齐工作短板、狠抓调查研究，努力提高全区政协工作的科学化水平。学以致用抓落实。把学习贯彻十九大精神同基层政协实际工作紧密结合起来，充分发挥人民政协在社会主义协商民主中的重要作用，实现理论研究与履职实践的有机结合，不断创新协商形式，把握监督重点，突出界别特色，优化队伍建设。

二、以建功北富为目标，不负政协光荣使命

紧紧围绕开福“升级发展、成就北富”的总体目标和重点问题，找准工作的着力点和切入点，广谋助力之策，多做给力之事。深度建言促发展。认真落实贯彻区委对政协工作“展示新姿态、服务兴产业”的要求，选择党政所想、民生所盼、委员所能的重点、热点课题，对装配式建筑产业链的发展、棚户区限价保障房源建设、街道河长制的职能职责、我区不可移动文物的维护管理、我区老地名的保护与传承等课题开展5次专题协商，对金融商务区的建设、厕所革命（站厕建设）、加强我区医联体建设工作、特色小镇建设、刑满释放人员安置工作等课题开展5次主席会议视察，撰写出专业性强、可行性高的专题调研报告和视察建议，为区委、区政府科学决策提供参考依据。跟踪督办求实效。2018年，我们将在委员提案中精选5件作为重点提案。在提案办理中，全面推行“分管主席督办+主席会议督办”的两轮提案办理机制，对办理不力的承办单位实施约谈督办和不满意提案通报，以确保提案的办理效果，提高A案率，让委员的履职成果得到真正转化。精准监督正行风。在民主监督工作中坚持“帮忙不添乱、尽职不越位”的基本原则，严格依照中央关于改进工作作风、密切联系群众的八项规定要求，对区经信局、区农水局、区棚改办、区文体新局、区民政局等5个单位派驻民主监督工作小组、对区文体新局开展民主评议“回头看”工作，做到察实情、出实招、谏诤言、重整改，为我区行风政风的优化尽心出力。服务大局显担当。坚持把围绕中心、服务大局作为工作的出发点和落脚点。进一步强化政协队伍的大局观念，积极投身全区征收拆迁、项目建设、经济发展、信访维稳等主战场，自觉找准位子、勇挑担子；主动引导广大委员把宏观议大事与微观办实事、建言立论与干事创业、岗位事业与委员职责结合起来，充分展示风采、彰显作为。

三、以服务民生为宗旨，提高群众幸福指数

想群众之所想，急群众之所急，忧群众之所忧，进一步树立履职为民的理念、弘扬体察民情的作风，开展惠民益民的实践。多建利民之言。深度挖掘委员队伍社情民意写作潜力，激发竞争意识，重点解决当前信息写作数量与质量不均衡问题，鼓励更多委员在基层履职中深入发现问题、及时反映问题，大力营造全员参与的良好氛围。同时，继续完善社情民意研修会制度，引导委员重点关注教育、就业、交通、社保、医疗、住房、安全等群众期盼的民生热点问题，积极提出切合实际、操作性强的意见和建议。多解民生之忧。充分发挥人民政协在社会主义协商民主中的优势，继续深入推进基层协商工作。全区各街道政协联络处要充分利用好“线上委员工作站”这一平台，广泛收集协商议题，每年至少组织开展4次基层协商，努力为群众解决好眼前事、身边事。多办惠民之事。全区政协委员要着眼群众所需、发挥自身所长，每人全年要在基层社区接待1天人民群众，牵头组织至少1次主体履职活动，为人民群众反映问题、解决困难、送上实惠；继续以“双百帮扶”与“爱心助学”两大帮扶品牌为抓手，组织委员奉献爱心，重在“扶智”和“扶志”。在全区选择100户因残或因病致贫的家庭，以及100名品学兼优的贫寒学子开展精准帮扶，积极帮助群众解决教育、就业等实际问题，为困难群众送上温暖，点亮希望。

四、以增进团结为要务，广聚全区奋进之力

充分发挥人民政协的桥梁纽带作用，有效调动全区一切积极因素，为实现“升级发展、成就北富”的宏伟目标汇聚正能量，凝聚向心力。牵线搭桥，促进合作共事。积极搭建参政平台，大力支持各民主党派、工商联、无党派人士参与全区重大政策的协商讨论，并通过各项履职活动为各界创造参政建言的空间；继续举行由各界人士参加的中秋茶话会以及各项联谊活动，进一步交流信息、深化友谊。发挥优势，充分凝聚民心。准确把握新时期人民内部矛盾的特点和规律，利用政协委员联系面广、代表性强的优势，以委员工作站（室）、委员接待日、基层协商等为平台，协助区委、区政府在群众中多做春风化雨、释疑解惑的工作，多做协调关系、化解矛盾的工作，最大限度地为开福发展聚合力、添动力。

五、以提升效能为重点，增强队伍履职实效

主动适应新形势新要求，切实加强队伍自身建设，使政协工作创新务实，有力有效，更加体现时代性、把握规律性。打造特色智慧站点，力争“百花齐放”。以沙坪街道、芙蓉北路街道等先进线上委员工作站（室）为标杆，继续在全区全面推进智慧政协委员工作室建设。深入指导各街道、各专委会因地制宜，突出亮点，着力打造出一批“委员主导、便捷联系、收集民情、服务社会”的特色智慧委员工作站（室），让“互联网+政协”的新理念在基层政协获得更大成功，取得更多实效。发挥委员主体作用，实现“有为有味”。提升履职管理水平，全面完善《政协委员履职考核管理办法》，对考核分值比重进行合理调整，并对使用政协云履职、参加活动出勤率等情况进行考核，有效提升履职考核工作的科学性和导向性；在7月中旬，以教育界委员为主体组织一期履职能力提高班，赴哈尔滨工业大学集中学习，对党的十九大精神及政协履职工作开展系统性培训；组织相关委员赴台湾，对都市农业、特色小镇建设、健康产业等课题进行考察调研，以开拓履职视野、增进学术交流；邀请在文史领域有一定造诣的政协委员及专家，全面开启《开福宗教》的编纂工作，确保在年内集结出版，为打造开福文化高地提供重要史料佐证；根据委员兴趣爱好，继续开展篮球、游泳、摄影等丰富多彩的文体活动，增强活动的趣味性和参与度，在队伍中倡导健康向上的生活方式；继续开展主席会议走访委员单位活动，不断加深与委员的交流互动，在本届实现全走访。加强政协机关建设，构建“给力团队”。继续强化政协机关功能建设，进一步提升机关的参谋、综合、协调、保障能力;全面履行党员领导班子和领导干部的“一岗双责”职责，切实肩负起党风廉政建设的党组主体责任和纪检组监督责任；认真完成好党建、宣传、群工站等工作任务，抓实政协云及网站建设、《开福政协》月刊编辑等具体工作；积极创建“学习型、效能型、创新型、和谐型”机关，提高机关工作效率，为委员履职尽责提供强力保障和良好服务。

“一元复始，万象更新。”新的起点、新的思路，孕育了新的希望；新的任务、新的征程，亟待有新的作为。让我们在中共开福区委的坚强领导下，认真贯彻落实党的十九大精神，携手并肩，和衷共济，同心同德，朝着“升级发展，成就北富”的宏伟目标不断奋进，为“强盛、精美、幸福、厚德”的现代化新开福建设作出新贡献，写就新篇章。

特 辑

以全胜高标准打赢防汛保卫战

——开福区防汛抗洪工作情况汇报

开福区是水利大区，有一江四河十湖（湘江，浏阳河、捞刀河、沙河、白沙河，年嘉湖、月湖、青竹湖、楚家湖等），小（2）型以上水库19座；一线防洪大堤75千米，其中城市范围59千米；千亩以上堤垸11个，其中万亩堤垸3个，分别是苏托垸、朝正垸、涝湖垸。6月22日至7月2日，全市遭遇暴雨连袭，开福区面临雨情、水情、汛情“三情”叠加，湘江、浏阳河、捞刀河、沙河“四水”水位全部超出警戒线水位，苏托垸、朝正垸、涝湖垸“三垸”堤坝均可能出现渗水管涌的严峻考验，全区上下坚持把防汛抗灾作为当前压倒一切的重大任务，高效组织，科学应对，在省委、省政府和市委、市政府的坚强领导下，特别是省长许达哲、市委书记易炼红、市长陈文浩、市委副书记徐宏源、市人大主任袁观清、副市长付胜华多次亲临一线指导调研，市人大副主任张智勇，市政府副市长李蔚、刘明理、廖建华，市政协副主席彭继球、袁志恒，市中院院长肖新平等领导不分昼夜地指导帮助，全力打赢开福防汛保卫战，努力将受灾损失降到最低程度，全区受灾人口1万余人，农村房屋短暂进水积水800余户，农田被淹266.67余公顷，较大山体小型塌方滑坡20处，取得“不漫一堤、不决一口、不垮一垸、不死伤一人，城市秩序井然、百姓生活安宁”的全面胜利。

区领导现场调度防讯抗洪工作

准备“早”：从最坏处着想、向最好的努力，牢牢把握防汛抗洪主动权。树立底线思维、超前思维，对防汛抗洪工作始终想在前、防在前、抓在前。基础设施早建设、高标准。强化“闲时修水利、汛期少忧患”的理念，历届区委政府科学决策，接续实施防洪工程、排涝工程、治污工程建设，有效补齐沿江沿河水利设施和城区排水排涝等方面的短板。近五年投入水利资金约10亿元，完成沿江沿河堤防达标建设16千米、库区堤防护岸建设21千米、山塘清淤400

众志成诚

公顷、沟渠疏浚250千米、农村抗旱机埠河坝改造20处，湘江金霞段、浏阳河和捞刀河沿线堤防由“百年一遇”的39米标准提高到“两百年一遇”的41米标准；改造封堵涵闸43处，共建泵站27座，泵站总装机容量3.5万千瓦，对所有泵站实行双电源设计改造，保障泵站的稳定可靠运行。面对这次百年难遇洪魔，全区19座水库没有一个出现重大险情，27座泵站没有一个受损。从2014年起，下大力气对老旧社区、桥洞隧道口、地铁口施工周边等排水管网实施全方位提质改造，近四年全区提质改造易堵点、“肠梗塞”80余处，疏浚下水管道150万米，基本解决城区暴雨积水问题。防汛工作早部署、反复讲。自6月份持续降雨以来，区委、区政府牢固树立防大洪、抢大险、抗大灾的思想，做好打大仗、打硬仗、打恶仗、打持久仗的准备，坚持大会小会必讲防汛、现场调研必问防汛、督促检查必看防汛；街道、部门加强河流、堤防、水库等隐患排查治理，着手做好物资、技术、组织等抗洪抢险各项准备，随时应对重大雨情汛情。抗洪抢险早预演、有条理。坚持“不打无准备之仗，不打无把握之仗”，结合历年来防洪抢险工作的经验教训，组织技术人员对防洪预案、工程抢险方案、通信预案、物资保障方案等预案进行完善，层层举办防汛知识培训和防汛抢险队伍实战演练。由于前期细致、周全的预案预演，在这次重大汛情出现时，全区上下各条战线、各项工作做到科学调度、精准有序，抢险现场紧而不慌、忙而不乱。

行动“快”：坚持汛情就是命令、堤垸就是战场，在第一时间冲到抗洪第一线。汛情发生后，快速反应、统一指挥、精准调度，第一时间做到“四个迅速到位”：组织机构迅速完善到位。召开防汛救灾紧急会议，成立由区委书记任政委、区长任总指挥长，全体县级领导任副政委、副指挥长的抗洪救灾总指挥部，下设办公室、协调组、督查组、机械设备调度组、技术指导组、抢险突击组、新闻宣传组、后勤保障组、稳定和交通保障组、城区防汛指挥部工作小组等10个工作小组。任务分工迅速明确到位。出台区领导干部联系防汛抗旱责任区分工安排表、区直（属）部门单位对口联垸分工安排表，对全区水库（垸）分别明确责任领导、责任街道、对口部门，并按照“分片负责、包干到堤”的原则，实行“分线、分区（垸）、分段、分流域”负责制，每线、每区（垸）、每段、每流域均安排专班、专人包干负责，形成责任明晰、分工明确的工作体系。巡查值守迅速到岗到位。严格执行巡查值守制度，每50米安排一人，实行24小时不间断巡查值守。巡查值守人员配齐“四个一”，每个巡堤人员有一双雨鞋、一个手电筒、一本记录本、一把铁锹，做到既查堤外、又查堤内；既看堤上，又看堤腰、堤脚，确保责任落实到人，查险排险不留死角。发现险情迅速处置到位。对在巡查值守中发现的问题，第一时间上报区防汛指挥部，第一时间组织力量果断处置，全区共出现较大险情12处，均及时处早处小控制，实现“有险情、无灾情，有问题、无事故”。特别是芙蓉北路捞刀河段发生路面积水，从发现到处置仅用40分钟。

靶向“准”：科学研判形势，坚持问题导向，将险情防范于未然、消除在萌芽。防汛形势瞬息万变，整个防汛过程，始终坚持问题导向，着力瞄准靶向，科学研判、精准施策。及时收集信息。迅速成立信息工作组，及时与省市水文、气象部门沟通对接，每小时动态更新雨水汛情及气象数据，通过信息发布平台、手机微信向各堤垸、各部门、各街道和社区通报情况。加强雨水情和地质灾害动态监测，强化对历年险情点的监测预警，第一时间把预警信息传递到每家每户。集中会商分析。根据掌握的信息数据，对重点河流、堤垸的水位上涨情况、调控情况、来水情况、流量情况等及时会商，将水利专业技术人员和熟悉区情的水利专家请回来，现场比对数据，科学分析有可能出现的各种问题，会商研究应对措施和应急方案，精准有效处理。湘江水位持续上涨，不断刷新历史水位，水位达到保证水位后，果断研判，把防汛重点从

湘江洪峰过境，共同守护家园

捞刀河、浏阳河流域向湘江沿岸转移，构筑子堤将湘江防洪调高到41米；湘江水位退出保证水位后，将工作重点转移到捞刀河、浏阳河流域内灾后自救工作。精准综合施策。根据研判情况，精准调兵遣将，采取疏堵结合、“转安”结合的措施，确保人民群众生命财产安全。“疏堵结合”就是针对超标准洪水，注重有堵有疏，主动排洪，减少对人民群众生命财产安全的威胁。7月1日五水厂一泵房河水从雨水井倒灌，厂房西南角围墙墙体裂缝，针对强行围堵极可能导致墙体垮塌的情况，采取放弃加固、自然排泄的办法科学处置。“转安”结合就是针对危房和低洼地群众，做好转移安置，将损失降到最低。6月30日兴联路卫星桥地段发生严重内涝，迅速决策，火速安全转移群众131名。

保障“实”：资源配置一盘棋、人防物防技防“三管齐下”，做到有备无患、有患能处。以“宁可备而不用，也绝不用而无备”的理念，强化防汛抗洪的各项保障。强化物资保障。全市启动防汛三级响应后，各堤垸迅速更新备足草袋、编织袋、卵石、木材、块石、防浪布、铁笼子等防汛物资，购置配备抢险舟、运输车辆等防汛设施，设置临时安置点，储备衣裤、凉席、被子、食品等生活物资，以备不时之需。紧急拨付防汛抗洪经费530万元，加强财力保障。同时，分片区设立医疗救治点13个，实行24小时不间断值守。强化人员保障。组织建立以街道、社区（村）党员干部和水利、城管、市政、公安、消防、武警为主力，其他区直部门和志愿者为补充的防汛抗洪联合队伍，挑选责任心强、经验丰富、熟悉堤情的精干力量，新老搭配，联防联控。向全区发布倡议书，号召广大党员冲锋在前、奋起抗洪，全区所有县级领导亲临一线、5000多名街道社区党员干部集结参战，做到哪里最危险、哪里群众最需要，哪里就有党员干部；哪里有重大隐患，哪里就有主要领导一线指挥、亲自作战。发动社会各界力量，50余家企业、8000余名群众志愿者积极投身防汛抗洪，有钱出钱、有力出力，有车辆的出车辆、有砂石的出砂石，万众一心保卫家园。强化技术保障。从参加过1998年抗洪的老支书、老党员、老专业技术员“三老人员”中抽调力量，集思广益，出谋划策。抽调20余名专业技术骨干，分派到各指挥部、各堤段，确保每个险工险段都有一支专业队伍值守、有一套技术标准、有一套防汛器材。毕业于武汉水利学院的退休原水利局长黄树林主动请缨，发挥专业和经验优势，指导化解每一处重大险情。

措施“严”：严阵以待、严防死守，以最严的要求迎战超历史的汛情。防汛抗洪刻不容缓，必须既严管重罚，又严管厚爱。严格督促考核。由“两办”督查室、纪委、组织部组成联合督查组，实行白天上午、下午，晚上上半夜、下半夜共四轮24小时不间断督查制度，重点督查人员到岗值守、险情排查处置、防汛物资准备等情况。由所在街道牵头，各堤垸成立专项督查组，重点督查社区、村、参战单位协同配合、指令落实等情况。督查结果第一时间直报区主要领导和联点领导，并作为下一轮督查的重要参照，做到层层传导压力，层层压实责任。严明用人导向。汛前，开福区委出台《关于坚持在急难险重一线培养使用干部的实施意见》。汛期，严格落实意见精神，坚持在急的一线检验干部的应变能力，在难的一线检验干部的协调能力，在险的一线检验干部驾驭大局的能力，在重的一线检验干部的执行能力，在防汛抗洪的主战场发现识别干部、培养选拔干部、问责淘汰干

严防死守

灾后清理

部。严抓作风建设。2017年，通过不遗余力抓作风建设，严厉整治为官不为、为官乱为的行为，查处违反中央八项规定问题10起，党政纪处分13人，进一步营造“为担当者担当、为负责者负责”的浓厚氛围。作风建设的成效转变成为促进工作的实效，广大党员干部主动请缨，在防汛抗洪一线担当作为，全区没有出现因履责不到位、决策不科学、应对不及时、措施不落实而造成灾害损失的情况，没有出现干部因玩忽职守而被问责追责的情况。

人心“稳”：全力保民生、顺民意、稳民心，稳住大局大势，交出“零人员伤亡”“零负面舆情”的答卷。坚持把保护民众生命财产安全放在首位，全力以赴打赢防汛抗洪阻击战。稳控抢险现场。组织公安交警，在沿河沿堤亲水面、危险处实行24小时巡逻警戒，劝导围观群众远离危险区域，保障防汛抢险的施工作业环境。对湘江大道母山基地、秀峰山出现的山体滑坡，第一时间现场警戒引导，并及时组织地质专家现场勘察，制定安全合理的处置方案，将六车道临时调整为三车道，既有效处置险情，杜绝发生次生灾害，又保障主干道交通畅通，不影响群众出行。稳定群众生活。围绕群众的衣食住行，加强物资供应、交通出行、食品安全等方面的保障。对捞刀河以北城郊接合部遭受内涝被转移的群众，在周南秀峰中学设置临时安置点进行集中安置，保障衣服、被子、饮用水、食品药品等生活物资，确保受灾群众有饭吃、有衣穿、有临时住所、有干净水喝，生病能得到及时救助。对城区主次干道、隧道口、桥梁涵洞、地下车库，组织市政、城管、交警、街道社区人员和小区物业人员实行24小时严密监控，及时疏浚下水井口管道、低洼路段，有效避免出现大面积内涝，全区未出现任何隧道、车库被淹和主次干道封路的情况。加强食品药品监管，严防洪水浸泡食品进入市场，确保菜源安全。坚持“洪水退到哪，消毒跟进到哪”，预防和控制洪涝灾害引发的传染病疫情。全市一级响应解除后，从7月7日晚10点至7月8日凌晨，按照“洪水退一寸，市容环境恢复一寸，卫生防疫推进一寸”的原则，有序撤退守堤人员和防汛物资，撤退防汛物资5万余吨，防洪设备900余台，对湘江、浏阳河、捞刀河流域沿线50余千米82万余平方米进行全面清扫，基本实现市容环境洁净，卫生消毒到位，确保北城洁净。稳导社会舆情。加强正面引导，重点关注和及时发布真实可靠的雨情汛情、防汛抗洪基本常识和预防措施，畅通群众准确掌握汛情险情的渠道。及时澄清微信朋友圈传播的与汛情险情相关的谣言，对湘江路万达广场段路面开裂、城区多个路口积水封闭等谣言第一时间正面发声，不掩饰、不夸大、不缩小，迅速消除群众恐慌。注重典型宣传，央视新闻、新华社、凤凰网、湖南卫视、长沙电视台、长沙晚报、星辰在线、新湖南开福版、长沙观察微信公众号、掌上长沙和《汛情简报》等主流媒体和新兴媒体，对防汛抗洪一线的真切感人事迹和“一方有难、八方支援”的鼎力支持进行挖掘报道，凝聚起同舟共济、众志成城的强大正能量。（区委办、区政府办）

灾后清理

大事记

开福区大事记

1月

3日 长沙市开福区国税局金霞税务分局挂牌成立，国、地税局和工商局统一入驻金霞经开区电商大厦。

4日 全区年税收收入114亿元，领跑全省城区

11日 苏州吴都建投总裁史建华一行到开福区考察潮宗街项目，并就规划建设、土地性质、商业布局、合作模式等问题进行深入探讨

13日 机关离退休干部区情通报会召开，就2016年全区经济社会发展情况及2017年发展思路进行通报。

17日 副市长陈中率队调研文教卫体旅工作，察看24小时图书馆、清水塘北辰小学和北辰动漫文化创意产业园并召开座谈会。

18日 北辰三角洲E6区配套幼儿园移交仪式举行，命名为开福区教育局北辰第一幼儿园。

19日，由区工务局负责承建的九尾冲福泽园保障性安置房源项目通过竣工验收，启动交房工作。提供定向房2056套，廉租房322套。

22日 湖南好人榜2016年度入选名单发布仪式暨中国好人与湖南好人（长沙·开福）现场交流活动在市博物馆会议厅举行。

24日 市委常委、政法委书记钟钢到开福区检查安全生产工作。

25日 省委常委、市委书易炼红到开福区看望慰问一线劳动者到市第五制水厂慰问坚守岗位的一线工作者。

25日 黄兴北路新建道路开福寺路至三一大道段建成通车，标志着长沙城区最后一条“南通北不通”的城市主干道——黄兴路彻底打通。

2月

7日 天心区考察团一行实地考察区“智慧环卫”监督指挥调度中心工作情况，并就环卫机制调整、经费测算、设备配置等方面进行探讨。

8日 “我们的节日——猜灯谜”活动在区图书馆举行，千余条灯谜、丰厚的纪念品吸引了近300余居民群众参与。

9日 区第五届纪委第二次全体会议召开，全面贯彻落实习近平重要讲话和中央、省、市纪委全会精神，总结工作，部署2017年任务。

9日 “好人大本营 欢乐闹元宵”主题活动在周南秀峰学校举行，通过文艺表演展示好人形象。

10日 开福区金融业联合会第三届会员大会暨换届选举大会在珠江花园酒店召开，选举产生第三届金融联合会理事长单位、理事单位，进行授牌仪式。

13日 国家发改委副主任胡祖才一行到区考察，察看了解长沙城市规划。

15日 开福区生态环境保护委员会第一次全会暨“一江四河”保护治理工作会议召开。

15日 天健芙蓉盛世三期项目开工典礼举行。该项目涵盖超高层5A甲级写字楼、商务公寓、特色商业街区等。

16日 市委副书记、市长陈文浩一行专题调研马栏山创意集聚区，听取片区土地平整、基础设施建设、规划招商等情况介绍。

16日 湖南省委常委、宣传部长蔡振红到开福区调研宣传思想文化工作。

17日 市委副书记徐宏源一行到开福区考察造绿复绿工作，察看浏阳河风光带、北辰片区道路及湘江风光带金霞段绿化提质改造项目建设情况。

17日 国家民委特色小镇考察组到开福区考察沙坪绣坊街、汉回民俗村等特色小镇项目，了解了绣坊街项目招商、发展规划和汉回美丽乡村建设等情况。

21日 海关广东分署副署长周运保到金霞保税物流中心开展调研，拓展粤港海关通关合作成果。

23日 省司法厅副厅长傅丽娟率队到开福区调研基层司法所建设和社区矫正工作。

24日 实现校车公司化专业运行。区内115台标准化校车，实现校车GPS摄像头全覆盖。

25日 开福区与张家界市永定区共同举办的跨地区劳务协作招聘会在永定区举行。组织89家单位，提供5000余个就业岗位,800余人达成就业意向。

28日 金霞经开区举行机构和人事薪酬制度改革竞争上岗演讲与民主票决，产生园区管委会下设部门和集团公司、子公司中层干部29名。

3月

1日，雨花区政协主席冯聪龙带队前到区调研考察沙坪街道政协联络处“线上委员工作站”及“社区委员工作室”、湖南进出口商品展示交易中心等，并举行交流座谈。

2日 长沙市生态环境保护委员会发布《2017年度捞刀河水环境综合整治实施方案》，整治范围包括捞刀河干流及支流全流域。

2日 湖南省浙江总商会会长陈旭荣一行到开福区考察黄兴北路相关地块并进行座谈交流。

3日 省商务厅厅长徐湘平率队赴广州调研全球质量溯源系统和跨境电商发展情况。

3日 “厚德开福梦 志愿青春行”开福区厚德志愿者之家揭牌仪式暨青年志愿者协会成立大会在新河街道幸福桥社区举行。

6日 沃尔玛入驻区龙湾1号商业广场签约仪式在世纪金源大酒店举行。

7日 长沙绿色食品交易中心开工仪式在区举行。副省长戴道晋出席并宣布项目正式开工，副市长邱继兴主持开工仪式。

7日 开福区政协老委员联谊会成立大会举行，提名并选举产生会长、副会长、秘书长和组长人选。

13日 省委常委、市委书记易炼红赴长沙市青少年宫项目建设工地现场办公，了解建设进展和后期运营管理筹备工作情况。

15日 省政协主席李微微率省政协机关干部到区参加义务植树活动，与区领导共同栽下“共建林”。

15日 政协开福区第五届委员会第二次全体会议开幕。

15日 新河街道栖凤社区中小微企业服务中心、军民融合企业服务中心、楼宇经济服务中心和大学生就业服务中心四个服务中心成立，助力创新创业。

16日 开福区第五届人民代表大会第二次会议开幕，会议应到219人，实到207人。

16 省长株潭两型委试验区工委副书记、管委会常务副主任易春阳带队来区调研两型工作，考察江湾社区“宽带中国”长株潭城市群建设示范项目等。

17日 开福区第五届人民代表大会第二次会议闭幕。

19日 邵阳市大祥区区委常委、组织部长唐青青带队到开福区学习考察，观摩学习基层党组织建设等。

22日 市委副书记、市长陈文浩到开福区调研社区道路提质、管线改造、建筑立面美化、楼道文化打造等城市管理工作。

22日 市委巡回督查第二组就社区（村）“两委”换届工作到开福区督查。

22日 “长沙市道德模范和身边好人事迹巡展巡演活动”在东风路芒果剧院举行，讲述道德楷模们的事迹。

22日 国家民委监督检查司巡视员宋全带队到汉回村督查民族团结进步创建活动工作。

22日 省商务厅到金霞保税物流中心调研湖南申报自贸区相关工作准备情况。

22日 国家卫计委到芙蓉北路街道江湾社区开展调研，了解社区开展流动人口卫生计生信息化和均等化服务工作情况。

24日 区委书记沈裕谋带队到杭州考察，到拱墅、西湖、萧山区考察城市形象塑造、主次干道提质、社区街巷改造及夜景亮化等方面的经验和做法。

24日 平安不动产和葛洲坝集团来区进行项目对接，考察苏托垸生态服务新城及金霞经开区等招商项目。

27日 玻利维亚争取社会主义运动干部考察团到汉回村考察。

29日 市人大常委会党组书记、主任程水泉率队到区调研开放型经济发展情况，实地考察湖南进出口商品展示交易中心和金霞跨境电商监管中心，并召开座谈会。

4月

7日 国家防总检查组到开福区检查防汛抗旱工作。

11日 市委常委、常务副市长张迎春带领市安委办、市住建委等相关部门负责人对开福区在建项目和混凝土搅拌站安全生产工作进行专项督查。

12日 省委常委、市委书记易炼红到区调研经济社会发展情况。

19日 区政府、长沙师范学院战略合作协议签约仪式在珠江花园酒店举行，将合作共建区属公办小学、幼儿园，教育师资培训及教育科研工作等产学研合作。

21日 “新湖南”开福区工作站挂牌仪式举行，湖南日报社党组成员、副总编辑颜斌与区委书记沈裕谋为工作站揭牌。

22日 2017湖南省首届网络读书笔记公益行动暨开福区24小时自助图书馆开馆仪式在月湖公园举行。

27日 区委中心组第三次（扩大）学习会议召开，省卫计委基层指导处处长罗辉作《生育政策和当前计划生育工作》专题辅导。

5月

3日 省委常委、市委书记易炼红率市直相关部门，针对群众反映突出的环保信访重点问题整改工作来区专题督查。

3日 区政法系统浙江大学专题研修班开班仪式在浙大举行。

4日，省民政厅副厅长邓磊带队到开福区检查验收第二次全国地名普查工作。

5日“光彩事业 精准扶贫”名家书画作品义卖活动在望麓园街道举行，现场义卖作品46幅，筹得善款46.12万元，义卖善款捐赠给光彩事业基金会。

8日 湖南金霞发展集团有限公司揭牌暨战略合作签约仪式举行。

9日 中共中央政治局委员、中央统战部部长孙春兰一行到区江湾社区考察，了解区网络统战工作情况。

9日 市政府副市长廖建华率相关市直部门负责人到区调研湘江东岸棚屋整治工作，视察西园北里和潘家坪路两厢棚改地块。

11日 第十三届中国（深圳）国际文化产业博览交易会在深圳会展中心开幕。马栏山文化创意集聚区、沙坪·绣坊街重点文化产业项目在长沙馆亮相。

12日 市委常委、统战部长谭小平率市直有关部门到清水塘社区调研提质提档工作，实地察看社区环境、便民服务阵地和计划提质改造的具体项目，并召开座谈会。

15日 长沙市在建工程施工环境保护扬尘防治现场观摩会在双河湾农民安置房项目工地举行。

17日 人民日报社湖南分社社长杜若原率队到金霞经开区调研采访。

18日 省妇联党组书记、主席姜欣率队到洪山街道洪山桥社区调研。

19日 开福区商务楼宇等级评定新闻发布会及授牌仪式在珠江花园酒店举行。

23日 省商务厅厅长徐湘平率队赴南京红太阳集团考察，区委书记沈裕谋，金霞经济开发区党工委书记杨应龙等陪同考察。

23日 湖南进出口商品展示交易中心澳新亿天公司与中国邮政速递在澳新馆成功签约，正式达成战略合作伙伴关系。

25日 省纪委离退休老同志一行约60人到开福区考察，省纪委常委、市委常委、市纪委书记蔡亭英出席。

26日 省委书记、省人大常委会主任杜家毫率队到开福区调研，深入马栏山视频文创产业园、湖南广电节目生产基地、芒果TV，调研区文化创意产业发展情况。

同日 市人大常委会党组书记、主任程水泉率队到开福区调研社区提质提档工作。

27日 长沙至布达佩斯的中欧国际货运班列正式开行，41车集装箱的国际货运列车从长沙霞凝铁路货场驶出。

6月

1日 市人大常委会主任程水泉率主任会议成员到开福区调研，察看富兴世界金融中心、浏阳河风光带提质改造、火车货运新北站等地，召开座谈会。

2日 市委副书记、市长、湖南湘江新区党工委书记陈文浩率市直相关部门负责人到开福区调研经济社会发展情况，实地考察中民筑友、长沙货运新北站、长沙跨境电子商务监管中心，并召开工作调研会。

2日 钱隆世家项目配套幼儿园举行移交仪式，正式命名为开福区教育局钱隆世家幼儿园。

3日 市委副书记、市长、湖南湘江新区党工委书记陈文浩到开福区督查防汛工作。

6日 商务部国际贸易谈判代表兼副部长、党组副书记傅自应率队到开福区调研，先后察看长沙规划展示馆、博物馆、金霞跨境电商监管中心等。

7日 市委常委、宣传部长高山率队到开福区调研宣传思想文化工作，考察湖南天天快乐文化传媒有限公司、24小时自助图书馆、月岛河畔社区公园、陈家湖社区等地。

7日 区检察院举行首批入额检察官任职宣誓仪式，34名首批入额检察官庄重宣誓。

8日 区委书记沈裕谋率考察团赴深圳开展招商工作，与国家基因库、华大基因开展工作交流。

9日 由区委、区政府主办的“智汇开福 筑梦北富”开福区第二届创新创业大赛正式启动。

15日 2017（第九届）中国物流信息化大会在开福区召开。

15日 “共享共赢 携手前行”2017长沙市开福区商务楼宇招商推介会在成都举行。

16日 2017（第九届）中国物流信息化大会“打造中部内陆开放高地”分论坛在区举办。

19日 全省基层党建工作重点任务推进会召开，区委书记沈裕谋作《凭分数说话 用制度管人以“四分四有”积分管理激活党员先锋能量》典型发言。

22日 “对标杭州 提质开福”打赢城市提质战 建设精美示范区暨社区全面提质提档工作推进会召开。

30日 区举行庆祝建党96周年暨基层党建工作推进会，安排部署全区基层党建工作，表彰30个先进基层党组织、64名优秀共产党员和32名优秀党务工作者。

7月

2日，市委副书记、市长陈文浩，市领导袁观清到湘江开福段督查防汛工作，并召开防汛调度会。

3日 省委副书记、省长许达哲，省委常委、市委书记易炼红督查开福区防汛抢险工作。

4日 省委统战部副部长龙建湘率省委统战部、九三学社、工商联组成的抗洪抢险突击队71人，分两组到新河、湘雅路街道的九个防汛抢险救灾点，助力防汛抗洪工作。

5—6日 区卫计系统组织医疗小分队16支，灾后卫生防病小分队5支，应急机动队伍5支，参与抗洪防病工作，使用84消毒液200件，漂白粉8.25吨，漂白精片283瓶，宣传资料12000份。

5—6日 区市政局开展灾后自救，修复受损人行道429平方米，疏通堵塞下水管道4130米。

5—6日 区园林局开展灾后清理整治行动，完成垃圾清运50.5吨；打药20.5吨；修剪14700平方米；清洗19800平方米；处置死危树2株。

6日 开福区委、区政府向宁乡捐助500万元爱心现款与5辆满载捐助物资。

8日 省委常委、市委书记易炼红到开福区湘江风光带，检查指导灾后恢复重建工作。

12日 区人大组织高岭、顺天、沙坪、捞刀河、高建、隆宇、霞凝等七家建筑企业赴宁乡开展赈灾慰问，共捐赠爱心款205万元，救灾物资30万元。

12日 副省长张剑飞率队到沙坪湘绣产业园调研湘绣产业发展情况，实地考察玉玲、天利、再红等湘绣公司。

16日 中部（湖南）进出口商品展示交易中心世界村进口汽车项目启动仪式暨红太阳集团与湖南嘉德集团签约活动在金霞经开区举行。

21日 区委书记沈裕谋率队赴龙山县内溪乡调研对口帮扶工作。

8月

3日 省委书记、省人大常委会主任杜家毫到开福区调研环保企业。

3日 省委副书记、省长许达哲（右二）到开福区调研开放平台建设

10日 省委常委、市委书记胡衡华到望麓园街道荷花池社区开展接访接待工作，听取信访人代表的诉求，明确信访事项处理意见。

24日 国务院安全生产第四督导组到泊富国际广场检查安全生产工作，副市长廖建华，区领导沈裕谋等领导参加。

31日 全省城市基层党建工作经验交流座谈会在区召开。

9月

4日 2017年区委中心组第六次（扩大）学习会议召开，邀请省金融办党组成员、副主任周晖作《全国金融工作会议精神解读与思考》专题辅导报告。

5日 由市总工会、人社局、团市委主办，区总工会、市湘绣协会承办的2017年长沙市湘绣技能竞赛在金球湘绣厂举行，来自全市湘绣企业的近百名绣工参加。

8日 省委常委、市委书记胡衡华率队到开福区看望慰问教师代表。

8日 开福区医疗纠纷调解中心、湘雅路街道公共法律服务网揭牌暨青少年法治宣传教育周启动仪式举行。

12日 由国家质检总局、国家新闻出版广电总局、工业和信息化部、国家工商行政管理总局等四部委组成的联合督查组到开福区督查湘江世纪城境外卫星电视接收设施整治工作。

18日 开福高新区建设规划编制及申报工作汇报会召开。

19日 第八届湖南省旅游产业博览会开幕。青竹湖湘绣有限公司选送的立体湘绣饰品系列获得金奖。

25日 海关总署党组成员、国家口岸办主任张广志率队调研金霞片区口岸工作情况。

26日 “湘粤港直通快车”启动仪式暨业务推介会在金霞经开区举办。

29日 湖南捐赠白俄罗斯莫吉廖夫州全装配套式别墅起运仪式在金霞经开区举行。

30日 第四个烈士纪念日，省委书记、省人大常委会主任杜家毫率省委、省人大常委会、省政府、省政协、省军区全体领导，及省会各界干部群众代表，到长沙烈士公园向革命烈士敬献花篮。

10月

10日 省委常委、政法委书记黄关春到开福区视察中共十九大信访维稳工作，实地察看区信访局矛盾调处中心。

10日 由市政协主办、区政协承办的“同心杯”篮球赛在长雅中学开幕。

10日 长沙市城北投资有限公司正式揭牌成立。

11日 市政协党组书记、主席文树勋率队到沙坪街道调研智慧政协委员工作室建设工作。

12日 省政协党组书记、主席李微微在长沙调研基层政协工作，并实地察看区沙坪街道线上委员工作站建设情况。

13日 长沙市重大产业项目集中开工动员（开福分会场）活动在金霞经开区举行。

16日 省知识产权局党组书记、局长，省科技厅党组副书记、副厅长肖祥清来区考察企业和园区知识产权保护工作。

16日 2017年湖南省“湘字号”传统技艺工匠竞赛——湘绣技能竞赛决赛在沙坪湘绣广场举行。

23日 区委书记沈裕谋带队进行马栏山视频文创园招商对接，走访中国移动湖南分公司和长沙广播电视台（中广天择传媒股份有限公司）等。

26日 2017年区委中心组第七次（扩大）学习会议召开，组织学习《中国共产党工作机关条例（试行）》和《坚守不可逾越的红线——浅谈如何落实安全生产监管责任》专题辅导报告。

27日 2017开福消费节启动暨富兴CFC时代开业仪式盛大举行。

11月

1日 开福区与长沙市长郡中学合作举办长郡开福中学签约仪式举行。

2日 2017年第八次区委中心组（扩大）学习举行，邀请中共十九大代表、省妇联主席、党组书记姜欣作《十九大精神解读与思考》专题辅导报告。

3日 湖南省物联网行业第二届“物联世界 共创未来”高峰论坛在区举行，邀请业内资深专家进行主题演讲，并开展互动交流。

8日 省委改革办到开福区调研街区制改革和军民融合改革实施情况。

9日 欧洲最大养老康复集团法国欧葆庭(ORPEA)落户开福项目合作签约仪式举行。

18日 瑞康（湖南）医疗大健康产业基地项目落户金霞经开区。

22日 湖南丝路产业投资基金签约仪式暨“一带一路”离岸数字服务平台发布会在区举行。

23日 2018中部（长沙）进口商品博览会落户金霞。

24日 海关总署党组书记倪岳峰一行到开福区调研，实地察看金霞保税物流中心和长沙跨境电商监管中心。

27日 长沙党政代表团赴湘潭、株洲学习考察，区领导沈裕谋、刘拥兵参加。

29日 湖南省博物馆举行新馆开馆仪式。

12月

5日，四方坪街道综合档案室通过晋级验收，晋升湖南省档案工作规范化管理“省一级”单位。

9日 省委常委、省委秘书长谢建辉率队来区调度全省经济工作会议项目观摩工作，实地察看湖南进出口商品交易中心、军民融合产业示范园，就有关工作进行指导部署。

13日 副省长张剑飞率队到开福区调研长株潭城际铁路开福寺站工作，实地察看站点配套服务、设施建设等情况，并就相关工作进行指导部署。

13日 市人大常委会副主任、市总工会主席芮英姿率队到开福区调研小三级工会建设和基层工会改革、创新、亮点工作，实地察看湖南新亚胜科技光电股份有限公司和沙坪街道“职工之家”。

13日 民革市委主委朱建军带队到开福区调研，与区领导就民革开福区工委工作进行深入交流。

15日 “智汇开福，筑梦北富”开福区第二届创新创业大赛颁奖典礼举行。

16日 开福大道通车仪式暨“幸福向北10千米”全民跑活动在开福大道与福元路口举行 。

27日 市纪委副书记刘金文率市委考核组来区对党风廉政建设责任制落实情况进行全面检查考核。

29日 市委副书记徐宏源率队到开福区调研城市基层党建工作，前往芙蓉北路街道江滨社区、新河街道幸福桥社区、通泰街街道万达商圈，察看党员志愿服务团队建设，社会组织、驻区单位参与社会基层治理，商圈党建等工作开展情况。

29日 区委五届八次全体会议暨经济工作会议召开。

（整理：张晓阳）

开福概况

自然地理

区域位置。开福区位于北纬28° 11′55″ ~ 28° 23′35″，东经112° 54′07″~113° 04′39″ 。地处长沙市北部，傍湘江下游东岸，处浏阳河、湘江汇合之东南部。东部与长沙市长沙县、芙蓉区相邻；南部由东向西，依次与长沙市芙蓉区、天心区接壤；西部濒湘江，由南向北，依次与长沙市岳麓区、望城区隔江遥对；北部由西向东，依次与长沙市望城区、长沙县搭界。区人民政府驻长沙市芙蓉北路1段588号，电话区号0731，邮政编码410008。距长沙市人民政府驻地5.7千米。辖区东西直线距离17.2千米，南北直线距离21.5千米，总面积为188.3平方千米。其中陆地162.3平方千米，占86%；水域26平方千米，占14%。人口密度为每平方千米3475人。全区土地利用现状为：耕地面积3366.7公顷，林地面积3750.6公顷，园地121.66公顷，草地15．67公顷，城镇及工矿用地7333．8公顷，交通用地1417．51公顷，水域及水利设施用地2623.32公顷，其他用地328．11公顷。开福区因千年古刹开福寺而得名，是“楚汉名城”和湖湘文化重要发祥地，也是中国四大名绣之一湘绣的发源地。拥有开福寺、潮宗古街、湖南省博物馆、长沙市博物馆、沙坪湘绣博物馆、世界之窗、海底世界、清水塘中共湘区委员会旧址、船山学社等旅游景点。开福区是国家长株潭城市群“两型社会”建设试点的重要地区，也是长沙推进“大城北”战略的核心区域。

地形地貌。开福区地处湘中丘陵向洞庭湖平原过渡地带，西濒湘江。地势南高北低，由东南向西北倾斜。地形岗丘绵延，谷地起伏，河涧纵横，湖塘星布。境内有湘江、浏阳河、捞刀河、沙河、白沙河及青竹湖、年嘉湖、楚家湖、月湖等1江4河10湖及4600口水塘。

境内最高峰三宫殿，位于青竹湖街道新源社区，海拔234.8米，最低点山窑潭西北，位于捞刀河街道风羽村海拔28.0米。自然资源：开福区境内已探明地下矿藏有磷矿，储量未探明。

水文气候。开福区境内河道属长江流域。主要河道有一级河湘江，流经开福区长度19.67千米；二级河浏阳河、捞刀河、沙河等3条，流经开福区总长度29.70千米；三级河白沙河，流经开福区长度11.29千米。全区河流总长度60.66千米，河网密度0.32千米／平方千米，境内最大的河流为湘江，从南至北流经境内通泰街街道、湘雅路街道、新河街道、芙蓉北路街道、秀峰街道、青竹湖街道，流域面积180平方千米，主要支流有浏阳河、捞刀河、沙河、白沙河等。开福区境内防洪大堤75千米，有11个千亩以上堤垸，其中万亩堤垸3个。

开福区属于亚热带季风性气候，其特点是温暖湿润，雨量充沛，四季分明，生长期长。1951—2017年多年平均气温17.2℃，1月平均气温4.8℃(冬季均温10.6℃)，极端最低气温-12℃(1972年2月9日)；7月平均气温28.7℃~29.4℃(夏季均温29.5℃)，极端最高气温41.2℃(2003年8月2日)。最低月均气温0.3℃(1964年2月)，最高月均气温31.6℃(2003年7月)。平均气温年较差23.3℃~24.4℃，最大气温日较差23.8℃(2004年

2月14日）。生长期年平均244~247天，无霜期年平均281天，最长达325天，最短为224天。年平均日照时数1771.01小时，年总辐射1762.6千卡／平方厘米。0℃以上持续期362．2—365天(一般为1月19日至次年1月16日)。年平均降水量1361．6毫米，年平均降雨日数为152天，最多达225天(1965年)，最少为121天(2011年)。极端年最大雨量2102.9毫米(1969年)，极端年最少雨量932.8毫米(2011年)，降雨集中在每年3月至8月，6月最多。主要气象灾害有洪涝、高温、干旱、低温阴雨、冰雹、大风、寒潮、雷暴等。2017年，平均气温18.4℃，年内最高气温39.9℃，最低气温-2.4℃，年均降水量1632.5毫米。

人口、民族

人口。2017年，全区年末总人口61.06万人，其中户籍人口总数48.75万人，比2016年年末增加1.17万人，增长2.46%。其中男性人口23.55万人，占48.31%，女性人口25.2万人，占51.69%。流动人口12.31万人。人口自然增长率为5.8‰，人口出生率1.43%，死亡率0.57%，符合政策生育率99.7%，出生婴儿性别比为107:100，计划生育免费技术服务到位率100%。

民族。开福区境内人口，以汉族为主，土家族、苗族、回族、侗族、瑶族、满族、白族、蒙古族、维吾尔族、土族、壮族、布依族、佤族、朝鲜族、彝族、畲族、黎族、拉祜族、藏族、傣族、仡佬族、锡伯族、普米族、高山族、纳西族、达斡尔族、赫哲族、哈尼族、哈萨克族、羌族、独龙族、撒拉族等32个少数民族；超过300人的有土家族、苗族、回族、侗族、瑶族等5个民族。

建置·区划

建置沿革。秦汉以来，今开福区地域属长沙县。原城墙内属长沙县城，县署设城北连升街，城墙外属明道都。民国3年，废都甲，设乡镇。明道都改为明道镇。民国22年长沙设市，市县分治。长沙市划分4个区，今开福地域所含的城北属第四区。民国27年，第四区改名为兴汉镇。民国33年1月，镇乡改区，长沙市分为内四区、外四区，城北区限中山路以北，兴汉门以南，经武门以西至湘江边一带。至1949年8月，城北区辖11保193甲，面积1．7平方公里。1949年8月5日，长沙解放，城北区建立区级人民政权。初期，仍沿用保甲制。1950年11月，组建半政权性、半群众性质的居民委员会7个。1951年9月，成立北区人民政府。1951年11月，开展民主建政运动，成立7个街道人民代表会议办事处。1954年9月，撤消街道人民代表会议办事处，成立街道办事处，为区政府派出机构。其时，城北区共辖9个街道办事处：戥子桥、炮队坪、民主东街、留芳岭、彭家井、荷花池、文星桥、文昌阁、上大垅。1993年，郊区福安乡胜利村成建制移交北区管理。截至1995年年底，北区面积14.3平方千米，辖民主东街、望麓园、清水塘、北站路、上大垅、伍家岭、新河、黑石渡8个街道办事处及胜利村，114个居民委员会。

1996年，长沙市区划调整时，在原北区基础上，划入长沙县、原望城县、原郊区所属的大片农村地区及原西区所属的部分街道，成立开福区人民政府，面积扩至188.3平方千米。辖11个街道、1个镇、2个乡。2006年9月，撤并西长街、通泰街新成立通泰街街道办事处；撤并民主东街、望麓园新成立望麓园街道办事处；撤并上大垅、黑石渡新成立东风路街道办事处，该次区划调整后，开福区辖10个街道、3个镇。2013年9月，原捞刀河镇撤销，新成立捞刀河街道和沙坪街道，原新港镇撤销，新成立新港街道和秀峰街道，原洪山街道析置为洪山、浏阳河、月湖3个街道，该次区划调整后，开福区辖16个街道、1个镇。2015年11月，开福区乡镇区划调整后，撤销青竹湖镇和新港街道，合并成立青竹湖街道，截至2015年年底，开福区辖1区1园1局1中心（金霞经济开发区、青竹湖生态科技产业园、洪山管理局、金霞保税物流中心）16个街道。截至2017年年底，开福区建置无变化。

行政区划。2017年，全区辖望麓园、清水塘、湘雅路、伍家岭、新河、东风路、通泰街、四方坪、芙蓉北路、洪山、月湖、浏阳河、秀峰、捞刀河、沙坪、青竹湖16个街道；下辖98个社区居委会，9个村民委员会，1093家基层社会组织，其中社团41家，民非304家，街道备案社会组织748家。

国民经济和社会发展状况

综述。2017年，全区实现地区生产总值920亿元，同比增长8.8%。在地区生产总值中，第一产业实现增加值1.3亿元，同比下降32.6%；第二产业实现增加值151.3亿元，增长3.7%；第三产业实现增加值767.2亿元，同比增长10%。全区三次产业结构为0.1:16.5:83.4；在地区生产总值累计增幅中，第一、二、三次产业分别拉动-0.1、0.6、8.3个百分点；三次产业对地区生产总值增长的贡献率分别为-0.8%、7.1%、93.7%。全年完成地方财政总收入147.1亿元，同比增长12.2%。其中完成税收收入125.8亿元，同比增加14亿元，同比增长12.6%，税收收入占地方财政总收入的比重为85.5%。

农业和农村经济。2017年，全年累计完成农林牧鱼总产值2.51亿元，同比下降30.2%。其中，完成农业产值1.78亿元，同比下降26%；完成牧业产值0.59亿元，同比下降40.7%；完成渔业产值1328万元，同比下降28%。全年粮食种植面积2180公顷，粮食总产量1.42万吨。生猪出栏3.63万头，家禽出笼7.31万羽，水产品产量1068吨。

工业和建筑业。2017年，累计完成规模工业总产值198.6亿元，同比增长5.1%，增速较去年同期上升0.6个百分点；实现规模工业增加值47.6亿元，同比增长1%，增速较2016年同期下降5.6个百分点。龙头企业支撑作用明显，全年工业总产值过亿的企业30家，完成工业总产值164.6亿元，全年股份制企业完成工业总产值174.1亿元，占全部规模工业总产值的88%。全年新增规模工业企业11家。

全区具有资质以上等级的总承包和专业承包建筑企业59家，完成建筑业总产值356.6亿元，同比增长13.8%；实现建筑业增加值92.9亿元，同比增长15.2%；房屋施工面积1121.6万平方米，同比下降26.5%；房屋竣工面积537.3万平方米，同比增长29.8%

固定资产投资。2017年，累计完成固定资产投资820.4亿元，同比增长15.5%，增速同比上升0.4个百分点。累计完成工业投资91.8亿元，同比下降4.1%。全年完成房地产开发投资168.5亿元，同比上升11.7%；商品房销售面积194.6万平方米，同比下降29.4%；其中住宅销售面积144.4万平方米，同比下降36.1%；商品房销售额185.7亿元，同比下降13.6%。

贸易。2017年，实现社会消费品零售总额798.8亿元，同比增长10.0%。增速比2016年同期持平。其中：限额以上企业实现零售额312.6亿元，同比增长12.2%，增长贡献率46.7%；限额以下企业及个体户实现零售额486.2亿元，同比增长8.7%。按行业分组，批发业实现零售额138.8亿元，同比增长11.8%；零售业实现零售额592.2亿元，同比增长9.5%；住宿业实现零售额11.3亿元，同比增长7.1%；餐饮业实现零售额56.5亿元，同比增长11.5%。从商品销售类类别看，全年限额以上批发零售企业累计实现零售额居前五的类别为石油及制品类、中西药品类、汽车类、粮油食品类、服装鞋帽类，分别实现零售额88.2亿元、81.7亿元、40.6亿元、20.3亿元和9.3亿元，分别增长9.3%、19.3%、14.4%、30.3%和-13.7%，对社会消费品零售总额增长贡献率分别为10.3%、18.2%、7.0%、6.5%、-0.2%。其中：石油及制品类、粮油食品类较去年增速提高11.3和23.8个百分点，贡献率较去年提高12.8和4.4个百分点。中西药品销售、粮油销售、网络汽车销售成为开福区的行业特色。

经济合作。2017年，全年进出口总额（海关口径）10.03亿美元，同比增长43.5%，其中出口总额6.9亿美元，同比增长19.7%；进口总额3.13亿美元，同比增长74.7%。全年实施内联引资项目211个，其中新投产项目190个，新审批外资项目30个，协助办理外资项目0个。全年实际到位省外境内资金115.6亿元，同比增长18.5%；引进市外境内资金形成固定资产303.2亿元，同比增长13.3%，其中区属236.7亿元，同比增长12.9%；外商直接投资实际到位资金6999.4万美元，同比增长256.8%，其中区属87.4万美元，同比增长17%。

全年接待国内外旅游者933万人次，同比增长8%；完成旅游总收入97.2亿元，同比增长8.3%。其中，接待国内旅游者731.7万人次，同比增长3%；国内旅游收入77.4亿元，同比增长7%。接待入境旅游者201.3万人次，同比增长3.2%；入境旅游收入19.8亿元，同比增长4%。

全年园区完成规模工业总产值（含商贸物流）513.6亿元，同比增长10%；完成规模工业增加值（含商贸物流）120.5亿元，同比增长8.3%；完成服务业增加值75.8亿元，同比增长24.7%；实际到位外资完成20406万美元，同比增长10.6%；引进市外境内资金形成固定资产投资66.5亿元，同比增长14.7%；引进省外境内资金29亿元，同比增长13.9%；税收收入17亿元，同比增长38%；完成固定资产投资238.7亿元，同比增长64.7%。

交通和金融。2017年，投入资金3000余万元，建设和提质改造农村公路32.9千米；查扣非法营运车辆524台，处罚520台；查扣违法超限超载运输车辆1705台，处罚1632台。交通运输形成由铁路、地铁、水路、公路等四种运输方式构成的交通运输网络。

境内通航河道3条，总长26千米，其中湘江为二级航道，最大通航能力为2000吨级船舶。长沙新港码头为全国内河28个主枢纽港之一，被誉为“内河第一港”。长沙新港开通的航线有日本、新加坡、北美、韩国、西欧、东南亚等10余条，其中开通至欧美、韩、日的国际集装箱航线7条，通往国内27个港口,通达世界14个国家和地区的56个港口。长沙火车货运北站是国家二类铁路口岸，开通至广州、深圳的“五定班列”，开通稳居国内一线班列的“湘欧快线”。

2017年，投资2100万元，完成楚家湖大堤整治工程、霞凝垸处险工程、戴家河泵站格栅改造工程、捞刀河大堤堤防安全设施工程；投资600万元，完成2016年所有水毁修复工程；投资1.97亿元，完成全区34处黑臭水体治理任务。

2017年，全区金融业实现增加值91亿元，同比增长8.7%，占地区生产总值的9.9%；完成金融业税收36.61亿元，同比增长19.84%，占税收总收入29.09%。2017年，全区引进浙商银行、台湾合作金库等8家金融机构总部。截至2017年年底，全区汇聚64家全国性和省级金融总部、金融机构300余家，涵盖银行、保险、证券、期货、基金、融资租赁、融资担保、小额贷款、资产管理、企业集团财务、金融中介服务等业态。

教育和科学技术。2017年，全区共有区属中学7所，在校学生8811人；小学52所，在校学生34978人；幼儿园120所，其中公办园19所，局属公办园8所，在园幼儿22870人。小学适龄儿童入学率100%，小学升初中入学率100%。全区共投入学生免费入学和资助经费5883万元，全区所有义务教育阶段92904人次学生全部新手免杂费入学，执行公办教育收费标准的83425人次学生全部享受“一费制”（含课本费、教辅材料费和作业本费）全面入学。全年接受外来务工人员子女8457名，占全区中小学生人数的16.2%，全部享受免杂费、“一费制”入学。全年补助173人次农村家庭经济困难寄宿学生生活费。全年新建和启动新建学校8所（其中楼盘配套学校5所），扩建学校4所、农村学校附属幼儿园0所，并对31所中小学进行运动场提质建设、校园文化建设和维修改造。

全年新增高新技术企业33家，全区实现高新技术增加值258亿元，占GDP比重的28%；人均科普经费1.5元。全年专利申请总数3583件，增长17.9%，专利授权1685件，增长11.4%，其中发明专利授权689件，增长34.8%。

文化、体育和卫生。2017年，全区拥有群体艺术表演团体146个，文化馆1个，公共图书馆12个（含11个社区、村图书分馆），博物馆（纪念馆）4个，街道文化站14个。有晨晚练点500余处，全年开展全民健身活动200余次，参加人数20余万人。公共文化服务不断完善，建成31个农家书屋、61所社区未成年人绿色网吧、71个示范性社区文体活动中心。

全区共有各类医疗卫生机构412个，新增31个，其中一级及以上医院30个，疾病预防控制机构3个。卫生技术人员14348人，床位9445张，新增43张。

环境保护和安全生产。2017年，根据新修订的《环境空气质量标准》（GB3095-2012），全年开福区空气质量优良率为69.3%；根据《环境空气质量标准》（GB3095-1996），2017年全年开福区空气质量优良率为90.14%。湘江饮用水源保护区水质稳定达标，3个地表水监测断面地表水达标率100%。区域环境噪声平均为63.8分贝，稳定达标。

全年发生安全生产事故12起，各类安全生产事故死亡7人，其中工矿商贸事故死亡0人、建筑施工事故死亡1人、经营性道路交通事故死亡6人。亿元GDP生产安全事故死亡率0人；工矿商贸企业从业人员10万人，生产事故死亡0人。

人民生活和社会保障。2017年，全区居民人均可支配收入49609元，比2016年增长8.5%。居民人均消费支出312298，比2016年增长4.1%。在居民消费分类中，食品烟酒人均消费10070元，增长9.4%；衣着人均消费2028元，增长9.4%；居民人均消费5404元，增长2.2%；生活用品及服务人均消费2401元，增长39%；交通通讯人均消费2099元，下降16.3%；教育文化娱乐人均消费5653元，增长14.1%；医疗保健人均消费3332元，下降22.4%；其他用品和服务人均消费241元，增长40.9%。

2017年年末城镇登记失业率为2.1%；全年新增城镇就业人员7850人，失业人员再就业5625人，就业困难人员就业2340人，农村劳动力转移就业1329人；城镇零就业家庭实现动态就业援助100%。参加企业职工基本养老保险人数4.32万人，基本养老金社会化发放率100%；参加城乡居民养老保险人数4.1万人。

年末拥有敬老院1家，有床位75张，入住老人64人。拥有各类社区服务设施132个，街道社区服务中心16个，社区公共服务中心98个。全年发放城乡居民最低生活保障金4349.3万元，居民得到政府最低生活保障117379人次，其中城市居民最低生活保障83724人次，农村居民最低生活保障33655人次。城市和农村低保对象月人均发放保障金分别406元和283元。

精神文明建设

综述。2017年，开福区继续以创建更高水准文明城市为主线，以“厚德开福”建设为主要目标，全面提升文明创建成果。完善督查反馈机制、整改机制，明确标准、细化要求，形成日常督查新常态；明确主体、细化责任，较好地完成全市文明指数季度测评和全国文明城市迎检工作。承办省市大型活动23场，利用各种节庆日举办各类创建活动231场次，其中168项活动登上中国文明网要闻。启动开福首届道德模范评选活动，从全区评选出邓学东等10名道德模范。全年9人荣登“湖南好人榜”，2人荣登“中国好人榜”，1人荣获感动中国之感动湖南人物，1人荣获湖南省道德模范提名奖。开福区委宣传部荣获全国未成年人思想道德建设工作先进单位。开福区沙坪街道檀木岭村获评全国文明村。

夯实创建基础。制定《开福区2017年迎接全国文明城市测评工作方案》《开福区2017年文明创建目标管理考核办法》，细化测评、暗访工作及日常督查的评分细则及职能部门的“负面清单”内容。采取季度测评计分，半年排名制，将街道文明创建排名结果纳入到全区的绩效考核管理体系。2017年，召开迎国检资料培训会议8次，召开迎检动员会议和迎检调度会议35次。组织督查人员分组深入街道社区、背街小巷、主次干道、城郊乡村开展暗访督查，累计督查983次，其中县级领导带队督查321次，召开创建讲评会34次，下发督查通报112期，落实整改问题8600余个。设计发布一批社会主义核心价值观主题公益广告，打造10条公益广告示范路段，累计发布更换公益广告6万余幅。启动街道、社区（村）志愿服务站、心理健康辅导站（点）、家长学校等场所的建设，全年完成31个社区提质改造。开展“不文明行为”专项整治和“文明礼让”专项行动，开展常态化排队礼让等文明劝导工作。开展“四保十看四查”专项整治，清理各街道社区、小区楼道垃圾堆物8000余处，修复破损设施6000余处；对全区各类餐饮门店、农贸市场、超市的文明创建达标工作进行全面推进和提升，对5个农贸市场进行维修改造；对校园周边开展专项整治行动，对10家校园周边网吧下达搬离通知书，查处违规经营网吧30家，对73家不符合创建要求的书店、音像店、歌舞厅、游戏厅作出停业整顿处罚。在2017年的国检工作中，开福区迎检点24处，较好地完成迎检任务。

开展创建活动。承办“纪念国际志愿者日主题活动 礼赠志愿者”“长沙道德模范巡演活动”“湖南好人榜发布仪式”等省市重大活动。举办“好家风开福行”展示、“百城万店讲诚信”“长沙开福区启动校园安全教育”“童心向党·欢唱中国梦”歌咏活动、“向国旗敬礼”、“中国好人”进校园宣讲“现代雷锋”故事等创建主题活动。发挥农村优秀基层干部、道德模范及“新乡贤”先进典型的引领示范作用，深化“文明村镇”建设，开展以美丽乡村建设为主题的特色活动21场，中国文明网《长沙农村兴起文明办酒之风:“人情债”轻了 铺张浪费少了》为题，头版要文宣传开福区乡村文明新风。成立全市首个学雷锋志愿服务组织的服务平台“厚德志愿者之家”，吸引12家志愿服务组织入驻。创新志愿服务管理模式，为志愿者提供优质服务，率先全市为全区1000名“四星级”志愿者购买人身意外保险。邀请“中国好人”“湖南好人”“五老”等先进典型参与到各类未成年人思想道德建设的活动，组建“五老”金牌讲师团，面向青少年开展形势政策、党的历史、思想道德和公民意识教育。各社区（村）开展“文明家庭”“文明楼栋”创建活动，优化育人环境，提高家庭教育水平。运用微信平台、家校通等媒介，开展家庭教育宣传，普及家庭教育知识。在《长沙晚报》和微开福推出开福文明家庭评选投票，举行全区“文明家庭”展示表彰活动，营造全民参与的良好氛围，累计征集到262条家训，26篇治家小故事。

厚德开福建设。根据区第五次党代会提出“厚德开福”目标，以“五城”建设为载体，推进“厚德开福”建设。印发开福区“打造道德高地 建设厚德开福”行动方案（2017—2019年）》（开文明委〔2017〕3号）以及《开福区“打造道德高地 建设厚德开福”2017年工作要点》（开文明委〔2017〕3号），明确任务，指明方向。文化之城建设。采取政府购买服务的方式，全面提升开福区群众的文化生活水平，开展“五进五送”免费送电影1200余场、送戏34场，打造“文化大篷车”系列品牌文化活动。坚持14年开展“湘江韵律”广场文化系列活动，打造文化之城。好人之城建设。开福区以28名开福籍中国好人榜好人事迹为原型，建造开福好人馆，记录宣扬好人好事。依托开福区72支志愿服务队伍，建立“好人大本营”，注册志愿者7万余名，打造学雷锋志愿服务品牌152个，好人工作站2个，开展各类活动100余次。博物馆之城建设。开福区辖区内有省博物馆、市博物馆、音乐厅、图书馆、城市规划展示馆、沙坪湘绣博物馆、中共湘区委员会旧址（市博物馆旧馆）等众多博物馆。开福区通过“互联网+博物馆”建立“文化志愿者团队微信群”“图书馆粉丝读者营”，扩大文化志愿者“朋友圈”和“共享圈”，推动网上逛博物馆。创新创意之城建设。聚力北辰文化创意产业园，吸引入驻动漫游戏相关企业120余家。推出马栏山文化创意产业聚集区。2017年12月，马栏山视频文创产业园挂牌成立，打造区域经济增长引擎，促进区域经济差异化、特色化、功能化发展，实现文化创意产业的壮大升级。读书之城建设。开展“流动书吧 行走开福”活动，为读者专门打造“书香开福”官网，并量身定制“国学书包”；推行“书香六进”，即书香进机关、进企业、进校园、进农村、进千家万户。在湖南烈士公园南大门前坪东北广场，率先建立长沙市最大的24小时街区自助图书馆。开福区借助“互联网+”拓展空间，依托“三网融合”、4G技术、大力发展数字图书馆、数字文化馆等新兴文化服务平台，数字平台日均接待读者100人次，借阅量1.5万册。

按照建设“厚德开福”的总体思路和目标，通过公共文化设施、文明排队礼让、厚德志愿者三大志愿服务品牌的打造，开展“好人大本营”“厚德志愿者之家”“文明排队礼让示范点”“公共文化设施学雷锋志愿服务”“红色志愿服务”等系列有号召力、有影响力的学雷锋志愿服务品牌。让“为国尽忠”“为职尽责”“为家尽孝”成为我们开福人的共同宣言，为开福“有质效、有温度”的发展凝聚共识，汇聚力量，为建设“物质富裕、精神富有”的开福做出新的贡献!

（整理：易厚德）

中共长沙市开福区委员会

书　记　沈裕谋
副书记　刘拥兵
　　　　谢伟峰
常　委　欧干军　　杨应龙
　　　　黎　明（2017.1任）
　　　　邹犇淼　　蔡　冰
　　　　吴烂斌（2017.11免）
　　　　张春雄　　舒全球
　　　　何惠风　　晏成方
　　　　卜超峰（挂职）
　　　　马运动（2017.11任）

重要会议

区委常委会议

2017年区委召开常委会议共计31次。1月9日，审议全会工作报告，研究调整征收拆迁安置工作领导小组，听取2017年财税收入及预算编制工作汇报，传达学习中办关于网络意识形态工作责任制的文件精神，研究《开福区“打造道德高地 建设厚德开福”行动方案（2017—2019）（送审稿）》；1月11日，听取区委组织部关于抓基层党建工作述职评议情况汇报；1月18日，研究2016年度开福区项目建设、征收拆迁和造绿复绿工作总结表彰方案，研究闲置土地支帮促方案、干部人事问题、财税目标管理考核情况、年终绩效奖金发放情况；2月8日，研究调整区委常委职责分工及部分议事协调机构，审议纪委全会工作报告并通报2016年度全区落实党风廉政建设责任制检查考核情况；2月17日，听取区“两会”筹备工作情况汇报，研究2017年城管工作，研究审定开福区2016年度“六个走在前列”大竞赛暨绩效考核结果，学习杜家毫全省组织工作会议讲话精神和市委《关于为敢于担当的干部担当为敢于负责的干部负责的若干意见》文件精神；2月25日，研究党务、信访工作，研究社区（村）支两委换届、对口帮扶龙山县精准脱贫攻坚工作，研究老干工作、干部人事工作；3月30日，研究2017年度社区全面提质提档工作、党风廉政建设相关工作；4月20日，研究贯彻易炼红“4·12”调研讲话精神，学习贯彻中央八项规定、财经纪律及规范公务接待标准，研究贯彻全市落实党委（党组）意识形态工作责任制工作和网络公众号监管办法，研究文明创建工作，研究洪山管理局综合农场有关遗留问题，传达学习省脱贫工作会议精神，研究环保工作；4月28日，研究跨境电商有关工作并审议跨境电商百亿行动实施方案，研究2016年度经济发展奖励工作，审议促进楼宇经济发展加快商业地产去化实施办法，研究2017年人才引进工作，研究部署作风建设工作；5月13日，研究中共长沙市开福区委常委会2017年工作要点、2017年目标绩效考核工作、中央环保督察信访问题整改工作，传达学习长办发电〔2017〕15号文件精神，研究区委全面深化改革领导小组2017年工作要点；5月27日，研究深化街道管理体制改革工作、推进全区“两学一做”学习教育常态化制度化工作，听取组织召开“七一”表彰大会暨基层党建重点任务推进会的情况汇报，传达学习全省干部监督视频会议精神和《党委（党组）讨论决定干部任免事项守则》，审议《面向全省竞争性选拔优秀年轻科级领导干部实施方案》，研究干部人事问题、建立区委巡察机构的建议和实施意见，审议相关案件，传达贯彻杜家毫书记调研马栏山文创园重要讲话精神；6月5日，听取党风廉政建设警示教育暨作风建设推进会议筹备工作情况汇报，审议《开福区本级社保基金存放银行机构的管理意见（送审稿）》，传达贯彻市长陈文浩调研金霞经开区重要讲话精神，传达学习《财政部关于坚决制止地方以政府购买服务名义违法违规融资的通知》（财预〔2017〕87号）、《财政部 发展改革委 司法部 人民银行 银监会 证监会关于进一步规范地方政府举债融资行为的通知》（财预〔2017〕50号）文件精神；6月19日，审议开福区城市管理工作推进会相关文件，研究全区纪念建党96周年表彰工作，审议《开福区干部教育外出培训管理办法（试行）》《关于坚持在急难险重一线培养使用干部的实施意见（送审稿）》，研究创建食品安全示范城市工作；6月29日，研究潮宗街历史文化街区项目招商运营工作、全区社会治安综合治理工作、干部人事问题；7月6日，区委书记沈裕谋传达市委常委会（扩大）会议精神并作重要讲话；7月14日，学习贯彻习近平关于进一步做好防范抗灾救灾工作的重要批示精神，研究区水利基础设施提质及水毁工程恢复工作，审议《长沙市开福区促进生物医药与健康产业发展奖励政策（试行）》；7月27日，传达学习全省脱贫攻坚巡查整改工作会议精神，研究开福区防汛工作总结暨半年度经济工作有关工作，传达学习全市宣传部长会议和全市意识形态领域分析研判会议精神；8月11日，研究环保工作，传达学习市领导在市委常委会2017年第27次会议上的讲话精神，传达学习贯彻习近平在省部级主要领导干部专题研讨班开班仪式上重要讲话精神，传达学习习近平、李克强等中央领导重要指示批示精神，研究开福区治安巡防员、城管协管员和流动人口协管员队伍建设工作，研究申报开福高新区有关工作、干部人事工作；8月31日，审议《关于加快推进军民融合产业发展的实施意见》，研究巡察工作、安全生产工作，研究审定2017年上半年度绩效考核情况，传达省委秘书长及全市党委办公厅（室）主任会议精神、达2017年全省抗洪救灾总结大会精神、全省城市基层党建工作经验交流座谈会精神，传达学习《湖南省财政厅转发财政部关于坚决制止地方以政府购买服务名义违法违规融资的通知》文件精神；9月15日，听取全面深化改革工作的情况汇报，研究全区意识形态工作，研究《开福区区管国有企业负责人履职待遇、业务支出管理暂行办法》，审议派驻机构改革工作，研究贯彻落实“长沙人才新政22条”的若干措施、城市基层党建工作，区政协办通报有关工作，研究开福区“迎接十九大，全力保平安”信访维稳工作方案、干部人事工作；9月29日，传达湘办发电〔2017〕115号文件及安排部署“两节”期间有关工作，传达学习贯彻全国社会治安综合治理表彰大会精神，研究区法治建设工作、湖南省十三届人大代表资源摸底情况，传达学习全省纪检监察系统表彰大会精神、全市旅游发展会议精神，研究纪委派驻改革人事调整工作；10月19日，传达全市区县（市）领导班子建设工作

1月9日，区委五届五次全体（扩大）会议暨经济工作会议

座谈会精神、贯彻落实市委十三届五次全体会议精神，传达学习全省巡视巡察工作电视电话会议精神，听取区河长制推行工作情况；10月26日，传达中国共产党第十九次全国代表大会会议精神，审议《中共长沙市开福区委办公室关于印发〈全面从严治党主体责任提醒制度〉的通知》；11月8日，审议中共十九大特护期信访维稳工作及信访积案化解百日攻坚总结表彰相关方案，审议学习宣传贯彻中共十九大精神相关方案，听取全国、全省推进县乡人大工作和建设会议精神及区人大工作汇报，听取预算调整工作汇报；11月24日，研究部署深化监察体制改革试点相关工作，审议《开福区深化监察体制改革试点实施方案》，审议相关案件，研究区管党费中留存的清理收缴党费使用方案，传达学习《关于规范政府和社会资本合作（PPP）综合信息平台项目库管理的通知》文件精神；10月26日，传达省委全会及市委常委会2017年第40次（扩大）会议精神；12月8日，传达2017年市委常委会第44次会议精神，研究2018年开福区重大项目计划及2018年开福区市重大项目计划，研究关于进一步加强招商引资工作促进项目落地的实施意见，审议开福区科级领导干部学习贯彻中共十九大精神专题培训班工作方案，通报“落实全面从严治党主体责任集体约谈会议”相关情况，开展常委班子集体廉政约谈；12月10日，研究区监察委员会主任、副主任、委员提名人选，研究区纪委、监察委机关内设机构设置；12月15日，传达学习贯彻上级有关文件精神，传达区县（市）委书记专题会议精神，审议《开福区委常委领导班子带头加强政治建设的十项规定》；12月26日，传达贯彻全市产业项目观摩会议精神，听取全会暨经济工作会议筹备情况，听取人大、政协“两会”相关筹备工作，听取2018年收入组织及预算编制工作汇报，审议《关于加强城市基层党建推进基层治理现代化十条措施》。

区委五届五次全体（扩大）会议暨经济工作会议

1月10日，区委五届五次全体（扩大）会议暨经济工作会议召开，深入学习贯彻习近平总书记系列重要讲话精神，全面贯彻落实中央、省委、市委经济工作会议精神，总结2016年工作，分析经济形势，部署2017年经济工作。会议指出，2016年，面对宏观环境多变、经济下行压力加大、复杂因素相互交织的不利情况，区委常委会坚决执行中央、省、市各项决策部署，牢牢把握“稳住、进好、调优”总基调，推动全区经济“稳中有进、进中向好”，实现“十三五”良好开局，也为2017年经济指标跳起摸高、争先进位夯实基础。2017年开福发展的总体思路是：全面贯彻中共十八大和十八届三中、四中、五中、六中全会和中央、省委、市委经济工作会议精神，以及省、市、区党代会精神，按照“五位一体”总体布局、“四个全面”战略布局和建设富饶美丽幸福新湖南的部署要求，把握新常态，践行新理念，推动新发展，坚持“稳住、进好、调优”总要求，坚持以推进供给侧结构性改革为主线，以“升级发展、成就北富”为主题，推进“两有”发展、建设“两富”开福，着力打好改革攻坚、产业升级、城市提质、民生升温“四大战役”，建设强盛、精美、幸福、厚德的新开福，为长沙创建国家中心城市实现基本现代化担当更大责任，以优异的成绩迎接中共十九大胜利召开。会议指出：准确把握2017年经济工作的总体思路，核心是要把握“改革创新、争先进位、统筹发展”的工作要求。其中，改革创新是动力。唯改革者进，唯创新者强，唯改革创新者胜。面对新常态下的新挑战，要积极转变思维方式，树立新常态下的新理念，做出新常态下的新作为。争先进位是目标。2017年全区工作的总体目标是“争先进位、勇夺第一”。进一步提升标杆、提振信心、比学赶超，不仅与长沙的几个区比，也要与中部省会城市的城区比，与沿海先进发达地区的城区比。统筹发展是关键。经济工作既要抓住“牛鼻子”、重点突破，又要学会“弹钢琴”、系统推进，实现经济社会全面协调可持续发展。会议明确2017经济工作重点：组织推进“四大战役”，迅速成立和高效运转“四大战役”指挥系统，制定路线图，排出时间表，下达任务书，切实加强调度推进，尽快形成会战态势。打好改革攻坚战。要按照习近平“四个有利于”的要求，坚定不移全面深化改革，抢占发展先机，赢在改革新的起跑线上；打好产业升级战。向特色优势要竞争力，围绕建设“金融、物流、文化、信息、康养”五大功能谷，主动转型，扩大供给，提升质效，打造增长点，形成引爆点；打好城市提质战。省委书记杜家亳在省党代会参加长沙市代表团讨论时强调，要树立“精明增长”理念，彰显城市特色与个性。要以国家中心城市为标准，做优城市设计，加强城市建管，完善城市功能，打造更加“宜居宜业、精致精美、人见人爱”的品质开福；打好民生升温战。民生是最大的政治、最重的责任、最好的政绩。区第五次党代会提出，要让人民群众生活得更加体面、更有尊严，这是该届区委的最高追求，也是推动经济社会发展的最终体现。要矢志推进“三区三体系”建设，坚持有质效、有温度的发展，以发展速度来提升民生温度。区委书记沈裕谋强调做好2017年的经济工作，关键在党，关键在人。要坚持把方向、控全局、抓大事，进一步加强和改进区委对经济工作的领导。要提振精、气、神，激励广大干群以“争”的意识、“敢”的气魄、“拼”的干劲，主动想事、扎实干事、奋力成事，为大局添彩、为开福增光。要谋格局。要有乘胜追击、奋勇争先的进取意识，进一步强化省会中心城区的责任与担当，推动开福各项工作和综合实力全市率先、全省领先、中部争先。要有开放包容、锐意创新的时代观念，顺势而为、乘势而上，积极进取、自信自强，以思想观念的创新引领事业的发展。要有严谨细致、精益求精的工匠精神，坚持高起点谋划、高效率运转、高质量完成，破除庸懒散漫、疲沓拖拉的懈怠作风，树立雷厉风行、马上就办的效率意识，做到立说立行、提速提效、优质服务。要强自身。要树立政治眼光，坚持用政治的眼光看待问题、分析问题、处理问题，树牢“四个意识”，推动中央、省市和区委各项决策部署落实。要善用法治思维，解决新问题不能仅仅靠传统思维、传统办法，更要靠法治思维、法治手段。要让依法、守法、遵法、信法成为一种常态、一种规则、一种文化，成为根植于内心的修养和无需提醒的自觉。要增强经济才能，深刻领会习近平总书记关于经济工作系列讲话精神，准确把握党中央对经济形势作出的重大判断、对经济工作作出的重大决策、对经济工作思想方法作出的重 大调整。要提高专业水准，加强分析研究，把分管工作的政策、程序、原理、实情搞通、搞透、搞精，做到精深化研究、精准化决策、精细化操作，着力打造业务素质的“升级版”。要涵养人文情怀，要注重加强文化知识的学习，通过研读政治经济理论和人文科学，吸收前人在修身处事、治国理政等方面的智慧和经验。要实作风。打好“四大战役”，关键在落实，重点在实干。弘扬想干事、不避事的精神品质，坚持“干”字当头，真抓实干、少说多干、埋头苦干，对定下来的工作部署，要一个问题一个问题地研究，一件事情一件事情地解决，一个项目一个项目地推进，撸起袖子加油干，踏石留印，抓铁有痕。营造敢干事、不怕事的浓厚氛围。坚持一手抓正导向，一手抓正激励，强化“以实干论英雄，凭绩效用干部”的鲜明导向，重用想为、敢为、勤为、善为的干部，坚决把不称职、不适宜、不作为、乱作为的干部调整下来，让干事者有位子，不干事的没市场；落实“三个区分开来”，完善容错、纠错、防错的保护机制，用制度为干事创业者吃下“定心丸”、撑起“保护伞”、开行“直通车”，决不让英雄流汗又流泪、“领头羊”成为“替罪羊”。坚守干成事、不出事的廉洁底线。要坚持把纪律和规矩挺在前面，严守廉洁底线、不越法纪红线、筑牢思想防线。要加强巡察工作，始终保持惩治腐败高压态势，准确运用监督执纪“四种形态”，着力构建不敢腐、不能腐、不想腐的体制机制，确保各级干部既想干事、又能成事、还不出事。

全区防汛工作总结暨半年度经济工作会议

7月28日，区委、区政府召开全区防汛工作总结暨半年度经济工作会议，认真总结前段防汛工作和上半年经济工作，科学分析当前经济形势，全面部署下半年工作，提出“弘扬抗洪精神，打赢‘四大战役’”的目标要求。会议指出：6月22日至7月2日，历时十天九晚，长沙市遭遇暴雨连袭，面对超历史水位汛情，全区上下万众一心、众志成城、风雨同舟，取得“不漫一堤、不决一口、不垮一垸、不死伤一人、不出现一起负面舆情，城市秩序井然、百姓生活安宁”的全面胜利。回顾抗洪历程，有三个方面值得总结：成绩来之不易，让人共鸣。这次防汛抗洪能够取得全胜，主要得益于准备“早”、行动“快”、靶向“准”、保障“实”、措施“严”、人心“稳”，全力稳控抢险现场、稳定群众生活、稳导社会舆情，凝聚起同舟共济、众志成城的强大正能量。精神孕育希望，令人振奋。经受洪水的严峻考验，也沉淀宝贵的精神品质。党员干部忠诚履职、敢于担当，践行厚德开福“为国尽忠、为职尽责、为家尽孝”的精神内核。抗洪勇士坚韧不拔、顽强拼搏，诠释“不怕牺牲、敢于胜利”的英雄气概。社会各界群策群力、同舟共济，彰显“一方有难、八方支援”的大爱精神。水患之年当思治水，这次防汛抗洪虽取得全胜成绩，但也有很多地方值得反思。城市因水而兴，防洪安全是滨水城市建设的优先选项。

2017年上半年，全区上下以打好四大战役为抓手，统筹推进稳增长、调结构、促改革、惠民生、防风险，保持稳中向好的发展态势——主要指标保持中高速增长、产业发展向着中高端迈进、项目建设完成超时序推进、改革攻坚朝往深水区突破、城市品质实现全方位提升、民生福祉得到持续性改善。做好下半年工作，总体要求是：深入学习贯彻习近平重要讲话精神和治国理政新理念新思想新战略，坚持稳中求进工作总基调，大力弘扬抗洪精神，打赢改革攻坚、产业升级、城市提质、民生升温四大战役，推进“两学一做”学习教育常态化、制度化，以更加优异的成绩迎接中共十九大胜利召开。区委书记沈裕谋从五个方面对下半年经济工作作出部署安排。围绕激发活力、释放红利，打赢改革攻坚战。进一步统一全党思想，坚定全面深化改革的决心和信心。必须清醒认识改革，主动适应改革，全力落实改革。坚定不移推进全面深化改革，以改革激发活力，以改革赢得未来。要吹响改革攻坚“集结号”。对中央和省市自上而下推动的改革，区委改革办、8个专项组和各有关部门要列出时间表、明确责任人、坚持项目化，及时跟踪问效，不折不扣落实到位。对自主推行的十大重点改革，牵头领导和责任部门要倒排工期、压实责任，把改革的动力激发出来、红利释放出来。要开展重点改革“回头看”。改革既要“向前走”，也要“回头看”。重点围绕园区体制改革、城投集团化改革、水管体制改革“三大改革”开展“回头看”，推动改革举措形成制度成果和长效机制。特别是“五证合一”改革，是中央、国务院安排部署的工作，是一项政治任务。围绕涵养优势产业、壮大实体经济，打赢产业升级战。产业是发展的根基，是经济的命脉。产业兴，则城市兴；产业强，则城市强。要坚持项目为王。重点调度推进军民融合产业基地、中欧快线、视频文创园等重大产业项目和全市观摩项目。要抓好招商引企，加强产业链招商、专业化招商、精准化招商，继续开展北深沪驻点招商，着力打造“金融+文化”会商会、国企对接会、对台招商会、大院大所恳谈会“四个平台”，紧盯世界500强、大型国企、国内知名企业、大院大所以及企业集团的增资扩容，引进一批大项目、好项目。8月份要围绕军民融合和视频文创产业组织一批项目签约。要实现产业倍增。围绕“3+2”产业布局，实施产业倍增计划，把产业链条拉长。金融商务区要抓紧对接金融总部，形成集群效应；金霞经开区要积极申报铁路临时口岸、跨境电商综试区，推动“中欧快线”扩容提速，落实全省实施打造跨境电商百亿行动项目；金鹰文化区要围绕马栏山视频文创产业园，加强规划对接和招商引企，形成引爆效应，不能盯着4300亩地核心范围去招引项目，项目只要落地在开福，都能享受视频文创园的政策。区委宣传部、区商务和旅游局、区文体新局要借力发挥，主动对接文创企业开展招商引资，推进项目落地；军民融合要依托开福高新区，加快推进“3+X”军民融合产业布局，在确保清洁环保、绿色安全的前提下，把“量”做大，年内引进军民融合企业60家以上。金霞经开区要成立军民融合项目落地推进办，实现“双抢”。要强化保障支撑。土地保障方面，城市征拆重点抓好火车北站、黄兴北路片区老项目的扫尾清零，启动潮宗街二期、丝茅冲二期等新项目，加快腾笼换鸟；农村拆迁重点抓好军民融合产业园、高岭智慧仓储物流、保税二期3个600亩土地的拆迁腾地，做好苏托垸拆迁前期准备工作，抓紧筑巢引凤。做好闲置土地"支帮促"，年内力促9宗闲置土地开工。在拆得下的同时还要确保安得好。要重视安置工作，政府分管的同志要抓紧把前期工作做好，确保拆迁群众能够尽早住进新房。政策保障方面，要出台细则办法，将实体经济30条、人才新政22条落实落地。环境保障方面，要构建"亲""清"政商关系，职能部门要做到"不叫不到、随喊随到、服务周到"，打造高效的服务环境、公平的竞争环境、公正的法治环境，工商企业办证要做到"最多跑一次"。围绕对标杭州、提质开福，打赢城市提质战。要下"绣花"功夫，以精致的工艺成就精美的城区。要优化空间形态。加紧对接"总体、控规、街区、专项"四个层面的城市规划，完善"南提、北拓、东进、西联"的空间布局，更好地聚集资源、聚集要素、聚集人才。要优化承载功能。务实推进"36635"工程，围绕金融商务区、新河三角洲、江湾半岛"3大片区"，城市主干道两厢、品牌学校、入城口、工业园区、老城居民集聚区、交通枢纽"6大节点"，福元西路、开福大道、青竹湖大道、洪山路、清水塘路、浏阳河北堤等6条主干道和35个任务社区提质改造。围绕建设"厚德开福"，加快推进文化之城、博物馆之城、好人之城、读书之城、创新创意之城等"五城"建设。要积极争取中央和省市资金的支持，对全区水利基础设施和水毁工程进行全面修复，用1到2年时间将所有堤垸提高到41米的两百年一遇防洪标准。要优化生态环境。继续深化社区提质提档、新三年造绿、环境保护、最严城管、夜景亮化"五大行动"。抓好湘江东岸以及三一大道、五一路、万家丽路两厢亮化和捞刀河南岸风光带建设。加快美丽乡村建设，培育沙坪湘绣小镇、青竹湖文创小镇等一批特色小镇。围绕让幸福在群众家门口全面升级，打赢民生升温战。驰而不息推进"三区三体系"建设，统筹抓好就业、教育、医卫、住房、社保等工作，认真落实办好民生实事，做好与人民群众生活息息相关的"微建设""微服务"，让居民群众有更多获得感。加快创建国家食品安全示范城市，确保人民群众舌尖上的安全。深化"五零"社区（村）创建，升级网格化管理。加强信访维稳，扎实推进积案化解百日攻坚行动，实现控增量、减存量，绝不发生极端事件。抓好安全生产，杜绝较大以上安全事故发生。围绕"两学一做"学习教育常态化、制度化，锻造严实型队伍。落实"严实治理"战略，从严从实加强管理，锻造一支忠诚、干净、担当的严实型队伍。要不忘初心，忠诚履职。要始终坚持旗帜鲜明讲政治，提高政治站位和政治觉悟，深入开展习近平总书记重要讲话精神和治国理政新理念新思想新战略学习宣传活动，提前谋划部署学习贯彻中共十九大工作，推进"两学一做"学习教育常态化、制度化。增强"四个意识"，做到"两个绝对"，同以习近平为核心的党中央保持绝对一致，对党和人民事业绝对忠诚。区委将严格按照《关于坚持在急难险重一线培养使用干部的实施意见》，识别干部、考察干部、使用干部。要不触底线，干净干事。要牢固树立规矩意识、纪律意识，以零容忍的态度把"潜规则"压下去，让"明规则"挺起来，为干事的人创造干净的环境，为干净的人创造干事的环境。

区委办公室工作

区委办公室

主　任　张春雄
常务副主任　文琬莹（2017.2任）
　　　　杨　佳（2017.2免）
副主任　喻　军
　　　　李宏波
　　　　张　燚（2017.6任）
　　　　尹显亮（2017.6免）
　　　　胡　芳（2017.6免）
纪检组长　侯瑜芳

概况　区委办公室为中共长沙市开福区委员会的工作机构，有编制数26个，其中行政编13个、参公事业编5个、工勤编8个，内设（挂靠）区委机要局（区保密局）、区委政研室、区委改革办、区委督查室、区接待办、信息科、提质提档办、秘书科等科室（局、办），在岗人员 34名。2017年，党委信息工作荣获省市先进。

政研工作。全年起草讲话等综合材料200余篇，向市委书面请示报告工作40次，组编《区委通报》19期，编辑《党报摘要》100期；围绕全区中心工作，先后开展专题调研30余次，撰写一批高质量的调研文章，其中《对马栏山视频文创园建设的几点思考》等多篇主要领导署名文章被省市核心内刊采用，《弘扬“红船精神” 实现新时代梦想》等30多篇文章在中央、省、市各级媒体刊物发表；全年向省市上报信息700余条，被省委、市委内刊采用近200条，获省、市信息工作先进单位。

秘书工作。严控会议数量、规模和时间，全年组织召开区委常委会会议31次、区委全会4次、全区性会议58次。严格执行清单管理制度，对中央、省委、市委来文、来电和各类请示报告件办理，坚持即来即办、急件快办、特事特办，确保政令畅通。全年以区委、区政府及“两办”名义下发文件56个，同比减少9%。抓好法规工作，向省委文件报备率、及时率均为100%。

改革工作。强力推进大城北体制改革、城投集团化改革、水管体制改革等三大重点改革，主动谋划不见面服务（审批）改革，铺排8大类71小项改革全部完成，10余项改革经验被省市专题推介；重点围绕3大片区6大节点，提质提档福城等35个社区，其中示范社区和先进社区各15个，被中央省市媒体报道70余次、简报信息被市级内刊采纳40余篇；充分发挥牵头抓总、协调各方、调度应急、值班值守的作用，全力服务区委领导科学决策、精准调度、靠前指挥，组成防汛抗灾督查组，成立抗洪抢险突击队，为全胜高标准打赢防汛保卫战作出积极贡献。

督查工作。围绕上级和区委决策部署狠抓落实，全年组织开展督查90余次，刊发督查通报15期，督办交办问题300余个，确保政令畅通。归口办理上级批示件10余件，区委主要领导批示件86件，办复率100%。接待来访群众40余批次，办理来信来访61件次。牵头完成省、市督查工作23件，向市委办公厅报送工作情况25次，做到圆满、按时办结。通过浓厚抓落实氛围，构建抓落实大格局，推动各项工作落地见效，获评全省党委督查工作先进基层单位。

保密工作。严格按制度管理密码、密码设备，确保密码管理安全可靠，密码通信优质高效。全程参与到高考、中考的押送试卷过程，检查安全管理责任制和各项防范措施的落实情况、司乘人员的安全教育情况，配合区考试教育中心做好两考工作。组织开展全区性保密工作业务培训3次、保密工作专项督查2次，全面提升全区保密意识，科普保密常识。

接待工作。高质量完成会议会务及考察观摩等各类接待96批次、5300余人次，其中完成张德江、王岐山、孙春兰、李建国、杜家毫、许达哲、李微微、乌兰、胡衡华等中央和省部领导接待任务24批次，“9·03”重宾接待获得省市委办公厅肯定性批示。完成市级领导接待25批次，其他兄弟区市县到区考察接待7批次。强化应急调度，有效保障信访维稳、防汛抗灾等各项工作的开展。完善会务、接待、车辆保障等管理制度，为区委机关的正常运转提供有力保障。

（王盛林）

附录：

中共开福区委2017文件目录

1月3日，开发〔2017〕1号 关于深化开福区大城北体制改革实施意见

1月10日，开发〔2017〕2号 关于印发《关于以基层党建为引领创建“五零”社区（村）的实施方案》的通知

2月9日，开发〔2017〕3号 关于区委常委职责分工的通知

2月13日，开发〔2017〕4号 关于转发《政协长沙市开福区委员会2017年工作要点》的通知

2月23日，开发〔2017〕6号 关于同意成立中国共产党长沙开福城市建设投资有限公司委员会的批复

3月26日，开发〔2017〕7号　关于同意召开中国共产党新河街道华夏路社区委员会党员代表大会的批复

3月10日，开发〔2017〕8号 关于同意秀峰街道有关村（社区）党组织升格为党委的批复

3月10日，开发〔2017〕9号 关于同意沙坪街道有关村（社区）党组织升格为党委的批复

3月10日，开发〔2017〕10号 关于同意捞刀河街道有关村（社区）党组织升格为党委的批复

4月13日，开发〔2017〕11号 关于印发《关于贯彻落实长沙市委〈关于巩固不敢腐氛围构建不能腐不想腐机制推动全面从严治党向基层延伸的意见〉的实施方案》的通知

2月24日，开发〔2017〕12号 关于同意成立中国共产党湖南金霞发展集团有限公司委员会的批复

5月9日，开发〔2017〕13号　关于印发《开福区城投集团化改革实施方案》的通知

6月27日，开发〔2017〕15号关于印发《关于建立中共开福区委巡察制度的实施意见》的通知

9月4日，开发〔2017〕16号　关于加快推进以军民融合产业为主导的高新技术产业发展的实施意见

9月20日，开发〔2017〕17号 关于设立中共长沙市开福区残疾人联合会党组的通知

9月21日，开发〔2017〕18号　关于同意召开长沙市开福区残疾人联合会第五次代表大会的批复

9月29日，开发〔2017〕19号 关于印发《开福区贯彻落实“长沙人才新政”的若干措施》的通知

12月21日，开发〔2017〕21号 关于印发《开福区委常委领导班子带头加强政治建设的十项规定》的通知

纪律检查与行政监察

中共开福区纪律检查委员会

书　记　欧千军
副书记　周朝旭　喻寄宏
常　委　刘　科　蔡　亮
　　　　罗小静（2017.11免）
　　　　刘　曦　彭　庆
　　　　莫红宇（2017.6任）
　　　　曾跃文（2017.6免）

区监察局

局　长　周朝旭
副局长　蔡　亮　龚　闯

概况　中共长沙市开福区纪律检查委员会（以下简称区纪委）机关为区委工作机构，与区监察局合署办公，在区委、区人民政府和市纪委、市监察局的双重领导下开展工作，履行党的纪律检查和政府行政监察两项职能，对区委、区人民政府负责。2017年，开福区纪委监察局机关行政编制26个，工勤编1个，政府雇员1个，实有人数25人。内设机构8个：办公室、党风政风监督室（区政府纠正行业不正之风办公室）、信访室、第一纪检监察室、第二纪检监察室、第三纪检监察室、第四纪检监察室、案件审理室。

党内监督。严明政治纪律，强化党内监督。始终把严明党的政治纪律和政治规矩摆在首位，通过强化政治纪律和组织纪律，带动廉洁纪律、群众纪律、工作纪律、生活纪律严起来。坚持“两个绝对”。始终保持“对党和人民事业绝对忠诚，同以习近平同志为核心的党中央保持绝对一致”，强化对中央、省委、市委和区委重大决策部署落实情况的监督检查，确保上级决策真正落地生根。严肃党内政治生活。以党内政治生活准则和党内监督条例为尺子，督促落实党组织“三会一课”、党员活动日等制度，健全民主议事和民主决策制度，加强对民主集中制、党委（党组）议事规则和决策程序、谈心谈话、请示报告等党内政治生活制度执行情况监督检查。

层层传导压力，压实“两个责任”。充分发挥纪委组织协调作用，推动全区各级各部门（单位）党委主体责任和纪委监

督责任落实。清单化定责。紧盯“关键少数”，出台开福区2017年党风廉政建设主体责任和监督责任清单，明确党委（党组）主体责任清单26项，纪委监督责任15项，厘清“两个责任”边界，要求各级党委对党风廉政建设责任签字背书，实行目标管理，推进“两个责任”可查、可考、可究。常态化督责。巩固定责、督责、考责、问责的“两个责任”落实链条，落实“两个责任”全程纪实制度，实现履责情况全程留痕、过程管理。建立“日常检查、专项巡察、重点监督、年终考核”的督查考核模式，对党风廉政建设责任制落实情况实施动态管理，督促“一岗双责”落实和“两个责任”上肩。面向全区107个社区（村）书记、主任、纪检委员举办纪检监察业务培训班，将“两个责任”延伸压实到最基层党组织。强有力问责。针对“四风”问题突出，腐败行为频发，特别是瞒案不报、压案不查的，实行“一案双查”，违纪违规事实与主体责任、监督责任落实情况同步调查、同步处理、同步通报，以严肃追责问责倒逼责任落实，2017年，对“两个责任”落实不力的10个部门（单位）12名科级干部进行问责处理。

作风建设。 持续纠治“四风”，深化作风建设。坚持驰而不息、久久为功，推进作风建设常态长效。加强专项整治。扎实开展“雁过拔毛”式腐败问题、“纠‘四风’、治陋习”“小官大贪”、清理国家公职人员违规参与涉矿等经营性活动专项整治、党员干部和国家公职人员酒驾行为执纪问责等10余项专项整治。按照省、市部署要求，稳步推进“互联网+监督”工作。加大对不作为、乱作为问题的查处、整治和通报力度，惩治“为官不为”；鼓励担当作为，2017年，为37人澄清信访举报不实问题。强化常态监督。紧盯春节、五一、中秋、国庆等重大节庆假日，采取暗访检查、随机抽查、交叉检查和个别约谈等方式开展节点化、高密度、常态化监督检查。加强对街道、社区（村）两级的“站长、所长、校长、院长、村长、组长、会长”等“小七长”，以及村组两级资金、资产、资源、资本等“四资”的监管，结合社区（村）“两委”换届，从严开展全流程换届风气监督，对村级财务和村级组织成员任期经济责任进行复核审计。2017年，全区组织暗访组60多个，开展监督检查60余次，检查单位400余家次。从严查处曝光。坚持严查快处，做到发现一起、处理一起、曝光一起，绝不姑息。全年查处违反中央八项规定精神问题17起，处理41人，其中给予党纪政纪处分29人；查处“雁过拔毛”式腐败问题27起，处理65人，其中给予党纪政纪处分55人；查处“小官大贪”典型案件4起，涉案4人均受到开除党籍处分并移送司法机关，其中一举查获的徐某、张某、王某三人“小官大贪”系列案在《中国纪检监察报》报道；分6期在三湘风纪网、长沙廉政网等媒体对42人点名道姓公开曝光。

案件查办。坚持挺纪在前，推进严管严治。坚持把纪律和规矩挺在前面，强化纪律刚性作用，用纪律管住全体党员。加大执纪审查力度。始终保持惩治腐败高压态势，从严反腐惩恶。2017年，全区各级纪检监察组织立案159件，结案159件，其中给予党纪政纪处分152人，免予处分7人，其中涉及科级干部33人（正科级干部19人，副科级干部14人），移送司法机关4人。实践用好“四种形态”。认真落实“四种形态”操作细则，把对干部的严管厚爱体现在抓教育预防、抓日常管理上。全年实践运用“四种形态”502人次，运用第一种形态341人次，占68%；运用第二种形态给予轻处分130人，占26%；运用第三种形态给予重处分27人，占5%；运用第四种形态移送司法机关4人，占1%。完善信访举报双向承诺、阳光处访和“一线工作法”等制度，对信访举报件归口管理，做到线索处置“零搁置”。2017年，全区纪检监察机关受理群众信访举报116件，转立案11件、立案查处23人。严格落实案件监督管理各项制度，依纪依法安全文明办案，确保办案人员零违纪、办案工作零事故。拓展纪律审查效果。深入剖析典型案例，充分发挥办案治本功能，在四方坪街道等单位开展“以案释纪、以案说法”活动，用身边人、身边事警示教育党员干部，达到查处一案、教育一批、警醒一片的效果。

廉政教育。强化标本兼治，

推进源头治腐。在强化不敢腐持续震慑的同时，积极在不能腐不想腐上同步发力，推进标本兼治。加大党章党规党纪宣传教育。把学习贯彻党章党规党纪作为各级党委中心组学习、党校干部教育培训的重要内容，全区各级党委（党组）书记讲授廉政党课80余场次，区委党校开展“送宣讲进基层”20场次，实现各级党组织和党员干部学习贯彻全覆盖。深化“厚德开福”廉洁文化建设。巩固提升“六廉”体系，大力弘扬厚德开福精神。通过北辰滨江廉政文化主题公园、街道廉政文化宣传专栏和社区（村）廉政文化长廊等平台阵地，开通“廉洁开福”官方微信，利用微信、微博、网站等公众信息网络发布平台，扩大廉洁文化覆盖面和影响力；发挥红色革命文化、家规家风和乡规民约作用，组织全区2000余名党员干部集中观看廉政戏曲《耀邦回乡》展演，开展家风家训等廉政文艺活动150余场；拍摄展播廉洁微电影4部，2幅廉洁书法作品在全市公开展出；展播纪律要求及廉政公益广告300余条次，发送廉政短信1万余条次，组织观看《永远在路上》《打铁还需自身硬》《决不饶恕》《迷失》等多部警示教育片，筑牢拒腐防变的思想防线，重塑“不想腐”的价值观。加强廉政风险防控。不断扎紧制度笼子，加强对权力的监督制约。强化对“三重一大”事项决策、执行情况，对执行因公、因私护照和赴港澳通行证件集中管理制度执行情况等进行监督检查，确保廉政风险防控的常态化、规范化和程序化，防止权力滥用和腐败问题的发生。

体制改革。深化体制改革，激发工作活力。坚持打铁必须自身硬，深化体制改革，加强队伍建设。对标推进区深化监察体制改革试点工作。印发《开福区深化国家监察体制改革试点工作实施细则》（开发〔2017〕20号），区委书记担任区深化监察体制改革试点工作领导小组组长，当好“施工队长”，区纪委牵头成立试点工作小组办公室和6个专项工作组，人大、政府、政法委、组织、检察院等全力支持、密切配合，精准对标、扎实推进区深化监察体制改革试点工作，做好人员转隶、谈心谈话、办公用房配备等工作，确保2018年1月12日前完成区监察委挂牌组建，实现对所有行使公权力的公职人员监察全覆盖。巩固提升纪检监察一体化建设。出台《关于加强区纪委派驻机构建设的实施意见》（开办发〔2017〕33号），将原来的32个纪检组撤并为9个纪检组，通过划转、调剂等方式安排36名行政编制到派驻机构，实现区纪委对区一级党和国家机关派驻纪检组全覆盖。完善片区（联组）联动协作机制，加强片区（联组）在委局机关统一领导下的协作，机关各科室依托片区（联组）联动协作机制平台加大对街道、部门纪律审查工作的督促指导，建立健全街道、基层站所、村级基层党组织纪检工作网络，不断提升基层纪检组织监督执纪能力。扎实开展巡察工作。出台《关于建立中共开福区委巡察制度的实施意见》（开发〔2017〕15号），成立巡察机构，完善巡察制度，开展巡察工作。2017年，完成两轮对9个部门（单位）的常规巡察，对浏阳河街道开展“两学一做”学习教育专项巡察。截至2017年年底，发现问题129个，移交问题线索27条，责成被巡察单位立行立改问题45个，提出工作建议55条，立案12人，移送司法1人，给予党纪政纪处分11人（含乡科级干部6人），通报批评2人，提醒谈话15人次，创新开展的“点穴式”专项巡察受到市纪委主要领导高度肯定，并在长沙电视台《廉洁长沙》栏目专题报道，充分发挥巡察工作的震慑、遏制、治本作用。全面加强纪检队伍建设。结合“两学一做”学习教育常态化、制度化，坚持开展“五访五查”“每周一课”活动，强化政治教育、突出党性锻炼，推进机关干部学习常态化、系统化。加大教育培训力度，全年通过轮岗锻炼、跟岗培训、业务交流等方式开展业务培训5批100余人次。完善交流和选拔任用机制，全年提拔重用、交流选拔纪检干部36人。坚持刀刃向内，完善内控机制，严格执行监督执纪工作规则、省纪委“十不准”、市纪委“三项制度”，编印发放《开福区纪检监察干部红线手册》，坚决防止“灯下黑”。通过从严教育、从严管理、从严监督，努力建设一支让党放心、人民信赖的纪检监察干部队伍。

【创新开展“点穴式”专项巡

察助推项目发展】7月，开福区纪委、区委巡察组结合“两学一做”学习教育，坚持问题导向，将巡察作为保障项目建设顺利推进的有力抓手，用好“望”“闻”“问”“切”四字诀，精准开展“点穴式”专项巡察，形成有力震慑，推动项目顺利开展。据统计，在专项巡察前，项目的签约完成率为83.2%，实施专项巡察后，签约完成率98%。“望”得细。坚持带着问题去、盯着线索查，对被巡察单位进行专项“体检”，精确“诊断”。从审计、公安、建设、民政、征地拆迁等部门抽调7名精兵强将组成专项巡察组，开展为期3天的集中培训，确保人人都是有效“火力点”。查阅相关财务账簿、原始凭证、文件资料、案件卷宗、会议记录、合同文书等211卷（册），广泛收集第一手资料，不放过任何蛛丝马迹，寻找隐藏在“事”背后的“人”的问题线索，发现被巡察单位及党员干部个人存在的问题线索5条。“闻”得深。征地拆迁涉及群众切身利益，专项巡察组充分依靠群众、发动群众，将神经末梢延伸到群众当中，畅通问题线索来源的主渠道。进驻初始，即在浏阳河街道机关、5个社区和2个项目拆迁指挥部等8处地方张贴巡察公告并设置征求意见箱，动员、引导广大干部群众来信来访来电反映问题，收到信访举报问题12个。经初查，包括7户党员家庭在内共有40余户居民涉嫌以“非正常离结婚”等不正当方式试图获取征拆款，其中5户明显违反社会伦理。同时发挥“大数据平台”优势，综合运用民政婚姻登记系统、公安户籍管理系统以及房屋产权登记、国土拆迁安置等资料，从中发现党员干部和群众弄虚作假、打伙弄伙，想方设法试图骗取拆迁安置利益等10条问题线索。其中，“假姓名、假证明、假婚姻”的“三假”现象较为突出。“问”得全。巡察期间，通过召开动员会、专题汇报会、座谈会和列席被巡察单位党委（组）会、班子民主生活会等会议，听取和了解被巡察单位的全面情况，向被巡察单位党组织针对性提出防范建议，激励党员干部发挥先锋模范作用的党性自觉。参加被巡察单位相关会议5次，开展个别谈话100余人次。在街道机关、拆迁指挥部、社区党员干部中多层次开展走访座谈，广泛听取意见和建议，上门入户收集民意。发放问卷调查111份，走访企业单位15家，“一对一”点名约谈24人。发现和查处一批党员干部在项目拆迁中违规参与不当获利行为。“切”得准。注重运用巡察成果，促进项目发展，以严细深实的工作作风对发现的问题一查到底，通过专题探讨、集体研究、“日报告、周小结、月总结”等工作方法，创新线索处置办法。坚持边巡察边移交边整改，向被巡察单位转交立行立改问题3个，提出工作建议4条。坚持边约谈边查处边通报，向区纪委移交问题线索4条，向其他相关单位移交问题2个。查实的7户党员家庭均主动放弃以不正当方式获利的分户拆迁申请，部分存在明显违背社会伦理行为的居民逐一接受公安机关训诫，其余涉嫌以“非正常离结婚”等不正当方式试图获取拆迁款居民的无理诉求被及时制止，唯利是图、投机取巧的负能量现象被有效遏制，群众的心气更顺，支持项目发展的积极性更高，为项目发展营造良好环境。

（秦立泓）

巡察工作

中共长沙市开福区委巡察工作领导小组

组　长　欧干军

副组长　晏成方

成　员　周朝旭　喻寄宏

　　　　沈继红　任功胜

　　　　宋明明

工作机构

办公室

主　任　宋明明（2017.6任）

副主任　张孟辉（2017.6任）

巡察一组组长

　　　　曾跃文（2017.6任）

副组长　孙杨克（2017.6任）

巡察二组组长

　　　　艾延灿（2017.6任）

副组长　刘　莎（2017.6任）

巡察三组组长

　　　　王众思（2017.6任）

副组长　汤叶峰（2017.6任）

巡察四组组长

　　　　张　澜（2017.6任）

副组长　杨　晓（2017.6任）

7月21日，区委第三巡察组巡察区科技局工作动员大会

巡察五组组长
刘　敏（2017.6任）
副组长　陈建根（2017.6任）

概况 区委巡察工作在区委统一领导下，由区纪委、区委组织部共同负责实施。2017年6月成立区委巡察工作领导小组（以下简称领导小组）。建立健全区委巡察工作机构，设立区委巡察工作领导小组办公室（以下简称巡察办）和区委巡察工作小组（以下简称巡察组）。

领导小组在区委统一领导下进行工作，认真履行区委《关于建立中共开福区委巡察制度的实施意见》规定的各项职责，向区委负责并报告工作。领导小组由组长、副组长及成员组成（组长1人，副组长1人，成员5人）。组长负责全面工作，副组长协助组长工作。

巡察办为领导小组日常办事机构，列入区委工作序列，设在区纪委，机构规格为正科级。设主任1名，为正科职领导职务；副主任1名，为副科职领导职务；另配1名工作人员。巡察办主要贯彻落实区委、领导小组的决策和部署，全面履行《关于建立中共开福区委巡察制度的实施意见》规定的各项职责。巡察办在领导小组的领导下开展工作，向领导小组负责并报告工作。

巡察组5个（4个常设巡察组，1个机动巡察组）：巡察一组、巡察二组、巡察三组、巡察四组、巡察五组。巡察组机构规格为正科级，每个巡察组设组长1名，副组长1名，工作人员不少于2名。区委对巡察工作一次一授权。巡察组组长、副组长在原单位列编，工作管理、业务指导及干部考核由区纪委负责，党组织关系、人事关系、工资关系、工会组织关系由原单位负责。巡察组工作人员从巡察工作人才库中抽调产生。巡察组工作人员在巡察工作期间与原单位工作脱钩。巡察组在领导小组领导下，贯彻落实区委关于巡察工作的决策和部署，承担巡察任务，向领导小组负责并报告工作。

2017年，开福五届区委开展2轮巡察，第一轮派出5个巡察组对3个区直部门和2个街道共5个部门（单位）开展常规巡察，派出1个专项巡察组对1个街道开展“两学一做”学习教育专项巡察。第二轮派出4个巡察组对3个区直单位和1个街道共4个部门（单位）开展常规巡察。2轮巡察中共发现问题129个，向区纪委、区委组织部和被巡察单位纪工委（纪检组）移交重要问题线索26条，交被巡察单位立行立改的问题46个，提出工作建议55条。立案13人，给予党纪政纪处分13人（乡科级6人），通报批评2人，提醒谈话15人次。

加强组织领导，统一思想认识，提高政治站位。区委、区政府高度重视巡察工作，2017年，区委常委会3次专题研究听取巡察工作情况，研究制定区委巡察工作系列制度、机构设置、人员安排等内容。区政府人事领导小组专题研究巡察机构人事编制问题。制定完善区委巡察工作制度。出台《关于建立中共开福区委巡察制度的实施意见》《2017区委巡察工作要点》等2个制度文件。领导小组出台《中共长沙市开福区委巡察工作领导小组工作规则（试行）》等7项制度、《开福区巡察工作流程》《开福区巡察工作人员抽调管理办法》《开福区巡察工作目标管理责任书》《开福区巡察工作机关文件材料归档办法》等制度文件。常委扩大会议专题学习贯彻。全省巡察工作电视电话会议召开后，区委专题组织全区县级领导学习传达省委书记杜家毫和省纪委书记傅奎的讲话精神。区委书记要求全区提升政治站位，高度重视巡察工作；要认清职能定位，着力推进巡察工作；要把握着力部位，形成巡察合力；要履职尽职到位，加强巡察队伍建设。后勤保障确保有效运转。在区政府机关二办协调5间办公室和1间会议室，安排专项巡察工作经费40万元，办公设备及用品迅速到位，机关后勤及时提供用车保障。

内务管理。加强学习教育，规范内务管理，提升工作效能。区委巡察机构人员到位后，巡察办迅速建立人员业务学习培训、党员教育管理等制度，在学习培训中提升政治和业务能力，在规范严管理中提高巡察工作实效。坚持学习制度。巡察办每月组织2次以上学习培训，各巡察组坚持每周学习例会制度。印发《习近平关于巡视工作论述摘编》《中共湖南省委巡视工作规定（试行）》《十八大以来关于党风廉政建设和反腐败工作的党内法规汇编》《巡视工作常用文件汇编》等资料。参加市委第三轮巡察动员暨业务培训会，邀请市委巡察办综合处处长和市委巡察第五组的人员进行业务培训，邀请区史志档案局业务主任进行巡察工作专题档案培训。组织人员到望城区委巡察办专题学习，与长沙县委巡察办进行交流学习。规范内部管理制度。制定目标管理考核制度。区委巡察领导小组对巡察组下发目标管理考核责任书，明确各组工作目标与任务。制定内部流程表。根据省市巡察工作要求，结合开福区实际，制定开福区巡察工作“三步走”的内部流程表。加强保密工作，与47名参与第一轮、第二轮常规和专项巡察的工作人员逐一签订巡察工作保密承诺书。规范档案管理。建立一案一册、一卷一档、逐组逐档、签字背书的档案登记管理制度。做好巡察工作动态、静态宣传信息报送工作，在“长沙廉政网”“微开福”“廉洁开福”“开福手机报”等平台上宣传信息报送19条。对巡察组工作人员坚持日考勤、日记录制。积极参与各类党建活动。巡察办和巡察组人员参加“红色之旅韶山行”党日活动，听取韶山村党委书记毛雨时和区委常委、区纪委书记欧干军的党课，组织集中学习观看和集中讨论中共十九大开幕会报告。组织到刘少奇天华调查纪念馆的主题实践党课学习。组织参加机关工委对宁乡抗洪救灾募捐活动共募捐5800元。参加区直机关单位迎国庆“双先杯”气排球赛。组织办、组人员对违规参与涉矿等经营性活动和酒驾等自查清理工作。

巡察工作。坚持标准要求，严格程序步骤，全面铺开工作。充分准备。各巡察组结合被巡察单位制定切实可行的工作方案。组织组内人员按照来信来访、个别谈话、查阅资料、清查账目、实地走访、开展会务、内务管理7个方面进行分工。与区委组织部、区公安分局、区财政局等14家区委反腐败协调小组成员单位积极对接、收集巡前信息。与被巡察单位做好充分沟通，全面了解其组织架构、职能职责分工、人员编制等情况。广泛动员。巡察组召开动员大会10场，进行民主测评371人次，发放征求意见表371张，张贴巡察公告48份，设置意见举报箱35个，开通举报电话10个，网络信箱10个。认真实施。按照巡察程序和要求，巡察期间，认真“听”。通过召开动员会、专题汇报会和列席被巡察单位党组会、听证会、支部党日活动等会议，广泛听取意见。

区委巡察组工作人员在收集意见信息

全面“谈”。与领导班子成员、机关干部、社区、二级机构、退居二线的老同志、人大代表、政协委员、群众党员、企业负责人谈话446人次。重点“查”。查阅2013年以来有关文件、会议记录、档案资料、预决算报表、会计账册、行政执法案件等资料3082卷册。突出“访”。全面走访企业单位80家次，暗访调查79次，受理来信来电来访15次。精准调度。巡察期间，各组坚持“周一调度安排、周三督促小结、周五总结讲评”的工作机制。区委巡察工作领导小组定期听取进展情况汇报。区委巡察工作领导小组组长、副组长先后11次进行工作调度和指导，明确工作方向，协调解决问题。区委书记先后5次专题听取巡察工作进展情况，给予工作肯定，明确下段工作要求。充分沟通。巡察中巡察组注意做到与被巡单位党委书记的交流沟通，对一些在工作中常见的细节问题及时指出并且督促纠正。每轮巡察工作在上区五人领导小组专题会议之前，领导小组组长带领各巡察组组长逐一向区委主要领导报告巡察工作，带领巡察办主任逐一与被巡单位的一把手以及其联点或主管区领导进行相关情况通报约谈。做到巡察工作边整边改，统筹协调，有序有效推进。严格纪律。领导小组要求巡察工作人员在“自身形象、作风纪律、保密要求、廉洁自律”方面以身作则，严格做到“八个不得”，上班不得迟到早退，不得无故不上班，上班期间不得干与工作无关的事，不得与被巡察单位人员单独接触，不得接受被巡察单位和企业的请吃，不得借巡察工作之名索拿卡要，不得泄露巡察工作信息，不得干预被巡察单位的正常工作。

坚持问题导向，形成有力震慑，确保巡察效果。突出工作定位，牢牢把握巡察工作的重点内容。在常规巡察中围绕加强党的领导这个根本，突出政治巡察定位，把纪律挺在前面，以“六项纪律”为尺子，监督检查被巡察单位党组织领导班子及其成员执行党章和其他党内法规，遵守党的纪律，落实党风廉政建设主体责任和监督责任的情况，着力发现违反政治纪律和政治规矩、廉洁纪律、组织纪律、群众纪律、工作纪律和生活纪律等方面的问题。在专项巡察中重点巡察党员干部群众在学习落实“两学一做”学习教育工作中是否存在损害群众利益，不作为、慢作为、乱作为，违反《中国共产党纪律处分条例》中六项纪律以及党和国家工作人员滥用职权，失职、渎职的情况。专项巡察组进驻现场后，项目建设签约率由83.2%上升到93.88%，取得通过巡察“正风肃纪、推动工作”的良好效果。区委“两学一做”学习教育专项巡察工作进一步肃清基层组织的党风、政风，改善干群关系，淳化民风，纠正陋习，有力地促进区委区政府中心工作和重点项目建设的顺利进行。突出工作重点，着重把握巡察工作的三种对象。始终坚持问题导向，紧紧盯住重点对象，增强巡察的针对性和威慑力。紧盯领导班子及成员。重点巡察其领导班子及成员特别是党组织“一把手”在全面从严治党、落实党风廉政建设“两个责任”、权力运行等方面的情况等。通过民主测评、谈话等形式，深入了解领导班子及成员综合评价及反映。对个别不如实上报个人重大事项的班子成员进行重点巡察。紧盯重要岗位人员。重点针对可能发生腐败、廉洁风险的各单位中层骨干人员，有行政执法权、审批权，包括二级机构、基层社区负责人，在履行岗位职责、执行党的纪律、落实党的政策、效能效率等方面的情况。巡察一组深入到一线“执法”路面巡察。巡察二组深入到招投标现场进行巡察。紧盯“四资”和“小七长”方面的情况。重点针对民生领域、专项资金下拨、惠民资金使用、社区集体国有资产管理不善、政府采购程序不完善等方面情况进行重点巡察。注重立行立改，充分发挥巡察工作的初步成效。在巡察中，各巡察组十分注重与被巡察单位党组织负责人的交流、沟通与反馈。针对违反有关规定，未能完全落实到位，但能够及时解决的问题，巡察组及时督促被巡察单位迅速采取相应整改措施。强化震慑作用，有效确保巡察工作的成果运用。第一轮巡察中向区委组织部移交关于反映新任班子成员的群众评价认可度底的问题，区委组织部对其进行提醒谈话。向区纪委移交的线索中就超标住宿、违规借学习之机绕道公款旅游、违规使用专项资金、违规使用民生资金、损害群众利益、套取资金等问题线索进行一批案件的立案查处，在全区上下形成一定的震慑。

（张孟辉）

组织工作

区委组织部

部　长　晏成方
常务副部长　沈继红（2017.2任）
副部长　任功胜　谭尚丰
　　陈　俐（2017.2任）
　　浣　琳（2017.2免）
副部长(兼)　陈朝晖　周海燕
纪检组长　张　澜（2017.6免）
副部长(兼)　易松柏（2017.2免）
纪检组长　张正军（2017.6任，2017.9免）

概况　开福区委组织部是开福区委主管组织工作和干部工作的职能部门。2017年，开福区委组织部有20个编制，其中14个行政编、5个事业编、1个工勤编，实有干部职工19人。设有办公室、组织科（由以前的党建科更名为组织科）、干部科、人才科、研究室、基层党建工作领导小组办公室、绩效考核管理办公室、党员干部现代远程教育管理中心、非公有制经济组织和社会组织工委9个业务科（办、室）。

基层党建工作。深入推进“两学一做”学习教育思想工程。坚持抓党务就是抓要务、抓党务就是抓实务、抓党务就是抓服务的工作思路，把“两学一做”学习教育作为推动全面从严治党向基层延伸的有力抓手。注重以学促做，在全区开展“争当为民先锋、创示范型支部，争当五零先锋、创服务型支部，争当北富先锋、创活力型支部，争当改革先锋、创效能型支部”“四争四创”活动，激发广大党员“学”与“做”持久动力。坚持把党建作为“书记工程”。围绕党建工作全年召开11次区委常委会、5次现场办公会、3次讲评会，专题召开群团工作会议、区直部门党组（党委）抓党建述职评议会议，深入16个街道、37个社区（村）专题调研督导，层层落实责任、传导压力。按照“严实型”党建的要求，部署推进“服务零距离、安全零事故、环境零污染、治安零发案、居民零上访”的“五零”社区（村）创建，创造基层党建引领基层治理新模式。坚持把党建作为“灵魂工程”。中共十九大闭幕后，第一时间召开区委常委（扩大）会议和全区负责干部会议进行传达学习，制定宣传贯彻、学习培训两个专项方案，对全区科级领导干部集中培训，按照“五个聚焦”的要求，推动十九大精神进机关、进社区、进企业、进农村、进校园、进网站。始终把政治建设摆在首位，出台区委加强政治建设十项规定。坚持把党建作为“民心工程”。坚持以人民为中心的发展思想，对接组织要求、群众需求和干部追求，从安全、环境、信访等群众关切的问题入手，推进“五零”创建，把支部建在网格上、人员下沉网格中、问题处置网格内。投入资金5.2亿元，完成35个社区提质提档、改造44个社区公共服务中心，安全责任事故同比下降30%；中央环保督察组交办问题全部办结；刑事立案同比下降10.19%，现行命案侦破率100%；化解市委交办信访积案51件、化解率96.23%；群众工作满意度95%以上。2017年，开福区提出“以创建‘五零’社区为目标抓社区党建、以兴效益型产业为主线抓‘两新’党建、以国资保值增值为标准抓国企党建”的工作思路，安排党建经费3000万元，新增城市基层党建示范点建设专项经费610万元，社区、村经费拨款分别为100万元、40万元；面向社会公开选聘100名专职党务工作者，从“改非”领导干部、退休干部中选派25名专职党建指导员；制定基层党支

开福区两新工委扩大会议暨党建工作指导员交流会议

区委书记（右二）沈裕谋调研指导城市基层党建工作

部建设“十大标准”，创新落实主题党日、积分管理等基本制度。在全省基层党建工作重点任务推进会上，开福区作为全省唯一区（县）进行党员积分制管理经验交流。

干部选任管理。进行“90后”竞争性选拔。2017年，开福区按照民主、公开、竞争、择优原则，面向全省竞争性选拔10名“90后”优秀年轻干部。此次选拔在区竞争性选拔领导小组领导下和市委组织部公选办全程指导下，由区委组织部具体实施，区纪委全程监督。选拔共分为发布公告、公开报名、笔试面试、组织考察、公示任用等8个环节，有全省14个市州378名年轻干部报考，最终从中择优选拔10名同志，充实到基层一线，加强领导班子建设，优化干部队伍结构，激发基层队伍活力，形成良好社会反响。开展急难险重一线干部调研。根据“三重三用”的选人用人导向，区委出台《关于坚持在急难险重一线培养使用干部的实施意见》，建立年轻干部到急难险重一线锻炼培养机制、评价考核机制、激励约束机制、容错关爱机制。2017年，区委组织部月开展覆盖全区各街道、部门、拆迁指挥部、招商组的急难险重调研，通过个别访谈、民主测评、综合评价等方式，掌握征地拆迁、拆违控违、项目建设、基层党建等急难险重一线干部情况，建立156名急难险重一线优秀干部库，实行跟踪培养、动态管理、优先提拔。完成金霞发展集团、城建投体制改革。为适应“升级发展、成就北富，加快建成强盛、精美、幸福、厚德的现代化新开福”的工作需要，开福区从根本上突破体制机制障碍，精准把握产业变革趋势，顺利完成金霞发展集团、城建投体制改革，挂牌成立“湖南金霞发展集团有限公司”“长沙开福城投控股（集团）有限责任公司”，配优配强企业领导班子，真正实现政企分开、精政强企，进一步激发市场活力，释放发展潜力。开展因私出国境清理。开福区委组织部严格落实省、市委组织部关于干部监督工作的要求，全面开展领导干部身份证件、因私出国（境）证件清理和领导干部个人有关事项报告工作，印发《关于加强和改进区管干部因私出国（境）管理监督工作的通知》，并对全区69名县处级干部、634名科级领导干部和168名其他人员的备案信息进行更新，对其因私出国境证件进行全面清理，严格规范备案人员因私出国境证件管理和出入境审批工作。干部教育培训全面覆盖。紧扣建设“两富”开福发展需要，不断扩大干部教育培训覆盖面。始终坚持党校主渠道、主阵地作用，在区委党校举办主体班23期，培训4500余人次，举办为期3天的全区科级领导干部贯彻落实中共十九大精神集中培训班。出台《开福区干部教育外出培训管理办法（试行）》，提高干部教育的规范性、实效性。组织赴浙江大学、复旦大学等国内知名高校、培训基地举办能力素质提高班11期，培训572人，培训对象覆盖区人大、政协、纪检、办公室、宣传、统战、政法、城管等各线各系统。

绩效考核。出台《2017年度市对区绩效考核工作目标责任分解体系》《开福区2017年度工作目标考核体系》《2017年市对区社会公认评估责任分解表》。全年召开五次书记、区长参加的调度讲评会，对全年任务进行清单式“精准调度”，对13个重点指标进行三轮次上门调度，对部分涉及单位多、部门协同度高的指标进行联合调度，齐抓共管形成合力。针对100余个问题向各相关单位下发督办函49份。

【开福区“党建帮帮团”助力非公企业和社会组织党建】1月5日，开福区召开全区派驻非公企业经济组织和社会组织党建工作指导员动员培训会。区委常委、组织部部长晏成方，区选派党建工作指导员，相关非公企业和社会组织党组织负责人，区直机关相关单位，各街道分管领导和联络人，以及区委组织部相关工作人员参加会议。会议对全区非公企业经济组织和社会组织党建工作进行铺排和部署，启动非公经济和社会组织党建指导员派驻工作。从全区“改非”领导干部、离退休干部和“五老”人员中选派25名党员作为首批党建指导员，分别联系指导全区66家非公有制经济组织和社会组织，按照促进单位发展，加强基层组织，建设先进文化、服务职工群众、维护和谐稳定的目标，指导开展党建工作，打造一批非公企业和社会组织党建示范点。晏成方指出，要领会选派意义，这是打牢基础、加强党建、成就北富的必然之举；要明确工作目标，做到基础工作上台阶、因企制宜创特色、架起党企连心桥；要掌握工作方法，做到学透业务、不当外行，实事求是、不走形式，从严自律、不损形象，全面推动开福区非公企业、社会组织和园区党建工作创新发展。

【开福区以“四分四有”积分管理激活党员先锋能量】6月20日，在湖南省基层党建工作重点任务推进会上，开福区是唯一在会上作经验交流的区（县），其“四分四有”党员积分管理模式受到充分肯定和关注。“四分四有”即党员群体分类、积分内容分块、考核程序分步、登记评定分级；精准考核有侧重、合理量化有指标、动态管理有规范、奖优罚劣有依据。2017年，开福区基层党组织923个，党员2.2万名。针对少数基层党组织日常管理宽松软、评价党员凭感觉等问题，2015年开福区在洪山等3个街道试行党员积分管理，2016年结合推进“两学一做”学习教育在全区普遍推行，逐步构建“四分四有”党员积分管理模式，推动党员管理由“粗放”向“精细”转型升级。开福区推行“四分四有”党员积分制管理以来，处置不合格党员24名。通过发挥正面引导与反面处置的风向标作用，党员的党纪党规意识明显增强，党员的先锋能量被空前激活，党员参加组织生活的积极性明显增强。

（陈思含）

宣传工作

区委宣传部

部　长　舒全球
常务副部长　李亚雄（2017.2任）
副部长　甘　芳
　　刘桐开（2017.2任）
　　易德乾（2017.2免）
文明办主任、副部长（兼）
　　罗海嵩
纪检组长　郭云建（2017.9免）
文明办副主任　贺　喜
网宣办主任、新闻中心主任　李　香
未成办主任
　　罗　银（2017.2任）
文产办主任、办公室主任
　　邵凤清（兼）

概况　开福区委宣传部内设理论教育科、网络宣传管理办公室（加挂“开福区新闻中心”牌子）、开福区精神文明建设委员会办公室、开福区未成年人思想道德建设工作办公室、开福区群众文化科、开福区文化产业发展办公室、开福区委宣传部办公室7个科室。截至2017年年底，区委宣传部有在职在编干部职工11人。2017年，区委宣传部获“全国未成年人思想道德建设先进单位”（中央精神文明建设指导委员会颁发）。开福区沙坪街道檀木岭村获评全国文明村。邓学东、龙利亚获评中国好人榜好人。邓学东、吴立群、宋灵芝、袁亮坤、龙利亚、万淑君、潘凯华、傅佳、王志元获评湖南好人榜好人。刘慧获评湖南省道德模范提

4月21日，"新湖南"开福工作站揭牌

名奖。开福区好人大本营获评全国最佳志愿服务组织称号。中南大学湘雅医院志愿者之家志愿者陈秋娥获评全国最美志愿者称号。王艳辉获评长沙市孝老爱亲道德模范。开福区群众文艺团队女声小组唱创作的节目《山村的笑》分别获湖南省、长沙市"欢乐潇湘"总展演金奖。开福区选送歌手张希获湖南省"新人新歌大奖赛"金奖。开福区推荐的电视动画片《翻开这一页》（第二季）、图书《决战崛起—中国超算强国之路》获湖南省第十三届精神文明建设"五个一工程"奖。

理论教育。邀请中共十九大代表、湖南省妇联主席、党组书记姜欣作《十九大精神解读与思考》，全年举办区委中心组学习8次。承办市理论微宣讲、长沙"好声音"群众宣讲团理论宣讲进基层活动3场次；以习近平总书记新时代中国特色社会主义思想、党的十九大精神为主题开展理论微宣讲活动500余场次。印发《关于认真学习宣传贯彻中共十九大精神的通知》《学习宣传贯彻中共十九大精神宣讲活动方案》组织全区开展中共十九大精神学习。区委书记沈裕谋带头开展中共十九大精神宣讲"七进"（进机关、进社区、进企业、进农村、进校园、进网络、进军营）。在省市专栏刊发"微心得"10余篇，承办中央宣讲团在湘举办的十八届五中全会精神进基层座谈会。开展"书香开福 幸福北城""开福大讲堂"系列活动，推进学习型城区建设和学习型机关建设。编撰《文化名人在开福》《开启幸福，筑梦北富》书籍，全面总结党的十八大以来开福区取得的成绩。三角洲社区、陡岭社区获市社科联授牌"社科普及示社区"。全年在省市刊物发表20篇调研文章，开福区调研信息工作保持全省先进。

意识形态。先后召开区委常委会4次、区委中心组学习报告会2次，召开区委全会、区党务工作会议、意识形态工作专题推进会，传达学习上级意识形态工作精神、研究解决意识形态工作问题。制定《开福区党（工）委（党组）意识形态工作责任制考核细则》《开福区党（工）委（党组）意识形态工作责任制操作流程》《开福区意识形态工作十项推进机制实施细则》，成立宣传思想文化工作领导小组、网信工作领导小组，与90个单位（街道）主要负责人签订责任书。印发《开福区意识形态领域风险隐患全面排查和集中整治工作方案》，对全区"5类重点人群""7大阵地"进行专题督查，建立全区意识形态领域风险隐患排查与整治清单，跟踪督促责任单位抓好15处风险隐患点的整治工作。

新闻宣传。2017年，围绕项目建设、产业升级、城市提质、创新创业、厚德开福建设、民生升温、党的建设重点工作，在中央、省、市主要媒体上稿3000余条，其中，中央媒体上稿120余条，《湖南日报》头版头条3篇、市州版头条1篇，《长沙晚报》头版头条2篇，各类专版报道36个。新华社《湖南领导专供》刊发《长沙"北富"炼成记》；《经济日报》刊发《开福如何开启幸福》；《中国经济时报》推出《马栏山：湖南文化强省新地标》；《湖南日报》推出头版头条《厚德培沃土 文明花吐艳》。防汛期间，对接中央电视台在湘江中山码头4次连线报道防汛工作开展情况，在CCTV—1频道《新闻联播》栏目、CCTV—4、CCTV—13频道《新闻直播间》分时段播出，在新华社刊发《洪水来处，那最温暖的深夜食堂》《长沙洪水慢退全城清扫》，在中新网刊发《洪峰过境长沙城区直击：全民护堤的不眠夜》。在新开福、微开福、开福新闻网、开福手机报区属媒体设置专栏，推出《开启幸福 筑梦北富》《幸福在家门口升级》《新时代 新征程》系列报道，全年刊发报道5600余条次。印发《进一步加强和改进突发事件新闻发布和舆论引导工作的实施方案》，出台《开福区微信公众号管理办法（试行）》，对全区169个微信公众号登记备案管理。编发《舆情摘要》238期，及时预警一批舆情，全年无重大舆情事件发生。

文明创建。迎接全国文明城市复查，开福区5个创建点接受中央文明办巡礼报道，助力长沙市蝉联全国文明城市。制定《打造道德高地 建设厚德开福行动方案》。全年打造公益广告示范点10个，刊播社会主义核心价值观为主题的公益广告6万余条次；开展“不文明行为”“四保十看四查”等专项行动1000余场次；发放《长沙市民文明手册》2万余份；承办首届湖南好人榜发布仪式、好人当河长、湖南省国际志愿者日等省市重大活动230余场，其中100余场被中国文明网专题宣传推介。启动开福首届道德模范评选活动，从全区评选出邓学东等10名道德模范。推选9人荣登“湖南好人榜”，2人荣登“中国好人榜”。建立全省首家区级好人馆“开福好人馆”，设立“厚德志愿者之家”，开展“文明家庭”“好家风好家训”评选，开展“红色志愿服务”“文化志愿者进学校少年宫”“好人大本营”等一批志愿服务活动。开福区委宣传部获评全国未成年人思想道德建设工作先进单位；檀木岭村获评全国文明村。

文化事业。启动区文体活动中心建设，新建浏阳河街道示范性综合文化站，提质金鹰、滨江示范性社区（村）文体服务中心。月湖公园、万达广场、湘江世纪城、秀峰公园、烈士公园5个24小时街区自助图书馆投入使用。承办庆祝中国人民解放军建军90周年大型组歌《秋收起义》交响音乐会等省市大型群众文化活动4场，举办“情满潇湘 德行开福”、传统文化进校园、廉政戏曲巡演、戏曲普及月特色活动12场，开展第十四届“湘江韵律”等区级群文活动56场次。组织开福区第六届百团百品百星评选、“欢乐潇湘·品质长沙、湘江韵律”系列活动，校园文化进社区活动。采取政府购买服务的方式，免费请万名群众进剧场观看英国皇家爱乐乐团音乐会、历史文化剧《大汉伊人》、精品花鼓戏《耀邦回乡》、音乐剧《袁隆平》。开福区选送的电视动画片《翻开这一页》（第二季），图书《决战崛起——中国超算强国之路》两部作品获评湖南省第十三届精神文明建设“五个一工程”奖。开福区红叶音乐工作室女声小组唱《山村的笑》获评2017年“欢乐潇湘”全省群众文艺汇演决赛一等奖。

文化产业。服务马栏山视频文创园建设，配合项目单位做好省广电东西广场前坪改造、广电节目生产基地、中广天择总部基地项目建设服务工作。全面摸底区内视频类文化企业发展情况，全区共有视频类文化企业170家，对所有视频文化企业建档跟踪服务。收集整理国际文化产业集团前50强和国内文化产业集团前20强名单，分组对接，定向开展文化产业招商。对接北辰文化创意产业园、湖南日报项目单位，配

8月10日，新开福app上线发布会

合做好动漫游戏聚集区、湖南日报传媒中心重大文化项目建设服务。服务区内文化企业，组织企业申报省、市文化类奖励扶持资金，获评扶持资金960万元。组织研究出台《开福区文化产业奖励扶植办法（试行）》，三次征求区直部门意见建议，一次征求文化企业意见。扎实推进文化领域行业组织建设和公共文化服务体制机制建设2大项4小项文化体制改革，全面完成年度改革任务。2017年，开福区完成文化产业增加值76.9亿元，占全区GDP比重的9.4%，远远高于全国全省全市同级指标占比。2017年，开福区文化增加值对区域GDP贡献率上升到60%，对财税增长贡献率上升到69.8%，支柱产业的地位进一步巩固。

【开展送“好人日历”向好人致敬系列活动】2017年1月，开福区开展送“好人日历”向好人致敬系列活动。区委宣传部（文明办）以全区24名“中国好人”的事迹为蓝本，与中华传统书法文化相结合，制作“厚德开福 好人日历”。1月10日，在捞刀河街道清水塘实验小学举行开福区“崇德向善迎新春 红红火火过大年”之“送日历下乡”向好人致敬活动。活动现场展示舞蹈《盛世欢歌》；代云老师表演长沙评书《伟大的母爱》，刘志立老师表演快板《老百姓的大药房》等以好人故事编撰的各类文艺节目。区委书记沈裕谋向到场的中国好人、新乡贤代表赠送《开福好人日历》和《品读长沙》系列图书。同时，开展“新春送春联”“慰问好人”等系列活动，推动开福区“好人之城”建设。

【开福区“厚德志愿者之家”揭牌】3月3日，开福区“厚德志愿者之家”成立，省文明办副主任、省志工办副主任李力明，长沙市委宣传部副部长、文明办主任郭润葵，区委常委、宣传部长舒全球共同为“厚德志愿者之家”揭牌。“厚德志愿者之家”是一个系统性、集成性、交互性的志愿者全区供需平台，能够实现志愿者供需对接。截至2017年年底，开福区拥有72支志愿服务队，注册志愿者7万余名，学雷锋志愿服务品牌152个，好人工作站2个。“厚德志愿者之家”揭牌同时，开福区成立开福区青年志愿者协会。自2008年“中国好人榜”评选以来，开福区有24人入榜，“中国好人”数量居长沙9区县（市）之首。

【开福区举办“微理论·微宣讲”巡回赛】6月9日，2017年长沙市学习宣传贯彻习近平总书记系列重要讲话精神“微理论·微宣讲”巡回赛开福区专场开赛，全市9个区县(市)选手一一登台，通过身边的“小故事”为现场党员群众讲述关于开放发展的“大道理”。开福区选手刘慧的“在全面深化改革中释放澎湃动能 在全面发展中创建国家中心城市”最终赢得一等奖。开福区在往年“微理论·微宣讲”宣讲团、五老宣讲团、区委宣讲团的基础上整合力量，组建了100余人的开福区“四微”宣讲团，通过社区市民学校、道德讲堂等载体，推进“微党课”讲台向基层延伸，让专题宣讲进社区、进农村、进学校、进企业。2016年，开福区“四微”学习活动作为长沙市唯一典型在全省“三中全会精神在基层”百姓微宣讲活动经验交流会上进行典型推介，并在省委宣传部开展习近平系列重要讲话学习调研中作典型发言。

【花鼓戏《耀邦回乡》开福区巡演】7月22日，花鼓戏《耀邦回乡》开福区巡演首场演出在青竹湖影剧院上演，来自开福区的1000多名机关党员干部观看演出。由长沙市花鼓戏保护传承中心创排的《耀邦回乡》根据真实

6月3日，好人当河长启动仪式

事件改编而成。1962年，时任湖南省委书记处书记、湘潭地委第一书记的胡耀邦回到阔别32年的故乡浏阳。《耀邦回乡》以此为背景，讲述“呷食堂”“借古书”“看大戏”“拒礼物”“回老屋”几个故事，颂扬耀邦同志坚持党的原则，不搞特权，关心群众疾苦的崇高品德。该剧自2016年搬上舞台以来广受欢迎，被誉为党风廉政建设的活教材、行走的党课，入选国家艺术基金资助项目，并荣获2017年湖南省“五个一工程”奖。《耀邦回乡》开福区巡演由区纪委、区委宣传部组织实施，全区党员干部统一观看，在看戏中接受廉政廉洁教育。

【“新开福”APP上线】8月10日，开福区“新开福”APP上线发布仪式在开福区政府举行，“新开福”客户端正式上线。“新开福”APP是湖南省首个区县新闻客户端，为开福区宣传思想文化工作拓展新阵地。“新开福”客户端功能涵盖新闻资讯、政务公开、移动生活等，设“福事”“福城”“三金”“厚德”“党建”五个固定频道，全面反映强盛、精美、幸福、厚德的新开福建设成果。发布仪式上，开福区委书记沈裕谋表示，“新开福”要始终坚持讲政治，当做学习贯彻习近平总书记治国理政新思想、新理念的主阵地，做到悟深、悟透、悟精，真学、真信、真用。“新开福”APP上线当天，下载量超过1.6万人次。

【湖南好人（长沙·开福）现场交流活动在区举行】让善行义举上榜，为凡人善举立传。1月22日上午，湖南好人榜2016年度入选名单发布仪式暨中国好人与湖南好人（长沙·开福）现场交流活动在区举行。省委常委、省委宣传部部长蔡振红为“湖南好人榜2016年度入选名单”揭榜。在现场，全国道德模范和“中国好人”代表，与来自全省14个市州的“湖南好人”代表进行交流。现场交流以“致敬·传递·圆梦”为关键词，通过视频讲述、现场访谈、文艺表演和宣传展板等形式，集中展现敬业奉献、见义勇为、助人为乐、孝老爱亲、诚实守信5类“湖南好人”朴素而感人的故事。开福区有4人上榜，他们的“凡人善举”彰显温暖人心的道德力量。

1月22日，湖南好人（长沙·开福）现场交流活动在区举行

【马栏山视频文创产业园开园】12月20日，马栏山视频文创产业园开园奠基活动在园区招商展示中心举行，“马栏山(长沙)视频文创园开发建设领导小组办公室”“中共马栏山(长沙)视频文创园工作委员会”“马栏山(长沙)视频文创园管理委员会”及“马栏山视频文创产业园”相继揭牌。活动现场举行签约仪式，长沙市人民政府、湖南广播电视台、华为技术有限公司签署合作框架协议;长沙房产(集团)有限公司、长沙广播电视集团、长沙马栏山投资开发建设有限公司签署了马栏山视频文创产业园合作框架协议。省市领导为园区首批入园项目——湖南广电芒果大厦和长沙广电制作基地项目进行奠基。马栏山视频文创产业园位于长沙市开福区朝正垸鸭子铺，北到三一大道，东至万家丽北路，西南两面为浏阳河九道湾环绕，园区规划范围约15平方千米。其中核心区为5平方千米，由金鹰城和朝正垸片区两部分组成。根据中远期开发建设需要，园区周边规划约10平方千米的拓展区。马栏山视频文创产业园以“文化+科技”为发展方向，以数字视频内容为核心、数字视频创意为龙头、高科技为支撑，打造配套衍生数字视频等全产业链集群。力争形成“北有中关村，南有马栏山”的行业引领格局，打造具有国际竞争力的“中国V谷”。

（蔡振宇）

统战

区委统战部

部　长　何惠风
副部长　张曙辉　王　凤
　　　　刘　川
纪检组长　梁　景（2017.9免）

概况　区委统战部编制核定数为行政编6个、工勤编1个。在职干部11人，其中部长1名，副部长3名，纪检组长1名，台办主任1名，其他干部5人。2017年，接待广西自治区党委统战部、合肥市委统战系统等省、市、区各级学习调研12次。5月9日，中共中央政治局委员、中央统战部原部长孙春兰到开福区省级“同心社区”——江湾社区指导工作，对开福区“互联网+统战”工作给予充分肯定。

多党合作。深化“同心大讲堂”学习品牌。2017年，通过总结2016年“同心大讲堂”成功经验，深化打造“内容更新，受众更广，影响更大”的学习平台，吸引广大统战干部、统战成员参与，开讲10期，1500多人次参加，加强统战人士思想政治引导。在厦门大学举办为期5天的开福统战工作培训班，课程涵盖国家治理体系下的大统战思维、当前宏观经济形势分析、民族宗教形势解读等，全区各民主党派、新社会阶层代表人士、非公经济代表人士、街道统战干部等60人参加，提升统战干部和统战人士的整体素质。谈心谈话凝聚共识。2017年，下发关于加强民主党派、工商联、无党派人士工作的函；召开2017年全区凝心聚力“十三五”统战工作布置会；举行开福区第三届统战人士趣味运动会；由区委常委、统战部长何惠风带队，组织各民主党派、知联会负责同志赴江苏、山东开展学习考察和异地谈心活动。“四同创建”作为开福区的一张金字名片，截至2017年年底，创建示范点11个，获评省级示范点4个，市级示范点4个，区级示范点3个。全区参与到“四同创建”中的统战干部和统战对象8000余人，开展各类社会服务活动400多次，惠及居民群众6万余人。高标准打造3个示范点：清水塘社区对接民盟省委、省侨联统战资源，有效解决社区提质提档中的热点、难点问题；营盘街社区联合民建区工委、梦想家园社工中心通过建立同心助残就业创业实训超市、实施四大同心助残服务工程，在精准服务残疾人方面发挥积极作用；盛世路社区与区党外知联会携手，建立“一会一城一村一社区”的共建共享机制，实现社区居民的归属感、参与感和获得感在家门口升级的创建目标。有效推广基层民主协商。开福区洪山桥“同心圆桌会”项目获评湖南省2016年度统一战线实践创新奖，该模式被江湾、盛世路、清水塘等社区成功借鉴，相继打造“群商荟”“同议荟”“同心共议室”等一系列品牌，为全国探索基层协商民主模式提供经验。严格落实“特约人员”换届。2017年，完成开福区聘任民主党派、工商联、无党派人士担任特约人员的换届。区城乡建设局、区卫计局、区环保局、区食药监局4家单位分别为新任20名特约人员颁发聘书。

经济统战。领导高度重视。2017年年初，区委书记沈裕谋、区长刘拥兵先后走访云厨电商、胜昊电子、富霖机电等工商联会员企业，畅通政企沟通渠道，搭建面对面交流平台，鼓舞非公企业士气，为构建“亲”“清”政商关系打下良好的基础。2017年，挑选50名精英企业家，到北京师范大学参加高级研修班，学习电子商务发展趋势与战略、供给侧改革、一带一路等经济热点、社会焦点内容。精准招商成效显著。“同心结对”逐步深入。率先探索各民主党派、团体结对联谊9家在湘异地商会，联系客商、邀请考察，引进项目。召开“同心结对”异地商会工作对接会。2017年，邀请异地商会企业和会员代表到开福区考察33批次。区农工党、致公党、九三学社等党派成功引进蕴美医疗美容服务有限公司、浙商银行、真视通公司落户。“挂职派驻”成绩斐然。区“挂职派驻”精准招商工作组向省工商联申报创建“一会一品牌”。广州招商组走访企业50多家，行业协会10多家，先后邀请企业家50余人次到开福区实地考察，成功引进希尔顿欢朋酒店和公寓、湖南惟迈劳务服务有限公司等5家企业落户。湖南省融达医疗器械产业园项目、浙江金诚集团、创富港集团、中联国融盐业有限公司在内的10家大型企业正在洽谈对接。“光彩事业”稳步推进。引导全区非公有制经济人士投身公益、光彩、福利事业，2017年多次组织会员企业开展爱心活动，累计捐资捐物近200万元。特别是2017年防汛期间，区工商联组织企业捐赠价值近140万元食品、药品等各类物资。组织640余万元的物资、车辆、挖掘机等赴宁乡、长沙县等地支援灾后重建。

民族宗教工作。结合民族团结进步宣传月，采取设立宣传点、举办培训班等形式，增强群众对民族政策和法规的学习理解。牵头组织街道、社区对辖区清真食品管理开展自查，按照规定的统计范围，全面排查、登记辖区各类清真食品经营者的资料信息，做到不留死角，不漏一家，不少一店。做好少数民族高考成分审核工作，为全区 48名参加高考的少数民族考生审核民族成份。维护四方坪街道兰州拉面馆的少数民族（东乡族）经营户马孙吉合法权益，协调长沙市轨道交通公司给予两万元补助。深化“和谐寺观教堂”创建活动，健全宗教工作三级网络、落实两级责任制。协调政法、公安、街道等加强开福寺春节等大型宗教活动管理。组织开展宗教场所危房摸底调查、消防安全工作大检查。引导宗教公益慈善活动开展，举办“厚德开福·宗教同行”系列活动之湖南书法名家题“福”书法展暨书法作品慈善拍卖开幕式，将拍卖善款定向捐赠给开福区博爱凤亭家园残疾人。采取个人自学和集中学习相结合，引导教职人员专题学习贯彻全国、全省宗教工作会议精神，通过多种形式，掀起学习宗教政策法规的新热潮。

港澳台和海外统战工作。台的牵线搭桥作用发挥明显。加快区与台湾的交流合作，办理赴台团组1批次，接待台湾商业考察团2批次。积极助力引资，促成台湾合作金库银行分行、长沙尚利百货商贸有限公司、长沙台农生物科技有限公司三家台资企业落户开福区。组织湖南湘台友联国际贸易有限公司赴区保税物流中心实地考察，就设立台湾馆项目进行洽谈，并顺利开馆。侨的基层组织基础日益增强。成立湖南省第一家商业综合体侨联—万达侨联。指导清水塘社区成立开福区首家社区侨联组织，并召开第一次归侨侨眷代表大会。举办爱心捐卖会，爱心竞拍善款全部用于关爱博爱凤亭家园的智障朋友。开展“新侨牵老侨”联谊活动，搭建老侨新侨沟通桥梁，切实帮助老侨解决实际困难。

新社会阶层人士工作。依托开福区党外知识分子联谊会开展新的社会阶层人士工作。确定19名精英人士作为第一批代表并纳入开福区党外知识分子联谊会新入会理事。召开新的社会阶层代表人士座谈会，并指导召开知联会一届二次会议。搭建三个平台。提供学习成长平台，组织参与厦门大学统战课程、清水塘红色教育基地观摩、“智联学院”讲座等培训活动10余次。提供社会服务活动平台，引导参与知联会“我们在一起”爱心公益画展、“一座城帮一个村”怀化通道精准扶贫两大公益活动，以及参与省委统战部“知识力量，看湘知湘推湘”通道行大型系列活动。自2015年以来，共引导参与社会公益主题活动20余次，累计捐款和捐赠爱心物资近50万元，惠及安化黄石、通道县坪坦乡横

9月29日，开福区党外知识分子联谊会精准帮扶横岭村8名小朋友到长沙共度国庆、中秋假期，到国家杂交稻工程技术研究中心看望院士袁隆平，袁隆平与孩子们亲切交流并深情寄语

岭村上百家庭及孩子。提供参政议政发声平台，以盛世路同心社区示范点为阵地，引导参与社区“同议荟”民主协商，围绕6个议题开展有效协商。围绕区委、政府中心工作积极建言献策，提出有价值意见建议10余条。

统战信息宣传调研。建立健全机制。由各党派团体积极举荐22名优秀党外人士，成立“统战智库”，出台《开福区统一战线党派团体调研信息宣传奖励办法》。加强信息编报。2017年，向市委统战部报送动态及建议类信息140余条（篇）、理论文章5条（篇）。“台湾合作金库银行落户开福”“同心助残 始于沟通，开福区百台爱心手机温暖残疾人士”“统战阵地搬到指尖上”等信息被新华社、湖南日报、长沙晚报、湖南公共频道等新闻媒体报道。继续深化与湖南知名院校合作模式，依托湖南省社会主义学院、长沙大学等省高校理论实践基地平台，精心选定2个课题作为统战部2017年调研课题方向，其中“习近平总书记统一战线重要思想研究”选送到省委统战部参与2017年度全省统战理论政策研究创新成果评选以及参与市社科联课题申报。区内各党派、党外知联会、工商联、民宗局、侨联，均组织开展大规模调研，报送高质量调研报告13篇。开办“开福统战”官方微信公众号，实时关注人数1800余人，发布动态消息197条（篇）。

（李紫娟）

政法

区政法委

书　记　蔡　冰
副书记　袁亿华　冯士文
　　　　汤伟平　林　实
　　　　谢跃明　罗　毅
纪检组长　梁　棵（2017.9任）

区社会管理综合治理委员会办公室

主　任　冯士文
副主任　浣花媛

区维护稳定领导小组办公室

主　任　谢跃明
副主任　彭小布

概况　区政法委下设区社会管理综合治理委员会办公室（简称区综治办）、区维护稳定工作领导小组办公室（简称区维稳办），有在职在编干部13人。2017年，全区政法工作认真贯彻落实区委、区政府决策部署，紧紧围绕“升级发展、成就北富”发展目标，以维护社会大局稳定、促进社会公平正义、保障人民安居乐业为中心，深入推进平安开福、法治开福建设，各项工作取得明显成效，人民群众安全感、满意度和执法公信力不断提升，开福区连续十三年保持全省“平安区县”荣誉称号。

维护社会稳定。强化矛盾纠纷排查化解，成功排查、调处、化解各类矛盾纠纷2000余起。依法稳妥处置群体性事件113起，圆满完成各类安保任务300余场次。强化反邪教斗争，加强反邪教专案侦查工作力度，实现全年“三零”工作目标。强化信访积案化解百日攻坚，全年化解信访积案110件，实现中共十九大期间“零非访”工作目标。着力打造“阳光信访”，全年接处访1493批3862人次，办理来信、网络信访800余件，形成了“双向规范”的信访环境。

平安开福建设。树立大平安工作理念,组织开展“五打一整”“冬春攻势”等专项严打行动，破获八类恶性案件12起、刑事案件1571起、打掉黑恶势力团伙7个、捣毁电信网络诈骗团伙9个、查处黄赌案件117起，公安一体化合成侦查作战经验受到公安部专题推介。加强综治基层组织建设，全面整合街道、社区综治资源，建立指挥高效、运转规范、衔接有序、功能清晰的综治中心。坚持科技引领、信息支撑，深入推进“雪亮工程”，全年新增视频监控点位1108个、摄像机1860台。建成全省首个社会视频云中心，实现对街巷干道、重点部位全覆盖。引入政府购买服务加强对特殊人群的教育管理，社区矫正不断调优增强。广泛开展“零发案”竞赛、“平安物业”“平安家庭”创建等基层平安建设活动，深入开展学校、医院周边等治安重点区域常态化整治，全区社会治安实现“五降五升”。

服务发展。加强社会金融风险防控，依法严厉打击涉众型经济犯罪，全年查办涉企经济犯罪案件18起，起诉集资诈骗、非法吸收公众存款犯罪9件15人，审结金融借贷、委托理财等金融类案件1677件，挽回直接经济损失1.2亿元。主动服务项目建设，依法推进金鹰、金霞、黄兴北路、火车北站四大片区和马栏山视频文创园、潮宗街历史文化街区等重点项目建设，全年办结涉征拆案件294件。严格落实“除虫护花”“依法容错”机制，立案查办6起影响经济发展环境的职务犯罪案件，加大对破产案件的审理，最大限度保护债权人的合法权益。

司法公正。开展“社会心理服务体系建设”试点，成功办理湖南省首例由检察机关起诉撤销监护人资格案件，取得良好的社会示范效应。深化执法规范化建设，狠抓执法信息化和执法质量考评。区法院推行目标绩效管理、案件质效管理、集中送达管理，建立起保障公正司法的长效机制。区检察院推行检察机关统一业务应用系统升级，实行“谁办案谁负责、谁决定谁负责”，全面落实司法责任制。区公安分局大力推行办案场所标准化改造，全年完成8个派出所、37个警务室的标准化提质改造工程。区司法局组建法律服务团，引导律师参与涉法涉诉信访和代理申诉工作，提供全面的法律服务。

政法队伍建设。深入学习宣传贯彻党的十九大精神，用习近平新时代中国特色社会主义思想武装全区政法干警，推进“两学一做”学习教育常态化制度化。加强干部队伍职业技能培训，举办全区政法系统科级干部浙江大学培训班，打开新视野、提供新思路。严格落实法官、检察官员额制改革，遴选员额法官、检察官80人。坚决拥护和支持国家监察体制改革，转隶检察人员19人。坚持从严治警和从优待警相结合，打造独具特色的“警察之家”，引领文化育警新风潮。加强政法宣传和舆情引导，区公安分局原党委委员、副局长甘胜辉“用忠诚坚守写就54年不悔人生”的先进事迹在《湖南日报》、《长沙晚报》等媒体报道，在全区政法系统掀起学习怀缅的热潮，提升政法队伍形象。

（郭宁）

机关党建

区直属机关工作委员会

书　记　盛　诺
副书记　陈振湘（2017.2任）
　　　　张志成　陈　铭
　　　　戴　瑛（2017.2免）
纪检书记　吴　玮（2017.9任）

概况　2017年，区直属机关工委核定编制人数4人，实际在岗8人，管理区直机关党支部58个，其中党总支部6个、直属退休党支部5个，共有党员1452人。

机关党组织建设。规范基层党组织建设。2017年，区直机关工委召开专题会议16次、下发文件（通知）53份、开展集中检查调研3次，组织党建专题活动24次。修改完善《区直机关党（总）支部积分制管理办法》，定期通报各支部积分情况，实现机关党建工作的细化、量化、常态化。对机关党建工作实行一季一检查、半年一通报，并将党建督查情况以《问题整改通知单》的形式，反馈到基层。按照“两学一做”常态化制度化要求，结合抗洪抢险、反对“四不”等主题，各党总支部认真开展各具特色的主题党日活动，促进基层党组织活动的制度化、规范化和经常化。围绕学习宣传贯彻中共十九大精神，区直机关工委3次下发通知，督促指导基层支部组织党员认真收听收看中共十九大精神，并在区直机关进行3次集中宣讲，组织1000余名机关党员参与

6月28日，“七·一”表彰暨新党员宣誓

“红星云”网上学习和答题竞赛活动。联合区委组织部、区史志档案局集中开展“中共党史宣传月”和“中共党史知识竞赛”活动。依托“机关先锋大课堂”开展重点岗位工作人员廉政培训、青年党员禁毒志愿服务、机关干部双心健康讲座，组织党支部书记赴大别山开展支部“五化”建设能力提升专题培训，组织党建专干进行党务知识轮训，机关党务工作者的业务能力明显增强。

发挥党建示范引领作用。探索建立“党建沙龙”，通过开展不同层次、类别和主题的学习交流活动，打造区直机关党务干部沟通交流的新平台和党建研究的新阵地，初步形成党建工作互相借鉴、互为促进的良好局面。区农林水利局、区文体新局党支部率先创建两个机关党建示范点，迎接全市机关党建示范观摩并获得好评。七一前夕，经区委批准，对表现突出的22名党务工作者和98名优秀共产党员进行表彰，并将他们的先进事迹汇编成《不忘初心许开福》，发放到全体机关党员进行学习。在2017年迎战超历史最高水位的洪涝灾害后，为帮助灾区重建，2000多名机关党员干部向灾区捐赠爱心款65万多元。

机关文化建设。开展文娱活动，活跃机关文化氛围。区直机关工委完成组织区直机关干部无偿义务献血任务。组织开展“先锋大课堂”4次，组织全区90名区直机关青年党员成立区直机关青年党员志愿服务队，开展植树造绿、扶贫帮困和红十字应急救护培训等志愿服务活动。为活跃区直机关职工干部文化活动氛围，成立99人的“书画兴趣小组”、104人的“国学兴趣小组”。结合传统重大节日，组织开展“双先杯”拔河比赛、气排球赛等文体活动。推荐评选“我身边的雷锋”“优秀志愿者”4名，全面完成区直机关党报党刊发行征订任务，购买在职女职工特殊疾病保险624份，购买机关干部未成年子女意外伤害保险737份。

9月15日，区直机关干部职工迎国庆“双先杯”气排球赛

党风廉政建设。落实党风廉政建设责任，推进机关作风建设。严格落实“一岗双责”和“三重一大”集体决策制度，按要求填写《廉政纪实手册》、按时报送“四种形态”报表和党风廉政综合信息。认真履行纪检派驻机构党风廉政建设监督职责，开展“纠四风、治陋习”专项整治和“雁过拔毛式”腐败问题专项整治。2017年，查处区直机关违规违纪党员干部9名。

【举办区直机关干部职工迎国庆“双先杯”气排球赛】 10月15日，区直机关工委组织举办的2017年度开福区区直机关干部职工迎国庆“双先杯”气排球赛落下帷幕。有52个区直单位组成48支队伍参加比赛，经过4个阶段激烈角逐，区老干部局获得冠军，区疾病预防控制中心获得亚军，区卫生和计划生育局获得季军，区质监分局、区人力资源和社会保障局、区住房保障局、区政府办、区安全生产监督管理局获得优胜奖。

（廖　柯）

机构编制

区机构编制委员会办公室

主　任　刘修平
副主任　浣　赛
　　　　郭朝军（2017.1任）
事业单位登记管理局局长　刘水清

概况　开福区机构编制委员会办公室为区机构编制委员会的常设办事机构，负责全区行政管理体制和机构改革以及机构编制日常管理工作。辖两个二级机构：事业单位登记管理局，副科级全民事业单位；机构编制电子政务中心，公益一类副科级事业单位。有在编在岗职工7人。

“放管服”改革工作。以服务为着力点，优化经济社会发展环境。下发《关于贯彻落实市政府令（第131号）的通知》，明确职责，主动对接，积极协调，提请政府常务会议审议通过《长沙市开福区区直部门承接市级行政职权目录》和《长沙市开福区区直部门下放园区行政职权目录》，将131号令涉改的21项审批权限由区直部门直接下放至园区，使园区能更直接地服务于企业，为优化开福经济发展环境，方便群众办事提供保障。以改革为突破口，提升行政审批整体效率。2017年，《政府工作报告》将行政审批“两集中、两到位”改革作为目标任务，根据区情实际，适时开展“两集中、两到位”改革“回头看”，对前期改革工作进行总结，对改革中出现的问题列出整改清单。截至2017年年底，全区25个具有行政审批职能的部门在不增加内设机构、领导职数和人员编制的情况下，完成行政审批职能整合和机构人员调整，建立开福区行政审批“两集中、两到位”改革新机制，50%的行政审批事项实现即时办结、立等可取，行政审批效率整体提速60%，运行成效明显。以创新为驱动力，优化政务服务事项目录。构建政务服务事项目录是加强政务服务信息化建设的重要组成部分，优化政务服务事项目录范围为权力清单中的行政许可、行政确认、行政给付、其他职权四类职权和公共服务事项共计五类政务服务事项。通过组织全区37家单位参加“全区政务服务标准化培训会议”，全面梳理各类清单，并通过三轮征求意见及合法性审查后形成《开福区政务服务事项目录》（共计516项，其中行政职权381项，公共服务事项135项），提高政府服务效率和透明度，切实让企业和群众少跑腿、好办事、不添堵，增强企业和群众获得感。以高效为新模式，启动减证便民专项行动。为切实解决政务管理服务中的“奇葩证明”“重复证明”“循环证明”等问题，按“谁出具、谁梳理”“谁设定、谁清理”和“四个一律取消”的原则，通过自查清理、审核论证、审议公布、优化流程四个环节出台证明材料的取消清单和保留清单，形成清理规范证明（盖章）材料汇总表，公布开福区证明（盖章）材料取消清单和保留清单，优化办事流程，打造证明材料精简规范、办事流程方便快捷、服务群众优质高效的政务服务新模式。

体制机制创新工作。创新谋划开福三大体制改革。2017年，开福区完成三大体制改革工作。大城北园区体制改革，重新设置“一室四局一分局”内设局（室）架构体系，成立集团公司，整合编制职数资源，重新核定园区党工委、管委会机关专项编制31名，增核机关科级领导职数5名，共计核定科级领导职数13名。新的“三定”规定和人事薪酬制度为园区理顺职能职责，实现政企分开，精政强企，为园区“第三次创业”提供有力的体制保障。水管体制改革，经过多次调研和座谈会专题研究后，形成科学合理的改革方案，通过改革，在未增加人员编制和财政投入的基础上建立责任明晰、人员科学、管理高效的新水利管理体制。城建投体制改革，理顺区工务局和城投集团的职责关系，创新人事薪酬体制机制，实现“干部能上能下、人员能进能出、薪酬能高能低”的动态管理，将原核定的25名编制核减为18名，盘活区级编制资源。稳步开展街道行政管理体制改革。为提升基层管理能力和公共服务水平，根据市级文件精神，通过组织外出学习考察、调研座谈和专题会议等方式稳步推进街道行政管理体制改革，下发《开福区深化城区街道管理体制改革实施方案》和《关于试点街道管理体制改革机构编制调整的通知》等文件，按进度做好试点街道管理体制改革工作。通过明确职能定位、优化组织结构、合理划分事权、创新社会管理和优化公共服务等五项举措，切实将街道职能回归到公共服务、公共管理和公共安全等社会治理工作上来，实现街道管理体制改革的“软着陆”。着力深化纪检监察体制改革。根据上级精神和工作部署，为深入贯彻落实全面从严治党要求，加强党内监督，推动巡察工作向基层延伸，实现党内监督全覆盖，设立中共长沙市开福区委巡察工作领导小组办公室及三个巡察组，并明确相关领导职数。为深化党的纪律检查体制改革，设立9个纪检派驻组，理顺纪检组科级领导职数，通过“编随人走”“收回空编”“动态管理”等办法盘活编制资源，将用于纪检派驻改革的36名行政编制调剂到位，并成立纪检监察信息中心，稳妥有序推进纪检监察综合派驻工作。积极配合监察委改革，摸清底数，找准方向，做好监察委人员编制的转隶工作。持续推进重点领域体制改革。根据省市统一部署，全面推动重点部门和重点行业系统体制机制改革。为加强党委对非公经济组织的领导，调整优化非公有制经济组织工作委员会和社会组织工作委员会机构编制事项。为加强园区安全生产工作，增核园区和区安监局负责园区安全生产监督管理的领导职数，配强人员力量。为合理配置财政评审和审计监督资源，理顺职能、加强监管，将区政府投资审计中心机构编制等事项进行科学调整，形成既相互协调配合又相互监督制约的政府投资评审体制。

机构编制管理工作。制度建设常抓不懈。坚持“用好的制度管人，用好的制度办事”，在建章立制抓规范上下功夫，完善机构编制管理制度，如申请使用编制和人员调配编制管理、机构编制审批权限和审批程序管理、大编委会议组织、事业单位登记管理等。在工作制度上，始终做到机构编制“一支笔”审批，坚持机构编制事项集体研究、民主决策，做到“政策公开、程序规范”，提升机构编制部门科学化管理水平。在《地方各级人民政府机构设置和编制管理条例》颁布十周年之际，在政府一楼大厅举办为期一周的“开福区机构编制管理条例及政策法规和政策问答”展，提高机构编制管理工作制度的知晓率。日常管理井然有序。改进机构编制日常管理，严格审核程序，凡出入编人员须凭区委组织部或区人社局的干部调动介绍信办理上编、销编手续，全年办理上编手续405人、销编手续97人。2017年，开福区引进人才56名（公开选调工作人员9名、公开招聘事业单位工作人员47名），为教育系统招聘教师340名（含编外合同制教师303名）。积极与市编办协调，为全区新增政法专项编制8名、军转副团以上编制6名、中小学教师事业编制124名。争取上级批复正科级机构5个（征地办、区委巡察办等），增核领导职数正科职5名，副科职12名。专项工作成效明显。开福机构编制云平台建设试点工作于9月启动，组织全区一级行政事业单位召开“机构编制云平台建设动员暨培训大会”，完成系统数据梳理和录入工作，录入全区300家单位机构编制台账，33家单位权力清单和24家责任清单。全面完成事业单位法人登记管理工作，年度报告书公示情况和全年设立、变更、注销登记事项通过区政府门户网站予以公告，事业单位年检合格率和公示率100%，实现“全事项”“全流程”网上办理。按照事业单位登记管理系统的数据变化，动态调整中文域名注册和网站标识管理工作，并对全区所有单位统一信用代码信息进行核对，确保信息全面性和准确性。创新工作亮点突出。在机构编制总量极其有限的大环境下，建立以“严控总量、盘活存量、优化结构、增减平衡”为主要内容的动态管理机制，创新思路盘活用好现有机构编制资源，城建投集团化改革精减收回部分编制、面向全省公开选拔10名“90后”区管科级领导干部工作的编制调剂、纪检监察体制改革编制调剂、省委组织部选调生及社区书记、主任考录公务员行政编制动态管理等。强化机构编制信息调研工作，围绕中心工作，加大机构编制宣传力度，报送信息被各级媒介平台采纳多篇，截至2017年年底，中央机构编制网采纳1篇、新湖南网站采纳1篇、长沙晚报采纳2篇、市编办网站采纳13篇、掌上长沙采纳2篇。

【开福区“互联网+政务服务”促进行政审批制度改革】2017年，为响应国务院“互联网+政务服务”的号召，深化行政审批制度改革，开福区结合“智慧开福”建设，将行政审批和政务服务由“网下”搬到“网上”，通过信息技术简化审批流程，提高服务效率，用“制度+技术”巩固简政放权成果、激发企业和市场活力，实现从办事大厅8小时服务向全天候24小时自助服务的转变，有效打通企业群众办事“最后一公里”。全面延伸网上政务服务大厅。重新梳理确认网上服务大厅审批和服务事项，完善办事、服务、管理、评价、监督、宣传等互动交流平台，将实体审批中可以公开办理的审批业务在网上全方位再现，为企业群众办事提供政策公示、审批指南、预受理、网上查询办理状态、办理结果网上告知、网上咨询投诉等“一站式”智能化服务，让企业群众少跑腿、好办事。全力优化“开福政务通”微信平台。依托创建全省3D实景政务大厅契机，构建实体政务大厅与网上政务大厅“双轨”并行、无缝对接的新型服务模式，实现全区23个职能部门、39大类、221项审批和服务事项的在线预约、办理、查询和反馈，办事企业群众足不出户即可实现网上快捷办理。另外，市民群众还可以通过微信与区网格化信息平台进行数据对接，全方位参与网格化社会治理。全新打造“开福政务通”手机APP。申请人下载“开福政务通”APP并注册登录后，便可进行首批公布事项的在线申请、要件上传。线上“申请”提交后，系统会将申请信息实时推送给相关部门审批人员。审批人员对“申请”审核通过后，会同步将短信提醒发送给申请人。申请人通过实体大厅申办窗口提交纸质原件核验后，即可当场领取审批结果，极大地缩短办理时间。同时3D实景大厅也可在移动终端展现。全景模拟政务服务实体大厅。3D实景大厅通过真实模拟与网上政务服务系统无缝集成，动态展示办事窗口、服务事项、办事指南等数据，办事人员可以根据自己的身份和办事需求，通过场景式服务导航，轻松地办理相关事务，整个过程生动形象、方便快捷且活泼有趣，实现线上操作身临其境、逼真体验，线下办理准确对接、顺利办结。

【开福区“三化”破解城建投集团化改革难题】2017年，开福区编办根据《长沙市人民政府关于印发＜长沙市推进政企分开政资分工工作实施方案＞的通知》（长政法〔2016〕13号）文件精神，结合开福区实际，联合区组织、区财政、区人社等部门，以“三化”破解城建投集团化改革难题。盘活编制存量，推进职责明晰化。厘清区工务局和区城投集团关系。开福区创新推行政企分开政资分开，打破原有的工务城投合署办公的工作模式，成立城投集团，明确区工务局的职能职责。而作为区属国资企业的城建投集团，主要承担政府制定的重大基础设施建设、重大片区开发建设、政府投融资、国有经营性资产运营；受政府委托负责对大型基础设施和公益项目进行融资等职责。重新制定区工务局“三定”规定，收回部分编制。按照“小机构、大服务、高效率、少层次”和“精简、统一、效能”的原则，重新制定区工务局“三定”规定，将原核定的25名编制核减为18名，盘活区级编制资源。并针对区工务局与其他区直部门单位（如区发改局、区城乡建设局、区财政局、区政府投融资平台等）的职责分工进行了科学的划分和界定，避免出现权责交叉的情况，以此来实现政企分开政资分开，提升政府工作效率。理清债务往来，推进运营集团化。厘清区财政和城投集团债权债务。重点厘清区城建投与区财政、区工务局及金霞经济开发区等单位之间往来挂账情况，及区城建投内部公司之间的往来挂账情况。做强城投集团实力。创新城投集团管理体系和运作模式，建立以资产为纽带的母子公司体制。重点突出母公司战略规划、项目策划、投资决策及集团能力的职能定位，强化子公司项目实施、计划管理、建设管理、资产经营的执行能力。创新人事薪酬机制，推进队伍专业化。创新人事编制制度。全面梳理区工务局和城投集团的职能职责，区工务局和区城建投一般员工按照“人随事走”的原则，进行人员分流。其中，分流到城投集团工作的事业编制员工，以不超过两年的过渡期，过渡期内可按程序在集团公司任职，保留其事业编制，过渡期后，实行双向选择，不再采用事业编制人员兼职模式。改革薪酬体制机制。制定出台《开福区城投集团薪酬管理办法》，推行全员绩效考评制，工作人员收入依据工作业绩、岗位责任、现实表现等因素确定，合理拉开收入差距。

（黄 意）

老干部工作

区委老干部局

局　长　周海燕

副局长　唐伟业　陶劲凯

　　　　谭　蓉

老干部活动中心主任

　　　　刘雪莲（2017.2任）

　　　　谭　蓉（2017.2免）

11月17日，在“畅谈十九大，书画表真情”十九大主题党日活动上，水云轩和将军书画院的书画家现场创作了50余幅书画作品，以此表达对祖国越来越强大的自豪感

概况 区老干局编制9人，开福区老干部活动中心是所属公益一类事业单位，编制3人。区委老干部局直接管理和服务的老干部186人，其中机关军队离休干部8人，代管离休干部5人，企业离休干部54人，机关县级退休干部111人，局退休干部8人。

落实老干部待遇。坚持党建引领，以学习贯彻中共十九大精神为主线，进一步增强思想政治建设的针对性。报请区委常委会研究决定，将开福区委老干部局工委更名为开福区离退休干部工委，设书记1名，专职副书记1名，将区直机关工委、区教育局、区财政局、区人社局、区卫计局、区文体新局等单位分管老干部工作领导作为离退委委员，宏观管理全区63个离退休干部党支部和离退休干部党员3000余人，并按照支部设置标准化、组织生活正常化、管理服务精细化、工作制度体系化、阵地建设规范化“五化”建设要求，达到组织健全、制度完善、管理规范、活动经常，充分发挥离退休干部党支部的战斗堡垒作用。浏阳河社区老年活动中心党支部被评为省级离退休干部示范党支部。争取区委领导的支持，确保中办发3号、湘办32号和长办发39号文件精神落实到位。按离退休干部每人1000元的标准下拨党组织活动经费，离退休干部党组织负责人按月发放600元工作补贴，将离退休干部党支部书记培训列入组织部门全年培训计划，离退休干部党费按照80%的比例返还等实际举措，有效推动全区离退休干部党建工作稳步发展。采取每年召开区情通报会、经济工作会、参观新农村建设、调研市区重点项目工程、参观红色教育基地、开展银发先锋大课堂等形式多样、灵活多变的组织形式，寓教于乐，增强离退休干部思想政治教育的针对性和有效性。

坚持服务创新，以“始于老干部需求、终于老干部满意”为目标，不断提升服务水平。及时答复离退休干部关注的调资、生活补贴发放方面的问题；严格按政策保障全区老干部医药费、离休费和生活补贴及时足额到位；9名离退休干部及无固定收入遗孀配偶的生活待遇得到保障；在重要纪念日、重大庆典和元旦、春节开展走访慰问，在离退休干部生病住院、家庭出现重大变故、思想出现波动时关心看望;及时掌握离退休干部的思想状况、身体状况、家庭生活及学习活动情况，尽力为老同志排忧解难办实事，特别是离休干部赵汉臣在开福区六堆子巷周边（青少年宫以北）地块棚户区改造项目中，在区老干局牵头协调下，实现第一个带头签约，赵老本人也对拆迁安置十分满意。2017年，发放各类慰问金、帮困解难专项资金、困难党员慰问金96万余元，上门慰问152次。针对异地安置离休干部和基层困难老干部，从6月份开始持续组织开展“酷暑问安康”慰问活动，7—8月分批次对6名异地安置企业离休干部及遗孀全部走访慰问到位。

发挥老干部作用。坚持作用发挥，以为党和人民的事业增添正能量为使命，提高助推经济发展的贡献率。围绕“点赞长沙发展变化，畅谈创建国家中心城市”主题活动，通过开展专题座谈、个别访谈、宣讲赛课、主题征文、举办画展、出版书籍、网宣发声七大举措，让离退休干部党员建言议起来、典型树起来、赛课讲起来、稿件写起来、画展办起来、诗集传起来、网评赞起来，以此引导全区离退休干部党员以支部为堡垒，传播好声音，发挥正能量。按照区委书记沈裕谋指示，将全区离退休干部点赞畅谈文稿编印成书《风雨人生看开福》。引导全区“五老”与大局联动、与社区联手、与群众连心，为群众解惑、为社会服务、为发展聚力。2017年，全区有242名“五老”参与主题教育宣讲356场次，20000余人次接受教育；有67个社区开展“四就近”工作，覆盖面80%，组建137支“五老”志愿服务队，志愿者3000多人；建立“银龄E支部”微信群，离退休干部党支部书记、支委委员、区“五老”金牌讲师团成员每天通过“简讯+照片”的方式报送所在支部的动态。同时，涌现出“中国好人”邓学东、“湖南最美读书人”“湖南十大新闻人物”杨德才等一大批“五老”先进典型，产生极大的社会影响力。申请关心下一代专项扶贫帮困经费30万元，对全区200多名贫困学子进行精准扶助。为加大助学力度，成立开福区“五老”助学队，动员社会力量，募集助学资金100万余元和图书1万余册，对贫困山区及开福区贫困学子进行帮扶。

推进老年教育事业。坚持文化养老，以打造厚德开福名片为核心，全面推进老年教育事业快速发展。报请区委政府主要领导批示，将浏阳河风光带新建的功能性用房（三层1200平方米）作为开福区老干部活动中心。建成后的老干部活动中心将集办公、会议、学习、活动于一体，可同时容纳上千人。经充分论证，以发展老年人教育为宗旨，与北辰房地产开发有限公司通过联合办学的模式，成立开福区老干部大学北辰分校，共同打造综合化、系统化、特色化、国际化的现代老年大学。依托社区，多方联动，按照每个街道3个站点的任务，确保老年教育网络课堂全覆盖，利用社区平台，让离退休干部就近共享优质的教育资源。在老干部大学班级中成立临时党支部，定期给党员上党课，就近就地发挥党员先锋作用，逐步扩大党组织在老年学员班级中的覆盖面，实现学员的自我管理、自我教育。

【中共长沙市开福区离退休干部工作委员会成立】 5月6日，按照省委、市委老干部局工作要求，报请区委同意，将中共长沙市开福区委老干部局工作委员会正式更名为中共长沙市开福区离退休干部工作委员会，设书记1名，专职副书记1名。将区直机关工委、区教育局、区财政局、区人社局、区文体局、区卫计局等单位分管老干部工作领导作为离退委委员，宏观管理全区63个离退休干部党支部和离退休干部党员3000余人。并根据离退休干部党员分布情况，建立工委委员联系制度，指导全区离退休干部党支部按照支部设置标准化、组织生活正常化、管理服务精细化、工作制度体系化、阵地建设规范化“五化”建设要求提升质量，落实离退休干部党组织工作经费、党组织负责人工作补贴、学习活动阵地建设等要求，着力打造一批省、市示范离退休干部党支部。

（康万强）

关心下一代工作

区关心下一代工作委员会

主　任　戴　源

副主任　周海燕　邹　青

概况　2017年，区关心下一代工作委员会（简称区关工委）以认真宣传贯彻党的十八届六中全会和中共十九大精神及习近平系列重要讲话为重点，按照《中共长沙市委关于进一步加强和改进新时期关心下一代工作的意见》文件要求，深入开展“学史明理，立德树人”主题教育活动，认真开展精准帮扶，不断加强自身建设，全区关心下一代工作在规范、提质、创新、拓面等方面取得可喜成绩。

主题教育。紧跟形势，主题教育用真功。按照市关工委的安排，在青少年中开展“学史明理，立德树人”主题教育活动。牵头抓总，确保主题教育活动全面推进。将主题活动作为全年关心下一代工作的重点，制定方案，下发文件，召开专干会议，精心部署、周密安排，确保主题活动层层落实，全面推进。区教育局、区妇联、区共青团和各街道分层次组织动员“五老”积极参与，形成条块结合、全面推进的良好局面。广泛宣讲，确保主题教育活动入脑入心。根据实际情况，扩大“五老”宣讲员队伍，将有热情、水平高的“五老”充实到宣讲员队伍中。2次组织“五老”到湖南省党史陈列馆和浏阳市文家市秋收起义旧址参观学习，6次组织“五老”宣讲员和基层关工委主任（专干）集中学习与交流，并及时组织关工委委员集体收看党的十九大开幕式直播，极大增强“五老”准确把握正确方向和主要任务的能力。组织“点赞新变化，添彩新长沙，喜迎十九大”微宣讲比赛，优秀选手任震宇、马玲被选送参加市老干局举办微宣讲赛课决赛。落实落细，促进主题教育活动成果转化。各级关工委根据不同年龄阶段青少年的特点，采取灵活多样的方式，开展形象生动的教育和实践体验活动。在全区举办“学史明理，立德树人”征文比赛，从160多篇参赛作品中评选出优秀作品42篇，极大地激发青少年学习党史国史热情。

精准帮扶。用心服务，精准帮扶显真情。各级关工委坚持将关心下一代工作与“四就近”工作、“五老四教”主题活动、“两学一做”、文明创建等结合起来，开展精细化服务，让关爱活动落到实处。细心服务，开设“菜单式”课堂。发动“五老”契合不同年龄阶段青少年的成长需求，处处开设“菜单式”课堂。浏阳河社区“传家宝计划”，通过设立“五老助学队”、邻里文化馆、亲子栽培园、校外学堂，为“五老”搭建发挥余热平台。孩子们在社区邻里文化馆学习书法、二胡、葫芦丝、剪纸等民间艺术，亲手播种、栽培各种各样的蔬菜，记录下自己的日常美德和所闻所见的美德，参加“樟树下话国学”活动，系统学习传统文化经典。贴心服务，进行“家庭式”辅导。连升街社区成立“课后来吧”，利用湖南师大“彩虹桥”志愿者每两周轮一次，辅导小学生做作业、做游戏，指导上网学习。300余名志愿者提供义教服务，接待学生9600余人次。荷花池社区设立“小荷开心课堂”，孩子们在社区可以受到全天候的呵护，除辅导孩子们的日常作业外，还指导孩子们当讲解、做手工、演话剧、秀才艺、做游戏、学画画，举办“道德讲堂”青少年专场、古诗词大赛，组织青少年投身于公益性社会实践等等。暖心服务，开展精准式帮扶。各级关工委采取上级支持、社会募捐、一对一帮扶等各种方式扶助贫困儿童,为贫困儿童撑起一片希望。5月27日，在刘正林、邓学东、卢瑞雄、马玲、任震宇等“五老”的倡议下，开福区“五老”助学队正式成立并授旗，《中国火炬》《中国文明网》《长沙晚报》等媒体相继报道，产生很大的社会影响力。“中国好人”兼“五老”助学队队长邓学东，利用自己的资源，冒着7、8月的酷热多次往返于上海—长沙—湘西龙山，从上海蓉达公司筹募到助学

5月27日，区关工委在浏阳河小学召开“五老”助学队成立暨首赠仪式，向浏阳河小学赠送助学金和文具

资金50万元，成功签订龙山内溪乡助校协议。2017年，“五老”助学队已募集助学资金97.2万元，对贫困山区及开福区贫困学生进行帮扶87.2万元，成为开福区关工委工作的一面旗帜。对困难群体的精准帮扶，让越来越多青少年感受到社会大家庭的温暖，让更多的贫困学子走出困境，同时也培养青少年的爱心和社会责任感，促进和谐社会的构建。

关爱工作。锻造内功，关爱工作见真效。围绕区第五次党代会提出的“未来五年，开福区将建设道德高地，让中国梦和社会主义核心价值观深入人心，市民思想道德素养、科学文化素养、民主法治素养全面提高。”这个目标，从建强队伍着手，进一步扩充“五老”队伍、完善阵地、创新拓面，关爱工作取得实效。领导重视。始终把关工委作为全社会培养青少年的一个重要组织机构，明确一批热心公益、关爱青少年、德高望重的老领导任关工委领导小组成员，区委、区政府明确分管领导，各基层党（工）委都明确一位副职负责抓关工委工作，加强关工委的组织领导，并将关工委工作纳入各级各党（工）委的工作日程和目标管理考核内容，纳入精神文明建设的整体规划和财政预算。完善阵地。区关工委要求各社区在提质改造中建立青少年活动阵地，配备绿色网吧、图书、报刊、桌、椅、电脑、电视等电教设备和娱乐器材。如望麓园办事处荷花池社区，整栋四层楼的办公楼，在统筹安排之下，建立青少年阅览室、小荷开心课堂、老少同乐手工制作室、绿色网吧、青少年文艺活动中心，成为老年人、青少年共享的活动场所。2017年10月31日，区关心下一代工作经验交流暨金秋助学会在荷花池社区举行，参观荷花池社区特色项目“小荷开心课堂”。其他各个街道和社区纷纷效仿。西园社区设立“爱心小屋”，与湖南农业大学的大学生志愿者开展“爱心一对一、相伴共成长”活动，为外来务工人员子女提供一对一学习辅导活动；三角洲社区的社会机构“青碟学社”启动为社区捐万册书籍计划，通过为青少年举办国学讲座、读书分享会、原创诗词诵读会、古典故事会等活动，提高青少年对国学文化的了解，引导青少年继承和发扬优良传统；凤亭社区设立“博爱家园”，经常招募青少年志愿者为社会残疾人服务；王家垅社区设立“《弟子规》亲子班”，家长与孩子们在一个课堂共同学习国学经典；紫荆园社区的“综治护校岗”，30名老党员义务担负着伍家岭小学学生上下学的护学任务等。创新拓面。各级基层关工委和广大“五老”结合“两学一做”活动，以党建带关建，面向园区和民营企业拓展工作领域，全面助推关工委工作。江湾社区“五老”周瓒利用担任党支部书记的优势，开展“精准扶贫、厚德圆梦”公益助学活动，在微信群发动党员为贫困学生捐款，筹资1万多元，并带队将爱心款送到郴州市汝城县土桥中学留守儿童的手中。区关工委委员卢瑞雄、邓学东、马玲、李卓湘等大多是基层退休支部书记，他们利用自己的特殊身份，号召党员志愿者在“两学一做”活动中为关心下一代工作出资出力，开展义务帮教、帮学和社会实践等活动，从组织、制度、“五老”队伍扩展、活动创新等方面推动关工委工作，进一步健全组织、完善制度，充实队伍。区关工委利用会议、培训和联系新闻媒体等方式进行推介和宣传，进一步激发广大“五老”奉献的热情。区关工委多次到金霞经济开发区调查研究，推动成立园区关工委，使园区关心下一代工作有载体、有活动、有成效。4月24日，市关工委主任董学生率队来开福区调研园区和民营经济关工委工作，对民营企业关工委工作给予高度评价。

【成立开福区“五老”助学队】5月27日，在一批“五老”的倡议下，开福区关心下一代工作委员会成立开福区“五老”助学队，并进行首赠仪式，相关区直机关单位负责人及浏阳河小学全校师生1200余人参加活动。首赠仪式上，助学队向浏阳河小学捐赠1万元助学金和10套助学物资（书包和文具），充分展示开福区“五老”扶贫济困、助人为乐、热心公益、乐善好施的高尚情操，并号召全区广大“五老”以他们为榜样，弘扬助人为乐的优良传统和扶危济困、无私奉献的精神，一如既往地支持参与关爱儿童公益事业，将爱心善举薪火相传，为孩子们撑起一片蓝天，帮助他们坚定理想信念，书写更加灿烂的人生篇章。

（康万强）

史志档案

区史志档案局

局　长　周立辉
副局长　曾洁如　王从福

概况　开福区史志档案局是区委直属事业单位，负责全区党史、地方志及档案管理工作，有在职在编人员7名，临聘人员2名，在区政务中心设查档窗口1个。2017年，荣获全市党史工作先进单位、全省档案宣传工作先进集体。

党史及党史联络工作。以编研为重点，丰富开福党史资源。完成《长沙北门外沈家大屋会议的历史性贡献》课题撰写，湖南日报、湖南日报内参版、长沙晚报、新开福、星辰直播等新闻媒体以标题《沈家大屋会议探索中国革命正确道路》刊载该论文。完成《长沙改革开放实录》课题任务，上报课题7篇。完成《新时期湖南城市建设专辑》征稿工作，完成征文1篇,即《百年老站的新世纪—长沙火车北站发展纪实》。开展党史“四进”活动，普及党史知识，党史宣教重点向社区、学校延伸。全年陆续向有关社区、学校等赠送党史书籍300多册。借助24小时自助图书室平台开展党史宣传，向自助图书室捐赠《开福区历史》《开福区简史》《开福区历史大事记》《中国共产党长沙历史》《红色发祥地—开福》等党史类书籍21种170多册。联合区直机关工委，在全区开展“党史宣传月”，制作宣传展板，宣传中国共产党一大至十八大精神以及十八届三中、四中、五中和六中全会精神。洪山管理局《洪山地区发展史》出版发行；农林水利局《农业林业水利发展史》出版发行；金霞经开区《金霞经济开发区志》已经国家方志出版社审稿，即将出版；沙坪街道成功村《成功村史》正在修改完善。2017年，开展党史联络活动3次。组织党史联络组全体成员赴浏阳市党史办交流学习，参观浏阳记忆—浏阳历史发展档案陈列、浏阳沈家大屋，了解浏阳革命历史；组织党史联络组成员赴武汉、南昌调研“八七会议”、农民运动讲习所和“八一南昌起义”相关革命活动开展情况；赴浏阳市参观秋收起义纪念馆和胡耀邦故居，丰富党史联络活动。

5月16日，长沙市第一家地方志“史志之家”落户花城小学

地方志工作。完成《开福区志》统稿工作。经过2016年及2017年春季统稿工作，2017年3月初形成《开福区志》正文第一稿，约84万字。经过再次统稿修改，于7月底形成《开福区志》正文第二稿。截至2017年底，该书正处于内部审阅阶段，同时配套部分（编纂委员会名单、凡例、概述、附录、序言、图版、后记）编纂完毕，完成《开福区志（1989—2012）》送审稿，全书共23篇81章300节480目，100余万字。在《开福区志》编纂过程中，编委会总编室就编纂进度进行10余次的协调，有力地推动《开福区志》编纂工作顺利进行。做好《开福年鉴》编撰工作。《开福年鉴（2016）》经过三审三校后已送至方志出版社审定，即将出版成书。截至2017年年底，《开福年鉴（2017）》完成二审二校，正处于各承编单位核稿阶段，待核稿完毕进入三审三校，即可送往方志出版社进行审定出版。完成省市年鉴组稿发行工作。配合省、市做好《湖南年鉴》《长沙年鉴》组稿发行及“双十”年度人物、年度事件评选工作。上报《长沙年鉴》编辑部8000余字的年鉴组稿，含概况1条，条目13条，经市志办审核，

采用概况1条，条目10条。推荐的年度事件——“世界首座超高性能混凝土桥在开福区建成”“高岭国际建材家居城正式运营”进入候选名单。上报《湖南年鉴》编辑部5000余字的年鉴组稿，含概述1条，条目10条，《湖南年鉴》采用概述1条，条目3条。做好《乡镇简志》编纂评审工作。2017年初召开由各承编单位执笔人参加的《开福街镇简志》初审工作，对简志初稿进行补充、完善。经过各单位的再次修改、压缩、完善，形成13万字的评审稿。召开由市志办、各区县市史志档案局以及开福区简志编委会领导和专家参加的《开福街镇简志》评审会，经多次补充和修改形成简志终审稿上报市志办。做好《长沙市志·人物篇》编纂和方志宣传工作。完成人物传26篇2.4万字，烈士名录177名7000余字。推动方志文化“进机关、进农村、进社区、进校园、进企业、进军营”活动。区史志档案局联合市志办在开福区清水塘街道四季花城社区开展方志进校园宣传活动，其中花城小学被授予长沙市第一家方志之家。

档案管理。依法治档，示范创建。依法开展档案工作检查。区政府督查室和史志档案局对全区20个区直部门和6个项目建设及征拆指挥部进行档案工作专项督查，主要针对8号令执行情况以及长办发〔2015〕28号文件落实情况进行督查，检查结果在《开福政务督查》〔2017〕第8期进行通报，并下发整改通知。推进示范创建。在贯彻落实长办发〔2015〕28号文件精神方面，区史志档案局就档案工作规范化管理出台《关于开展创建档案规范化管理示范活动的通知》（开史志档发〔2017〕4号）文件，鼓励区直各单位、街道、社区（村）努力争创档案工作规范化管理先进。2017年，晋升省一级的有1个（开福区四方坪街道办事处），3个区直部门被评选档案工作先进单位，创建档案示范社区5个。依法宣传，扩大影响。以国际档案日为契机，开展形式多样的宣传活动。组织金霞经开区、街道档案工作人员以及部分社区档案工作者40多人，开展“档案在社区、档案在身边”的宣传活动。参观档案工作规范化管理示范社区——兴联社区，观摩沙坪湘绣博物馆，在汉回村开展徒步竞赛活动。全区各街道在“6·9”国际档案日前后利用横幅、板报等形式开展各类宣传活动，营造良好的宣传氛围。在陈家湖社区建立全市第一家社区照片档案陈列室。协助四方坪安易家一点通社区助理服务中心完善服务对象的档案资料。依法培训，提升能力。全面开展档案业务培训。2017年，组织机关文书档案培训、重点工程档案培训等，培训150多人。深入基层做好档案业务指导。协助长沙市档案局到经开区、秀峰街道及社区开展档案工作调研，为出台《长沙市档案管理条例》提供资料。到沙坪街道、伍家岭街道、四方坪街道、湘雅路街道及金帆社区、凤亭社区开展档案帮扶建档工作。到金霞经开区、巡察办、棚改办、城投项目指挥部、黄兴北路指挥部等20多个单位进行档案业务指导。加强对开福区档案整理公司的管理。区史志档案局对在开福区备案的5家档案服务机构进行清理，提出整改意见，限期整改。推进档案信息化。对馆藏档案数字化项目通过政府采购网进行招标，完成馆藏14个全宗的项目验收。对开福区升级后的档案信息化管理软件进行调试，并及时做好服务器及数据库维护工作，加强数据备份，确保数据安全。全区各部门的档案信息化工作稳步推进，大部分单位完成历史档案数据录入以及永久档案的全文工作，截至2017年底，档案数据库共有数据条目86.9万条，2017年新增数据3.89万条。发挥档案服务作用。全年接待查阅婚姻登记、公证书、拆迁协议等档案的群众2830人，查阅卷宗4245卷，开具证明3254份。

【长沙市第一家方志之家落户开福区花城小学】2017年是《地方志工作条例》颁布11周年，为贯彻落实《地方志工作条例》“六进”（进机关、进社区、进学校、进企业、进军营、进农村）活动，联合市志办于5月16日在清水塘街道四季花城社区花城小学开展方志宣传活动。活动现场，市志办、区史志档案局向长沙市第一家方志之家—花城小学授牌，同时向四季花城社区、花城小学赠送相关书籍和文体用品。该次活动本着“修志为用”原则和推动方志文化“六进”，有效传承、保存和共享地方志文化资源，面向社会开展“传承长沙文脉，培育方志情怀”活动，极大地扩大方志影响力，让方志工作走进社区、走进学校，为干部所知，为群众所识。

【开福史志专刊“走进”区24小时自助图书馆】5月18日，开福区史志档案局向辖区5个24小时自助图书室捐赠党史、方志类书籍21种175本。其中包含《中国共产党历史》《中国共产党湖南简史》《中国共产党长沙历史》《中国共产党长沙市开福区历史》《中国共产党长沙市开福区简史》《中国共产党长沙市开福区历史大事记》《洪山地区发展史》《中国抗日战争全景录（湖南卷）》《长沙年鉴》《北区志》《中华人民共和国政区大典·湖南卷·长沙分卷·开福篇》《潮宗古街》《古韵新风望麓园》等书籍。通过此次赠书，让广大群众有机会了解党委重大战略举措和政府重要施政情况，极大地提升群众对党委、政府以及史志工作的认识。该24小时自助图书室由区文体新局承办，湖南机电职业技术学院对图书进行索引编排。图书馆向全市居民开放，大家可以凭身份证办理图书借阅，有效地满足群众的文化需求。

【完成《长沙北门外沈家大屋会议的历史性贡献》课题研编】《长沙北门外沈家大屋会议的历史性贡献》课题自2015年启动以来，课题组先后赴湘西、怀化、浏阳、武汉、南昌等地调研了解八一南昌起义、八七会议、沈家大屋会议、秋收起义以及通道转兵前后中国革命发展情况，从中提炼出长沙北门外沈家大屋会议对中国革命的历史性贡献。《长沙北门外沈家大屋会议的历史性贡献》于2017年7月初成文，得到省委、市委党史研究室领导的高度重视，湖南日报、长沙晚报、新湖南、星辰直播、新开福等媒体先后报道沈家大屋会议的历史性贡献，并在9月中旬举行的“中国人民解放军建军暨毛泽东同志领导发动秋收起义90周年”纪念活动上，论文得到与会领导和专家的好评。通过宣传沈家大屋会议对中国革命道路探索的贡献，有效提升沈家大屋会议的历史性地位。

（吴　莎）

为开福区24小时自助图书馆赠书

党校

区委党校

校　长　谢伟峰
常务副校长　蹇敦波
副校长　胡晓峰
　　　　彭建如（2017.6任）
办公室主任　杨书杰
教研室主任　张　群

概况　开福区委党校（行政学院）为副县级参照公务员管理的事业单位，内设办公室、教研室机构2个，有参照公务员管理的事业编制10人。

干部教育培训。2017年，开福区委党校超额完成区干部教育领导小组下达的培训任务，举办主体培训班次23期，培训4500人次（计划19期2000人次）。其中举办基层党员轮训班4期372人；非公和社会组织书记培训班2期203人；十八届六中全会精神和习近平系列重要讲话精神培训班1期640人；党组织书记集中培训班1期913人；社区、村书记集中培训班1期92人；发展党员工作培训班1期96人；党员发展对象培训班1期289人；社区、村两委工作人员培训班1期857人；全区科级领导干部学习贯彻中共十九大精神专题培训班1期700人。

送课下基层。2017年，区委党校在“送党课下基层”活动中宣讲十九大精神和党的路线、方针、政策，收到良好的效果。全年开展送党课到机关、街道、社区（村）、企业等相关活动80余场次，听课的党员干部和群众5000余人次。其中开展十九大精神专题宣讲活动31场次，听课学员2025人次。

科研调研工作。2015年，开福区委党校编印《党性教育自选读本》等党性教育资料。2017年，区委党校在原来的基础上进行大幅度地修改，编印全新的《党性教育读本》。区委党校课题项目《楼宇经济发展现状调查与对策探讨》在市情研究会顺利结项。提交省委党校理论研讨会论文3篇，市委党校理论研讨会论文8篇。先后编印4期《党校视窗》期刊，为区“四大家”领导和街道、部门主要领导提供理论服务。

学员管理工作。按照中组部和省市关于在干部教育培训中加强学员管理规定的要求，开福区委党校从严管理，对学员实施量化考核，督促学员严格遵守课堂纪律、考试纪律、出勤纪律。对违反纪律和规定的学员，及时提醒、批评、通报，并把情况上报区委组织部门。这些管理措施的实施，保证干部教育培训的效果和质量。2017年，开福区委党校严格落实全国和省市党校工作会议提出的“两个不低于”，即党的理论教育和党性教育在教学安排中不低于总课时的70%，其中党性教育不低于总课时的20%。对学员加强理想信念教育、党性党风

9月26日，开福区委党校分校（教学点）授牌仪式在通泰街街道吉福街社区举行。区委常委、组织部长晏成方（主席台左三）出席并提出相关要求

党纪教育和群众路线教育，将加强党性修养、坚定理想信念贯穿于教育培训的全过程，不断提高党员干部的党性修养。加大党性教育现场教学的力度，先后确定井冈山、韶山、中共湘区委员会旧址、湖南省工委旧址、湖南第一师范、新民学会旧址、船山学社、清水塘、遵义会议旧址等十几个现场教学点，形成党性教育资源链。

【区委党校万达商圈分校、沙坪分校、东风路教学点成立】9月26日，开福区委党校万达商圈分校、沙坪分校、东风路教学点授牌仪式在通泰街街道吉福街社区举行。区委常委、组织部长晏成方，区委党校常务副校长蹇敦波，区委组织部常务副部长、非公企业和社会组织工委书记沈继红，东风路街道、通泰街街道和沙坪街道分管党建工作负责人，各街道组织委员、党建专干，东风路社区、吉福街社区、沙坪社区的书记和党建干部，万达商圈各党支部负责人以及党员代表129人参加。授牌仪式的举行，标志着开福区委党校万达商圈分校、沙坪分校、东风路教学点正式成立，使全区党员都能就近接受党校教育培训，为加强全区基层党员培训起到重要作用。

（胡　蓉）

信访

区信访局

局　长　曹　雄（2017.2任）
　　　　易松柏（2017.2免）
副局长　唐立志　刘伏云
　　　　潘　格　李晓庆
　　　　陈怡礽（2017.2任）

概况　2017年，开福区信访局内设办公室，行政编制8名。下设二级机构人民来访接待中心，事业编制3名。

来信来访建设。2017年，开福区信访局本级直接受理群众来信294件，省长信箱64件，网上信访387件，国家投诉89件，复查复核案件15件，办结率100%。

受理来访1493批3862人次。信访事项按上级要求全部及时录入全国信访信息系统；初信初访均按时办结，按期办结率100%。信访反映内容主要是国有土地上房屋征收、集体土地上房屋拆迁、民政、教育文体、劳动保障、环境保护、交通运输等问题。

网络信访建设。2017年，按照省市“阳光信访”的要求，建设开通视频信访系统，实现接访视频化。开福区信访局组织全区各街道、各部门开展信访基础工作“业务规范单位”和“业务能手”竞赛活动，引导信访人多走基层渠道反映诉求，形成“多上网少走访”的信访环境；规范网上信访、信件受理、答复程序，形成“双向规范”氛围，及时就地解决群众合理诉求。

信访积案化解。2017年，根据全市统一安排部署，在全区开展“信访积案化解百日攻坚行动”，成立“一办四组”（办公室、综合协调组、问题化解组、督查督办组、资金保障组），建立健全书记周调度会议、积案化解定期通报、积案化解纳入考核、严控非访数量、畅通情报信息、强化依法治访、督查通报和问责等方面的9项制度，指导督促各级各部门化解信访积案，帮助解决化解过程中出现的困难与问题，化解信访积案93件（其中化解市交办信访积案34件，区级突出信访问题59件），办理复查案件15件，信访救助重点对象39人次，救助金额240万元。

领导公开接访。2017年，制定《开福区2017年县级领导公开接访安排表》，区委、政府领导轮流在矛盾调处中心公开接访，及时处理解决辖区群众反映的信访问题，建立健全接访档案，做到有记录、有图片、有追踪、有落实。全年县级领导公开接访135批412人次。

群众工作情况。2017年，开福区群众工作按照联点社区（村）一定三年不变的工作要求，选派25名区领导、114名区机关干部、253名街道工作人员组成107支工作队伍进驻107个社区（村）群众工作站开展工作。选派65名机关干部担任社区（村）“第一书记”。出台“开福区2017年度“一推行四公开”群众工作驻站队员安排表”《关于在全区群众工作站开展“五真”工作法的实施意见》等文件。2017年，深入开展“与群众交朋友、帮基层解难题”活动，市、区各级党员干部共结对帮扶困难群众1165户（其中市直部门结对239户），帮扶慰问资金108万元；全区107个社区（村）群工站公开承诺民生实事364件，办结363件。

（邱　波）

长沙市开福区人大常委会

开福区人大常委会

主　任　许振勤

副主任　王颂交　李光华

　　　　袁剑英　罗伟明

　　　　周桂林

重要会议

开福区第五届人民代表大会第二次会议。长沙市开福区第五届人民代表大会第二次会议于2017年3月16日至17日在开福区机关大院举行，会议主要审查和批准区人民政府2016年财政预算执行情况及2017年财政预算（草案）的报告。

开福区第五届人大常委会第一至九次常委会议。

长沙市开福区第五届人民代表大会常务委员会第一次会议于2017年1月22日在区机关526会议室举行。会议审议通过《区人大常委会议事规则（修订案）》《区人大常委会主任会议议事规则（修订案）》以及《区人大常委会2017年工作要点》；表决通过人事任免事项，任命卜超峰同志为开福区人民政府副区长（挂职二年），任命区人民政府组成部门局长（主任）,任免区人大常委会部分工作机构主任、副主任，表决通过《区人大常委会关于设立代表资格审查委员会的决定》。新任命的国家工作人员进行宪法宣誓。区委副书记、区长刘拥兵，区委常委、组织部长晏成方列席会议。区人大常委会党组书记主任许振勤、区人大常委会副主任王颂交、李光华、袁剑英、罗伟明、周桂林参加会议。

长沙市开福区第五届人民代表大会常务委员会第二次会议

2017年2月23日在区机关902会议室举行。会议听取和审议区五届人大二次会议筹备情况的工作报告，表决通过关于召开区五届人大二次会议的决定，区五届人大二次会议定于2017年3月16日至17日召开。会议听取和审议区公检法司执法规范化建设的工作报告。区人大常委会党组书记主任许振勤、副主任王颂交、李光华、袁剑英、罗伟明、周桂林出席。区人大法制委副主任委员、委员，区人民法院、区人民检察院、区公安分局、区司法局主要负责人、分管负责人以及相关科室、法庭、大队负责同志，各街道人大工委主任列席会议。

长沙市开福区第五届人民代表大会常务委员会第三次会议

2017年4月13日在区机关526会议室举行。会议表决通过相关人事任免事项：对区人民政府部分组成部门局长职务进行任免，其中，决定任命王中柱为区城乡建设局局长、王海为区安监局局长；对区人大常委会部分工作机构主任、副主任，部分街道人大工委主任、副主任职务进行任免，其中，决定任命杨奔为区人大常委会农业农村工委主任；对法检两院部分法律职务人员进行任免；决定同意接受肖俊辞去区五届人大代表职务的请求，其区人大财经委委员职务相应终止。会议还举行宪法宣誓仪式。会议听取和审议区人民政府关于“六五”普法依法治理工作和“七五”法治宣传教育规划制定颁布工作情况的专项工作报告；听取和审议2016年被评议和询问单位区教育局、区人社局、区规划分局关于交办问题整改情况的专项工作报告，并进行满意度测

10月26日，区人大履职能力提升培训班在湖南大学公务员培训中心举办

评；听取和审议区人大常委会关于对2017年落实“项目为王”战略促进招商引资工作开展工作评议和专题询问的实施方案（草案）。区人大常委会党组书记主任许振勤，副主任王颂交、李光华、袁剑英、罗伟明、周桂林出席，区委常委、常务副区长邹犇淼，副区长、公安分局局长廖勇，副区长杨光华列席。

长沙市开福区第五届人民代表大会常务委员会第四次会议

2017年5月25日在区机关526会议室举行。会议听取和审议区人民检察院关于提请许可对开福区第五届人大代表刘伟建采取强制措施的报告。省纪委一室副主任刘卫军，省检察院反贪局侦查一室主任李征明，区人民法院院长戴智明，区人民检察院检察长宋宽馀，区纪委副书记喻寄宏列席会议。

长沙市开福区第五届人民代表大会常务委员会第五次会议

2017年7月20日在区机关526会议室举行。会议表决通过相关人事任免事项，对部分街道人大工委主任、副主任职务，区人大财经委个别副主任委员职务，区人民法院个别副院长、审判员职务以及区人民检察院部分副检察长、检察委员会委员、检察员职务进行任免。组织新任人员进行宪法宣誓。会议听取和审议区人民政府关于重大项目建设的专项工作报告。区委常委、常务副区长邹犇淼，区委常委、组织部长晏成方，区委常委、副区长卜超峰列席会议。区人大常委会党组书记主任许振勤、区人大常委会副主任王颂交、李光华、袁剑英、周桂林出席会议。

长沙市开福区第五届人民代表大会常务委员会第六次会议

2017年9月21日举行。上午，与会人员集中考察新亚胜光电股份有限公司、三能集成房屋股份有限公司、开福大道、马栏山视频文创产业园、北辰文化创意产业园动漫游戏聚集区等项目和企业。下午，在区机关526会议室举行全体会议，表决通过对部分街道人大工委副主任职务的任命，组织新任人员进行宪法宣誓；会议决定接受傅天明辞去开福区第五届人民代表大会代表职务的请求，其区第五届人民代表大会常务委员会委员职务相应终止，报区第五届人民代表大会备案；听取和审议区人民政府关于2016年区财政决算（草案）和2017年1-6月预算执行情况的报告；听取和审议区人民政府关于2016年财政预算执行情况的审计报告；表决通过区人大常委会关于批准2016年区财政决算的决议。区委常委、金霞经开区党工委书记杨应龙参加考察，区委常委、区人民政府常务副区长邹犇淼列席会议，许振勤、区人大常委会副主任王颂交、李光华、袁剑英、罗伟明、周桂林出席，区人民政府副区长李杨参加考察。

长沙市开福区第五届人民代表大会常务委员会第七次会议

2017年11月1日在区机关526会议室举行。会议听取和审议区人民检察院关于提请许可对由开福区选举产生的长沙市人大代表郭德斌、汤朝阳采取强制措施的报告。

长沙市开福区第五届人民代表大会常务委员会第八次会议

2017年11月24日在区机关526会议室举行。会议审查批准2017年区财政预算调整方案，审议通过《区人大常委会讨论、决定重大事项暂行规定》《区人大常委会干部任后监督管理暂行办法》《区人大常委会财政预算审查监督试行办法》；会议决定区五届人大三次会议于2018年1月7日至1月10日在区机关大院召开；会议决定：接受吴正豪、浣琳、宋明明、张燚、曹雄、尹红霞、王伟华、甘培虎、邱自力、严莹因工作变动辞去区五届人大代表职务的请求，其中浣琳的区五届人大常委会委员职务相应终止，报区第五届人民代表大会备案。区人大常委会党组书记、主任许振勤出席会议，区委常委、常务副区长邹犇淼列席会议，区人大常委会副主任王颂交、李光华、袁剑英、罗伟明、周桂林参加。

长沙市开福区第五届人民代表大会常务委员会第九次会议

2017年12月28日在区机关526会议室举行。会议表决通过有关人事任免事项，会议决定任命蔡冰为开福区人民政府副区长，免去邹犇淼的开福区人民政府副区长职务。新任命人员进行宪法宣誓。会议听取和审议区人民政府关于2017年财政预算执行情况和2018年财政预算（草案）的报告、关于2016年预算执行和其他财政收支审计查出问题整改情况的报告。听取和审议区五届人大三次会议筹备工作以及区人大常委会工作报告起草情况的报告。审议通过关于表彰“成就北富我要给力，厚德开福向我看齐——人大代表在行动”主题活动“十佳”人大代表的决定。审议区人民政府关于议案及建议批评意见办理情况的报告、区人大常委会联工委关于议案及建议批评意见办理情况的调查报告。听取和审议关于代表异动、补选代表的代表资格审查报告。区人大常委会党组书记、主任许振勤、区人大常委会副主任王颂交、袁剑英、罗伟明、周桂林出席，区委常委、组织部长晏成方列席会议。

区人大常委会召开工作评议和专题询问2016年总结暨2017年部署会。5月18日，开福区人大常委会召开工作评议和专题询问2016年总结暨2017年部署会议。全面总结回顾2016年评议询问工作，向获得评议询问满意单位的区教育局、区人社局、区规划分局授牌，并安排部署2017年落实“项目为王”战略促进招商引资开展评议询问的相关工作。区人大常委会党组书记主任许振勤、副主任李光华、罗伟明、周桂林，区人民政府副区长李杨参加会议。

人大工作

区人大及其常委会工作机构

副县级干部　李正元
副调研员　吴劲松　王建兵
纪检组长　张龙健（2017.9免）
办公室
主　　任　陈志兴
副 主 任　黄　筠
城乡建设环境与资源保护工作委员会
主　　任　李炳庚
法制委员会
主　　任　韦清燕
内务司法工作委员会
主　　任　韦清燕（兼）
教育科学文化卫生工作委员会
主　　任　杨全红
副 主 任　伍　毅（2017.4任）
农业农村工作委员会
主　　任　杨　奔（2017.4任）
副 主 任　易　文
财政经济委员会
主　　任　罗放军
副 主 任　戴　瑛（2017.4任）
选举任免联络工作委员会
主　　任　刘家伶

概况　开福区人大及其常委会设置办公室、城乡建设环境与资源保护工作委员会、法制委员会（加挂内务司法工作委员会牌子）、教育科学文化卫生工作委员会、农业农村工作委员会、财政经济委员会、选举任免联络工作委员会7个部门。有在职在编干部24人。区人大代表219名，常委会组成人员27名，市人大代表开福区联络组48人，省人大代表开福区小组8人。2017年，区人大常委会履行宪法和法律赋予的各项法定职权，全年组织召开区人民代表大会1次，常委会议9次，主任会议22次；听取和审议“一府两院”专项工作报告26项；作出决议、决定6项；组织常委会组成人员和人大代表开展考察、调研32次,依法补选区五届人大代表12名。

建议办理。区五届人大一、二次会议期间和闭会期间，收到区人大代表的建议、批评和意见118件。涉及城市建设方面（含规划、建设、棚改、征拆）27件，城市管理方面（含市政、园林、环卫、交通、交警）47件，民本民生方面（含教育、医疗、民政、农林水利）30件，经济建设方面（含产业发展、片区开发）8件，其他方面6件。分别交由23个区属部门、2个街道办事处和2个指挥部负责办理；办复率为100%，见面率为100%，代表满意率

9月21日，区人大常委会组成人员考察北辰文化创意产业园

100%；办结落实的47件（A类），占总数的39.8%，开展或纳入计划办理的54件（B类），占总数45.8%，拟为暂不具备条件办理的17件（C类），占总数的14.4%。

代表工作。创新代表主题活动。落实区委要求，结合区情特色，组织开展“成就北富我要给力，厚德开福向我看齐——人大代表在行动”主题活动，代表们在项目建设、招商引资、创新创业等方面献计出力，在崇德向善、爱心帮扶、法治建设等方面身体力行，开展厚德书吧、聚爱食堂、爱心公益动漫等特色活动。特别是在2017年夏天抗洪抢险过程中，区内各级人大代表积极投身防汛抗洪，组织抗洪抢险人员力量3000余人次，捐赠300余万元的资金和物资。洪灾过后，在区委、区人大常委会的倡导下，由市、区人大代表领衔的7家区内建筑企业向宁乡捐赠235万元爱心资金和救灾物资，支援灾后重建。加大履职培训力度。坚持把学习培训作为提高代表履职能力的重要手段，采取专题培训、以会代训、考察调研等多种形式，从履行代表职责、服务区域发展、解决群众诉求等方面，多层次、多渠道组织代表纵向学习、横向交流，有效增强代表责任意识和履职能力。先后组织举办四川大学人大履职能力提升班、湖南大学人大履职培训班，进一步提升人大代表及人大工作者的履职能力水平。完善代表履职平台。依托代表活动室，各级代表接待选民1300余人次，提出各方面工作建议450多条，帮助解决问题290多个。不断拓展代表履职途径，邀请代表127人次列席人大常委会会议、主任会议以及参加执法检查和考察调研，认真做好向代表通报半年度全区经济社会发展情况的有关工作。加强议案建议督办。注重加强代表议案建议办理工作，并把此项工作作为服务代表履职、发挥代表作用的重要抓手，对区五届人大第一、二次会议期间收到的1件议案及120件建议、批评和意见向“一府两院”进行集中交办，对闭会期间收到的2件代表建议及时交办，进一步加大重点督办、跟踪督办力度。常委会会议专题听取和审议议案、建议、批评和意见办理情况的工作报告，确保办理实效。

监督工作。开展评议询问。为促进区委发展战略的实施，以“落实‘项目为王’战略，促进招商引资工作”为主题，对区商务和旅游局开展工作评议和专题询问，对区经济和信息化局、金霞经开区招商合作局进行专题询问。历时半年，组织包括常委会组成人员在内的50余名人大代表，深入园区、街道、楼宇、企业、一线招商组开展走访、座谈和调研，广泛收集意见，形成评议报告。召开集中评议询问大会，并进行现场测评，推动解决项目引进和落地过程中的困难和问题，有效促进招商引资工作。深化财政监督。审议通过《区人大常委会财政预算审查监督试行办法》，进一步规范和完善预算审查监督的范围、内容、流程、时限等，强化对政府预算管理全过程的监督。审查批准2016年财政决算、2017年预算调整方案，听取和审议2017年上半年预算执行情况的工作报告。注重发挥审计监督作用，出台《关于审计查出问题整改情况向区人大常委会报告的实施办法》，听取和审议2016年区本级预算执行和其他财政收支情况的审计工作报告，以及审计查出问题整改情况的报告。关注政府债务风险，听取政府债务管理及各融资平台债务情况的报告。加强司法监督。着眼于社会热点问题，听取和审议道路交通安全法、食品安全法等法律法规贯彻实施情况的专项工作报告。立足于维护公平正义，坚持开展庭审评议，继续组织主任会议成员旁听庭审，促进司法监督创新加力、逐步深入。听取和审议区人民法院、区人民检察院、区公安分局和区司法局执法规范化建设的专项工作报告，并对审议意见进行交办。听取和审议区人民政府关于“六五”普法依法治理工作和“七五”法治宣传教育规划制定、区人民法院关于非诉行政执行等专项工作报告。做好人大信访工作，全年受理来信来访25件次、28人次，依法妥善处理人民群众诉求。注重民生监督。围绕人民群众普遍关心的热点难点问题，先后对2016年关于“建设教育现代化强区”评议询问交办问题整改、水利建设和防汛准备、公共文化体育服务体系建设、社区（村）换届选举等议题开展考察调研、听取专项报告、进行充分审议、提出意见建议。持续深入开展“三湘环保世纪行”“农产品质量安全行”“三湘农民健康行”“司法公正长沙行”“民族团结进步行动”活动。认真做好备案审查工作，对报备的5件规范性文件依法进行审查。

人事任免。开福区人大常委会坚持党管干部和人大依法任免相结合的原则，完善人事任免程序，健全人事任免制度。坚持任前法律考试、任时拟任发言、任后颁发任命书等制度。全年共依法任免区人民政府副区长3人，区人民政府组成部门负责同志24人，区人大常委会工作机构主任、副主任10人，街道人大工委主任、副主任21人，“两院”法律职务人员15人，区人民法院人民陪审员31人。严格按照法定程序对拟任人员进行法律知识考试，要求拟任人员在区人大常委会议上作任前陈词，充分发扬民主，尊重委员的意见，实行无记名投票表决，对被任命者当场颁发任命书，并组织集中宣誓。

【程水泉到开福区调研社区提质提档工作】5月26日，市人大常委会主任程水泉一行到开福区芙蓉北路福城社区调研社区提质提档工作，会同市直相关部门现场办公，促进社区提质提档。市人大常委会秘书长柳美景参加调研。程水泉一行察看福城社区在建的公共服务中心、社区提质提档一期民生项目。对福城社区的提质提档工作面临的问题和困难，市直相关单位在经过深入细致的了解后，现场定下任务书，落实责任。关于福城社区提质提档下段工作，程水泉指出：要以满足功能需求为重点，完善服务功能，提升居民满意度；要以方便群众为目标，在今后的管理和服务中以便民利民为出发点；要以提升社区治理水平为目的，增强居民主人翁意识，提高居民自治水平；要以整合资源为手段，争取多方支持，市、区、街道和社区各级各部门共同出力。程水泉要求，要加快提质提档工作步伐，高起点、高标准的将福城社区打造成全市提质提档示范社区，真正实现“群众幸福感在家门口的升级”。

【区人大常委会主任会议成员考察现代公共文化体育服务体系建设】6月28日，区人大常委会主任会议成员集中考察全区现代公共文化体育服务体系建设。实地考察北辰动漫产业园、止间书屋、万达24小时自助图书馆、汉回特色文化广场，并召开会议听取和审议区人民政府关于现代公共文化体育服务体系建设的专项工作汇报。区人大常委会党组书记、主任许振勤要求：要注重引导，提高市民素质，提高省市品味；要创新形式内容，促进传统文化

7月31日，区人大主任会议成员调研卓尔军民融合产业园

产品焕发新的生机；要加大支持力度，推动新型文化产品的发展繁荣；要精心培育扶植，打造开福文体活动新的品牌。区人大常委会副主任王颂交、李光华、袁剑英、罗伟明、周桂林出席、区人民政府副区长杨光华。

【区人大常委会主任会议成员调研军民融合产业园】7月31日，开福区人大常委会党组书记、主任许振勤率主任会议成员集中调研卓尔军民融合产业园，先后视察中航星、沃美新材等企业，听取金霞经开区关于军民融合工作的情况汇报。许振勤要求：要大力引进军民融合企业，帮助企业落地生根、做大做强；要适时研究出台支持军民融合产业园发展的具体政策；要科学制定军民融合产业园的近远期发展规划；要整合资源要素，形成集中优势和集聚效应。区委常委、金霞经开区党工委书记杨应龙，金霞经开区管委会主任袁政国列席，区人大常委会副主任李光华、袁剑英、罗伟明出席。

【区委书记沈裕谋调研区人大工作】10月20日，区委书记沈裕谋到区人大常委会进行工作调研，区委副书记谢伟峰，区人大常委会党组书记、主任许振勤，区委常委、区委办主任张春雄，区人大常委会副主任王颂交、李光华、袁剑英、罗伟明、周桂林参加。许振勤代表区人大常委会就全国、全省推进县乡人大工作和建设会议主要精神、换届以来的人大工作作全面汇报。沈裕谋充分肯定区人大工作。对下阶段人大工作，沈裕谋要求：要坚决讲政治，共同将我们开福的事办好，对开福的事业、对开福的民众负责。全面贯彻好中共十九大精神，要在学懂弄通做实上下功夫，把十九大精神传达到人大代表中、践行在人大工作中。依法履职行权，准确把握好“变与不变、能与不能、为与不为”。成就开福大局，要倍加珍惜，维护政治大局、发展大局和社会大局。区委的重点就是人大工作的发力点，全区工作的薄弱点，也是人大工作的着力点。发挥代表作用，要继续围绕“成就北富我要给力，厚德开福向我看齐”这个主题来开展代表活动，充分发挥人大代表在招商引资，经济工作，社会建设等方面的作用。加强自身建设，这是人大工作成功的重要保证条件，要继续加强队伍建设，始终把规矩和纪律挺在前面，落实好从严治党、党风廉政建设的要求，不断提升履职能力水平。

【区人大常委会2017年工作评议和专题询问大会召开】11月24日，区人大常委会2017年工作评议和专题询问大会召开。区委书记沈裕谋，区委副书记、区长刘拥兵，区委副书记谢伟峰，区人大常委会主任许振勤，金霞经开区管委会主任袁政国，区人大常委会副主任王颂交、李光华、袁剑英、罗伟明、周桂林，副区长李杨出席会议。会议围绕“落实‘项目为王’战略，促进招商引资工作”主题，对区商务局开展评议询问和集中测评，对区经信局、经开区招商局等部门单位进行专题询问。区委副书记、区长刘拥兵就后阶段整改落实提出要求：要树立全员招商、共同招商、时刻招商的意识，围绕平台和项目招商，发扬钉钉子的精神扎实工作，不断优化招商引资的服务，确保取得实效。区委书记沈裕谋强调：评议工作有力有效，选题准、认识高、工作实、效果好；问题整改要从严从实，整改态度上要敢亮丑、敢较真，整改程序上要高标准、严要求，整改时间上要快整改、改到位，整改结果上要勤跟踪、回头看；开展监督要常态长效，要突出监督重点，改进监督方式，形成监督合力。

（谭银花）

附录：

开福区人大常委会2017发文目录

开常人发〔2017〕1号关于李炳庚等同志职务任免的议案

开常人发〔2017〕2号关于卜超峰同志任职的通知

开常人发〔2017〕3号关于张华等同志任职的通知

开常人发〔2017〕4号关于李炳庚等同志职务任免的通知

开常人发〔2017〕5号关于杨奔等同志职务任免的议案

开常人发〔2017〕6号关于王中柱等同志职务任免的通知

开常人发〔2017〕7号关于杨奔等同志职务任免的通知

开常人发〔2017〕8号关于李庚跃等同志免职的通知

开常人发〔2017〕9号关于陈燕等同志职务任免的通知

开常人发〔2017〕10号关于彭玲等同志职务任免的通知

开常人发〔2017〕11号关于提请李铜强等同志职务任免的议案

开常人发〔2017〕12号关于李铜强等同志职务任免的通知

开常人发〔2017〕13号关于免去张虎等同志职务的通知

开常人发〔2017〕14号关于黄中玮等同志职务任免的通知

开常人发〔2017〕15号关于提请决定黄思敏等同志任职的议案

开常人发〔2017〕16号关于黄思敏等同志任职的通知

开常人发〔2017〕17号关于蔡冰邹犇森同志职务任免的通知

长沙市开福区人民政府

区　长　刘拥兵
副区长　蔡　冰（2017.12任）
　　　　邹犇淼（2017.12免）
　　　　卜超峰（挂职）
　　　　廖　勇
　　　　易文斌
　　　　朱　江
　　　　蒋　君
　　　　杨光华
　　　　李　扬
　　　　生艳绯（挂职，2017.2免）
副调研员　唐绍金　陈再武
　　　　贺福明　刘新兰
　　　　任新良　乐俊旺
　　　　陈世伟　桂志华
　　　　梁文胜　刘志勇
　　　　谢　勇（2017.12任）

重要会议

2017年，区政府共召开常务会议16次。

1月7日，学习《中共中央国务院关于推进安全生产领域改革发展的意见》；研究2017年预算编制工作；听取商务工作汇报；研究给予润川等五家外贸企业外贸奖励事宜；审议与信达资产管理集团战略合作框架协议；研究职工处分问题。

2月16日，学习贯彻中央、省、市、区纪委全会精神和《长沙市委办公厅长沙市政府办公厅关于为敢于担当的干部担当为敢于负责的干部负责的若干意见》（长办发〔2017〕2号）；研究金霞经开区机构和人事改革工作；研究金霞经开区购买嘉德公司物业事宜；听取环境保护工作汇报；听取城市管理工作汇报。

3月14日，研究安全生产工作；研究河长制实施方案和农村面源污染治理工作；研究区城建投购置友谊咨询大厦二楼物业工作；审议设立开福棚改基金合作协议；审议与国科高精军民融合创新创业基地合作协议；研究金霞片区纳入湖南自贸区申报范围工作；研究干部职工处分问题。

4月17日，传达省委常委、市委书记易炼红调研指示精神；听取审计工作汇报；听取食品安全工作汇报；研究街道财政体制调整工作；研究2016年度经济发展奖励工作；审议促进楼宇经济发展加快商业地产去化实施办法；审议跨境电商百亿行动实施方案；审议区工务局三定方案；审议与长沙师范学院、长沙明德中学战略合作协议；审议开福区合同管理办法。

5月11日，听取公安（含禁毒）工作汇报；审议《关于全面推进政务公开工作的实施意见》（送审稿）；审议《关于调整金霞经济开发区财政管理体制的意见》（送审稿）；审议《开福区本级社保基金存放银行机构的管理意见》（送审稿）；审议与戴德梁行房地产顾问（武汉）有限公司长沙分公司战略合作协议（送审稿）；研究绩效考核工作；听取迎接中央环保工作督查工作汇报；研究道路交通综合整治工作；研究部署落实中央八项规定和深化作风纪律建设工作以及廉政工作；传达学习（长办发电〔2017〕15号）文件精神。

6月16日，学习省委常委、市委书记易炼红在市委十三届四次全体（扩大）会议上的讲话，《市长陈文浩在2017年市政府廉政工作电视电话会议上的讲话》及《长沙市重污染天气应急预案》；传达市长陈文浩调研金霞经开区指示精神；研究安全生产工作以及学习李大剑同志给各市州、县市区党政主要负责关于安全生产工作的一封信；研究潮宗街历史文化街区项目招商运营工作；审议政府投资管理办法；听取金融工作汇报并审议快乐小贷公司设立资质；审议促进生物医药健康产业发展政策；审议区城投集团薪酬管理办法；审议《开福区关于全面推进街区制建设的实施办法》（送审稿）

6月28日，研究食品安全工作；研究安全生产工作；研究信访工作。

7月20日，听取市委市政府重大政策落实情况汇报；研究消防安全工作；听取教育现代化强区建设相关情况汇报；研究《开福区妇女儿童发展规划（2016-2020）》（送审稿）；研究部分路段绿化维护服务外包工作；研究《开福区国有企业负责人履职待遇、业务支出管理暂行办法》（送审稿）。

8月10日，学习贯彻习近平在省部级主要领导干部专题研讨班开班式上重要讲话精神；听取环保工作汇报；研究推进开放型经济发展工作；听取财政工作汇报；研究设立军民融合产业基金工作；研究区老年教育阵地建设工作；研究支付潋阳科技征收补偿款相关事宜。

8月31日，研究安全生产工作；研究城区污水治理工作；审议《关于加快推进军民融合产业发展的实施意见》；审议区城投集团公司章程和组织架构方案。

9月14日，审议开福区落实“长沙市人才新政”的若干措施；审议捞刀河南岸岸线整治及市政工程建设方案；审议申报“四上”企业奖励办法；审议申报高新技术企业奖励办法；审议与浙商银行战略合作协议。

10月16，学习省长许达哲在2017年全省第一次总河长会议上的讲话，传达省、市河长制会议精神，听取全区河长制工作汇报；研究全区危险房屋治理工作；研究全区审计整改工作；研究“健康开福”及卫计工作。

11月7日，审议《2018年重点项目计划》；审议《进一步加强招商引资工作的若干意见》（送审稿）和《进一步加强和改进招商引资工作促进招商项目落实落地的实施方案》（送审稿）；听取海洋半岛教育配套相关情况汇报；听取预算调整工作汇报；审议区五届人民政府第二次全体（扩大）会议方案暨工作报告。

12月10日，传达学习习近平重要批示精神；审议2018年政府工作报告；研究城市网格化管理工作；研究2018年预算编制工作；审议区政府与德勤及戴德梁行合作协议；研究拨付潮宗街指挥部困难补助资金工作。

12月20日，传达学习中央、省委、市委经济工作会议精神；审议《开福区人民政府工作规则》（送审稿）《开福区人民政府会议工作规范》（送审稿）《开福区人民政府公文处理工作细则》（送审稿）；研究《关于促进开放型经济发展的若干措施》（送审稿）；研究裁执分离工作；审议《开福区人民政府与长沙市雅礼中学第二轮合作办学协议》（送审稿）；审议《长沙市开福区人民政府关于长沙市开福区第五届人民代表大会议案办理第一次、第二次会议建议批评意见办理情况的报告》（送审稿）；审议《开福区人民政府关于加强领导班子成员自身建设十项规定》（送审稿）。

12月29日，传达学习省委书记杜家毫在省委常委会上听取长沙市经济社会发展情况汇报后的讲话及《中共湖南省委办公厅〈关于以政治建设为统领进一步加强市县领导班子建设的意见〉》文件精神；传达市人才新政会议精神；研究环境保护工

5月22日，区长刘拥兵（右四）在胜昊科技调研

作；研究安全生产工作；研究全区水管体制改革后街道水管所有关问题；研究防控化解政府债务风险工作；研究青竹湖湘一外国语学校设立骨干教师奖励基金和管理人员绩效考核有关工作。

政府办工作

区人民政府办公室

主　任　张　华

副主任　刘小鸥（兼）

肖友义（兼2017.5免）

刘勇红（兼）

袁　晖　王治国

莫红宇　刘伟平

杨夏女　莫　琳

卓宁波（2017.6任）

电子政务中心主任

肖道刚

政研室主任　张文华

应急办主任　祖　向（2017.2任）

纪检组长　李建波（2017.2免）

吴　玮（2017.2任，2017.9免）

张正军（2017.9任）

概况　区政府办内设政研室、督查室、秘书科、机要室等4个职能科室，核定行政编制16名，其中领导职数6名：主任1名，副主任5名。核定机关后勤服务编制5名。有区电子政务中心、区应急管理办公室等2个二级机构，区电子政务中心为副科级全额拨款事业单位，编制4名；区应急管理办公室为全额拨款事业单位，编制3名。

决策督查。2017年全年共开展决策督查12次、专项督查督办40次、督查调研8次，刊发督查通报12期。抓好全局工作督查。以落实市《政府工作报告》和全区目标管理考核任务为督查工作主线，将《政府工作报告》确定的110项重点内容，逐一分解到全区57个部门、单位，每季度定期督查，逐项"对账"通报。开展议定事项督查。对16次区政府常务会会议纪要开展专项督查8次，确保政令畅通。突出重点工作督查。以项目建设、产业发展、城市管理、环境整治、信访维稳等经济社会发展的重点事项，分时期督查督办35次，确保政府阶段性重点工作得到全面落实。规范领导批示件登记交办、督促督办、反馈上报和整理归档流程，全年办理省、市领导批办事项30项，办理区领导批示件35件，办复率100%。发挥协调作用，帮助部门解难事。全年收到各部门、各街道提请事项25件，全部交办到相关职能部门及街道，实现左右联动、上下互动。提高建议、提案承办质量，真心为民办实事。2017年，承办由市政府交办的国家、省、市人大建议和政协提案25件，其中市人大建议10件、省人大建议1件，国家人大建议1件，市政协提案10件，主办14件，会办11件；承办区人大建议、区政协提案189件，办复率均为100%，实现"给代表委员一个满意的答复，给人民群众一个满意的交代"的工作目标。整合督查资源。联合区委督查室、区监察局及相关职能部门开展联合督查15次，形成督查合力。制定《开福区督查工作制度》，为督查工作有章可循提供制度保障。加大督查结果运用。对于督查中发现的突出问题，报区委、区政府领导，进行问责追究，对5名工作不力的人员进行通报批评或者扣发当月绩效奖金；6期督查通报运用到全区绩效考核。

政策研究。2017年，区政府研究室始终注重调查研究，及时衔接沟通，围绕中心、服务大局，坚持做到主动思考、主动服务、主动作为，以文辅政成果丰硕，参谋助手作用明显。文稿服务上水平。对领导讲话、综合文稿、下发文件、会后报道等材料始终做到严谨细致，精雕细琢，严把行文、审改、运转关，确保高标准、高质量、高效率完成区委、区政府及区领导交办的文稿写作任务。全年撰写或审改工作汇报、讲话发言、领导署名文章等各类综合材料120余篇，做到高标准、高质量、出精品、创一流，充分发挥"政府智库"职能，参政设谋能力稳步提升。调查研究接地气。深度思考区委区政府的"关注点"，重点工作中的"薄弱点"、基层工作中的"困难点"、具体工作中的"关键点"，围绕现代服务业、城市征收工作、重大项目建设等重点，秉着"当高参、谋大事、出精品"的原则，形成一批有分量、有价值的理论调研文章，为领导科学决策提供有效素材。政务信息有新意。围绕服务领导决策、服务中心工作、服务民生改善三大主题，进一步完善政务信息报送体系，及时对全区经济发展、民生改善、自身建设等方面的新思想、新措施进行总结、提升和宣传，较好地发挥参谋助手作用。整理上报各类信息120篇（条），省市采用50余篇（条），连续六年被评为全市政务信息工作先进单位。

秘书与机要。围绕中心工作，履行工作职责。公文运行科学规范。严格公文处理程序，规范运作，切实降低公文差错率。实行拟稿部门初核、秘书科校核、分管主任审核、主任总把关的公文审核制度，把好公文质量审核关。2017年，制发各类公文500余份，接收和办理省市来文850件，坚持质量和效率并重，实行办文办事限时制度和公文处理全程跟踪服务制度，急件急办，特件特办，密件专办。会务活动周密筹办。2017年，组织承办区政府常务会、区长碰头会70余次，抓好开福金秋经贸文化节、经济形势分析会、"两会"代表委员视察活动等全区性重大会议、活动的协调。接待工作热情周到。处理领导批示上访信件200余件，对领导签批的上访信件进行跟踪督办落实，落实率100%，群众来信来访"事事有回音、件件有着落"。档案管理标准规范。执行关档案工作和保密工作的法律、法规和有关规定，保证各类档案完整齐全。日常工作运转高效。政务值班推行双运行制，提前落实到人，无脱岗、断岗现象，确保机关工作正常运转和机关安全。

应急管理。强化管理机制，完善预案体系。应急管理工作纳入全区绩效考核内容，编制《开福区应急工作手册》，新增应对强降雨天气防洪排渍预案等17个专项预案。强化应急值守，加强信息报送。制定区机关年度值班安排表，实行24小时值班制、首问责任制和领导带班制，不定期开展督查，推进值班工作的规范化和制度化，提升应急快速反应能力。加大对信息报送工作的督导和责任追究力度，突发事件信息严格执行30分钟内电话报告，2小时内文字报送的要求。强化队伍建设，加强应急演练。整合全区应急力量，建立综合应急救援大队、城管特勤应急分队、森林火灾扑救常备队等骨干应急救援力量。各街道和各专项预案牵头部门均组建一支综合应急救援队。组织各类应急演练，全年开展20余场次综合应急演练以及50余场次专项演练。强化应急宣教，提升应急能力。开展系列宣传教育活动，举办消防安全、公共卫生、安全生产等应急培训15场次，培训2000余人次。开展应急常识宣讲活动，面向市民群众开展防灾减灾、应急避险、自救互救知识宣传，普及公众应急常识，通过微信短信平台发送应急常识和宣传资料30多万条（张）。强化应急平台，建立预警网络。升级改造区社会综合治理创新工程网格化系统平台，启动区应急平台综合应用系统建设，系统覆盖全区16个街道、104个社区，实现区、街道、社区三级管理，满足应急信息实时下达、上传和视频指挥、调度的要求。构建应急工作联系网，建设预警短息发送平台，缩短突发事件信息处理时间，提高全区应急响应及处置的效率。

（杨　杰）

附录：

开福区政府2017发文目录

开政发〔2017〕1号　关于《开福区东风二村地块棚户区改造项目（一期）社会稳定风险评估初步结果》的审查批复

开政发〔2017〕2号　关于《长沙市黄兴北路棚户区改造项目（P1地块）社会稳定风险评估初步结果》的审查批复

开政发〔2017〕3号　关于《长沙市潘家坪路（芙蓉路–湘江大道）建设工程项目社会稳定风险评估初步结果》的审查批复

开政发〔2017〕4号　关于长沙金霞沙坪新型工业片区"两区同建"（一期）建设工程项目资金纳入财政预算的批复

开政发〔2017〕5号　关于同意增设中福在线即开型彩票销售厅的批复

开政发〔2017〕6号　关于组建长沙金霞发展集团有限公司的批复

开政发〔2017〕7号　关于2017年区交通运输局安全生产监管执法工作计划的批复

开政发〔2017〕8号　关于2017年安全生产行政执法计划的批复

开政发〔2017〕9号　关于同意成立湖南金霞发展集团有限公司并授权长沙金霞经济开发区管理委员会代开福区人民政府履行湖南金霞发展集团有限公司出资方职责的批复

开政发〔2017〕10号　关于印发《开福区农村留守儿童关爱保护工作实施方案》的通知

开政发〔2017〕11号　关于2017年度文化市场安全生产监督执法工作计划的批复

开政发〔2017〕12号　关于授权金霞经开区管委会作为政府购买服务回购主体的通知

开政发〔2017〕13号　关于印发《长沙市开福区政府合同管理办法》的通知

开政发〔2017〕14号　关于同意浏阳河街道部分社区采取间接选举方式进行居委会换届选举工作请示的批复

开政发〔2017〕15号　关于同意月湖街道部分社区采取间接选举方式进行居委会换届选举工作请示的批复

开政发〔2017〕16号　关于同意洪山街道洪西社区采取间接选举方式进行居委会换届选举工作请示的批复

开政发〔2017〕17号　关于调整长沙市大城北棚户区改造投资有限公司董事会监事会成员的通知

开政发〔2017〕18号　关于调整街道财政管理体制的通知

开政发〔2017〕19号　关于调整长沙市城北投资有限公司董事会监事会成员的通知

开政发〔2017〕20号　关于调整金霞经济开发区财政管理体制的通知

开政发〔2017〕21号　关于印发《湘绣（沙坪产区）地理标志产品保护办法》的通知

开政发〔2017〕22号　长沙市开福区人民政府关于进一步加强食品安全工作的实施意见

开政发〔2017〕23号　关于印发《长沙市开福区政府投资项目管理办法》的通知

开政发〔2017〕24号　关于印发《长沙市开福区承接市级行政职权目录》和《长沙市开福区下放园区行政职权目录》的通知

开政发〔2017〕25号　关于成立长沙开福城投控股有限责任公司的通知

开政发〔2017〕26号　关于印发《长沙市开福区高新技术企业奖励办法》的通知

开政发〔2017〕27号　关于印发《长沙市开福区“四上”企业奖励办法》的通知

开政发〔2017〕28号　关于印发《长沙市开福区政府投资项目管理办法》的通知

开政发〔2017〕29号　关于公布《长沙市开福区人民政府部门（单位）公共服务事项目录》的通知

开政发〔2017〕30号　关于《关于办理保税大楼、电商大厦行政性划拨事项的请示》的批复

民族宗教和外事、侨务

区民族宗教和外事侨务局

局　长　周玲利

副局长　吴　骥　李志强

概况　开福区民族宗教和外事侨务局（以下简称区民宗局）属直属机关事业单位，在编在岗职工6人，临聘人员2人。2017年，区民宗局围绕工作任务，依法管理宗教和外侨事务，确保全区民族宗教和外事侨务领域的和谐、团结、稳定，为开福区“升级发展、成就北富”做出积极贡献。

民族工作。围绕中心，服务大局，民族工作扎实有效。稳步推进民族政策宣传教育活动。结合民族团结进步宣传月、同心大讲堂、“防灾减灾”宣传日等活动，采取设立宣传点、举办培训班和讲座等形式，增强群众对民族政策和法规的学习理解，通过扎实的宣传教育，群众关注度和民族工作的影响力明显增强。全面规范清真食品管理自查工作。2017年，区民宗局坚持严格标准、实事求是、全面准确的原则，牵头组织街道、社区开展自

查，按照规定的统计范围，全面排查、登记辖区各类清真食品经营者的资料信息，做到不留死角，不漏一家，不少一店。同时认真梳理清真食品管理领域存在的困难和问题，开展专项治理，形成联合调研报告，并建立档案。经排查统计，纳入管理的清真拉面馆有12家。认真做好民族考生成分审核工作。进一步规范程序、加强审核，切实做好少数民族高考成分审核工作，及时为全区更改民族成份考生办理有关手续。2017年，为全区48名参加高考的少数民族考生审核民族成份，为1名少数民族同胞的子女办理变更民族成分的审批手续。积极协调维护少数民族合法权益。2017年，位于开福区四方坪街道双拥路四季美景55号门面经营兰州拉面馆的少数民族（东乡族）经营户马孙吉给因轨道交通公司围挡超许可期限施工，生意惨淡，经济损失较大，难以维持生计。区民宗局积极与中铁公司协调，帮助马孙吉给争取到2万元补助，解决马孙吉给的燃眉之急。主动与区教育局及有关学校进行沟通协调，帮助6名少数民族流动人口子女办理入学手续。

宗教工作。依法管理，规范建设，宗教领域健康有序。全面加强宗教活动场所安全管理。协调政法、公安、城管、街道等加强开福寺春节以及农历2·19、6·19、9·19“观音圣诞”法会大型宗教活动管理，联合公安、城管等部门对宗教活动场所周边环境整治，全区各场所宗教活动安全有序；组织开展宗教场所危房摸底调查工作，鉴定危房等级，建立场所档案；开展宗教活动场所消防安全工作大检查，重点检查消防器材的配备管理、消防设施的配置使用、香烛明火管理等情况，对存在的问题提出整改措施，督促整改到位。引导宗教公益慈善活动开展。营造宗教界广泛参与慈善事业的氛围，充分发挥宗教正能量，推动宗教慈善事业健康发展。2017年，结合宗教慈善理念在开福寺举办“厚德开福·宗教同行”系列活动之湖南书法名家题“福”书法展暨书法作品慈善拍卖会，22幅书法作品拍卖善款15.05万元，通过湖南省佛慈基金会与开福区委统战部，善款全部定向捐赠给长沙市开福区博爱凤亭家园残疾人。6月下旬，长沙市持续遭遇强降雨，造成严重的洪涝灾害。区民宗局积极倡导开福区宗教场所爱心募捐，宗教界捐款25万元。开展宗教政策法规学习月活动。2017年是全国宗教界开展宗教政策法规学习月活动的第六年，区民宗局召开全区宗教工作会议，结合实际制定“学习月”活动方案，采取个人自学和集中学习相结合，引导教职人员专题学习贯彻全国、全省宗教工作会议精神，集中学习以宪法为核心的法律法规和宗教政策法律法规等。

外事侨务工作。主动服务，积极创新，外事侨务工作有序开展。积极开展对外交流活动。树立大外事观念，认真细致做好外事接待工作，为区域经济发展服务。2017年，区民宗局接待玻利维亚争取社会主义运动干部考察团在中联部副局长兼参赞夏琦陪同下到开福区汉回村进行考察学习基层党组织、历史文化、经济社会发展和新农村建设以及扶贫工作；接待中日文化交流代表团到开福寺进行参访交流；接待菲律宾民力党干部考察团到清水塘社区参观考察党建工作。全面规范因公出国（境）管理工作。建立健全机制，严格控制因公出国团组。2017年，认真做好金霞经开区、区人民法院、区商务和旅游局、区卫计局领导干部因公出国学习的审核工作。按照上级文件要求，每次审批都坚持做到人员情况清楚、出境目的明确、相关手续完备。落实好归侨侨眷的合法权益。区民宗局主动服务全区无业老归侨，定期走访、电话问候和发放慰问金等形式，慰问部分老归侨和困难归侨侨眷。2017年，与民政局沟通协调，帮助香港困难归侨夏文英争取到4000元的临时救助。

【国家第三督查组到汉回村督查调研民族团结进步创建工作】3月22日，由国家民委监督检查司巡视员宋全带队的国家第三督查调研组到开福区汉回村督查调研开展民族团结进步创建活动的相关情况。湖南省委统战部、湖南省民宗委、长沙市委统战部、长沙市民宗局、开福区委、区政府等主要领导陪同调研。督查调研组一行实地察看汉回村农业合作社、村公共服务中心、回民公墓等相关建设，听取汉回村关于民族团结进步创建活动的情况汇报，走访基层干部群众，了解开展民族团结进步创建的实际情况。督查组对汉回村开展民族团结进步创建活动情况给予高度肯定，指出汉回村民族团结进步创建活动经常、氛围浓厚、举措有力；创建活动进乡村，乡村的风貌焕然一新，群众精神倍增，让百姓真正体会到党的民族政策惠民富民，感受到社会主义优越性。要求加大创建工作力度，巩固创建成果，做优做强活动品牌。

（陈　蓉）

法治政府建设

区法制办公室

主　任　刘小鸥

副主任　彭　娜

　　　　邵凤清（2017.2任）

　　　　梁　棵（2017.2免）

概况　开福区人民政府法制办公室（以下简称区政府法制办）设综合科、法律审查科、依法行政指导监督科、复议应诉科4个科室。行政编制6名，核定领导职数3名，其中：主任1名，副主任2名。临聘人员4名。

依法行政组织推动。区政府法制办根据《开福区依法行政考核实施细则》的规定，起草并以区政府办名义下发《开福区2017年依法行政考核方案》，明确推进依法行政的工作责任和考核指标，为全区2017年推进依法行政工作确定目标方向。同时，区政府法制办充分发挥区推进依法行政工作领导小组办公室的统筹协调和督促指导作用，按照市对区依法行政工作考核的相关要求，精心组织调度，及时收集相关资料，并代区政府起草2017年度依法行政工作报告，向市政府报送。

政府涉法事务审查。区政府法制办主任列席政府常务会议17次，就政府工作的涉法问题提出专业的意见和建议，为政府决策提供依据和参考。区政府法制办对政府的重大民商事行为和疑难法律问题进行审查把关，2017年，就政府合同和涉法事项出具法律意见或建议147份，特别是对国科高精双创基地项目合作协议、湘商金融创业创新产业园项目合作协议、拓沃工程机械生产基地项目协议及补充协议、金六谷医药健康产业园项目、香江高岭智慧物流产业园项目、家家红商贸物流总部基地项目入园协议及补充协议、湖南中航星总部及卫星终端生产基地项目入园协议及补充协议、区政府与中国建设银行长沙湘江支行进行战略合作、军民融合基地落户湖南福天置业有限公司写字楼、中国石化湖南石油分公司营销管理中心项目商务合作协议等重大经济活动和涉法事项进行深入研究，提出法律意见，为政府的招商引资和促进经济发展等工作提供有针对性的法律依据。

执法人员监督管理。落实行政执法人员资格制度和证件管理制度，做好执法人员上岗培训、换发证件等相关工作，按照省、市要求，2017年组织96名行政执法人员参加全省行政执法人员执法资格考试，申领行政执法证件，对已调离执法岗位的人员名单进行汇总，及时收回执法证件。健全行政执法投诉举报制度，完善行政执法投诉案件受理及处理程序，公布举报投诉电话，在开福区人民政府法制网上开设行政执法投诉专栏，拓宽社会监督渠道，监督行政执法行为，保障公民、法人和其他组织的合法权益。

行政执法案卷评查。区政府法制办牵头制定《开福区人民政府2017年度行政执法案卷评查工作方案》，提请成立案卷评查工作组，在全区15个行政执法单位上报的行政执法案卷中抽取112本案卷进行严格评查。在评查过程中围绕行政执法行为的合法性和规范性问题，对案件事实认定、证据材料收集、适用法律准确性、裁量权基准运用、作出处罚或许可的决定是否适当、法律程

5月10日，开福区政府信息公开和依法行政培训

序是否到位等方面的问题进行严格评查，对每一个被评查单位都形成针对性强、内容详尽、建议可行的书面情况反馈，并到被评查单位逐一进行当面反馈和现场交流。评查结果报请区政府进行通报，督促各执法单位针对存在的问题认真整改、纠正不足、规范执法。

编撰发布行政执法指导案例。创新开展行政执法指导案例专家论证，举行专题论证会议，邀请法律专家和相关单位一同就拟编撰发布的行政执法指导案例进行研讨论证，从法律依据适用、证据材料选取、事实认定、执法程序等方面出发，作深入细致的讨论，最终从区直各行政执法部门上报的22例行政执法案例中选取《湖南XX科技有限公司非法经营危险废物行政处罚案》《杨XX占用城市道路设摊经营行政处罚案》《XX物业有限公司长沙分公司未取得卫生许可证擅自供水行政处罚案》3个典型意义较突出、参照性较强的案例，汇编成《开福区2017年度行政执法指导案例》，在开福区人民政府门户网和开福区人民政府法制网上发布，作为指导全区行政执法部门执法工作的范例样本。

规范性文件管理。2017年，对5份政府规范性文件进行合法性审查，按照规范性文件管理的要求进行“统一登记、统一编号、统一发布”，报市政府和区人大备案；代区政府接受区直部门、各街道报送备案的规范性文件1件，并对区直部门和各街道强化规范性文件报备率、及时率、规范率“三率”工作进行指导和督促。2017年，区政府法制办进一步完善全区规范性文件网络管理系统，对所有区政府规范性文件都及时在开福区政府门户网和开福区政府法制网的政府规范性文件数据库中进行公布，并标注效力动态，同时建立网上检索系统，提高规范性文件数据库查询的便捷性、准确性，提升规范性文件管理效率和管理水平。根据《湖南省人民政府办公厅关于进一步做好“放管服”改革涉及的规章、规范性文件清理工作的通知》（湘政办函〔2017〕52号）等相关文件要求，认真做好规范性文件清理工作，印发《长沙市开福区人民政府法制办公室关于“放管服”改革及其他领域进行规范性文件清理工作的通知》（开法办发〔2017〕4号），组织对全区规范性文件进行全面清理，着重对与“放管服”改革精神不一致的内容，与生态文明建设和环境保护要求不一致的内容，涉及以审计结果作为政府投资建设项目竣工结算依据的内容，未实行“三统一”的规范性文件，已过有效期但仍在执行和2017年年底前将到期的规范性文件，与公平竞争、平等保护等法律、行政法规等上位依据不一致的其他内容等类型的规范性文件进行清理。全区清理规范性文件44份，清理出已过时效的2份、已废止的1份、拟废止的5份、拟修改的6份，其余规范性文件现行有效。

行政应诉工作。2017年，区政府法制办代理区政府作为当事人的行政复议、行政诉讼176件，做好审查行政诉讼答辩状或行政复议答复书，整理证据材料和法律依据，及时向审判机关或复议机关提交等应诉准备工作；组织应诉人员准备诉讼代理词，参加庭审。同时加大与涉诉部门、街道的沟通协调力度，凝聚工作合力，化解难题，维护法治政府的良好形象和当事人的合法权益。

承办区政府行政复议案件。区政府法制办承担公民、法人或者其他组织对区政府下属的工作部门和街道办事处的具体行政行为不服向区政府申请行政复议的案件承办工作，2017年，收到行政复议申请19件，作出行政复议决定25件（含2016年受理的19件）、以复函形式做出处理的5件、申请人撤回复议申请3件、正在审查（转至2018年审结）的5件，法定时间内结案率100%。在切实维护行政复议申请人合法权益的同时，保障了行政机关依法履行职责。

依法行政培训。区政府法制办以提升领导干部和公务人员依法行政理念为目标，开展多轮依法行政培训研讨，参学人员1000多人次。举办全区政府信息公开和依法行政培训，邀请法律专家就深入推进依法行政的任务要求和政府信息公开申请处理的有关法律问题作专题讲座；举办全区政府合同管理法律实务培训和研讨交流，针对政府合同管理的法律实务问题进行讲授，就政府合同管理中的困难疑惑进行交流探讨和现场答疑；举办全区领导干部及公务人员法律实务培训，深入讲解行政许可执法工作中的法律实务问题，切实提升各执法单位依法依规、优质高效做好行政许可执法工作的业务能力和责任意识。区政府法制办主任为区城管执法大队等执法单位作多场法制专题讲座，有效提升相关单位的依法行政工作水平。

服务重点征收拆迁项目。区政府法制办坚持将全员力量铺排到国有土地上房屋征收工作中，对黄兴北路片区、火车北站片区的多个棚改征收项目进行全程法律把关。2017年，审查政府作出房屋征收决定12份；对于征收期限届满拒不签订征收补偿协议的当事人，审查政府作出房屋征收补偿决定124份，代政府起草搬迁催告书67份；组织代理因政府实施国有土地上房屋征收引起的行政复议、行政诉讼案件94件，向法院申请强制执行23件。区政府法制办牵头举办全区征收法务工作培训，为征收工作人员详细讲解征收工作的程序要求和注意事项，针对征收中的疑难法律问题开展交流研讨和答疑解惑，为征收一线工作人员提供法律指导。同时，区政府法制办积极参与金鹰片区、金霞片区农村集体土地上的征地拆迁工作，2017年，组织代理因政府作出征收土地方案公告和因当事人不服农用地转用、土地征收审批单等涉及集体土地征拆而引起的行政复议、行政诉讼案件45件。

【举行行政复议诉讼案件疑难问题研讨会】11月23日，区政府法制办牵头举行区政府行政复议委员会复议诉讼案件疑难问题研讨会议，时任区委常委、常务副区长邹犇淼，区政府副调研员任新良出席会议，区政府法制办党组书记、主任刘小鸥和5位非常任委员以及相关街道、部门的负责参加会议。会议对经复议维持后就原行政行为合法性起诉的期限问题和依申请政府信息公开中过程性信息的界定、实为质询的政府信息公开申请答复的可诉性、被申请公开的政府信息不存在的答复是否需要依据等问题进行讨论，提出处理方案，为开福区规范开展依申请政府信息公开工作，依法办理相关行政复议、行政诉讼案件提供参考借鉴。2017年，区政府法制办认真贯彻省、市各级关于完善行政复议制度，健全行政复议体制的工作部署，按照《长沙市开福区人民政府关于成立长沙市开福区人民政府行政复议委员会的通知》和《长沙市开福区人民政府行政复议委员会工作规则（试行）》等制度要求，在2016年率先全省成立区政府行政复议委员会的基础上，深入推进创新工作，特别是充分发挥选聘法律专家担任区政府行政复议委员会非常任委员的机制优势，借助法律专家的专业优势和智慧，规范推动行政复议工作。长沙晚报刊登《疑难问题研讨会上探讨解疑妙计》一文，对开福区行政复议委员会工作的成效进行报道。

【创新政府合同管理】2017年，区政府法制办针对以往政府合同管理工作中的薄弱环节和问题，进行深入研究，代区政府起草《长沙市开福区政府合同管理办法》，经区政府同意并印发实施，对政府合同管理的起草、审查、签订、履行、备案、档案管理及责任追究等各个环节内容进行规范，建立完善的政府合同管理工作机制，有效促进政府合同管理制度化、规范化、法治化。同时，针对政府合同履约情况的监督管理，明确合同履行动态管理及风险处置制度、合同档案管理要求及合同备案制度，确保区政府及相关部门对政府合同签订、履行情况及时跟踪并实施监督管理，对政府合同履行过程中出现的法律风险及时管控、及时处置，保证政府合同管理的严谨性和实效性，防范政府合同法律风险，保障财政资金安全和公共资源、公共资产的有效利用。2017年，区政府法制办出具政府合同法律意见85份，涉及合同金额800多亿元，按程序备案政府合同64份。

【全面推行政府法律顾问制度】2017年，区政府法制办按照《长沙市开福区人民政府办公室关于全面推行政府法律顾问制度的通知》和《开福区人民政府法律顾问管理办法（试行）》的要求，认真抓好法律顾问的监督管理。截至2017年年底，全区累计有55家单位聘请法律顾问，其中区直单位36家，街道（管委会）11家，项目指挥部7家，开福区政府另聘请两家律师事务所担任常年法律顾问。区政府法制办加强法律顾问合同备案登记和年度考核的落实，对各单位签订的法律顾问合同及时备案登记，并根据法律顾问年度工作情况和聘任机关反馈意见，结合聘任机关的依法行政工作情况，对法律顾问的工作做出履职评价，作为各单位续聘、解聘、另行选聘政府法律顾问的参考依据，确保政府法律顾问队伍的高水平、高质量。

（黎　琴）

人事

区人力资源和社会保障局

局　长　陈朝晖
副局长　周　惠　曲立秋
　　　　陈　磊
　　　　杨柳艳（2017.3免）
社会保障管理中心主任
　　　　孔　飙
医疗保险管理服务中心主任
　　　　柳义军
纪检组长　杨　晓（2017.9免）

概况　开福区人力资源和社会保障局（以下简称区人社局）内设办公室、综合管理科、工资福利和专业技术科、就业和职业能力建设管理科、社会保险管理科、法规科等6个职能科室，下设人力资源管理中心、社会保障管理中心、医疗保险管理服务中心、劳动保障监察大队（加挂劳动人事争议、仲裁委员会的牌子）4个二级机构(均为参公单位)。全局在编在编干部42人，其中政府雇员3人。

人才队伍建设。围绕促发展，人才队伍建设取得新进展。深化改革，推进人事制度创新。为推进政府职能转变，激发企业创新活力，区人社局积极协助金霞经济开发区、开福区工务局等单位政企分离改革，通过创新管理体制，转换用人机制，使其逐步成为管理规范、运转高效、效益明显的政府经营主体。全程参与全区水管体制及公车改革工作，出台相关机构设置及人员安置补偿方案，健全人员经费保障机制，充分调动各类人才的积极性、主动性、创造性。细化举措，加大人才引进力度。采取公开招聘、人才市场选聘等多种方式，引进一批适应经济社会事业发展的紧缺人才。2017年，开福区面向社会公开考录、选调、招聘人才56名，及时补充各用人单位人员缺口。教育系统公开招聘教师233人，卫生系统公开招聘基层医疗卫生机构工作人员31人，为大学生就业拓宽渠道，也为全区各中小学校、社区卫生服务中心输送新鲜血液。强化教育，提高干部队伍素质。区人社局通过开展多层次、多形式、多内容的教育培训活动，进一步提高区属干部的政治水平和业务能力。组织全区公务员骨干培训班，各单位推荐的31名优秀公务员赴延安参观学习；在全市率先组织400名党员干部参加公务员大课堂学习，邀请省委讲师团副主任何清柯专题辅导中共十九大精神；两次组织初任公务员30余人参加长沙市公务员培训，提高公务员履职能力。优化服务，落地落实人才新政。2017年，区人社局按照长沙市委、长沙市政府要求全面开展人才新政服务，配套出台开福区人才新政11条。截至2017年年底，区人才服务窗口接受电话咨询3590次，现场咨询3650次，受理高校毕业生租房和生活补贴1142条，留学回国人员租房和生活补贴38条，职业技能晋级奖励21条。区人社局通过举办多种活动，广泛宣传人才新政。区人社局人才新政宣讲走进通泰街街道万达商圈党群活动服务中心,为15家企业单位进行答疑;走进华创国际广场与来自国科高精等军民融合和高新技术企业的40余名代表进行深入交流;举办人力资源精英资讯交流会，特邀京东集团人力资源总监为本土企业揽才支招。

就业创业。围绕稳增长，就业创业质量大幅提升。开展就业服务，努力扩大和稳定就业。开展“大学生就业在开福”系列活动。深入工业园区举办“普惠优质园区，乐业盛美开福”等主题招聘会，为企业招聘合适人才劳动力，满足企业用工需求；赴张家界市永定区举办劳务协作专场招聘会，缓解开福区用人单位招工难题，促进永定区农村剩余劳动力转移就业。2017年，举办各类现场招聘会40场,1400余家企业提供岗位4.6万个，服务求职者2.3万余人。湖南日报以“在开启幸福的地方扎根——大学生就业在开福”专题报道开福区吸引大学生就业在开福的新举措。长沙晚报以“构筑人才高地智撑北富”报道开福区建设充分就业现代化城区工作。落实就业政策，全力帮扶重点群体就业。扎实开展就业技能培训。以农民工、贫困劳动力、产能过剩企业转岗职工等为重点抓好职业技能培训。2017年，组织各类培训班42期，培训人数约2500人；进一步完善创业扶持政策，加大担保贷款发放力度，扩大创业担保贷款贴息范围，提高小微企业贷款额度，破解创业融资难的问题。2017年，发放创业担保贷款1270万元，全区城镇新增就业27836人，失业人员再就业7872人，就业困难对象再就业5840人，新增创业主体15042户，创业带动城乡就业

49150人，扶持大学生创业505人，新增农村劳动力转移就业6099人，城镇登记失业率2.14%以内，所有指标超额完成目标任务。搭建就业平台，拓宽渠道精准对接就业。按高标准、高要求建成“设备先进、功能齐全、服务一流”的区级现代化人力资源服务中心；设计开发“互联网+开福人社”网络平台，实现社保、就业、培训、维权等基础信息共建共享；搭建菁芒、乐共享、财商、长沙医药健康产业园、民间手工艺、中健等创客空间，入驻孵化企业170余家，带动就业近4000人。2017年，营盘街社区被评选为国家级充分就业社区，紫凤社区、科大佳园社区等6个社区评选为省级充分就业社区。

社会保障。围绕惠民生，社会保障水平稳步提升。强化社保基金监管。健全基金监督组织和内审等管理制度，严格实行“一事双岗双审”制度，切实发挥社会保险稽核的基础作用，抓好养老金待遇领取资格认证工作，杜绝养老保险基金的流失。2017年，开福区企业养老保险基金征缴收入7.51亿元，完成目标任务6.3亿元的119%。城乡居民基本养老保险征缴收入508.49万元，完成目标任务275万元的185%。完善社保工作机制。开福区社保业务工作的各个环节都实现系统化、制度化、现代化，进入稳定、健康、持续发展的阶段。自启动全民参保登记和“社保一卡通”发放工作以来，开福区社会保障卡持卡人数为18.35万人，完成目标任务17.52万人的105%。区人社局率先在全市启动机关事业单位养老保险改革工作，截至2017年年底，开福区的机关事业单位养老保险在职参保人数4600人，完成目标任务3500人的131%。不断提高医疗保障待遇。以贴近和服务群众为着眼点，强化宣传，加快全民医保步伐，强化监控，确保基金安全运行。2017年，开福区城乡居民医疗保险征缴基金为8399.5万元，完成目标任务8100万元的110.3%。城乡居民医保覆率100%，大病保险覆盖率100%。

劳动监察。围绕防风险，着力构建“双赢”劳动关系。建立劳动纠纷“超前预防”“应急处置”“沟通调解”三大机制。按照全区劳动监察“网格化”管理要求，对全区的各级各类企业进行专项检查。2017年，累计检查用人单位78家，涉及劳动者2000多人，依法受理并解决处理拖欠农民工工资案件25起，涉及农民

2月18日，2017年开福区“普查民生、幸福开福”春风系列招聘会现场

工800多人，追讨金额2400万余元。下达行政处理处罚4起，向公安移送拒不劳动报酬犯罪案件8起，办理上级移交案件3起。受理劳动保障监察举报投诉咨询5400件，其中当面咨询1800起，来电咨询3600起；受理劳动保障监察举报投诉案件503人次，结案率95%以上。共受理劳动争议案件418件，结案405件，结案率97%，时效内结案率99%，确保全区社会大局稳定。

【举办“12333全国统一咨询日暨开福区城乡居民基本养老保险宣传月”活动】3月30日，开福区社会保障管理中心在沙坪街道沙坪社区举办“12333全国统一咨询日暨开福区城乡居民基本养老保险宣传月”活动。此次活动主题为“话说城乡居民养老保险”，围绕市民关心的城乡居民养老保险参保范围、缴费标准、领取条件、待遇标准、优惠政策等热点问题集中宣传。开福区社会保障管理中心工作人员采取在活动现场循环播放长沙市城乡居民养老保险政策动漫宣传片、政策宣讲、现场咨询、发放宣传资料、张贴宣传海报等多种形式，耐心地向群众宣传城乡居民基本养老保险有关政策，帮助参保居民算明账、算清账，得到居民群众的好评。

【开展“大学生就业在开福”系列活动】2017年，开福区人力资源和社会保障局开展两季“大学生就业在开福”系列活动。第一季招聘季：从3月下旬开始，区人社局到中南大学、湖南大学等高校，针对医护专业的大学生专场对接长沙医药健康产业园。有260余家企业，提供就业岗位8500余个，实现学生、学校和企业供需“三赢”。第二季培训季：到军民融合企业、易·创大学生创业孵化基地、山河医药健康产业园开展政策宣讲沙龙，为企业新就业的大学生宣讲人社政策；在长沙大学面向大学生开设实用性强、市场需求大、就业率高的技能培训班。

【开福区“公务员大课堂”开讲】11月10日，由区委组织部、区人力资源和社会保障局主办的长沙市开福区“公务员大课堂”在区委党校礼堂开讲，全区500余名科级及以下干部参加培训。本次培训由区人社局局长陈朝晖主持，区委常委、区委宣传部长舒全球出席活动并做动员讲话。本次大课堂特邀中共湖南省委讲师团副主任邓清柯作专题讲座，主题为《历史的里程碑：中国特色社会主义走进新时代——学习党的十九大精神的体会》。邓清柯围绕“聚焦新思想、聚焦新变革、聚焦新时代、聚焦新矛盾、聚焦新部署、聚焦新要求”六个方面对中共十九大精神作生动讲解。他强调，只有毫不动摇坚持和完善党的领导，毫不动摇把党建设得更加坚强有力，才能把新时代中国特色社会主义这辆“复兴号”列车打造成动力强劲的“火车头”。舒全球要求每名干部把中共十九大精神与本部门工作实际紧密结合，做到工作上有新思路，落实上有新举措，成效上有新进展，推动工作再上新台阶，为建设强盛、精美、幸福、厚德的新开福增砖添瓦。

（杨　宇）

政务服务

区政务服务中心

主　任　刘　忠
副主任　张端华　邓继龙
　　　　罗　洋（2017.2任）
　　　　田承明（2017.2免）
纪检组长　廖莺燕（2017.9免）

概况　开福区政务服务中心位于芙蓉北路盛世路1号开福区政府大院东北角。中心总面积约1500平方米，共三楼，其中一楼、二楼为政务大厅，三楼为中心办公室和会议室。内设办公室、业务科、信息科、热线办，有在编在岗干部8人。政务大厅设有22个驻窗单位，常驻窗口工作人员43人，驻窗首席代表12人。

政务大厅管理。通过撤并整合服务窗口，将区人社局社保医保中心迁入政务大厅办公，优化窗口配置,彻底解决以往办事群众多头跑、处处问的状况。修订完善《开福区政务服务中心大厅管理规定》，严肃工作纪律，规范服务行为。为方便群众办事，在政务大厅配置自助上网电脑、手机加油站、免费WIFI等便民设施，率先在全市为办事群众提供免费复印、传真（多次获市民点赞表扬），发挥“学雷锋志愿服务站”的功能，驾起服务群众的“爱心桥”。通过以会代训的形式，每月组织召开窗口工作讲评会，奖优罚劣，提高工作人员的服务水平和守纪意识。开展学习交流，组织中心管理人员和驻窗单位首席代表以及优秀窗口工作

4月27日，政务服务中心组织工作人员与驻窗代表到宁乡市市民之家参观学习

人员到兄弟区县政务服务中心参观学习，借鉴兄弟单位的服务理念和管理经验，推动窗口服务水平向更高层次发展。2017年，开福区政务大厅受理事项1.17万余件，办结事项1.17万余件，群众满意度99%以上。

行政审批服务。2017年，全区行政许可66项、行政确认28项、其他职权51项，全部编制流程清单并对外公布，其中进驻区政务大厅服务窗口的有行政许可54项、行政确认25项、其他职权45项，其余21项因场地受限或办件量少等原因，经区政府分管领导同意暂时不进窗。所有行政许可、行政确认、其他职权事项全部实现网上审批，其中110项直接使用网上政务服务和电子监察系统，35项使用部门自建系统（采取二次录入方式同步数据）。各单位建立由一名领导分管、一个科室负责、一条线运作到底的工作机制，完善首问责任制、一次性告知制、限时办结制、责任追究制等工作制度。对审批服务事项逐项编制流程，明确受理、审核、办结等各环节时限和权责，减少自由裁量权，对重复提供、无理提供、无需提供、无法提供的申报材料一律予以取消。通过流程再造、优化环节等措施，大大压缩审批时限，实现审批整体提速50%以上。推出便民新举措。2017年，在街道、社区两级推行政务服务帮（代）办制度，对老弱病残、行动不便、本人不能到现场办事的群众提供帮（代）办服务。成立区级服务点1个；街道服务点16个；社区（村）服务点105个，组建336人的帮（代）办队伍，为群众提供帮（代）办服务2.05万余件。2017年，开福区政务服务中心与中国邮政（EMS）签订合作协议，通过特快专递方式免费为办事群众邮寄证照，避免办事群众来回折腾、再跑一次。

网上政务服务。2017年，区政务服务中心利用“互联网+政务服务”的技术和理念，在区政府门户网站开辟“办事服务”专栏，开通“开福政务通”手机APP，将政务服务系统的功能模块融入到网上政务服务办事大厅、3D实景政务大厅，开启实体政务大厅与网上政务大厅“双轨”并行、无缝对接的新型政务服务模式。网上办事大厅分列个人服务、法人服务、重点服务、部门办事等子栏目，提供审批服务业务相关的政策公示、办事指南、办理状态、办理结果等功能；“开福政务通”手机APP提供政务资讯、办事指南、在线申办、办事查询等子项，通过在线查询一目了然，让信息多跑路，让群众少跑腿，方便群众办事。

区政务服务中心工作人员接待前来办事的市民

政府信息公开。根据《中共长沙市委办公厅、长沙市人民政府办公厅印发〈关于全面推进政务公开工作的实施意见〉的通知》（长办发〔2017〕7号）文件要求，结合开福区实际，制定下发《中共长沙市开福区委办公室、长沙市开福区人民政府办公室印发〈关于全面推进政务公开工作的实施意见〉的通知》（开办发〔2017〕22号）。完善和规范政府信息主动公开工作机制，组建区信息公开工作群，采用月督查、季通报的形式对各单位政府门户网站的信息公开情况进行督查、通报，确保各单位信息公开数量、质量。2017年，两次组织74个单位的信息公开工作专干开展全区政府信息公开暨政府网站工作业务培训。2017年,全区各单位在信息公开专栏发布信息3.39万余条。在区政务服务中心大厅设立信息公开查阅点，群众可根据需要查阅相关政务信息。严格按照国务院《政府信息公开条例》等规定和《长沙市政府信息公开实施办法》办理政府信息依申请公开工作。建立完整的依申请公开台账，及时登记每一件信息公开申请的内容、受理和答复情况。规范依申请公开对外答复机制，聘请专业法律顾问指导全区依申请公开工作，使信息公开申请答复更加准确、规范。2017年,区政务服务中心受理并答复政府信息依申请公开114件(其中网络依申请公开13件）。

12345市民服务热线。严格执行《开福区“12345”市民服务热线考核办法》，通过每月下发《情况通报》，建立健全工单分类办理、工单跟踪督办、恶意投诉工单申报等工作机制，促进工作顺利开展，提升群众满意度。组织召开全区热线工作调度会，组织成员单位进行热线工作讲评和业务培训，增强全区热线工作人员的业务素质与处理工单水平，强化热线服务意识。长沙市人民政府办公厅关于印发《依托12345市民服务热线平台整合相关职能部门热线平台实施方案的通知》（长政办函〔2017〕120号）文件下发后，区热线办结合工作实际，提出《开福区热线整合工作建议》，加强工单办理的现场会商和跟踪督办。配合区电子政务中心做好“12345”市民服务热线系统与开福区智慧服务管理平台接入工作。2017年，区热线平台累计接到市民诉求工单7960个，涉及54家成员单位，全部按时办结，满意率为98.6%，在市对区的热线综合考核排名中，开福区政务中心排内五区第一名。

（李　婕）

机关事务管理

区机关后勤服务中心

主　任　马子房

副主任　欧阳丹　李　姣

　　　　李　丹（2017.3任）

　　　　唐国胜（2017.3免）

概况　开福区机关后勤服务中心内设办公室、国有资产管理科、公共机构节能管理科、物业保卫科、生活保障科、公务用车管理科6个科室。核定全额拨款事业编制9名。2017年，获长沙市文明单位荣誉称号。

国有资产管理。科学调配办公用房。组织开展办公用房清理，及时收回超配办公用房，全年共调整办公用房68间次，有效缓解全区办公用房紧张状况。完成区巡察办、区监察委组建办公用房调配，保障机关各单位办公用房实际需求。从严监管国有资产。联合区国资办对机关院外区直部门及委托管理街道26家单位，开展国有非经营性资产监督检查，对固定资产标识不齐、台账不全、管理不规范的单位，当场要求整改，确保国有非经营性资产管理到位。全年区武装部门面、城区宿舍等国有资产收入约23.43万元，全额上缴财政。全力保障重大项目。严格执行国有资产征拆程序，配合各指挥部做好非经营性资产接收和处置，及时划拨安置补偿经费1850.86万元，切实保障全区各项重点工程项目征拆工作的顺利推进。

物业安保工作。安防保卫严密到位。建立政法、后勤、信访、街道安保稳控联动机制，实施重点区域人员询查及高危对象控制工作机制，处置涉及2785人次的缠访闹访、黑车治理、民政纠纷事件89次，未发生一起事故。消防安全全面落实。与驻区单位签订消防安全责任书，落实消防安全日排查、消防设施月检查制度，建立消防管理日查月检台账，完善消防网格化信息管理系统，开展消防应急演练，全年更换灭火器524瓶，修复消防泵、烟感器、喷淋装置、防火卷帘门、逃生指示牌等设施设备200件次，保障区治机关消防安全。

2月14日，开福区政府机关大院人脸识别闸机系统开始启用

智能管理高效安全。建设机关大院人脸识别系统，实施安防视频监控，全年识辨高危、非访人员1000余人次，增强区治大院安保防控水平,成为全市机关事务工作会议经验推介单位。机关设施功能完备。2017年，为4515人次提供会务服务，确保1727次会议顺利进行，完成收发信函6500件，未发生一起错、漏发事件。针对区治机关部分区域及设施污、漏、坏、旧等情况，完成一办室内公共区域墙体粉刷和节能灯具更换、826会议室改造、教育局综合楼屋顶防水及卫生间改造、机关食堂维修改造等专项改造项目12个，完成柴油机组维护维修、净水系统维护等维修提质项目20个，维护、维修空调460件次，切实保障机关基础设施提质、设备功能完备。绿化保洁成效显著。继续巩固“省级园林单位”创建成果，严格按照国家林业部颁布的《园林养护手册》，制定机关大院园林年度养护计划，定期实施机关园林养护、树木修葺造型，开展苗木修剪施肥近3000棵，新苗成活率98%以上，实现区治机关四季绿意盎然；完善公共区域循环保洁制度，督促物业落实院内卫生清扫保洁、垃圾清理外运、化粪池清淤等工作，时刻保持区治大院干净、整洁。10月13日长沙政法频道《砥砺奋进的五年·长沙新气质》栏目专题报道开福区机关大院“拆违透绿”及大院管理工作。

节能管理。加强公共机构用能监管，按照《开福区节能目标绩效考核评价办法》，明确目标管理主体责任，细化考核指标任务分解，按时收集全区公共机构用能数据，采取计量制方式进行数据统计、分析、对比，及时发现问题、查找原因、整改问题，力求能源使用科学合理。加强公共机构用能检查，增加日常巡查频率，严控空调温控标准，整治大功率电器违规使用，杜绝长明灯、长流水现象。加强公共机构节能宣教，制定《节能宣传周实施方案》，开展节能宣传活动，印发节能宣传手册，召开节能工作培训会等，力求干部节能业务精湛，确保全区节能水平稳步提升。完成区级18个节能专项资金申报，4个市级节能专项资金申报，并获准实施。对全区87家公共机构开展调查研究，指导实施长雅中学、清水塘三小等单位屋顶绿化，区治机关节能灯具改造，荷花池、兴联等社区节能路灯改造。

机关食堂管理。坚持以食品安全为前提，丰富食堂菜品、改善口味、提高质量。联合区纪委、区委办、区政府办、区财政局组成“区治机关第二食堂承包经营资格审定”领导小组，制定机关第二食堂管理办法，由无偿提供经营商使用改为有偿租赁，通过资质审查、实地现勘，打分测评等程序，择优选定承包经营商。严把食材原料供给关。对机关大食堂食品供应商重新进行公开招选，通过发布公告、资格审核、竞争谈判，公开公正择优选定价格公道、食材优质的6家供应商；在岗位管理上，明确人员岗位分工与工作责任，固化采购、验收、入库、领用机制，执行菜品供给预审与抽样检测制度；开展党员示范岗评比，以制度机制保障就餐服务质量不断提升。对机关食堂后坪进行修整，对蒸汽房、卫生间、就餐大厅予以改造，在就餐区增设绿色植物，安装无线WiFi网络、实施明厨亮灶工程，安装油烟净化处理系统和餐厨垃圾无害化降解处理系统，降低油烟环境污染，提高资源使用效率。

公务用车管理。按照《开福区公车管理办法》，严格公务用车申请审核、派遣，克服人少、车少、车况不佳的客观因素，科学安排，周密调派，保障全区参改单位的正常公务出行，全年调派公务出行1.8万余辆次，实现调度无差错，交通零事故，用车单位满意度100%。采用科学管理方法，通过“严审核、强监管、计行程、核油耗、拒违章、控维修”等方法，着重对车辆出行审核、定点停放、维修保养等方面进行管控，对车辆行程公里、车辆油耗、加油地点等情况进行统计、分析，严防公车私用、公油私加、违规用车等现象，杜绝车轮上的腐败。按照公车改革要求，完成公车平台办公室建设，建立公车档案、公车日常管理、公车维修保养和司勤人员队伍管理等制度，公车改革经验成果得到长沙政法频道、长沙新闻频道和“新湖南”“廉洁长沙”“廉洁开福”等媒体的宣传与推介，接受株洲市攸县等兄弟单位学习借鉴。

【率先建成机关大院人脸识别系统】2017年，开福区机关后勤服务中心借鉴北京等一线城市智能化管理经验，引进“高、先、精”前沿科技，在全市党政机关范围内，率先在区治机关大院建成人脸识别安防系统，实施安防视频监控，实行人员进出登记制度，发挥统一监控、高清存放、精准调取等功能，全年识辨拦截非法营销、恶意上访等人员1000余人次，有效保障大院正常办公秩序，切实提升党政机关的安全防控能力。

（杜 琼）

信息化建设

区电子政务中心

主 任 肖道刚

概况 区电子政务中心为区政府办二级机构，属副科级全额拨款事业单位，编制4名。

构建内外网网络体系。加强电子政务外网的日常监控，扎实开展电子政务外网的建设、维护、管理等工作，有效地保障电子政务外网的稳定运行，全区所有的区直部门、街道及社区（村）实现电子政务外网的全覆盖。有序推进内网建设，完成内网机房建设及相关设备部署。

网站建设管理。严格绩效考核，将网站内容保障、信息公开、信息安全、市长、区长信箱办理等核心工作纳入到各相关部门及各街镇的年度目标管理考核任务，实行月跟踪、季通报。加强区政府网站的日常更新管理，制定区政府门户网站内容保障方案和考核细则，安排专人负责市、区政府门户网站信息更新维护等工作。2017年，区政府门户网站上共发布各类信息3.3万余条，办理市长信箱信件287件，区长信箱78件，答复率100%，群众满意率100%。常态性开展网站日常监测通报，采用系统监测加人工复核的方式，从网站的健康性、内容的规范性、更新的及时性等方面对网站进行全面监测，每月对网站上发现和存在的问题进行通报，并督促各部门及时更新和整改，全年下发日常监测通报11期。推进政府网站集约化建设。按照政府网站集约化建设的有关要求，区司法局、区教育局等5个部门和16个街道子站全部完成集约化建设。

网络信息安全防护。加强设备维护管理，采取政府购买服务的方式，引进专业的社会力量对全区所有终端、机房、视频会议等进行运维管理，对电子政务内外网设备设施实行定期巡检，对机房内的精密空调、UPS等重要设备，严格按照保养要求进行定期保养检测。将重要设备及服务器纳入全市的7×24小时安全监控平台进行监测。特别是针对“十九大”期间的网络网站安全工作，制定相应的保障方案和应急预案，确保“十九大”期间全区网络网站的安全稳定运行。

智慧开福应用建设。重点推进智慧开福综合服务云平台及“智慧政务+监督”平台建设。智慧开福综合服务平台按照大网络、大平台、大整合、大数据的设计进行整体架构，项目建设内容涵盖智慧城管、智慧安监、公共信息平台、视频资源整合平台、电梯管理平台等项目建设内容，项目2017年11月启动建设，将于2018年2月上线试运行。“智慧政务+监督”平台建设纳入全区推进“互联网+政务服务”和“不见面改革”的重点内容，2017年完成项目建设方案论证和项目立项，将于2018年2月启动建设。

（杨 杰）

政协长沙市开福区委员会

政协长沙市开福区委员会

主　席　熊建伟

副主席　杨　艳　焦　灿

　　　　廖耀群（兼）　林永红

　　　　鲁碧君（兼）

重要会议

政协开福区五届二次会议开幕。

3月15日，政协开福区第五届委员会第二次全体会议隆重开幕。市政协副主席龚振湘，区委书记沈裕谋，区委副书记、区长刘拥兵，区委副书记谢伟峰，区人大主任许振勤，区政协主席熊建伟等市、区领导出席会议。熊建伟代表区政协五届常务委员会，作《政协长沙市开福区第五届委员会常务委员会2017年工作报告》，其他区政协领导分别对2017年分管工作进行部署安排。龚振湘作重要讲话，他认为，过去一年开福区政协的工作卓有成效，在新的一年里，开福政协和全体委员要围绕经济建设主轴，助推长沙经济社会发展；要贯彻协商民主主线，推进协商民主广泛、多层、制度化发展；要坚持团结民主主题，维护社会和谐稳定；要切实加强自身建设，永葆政协队伍良好形象。沈裕谋书记作题为《坚持“两有”发展》的重要讲话。沈裕谋书记对2016年区政协的履职工作给予高度肯定。沈裕谋书记指出，2017年，开福区的工作就是要贯彻落实“升级发展、成就北富”的目标，坚持有质效、有温度的“两有”发展，建设物质富裕、精神富有的“两富”开福，着力打好改革攻坚、产业升级、城市提质、民生升温“四大战役”。沈裕谋书记强调，要坚持“两有”发展，根本是坚持以人为本，核心是推动升级发展，关键是打好“四大战役”，沈裕谋书记要求，全体政协委员要携手齐心共进，寻求最大公约数，画好最美同心圆，为升级发展、成就北富，为加快建设强盛、精美、幸福、厚德的新开福作出新的更大贡献，以优异的成绩迎接中共十九大胜利召开。

区政协召开五届第二次常委会议。

1月20日，区政协五届第二次常委会议召开，区政协党组书记、主席熊建伟，区委常委、区纪委书记欧干军及区政协主席会议成员及全体区政协常委参加会议。会议传达省、市政协全会精神，协商通过《区政协第五届常委会2017年工作报告》《区政协关于开展“成就北富我要给力，厚德开福向我看齐”主题活动方案》《区政协2017年工作要点（草案）》，协商通过区政协五届第二次全会相关工作。会上，欧干军为全体常委作党风廉政专题讲座。会议最后，熊建伟主席作重要讲话，他指出，区政协五届第二次常委会议的召开，标志着2017年区政协工作拉开序幕，希望全体常委发挥核心作用，吃透精神，示范带头，奋勇争先，把2017年政协工作铺排好，落实好。

区政协召开五届第四次常委会议。

7月27日，区政协召开五届第四次常委会议。区政协党组书记、主席熊建伟，区委常委、区政法委书记蔡冰，区委常委、组织部长晏成方，区政府副区长朱江，区政协副主席杨艳、焦灿、廖耀群、鲁碧君、正县级干部邓毅芳等区领导，以及全体区政协常委参加会议。全体参会人员首先对开福区马栏山视频文创园建设情况进行实地视察，详细了解该项目的规划、布局、建设及征地拆迁等情况。随后，在区治726会议室召开会议。会上，副区长朱江对马栏山视频文创园作工作情况介绍，并代表区政府通报2017年上半年全区经济社会发展情况，区财政局局长刘勇通报2017年上半年财政预算执行情况，区委组织部部长晏成方作街道政协联络处主任人事异动情况的说明，区政协办公室主任谭栋做政协委员人事异动情况的说明。区政协主席会议成员与全体常委对马栏山视频文创园的建设和开福区的建设发展提出若干宝贵意见和建议，并协商通过相关人事异动事宜。熊建伟高度肯定马栏山视频文创园的前期建设效果，建议下一步高度重视化解扫尾工作，确保按计划推进安置工作，抓好园区顶层设计工作，开展项目引进工作，并号召全体委员关注金鹰片区，共同宣传园区，参与园区建设，让马栏山视频文创园成为比肩中关村的价值高地和未来开福经济的主要增长极，为“成就北富”奠定坚实基础。

区政协召开五届第五次常委会议。

10月27日，区政协召开五届第五次常委会议，区政协党组书记、主席熊建伟，区委常委、金霞经开区党工委书记杨应龙，区委常委、区政府常务副区长邹犇淼，区政府副区长杨光华，区政协副主席焦灿、廖耀群、林永红、鲁碧君、正县级干部邓毅芳等区领导以及全体区政协常委、区直各相关单位参加会议。全体参会人员首先实地视察2017年区政协重点提案—鹅羊山公园建设情况，对公园的规划、布局、建设等情况进行全面了解。全体参会人员听取金霞经开区、区民政局、区教育局、规划分局、区城管局、区环保局等重点提案承办单位的汇报，观看2017年民主评议区文体新局工作情况的短片，听取区文体新局、区政协民主评议小组的补充汇报，并听取各参会常委所提的工作建议和意见。全体参会常委对2017年的区政协重点办理工作及民主评议结果进行测评。邹犇淼表示，政协委员所提的提案都是事关区域发展和民生诉求的大事和要事，区政府对政协委员的重点提案高度重视。杨光华指出，对本次民主评议中发现的问题，相关单位要正视问题找准症结，要坚定信心明确方向，不断提升开福区文化体育事业水平，更好地满足全区群众需求。会议最后，熊建伟作重要讲话。关于委员提案工作，熊建伟指出：2017年区政协的提案办理工作呈现出领导重视、承办得力、措施具体、进展实在的良好局面，得到全体常委的充分肯定。对下一阶段工作，熊建伟主席提出要求：要既唯上也唯民；要抓落实不懈怠；要善总结促工作。关于民主评议工作，熊建伟指出：2017年，区政协委员在民主评议中做了大量卓有成效的工作，区政府和区文体新局对此十分重视和支持，工作整改十分到位，工作作风显著提升，取得良好的效果。希望区文体新局再接再砺、主动作为、整章建制、巩固成效，迎接好复评。同时，熊建伟还要求各位常委和各街道政协联络处抓好全年工作落实，总结好2017年的工作经验，谋划好2018年的工作铺排。

区政协召开五届第六次常委会议。

12月27日，区政协召开五届第六次常委会议，区政协党组书记、主席熊建伟，区委常委、组织部长晏成方，区政协副主席杨艳、焦灿、廖耀群、林永红、鲁碧君、正县级干部邓毅芳等区领导，区法院院长戴智明、区检察院院长宋宽馀、区政协秘书长李劲松，以及全体区政协常委、民主监督工作各单位参加会议。会议听取法检“两院”工作情况通报和2017年委员履职情况通报，对区政协五届三次全会有关事项、区政协常委和委员人事异动、区监察委员会主任候选名单等情况进行充分协商，并听取《区政协领导工作分工调整和“一办五委”对口联系单位的通知》。会上，区政协常委对2017年民主监督单位开展民主测评。会议最后，熊建伟作重要讲话，他对区政协全会相关事项、委员履职考核、民主监督等工作分别进行总结，并给予高度肯定。他指出，2017年，区政协圆满地完成各项任务，在政协云建设、社情民意等多项工作中成绩突出，获得了省市领导以及全区上下的一致肯定。他表示，新的一年，区政协将团结带领全体委员，力争取得更多收获，做出更好成绩。

【区政协召开关于打造内陆开放高地专题协商会议】 5月5日，区政协召开关于打造内陆开放高地专题协商会议。区委书记沈裕谋，区政协党组书记、主席熊建伟，区委常委、金霞经开区党工委书记杨应龙，区委常委、常务副区长邹犇森及区政协副主席杨艳、焦灿、廖耀群、林永红、鲁碧君参加会议。会上，王婧静、龙友军、谢江岸、陈光辉等区政协委员对开福打造内陆开放高地的必要性、外地先进经验、存在的优劣势进行认真分析，提出具体操作建议。熊建伟对该次专题协商工作的相关情况进行全面介绍，各参会领导及各单位就协商专题进行充分而深入的讨论，提出许多意见和建议。会议最后，沈裕谋作重要讲话。他指出：要充分肯定区政协的专题协商工作；要坚定实施开放崛起战略，全力打造内陆开放新高地，助力长沙国家交通物流中心的建设。区政府、园区、保税中心及各职能部门要深入学习，不断实践，在实践中见实效。

【开福区特色小镇建设基层协商会议召开】 6月19日，开福区特色小镇建设基层协商会议在沙坪街道沙坪社区召开。开福区委书记沈裕谋，开福区委常委、宣传部长舒全球，开福区委常委、副区长卜超峰，开福区政府副区长李杨等区领导出席。会议还邀请到省政府金融办副主任张立东等领导在内的省、市、区三级政协委员，及市金融办副主任段永松等相关领导。开福政协老委员联谊会代表、居民代表，开福区直各部门及相关街道的负责人参会。参会人员首先对沙坪绣坊街进行实地走访视察。经省政协主席李微微指定，该次开福区政协基层协商会议被确定为区县政协发言点，将与省委、省政协主要领导进行现场视频连线和互动。通过远程视频连线，将基层协商会议情况传至湖南省政协第二十四次常委会现场，让基层协商会议声音实现远程传递。参会的省、市、区级政协委员，省、市金融部门领导和居民代表对特色小镇的建设运营模式、策略、重点领域、推进方式和可能存在的问题阐述各自的理念和构想，提出一系列具有可操作性的意见和建议。会议最后，沈裕谋作重要讲话，他对开福政协、各级政协委员为开福区建设的出智出力表示感谢，对基层协商会议方式给予肯定。沈裕谋指出：特色小镇的建设需要积极扩大自身优势、广泛引进市场力量和社会资本，争取把路子选对、把事情做对，实现谋定而后动。

【长沙市政协“智慧委员工作室”】 现场推进会在开福区召开 10月17日，长沙市“智慧政协工作室”现场推进会在开福区举行。长沙市政协主席文树勋、副主席袁志恒、秘书长谭志，开福区政协主席会议成员熊建伟、杨艳、鲁碧君、李劲松，及长沙市政协相关领导和全市各区、县（市）政协主席、秘书长参加推进会。文树勋一行实地察看开福区沙坪街道线上委员工作站和芙蓉北路江湾社区建设情况，认真了解开福区线上委员工作站和工作室的功能及工作流程，对委员履职的具体内容进行详细的询问。文树勋高度肯定开福区线上委员工作站点的工作成效，并表示“工作站点所做的虽是我们身边的小事，但解决的是事关群众利益的大问题。”区政协党组书记、主席熊建伟对开福区基层政协委员工作站点建设情况进行全面汇报，各区、县（市）政协围绕智慧站点建设工作进行深入交流。会议最后，文树勋作重要讲话，他指出：开福区政协智慧委员工作站点建设思路非常清晰、措施非常有力、特色非常明显、成效非常显著，是一个很好的典范和样板，其他区、县（市）可以认真学习和借鉴。他还要求全市各区县政协统一思想认识，盘活优势资源，突出政协特色，全面推动长沙政协事业不断发展。

政协工作

区政协及其工作机构

秘书长　李劲松
办公室
主　任　谭　栋
副主任　张　华
提案法制委员会
主　任　刘险峰
经济科技委员会
主　任　涂　浩
文教卫体育委员会
主　任　田承明（2017.3任）
　　　　欧阳桂兰（2017.3免）
人口资源环境委员会
主　任　贺　滟
群团联络委员会
主　任　肖铁华（2017.3任）
　　　　杨　奔（2017.3免）
纪检组长　王　佐（2017.9免）

概况　2017年，政协长沙市开福区委员会（以下简称区政协）设办公室、提案法制委员会、经济科技委员会、文教卫体育委员会、人口资源环境委员会、群团联络委员会6个工作机构，有在职在编干部职工22人，临聘人员8人。2017年，区政协荣获湖南省政协云工作先进单位、长沙市社情民意信息工作一等奖。

2017年，区政协召开全体会议1次、常委会议5次，组织委员听取开福经济社会发展、全区财政预算安排和执行等情况报告，组织委员视察潮宗街项目建设、垃圾分类工作、新农村建设等重点工作。委员们通过交流讨论、分组发言、书面建议等形式，为开福提供许多发展的新思路、新理念、新点子，得到区委、区政府领导的高度重视和采纳运用。

5月11日，区政协主席会议成员调研禁毒工作

视察与调研。区政协围绕区委、区政府所关心的重大课题进行议政协商，组织相关领域的委员、专家进行深度调研，形成针对性高、实践性强的专业意见供区委、区政府领导决策参考。2017年，区政协开展打造内陆开放高地、城区主次干道“九位一体”、住宅电梯的运行与安全、对困境儿童的关爱工作、提高全民义务教育均等化水平等5次专题协商，以及打造马栏山文化创意集聚区、禁毒工作、乡村道路交通安全城市化管理工作、社区卫生服务中心能力建设、残疾人“生活小秘书”项目建设等5次专题视察，就美丽乡村建设、基金小镇打造等课题提交两篇专题调研报告。委员们所撰写的《关于打造内陆开放高地的协商建议》《关于加强我区住宅电梯运行与安全的视察建议》《关于对特色小镇（美丽乡村）建设工作的视察建议》等多项建议得到区委、区政府领导的批示，并批转相关部门办理落实，促成《开福区电梯管理实施意见》等区级政策的出台。体察民意，为民代言勤发声。2017年，区政协收到委员报送信息493条，研修后报省、市269条，共有39篇信息被省、市、区政协采用。其中，《建议在增值税发票系统中推广应用二维码技术》《关于规范律师会见在押罪犯的建议》《审慎对待城市网络公共自行车项目》等信息被省政协采用，《呼吁尽快解决长沙市域内地名相同的问题》得到省委常委、市委书记胡衡华同志的批示，《关于全面开展农村水井水质监测与整改工作的建议》《关于建立打击农村非法传销长效机制的建议》等信息得到市委副书记徐宏源的批示。2017年，开福区连续5年蝉联长沙市社情民意信息工作桂冠，获一等奖。

专门委员会工作。2017年，按照区委对政协工作“三个不问”的要求，区政协在委员队伍中全面开展“成就北富我要给力，厚德开福向我看齐”的主题实践活动，鼓励委员们在不同行业干出实绩、当好楷模，树立典范。牵头举办省物联网高峰论坛、“信贷早春行”政银企金融对接会、“创业青年共筑北富梦”、开福企业家讲坛等一系列活动。在2017年7月的抗洪救灾工作中，区政协委员、老委员、机关工作人员为抗洪救灾捐款42.2万元，捐助物资总价值超过40万元，有93人直接参与抗洪抢险工作。永不懈怠，以实干促成实绩。2017年，区政协领导班子全面融入开福改革发展大局，分别担任黄兴北路片区（潮宗街）、金霞片区、火车北站片区等多个区内重大项目指挥部的政委、副指挥长，参与金融商务区建设、闲置土地盘活、拆违控违、遗留问题化解、信访维稳百日攻坚等多项中心工作，牵头办理湘春路西入口项目结算、建湘新村社区提质改造、东岳宫恢复建设等多项重点工作。持续跟踪，把成果变为成效。2017年，区政协以一办到底的决心，采取主席会议领衔督办、专委会对口促办的方

4月1日，熊建伟主席与指挥部领导调研黄兴北路建设情况

式，通过持续督办、多轮督办，确保委员提案的办理成效。鹅羊山公园建设、地铁1号线沿线停车场建设、佳海工业园固废垃圾清运等重点提案，在年内落到实处，见到实效。2017年，区政协委员共提交委员提案146件（其中立案106件），办理为A案的有52件，A案率为49.1%。

从“探索”到“雕琢”，用创新思维为履职添彩。推进“互联网+”，基层站点建设持续出彩。2017年，区政协落实省、市政协“互联网+政协”的新思路，将委员线上履职与基层站点建设结合起来，在16个街道实现“线上委员工作站”的全覆盖，“五彩沙坪”“掌上世纪城”“指尖洪山”等一大批拥有完备功能、鲜明特色的站点，不仅为委员线上履职开辟快车道，还在居民群众中“实力圈粉”，获得省、市领导的高度认可。开福政协被指定为全省唯一区县发言点，与省政协第23次常委会进行现场连线；省政协李微微主席一行到沙坪街道视察，对开福区线上站点建设工作给予高度评价。长沙市“智慧委员工作室”现场推进会在开福区召开，市政协主席文树勋在会上推介开福区经验。2017年，区政协获评为湖南省政协云工作先进单位。启动全新机制，民主监督水平实现突破。2017年，区政协找准民主监督工作问题症结，推陈出新，开创“月反馈、季报告、半年咨询、年度测评”的监督新机制。由政协委员组成的1个民主评议小组和5个民主监督小组进驻区文体新局、区法院、区发改局、区食药局、区城管局、区交通局等被监督单位，主动亮明监督身份，认真开展明察暗访，精心拍摄民主评议短片。在监督中查摆的问题，及时向被监督单位进行反馈，并逐一督促整改。全年民主监督共收集意见、建议41条，其中有36条得到整改落实。在区政协第三季度常委会民主评议测评中，区文体新局的满意率100%。通过开展监督，促进区职能部门政风行风的转变，赢得广大人民群众的支持与肯定。再续昔日情谊，往届委员联谊谱写新篇。按照“自愿、把关、自治、有度、公助”的原则，在全省率先成立“老委员联谊会”，41名心系开福、富有激情的老委员加入。2017年，老委员联谊会参与协商、视察、调研165人次，联合提交社情民意22篇。这种“新老结合”“以老带新”的方式，让开福政协的各项优势和传统在新一届委员队伍中得到充分传承和发扬。

从“同心”到“同频”，用厚德理念为开福聚力。扎根基层，展现协商优势。2017年，区政协对“线上委员工作站”、社情民意信息中反映的社会问题进行全面梳理，拓宽基层协商线索主渠道，让基层协商更能直击社会治理中的“痼疾”和“痛点”。区政协委员牵头组织包括“关于渔业路两厢停车相关问题的协商”“关停毛家桥市场家禽交易并整体外迁”“关于建湘新村社区惠民资金的使用问题”“沙坪湘绣文化广场消防安全问题”等79次基层协商，为基层群众解决问题、化解矛盾、消除隐患、送上便捷，打通基层“微循环”，架起委员“连心桥”。市政协主席文树勋在人民日报发表署名文章《让协商民主实实在在》，其中重点介绍“整治沙坪社区老街水患问题”基层协商相关情况。合作共事，营造和谐氛围。通过中秋茶话会、交流走访等多种形式，听取全区各民主党派、工商联、无党派人士对开福区域发展、民生事业以及政协工作的意见和建议。重点组织各民主党派、工商联和无党派人士在政协全会等各种会议上议政建言，并参与到区政协的走访视察、专题调研、提案督办等履职活动中来，把合作共事的精神贯彻到政协工作的各个方面、各个环节。2017年，各党派团体共提交提案29件，反映社情民意103篇，在参政议政中发挥重要作用。不忘初心，把握服务主旨。2017年，区政协保持联系群众、服务群众的优良传统。通过“政协委员接待日”制度，让委员走进社区，与群众零距离交谈，感知群众的冷暖和诉求；鼓励委员们各展所长，为民生解困。区政协委员全年牵头组织包括“图书捐赠活动”“送医药下乡活动”“慢病非药物干预科普宣传”“进社区、献爱心”等主体履职活动381个。播撒真情，实现精准帮扶。2017年，区政协开展“双百帮扶”“爱心助学”两大品牌活动，组织“爱心义卖”公益书画拍卖活动和抗洪救灾募捐活动，为区内困难群众汇聚爱心。全年区政协委员及各界爱心人士募捐62.7万元，为200户生活困难家庭献上爱心，为90名品学兼优的贫寒学子提供帮助。展示形象，传递开福名片。2017年，区政协接待广东、江西、青海、贵州、山东、广西、内蒙、陕西等地及本省41个兄弟区县（市）政协来开福的考察学习，在对外交流展示开福形象。区政协与全国8个区县（市）政协结成“中国福文化城市联盟”，推介“精神富有”的厚德开福新理念。区政协整理出版《完胜39.51》一书，为2017年抗洪工作留下宝贵历史资料。区政协文史编辑小组通过走访“三亲”老人，收集文史资料，为2018年编纂《开福宗教》书籍，弘扬和保护开福文化奠定基础。

从“携手”到“共赢”，用务实举措为队伍引航。打出“组合拳”，强化履职意识。强化规矩意识。2017年，区政协严格执行《委员履职管理考核》制度，由全委会、专委会、联络处对委员实行“三合一”考核，科学量化委员履职成效。依据考核成绩，有10名委员因积极履职、贡献突出被评为“十佳委员”，有13名委员因履职不到位被约谈提醒；五届一次会议以来，区政协辞免委员6名，增补委员14名。组织部分区政协委员赴厦门大学学习培训，通过精选课程和名师讲授，委员履职能力得到有效提升。强化智慧意识。根据省、市政协“互联网+政协”的建设要求，号召政协委员们进驻各街道线上工作站点，在网上与群众互动发声。在委员中推广省政协云APP，促进人民政协工作新理论的普及和传播；区委员省政协云APP的开通使用率100%。经营“大家庭”，积淀深情厚谊。2017年，区政协坚持主席会议走访委员单位制度，加强与委员联系，协助解决委员或委员企业遇到的困难和问题，全年走访41家委员单位。承办市政协“同心杯”篮球赛，举办羽毛球、游泳等竞技比赛，以及太极拳、旗袍秀等丰富多彩的文体活动，出版《和美开福》委员摄影作品集，增进委员之间的情感交流，激发队伍的履职活力。注重委员人文关怀，通过寄送生日贺卡、看望慰问委员等活动，为委员们营造获得感和归属感。构筑“桥头堡”，夯实基层阵地。2017年，区政协通过召开会议、调研走访、组织学习等方式，加强对各街道政协工作的联络和指导。各街道政协联络处创造性地实施“三诊工作法”“圆桌议事会”“五个账本工作法”等多项新举措，组织委员开展“法律服务进社区”“推行河长制、保护母亲河”“小小演说家”“幸福港湾在行动”等多个特色亮点活动，让政协委员在基层的广阔天地中有所作为，更让人民政协工作真正实现了“看得见、接地气、惠民生”。把好“方向盘”，打造效能机关。注重制度建设。2017年，区政协建立健全《政协委员履职考核制度》《提案办理回访制度》《基层协商考核办法》，对中央、省、市有关政协工作的文件进行整理汇编，促进机关工作的制度化和规范化。注重思想建设。严格执行党风廉政建设和“一岗双责”制度建设，认真落实“三会一课”等党建工作要求，扎实开展群众工作站活动。注重阵地建设。对区政协726会议室进行“升级改版”，提升办公硬件信息化水平。

区政协老委员联谊会成立。3月7日，开福区政协老委员联谊会在726会议室举行成立大会。区政协党组书记、主席熊建伟及主席会议成员出席大会。会议宣读老委员联谊会会员管理办法，提名并选举产生会长、副会长、秘书长和组长人选，由会长陈少林老委员发表致辞，表达广大老委员甘于奉献，助推履职的激情和信心。会议最后，熊建伟作重要讲话，他指出：老委员联谊会的成立是开福政协的一项工作创新，既是开福政协的一件大事，也是广大老委员的一件喜事。希望联谊会以要点为依据，以调研为手段，以联谊为方法，以建言为成果，实现工作落在实处，气氛轻松愉快，高效助推履职。

【区政协主席会议成员视察特色小镇（美丽乡村）建设】4月10日，区政协党组书记、主席熊建伟率主席会议成员视察开福区特色小镇（美丽乡村）建设工作。舒全球、朱江、乐俊旺、刘熙宇等区领导及区农水局、区商务局、青竹湖街道、沙坪街道及部分政协委员参加视察。视察组一行先后视察霞凝古镇、金霞新村、沙坪湘绣小镇、汉回村的建设情况，并在汉回村村部会议室召开座谈会。会上，区农水局局长李新民全面介绍全区特色小镇建设情况。各参会单位及委员对如何改善开福区农村道路交通环境提出诸多意见和建议。熊建伟主席在听取会议发言后指出：开福区特色小镇建设虽然时间不长，但是变化很大。下一阶段，要认真研究特色小镇建设方案，实现定位更精确，规划再明晰，政策再吃透，配套要先进，保障更到位，招商要用心，务实推进特色小镇建设。

【《完胜39.51——2017长沙开福区抗洪纪实》一书编辑出版】10月20日，为给“十九大”献礼，由长沙市开福区政协正县级干部邓毅芳编辑出版的《完胜39.51——2017长沙开福区抗洪纪实》一书正式与读者见面。6月22日以来，长沙市经历史上最大的连续强降雨，“一江六河”出现超历史最高水位，其中7月3日0时湘江长沙站水位39.51米。面对异常严峻的防汛抗灾形势，开福区高效组织，科学应对，取得抗击超历史洪灾的胜利，赢得各级领导及社会各界的高度肯定。为给“十九大”献礼，全面反映党委、政府果断的决策力，人大、政协广泛的凝聚力，军民团结超强的战斗力，邓毅芳在防汛巡查过程中，用手机和相机记录一些干部群众抗洪抢险的感人场面，并通过有关渠道广泛收集相关照片和文字资料，精心编辑出版《完胜39.51——2017长沙开福区抗洪纪实》。

（陈　阳）

7月4日，区政协委员慰问抗洪救灾志愿者

附录：

2017年开福区政协发文目录

开政协【2017】1号关于开展“成就北富我要给力，厚德开福向我看齐”主题实践活动方案

开政协【2017】2号关于加强反映社情民意信息工作的意见

开政协【2017】3号关于区政协第五届委员会领导分工和“一办五委”对口联系单位的通知

开政协【2017】4号关于基层协商工作考核办法

开政协【2017】5号区政协提案办理工作回访制度

开政协【2017】6号区政协委员专题学习班请示初步方案（报区委）

开政协【2017】7号关于田承明等同志职务任免的通知

开政协【2017】8号关于重点提案报请区委领导

批示督办的请示

开政协【2017】9号关于重点提案报请区政府领导批示督办的请示

开政协【2017】10号关于我区农村道路交通安全城市化管理工作的视察建议

开政协【2017】11号关于我区农村道路交通安全城市化管理工作的视察建议

开政协【2017】12号关于我区社区卫生服务中心能力建设工作的视察建议

开政协【2017】13号关于我区社区卫生服务中心能力建设工作的视察建议

开政协【2017】14号关于打造沙坪特色基金小镇的建议

开政协【2017】15号关于打造沙坪特色基金小镇的建议

开政协【2017】16号关于打造内陆开放新高地专题协商的情况报告

开政协【2017】17号关于打造内陆开放新高地专题协商的情况报告

开政协【2017】18号关于对特色小镇（美丽乡村）建设工作的视察建议

开政协【2017】19号关于对特色小镇（美丽乡村）建设工作的视察建议

开政协【2017】20号关于我区禁毒工作的视察建议

开政协【2017】21号关于我区禁毒工作的视察建议

开政协【2017】22号《关于谢建阳等同志职务任免的通知》

开政协【2017】23号关于区政协加入中国福文化城市联盟的请示

开政协【2017】24号关于承办长沙市第四届“政协杯”篮球赛的相关问题的请示

开政协【2017】25号长沙第四届“政协杯”篮球赛开福区承办工作方案

开政协【2017】26号关于加快推进我区义务教育优质资源均衡发展的专题协商建议

开政协【2017】27号关于加快推进我区义务教育优质资源均衡发展的专题协商建议

开政协【2017】28号关于城区主次干道“九位一体”提质改造的专题协商建议

开政协【2017】29号关于城区主次干道“九位一体”提质改造的专题协商建议

开政协【2017】30号关于申请批拨会议室改造专项经费的请示

开政协【2017】31号关于加强我区困境儿童保障与关爱工作的专题协商建议

开政协【2017】32号关于加强我区困境儿童保障与关爱工作的专题协商建议

开政协【2017】33号关于对马栏山视频文创园有关工作的视察建议

开政协【2017】34号关于对马栏山视频文创园有关工作的视察建议

开政协【2017】35号关于研究解决东岳宫及相邻地块规划建设问题的建议

开政协【2017】36号关于住宅电梯运行与安全的专题协商建议

开政协【2017】37号关于住宅电梯运行与安全的专题协商建议

开政协【2017】38号关于区政协委员履职管理的请示

社会团体

工会

区总工会

主　席　王辉君

副主席　王晓工（2017.6任）

　　　　徐　凡（2017.6免）

　　　　杨新初（2017.6免）

纪检组长　廖莺燕（2017.10任）

概况　开福区总工会有下属3个系统（区直机关、教育、卫计）工会联合会、16个街道工会联合会、98个社区工会联合会，有3318个基层工会,涵盖法人单位5199家，会员157303人，其中农民工会员66976人。总工会机关编制5人。2017年，获长沙市总工会年度工作考核特等奖，获区年度绩效考核一类单位。

劳动竞赛。以创建“工人先锋号”为载体，广泛发动职工积极参与技术创新、科研成果创新活动，不断激发广大职工的智慧和力量，使职工在“比、学、赶、超”中提高素质、练就本领，为“升级发展，成就北富”作贡献。承办湖南省“湘字号”传统技艺工匠竞赛湘绣技能大赛，金球湘绣的李召霞获得冠军，青竹湖湘绣公司的陈艳其获得第四名。在湖南省首届家政服务、清洗清洁行业职业技能大赛中，开福区湘女家庭服务有限责任公司的韦笑、刘莉、陈桥秀，净亮环境公司的章波取得好成绩，荣获湖南省五一劳动奖章。2017年，遭受百年难遇的洪涝灾害，开福区总工会购买价值25万元的食品物资，送往受灾最严重和防汛任务最重的捞刀河、沙坪、新河等八个防汛指挥部，为一线防汛人员送去工会组织的关心和温暖。开展“比技能、促安全、展风采”职工技能展示暨安全生产知识技能竞赛活动，全区近百家企业，以及街道、社区的安全生产管理员620余人参加，省市多家媒体进行报道。继续在全区开展“最佳职工”评选活动，在基层企事业单位一线职工中，推选出年度“最佳职工”50名，进行表彰奖励，引导全区广大职工爱岗、敬业、奉献。

7月12日，“比技能、促安全、展风采”劳动技能展示暨安全知识技能竞赛现场在进行安全隐患来找茬

职工培训。开展工人阶级宣传月活动，通过书记、主席带头讲党课、送理论下基层、道德模范评选等活动，宣传工人阶级和工会工作的重要性。开展全民阅读学习活动，建设职工阅读学习阵地，建设全国职工书屋1家，市级职工书屋2家。结合“喜迎十九大，为幸福长沙抒怀”主题教育开展演讲、征文和摄影等活动。充分发挥女职工学校作用，举办6堂素质教育大讲堂，创建1个市级示范培训学校。开展女职工素质达标成果展示，在全市“精彩女校.点亮绚丽人生”工会女职工素质教育优秀成果展示赛中，开福区伊飞湘绣获得特别奖。五一前夕，“中国梦·劳动美”开福区劳模大讲堂以区委中心组（学习）形式进行宣讲，全体县级领导干部、全区各部门、各单位党政主要负责人、在职劳模以及各行业代表共300人参加本次报告会。观看由区总工会拍摄的劳模优秀事迹微电影，听取劳模代表的先进事迹报告，区委书记沈裕谋号召全区干部职工要以劳模精神为引领，爱岗敬业、锐意进取、敢于吃苦、乐于奉献，积极投身“厚德开福向我看齐”“成就北富我要给力”活动，为升级发展、成就北富作出新的更大贡献。

职工帮扶。区总工会在全区范围内开展因大病致贫致困特别救助活动、金秋助学活动，全年慰问困难职工374户、金额24万元，参加医疗互助人数10375人，累计补助449人次、金额19万元，金秋助学帮助38名困难学子、金

10月16日，湖南省“湘字号”传统技艺工匠竞赛——湘绣技能大赛现场，一名选手正在认真刺绣

额11.6万元。建设市级母婴关爱室4家。加强对所有已录入工会帮扶工作管理系统的困难职工档案进行清理、审核，为新符合条件的困难职工及时建档，实行困难职工精准识别与动态管理。在湘雅路和清水塘街道开展2期职业指导大讲堂，引导劳动者转变就业观念，提升就业技能。开展工资集体协商“春季要约行动”启动仪式暨企业民主管理操作流程业务培训，全区190多名企业行政负责人、工会负责人，街道、社区工会专干参加培训。指导基层工会工作，选树湖南顺天建设集团、湖南国中医药有限公司为市级职代会和工资集体协商典型示范企业，选树沙坪街道湘绣行业为工资集体协商典型示范行业，以点带面，推进企业工资集体协商，促进劳动关系和谐。2017年，全区有1041家企业签订工资集体协议，覆盖职工近2万人。运用“互联网+”思维创新工会服务工作，建立“职工之家”服务平台。该平台由线下阵地（富雅坪社区）和线上平台“开福里手”工会专栏组成。试点创建社区普惠式服务职工体系，创新工会线上线下服务职工新模式，实现服务职工群众的点对点、零距离，全方位、普惠化。

组织建设。以加强小三级工会建设，创示范楼宇工会。围绕“三金”名片建设，在金融生态区、金霞开发区等重大建设项目中开展“三送三建”（三送：送温暖、送政策、送服务，三建：建组织、建队伍、建载体）进企业活动，扩大工会组织覆盖面。沉下身子深入基层，强化指导，创树示范点。区总工会领导班子成员走访北辰、泊富、华尔街中心、欧波港湾等大型楼宇进行实地调研，整合区域资源，强化规范化建设，提升楼宇工会活力，

为楼宇内企业和企业工会会员搭建交流平台，提供全方位、多层面的服务。区、街道、社区三级工会抽调力量到各楼宇工会联系点，按照指导—建制—规范—帮促—提升“五步走”的思路，在联系点“办实事、解难事、联要事”，把联系点建成“工作示范点、信息反馈点、工作试验点和职工联系点”，从组织建设、制度机制、活动载体、阵地建设、工作经费、工作绩效六个方面开展工作，华尔街中心建设成为全区示范性楼宇工会，创建沙坪街道为市级“六好街道工会”，创建开福一小、沙坪建设集团等5家市级职工之家。组织区工会部分委员、各街道工会联合会主席、街道社会化职业工会工作者、区典型企业工会代表、区总工会干部赴浙大学习，提升工会工作能力。在非公企业工会中开展“五个一”活动，即开好一次职代会、签好一个工资集体协议、办好一次全体职工参加的文体活动、为职工办一件实事、做一件好事，不断提升基层工会组织履行职责的能力和水平。区总工会加大对街道、社区及楼宇企业工会的经费投入力度，下拨经费比2016年增加50万元，向天天清、金色地标、鸥波湾等基层工会赠送书籍、文体器材近10万元。创建市级“六好街道工会”2家。对全区基层工会经费使用管理情况进行专项督查，在基层工会自查的基础上，安排街道工会经费审查委员会牵头，对街道所属145个基层工会进行重点督查，区总工会聘请会计师事务所对10个重点单位进行全面审查，并举办全区基层工会财务、经审干部培训班，促进基层工会财务管理规范化建设。组织基层工会干部开展“三八”素质拓展活动，承办全国女职工“心系女性、国韵风华”第二届全国健康才艺大赛—开福区街道赛，举办2场单身职工交友联谊活动，组织机关、社区和非公企业开展“不忘初心、牢记使命，学习贯彻中共十九大精神”知识抢答赛，丰富干部职工文化生活。

职工福利。2017年，区总工会印发《关于明确全区社会化职业工会工作者工资待遇有关事项的通知》（开工发[2017]03号）文件，从2017年1月起，社会化职业工会工作者工资标准由1600元/月·人上调至2000元/月·人，按年度一次性拨付到街道；此外每月还给予400元绩效考核奖，按照社区工作人员标准享受待遇，有效提高社工的工作积极性。区总工会会同区财政、区审计、区人社等部门，参照其他区县的做法，制定下发《关于加强全区基层工会经费收支管理的通知》《关于规范工会活动和财务管理的通知》，解决四年来机关干部职工无福利的问题，区直机关干部职工基本福利得到落实。

【湖南省湘绣技能大赛决赛在沙坪湘绣文化广场隆重举行】10月16日，由湖南省总工会、省经信局、省教育厅、省人社厅、省商务厅、中共长沙市委、长沙市人民政府联合主办，长沙市总工会、长沙市湘绣协会、中共开福区委、开福区人民政府承办，开福区总工会、开福区沙坪湘绣协会协办的湖南省“湘字号”传统技艺工匠竞赛——湘绣技能大赛决赛在开福区沙坪湘绣文化广场隆重举行。湖南省总工会巡视员钟小汨，湖南省人民政府副秘书长黎咸兴，长沙市委副书记徐宏源，开福区委书记沈裕谋等领导出席。本次省湘绣赛作为湖南省“湘字号”传统技艺工匠竞赛一个重要组成部分，规格高，耗时长，吸引来自全省14个地州市的75名湘绣高手参加。经过激烈角逐，开福区选手李召霞获得大赛冠军。

【举办劳动技能展示暨安全知识竞赛】7月12日，由开福区总工会主办、开福区安全生产监督管理局协办的“比技能、促安全、展风采”劳动技能展示暨安全知识竞赛在开福区长雅中学体院馆隆重举行。全区近100家企业、街道及社区600余名安全生产管理员参加，长沙市总工会党组副书记、副主席匡涛涛，开福区委副书记谢伟峰、常务副区长邹犇淼、副区长朱江等领导出席活动。该次活动首次将劳动技能展示、表演与安全生产知识趣味竞赛结合，通过安保、湘绣、厨艺、插花剪纸及消防五大行业技术能手的技能展示和安全生产知识趣味竞赛，强化企业职工安全生产法律意识、标准意识、责任意识。湖南经视、湖南都市、长沙政法频道、《长沙晚报》《潇湘晨报》《湖南工人报》等新闻媒体进行专题报道。

（陈　军）

共青团

共青团开福区委员会

书　记　赵潇枭
副书记　陈　逍（2017.9任）

概况　共青团长沙市开福区委员会（以下简称团区委）有工作人员5人，其中行政编制人数3人，政府雇员1人，临聘人员1人。

2017年，开福区有青少年（6～28岁）约14万人，其中14～28周岁青年约7万人，据2017年年底团统数据，开福区有共青团员3979人，团青比例为5.7%。开福区有团委（团总支）31个，其中街道16个、区直5个（财政局、建设局、卫计局、教育局、审计局）、非公1个（湖南金霞发展集团公司）、学校团委8个（长雅中学、北雅中学、一中开福学校、青竹湖湘一外国语学校、沅丰坝中学、周南秀峰学校、植基中学、沙坪中学）、团总支6个；团支部454个，其中村、社区团支部107个，学校团支部159个，社会组织团支部7家（青年之声平台、政和社工、飞翔教育、长沙学院志愿者团队、仁与公益、倍力青少年体育俱乐部、青穗青少年公益发展中心），“两新”团组织181家。

志愿服务。坚持大局意识，自觉将团的工作融入到区委、区政府的大局中去，汇聚各级团干部的力量，形成推动开福发展的青春合力。取得抗洪抢险全面胜利。6月底至7月初，面对湖南省史上最严重的洪灾，团区委发扬“党有号召，团有行动”的光荣传统，迅速成立以团委书记为组长的防汛救灾青年突击队。一方面，确保责任堤坝上工作人员24小时的不间断值班，另一方面，发动、组织区青年志愿者协会、青年之声等多家社会组织参与一线救灾工作，形成抗洪救灾的强大合力。同时，在新河街道幸福桥社区成立开福区爱心捐赠点，号召社会各界人士进行捐赠。爱心捐赠点接收爱心物资22批次，总价值30.15万元，分别送往捞刀河街道、沙坪街道、秀峰街道、望麓园街道以及浏阳市、宁乡市、望城区等受灾严重的地方。

8月4日，团中央书记处第一书记秦宜智（中）到开福区调研“青年之声”

创新创业。推进青年创新创业工作。以大学生、青年为重点，抓住观念引导、能力培养、创业支持、跟踪服务、环境优化等关键环节，切实为青年创新创业提供帮扶。争取区委和团省委的支持，在开福区华创产业园提供50个工作岗位用于公益项目创业孵化点。配合区“双创办”组织开展2017年“智汇开福，筑梦北富”开福区第二届创新创业大赛，10名青年创业代表参加。

服务大局。扎实做好文明创建工作。在文明创建迎“国检”中，对区委交办的组织、督察志愿者的工作任务，团区委积极履行、责任上肩，制定开福区迎“国检”主干道、次干道、交通路口（公交车站）志愿者安排表，各检查点的对应街道、负责志愿者、督察人员一目了然，确保国检中志愿者工作的万无一失。协助区文明办组织开展“湖南省庆祝《志愿服务条例》颁布实施暨第32个国际志愿者日纪念活动厚德开福志愿服务品牌年展”，培育和践行社会主义核心价值观，营造全民学雷锋志愿服务活动的良好氛围，努力将开福打造成好人之城、志愿之城。组织机关足球队参加长沙市九运会，荣获历史首金。

思想引领，引导青少年听党

话、跟党走，培养广大青年们牢固树立中国特色社会主义信念信心和实现中华民族伟大复兴中国梦的远大理想。组织学习。开福区多次组织基层团干进行集中学习。特邀湖南省团校邓志强教授为开福区300余名团干带来生动的讲课，从大家最熟悉的网络入手，为团员青年在当今网络时代中如何体现青年担当、彰显青年作为、贡献青春力量指明方向。市团代会后，团区委在第一时间组织全区团干学习贯彻会议精神，切实把思想和行动统一到会议精神之中。联合区妇联开展为期3天的开福区2017年群团系统干部培训班，加强全区群团干部队伍建设,提高群团干部综合能力。青年活动开展活动。举办“青春梦开福梦”2016年度开福区团系统系列评选活动，对“我最满意的一项共青团工作”“魅力团干”“活力团员”“最美少年”4个项目的30多位候选人进行现场评审，在团系统中形成比学赶超、争当优秀的良好氛围。以“五·四”青年节为契机，隆重举办“不忘初心跟党走 青春相约北富梦”庆祝建团九十五周年暨“一学一做”知识竞赛活动，提升和增强团员意识，动员和引领广大青年继承五四光荣传统，坚定中国特色社会主义信念，不忘初心，高举团旗，以青春之我，担时代之责。搭建平台。新媒体融合实现一体化，开福区团委官方微博、微信公众号互融互通，并利用“开福里手”微信公众号和“青年之声”微邦平台实现青年需求的供需对接。全年共推送微信文章124期，答复解决网上“青年之声”问题7000余次，推动“互联网+共青团”提质升级。

夯实举措，全面升级青年之声平台。根据两年运营情况反馈，团区委对青年之声平台进行提质升级。精简组织，将平台内的入驻组织从最开始的18家减少到12家，剔除平时工作态度不端正、活动组织不积极以及服务人群过于重复的6家组织，确保平台的良性运转。实施考核，分别出台对平台运营方以及入驻组织的考核制度，对完成考核任务的组织进行规定补助，对完成得不好或未完成的组织进行定量减扣或取消补助。项目落地，从平台内的12家组织中筛选出8个优秀项目落户8个社区，团区委根据项目服务效果进行相关补助。2017年年底，孙喜峰法律工作室的未检项目，飞翔教育的公益小天使项目，政和社工的居家养老项目均落户社区。原团中央书记处第一书记秦宜智到开福区专题调研，对团区委青年之声工作表示高度肯定，认为开福区的青年之声平台是整个湖南的旗舰店。营造氛围，对优秀志愿者进行表彰宣传。对“暖冬行动”中表现优异的志愿者陈志立进行重点推荐，并获评全国“暖冬行动”优秀志愿者。在《新湖南》《掌上长沙》《开福里手》等新媒体上重点宣传一批优秀青年抗洪救灾的先进事迹。社区青年志愿者周娜取消医院预约手术，走街串巷查看内涝情况，为居民解决问题；科大家园傅佳连续工作三个日夜，劳累过度晕倒在抗洪一线；湘雅路街道八百余名志愿者手拉手，肩并肩，通宵奋战筑起最美“防洪堤”；清水塘街道民兵队，不顾自家遭险，坚持一线抗洪救援等。

组织建设。实施团的基层组织建设工程、团干部素质提升工程，扩大团的触手，提升团的影响。加强基层团组织建设。依靠党组织的领导，把团的建设纳入党的建设的整体格局，优化团组织的工作环境。强化街道团组织的功能，在全区各街道深化区域化团建工作，激发体制内外团组织的聚力和活力。强化干部队伍建设。通过贯彻团中央“一学一做”“1+100”“三会两制一课”、团省委“8+4”、团市委“三走三深入”等多项措施，加强基层团干部队伍建设。以党团志愿服务等活动载体强化团干部的党性教育、党性锻炼，切实加强团干部的能力和作风建设。加强团队工作建设。完善区中国少年先锋队社区工作委员会机制建设，率先建立中国少年先锋队社区工作委员会，加大区域内各种青少年工作资源的优化整合，加强“学校—家庭—社会—社区”的联系，延伸少先队工作手臂，在校园之外创新少先队活动载体、丰富少先队活动内容、拓展少先队活动空间，建立适合少先队员成长特点的社区活动新模式，引导青少年从室内走向室外，校内走向校外，灯光下走向阳光下，积极参与社区管理和社会服务，促进少先队员的健康成长。

【成立开福区青年志愿者协会】 3月3日，“厚德开福梦 志愿青春行”开福区厚德志愿者之家揭牌仪式暨开福区青年志愿者协会成立大会在新河街道幸福桥社区举行。省文明办副主任、省志工办副主任、省文明办志愿服务工作处处长李仕铭，团市委副书记康然，区委常委、区委宣传部部长舒全球等领导出席，区内多家社会组织200余名志愿者参加活动。会议审议通过《开福区青年志愿者协会选举办法》《章程》，表决通过青年秘书处、理事、常务理事、副会长、会长人选，长沙飞翔教育创新发展中心理事长李慰当选为开福区青年志愿者协会第一届会长。活动中，领导们为青年志愿者协会、6家轮值单位及区志愿者培训授牌。开福区青年志愿者协会是经开福区民政局登记注册，在团区委的主管下，由开福区志愿从事社会公益事业的各界青年组成的社会团体，同时也是组织、指导全区志愿者活动的管理协调机构。协会试行轮值制，选聘出6家优秀志愿组织轮流辅助“开福区厚德志愿者之家”平台运营。结合社会主义核心价值观，每月开展一次主题活动，全年不少于12次。通过设立厚德课堂开展志愿者培训，实现志愿服务专业水平的提升。

（程先进）

妇联

区妇女联合会

主　席　周庆辉

副主席　李艳兰

概况 开福区妇女联合会（以下简称妇联）内设办公室、信访接待室。在职在岗干部职工4人，其中行政编制3人，临时人员2人。

组织建设。2017年，完成全区107个社区“会改联”工作，选出妇联执委1633名。在1所学校、4家“两新”组织建立妇女组织，在村（社区）建立9个巾帼志愿小组、2个巾帼创业示范点和14个巾帼文艺队。芙蓉北路街道江湾社区妇联在全省妇联改革推进会上作经验介绍。湘雅路街道被省妇联定为第一批区域化妇联建设试点街道。依托党员活动室，建立123个街道、村、社区“妇女之家”，打造各级示范基地，望麓园街道荷花池社区被评为“全国三八红旗集体”；洪山街道洪山桥社区被推选为湖南省示范“妇女儿童之家”；沙坪街道沙坪社区、湘雅路街道留芳岭社区、新河街道华夏路社区被评为长沙市示范“妇女儿童之家”；喜多多幼儿园被评为省级“巾帼文明岗”；双河社区、江滨社区家庭教育服务中心、金辉建设集团被评为长沙市“巾帼文明岗”。

宣传工作。联合区人社局开展“春风行动”妇女专场招聘会,90余家企业参与招聘，提供就业岗位2500余个，求职人数1000余人，达成就业意向150余人。举办执委职能职责培训会暨联谊拓展活动，举办女性创业就业花艺、茶艺、手工编织培训班。推进妇女担保贷款项目，为妇女提供小额担保贷款380余万元。救助两癌对象3名，救助家庭困难妇女、儿童100余名，资金近6万元。完成农村妇女“两癌”筛查工作任务。联合开福区政协群团联络委、浏阳河街道双河社区、长沙鑫晨妇女儿童公益发展中心开展“让爱留守·牵手新化留守儿童寒暑假关爱行动”，组织爱心家庭亲情结对；开展“爱心手拉手”活动，动员全区干部职工结对帮扶特困家庭孩子。发动妇联执委、女企业家、女性社会组织及爱心企业筹集物资，帮助灾区妇女儿童渡过难关、重建家园。在娄底市新化县水车镇正龙村开展“亲子‘益’起飞—关爱留守儿童夏令营”活动，对留守儿童和学校教师进行慰问。举办“和美家庭，厚德开福”开福区家庭趣味赛，评选出10户区级“文明家庭”；开展家庭教育免费送课计划，全年送课10堂；在全区范围内开展“书香飘万家、亲子阅读活动”，联合长沙师范附属幼儿园开展“亲子阅读时刻”活动，联合江滨社区开展“家庭教育巡讲”系列活动；经区妇联争取，中国儿童少年基金会向开福区清水塘实验小学捐建价值15万元的“安全体验教室”。在市图书馆开展“好家风·开福行”——“厚德开福”最美家风展示活动，家风家训展示馆揭牌，发放1万册好家风读

6月22日，开福区妇联举办女性花艺、茶艺培训班

本；在双河社区举行“弘扬良好家风，共建五零社区”传统文化进社区暨孝德绘画比赛，社区150个家庭用画作描绘心中的好家风；在福城社区开展“亲子田间画莲叶，传承家风话廉洁”活动。

信访维权。2017年，各级妇联组织充分发挥人民陪审员、法律援助中心、12338维权热线的作用，加强与公安、检察、法院、司法部门的联系，有效地帮助妇女维权。全区妇联系统受理来电、来访等投诉230件，婚调室全年共接待处理个案51起，其中普通纠纷个案17起，家庭暴力个案34起，调处率98.44%。开展反家暴法成立一周年宣传活动，举办“12.4”国家宪法日的主题宣传活动。省、市妇联在清水塘街道四季花城社区启动全省反家庭暴力法宣传活动，省人大常委会副主任谢勇、原省妇联主席杜亚玲等省市区领导出席活动；区妇联组织街道妇联主席、妇女代表50余人学习《反家庭暴力法》，重点对妇联干部如何利用法律来开展信访接待工作进行详细的知识普及；联合区司法局开展“反对家庭暴力 共建平安家庭”活动，通过文艺节目展演、知识抢答、宣传资料发放等方式，帮助居民学习反家暴法、引导居民自觉运用法律维护自己的合法权益。

社会管理创新。2017年，通过征求全区32个成员单位的意见，出台《开福区妇女儿童发展规划（2016—2020年）》。新规划首次将女性健康保障工程等9项工程列入实事工程，体现开福区特色。开福区被湖南省妇女儿童工委定为妇女儿童发展示范区，并于2017年年底迎接省对示范区检查，得到省市领导好评。建立“妇女帮扶小组”，开设“校外德育辅导站”，成立“巾帼志愿者工作站”，服务涉及妇女儿童心理咨询服务、生活技能培训、医疗卫生、健康教育等多个方面，组织各项传统品牌活动、社会公益活动、交流展示活动等20余项（次）。利用“开福里手”做好妇联工作的发声体，组织基层女性干部培训，建设“网上妇女之家”，畅通网上联系妇女群众的渠道，开展网上妇女维权信访工作，增强线上服务妇女群众的功能，加强“网上妇女之家”与社区“妇女之家”的对接，促进线上线下妇联工作的深度融合。以管网、占网、用网为重点，加强教育培训，提高各级妇联干部网上服务妇女群众工作水平。

【开展“让爱留守·留守流动儿童寒假关爱行动”】1月21至23日，区妇联联合区政协群团联络委、浏阳河街道双河社区、长沙鑫晨妇女儿童公益发展中心，开展“让爱留守·留守流动儿童寒假关爱行动”。活动当天，组委会派人将新化县14名贫困山村留守儿童接到长沙，由开福区14户爱心家庭亲情结对，陪伴他们在省会城市度过愉快的两天。区妇联以此次活动为契机，组织浏阳河街道爱心家庭与新化县贫困留守儿童家庭建立一对一精准帮扶机制，形成“爱心家庭”结对帮扶规范化管理、常态化推进新风尚。

【举办“春风行动”妇女专场招聘会】3月4日，为推进妇女创新创业，区妇联以“助力巾帼就业打造幸福开福”为主题，联合开福区人社局举办“春风行动”妇女专场招聘会，吸引90余家企业前来招聘，提供就业岗位2500余个，入场求职人数1000余人，达成就业意向150余人。

【举办花艺、茶艺、手工编织培训班】6月，区妇联举办为期6天2017年开福区女性创业就业花艺、茶艺培训班，100余名女性创业就业者参加。12月19日，区妇联联合开福区鑫晨妇女儿童公益发展中心举办为期3天的手工编织培训班，近100名女性创业就业者参加。通过培训，学员们体验艺术生活，学习手工编织，激发创业就业热情，培养创业就业能力，促进妇女就业。

（熊婉洁）

残联

区残疾人联合会

理事长　易献明

副理事长　李树平　唐春华

刘向晖（2017.9免）

概况　2017年，开福区残疾人联合会在编在岗人员5人，临聘人员2人，借调人员3人。截至2017年年底，全区共有持证残疾人7327人。

残疾人培训就业。保障残疾人优抚待遇，按时发放两项补贴。2017年，残疾人困难生活补贴申报14026人次，残疾人重度护理补贴申报11579人次，其中两项补贴同时享受的有10906人次，发放补贴款775万元。拓宽残疾人就业渠道，帮扶贫困残疾人就业。组织开展“建设厚德开福，助残你我同行”残疾人专场招聘会，共组织用人单位8家，提供就业岗位40个，吸引60余名残疾人求职，现场与用人单位达成初步就业意向14人。开展残疾人职业技能和实用技术培训，提升残疾人就业能力。区残联与市残联定点培训机构湖南成才职业培训学校签订协议，开设办公自动化、电子商务等创业培训班，确定培训32人，采取“远程+面授”方式，分层次、分专业、分批次进行培训，实现15名学员培训后就业。支持残疾人自主创业，做好残疾人创业扶持工作。2017年，全区有5人申报自主创业，扶持资金约7万元。

基层组织建设。区残联加强专职委员队伍建设和管理，通过重新摸底、报名、核查、筛选、培训、考试六项程序，对所有基层专职委员全部按成绩重新发证和签订合同，全区聘用74名残疾人专职委员。2017年，全区有35个社区申报创建残疾人工作明星社区，经市、区两级验收后，成功创建32个残疾人工作明星社区。区残联组织200余名残疾人参加基本服务状况和需求信息数据动态更新工作培训，完成全区7303名残疾人信息登记录入任务。开展活动，丰富残疾人生活。5月19日，在第27个“全国助残日”到来之际，区残联在长沙市滨江文化广场举办主题为“建设厚德开福·助残你我同行”助残日活动。省残联肖红林理事长、市残联刘增三理事长，开福区区委谢伟峰副书记、区政府朱江副区长等省市区领导出席活动，活动参与人数近1000人。做好区残联换届选举工作。区残联于2017年9月26日召开开福区第五次残疾人代表大会，选举产生长沙市开福区残联新一届主席团、执行理事会、市第六次残疾人代表大会代表和5个专门协会。

维护残疾人合法权益。全年办理残疾人来信来访45人次，未发生残疾人赴市、省、京集体上访事件；化解残疾人苏某某无产权门面租赁户店面强拆、伍家岭原九芝堂厂房强拆过程中涉及20多名肢体残疾人阻工等一系列征拆矛盾。完成70户贫困残疾人家庭和2个无障碍社区（福城社区、浏阳河社区）的无障碍设施改造任务，浏阳河社区经省、市残联验收评定为湖南省无障碍社区（村）。开展残疾人普法维权。全年上报区政法委综治信息12条，利用全国助残日、国际残疾人日等活动契机，通过街道社区专干、残疾人专职委员等上门宣传残疾人相关的法律法规和各项助残惠残政策，残疾人朋友的法律维权意识进一步增强。

残疾人康复工作。组织“义肢助残”项目。全区筛查出22名假肢装配对象，为符合条件的11名缺肢残疾人装配适应个性化需求的假肢。为全区符合条件的0~14岁残疾儿童免费提供康复服务，全年有133名残疾儿童申报项目，经过10个月的康复训练，有效率、完成率和满意率均为100%。区残联启动“光明·关爱”项目，对低、弱视力患者进行筛查，完成80名低、弱视力患者配发助视器和康复训练，实施白内障复明手术50例。为方便残疾人日常生活与出行，区残联在全区范围内进行全面摸底，为有辅具需求的残疾人免费适配，全年申报辅具对象168户，发放辅具172件。

【举办“建设厚德开福·助残你我同行”助残日活动】5月19日，在第27个“全国助残日”到来之际，为大力弘扬中华民族“扶弱助残”的传统美德，积极营造扶残助残的社会新风尚，进一步助力打造强盛、精美、幸福、厚德的新开福，长沙市开福区残疾人联合会在长沙市滨江文化广场举办主题为“建设厚德开福·助残你我同行”助残日活动。省残联理事长肖红林、市残联理事长刘增三，开福区区委副书记谢伟峰、区政府副区长朱江等省市区领导出席活动，活动参与人数近1000人。谢伟峰指出:开福区残疾人事业要始终坚持以人为本的发展理念，加大社保惠民、扶贫帮困、维权维稳的工作力度；要紧密结合区党代会“打造道德高地 建设厚德开福”精神要求，进一步办好民生实事，努力让残疾人得到的实惠越来越多。

5月19日，在滨江文化广场举办“建设厚德开福·助残你我同行”活动

【开福区政协主席熊建伟调研残疾人“生活小秘书”项目】9月7日，开福区政协主席熊建伟率主席会议成员专题调研残疾人“生活小秘书”项目。6月，开福区残联在全市率先实施残疾人“生活小秘书”项目。残疾人“生活小秘书”项目设在开福区残疾人综合服务中心三楼，以营盘街社区、建湘新村社区为试点社区，29名低保重度残疾人家庭为一期试点服务人群，对其每月开展社区活动、社工服务和家政服务。熊建伟一行走访开福区残疾人综合服务中心，听取中心负责人情况介绍，重点实地考察残疾人“生活小秘书”项目线上线下的运营情况，并与项目第一批被服务对象亲切交谈。熊建伟充分肯定区残联残疾人“生活小秘书”项目所取得的成绩，并强调：残疾人“生活小秘书”项目是一项真惠民、重民生的暖心工程，要进一步加大项目工作力度，做到服务周到、服务细心、服务高效、服务优质，切实把实事办实，把好事办好。

【开福区第五次残疾人代表大会召开】9月26日，长沙市开福区第五次残疾人代表大会隆重召开。大会回顾和总结5年来全区残疾人事业取得的成绩和经验，确定今后5年的工作方针和任务，选举产生长沙市开福区残联新一届主席团、执行理事会、市第六次残疾人代表大会代表和5个专门协会。长沙市残联理事长刘增三、开福区委副书记谢伟峰、副区长朱江以及111名代表参加会议。五年来，开福区财政直接投入资金近7000万元，助推残疾人事业。全区16个街道都选齐配强残联理事会，90多个社会（村）成立残疾人协会，建立30多个助残志愿联络站，培训残疾人工作者1000余人（次），有50多个社区成功创建长沙市残疾人工作“明星社区”“示范社区”，王家垅社区被评为“全国残疾人工作先进社区”。为2669人（次）残疾人提供康复训练和帮扶；973人（次）残疾学生、残疾人家庭子女得到资助；推荐残疾人就业3300余次；为3498名残疾人申报困难残疾人生活补贴，2861人申报重度残疾人护理补贴；在棚户区改造和农村拆迁项目中，为500多户贫困残疾人申请困难补助；为290户残疾人家庭和8个社区进行无障碍设施改造。

（黄　兰）

6月15日，区2017年非公企业负责人高级研修班开班

工商联

区工商业联合会（总商会）

主　席（会长）　鲁碧君

党组书记（第一副主席、第一副会长）　张曙辉

副主席（副会长）　刘日欣

副主席（副会长）、秘书长　宋　娜

概况　2017年，开福区工商联（总商会）行政编制3人。第六届领导班子中有专职领导4名（主席兼会长1名、党组书记1名、专职副主席2名），兼职副主席5名，兼职副会长11名，特聘名誉副会长9名，常委45名，执委183名。全区有基层商会28个，会员企业990家。其中16个街道商会，另有直属商会、女企业家商会、青年企业家商会、纸业商会、通信行业商会、佛文化用品商会、建材行业商会、藏珑商会、金满地小商品商会、万达联合商会、钓鱼协会、青年创业者协会等12个行业商会。商会会员行业涉及制造、贸易、建材、酒店、餐饮、旅游、化工、服务等行业。截至2017年年底，开福区拥有非公企业26063家，占区内全部市场主体的90%，对GDP与税收的贡献率分别超70%和60%，促进就业贡献率超80%，固定资产投资贡献率超79%。2017年，获评全国“五好”县级工商联。

基层基础建设。2017年，区工商联按照打造一支干部队伍好、会员覆盖好、制度建设好、阵地建设好、党风廉政建设好的要求，加强工商联基层组织队伍建设。区工商联根据高岭商贸城的发展情况,指导建材行业商会顺利换届。坚持数量与质量并重的原则，吸纳81名政治素质高、专业知识强、发展后劲足、具有代表性的非公经济人士加入到会员队伍。2017年，青年企业家商会、建材行业商会、芙蓉北路街道商会、伍家岭街道商会、新河街道商会、清水塘街道商会等6家商会荣获市工商联“四好商会”荣誉；李立仁、史文学、史丹三位会长荣获市联“优秀会长”荣誉；姚华、蔡芳、任莎、张宇虹、余炼5位秘书长荣获市联“优秀秘书长”荣誉。2017年，开福区工商联界别产生市区人大代表9名、政协委员33名、区党代表1人。

学习教育活动。2017年，组织50名企业家，到北京师范大学参加高级研修班，学习电子商务发展趋势与战略、供给侧改革、一带一路等经济热点、社会焦点内容。组织区工商联六届第四次常委会集中学习贯彻十九大精神，对民营企业、非公经济相关的政策全面解读。湖南高岭建设集团股份有限公司、湖南兴旺建设集团、湖南友谊咨询投资集团等非公企业党组织开展学习贯彻中共十九大精神的活动。联合省工商联、省投融资商会、金霞经开区等单位举办“2017年两会解读与实体经济发展”论坛，200余人参加。联合区妇联举办“庆三八”魅力女性公益讲座。联合区政协经科委举办“企业家大讲坛”，150名企业家参加。

企业调研走访。2017年，区工商联在全区开展非公企业走访调研工作，对全区28个基层商会进行动员部署，发放调查问卷2000余份；对区内1000余家非公企业负责人、60余名区直经济管理人员与10余名专家学者进行深度访谈，召开座谈会30多次，收集非公企业发展意见建议952条；组织工商联工作人员、非公企业家和高校专家学者等30余人次，赴杭州、深圳两地的10余家非公企业、6家基层工商联和8家商会调研，学习发达地区促进非公企业发展的经验。从开福区内非公企业发展现状与特征、困难与问题、对策和建议三个方面，撰写《关于促进开福区非公企业发展的对策建议》调研报告，促进非公企业在开福区“打好四大战役”、迈向北富征程中发挥更大更好的作用。由开福区工商联报送的《湖南省中小企业创新转型存在的问题及对策分析》调研报告，荣获2017年度湖南省工商联系统优秀调研成果一等奖。

依法维权。2017年，在工商联的多方协调下，顺利解决建材行业商会会员与高岭商贸城有限公司之间的空调供电问题。对亿客隆商贸有限公司进入司法程序的案件，开福区工商联全力支持企业合法诉讼，为亿客隆商贸有限公司提供法律援助服务，帮助企业排忧解难，依法维护公司权益。

“挂职派驻”精准招商。2017年，区工商联将“挂职派驻”精准招商工作向湖南省工商联申报创建“一会一品牌”。2017年，“挂职派驻”广州招商组走访企业50多家，行业协会10多家，邀请企业家50人次到开福区实地考察，在寻找商机的同时大力推介开福区。成功引进希尔顿欢朋酒店和希尔顿欢朋公寓、湖南中钢青拓矿业有限公司、九华私募股权投资基金项目、湖南惟迈劳务服务有限公司、酷弗聚能科技材料有限公司、万睿医药有限公司等6家企业落户开福区。

参政议政。2017年，区工商联界别政协委员提交49篇社情民意,其中有18条上报省、市政协。由鲁碧君、陈光辉撰写的《打通金霞跨境电商上下通道，提升金霞跨境报税直购体验中心辐射力》的调研报告作，为区政协“打造内陆新高地”系列调研报告重要组成部分参与省市级评选，并获得2017年度省政协系统优秀调研报告一等奖。吴英勇提出的《关于我区工业园区固废垃圾清运处理的建议》，开福区政协主席会议重点督办两次，2017年底新的垃圾转运站竣工验收。谢江岸提出的《关于我区抢先打造物联网产业园区的建议》，引起金霞经开区高度重视，引进传化物流、中民筑友等龙头企业，构建物联网技术研发及产品制造和应用的产业生态圈。此份提案还促使开福区加强与国防科技大学、中南大学等院校和科研机构的合作，提升物联网技术研发能力。促进开福区制定《科技创新驱动发展专项资金奖励办法》、注重物联网企业联动，与园区产业的深度融合。

引导企业健康发展。2017年，区工商联副主席会员企业湖南高岭建设集团股份有限公司获得“2016年度中国建筑业竞争力200强企业”、2016年度湖南省“守合同重信用”单位等荣誉；湖南高岭建设集团股份有限公司进入“2017湖南民营企业”100强；承建的“长沙县妇幼保健院整体搬迁工程——医疗综合楼”荣获中国建设工程鲁班奖；承建的芙蓉生态新城、恒大御景半岛两个项目荣获全国AAA建设工程项目施工安全生产标准化建设示范工地称号；承建的“湖南中医药大学科研楼工程”荣获湖南省建设工程芙蓉奖；承建的“长沙市轨道交通1号线一期尚双塘车辆段市政配套及房屋建筑（一标段）工程”“湖南省地质博物馆配套用房工程”“雨花污水处理厂厂外配套管网及泵站施工工程第一标段”三个项目荣获湖南省优质工程。长沙胜昊电子科技有限公司荣获湖南省科技厅、湖南省财政厅、湖南省国家税务局、湖南省地方税务局颁发的“高新技术企业”证书。湖南益乘科技有限公司获得湖南省商务厅“湖南省电子商务示范企业”称号；董事长龙友军当选“共青团湖南省委关于湖南省大学生创新创业企业家导师”，聘期为三年；在杭州国际原创新车品的参展中，由湖南益乘科技有限公司开发的产品“变形金刚IP系列车品”荣获“至尊设计大奖”。2017年，湖南益乘科技有限公司通过湖南省高新技术企业认定。长沙青竹湖湘绣有限公司选送的作品《湿地欢歌》获得由湖南省工艺美术协会颁发的“2017年金凤凰创新产品设计大赛”铜奖；选送作品《立体湘绣胸针》获得“中国工艺美术文化创意奖”银奖；选送的系列作品《青竹湖湘绣·立体绣饰品》荣获“2017中国湖南旅游商品大赛湖南特色旅游商品奖”金奖；长沙青竹湖湘绣有限公司赴澳大利亚和新西兰参加文化交流和展览，获得“墨尔本皇家博览会中国年”2017国家艺术创新奖励。2017年，湖南沙坪玉玲湘绣有限公司董事长王玉玲被中华全国妇女联合会授予“全国巾帼建功标兵”荣誉称号；湖南沙坪玉玲湘绣有限公司被湖南省经济和信息化委员会授予“湖南省工业品牌培育示范企业”称号。

光彩事业。2017年，区工商联联合长沙市工商业联合会、长沙市光彩事业促进会和湖南省长沙市光彩事业基金会承办“光彩事业 精准扶贫”名家书画作品义卖活动。按照区政府提出的“共享共建”理念，伍家岭街道商会和新河街道商会积极投入“城市驿站”北辰站建设。沙坪街道商会参与对口帮扶龙山内溪乡中学，捐赠15万元现金，以及价值15万元的电脑等学习用品。副会长会员企业新亚胜与龙山县9名贫困学生签订长期结对助学承诺书，每人每年捐赠爱心助学款2000-8000元。常委会员企业湖南秀峰集团开展“爱心改变命运”为主题的爱心助学圆梦活动，对桑植县11名贫困学生捐助每人4000元的助学金。2017年，区工商联界别积极投身抗洪抢险，区工商联率各街道商会、直属商会、女企业家商会、青年企业家商会等200余家企业3000多人次奋斗在抗洪抢险一线，捐赠现金336.5万元，各类物资、设备1346.5万元。湖南高岭建设集团股份有限公司荣获开福区“抗洪抢险先进集体”称号。

注重展示会员风采。通过省、市、区三级工商联网站及时通报政策信息，利用长沙市工商联微信公众号、开福统战微信公众号、微开福微信公众号、新开福APP、微信群、QQ群等搭建交流平台，推介企业产品。印发《开福商海》期刊，记载工商联工作成绩，展示活动开展和会员风采。为会员制作会员牌、会员证，让每一位会员企业家真正感觉到有组织、有“娘家”。

（傅　曦）

归侨侨眷

区归侨侨眷联合会

主　席　刘　芳
副主席　周　戈（兼）
　　　　魏玛丽（兼）
　　　　喻米玲（兼）
　　　　陈　伟（兼）
秘书长　姜　源（2017.5任）

概况　开福区归侨侨眷联合会（以下简称区侨联）有行政编制3个。在职干部2人，其中主席1名，秘书长1名。另有兼职副主席4名。2017年，开福区有海外侨胞及留学人员1.61万人，归侨侨眷2.13万人，归国留学人员320余人，侨资企业60余家。

组织建设。建基层组织平台，夯实侨联工作基础。2017年，成立开福区万达归侨侨眷联合会。开福区万达归侨侨眷联合会是湖南省第一个以商业综合体为主体的侨联组织，是开福区基层侨联工作顺应新形势，不断创新工作方式的有益探索。清水塘社区召开第一次归侨侨眷代表大会，诞生全区第一家社区侨联组织——清水塘社区归侨侨眷联合会。清水塘社区侨联的成立，使区基层侨联组织多一个直接面对和联系广大广大归侨侨眷、海外侨胞，掌握着第一手侨情的窗口，能够更好的针对侨界群众所需所急开展工作，使区侨联工作基础更加夯实、服务更接地气。区侨联2017年初下发《关于继续开展创建“侨联工作示范社区”工作的通知》及创建活动方案，在科大佳园、水风井、江湾等3个“侨联工作示范社区”基础上，按照“侨为社区奉献，社区为侨服务”的方针，继续开展“侨联工作示范社区”创建工作，并将清水塘社区确定为新的创建点进行培育，下拨创建工作经费2万元。以侨为本，开设“侨之家”课堂，继续打造“侨之家”平台。

深入调查了解，广泛听取侨界意见建议。为不断扩大侨联工作联系、服务归侨侨眷、海外侨胞的覆盖面，结合万达侨联的筹备工作，深入全区商务楼宇业主、租赁商户中的归侨侨眷、归国留学人员开展大走访，采取上门走访、发送电子邮件、电话联系等方式，走访、联络归侨侨眷、归国留学人员近800人，了解他们在海外工作生活情况和在国内的创新创业现状、面临的困难以及对区侨联工作的意见和建议。继续开展“走访季”活动。走访泗溪信息科技发展有限公司、恒润进出口集团等5家侨资企业和部分区侨联顾问、新侨人士，了解侨资企业家、新侨人士的发展情况以及对开福经济社会发展、侨联组织建设以及如何进一步开展招商引资、海外联谊等工作的意见和建议。

扶贫帮困。扶贫帮困孝老，积极搭建侨界爱心之桥。关爱帮助侨界困难群众，区侨联走访慰问21户困难归侨、侨眷。用爱心推动社会和谐进步。开福区侨联、开福区万达侨联联手举办爱心捐卖会，募捐善款8580元，全部用于关爱博爱凤亭家园的智障朋友。开展“新侨牵老侨”联谊服务活动。区侨联在清水塘社区开展“新侨牵老侨”联谊活动，搭建老侨新侨沟通桥梁，切实帮助老侨解决实际困难。区归侨侨眷活动中心定期开展活动。活动中心有相对固定的归侨侨眷会员30多名，以开福区为主，覆盖内五区。坚持定期组织茶话会、歌唱会、外出游览等活动。

加强联谊，服务区域经济社会发展。充分发挥侨联组织优势，加强与海外侨胞的沟通与联系，加强联络联谊，做好重点人士的工作，积极配合区委、区政府开展招商引智工作，借助区归国留学人员联谊会、侨界文体团队等载体和平台，广泛开展对外交流活动，扩大对外宣传，结交一批新朋友，推介开福。联合区台办组织台商、侨商各20余人，到开福区考察金融商务区、马栏山视频文创园、长沙市规划展示馆等，深入了解开福区经济发展前景和优势资源项目以及投资发展机遇。

参政议政。围绕中心，深化侨界参政议政实效。区侨界有区人大代表3名、区政协委员4名。区侨联积极加强与侨界人大代表、政协委员联系沟通，引导广大侨界人士围绕全区经济社会发展的热点，以维护侨益、关注群众需求为切入点，积极为开福区发展建言献策，提出《关于成立全国首个“女童保护主题教育基地”的建议》《关于扩大公交IC卡办卡和充值服务点的建议》《关于联合多职能部门整治和防范校园暴力问题的建议》《关于规范管理与有效使用学校心理咨询工作室的建议》《关于对电视节目进行青少年不宜观看标准评定的建议》等。针对新生代海归就业创业现状和面临的问题，区侨联与长沙学院团队合作，设计调查问卷与访谈提纲，对600名新生代“海归”进行问卷调查，对其中50名新生代“海归”、40名相关职能部门人员进行深度访谈，形成《促进新生代海归就业创业，推动经济创新开放发展》调研报告，供党委、政府决策参考。

（李紫娟）

红十字会

区红十字会

常务副会长　曹群良

概况　开福区红十字会为正科参公单位，核定编制3人。

组织建设。结合新修订的《红十字会法》及红十字精神，区红十字会组织全区红十字知识竞赛，选派5名队员参加市红十字知识抢答赛获三等奖。各街道红十字会在“5·8”世界红十字日“5·12”减灾防灾日张贴《红十字会法》挂图、摆放宣传板报等不同形式开展宣传活动，其中东风路街道红十字会、湘雅路街道红十字会、伍家岭街道红十字会等以义诊、讲座、义卖的形式集中宣传。召开开福区第五届红十字理事会第一次会议，通过法定程序，依章程选举产生会长、第一副会长、常务副会长、秘书长、13名常务理事、3名正副监事长。区红十字会组织街道红十字会专干参加市区红十字会的专业培训，提升红十字会队伍建设。扎实推动红十字模范社区、模范学校创建工作，探索公益性医养结合新模式，促进红十字会工作水平的提高。全年投入无偿献血经费40万元，应急救护培训经费60万元，保证各项工作的顺利开展。

赈济志愿服务。组织实施“博爱送万家”红十字品牌项目。根据省市红十字会关于“博爱送万家”活动整体部署，组织街道、社区红会专干、志愿者深入街道、社区调查核实困难群众需求及现状，确保省市下拨的慰问款物真正落到实处，帮到关键处，自筹3万多元购置大米、食用油以充实“博爱送万家”的慰问救助物资，区人民政府副区长、红十字会会长杨光华、区卫计局局长陈殷亲自带领红十字工作者深入困难家庭走访慰问，传递红十字会博爱精神，送上党和政府对困难群众的关怀。全区走访慰问孤寡老人、留守、特困群众近100户，慰问款物10多万元。2017年，全区有7人申报省红会人道救助项目，3人申报国家福彩小天使基金救助项目。

“三献”工作。2017年，完成无偿义务献血4400人次，献血总量170多万毫升，完成市下达目标任务的122.2%。开展造血干细胞骨髓及遗体器官捐献的宣传工作，组织志愿者参加市红十字会的清明节遗体器官捐献纪念园祭奠和“6·14”世界献血者日宣传活动。全年造血干细胞样本采集入库近260份；有7人到区红十字会进行遗体器官自愿捐献登记，有多人打电话表达自愿捐献的意愿，有1人自愿进行遗体器官捐献。组织参加市红十字会的公益项目设计大赛获得优胜奖。

救护培训惠及的人群全面覆盖。2017年，开福区政府制定《关于做好2017年度全区公益性应急救护培训项目工作的通知》和《关于印发〈开福区公益性应急救护培训项目专项资金管理办法〉的通知》，从制度和管理上进一步加大应急救护工作的推进力度。多次召开街道专干会议，就救护培训工作进行安排部署，各街道根据全区总体部署购置相应的救护培训器材，有序推进救护培训工作。全年开福区选派4名志愿者参加市红十字救护师资培训，组织现有师资参加市红会的强化培训，加强现有师资的管理和使用。开展红十字会干部救护员培训，50名红十字会干部获得救护员资格证，开展救护普及培训近100场次，普及人数1万余人。2017年，遭遇百年难遇的洪涝灾害，区红十字会主动融入全区抗洪抢险工作，广泛发动红十字志愿者参与抗洪抢险及灾后防疫消毒工作，上级红十字会下拨的赈灾物资全部按要求发放到位。

（王泽花）

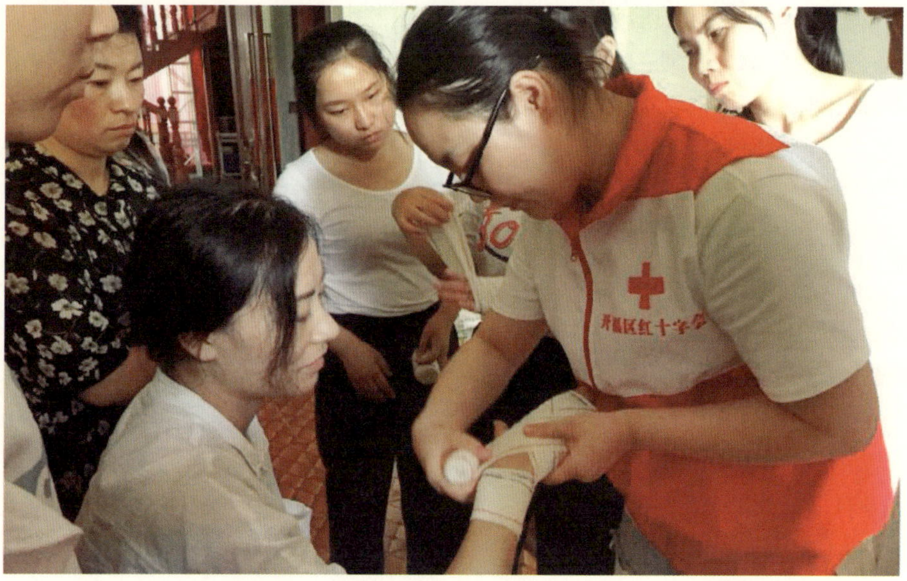

救护员培训现场

民主党派

民革开福区工委

主　委　宋　娜（2017.6任）
　　　　廖耀群（2017.6免）
副主委　李志员
　　　　李国祥（2017.6任）

概况　民革开福区工委有支部4个，党员116人，其中区人大代表2人，区政协委员9人。

组织建设。加强组织建设，筑牢基层基础。鼓励党员积极参与区政协开展的学习培训活动，区委统战部组织的厦门大学学习以及“同心大讲堂”活动。组织开展学习贯彻十九大精神报告会。组织3名年轻党员参加民革市委开展的“不忘合作初心，继续携手前进—纪念民革成立70年知识抢答赛”，获得二等奖，民革开福区工委委员刘洋代表市队参加省赛，获得最佳选手称号。组织党员参加民革市委“第二届中山杯羽毛球团体赛”，获得亚军。民革开福区工委与江湾“同心社区”顺利完成政治交接，全体班子成员明确分工，迅速熟悉同心创建工作。2017年，新发展党员5名。

“四同”创建。突显党派特色，深化“四同”创建工作。2017年，工委进一步深化和拓展“四同创建”工作。立足党派法律人才资源优势，牵手同心社区，启动“大律师以案说法”暑期实践活动，深受好评。中共中央政治局委员、中央统战部原部长孙春兰到湖南调研同心结对江湾社区，充分肯定同心创建工作。在民革第十五次省代会工作报告中，高度评价江湾社区开展的“关于不文明行为立法”的对话式法制探讨。2017年，通过江湾社区“群商荟”基层协商平台，听取法律人士、物业公司、居民代表对长沙市养犬管理条例的意见和建议，为地方立法提供参考。

服务发展。紧紧围绕中心，服务发展大局。2017年，在全市抗洪抢险中，民革开福区工委发出募捐倡议，党员积极响应，捐款捐物100余万元。走访上海商会，邀请上海商会秘书长匡彦参加开福区产业升级“同心结对”异地商会工作对接会，在会员企业中宣传、推介开福。民革开福区工委委员黄嘉杰倡议发起并积极推动恢复沙坪张百熙故居建设，得到省、市有关部门的重视和支持，成功举办纪念张百熙诞辰170周年活动，为推荐开福区文化资源，打造特色文化小镇做贡献。

（李紫娟）

民盟开福区工委

主　委　贺　滟
副主委　刘小军　毛光宇
　　　　陈振华　张刚林

概况　民盟开福区工委有支委8个，盟员316人，其中区人大代表1人，区政协委员10人，市政协委员1人。2017年，荣获民盟长沙市委社会服务工作先进集体。

参政议政。参政议政是民盟的主要社会职能，通过各种形式激励盟员做好参政议政、建言献策工作。2017年，民盟开福区工委提交《关于规范机动车在建有自行车专用道的道路上临时停靠的建议》《关于全面落实民事诉讼中退还胜诉方预交的预讼费的建

6月30日，民盟长沙市委在月湖公园东广场举办关爱地中海贫血儿童公益活动

议》《关于在中小学开展共享单车文明骑行教育活动的建议》等社情民意12篇；提交《关于加强棚改征收房源保障，加快限价房源建设的建议》《关于大力推进限价商品房的建议》《关于在学校普及家庭教育的建议》等提案5篇。

创新社会服务品牌。民盟区工委积极推动开福区盟员之家建设，多次召开“盟员之家建设推进会”；综合支部主委魏玛丽主讲开福区“同心大讲堂”，创造性地运用“人生八宝”等图表方式与大家互动，取得良好效果。民盟开福区工委走访湖南省深圳商会，为开福区建设牵线搭桥；开展“环保小卫士”世界水日行动及“垃圾分类环保主题活动”；开展青少年心理及行为辨识系列论坛。组织盟员在松雅湖主办“千人放飞风筝，助推环保事业”大型公益活动；在黑石渡环保站举办“论公益组织可持续发展”讲座及“九九重阳节 浓浓敬老情”重阳敬老活动。通过创新社会服务品牌，组织参与各类活动，实现民主党派更好地服务社会的职能，履职发挥更好的效益。

队伍建设。组织盟员学习，紧贴时政，明确学习内容，撰写学习心得。加强领导班子的政治把握能力、参政议政能力、组织领导能力、合作共事能力和解决自身问题能力建设。注重培养基层盟务干部的政党意识，特别是组织新盟员联谊会，相互之间加深了解，增进友谊，增强对民盟的认识，加强合作意识。

（李紫娟）

民建开福区工委

主　委　顾　涛

副主委　刘金明　陈　炼

　　　　陈必韬

概况　民建开福区工委下设支部7个，会员138人。

自身建设。加强学习，推进自身建设。组织工委委员和各支部学习十九大精神和习近平重要讲话，把学习与支部活动紧密结合。组织会员参加区统战部组织的“同心大讲堂”学习8次。开展会员企业互访互学活动，特别是新入会会员，工委组织对其进行走访，加强会员之间的相互了解，增进友谊，提高凝聚力。

同心助残。创新“同心助残”社会服务活动品牌。按照市委会及市、区统战部关于“同心助残”项目示范点创建工作的

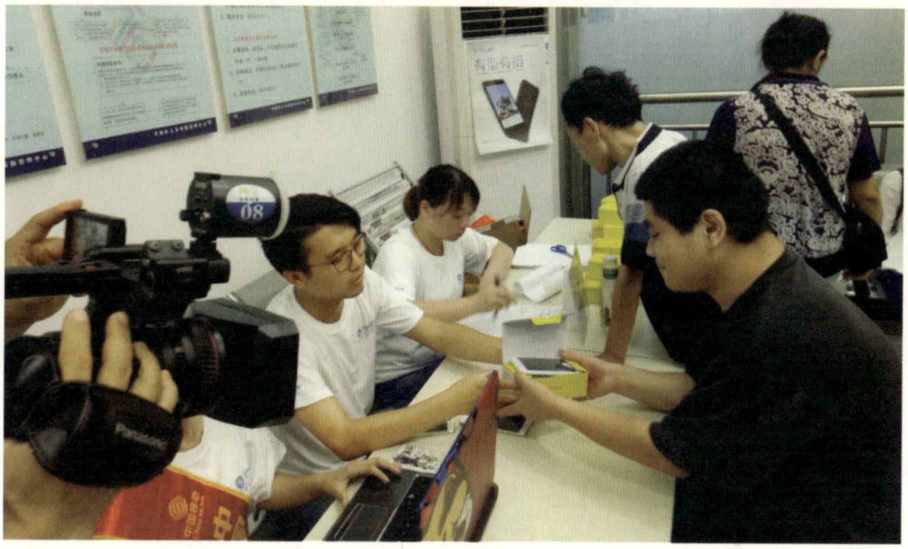

6月22日，民建开福区“沟通无障碍，手机免费送”活动上，残疾朋友领取免费赠送的手机

民建开福区“同心助残”志愿服务活动

要求，2017年，民建区工委联合望麓园街道营盘街社区、开福区梦想家园社工中心等单位，打造“1+4”同心助残项目，通过建立“同心助残就业，创业实训超市”，开展医疗、法律援助、精准帮扶、文化交流等4项助残服务。以“同心助残”项目为平台，在营盘街社区设立项目创建办公室，建立民建志愿服务队，由各支部轮流主办“助残志愿服务活动”。2017年，开展“同心助残志愿服务”4场，募集资金和物资10万余元，服务残疾人310人次，精准帮扶残疾家庭15户，解决残疾人就业5人。“同心助残”项目成为市级“同心”工程示范点。

服务发展。加强商会对接，服务经济发展。积极响应开福区委的号召，加强与各类“商会”的对接，2017年，自民建区工委与湖南省江西商会于2016年结对以来，进一步完善联络联谊机制，协助开福区委、区政府对接各类考察项目、招商活动，为政府和商会牵线搭桥，向商会企业介绍开福区情、招商项目、提供服务；多次组织企业家与江西商会开展各种交流活动，增进民建企业家会员与“商会企业家”之间友谊，打开合作的通道。在开福区政府打造的“城市驿站”项目中，民建区工委捐赠3万余元用于“城市驿站—浏阳河站”购置家具、家电，并在“驿站”中设置民建的相关宣传展板、资料，扩大民建的社会影响力和知名度。

参政议政。积极参政议政，建言献策。2017年，民建开福区工委中的区级政协委员和人大代表提交社情民意、提案10篇，其中由会员刘平提出《关于开福区建设“九位一体”的城区主次干道过程中的问题及建议》，列为区政协重点督办的提案，并得到区委书记沈裕谋的高度重视，多次召开协调会解决提案中提出的问题。区工委组织的调研课题《关于区城投公司转型发展的研究》进入收尾阶段。

（李紫娟）

民进开福区工委

主　委　彭　超

副主委　蒋玲丽　何正波

概况　民进开福区工委有支部10个，会员183人，其中市人大代表1人，区人大代表1人，区政协委员9人。

队伍建设。加强学习，队伍建设聚合力。2017年，组织参加形式多样的学习培训会、座谈会、交流活动，加强会员的学习与交流，提升会员们的思想素质，提高整治把握能力、参政议政能力、组织领导能力、合作共事能力，促进各项工作扎实开展。2017年，民进开福区工委积极发掘优质人才，发展新会员2名，为民进组织增添新的血液。

参政议政。参政议政，建言献策显作为。2017年，民进开福区工委围绕区委、区政府的中心工作，按照顾大局、可操作、抓重点的原则，建诤言，献良策，提交提案和建议案6篇，撰写社情民意35篇。会员们积极参加各类调研活动，由长沙师范学院支部主委唐志执笔撰写《北辰文化创意产业园调研报告》，对促进该行业发展提出有建设性的建议，受到好评。2017年，民进区工委推荐长沙学院支部会员刘煜担任长沙市科技局的民主监督员，推荐直属一支部会员张静为开福区卫计局特约人员，推荐直属四支部会员杨天沫为开福区城乡建设局特约人员，参加民主监督工作。

社会服务。社会服务，同心聚力树品牌。创建省级同心社区。民进湖南省委、长沙市委、

4月16日，民进湖南省委专职副主委马石城（左三）参观机器人展演

开福区工委在科大景园社区召开同心共建科大景园社区2017年工作推进会，开展“暖春三月女人天，温情共度妇女节”活动，“同喜同贺端正月，同心同行惠万家”—民进同心惠卖暨中秋慰问活动等，2017年，科大景园社区被评为省级同心社区。组织开展抗洪救灾募捐活动，捐钱、捐物资3万余元，帮助受灾群众重建家园。2017年，民进开福区工委继续和江苏商会“同心结对”，为商会做好投资联络、咨询服务等工作。民进开福区工委联合江苏商会、洋河股份有限公司开展慰问社区环卫工人活动。直属一支部会员积极参与区、校组织的扶贫助学活动，李玲星老师带领学生参加省、市、区“戏剧进校园”公益活动；一中支部举办庆重阳“健康讲座暨专家义诊”公益活动，蒋玲丽老师参加民进市委赴嘉禾一中支教活动；一中开福支部退休会员毛长林老师每年向贵州山区资助贫困学生6000元，赵德安老师常年慰问孤寡老人；四支部会员凌国平多次在社区为居民开展“义诊”活动。

（李紫娟）

农工党开福区工委

主　委　谷任光

副主委　王爱民　范　雯

　　　　戴文兵　袁法康

概况　农工党开福区工委有支部（总支）6个，党员217人，其中区人大代表2人、区政协委员7人。

强化政治学习，思想建设不断提升。坚持政治理论学习。深入学习贯彻中共十八大、十九大及农工党十五、十六大精神，全面提升党员政治理论素养。坚持开展实践教育。区工委组织骨干党员赴广东惠州邓演达故居参观学习，各支部定期组织党员参加爱国主义的实践教育活动，在实践中提升党员们的政治理念和信念。坚持业务知识学习。通过参加统战系统、党派组织的开福区统战工作研修班、同心大讲堂等活动，各支部订阅学习《前进论坛》《长沙农工》等党刊业务知识，安排党员参加上级部门组织的统战信息、社情民意和提案知识培训，提高业务工作水平。

队伍建设。强化队伍建设，基层合力不断凝聚。组织开展系列活动。组织党员参加区委统战部组织的同心大讲堂、统战人士趣味运动会。组织党员开展创业大讨论。开展党员走访慰问活动50余人次。关爱老党员和贫困党员，送去农工组织温暖。开展多种形式的卫生宣教、健康讲座、送医送药、帮贫扶困、义诊咨询等公益活动20余次。2017年，发展新党员6名。

建言献策。强化履职尽责，建言献策服务发展。2017年，农工党开福区工委成立调研小组，就中小学生阅读情况开展专题调研，形成《开福区中小学生阅读现状调研报告》，为中共开福区委、区政府打造“阅读之城”提供决策参考。务实建言谋思路。区工委带领党员积极参加开福区政协以及中共开福区委统战部组织的各项政治协商和对口联系会、座谈会，并积极建言献策。2017年，向省人大、市政协提交建议、提案3篇，向开福区人大、区政协提交建议2篇、提案8篇，为省、市、区的社会民生事业发展建言献策。关注民生显真情。

7月17日，农工党开福区建湘新村“同心健康社区”启动仪式

全年向农工党市委和各级统战部和政协上报《关于进一步优化食品安全检验检测考核体系的建议》《关于进一步规范长沙市道路交通信号灯设置的建议》《关于加强湘江大道捞刀河大桥隔音板安全隐患排查的建议》等社情民意信息10余条，涉及公共卫生、交通设施、市政建设等多个领域。

关爱民生。贴心关爱民生，社会服务有新成效。立足本职做贡献。市一医院神经医学中心团队，荣获省、市重点学科先进单位，成为长沙市首批“名医工作室”，并下设东风路街道和捞刀河街道两个名医工作站。教育一支部申报的《具有地方特色的中职体育与健康教材及资源建设与教学实践的研究》课题，获得中国职教学会的立项批准。“同心社区”再建新功。区工委与伍家岭街道建湘新村联合创建的“同心健康社区”，开展“向城市美容师致敬”居民健康讲座、“居民幸福实用心理讲座”、“关注并减少骨质疏松风险”等健康服务活动。启动助学计划，设立同心助学基金，募集助学资金5.7万元，向建湘新村社区20名贫困学生家庭捐助4万元，为社区共享书屋捐赠书籍2000余册。为防汛救灾捐款捐物3万余元。药业支部党员继续开展“手牵手一帮一”扶贫助学活动，对口支援湘西困难学子。药业支部党员彭奕为社区特困家庭捐赠奶粉等物资10余万元。党员彭令分救助湘乡、株洲因病致贫困难群众3人，援助益阳、汨罗两位因意外事故无法得到较好手术治疗的患者，捐献资金3.6万元。

（李紫娟）

致公党开福区工委

主　委　陈　旻

副主委　胡海飞　杨春生

　　　　杨雅琴

　　　　邓正君（2017.2免）

概况　致公党开福区工委有支部4个，党员110人。

自身建设。强化自身建设，坚守责任担当。区工委通过举办“建设厚德开福，助残你我同行”社区活动，参与市委组织的“不忘合作初心，继续携手同行”的宣讲活动，参加省、市、区相关培训、各类学习等，不断提高政治把控能力，打造“五好支部”。全面落实工委班子成员联系支部制度，定期召开区工委扩大会议，将每月工作方案细化到各委员，确保组织推动有力。2017年，发展新党员5名，平均年龄34.5岁，均具有本科以上学历和侨海背景。落实省委、市委关于省市区工委一体化的工作要求，坚持“平台同建、品牌同创、资源共用、成果共享”的原则，主动联系省直开福工委，邀请他们参与区工委会议、社会服务、区委统战部的同心大讲堂学习等各项履职活动，并推荐省直开福工委一名党员担任区政协委员，做到工作中“同布置、同推进、同总结”。支部活动精彩纷呈。2017年，各支部组织开展走访慰问活动、中共十九大宣讲活动、到革命根据地参观学习活动、联谊活动等。党员创先争优成绩喜人。工委副主委杨春生荣获国际创新方法研究会“创会个人永久会员”；东风支部副主委罗狄峰受邀参加“一

致公党开福区水风井同心科普社区创建启动仪式

带一路"中青年社会组织发展论坛，作为湖南省社会组织的唯一代表在论坛上发言。

夯实履职能力，助推经济发展。落实区委要求，主动对接湖南浙江总商会，宣传推介开福，展示开福区亲商、安商、富商投资环境。成功引进浙商银行长沙分行、湖南博睿雅文化艺术品有限公司、湖南中轩浩源装饰设计工程有限公司、湖南星际兴汽车贸易有限公司、铭顺（长沙）网络科技有限公司等入驻。区工委带动党员参与调研、提案和社情民意的撰写，积极建言献策。撰写题为《打造沙坪特色基金小镇的建议》，得到区委、区政府高度重视。2017年，提交（议）提案11件，涉及公民信息安全、女童保护、道路交通、物业管理、特色小镇建设等方面。提交社情民意24条。

扶贫帮困。立足社会服务，精准扶贫帮困。巩固水风井"同心科普社区"的精品工程，承办"创新放飞梦想，科技引领未来"为主题的开福区科技周活动。立足本职岗位，展现社会价值。区工委副主委胡海飞牵头创建的沙坪社区政协委员工作室，得到省政协主席李微微的高度肯定，在湘声报头版进行报道。工委副主委杨春生企业阿凡提信息科技股份有限公司与长沙市科技局、华南理工大学联合举办成果对接会；支部党员冯春企业徐记海鲜荣获"中国餐饮30年卓越企业""食药安全共治共建突出贡献单位"；东风支部副主委罗狄峰的长沙市三和社工中心荣获湖南省第二届志愿者服务项目大赛金奖；党员盛美英企业金牛角王中西餐厅获得"长沙市十大品质餐厅""湖南最受尊敬企业"等荣誉称号。困难帮扶奉献爱心。区工委组织党员为洪灾受困群众捐款捐物11.95万元。全年组织企业家开展"送温暖、献爱心"活动10余次，服务群众1万余人，捐赠资金、物资20余万元。党员杨儒淼成立的"凤凰欲飞"爱心助学基金会，常年资助边远山区的贫困学生，累计捐资助学39.25万元。

加强内外联络，服务侨海促和谐。区工委加强与统战部门联系，参加各项统战活动，联合开福区侨联、妇联、四方坪街道、开福区向日葵爱心公益协会、新中新儿童发展中心举办"小公主的铠甲—女童保护"公益课堂。组队参加区委统战部的第三届运动会，荣获三等奖。党员朱云翔到澳大利亚，与当地致公党和华人交流学习，推介长沙；区工委副主委杨春生到香港参加"港洽周"活动，到菲律宾参加首届"一带一路"经贸论坛，与海外侨联对接；组织党员参加第四届海归论坛活动。

（李紫娟）

九三学社开福区工委

主　任　章异新

副主任　黄熙宇　羿　莎

　　　　谢江岸　李少林

　　　　肖　婧　李　茂

概况　九三学社开福区工委有支社5个，社员140人，其中区人大代表1人，区政协委员14人。

自身建设。2017年，九三学社区工委将深入学习与实践结合起来，与传承爱国、民主、科学的优良传统结合起来，开展各类教育学习活动。学习中共十九大精神，不断提升领导班子素质修养。工委通过区工委和支社微信群、短信、电话等方式，采取自学、集中学、实地参观等多种形式，深刻领会习近平十九大报告精髓。注重传承优良传统，积极投身开福建设。传承老一辈社员为国为民的精神，发动社员为开福区发展献计献策，积极投身开福区建设。积极开展座谈活动，统一思想认识。以支社为单位，引导社员参观学习改革开放以来祖国建设的伟大成就，畅谈感悟与体会，统一思想认识。

组织建设。区工委关爱老社员，发挥新社员积极性，提高社组织的活力和凝聚力。严格把关，加强对入社申请者的考察审核。本着成熟一个发展一个的原则，将12名申请者放到支社进行考察，发展新社员12名。激发潜力，充分发挥新社员积极性。九三区工委组织召开参政议政小组会议，鼓励社员开展调研。提案和建议都得到有关部门的重视和答复，拓宽参政议政的领域，提高党派服务科学发展的水平。重视教育，加大对骨干社员培养力度。

制度建设。坚持 区工委中心组学习制度，开展科普讲座、区工委与老社员互动座谈。支社活动丰富多彩。一支社组织社员就开福区物联网开展研讨、二支社组织社员就如何提高支社活力开展大讨论。各支社根据自身社员构成特点进行医疗服务、法律咨询、创业就业指导等社会服务工作。落实社内政协委员联系社员制度。2017年，社内政协委员组织所联系社员召开社情民意座谈会，为解决社区管理、道路交通、城市管理、环境保护、科技企业发展等问题，收集意见和建议。

参政议政。围绕中心，深入调研。区工委从信息化和军民融合以及科技企业发展角度入手进行调研。与胜昊科技、华瑞联芯等企业召开联系会议，形成相关的调研报告。履行职责，献计献策。发挥社内人大代表、政协委员作用，积极建言。社内人大代表、政协委员围绕开福区科技创新、农村建设、法律援助、城市建设、环境保护等课题提出提案及议案18篇。发挥社内专家各自专长，积极献策。上报社情民意多篇，其中1篇上报全国政协，3篇被省政协采用。关注开福，贡献力量。社区工委要求全体社员，尤其是班子成员要带头为开福区的建设发表意见，不便于走动的老年社员的意见和建议由专人负责传递信息，为开福区建设创建和谐社会环境。积极推进湖南省异地商会会长“同心结对”开福行活动，引进北京安怀信科技有限公司、中们长城海洋、海洋维护项目等，投资超过1500万元。

社会服务。社区工委加大社会服务的力度，深入社区、企业等进行法律和医疗知识的宣传。组织社会实践活动。参加民主协商。动员社员立足本职岗位，发挥优势，协助湖南省物联网行业协会各项工作，指导并全程参与湖南省第二届“物联世界 共创未来”高峰论坛，汇集省内外近500名物联网企业及业界人士、专家参与。组织社员参观红色革命纪念地，开展预防艾滋病、关注社员之家APP等活动，参与区委统战部同心大讲堂活动。组织社员参与社会公益事业。在抗洪救灾中开福区工委组织社员，看望慰问战斗在抗洪抢险第一线人员，向灾区捐款捐物10余万元。区工委组织编撰出版《长沙话旧》，保存长沙老城的历史资料文献等。通过多种形式的社会服务，发挥九三学社的界别优势，扩大九三学社开福区工委的影响力。

（李紫娟）

党外知识分子联谊会

区党外知识分子联谊会

会　长　廖紫君
常务副会长　刘　川
副会长　黄　勇　江再红
　　　　李　嶷　陈　武
秘书长　罗　为

概况　区党外知识分子联谊会（以下简称区知联会）有理事68人，其中市人大代表5人，区人大代表1人，区政协委员16人。

自身建设。引导理事进行政策理论学习。借助区委统战部组织全区党外人士开展“两学一助”学习教育的契机，组织理事学习习近平的系列重要讲话和“十九大”报告精神，开展专题讨论。建立区党外知联会动态管理机制。区党外知联会对每名理事参与学习、联谊、公益活动的情况进行考核，将考核结果作为年度评比的重要依据。区党外知联会下设四个联组，每位副会长联系一组，实现区域化、动态化管理，定期开展联谊活动。发挥蓄水池作用。将优秀的党外知识分子推荐加入中国共产党或民主党派。成立“开福区党外知识分子联谊会智联学院”。以学习活动、讲座、讲学等形式，传播家风厚德文化等传统文化。举办《朱子家训》《湘绣发展史》《湖湘家道》好家风专题讲座3次。

参政议政。区知联会结合自身人才优势，根据开福区农贸市场

12月3日，区党外知识分子联谊会主办“我们在一起”——大书画家高旭奇携手知名书画家公益书画笔会，并向市民捐赠对联。

多的特点，开展课题调研，形成《关于将农贸市场垃圾就地无害化处理纳入区民生工程的建议》的调研报告。上报社情民意信息15条。在新一届政协换届中，陈武、刘占军、薛丽、文洁等4名理事当选为开福区第六届政协委员。在新一届特约人员换届中，邓晖、周寰奇、昌盛、戴和清等4名理事被聘用为开福区特约人员。

社会服务。区知联会积极对接新湖南、新长沙、新开福发展战略，在盛世路社区创建“同心幸福社区”，在社区搭建“同心同享”“同心同联”“同心同议”“同心同营”平台。“同心同享”的搭建，是为促进社区与帮扶村两地的交流发展，充分发挥开福区党外知联会及辖区资源的力量募集资金，开展捐书、赠书活动，以文化交流学习来带动城乡互动、共同发展；“同心同联”平台的搭建，充分发挥湘江世纪城居民消费能力强以及区党外知联会成员的优势，促进帮扶村的经济发展，增加村民收入；“同心同议”平台，为党外知识分子参与社区基层治理搭建建言献策平台；“同心同议”平台，建立社区、知联会、帮扶村三方的就业创业合作机制，引导创业、吸纳就业；“同心同营”平台主要是区党外知联会与社区共同升级打造的“同心益童成长”服务项目，解决儿童自闭、智障、感统失调、心理发展障碍等问题。

扶贫帮困。建立区党外知联精准扶贫基金管理机制。借助区党外知联会扶贫助学众筹平台，区党外知联会理事黄泽圣牵头举办“爱心扶贫”公益画展，拍卖作品33幅，向益阳市安化县黄石村的贫困家庭和留守儿童捐赠4万余元。打造“互联网+文化+公益”同心平台，建立区知联会公共基金账户，维持公益平台及项目常态化运转。依托省委统战部“凝心聚力十三五”精准扶贫建设工作，区知联会联合湘江世纪城爱心人士开展“爱心助跑·情满湘江 520爱心MINI马拉松”，继续深化“一座城帮一个村”爱心公益活动，为怀化市通道县坪坦乡横岭村的孩子们捐款。主办“我们在一起”第五期—大书画家高旭奇携手知名书画家公益书画笔会活动，吸引更多的社会爱心人士参与到爱心公益事业中来。

（李紫娟）

法治

公安

区公安分局

局　长　廖　勇
政　委　周立强
纪委书记　刘海平
副局长　吴国旗　胡雨平
　　　　邓集锋　张哲辉
　　　　王　坚　甘胜辉（2017.3病故）
副局长兼政工室主任　唐　江

概况　长沙市公安局开福分局坐落于长沙市东风北路刘家冲1号，机关办公楼于1997年1月建成投入使用。2017年，区公安分局有民警664人，其中派出所警力373人，占总警力的56.2%，职工6人、辅警375人。区公安分局设35个内设机构，其中5个机关科室：指挥中心（办公室）、政治工作办公室、监察室（纪委）、后勤保障、警卫科，3个党团部门（机关总支、工会、团委），13个大队（法制大队、刑事侦查大队、经济犯罪侦查大队、禁毒大队、国内安全保卫大队、第一治安管理大队、第二治安管理大队、第三治安管理大队、人口与出入境管理大队、单位内部安全保卫大队、网络安全保卫大队、开福巡警大队、城管公安大队）和14个行政派出所：清水塘派出所、通泰街派出所、东风路派出所、新河派出所、洪山桥派出所、芙蓉北路派出所、望麓园派出所、湘雅路派出所、伍家岭派出所、四方坪派出所、捞刀河派出所、新港派出所、青竹湖派出所、德雅路派出所。联系区公安消防大队。2017年，四方坪派出所、刑侦大队获评“市局先进基层党组织”，人境大队接待大厅获评“市局共产党员示范岗”。

队伍建设。从严治警成效显著。2017年，开展各类督察行动360余次，检查基层单位240个次，现场督察单位窗口场所150个次，网上巡查单位窗口场所3200个次，接待群众来电来访54次，下发督察通报35期，通报批评单位65个次，通报批评民警171人次，警示提醒3人，告诫约谈8人，诫勉谈话民警1人，党纪政纪处理1人。督办侵犯民警权益案件12起，涉及侵犯民警权益嫌疑人14人，均追究刑事责任。“十九大”安保维稳等攻坚时期，推出“战时服务小分队”“民警子女临时托管中心”、慰问一线外派值守民警等举措，鼓舞一线民警工作士气。向公安部、省厅、市局推介分局工作典型经验和做法，30余篇简报和调研材料被采用。组织新闻集中采访活动12场次，组织防范电信网络诈骗、“非吸”、传销和消防安全等主题宣传活动20余场次。在《法制日报》《湖南日报》、红网、湖南都市、湖南公共、《长沙晚报》和长沙政法频道等省市主流新闻媒体刊发播出新闻稿件420余篇次。“双微”平台对群众解释答疑100余次，移交反映、投诉线索20余条，其中通过核实处理并反馈当事人10余条。

刑侦工作。高压严打违法犯罪。2017年，开展“百日大比武”“集打”等专项行动，落实“大巡防”“夜巡”“常态化武装网格化巡逻”机制，全年安排夜巡人员8520人次，到岗率98.9%，配枪率97.8%，现场成功处置各类警情61起，其中与辖区派出所联动21次，有效提升全区路面巡逻防控见警率和快速反应能力。侵财案件同比下降4.62%，入室盗窃案件发案同比下降24.63%，社会治安秩序持续向好。全年刑事立案5515起，比2016年立案数下降5.8%，刑事案件破案1571起；刑事拘留犯罪嫌疑人1194人，同比上升9.64%。全年勘查案件现场1804起，提取指纹495案、足迹936案、生物物证396案、工具痕迹261案，串并案件182串450案。采集重点人员指纹4413人，DNA活体信息采集4413份。2017年，发生命案5起，全部实现快侦快破，现行命案破案率100%。在命案积案侦破工作中，抓获一名命案逃犯，成功破获命案积案一起。全区共立案侦办涉黑涉恶案件12起，打掉7个涉恶团伙，刑事拘留251人，成功侦破“8・26”月湖特大涉恶传销犯罪集团案、“7・9”抢劫轮奸案、“8・19”特大系列抢劫、非法拘禁案。2017年，破获侵财案件5041起，同比下降4.62%；破获侵财案件1200起，同比上升23.8%，破案率26.5%；刑拘侵财人员726名，起诉677名；打掉跨区域系列性犯罪团伙15个，破获系列侵财案件213起。2017年，打掉电信诈骗团伙9个，起诉电信网络诈骗犯罪嫌疑人41人，破获电信网络诈骗案件259起。其中“3・28网络平台投资诈骗案”，抓获嫌疑人47名，刑事拘留16人，为人民群众挽回被骗经济损失100余万元。

经侦工作。维护经济领域正常秩序。破获非法吸收公众存款案件5起，为人民群众挽回经济损失1000余万元，其中查处“湖南顺航投资担保公司非法吸收公众存款案”被评为长沙市打击非法集资优秀刑事案例。打击涉企经济犯罪，服务非公有制企业，改善全区经济发展软环境，为创元资产管理有限公司等企业挽回被骗经济损失1.2亿元；对湖南省澳鑫商品交易有限公司涉嫌非法经营案进行立案侦查，抓获涉案人员30名，采取刑事强制措施19人，查控涉嫌资金6440余万元，查封涉案房产4套。开展“利剑打假”行动，全年破获30起食药烟环案件，抓获涉案人员61人，刑事拘留48人；办理上级公安机关交办的集群案件21起，回复涉案线索45条。

治安工作。扫除“黄赌毒”丑恶现象。开展“6・27”工程禁毒日、社区戒毒康复“8・31”工程全民禁毒宣传活动，发放“毒品拦截提示卡”“禁毒预防宣传手册”等禁毒宣传资料8000余份，实施“禁毒宣传进校园”活动。实行“大队、派出所、警务室”三级联动缉毒机制，开展“三品”专项治理行动，落实易制毒化学品的动态监管，最大限度遏制毒品危害。2017年，刑事拘留涉毒犯罪嫌疑人142名；逮捕直诉毒品犯罪嫌疑人148名（含2016年积案流转人数）；查处吸毒人员1055名；强制隔离戒毒271人，社区戒毒247人；缴获毒品27.61公斤；破获1起部督目标案件、1起省督目标案件。全年办理涉黄案件37起，刑事拘留40人，治安拘留99人，成功侦办青竹湖“12・14”网络传播淫秽物品案等一批涉黄类重大案件。全年办理涉赌案件80起，刑事拘留63人，治安拘留225人。

开展各类重点行业监管、清查整顿工作。依托省厅“风控”系统、市局机修业“实名制”等平台，采取实地检查与抽检相结合的工作模式，全年下发责令整改通知书73份，当场处罚212人，查处无证经营旅馆24家，取缔24家，治安拘留19人，督促整改5家；对175家休闲娱乐场所登记造册，约谈2家用，责令自查自纠2家，整改2家。在剧毒化学品、

创建“平安开福”，维护社会公平主义，开福区政法机关在行动

烟花爆竹和人员密集场所等重点行业领域开展安全生产“打非治违”专项行动，组织警力512人次，对全区499家生产经营单位进行检查，排查安全隐患146处，其中整改146处，排查重大安全隐患2处。全年收缴枪支48支，子弹2987发，收缴仿真枪16把，管制刀具76把，雷管8枚，办理涉枪刑事案件7起；办理涉枪治安案件2起，治安拘留1人。协助耒阳警方截获部督涉爆案件1起。

推进基础设施和信息化建设。2017年，区公安分局“警察之家”、警体馆、篮球场、涉案财物保管中心建成并投入使用；完成8个派出所、37个警务室的提质改造；鹅秀中心消防站、公安刑技楼、东风路派出所等基建项目进展顺利。建立并投入使用全省首个社会视频云中心，实现重点区域社会视频数据资源“云端”归集，完成“天网工程”三期建设，新增摄像监控1860个，天网运维工作绩效、在线率全市第一。全面落实“清网追逃”工作，强化信息研判与录入比对工作，全年抓获追逃228人，其中外省117人，外市45人，本市66人。清网追逃110人，清网率79.1%。全年受理各类信访事项669件，办结率100%；受理并依法公开政府信息17件；完成上级督办积案6件；接收警务调查不满意样本449条，整改435条；受理12345市民热线1155条，办结895条，市民满意率98.3%。

人口管理与服务。强化实有人口管理服务。引进出入境证照自动取证机、交警处罚一体机等自助设备，分流办事群众，实现公安行政窗口审批“一站式”、线下“家门口”办理，让群众感受更便捷的服务。全年接待办理户口业务4.79万人次，办理身份证5.77万人次，办理临时身份证2683人次，办理边境证280人，加急办理户口业务156件。通过“互联网+”办理窗口业务占比41.39%，全市排名第一。为老弱病残等行动不便的群众提供上门服务203人次；办理军人身份证1289张，对有需求急事急办群众提供优质高效的服务286人次，实现分局窗口服务事项“零积压”、服务结果“零投诉”的工作目标。将湘雅附一门诊就医、省博物馆预约参观（数据链接建设中）、物流寄递、高速公路通行等真实度高、基数大的数据统一纳入分局基础信息归集工作中，全年归集重点单位数据12.56万条。采录“三实”信息27.56万条，通过申服平台采录信息19.21万条。通过“三实”信息采集工作，抓获网上逃犯5人，吸毒人员17人，处罚违规出租房主26人，提供破案线索23起。

安全保卫。做好国内安全保卫工作。2017年，成立开福特护期信访维稳工作专班，围绕“两会”“一带一路”峰会、中共十九大等关键节点，统筹全区维稳办、信访局、民政局等职能部门，整合公安国保、治安、网技、情报、人境等警种资源，采取联席办公、联合会商、集中调度，指挥各街道、派出所开展工作。全年临控重点人员2900余人，实时推送重点人员购票信息520余人次。2017年，通过预警稳控吸附和中途拦截重点人员410人次，全区进京非访量同比下降56.79%。中共十九大期间，归集各类社会维稳类信息3000余条；搜集内幕性信息812条；推送预警性信息420条；上门摸底核查164名邪教重点人员，查获反宣品500余份，开福区信访维稳工作实现“零非访”目标。圆满完成张德江、王岐山等中央领导视察和马栏山视频文创产业园奠基仪式、中韩世界杯亚洲区预选赛、2017长沙国际马拉松、湖南国际车展、张学友长沙演唱会等各类警保卫活动300余次，出动警力26000余人次，警力投放效率提高15.1%，无一工作失误。

【破获“3·28”系列入室盗窃、持刀抢劫杀人案】3月28日，开福区清水塘三小发生一起办公室电脑被盗案。接到报案后，洪山桥派出所、区公安分局刑侦大队技术、视频侦查民警即刻赶到现场，提取嫌疑人遗留鞋印、作案视频等若干，很快与长沙地区串并类案10余起。区公安分局成立“3·28”专案组，围绕情报线索，全面展开案件侦查工作。专案组综合多个案件有效信息分析，掌握嫌疑人体貌特征、作案特点及行动轨迹，于4月22日凌晨3时左右抓获一名犯罪嫌疑人陈某平。通过审讯，陈某平如实供述另外8起盗窃案件的作案过程和犯罪事实，并主动交代1994年10月因图财在老家邵阳隆回县罗白乡陈立村的后山上抢劫杀死山东籍男子吴某的犯罪事实，以及在长沙实施的另外6起校园盗窃案件。至此，“3·28”系列专案成功告破。2017年，破获盗抢系列案件40余起，其中盗窃学校案件14

起、入室抢劫案1起、抢劫杀人案1起。

【“8·19”特大组织领导传销、抢劫、非法拘禁案告破】自8月19日起，区公安分局陆续接到群众在月湖大市场被人持续殴打、非法拘禁，并被抢走随身财物的报警。接报后，区公安分局立即成立专案组负责侦破此案。专案组通过情报研判分析，一个以韩某仁为首，有着电信网络诈骗、暴力胁迫抢劫、洗脑引诱传销三个特征的非法传销集团浮出水面，并初步掌握该集团下属的6个犯罪窝点。8月20日、24日凌晨，专案组兵分六路开展抓捕，抓获犯罪嫌疑人46人，解救受害人员21人。为彻底摧毁该传销集团，10月11日凌晨，区公安分局出动警力420人次，对该集团的13个窝点开展集中收网行动，抓获包括韩某仁在内的犯罪集团嫌疑人员151人，其中刑事拘留93人，逮捕20人，移送起诉38人。

【成功捣毁“10·25”生产销售病死猪肉窝点】10月25日，区公安分局基础防控中心通过归集全区食药环关联类信息，梳理出2条反映捞刀河地区经常有恶臭的社会信息，中心情报分析员研判可能涉及食药环领域违法犯罪，并下达核查工作指令。区公安分局治安一大队迅组织力量，对线索反映的凤羽村16组展开摸排，一个以嫌疑人黄某平为首的病死猪肉加工窝点浮出水面。区公安分局对案件开展深入调查，结合涉案车辆电子卡口记录，快速摸清各生产、分销窝点基本情况和相关通讯信息，利用情报分析平台确定黄某平的上、下线基本情况及犯罪嫌疑人身份信息，精确掌握该安化籍团伙犯罪组织机构。11月9日凌晨，组织100余名警力展开抓捕，抓获全部涉案门店店主阳某生、丁某明等嫌疑人员，并对正在销售的大批病死猪肉进行扣押销毁。

（邹　明）

检察

区人民检察院

检察长　宋宽馀
副检察长　宋义平　黄中玮（2017.5任，挂职）
　　　　　刘　立　廖耀群
　　　　　宫　平（2017.5免）
政工室主任　黄　宇
纪检组长　曾广军
反渎职侵权局局长　陈广益

概况　开福区人民检察院（以下简称区检察院）位于长沙市芙蓉北路陈家铺202号。内设反贪污贿赂局、反渎职侵权局、侦查监督科、公诉科、监所检察科、民事行政检察科、职务犯罪预防科、控告申诉检察科、案件管理科、司法警察大队、政工室、办公室、纪检监察室13个科、局、室、队，在编83人。2017年，区检察院被最高人民检察院评为“全国检察机关文明接待示范窗口”“全国检察宣传先进单位”，并获得“全市先进基层检察院”“市级文明标兵单位”等荣誉称号。反贪污贿赂局肖霓、蒋凯，反渎职侵权局周向东被最高人民检察院评为“全国检察机关侦查能手人才”。公诉科王青枚在最高人民检察院举办的征文活动中获优秀论文奖。公诉团队在长沙市检察机关公诉人团体论辩赛中荣获第二名，其中贺雨佳被评为“十佳辩手”。纪检组长曾广军被省人民检察院相继记二等功、三等功。公诉科陈斌在援藏工作中记个人三等功。

履行批捕和起诉职责。履行

检察院大楼

审查逮捕、审查起诉职责，维护社会和谐稳定。2017年，受理审查逮捕案件723件1096人，批准逮捕520件773人；受理审查起诉案件962件1373人，提起公诉863件1194人。严厉打击严重影响社会稳定的刑事犯罪，对故意杀人、故意伤害、强奸等侵犯公民人身权利，“两抢一盗”等侵害公民财产，“黄、赌、毒”等妨害社会管理秩序的犯罪，批准逮捕495件744人，提起公诉598件878人，切实提高人民群众安全感。认真贯彻宽严相济刑事政策，对构成犯罪但情节较轻，无逮捕必要或可以免除刑罚的案件，依法不批捕148人，不起诉70人，节约司法资源；对事实不清、证据不足的案件，依法不批捕170人、不起诉26人，坚决防范冤假错案，确保案件质量；建立“检调对接”机制，对当事人双方达成刑事和解的轻微刑事案件，不批捕24人、不起诉16人，通过办案从源头上化解社会矛盾。

查办和预防职务犯罪。惩治和预防职务犯罪，推进反腐倡廉建设。2017年，立案查办职务犯罪案件16件19人（含处级以上干部2人），其中查办贪污贿赂犯罪案件11件13人，渎职侵权犯罪案件5件6人，通过办案为国家挽回直接经济损失5000余万元。坚决查处损害人民群众利益的腐败案件；严肃查处重点领域、重点部门的职务犯罪案件；深化职务犯罪预防工作，结合查办案件开展预防调查，编写具有指导性的预防调查报告和案件分析3份；多途径拓展预防宣教阵地，深入中国中铁公司等单位开展警示教育3次，开展法制讲座20余次；严格落实廉政准入制度，提供行贿犯罪档案查询4387次、1.6万余人，从源头预防腐败犯罪发生，促进社会诚信体系建设。

加强诉讼监督。加强对诉讼活动监督，维护和促进执法司法公正。加强刑事立案、侦查活动监督和审判活动监督。监督侦查机关立案8件、撤案10件；纠正漏捕43人、漏诉39人，提出纠正侦查活动违法117件次；提出和提请刑事抗诉2件4人。加强刑事执行和监管活动监督。开展羁押必要性审查，有关部门采纳检察建议后对22人变更强制措施；加强对监外执行罪犯的监督，依法监督撤销缓刑收监执行3人；深入推进集中清理判处实刑罪犯未执行刑罚专项活动，监督收监执行刑罚10人；强化财产刑执行监督工作，监督执行到位2件。加强民事审判和行政诉讼活动监督。办理不服人民法院民事判决和裁定的监督案件3件，法院裁定再审1件；办理督促履职、支持起诉案件32件，办理审判程序监督案件4件，发出检察建议2份。

推进体制改革。推进国家监察体制和司法体制改革。开展国家监察体制改革试点工作，深入细致做好转隶检察人员的思想政治工作，共转隶19人。认真做好转隶期间案件查办、审结以及线索移交等工作，确保改革的决策部署落到实处。深入推进司法体制改革，全面完成检察人员分类定岗工作，遴选产生首批34名员额检察官,分类确定检察辅助人员31人和司法行政人员11人。坚持“谁办案谁负责，谁决定谁负责”原则，健全办案组织，运行新版检察机关统一业务应用系统，结合检察官权力清单制定绩效考核办法，全面落实司法责任制。

推进以审判为中心的诉讼制度改革。联合区公安分局制定《刑事诉讼检侦协作机制》，强化检察机关在审前的主导作用，加强检侦对接，推进构建新型诉侦关系。围绕庭审开展工作，对于达不到起诉标准的案件在审前进行过滤，探索建立证人、鉴定人出庭制度，提升庭审指控能力和庭审效果，积极构建新型诉审

6月7日，区检察院举行首批入额检察官宣誓仪式

关系。依法保障律师执业权利，积极构建新型诉辩关系。

探索新职能，推进新机制。贯彻落实新修订的《中华人民共和国民事诉讼法》和《中华人民共和国行政诉讼法》，探索和履行新增民事行政检察职能，以生态环境和资源保护、食品药品安全等领域为重点，摸排公益诉讼案件线索3条，立案2件，发出诉前检察建议2份。成立区检察院驻区环保局、区食品药品监督管理局检察联络室，对中央环保督查组交办区环保局的183件反馈线索进行跟踪调查，均督促相关职能部门整改到位。

强化队伍建设。坚持从严治检，打造过硬检察队伍。坚持政治建检，作细作实思想政治工作。面对司法体制改革和国家监察体制改革叠加的新情况，院党组多层次地与全体检察人员开展交心谈心活动，确保全年思想不乱、工作不断、队伍不散。坚持文化育检，凝聚发展正能量。组织全体检察人员参观廉政教育基地，将廉洁文化有机融入检察文化建设中，牢固树立廉洁从检意识。深入推进党风廉政建设，严格落实主体责任和监督责任清单制度，确保检察队伍的廉洁性和纯洁性。坚持人才兴检，提升队伍专业素能。加强优秀人才选拔任用，选拔任命正、副科级干部4人，公开选调硕士研究生2人，有效改善队伍年龄和学历结构。坚持学习培训常态化，积极选送检察人员参加各类培训；加强岗位练兵，举办公诉论辩赛、听庭评议、优秀文书评比等活动，着力培育“精英人才”。

【区检察院检察长出庭支持公诉】4月19日，区法院分别开庭审理区检察院提起公诉的3起刑事案件，区检察院检察长宋宽馀出庭支持公诉。这是在深入推进司法体制改革过程中，检察长带头办案的首例案件。担任本次审判长的是区法院院长戴智明，“两长”同时出庭依法履职也属首次。区法院认为检察院指控的犯罪事实清楚，证据确实、充分，量刑建议适合全部予以采纳，并当庭审判。检察长出庭支持公诉带头办案，不仅起到率先垂范作用，同时对贯彻落实司法改革总体要求，推进检察队伍专业化、职业化建设起到积极有效的推动作用。

【湖南首例检察机关支持起诉撤销监护权案宣判】4月27日，由区检察院建议区民政局申请撤销温亮（化名）监护权一案开庭审理，区法院采纳检察机关支持起诉意见，当庭宣判撤销被告人温亮（化名）对其16岁亲生女儿温天华（化名）的监护资格。2016年9月18日，区检察院受理温亮涉嫌强奸罪一案。经审查，自温天华9岁起，温亮就对其实施猥亵，后发展至强行与其发生性关系，并导致其在2016年怀孕。2016年12月26日，区检察院以涉嫌强奸罪对温亮依法提起公诉。2017年3月6日，区法院以犯强奸罪依法判处温亮有期徒刑九年。在温亮的刑事判决书生效后，区检察院立即向区民政局发出检察建议书，建议民政部门依法向法院提起申请撤销监护人资格的诉讼。4月1日，区民政局提起诉讼，同时区检察院向区法院提交支持起诉书，当天法院受理并立案审查。

【首批员额检察官任职宣誓】6月7日，区检察院办公楼前坪举行首批员额检察官任职宣誓仪式。34名首批入额的检察官身着检察制服，在检察长宋宽馀的领誓下，面向国旗庄重宣誓，承诺遵守宪法、尊崇法治、坚守职责、忠诚为民。区人大常委会主任许振勤、副主任李光华等领导出席仪式并担任监誓人。李光华指出：首批入额检察官庄严宣誓，代表大家将以新的身份履行检察官职责，将承担更多的责任与担当。此次员额检察官遴选系深入推进司法体制改革，全面完成检察人员分类定岗工作实施的举措。

【认罪认罚从宽试点工作获肯定】7月25日，由区检察院提起公诉的3起适用认罪认罚从宽程序审理的案件在区法院审理。最高人民检察院正厅级检察员王军，省检察院副检察长印仕柏及其他省市院领导现场观摩庭审之后，对此项工作予以充分肯定。认罪认罚从宽试点工作系2016年9月3日经全国人大常委会通过决定，授权最高人民法院、最高人民检察院在部分地区开展的工作。作为试点单位之一，区检察院根据上级统一部署推行此项制度，对犯罪嫌疑人、被告人自愿如实供述自己罪行，对指控犯罪事实没有异议，同意量刑建议、签署具结书的，建议法院依法从宽处理。截至2017年年底，区检察院办理适用认罪认罚从宽制度刑事案件87件97人，占全部审结案件的29.5%，有效提高办案效率，降低诉讼成本，促进司法公正。

（胡 玲）

法院

区人民法院

院　长　戴智明
副院长　曹新凯　王利兵
　　　　甘文韧
　　　　张　虎（2017.6免）
纪检组长　朱　礼（2017.9免）
执行局局长　艾文博
政工室主任　胡继红

法院大楼

概况　2017年，开福区人民法院（以下简称区法院）内设刑事审判庭、民事审判一庭、民事审判二庭、行政审判庭、未成年人案件综合审判庭、审判监督庭、立案庭、执行工作局、非诉行政案件执行局（与土地房屋征收审判庭合署办公）、湘江环境资源法庭、司法警察大队、纪检监察室、政治工作室、办公室、研究室、审判管理办公室16个职能部门，在职工作人员112人。

2017年，区法院认真履行宪法和法律赋予的职责，司法为民，公正司法，各项工作取得长足进步。全年受理各类案件17269件，办结14637件，收、结案同比上升17.83%和16.2%，收结案数、员额法官人均办案数位居全省前列，办案最多的法官607件。

服务平安开福建设。依法惩罚刑事犯罪，维护国家安全和社会稳定，审结刑事案件691件，986人被判处刑罚。严惩严重危害社会治安犯罪，审结故意伤害、抢劫、强奸等暴力犯罪案件87件127人；积极参与禁毒斗争，审结毒品犯罪案件90件95人；严惩危害食品药品安全、制售伪劣产品等犯罪案件21件37人，努力维护人民群众“舌尖上的安全”；积极参与反腐败斗争，坚持“老虎”“苍蝇”一起打、行贿受贿一起惩，依法审理沅陵县人民政府副县长陈启生贪污、受贿、行贿等职务犯罪案件10件15人。加强未成年人犯罪案件审判工作，审结未成年人刑事案件13件19人。区法院开展的“中小学生如何防范人身安全”主题法治教育宣传活动，荣获全区“十佳法治文化精品”荣誉称号。

维护区域金融安全。让金融企业愿入驻、长入驻，营造良好的金融环境，提质金融商务区，建立专业团队快处、多元化解、繁简分流、互动协调、舆论引导五项工作机制，强化金融审判。审结金融借款、委托理财等金融类案件1677件；妥善处理网贷、校园贷案件251件，防范校园网贷风险；召开银企座谈会，对金融债权保障、企业改革等法律问题进行研讨，促进辖区银企良性发展；依法打击破坏金融秩序犯罪行为22件、48人被判处刑罚，涉案金额3.29亿元。区法院服务金融审判工作被中央省市媒体推介。

助推法治政府建设。妥善化解行政争议，保护行政相对人合法权益，审结行政案件260件，依法维持197件，判决撤销、变更63件；审结涉征拆行政案件173件，审查行政非诉执行案件61件，支持城中村、棚户区改造和农村征地项目。做好司法建议工作，推行行政机关负责人出庭制度，提高行政机关依法行政意识，提升法治政府水平。

弘扬诚实守信风气。大力加强执行威慑机制建设，发布失信被执行人信息1606条，发布限制高消费令1198人次，依法对26名拒不履行判决、裁定的人员，采取罚款、拘留、限制出境等强制措施。开展“百日清积攻坚”“涉民生案件”等集中执行专项行动，受理执行案件6413件，同比上升20.66%；执结5423件，同比上升14.87%，当事人兑现胜诉权益14.59亿元。

大力支持项目建设。为推动产业提效、城市提质、民生提档，全力支持区域重点工程建设。办结征拆案件294件，其中调解、执行和解218件，采取强制执行35场次，推进金鹰片区、黄兴北路、火车北站、泰阳商贸城、金霞片区等重点项目建设，确保马栏山视频文创园重点工程的顺利进行。加大破产案件审理，特别是维多利破产案件，最大限度地保护债权人合法权益。

处理民事纠纷。受理民事案件9725件，审结8170件。坚持法、理、情相结合，妥善审理关系群众切身利益、家庭幸福的民生案件，促进矛盾和谐化解。审结婚姻、继承等家事纠纷案件545件，维护婚姻家庭和谐稳定；审结劳动争议案件304件，为劳动者追回劳动报酬1427万元；审结物业纠纷案件283件，努力化解物业公司与业主之间的矛盾；审结医疗纠纷案件68件，维护患者正当权益与打击“医闹”并重，增进医患互信。树立绿色发展理念，加强环境资源审判，成立湘江环境资源审判法庭，为人民群众创造绿色的生活居住环境。

推进司法公开。抓好网络平台建设。做好裁判文书公开、审判流程公开、执行信息公开工作，上网公布裁判文书13720份，做到依法可以公开的全部公开。开展网络司法拍卖。所有拍卖标的均在网络平台上发布拍卖公告，提升社会参与度和即时成交率，网络司法拍卖案件153件，成交总额3.4亿元。探索网络微信质证。对事实清楚、案情简单、当事人往返不便的民商事案件，通过微信质证审结案件210件，减轻当事人诉累。

努力方便群众诉讼。推进诉讼服务中心建设，实行分区管理，创造公开透明的接待场所；认真做好立案窗口、12368热线、导诉服务台工作，接听、回复电话热线2687条，导诉群众4000人次，实现法律咨询、诉讼引导、法官沟通等功能的一站式服务；健全信访工作机制，接待群众来信来访273人次，受理上级交办案件6件，全部答复办理；受理申诉复查案件11件，进入再审程序4件；加大司法救助，为困难当事人缓、减、免交诉讼费210.7万元，彰显司法人文关怀。

推进司法改革。推行司法责任制改革。顺利完成法官员额制改革，遴选46名首批员额法官，将优秀审判人才配置到审判一线，员额法官办案9675件。院、庭长带头办案，入额院、庭长办案5901件，占员额法官办案总数的61%。推行繁简分流改革。实现简案快审、繁案精审，适应简易程序审理案件4494件，提高办案效率；探索多元化纠纷调解机制，开展诉调对接和律师代理申诉工作，安排两名专业律师进行法律援助，畅通纠纷解决渠道，成功调解案件177件，把矛盾纠纷化解在诉讼前。推行认罪认罚从宽试点改革。简化程序、集诉集审、保障权利，适用刑事速裁审结案件453件，平均结案时间为15个工作日，取得认罪服判息诉率高的良好效果。

加强法制宣传教育。开展“法庭开放日”“宪法宣传日”活动，邀请社区居民、学生、工人旁听庭审2000人次，到社区、学校、企业调研座谈，宣传法律知识，增强群众法制观念。加强新媒体运用，通过区法院网站、微博、微信公众号发布法院动态、典型案例，在中央和省市级媒体刊发法制宣传文章150篇（条），弘扬法治正能量。

规范内部管理。坚持以制度管人管事，建立长效机制。推行目标绩效管理。制订《全院目标绩效管理办法》和《劳务派遣人员管理办法》。在编干警和劳务派遣人员全部列入目标岗位考核范围，将工作细化量化到人到事，按月考核，综合考评，与目标绩效挂钩，充分调动大家的工作积极性。推行案件质效管理。逐案评查，按月通报，对案件质效问题认真查摆，说明原因，责任到人，限期结案，区法院清理积案得到省高级法院的通报表扬。推行集中送达管理。成立专门送达保全组，进行送达保全6523次，提高送达保全效率。建立廉政监督员制度，对重大敏感案件备案跟踪，发送廉政提示函110份，廉政回访85人次。干警队伍整体形象得到提升，7名法官获得最高法院颁发的“荣誉天平奖章”称号；30余名干警被省市区表彰奖励。

自觉接受各界监督。接受人大权力监督。向区人大报告执法规范化建设、非诉行政执行工作情况，提请区人大人事任免32人次，邀请人大代表旁听庭审4场次，对代表的建议及时回复，办理代表建议1件。加强与代表的联系，通过庭审评议、召开座谈会、微信公众号等形式向代表报告法院工作。接受政协民主监督。认真落实区政协开展的“月反馈、季报告、半年咨询、年度测评”的民主监督工作机制，对政协委员提出的意见及时回复。接受检察机关法律监督。办理检察建议1件，支持、配合检察机关依法履行法律监督职责。加大人民陪审员参审力度，选任人民陪审员31人，人民陪审员参审案件4472件，参审率100%。接受新闻媒体舆论监督和人民群众的社会监督，共同维护司法公正。

【成立湘江环境资源审判法庭】 9月，开福区人民法院成立湘江环境资源法庭，与金霞中心法庭合署办公。湘江环境资源法庭集中管辖涉及永州、衡阳、株洲、湘潭、长沙湘江流域重大环境污染的民事、刑事、行政案件，破解环境资源类案件跨区域管辖难题，开启专门化法庭“治”污模式，为人民群众创造绿色的生活居住环境。

【维多利购物中心破产案件顺利召开债权人会议】 维多利购物中心破产案件涉及债权人近300人，申报债权9.54亿，加上该公司长期处于停业状态，债权、债务人矛盾突出，审理难度复杂，开福区人民法院党组精心组织，审判人员克服困难，先后二次召开债权人会议，有序开展破产清算，于2017年年底顺利拍卖成功，最大限度地保护债权人合法权益。

（罗　晓）

司法行政

区司法局

局　　长　刘洪斌
党组成员　翁远斌（2017.9任）
副 局 长　任少文　邹小华
政工室主任　龙　罡
纪检组长　彭富强（2017.9免）

概况　开福区司法局内设办公室（含政治工作办公室）、法治宣传教育科（加挂开福区依法治区领导小组办公室牌子）、基层工作管理科、法律服务工作管理科（含行政审批科）、社区矫正工作管理局5个科室，下辖16个司法所，1个二级机构即开福区公共法律服务中心。有政法专项编制43名，其中局机关编制12名，公共法律服务中心编制3名，司法所编制28名。另有驻法院、检察院、交警大队、派出所调解室、区医调中心专职人民调解员26人（临聘）。全区有5个区直律师事务所、7个法律服务所。从业律师44人，法律工作者51人。

法制宣传。落实国家机关普法责任制。2017年，成功主办“琼花杯”法治文化书法美术大赛，共收到主题鲜明、题材丰富、风格各异的参赛作品1000余件，微信平台点击率160万余次，累计投票18万余票，影响广泛。科学制定全区“七五”普法规划（关于在全区公民中深入开展法治宣传教育得第七个五年计划〈2016年—2020年〉的通知）和“谁执法谁普法”责任制实施意见（关于在全区各级国家机关实行“谁执法谁普法”责任制的实施意见），将普法宣传任务分解到区直各部门，纳入全区绩效考核，形成“大普法”格局。开展

3月23日，区司法局上门为群众提供法律援助

“‘法润三湘’进校园、禁毒普法从娃娃抓起”专题普法活动、“学习法律知识，争做守法公民，创建平安校园”青少年法治宣传教育周活动等，发放各类宣传资料5000余份，受理群众现场法律咨询320人次，解答各类法律问题300余个。坚持中心组学法制度，推进领导干部和国家工作人员学法用法工作，将普法考试结果纳入全区干部绩效考核内容，全区有4934名国家工作人员参加“如法网”学法用法考试，合格率为99.96%。

人民调解。2017年，全区排查各类矛盾纠纷2000余件，受理各类民间纠纷1571起，调解成功1571起，成功率为100%。2017年，成立区医疗纠纷调解中心，接待医调咨询38起，受理医疗纠纷案件4起，成功调解4起。指导湖南省高新技术企业协会、长沙市高新技术企业协会、长沙职业经理人协会联合成立湖南省湘三协联合人民调解委员会，制定人民调解委员会工作章程，成立人民调解委员会工作机构。指导望麓园司法所试行“1+5+N”物业纠纷调处机制（“1”代表街道的一个调解中心，中心设在司法所；“5”代表辖区五个社区的人民调解委员会，“N”代表每个社区调委会设立在物业调解室）调解辖区内物业纠纷，2017年调处物业纠纷22起。

法律援助。2017年，受理法律援助案件371件（2017年开福区法援为民办实事工作目标为240件，超额完成54.6%），其中民事案件315件，刑事案件56件。受援人涉及农民工、一般贫困者、未成年人、残疾人、老年人、妇女等弱势群体，其中涉农民工各类案件24件，一般贫困者维权294件，未成年人犯罪29件，聋哑人犯罪案件9件，其他案件15件。通过案件回访，群众满意率95%以上。参与公共法律服务中心值班律师42人，接待来电来访咨询2000多人次。

法律服务。以群众需求为导向，构建区公共法律服务中心、街道公共法律服务站、社区（村）公共法律服务点的三级立体化公共法律服务体系，建立16个公共法律服务工作站和105个公共法律服务工作点，实现公共法律服务工作点全覆盖。创建“互联网+公共法律服务”新模式，拓展网站、微信服务，推行公共法律服务全流程、全地域网上提供。实行法律援助案件“点援制”，制定全年度律师值班表和法律援助律师名录，为特殊群体开启“绿色通道”，提供“优先服务”，为行动不便等特殊人群主动上门服务20多次，“应援优援”群众满意度高，得到湖南日报、湖南卫视、凤凰网等新闻媒体的报道。启动如法网的线上咨询，成功介入12348接待电话咨询，开福司法微信平台和网站均投入使用并取得良好效果。

社区矫正和安置帮教。截至2017年年底，全区累计接收社区服刑人员1646人，解除矫正1260人，在册386人，均未出现脱管、漏管和因工作失职造成的重新犯罪现象。2017年，组织开展集中教育学习、解矫、入矫教育185场次，其中社区矫正工作管理局和开福区德馨社工服务中心联合组织开展29场次，司法所组织开展156场次，参训人数5900人，开展心理测量服务321人次，心理矫治帮扶重点对象11人次。严格落实重点帮教对象的“逢放必接”制度，每月衔接率100%、核实98%以上，每月定期开展入矫、解矫集中教育培训，抓好刑满释放解教人员过渡性安置。有刑满释放人员706人，其中刑释人员703人，解教人员3人。推荐就业指导20余人次，开展技能培训30人次，协助就业或就学28人次。

【举办首届法治文化书法美术作品大赛】4月8日至4月9日，开福区司法局在长沙北城紫凤公园举办以“弘扬法治开福，传播法治文化”为主题的首届“琼花杯”法治文化书法美术大赛。大赛旨在弘扬法治文化、建设法治开福，大赛吸引千余书画爱好者参赛，收到主题鲜明、题材丰富、风格各异的参赛作品1000件，微信平台点击率160万次，累计投票18万票。参赛作者上至古稀老人，下至5岁儿童，共同书写法治愿景、绘就法治精神。此次法治文化书法美术艺术展是开福区坚持依法治区与以德治区相结合，大力弘扬社会主义法治文化和社会主义核心价值观，实现良法和美德相辅相成、法治和德治相得益彰，推进法治开福，建设厚德开福的一个缩影。

【开福区医疗纠纷调解中心成立】9月8日，开福区医疗纠纷调解中心、湘雅路街道公共法律服务网揭牌暨青少年法治宣传教育周启动仪式在湘雅路街道留芳岭社区举行。湖南省司法厅基层工作处处长周桥、副处长陈磊，长沙市司法局党委委员、政法部主任彭文学、基层处处长杨昌励，开福区人民政府副区长、公安分局局长廖勇等领导出席揭牌仪式，开福区司法局、教育局、卫计局及湘雅路街道300人参加。开福区医调中心位于开福区留芳岭社区办公楼四楼，有工作人员14名，法学专家库10人、医学专家库20人，既有来自临床医学、药学、政策管理等方面的专家，也有律师、司法鉴定人员、司法调解人员等专业人员，参与纠纷的初步认定与调解。在医调中心附近，集中分布着湘雅附二、省妇幼、长沙第一医院等大型医院，是医患纠纷相对频发的地区。截至2017年年底，接待医调咨询38起，受理医疗纠纷案件4起，成功调解4起。

（唐云梦）

劳动仲裁

区劳动保障监察大队

概况 开福区劳动保障监察大队是开福区人力资源和社会保障局下设二级机构，属于全额拨款独立核算事业单位，编制为6人，负责开福区人力资源和社会保障局法规科工作；负责全区劳动保障监察工作；负责全区劳动人事争议仲裁工作和“12333”热线咨询工作。

劳动监察工作。2017年，接待群众投诉4950人次；接听来电咨询与投诉3300人次；受理劳动保障监察举报投诉案件452件，结案率95%以上，涉及劳动者1200人；向公安机关移送拒不支付劳动报酬犯罪案件8起。办理上级移交案件7起。接待拖欠农民工工资投诉案件25起，依法受理并解决处理拖欠工资案件12起，涉及农民工800多人，追讨工资金额2400余万元。开展多次劳动保障监察执法活动，查处违法违规行为，宣传劳动法律法规，增强人们的法制意识，保证劳动保障法律、法规的实施，切实维护广大劳动者的合法权益。

劳动争议仲裁工作。2017年，劳动争议仲裁院严格执行办案规程，认真开展申诉接待、审查立案、调解仲裁工作。坚持贯彻“预防为主、调解为主、基层为主”的方针，及时把争议隐患消灭在萌芽状态。强化服务意识，为企业和职工宣讲劳动保障法规，提供劳动保障法律法规咨询，对上访群众耐心接待，对其反映的各类问题及时调查处理，及时掌握争议苗头，提前介入，化解矛盾。同时，坚持“合法、公正、及时”的原则，积极稳妥地处理劳动争议。截至2017年年底，受理劳动争议案件418件，结案418件，时效内结案率100%。

【调处凯乐微谷项目拖欠农民工工资案】 1月13日，开福区劳动保障监察大队接到凯乐微谷项目农民工投诉拖欠工资，依法立案调查。1月17日至1月19日，开福区劳动保障监察大队分别对湖南长沙丁字建筑（集团）有限公司的授权委托人刘志强、包工头向礼伟、何礼康、童正明、农民工代表进行调查笔录。1月22日，联合长沙市劳动保障监察支队、长沙市住建委、区政法委、区信访局、区经侦支队、伍家岭派出所、建设方、开发商、包工头在开福区政务服务中心三楼会议室召开凯乐微谷拖欠农民工工资协调会。会议明确承建方湖南长沙丁字建筑（集团）有限公司和包工头向礼伟、何礼康、童正明核算清楚农民工工资金额后支付工资。截至2017年4月8日，湖南长沙丁字建筑（集团）有限公司向70名农民工支付拖欠工资175万元。4月12日，该案结案。

【召开农民工工资清欠工作协调会】 12月27日，区投区建项目农民工工资清欠工作协调会在区政府426会议室召开，区委常委、常务副区长蔡冰、副区长蒋君等区领导出席会议，区人社局、区城建投、区城乡建设局等单位负责人参加会议。区人社局汇报开福区福泽园项目拖欠农民工工资及清欠情况，并提出解决方案，与会部门就如何解决农民工工资拖欠问题提出意见和建议。蔡冰要求所有部门联动配合，开辟绿色通道，压实责任，把握时间节点，依法依规推动农民工工资清欠工作，保障民工权益。

（杨　宇）

军　事

人民武装

区人民武装部

部　　长　马运动（2017.6任）
　　　　　吴烂斌（2017.6免）
政　　委　陈松华
副 部 长　雷志勇（2017.4任）
政工科长　石胜茂
后勤科长　杨　峰

概况　开福区人民武装部（以下简称区人武部）下辖23个基层武装部，配备专武干部49名，编配基干民兵2415名。2017年，区人武部认真贯彻落实上级工作任务部署，深刻领会湖南省军区系统新职能定位和区委、区政府深化改革要求，紧紧围绕改革任务落地，科学筹划部署，狠抓工作落实，区人武部全面建设稳步推进，各项任务圆满完成。

思想政治建设。强化“看齐意识”，始终坚持人武部建设正确方向。对上级党委召开的会议，区人武部党委认真组织集中学习和专题研究，制定落实措施。按照军队体制改革部署，人武部调整改革落编定位后，部党委召开专题会议，深入学习习近平对新调整组建军级单位发布的训令训词，统一全体人员思想。部党委严格按照理论学习“五步法”，组织开展“维护核心、听从指挥”主题教育，推动“两学一做”学习教育常态化、制度化。机关党支部坚持每月一次集中学习、一次心得体会交流，组织“坚决维护核心、坚定拥护改革”大讨论，人人立好“军令状”，人人承诺亮诺践诺。部党委结合军队和地方上级党委部署的重大教育，狠抓班子建设，努力提高党委班子成员思想素质，秉持“共事、干事、成事”的理念，心往一处想、劲往一处使，共谋人武部建设和发展。重大事项严格按制度、按程序、按规矩办理。在人少事多、矛盾突出情况下，班子成员“身兼数职”，

开福区大学生征兵启动仪式现场

身先士卒，带领全体干部职工圆满完成各项工作任务。

国防动员能力建设。聚焦主业主责，扎实抓好中心工作落实。完成民兵整组任务。按照省军区关于民兵预备役整组要求，积极开展民兵预备役整组工作，成立领导小组，召开工作会议，制定编组方案，落实宣传发动、潜力调查、骨干培训、分片包干、政治审查、督促检查、集结点验等工作步骤。在抓实普通民兵编组的基础上，突出抓好街道民兵应急排建设，并积极向高新企业、高等院校和区内公安、城管、交警等各维稳力量拓展编组民兵应急连。抓好兵役登记工作。2017年，全区登记率96%，其中年满18周岁青年登记率为100%。开展军事训练工作。机关军事干部侧重军民融合发展、政工干部侧重改革期间民兵预备役思想政治工作等课题，进行个人专题研究作业，并以此带动业务学习，使干部学术、专业水平明显提高。组织全区基层专武干部普训、民兵操舟机手骨干集训、民兵冲锋舟操作训练、民兵应急分队训练，以及民兵高炮分队、医疗分队、护路分队训练等，均取得良好成绩。做好兵员征集工作。调整征兵领导小组和征兵办成员，协调区政府下发《征兵准备工作和校园预征工作通知》。3次召开大学生征集任务部署会和推进会。组织全区4所高校1200多名大学生代表在机电学院举行“2017年大学生预征启动仪式”。邀请国防科大教授到4所高校进行国防教育和征兵动员，充分调动大学生报名应征热情。2017年，圆满完成征兵工作任务。

安全管理工作。坚持依法从严要求，牢固把守安全工作底线。抓安全教育到位。坚持“四个一”，即每天交班进行一次安全提醒，每周对重点目标进行一次清查，每次办公会讲评布置一次安全工作，每季度党委会分析预测一次安全形势。积极开展“条令月”活动，组织作风纪律教育整顿，及时传达学习上级事故案件通报，结合人武部实际进行分析讲评，警示干部职工吸取教训，举一反三。抓安全制度到位。坚持用制度管人管事，年初对照军委国防动员部六个法规文件要求，强化完善人员、武器弹药、经费物资器材、涉密文件信息、办公电脑、营院安全和车辆使用等方面管理规章制度的落实。抓安全整治到位。坚持把住安全管理重点，定期组织安全检查，抓好安全隐患排查纠治。针对春节前后长沙警备区首长来区人武部检查工作指出的问题，区人武部展开全面清查整治，及时消除安全隐患，正规办公秩序。按照《长沙警备区安全检查实施方案》要求，组织清查整治，人人签订枪支弹药零持有承诺书，确保全年安全稳定。抓涉军维权到位。区人武部认真做好涉军维权工作，针对全区“军字号”家庭比例不断攀升，涉军维权事件不断增加的趋势，积极协调法院、司法、基层武装部调解军人家庭纠纷，全年处理涉军维权案件7起，维护军人军属合法权益。

后勤保障。对照新政新规，认真规范财经管理秩序。部党委把管好财务工作上升到反腐倡廉工作高度来认识。思想上高度重视。坚决防止在财经纪律上踩红线、出问题，及时传达学习上级下发的各种违反财经纪律的问题通报，组织干部职工观看《浴火强军》反腐倡廉警示片，使干部职工明底线、知敬畏。行动上积极主动。依据《湖南省军区经济责任自查自审自改实施方案》要求，敢于直面问题，坚持以新政新规为标尺，全面梳理情况，对过去没有查清，或查清没有按要求整改到位的，都逐个问题进行扎实整改，按要求退款12万余元。作风上严格要求。严格依据工作需要科学编制调整经费预算，每一笔经费都严格按预算安排支出，对无预算、超预算经费，一律不予报销，每张发票、每笔开支都按新政新规要求审查把关。

军民融合。助力军民融合，推动党管武装持续发展。组织全区党政领导干部学习国防后备力量建设法律法规和相关知识，引导大家充分认清建武装、管武装是份内职责、应尽义务，提升领导干部抓建武装工作的政治站位。每季度向区委、区政府汇报一次武装工作，区委书记、区长每半年进行一次武装工作现场办公，分析党管武装工作形势，研究解决武装工作重点难点问题，区委每年召开一次常委议军会，每年组织街道党工委书记进行一次党管武装工作述职，把党管武装工作纳入党政领导业绩统一考评等，增强地方各级领导干部建武装、管武装的自觉和能力。区人武部严格落实《专职人民武装干部工作规定》，严把专武干部选配关，确保选准配强。坚持专武干部每月至少向区人武部报告一次工作，区人武部每年组织专武干部述职。每两个月召开一次武装工作行政例会，每半年对街道武装工作进行一次检查评比，年底联合区委组织部，对专武干部进行绩效考评，实行末位淘汰等，促进专武干部队伍建设。

【区人武部首次开展征集新兵役前训练】为确保入伍新兵有良好的军政素质基础，根据上级有关指示精神，区人武部于9月1日至9日，在开福区蓝色方阵素质教育基地首次开展征集新兵役前训练。征集新兵役前训练分三批进行，每批3天。为保证征集新兵役前训练质量，区人武部确定训练指导思想与目的，明确组织领导及分工，制定训练及保障计划。新兵役前训练主要是基础性教育，包括政策法规、军队优良传统、军兵种知识、军人价值观等；适应性管理，包括部队日常制度、内务秩序、课余活动、心理调适等；体验式训练，包括队列、战备基础、轻武器操作、战术基础动作、基础体能等。应征新兵通过役前训练，奠定良好的军政素质基础，得到部队的认可。

【开展区高炮防空分队民兵集训】区人武部于10月9—25日、11月14—21日组织青竹湖街道、捞刀河街道、沙坪街道、秀峰街道、芙蓉北路街道的区高炮防空分队民兵，开展为期25天的高炮专业集训。此次集训充分发挥民兵骨干作用，特别是各民兵班长，既以身作则，又严格组织管理，在专业训练和日常管理中发挥重要作用；集训管理正规有序，在此次集训的前半段，采取参训民兵集中吃住的管理模式，参训民兵能够严格服从集训队日常管理要求，严格遵守训练场管理规定，杜绝以往训练生活中喝酒、打牌等陋习；训练成效突出，为各单位培养一批精通高炮操作的民兵骨干，通过对高炮的维护保养，学会对武器装备的拆解、检修等知识技术。集训成果经过湖南省军区的检验考核，取得较好成绩，受到省军区和警备区首长的肯定。

（郑　正）

消防

区公安消防大队

大队长　周　宏
教导员　周　银
副大队长　唐碧辉（2017.11任）
　　　　　刘　强（2017.11免）

概况　开福区公安消防大队组建于1995年，隶属武警现役编制，有执勤车辆12台，负责开福区188平方千米防火、灭火及抢险救援任务。2017年，全区发生火灾111起，无人员伤亡直接经济损失606.54万元。同比下降63.46%，死亡人数与去年持平，伤人数下降100%，实现火灾形势持续稳定。

加强执勤训练，提升部队灭火救援实战能力。2017年，区公安消防大队党委高度重视执勤岗位大练兵，从时间、人员、经费和装备等方面给予充足的保障。在练兵的组织和实施上突出全员性、实用性和针对性。大队下辖三个中队全面落实全员普训普考机制，开展全员执勤岗位大练兵活动，大队官兵在每月、每季度组织的体能考核中百分九十五以上达到三级战斗员标准，合同制消防员全部通过支队考核。2017年，大队接警662起，出动778次（含增援），出动消防车1159辆次，消防人员8074人次，抢救被困人员31人，疏散人员200人，抢救财产价值2600余万元。下辖三个中队开展重点单位“六熟悉”300余次，制定和完善各类灭火作战预案150余份，开展夜间演习92次。

消防整治。狠抓火灾隐患大排查、大整治。2017年，按照上级部署，开展夏季消防检查工作、电气火灾综合治理工作、高层建筑消防安全综合治理、养老院、敬老院消防安全和服务质量专项整治行动工作、“迎接十九大忠诚保平安”消防工作等专项行动。区公安消防大队严格按照上级要求和部署，将各项专项行动开展情况纳入各级政府和各单位绩效考评，全区各街道、部门、单位成立由一把手牵头参与消防安全检查的良好态势，形成“政府牵头、部门联动、单位落实、群众参与”的工作格局。严格按照《中华人民共和国消防法》对久拖不改的火灾隐患和屡

开福消防大楼

禁不止的消防安全违法行为实行“零容忍”，做到该关停的坚决关停，该查封的坚决查封。通过开展一系列专项行动，全区大批火灾隐患和消防违法行为得到有效整改和消除，确保全区火灾形势持续稳定。2017年，区公安消防大队检查单位3645家，发现火灾隐患7602处，整改火灾隐患7587处，下发责令改正通知书2606份，责令“三停”单位38家，临时查封80家，行政处罚68家，罚款128.83万元，拘留19人。

消防宣传。加大消防宣传力度。区公安消防大队深入推进政府购买消防宣传服务“外包”，部署消防安全宣传教育“七进”工作，采取“地毯式”宣传方式在伍家岭、四方坪等街道的社区、企业、学校、人员密集场所开展消防宣传活动200余次，提升5万余名居民群众消防安全意识；通过开展“3·15”消防产品打假“5·12”防灾减灾日“安全宣传月”“社区消防宣传大使”“夏防消防宣传”“十九大安保”“消防进军训”“119消防宣传月”等消防宣传专项行动，全区居民群众消防安全意识显著提升；动员辖区社区组成宣传小分队，深入楼栋、单位、门店，发放《消防安全常识二十条》宣传资料、张贴高层建筑逃生消防海报等，向广大居民讲解生活用火、用电注意事项等基本消防常识，扩大消防安全覆盖面。组织超高层消防安全经理人集中培训，在各重点单位户外LED显示屏播放公益广告和安全提示标语。通过开福消防微信公众平台、“QQ群”、手机短信等多种宣传教育方式，全面普及与人民群众生产生活息息相关的消防安全常识知识。全年举行大型宣传活动10次，发放宣传资料2万份，在各类媒体进行消防宣传10余次，通过开福区信息平台向广大市民发送消防知识50余次，5万余条，悬挂宣传横幅500余条，消防站对外开放24次，接待参观群众5000人，营造宣传教育的浓厚氛围。通过省消防协会进行义务培训，培训单位80家，1000余人次。

（龚　牡）

消防队员在进行消防演练

人民防空

人民防空办公室

书　记　杨柳艳（2017.2任）
　　　　薛平平（2017.2免）
主　任　古　华
副主任　陈自力　刘　杰
纪检组长　刘鸿冰（2017.9免）

概况　开福区人民防空办公室（以下简称区人防办）为区政府人民防空工作主管部门，也是区国防动员委员会的常设办事机构。区人防工作以《中华人民共和国人民防空法》《湖南省实施〈中华人民共和国人民防空法〉办法》为依据，按照“长期准备、重点建设、平战结合”的方针，全面加强人民防空一体化建设，全力提高信息化、现代化水平，人防工作迈上新台阶。区人防办内设综合科、工程科（行政审批科）和指通宣教科3个职能科室，行政编制6人，实际在编8人，退休人员5人，临聘人员4人。2017年，区人防办工作经验《强管理 创特色 促发展——记“全省人民防空先进集体”长沙市开福区人民防空办公室》在《湖南人防》2017年第1期、总第17期上推介。

党建引领，服务中心工作创新规范。2017年，区人防办党建工作在全区述职评议中获评一类。坚持以上率下，压实管党治党责任。健全议事规则、办事公开制度，遵循“三重一大”集体决策规定和党组书记末位表态制度，保障各项决策民主、科学。制定《2017年开福区人防办党风廉政建设工作方案》，严格落实“两个责任”工作要求。积极落实“一支部一品牌”建设，结合“5·12”全国防灾减灾日，“11·1”湖南省人民防空警报试鸣日，开展人防宣传进校园、进社区活动，增强全民国防意识和防空意识。推进“两学一做”学习教育常态化、制度化，制定实施方案，成立领导小组，组织专题学习4次。健全学习计划，坚持每周一党员干部学习制度，学习内容涉及中央、省、市、区关于党的方针政策、区情、业务等，每半月举行一次党风廉政和反腐败学习。2017年，区人防办组织党员干部学习35次，向党员发放“两学一做”书籍200余册。

科学组织，指挥通信工作开展顺利。区人防办组织全区人防系统50余人在长沙县人防疏散基地开展2017年度开福区人防系统组织训练暨业务培训，全面提升开福区人防系统工作人员业务能力。精心组织“11·1”防空警报试鸣日活动，全区44个点鸣响率100%，完成市人防办下达的2台警报器新装任务。应急指挥通讯不断升级，每周定时与市办沟通联络,设备畅通率100%。

人防工程。项目为王，全力助推区域经济发展。主动将人防工程建设与区域经济发展有机融合，加大惠民项目引进入区力度，助推和服务好区域经济快速发展。积极促成区人民防空指挥所工程建设。区政府召开区人民防空指挥所（15012工程）用地办理专题调度会，会议明确2017年由金霞经济开发区完成项目用地手续办理，启动设计招标，争取2018年开工建设。积极争取市人防办投资1.5亿元，建设省政协市民人防公园项目，解决烈士公园周边停车难问题。2017年，平战结合收入20余万元，在产生社会效益的同时产生一定经济效益，为缓解人防工程维护管理经费不足提供帮助，减轻财政负担。

人防设施建设和维护。规范管理，工程维护管理有序推进。2017年，投入资金40余万元用于零星工程维护、麻园岭泵站积水

5月10日，人防宣传进校园活动现场

抽排、警报器刷漆、伍家岭泵站建设、霞凝港社区人防干道维护等。完成2016年度验收人防工程标识牌悬挂档案，协助市人防办完成全区人防工程标识标牌悬挂工作。推行人防工程网格化管理。按属地原则将全区所有早期人防工程划分至若干管理区域，每个区域内明确分管领导及人防专干，每个工程明确具体责任单位及维护管理人，形成网状管理系统。组织基层人防专干进行网格化管理业务技能培训，请专家讲授工作重点及处置办法，提升做好人防工作的能力与水平。2017年，网格化管理先在清水塘街道、洪山街道、浏阳河街道3个街道试点，形成经验后再在全区全面推广。

人防执法。主动作为，安全生产工作深入扎实。区人防办除在节假日、重要特护期加强安全生产巡查外，做到三天一小查，一周一大查，2017年，联合各街道、社区开展安全生产检查130余次。对口部房人货混用、占用口部房做饭生活的立即下达整改通知书关门整改，2次组织14个口部房租赁户开展消防安全培训及工作部署。严防死守抓防汛工作，主汛期对全区3个泵站，由领导班子成员带队24小时值守，发现险情及时处置，确保安全度汛。2017年，全区未发生一起安全责任事故。

依法行政，行政执法工作不断加强。依据《中华人民共和国人民防空法》有关规定，对工程维护管理中存在的问题依法依规逐一解决，并聘请专业律师作为法律顾问。维护国有资产的合法权益，2017年，完成湖南金鼎消防器材厂、长沙市第一医院人防工程拆除报废案卷归档，收缴人防工程损毁赔补偿费141万余元。积极申请市政府对天健和北辰两个开发商对地块内损毁人防工程补损的处理意见，确保国有资产不流失。

人防宣教。激发热情，宣传教育工作深入持久。做好人防宣传“五进”活动。结合“5·12”防灾减灾日，在四方坪二小、潮宗街小学开展人防宣传进校园活动。结合全省防空警报试鸣日，在湘江世纪城居然之家前坪、凤亭社区北文化广场开展人防宣传进社区活动，联合各街道制作宣传展板40余块。印制宣传资料5万余份下发至各街道、社区，方便市民在家门口了解人防、关注人防。借助政府门户网，发布稿件70余条，在区级手机报上发表信息16条，开福区人防工作动态稿件多次刊登在省、市人防门户网站。在《新湖南》《三湘都市报》《掌上长沙》《国防教育周刊》等发布稿件6篇，开福区工作经验在省级人防刊物《湖南人防》推介发表。建设月湖公园人防主题公园，打造成区人防宣传教育示范基地。2017年，完成一期工程建设，启动二期建设规划设计，建设经费纳入市人防办2018年预算。

【探索人防工程网格化管理试点】7月，开福区人防办在清水塘、洪山和浏阳河3个街道实施人防工程网格化试点。开福区老旧人防工程占全市老旧人防工程的45%,为全市老旧人防工程最多的区，人防工程维护管理工作人员少、工程数量多、分布广、隐患大，管理任务重等多重矛盾。为缓解上述矛盾，开福区人防办结合实际，通过构筑管理模式，搭建管理平台，形成管理体系等一系列措施，探索出一条集网格化、常态化、规范化于一体的人防工程网格化管理新路子。区人防办与3个试点街道签订开福区人防工程共同维护管理和安全生产合作书，试点街道与所辖人防工程维护管理单位签订人防工程维护管理责任书，将人防工程网格化管理工作纳入街道、社区工作总体规划，层层压实责任。区人防办组织16个街道人防负责人及专干开展针对性训练，特邀市人防办维管站副站长刘强讲授人防工程维护管理及网格化管理做法。2017年年底，对全区16个街道人防工程全面实现网格化管理。区政府成立人防工程网格化领导小组，街道成立网格化管理站，社区成立网格化管理点位，按照“定格、定员、定责、定岗”的四定原则，明确街道、社区为所联网格管理员。网格管理员负责信息收集、问题处理的建议等，督促人防工程维护管理单位加强日常维护管理工作。形成三级管理体系，一级网格设在区人防办，二级网格设在街道，三级网格设在社区。根据16个街道的实际情况，将全区分为1个一级网格，16个二级网格，将全区107个社区划分为67个三级网格。形成横向到边、纵向到底的网格化管理体系，实现全区人防工程维护管理工作全覆盖、制度化、精细化。

（黄　翔）

农、林、水、牧、渔业

区农业林业水利局

局　　长　李新民
纪检组长　袁　晖
副 局 长　周新平（2017.2任）
　　　　　陈伏明
总工程师　邹双七
农办副主任　刘　彬
动监所所长　李　浩

概况　开福区农业林业水利局（以下简称区农水局）内设办公室（行政审批科）、防汛抗旱办公室、农业农经科、林业科（森林防火办）、畜牧水产科、水利科6个职能科室。2017年，撤销原有的新河水利管理所、农业科技推广站、农机安全监理站3个二级机构，新成立开福区农业林业水利建设管理中心、开福区河长制办公室、开福区农业农村服务中心3个二级机构，将原有的渔政监察大队更名为水政渔政监察大队。现有6个二级机构，分别为开福区动物卫生监督所（开福区动物疫病预防控制中心）、农业农村服务中心、水政渔政监察大队（加挂河道管理站牌子）、林业工作站、开福区河长制办公室、农业林业水利建设管理中心，除农业林业水利建设管理中心为公益一类差额拨款事业单位外，其他均为公益一类全额拨款事业单位。核定行政编制10名，全额拨款公益事业编9名；区水利建设指挥部在区农水局挂牌，有聘用人员4人；隶属街道管理的水管所8个，区农水局负责业务及工作经费，人事、财务由街道管理。开福区行政面积188平方千米，其中农村面积约120平方千米，辖“一江四河”（湘江、浏阳河、捞刀河、沙河、白沙河），滨水资源丰富。有青竹湖街道、沙坪街道、捞刀河街道和秀峰街道4个涉农街道，农业人口5.8万余人，耕地3366.7公顷，2017年，全区农业加工业总产值120亿元。林地面积3750.6公顷，林木绿化率37.35%。防洪大堤75千米，有11个千亩以上堤垸，其中万亩堤垸3个，区内现有小（2）型以上水库19座，其中小（1）型水库2座。全区水面面积2000公顷，涵闸32处（其中市级管理14处，区级管理18处），排渍泵站27座（其中市管11座，区管16座），总装机容量3.65万千瓦，其中市管泵站装机容量1.78万千瓦，区管泵站装机容量1.87万千瓦。

2017年，完成农林牧渔总产值2.51亿元，同比下降30.2%。其中，完成农业产值1.78亿元，同比下降26%；完成牧业产值0.59亿元，同比下降40.7%；完成渔业1328万元，同比下降28%。全年粮食种植面积2.18千公顷；粮食总产量1.42万吨。生猪出栏3.63万头，家禽出笼7.31万羽，水产品产量1068吨。2017年，区农水局获评全市抗洪救灾先进集体、年度森林防火工作优胜单位、年度林业工作先进单位、年度造绿复绿工作先进集体、年度国土绿化优秀单位、年度重大动物疫病防控绩效考核优胜单位、市林业工作绩效考核优胜单位、区专项资金争取工作先进单位、区国有资产管理先进单位、区先进基层党组织等荣誉称号。

农业 强化落实，农业工作亮点纷呈。美丽乡村创建工作。2017年，按照省重点民生实事工程任务要求，总投资1200万元，铺排11个项目，将青竹湖街道金霞新村创建为“湖南省美丽乡村示范村”；投入资金3800多万元，实施18个项目，将檀木岭村创建为“湖南省美丽乡村示范村”，檀木岭村获评全国文明村镇。投资1100万元，铺排8个项目，将沙坪街道钟山村创建为“长沙市美丽乡村示范村”。2017年度我区美丽乡村创建工作排名全省第三，《湖南日报》以《多举措建设美丽乡村 开福区探索乡村振兴战略新路径》为经验报道推介开福区美丽乡村建设工作。农村土地确权工作。按照省、市关于土地确权工作的具体要求，全区应确权（农户二轮承包）面积2933.33公顷，实测确权面积3366.67公顷。截至2017年年底，4个涉农街道38个行政村（社区）377个村民小组10908户承包农户的承包地确权、颁证工作任务基本完成，超额完成14.8%。农产品质量安全工作。全年完成8340批次检验任务（农残3000批次、瘦肉精5000批次、水产品340批次），合格率100%。积极开展“扫雷”专项整治行动，2017年，全区开展打击生猪私屠滥宰行动6次，捣毁违法窝点6个，立案4起，抓获涉案人员10人，查扣生猪53头、生猪产品（副产）2621千克、涉案工具若干。动物卫生案件立案6件，结案6件，没收违法所得7649元，处罚金12504元，其中“11.09”涉嫌销售病死猪肉案，获得副市长李蔚批示肯定。农业产业结构调整工作。采取政府适当补贴、引进种植专业户的办法，打造改善生态效益、促进城乡品质提升的“荷花走廊”，荷花走廊以苏托垸高架桥两厢为轴，分南北两片，主要涉及捞刀河街道的白霞、中岭等八个自然村庄。荷花、莲藕种植面积333.34公顷，总投入600万元。农机监理工作。全年拖拉机新上户15台，收割机1台，检审拖拉机193台。2017年，补贴机具8台套，完成申报补贴资金6.59万元。

林业 深化管理，林业改革成效显著。开福区林地面积3750.6公顷，森林总面积3003.7公顷，林木绿化率37.35%。2017年，全区实现林业总产值9.43亿元，其中第一产业4840万元，第二产业6.05亿元，第三产业2.9亿元。全年查处各类林业违法案件2起，配合市林业公安局和市林业园林执法支队查处案件5起，林业违法行为得到有力的打击，同比林业违法行为有所下降。无重大毁林案件发生，林业生产秩序稳定。完成全区709.98公顷市级生态公益林补偿资金发放工作，发放生态效益补助资金31.4万元。大力开展森林防火宣传，在元旦、春节、清明、中秋、国庆期间开展专题森林防火宣传活动，出动宣传车150余台次，制作悬挂横幅80条，重点防火林区设立固定宣传牌100个，区人民政府下发《禁火令》1000份，2017年度区级森林防火专项投入100万元，新添置背负式森林消防泵2台套。全区3支70人的森林消防救援专业队伍，开展森林防火专业技能培训和演练2次，切实提高森林消防队伍的科学扑救森林火灾技能。积极引导生态休闲林业的发展，提升区域品位，全面发挥森林生态的优势，大力发展休闲度假、健身康复、农家乐等森林生态旅游项目；积极探索林业发展新机制，加快转变林业发展方式，规范林权流转，组建林业专业合作社等现代林业发展新方式，提升林业整体水平，促进区域经济的快速发展。基层林业管理体制进一步加强，基层林业站实施“一站式办公”服务；切实开展森林病虫害的较为科学的预测预报，林业有害生物防控措施得力；全区湿地保护38处，面积1488公顷。完成造绿复绿工作。2017年，市对区计划造绿133.33公顷，全年铺排项目68个，总投资7.1亿元，其中完成造绿复绿任务为133.33公顷、环城绿带建设70万平方米、创建市级绿色示范村庄2个、绿色示范社区6个、绿色示范庭院10户、绿色示范乡村公园1个。《长沙晚报》分别以《毫不吝啬为市民增绿色加实惠》《迎来新绿满开福》为题，宣传推介开福区造绿复绿工作。开福区造绿复绿工作接受市委、市政府观摩。

畜牧业 加强监管，养殖产业健康发展。2017年，生猪出栏3.63万头，家禽出笼7.31万羽。通过全面实施农村面源污染“三清、四化、五改”三年行动计划，截至2017年年底，湘江开福段1000米范围内、浏阳河岸线500米范围内，畜禽规模养殖全面退出。做好重大动物疫病防控。完善修订应急预案，调整领导小组，签订目标管理责任状，按人社部、财政部、农业部文件要求，落实兽医人员动物卫生津贴，严抓基础免疫、源头控制和市场监管。2017年，组织各类动物防疫疫苗121.81万毫升（头、羽份），其中生猪口蹄疫苗12.5万毫升，牛羊口蹄疫苗0.37万毫升，禽流感疫苗13万毫升，蓝耳病疫苗4万毫升，猪瘟疫苗3.9万头份，鸡F4疫苗87羽份，狂犬病疫苗0.72万头份，小反刍兽疫疫苗0.3万头份。根据检查情况，春季猪瘟免疫率为100%，高致病性猪蓝耳病为100%，挂标率为100%，牛口蹄疫免疫率为100%，家禽禽流感免疫率为100%，鸡新城免疫率为100%，狂犬病免疫率为95.5%，免疫档案到户率100%。秋季生猪“W”病免疫率为100%，猪瘟免疫率为100%，高致病性蓝耳病免疫率为100%；家禽鸡新城、禽流感免疫率分别为100%；狂犬病免疫率为100%，免疫档案到户率为100%。成功处置毛家桥畜禽批发市场的禽流感疫情，得到省、市充分肯定。全年对394户养殖户36177头存栏生猪进行抽检，抽检1100批次，检测结果全部为阴性，合格率100%。完成动物尸体暂存点建设项目，开展建立病死畜禽无害化处理机制宣传活动，发放宣传资料1万份，宣传标语10条。整体推进全区病死动物无害化处理工作，全区动物尸体收集无害化处理实施劳务外包，全年共收集、无害化处理动物尸体692头。H7N9防控工作中处理病死活禽2万多羽。

渔业 开福区自2012年开始全面推广水产健康养殖模式，截至2017年年底，推广养殖水面400公顷，占全区养殖水面的70.5%，目前有海博水产种业养殖基地、金欧龙虾养殖基地及德为舟农业科技有限公司3家农业部水产健康养殖示范场。发展休闲渔业。全年举办特种水产养殖技术培训班2期，参加培训的人员300人次，发放养殖技术资料500份，通过举办培训班，着重指导全区休闲渔业基地调整生产经营方向，腾出12%的垂钓水面推广雄性罗非鱼、美国加州鲈、黄颡鱼、生态甲鱼、淡水小龙虾的养殖，将外调鱼的资金全部用于自主养鱼，改变传统的生产经营模式，实行自养自钓，降低生产成本，提高鱼品质量，吸引垂钓爱好者对特种水产品的兴趣，带动餐饮等服务项目，全区休闲渔业不断发展壮大。全区休闲渔业总产值1.08亿元。开福区设立2个水产品检测点，即长沙金欧农业科技有限公司检测点和长沙德为舟农业科技有限公司检测点。区农水局委托休闲农业协会对各农庄的水产品及水质进行抽查检测。抽检50个水样均合格。金欧检测点抽检20个虾样，检测结果均合格。区农水局组织鱼苗鱼种培育场，参加省畜牧兽医水产局、长沙市人民政府6月6日在湘江橘子洲战备码头实施的人工增殖放流活动，共投3~5厘米的青鱼、草鱼、鲢鱼、鳙鱼等鱼种400万尾，增加湘江水域的鱼类资源。2017年，处理非法卸砂案件14起，非法捕鱼案件3起，移送案件4起，联合市渔政站、望城综合执法大队、芙蓉北路街道、涝湖水管所等多个单位，对开福区湘江、浏阳河、捞刀河、沙河、白沙河流域开展13次专项整治行动，抓获非法炸鱼人员2名，扣押船只1艘，缴获自制鱼雷炸药3枚，缴获电打鱼工具110余台，收缴地笼子30附，清除销毁迷魂阵

6月3日，总河长（区长）刘拥兵（中）与“好人”河长亲切交流

苏托垸300多公顷荷花种植基地成为改善生态环境，促进城乡品质提升的“荷花走廊”

4000余米，深水网13张，拖离、驱离“三无船只”及简危浮水工具近30条，有效保护开福区流域渔业资源和水生态环境安全。

【水利建设和防讯抗旱】 规范管理，水利线工作圆满完成。水利工程。2017年，投资2100万元，完成楚家湖大堤整治工程、霞凝垸处险工程、戴家河泵站格栅改造工程、捞刀河大堤堤防安全设施工程，施工长度15.4千米；同时，投资600万元，完成2016年所有水毁修复工程项目，并通过市、区验收。黑臭水体治理。开福区黑臭水体治理分两期实施，2016年实施一期工程，完成12处治理任务；2017年为二期工程，完成22处治理任务，截至2017年年底，全区34处黑臭水体治理任务全部完成。黑臭水体治理总投资1.97亿元，其中工程性措施投资1.16亿元、设备投资8100万元，项目纳入全市重点民生工程和区重大建设项目考核内容。采用控源截污、内源治理、活水循环、清水补给、水质净化、生态修复的技术路线，对水体进行治理，做到黑臭水体整治与防洪安全相结合，与生态环境保护相结合，与环境自我修复相结合。防汛工作。6月27日至7月5日，历时十天九晚，开福区经历有水文历史记载的特大洪水过程，最高水位39.51米，超警戒水位187小时，超保证水位103小时，超历史最高水位39.18米39小时以上，此次汛期先后启动三级、二级和一级响应，面对超历史水位汛情，区农水局准备“早”、行动“快”、靶向“准”、保障“实”、措施“严”，经受外河水位达到极值、降雨不停等各种不利因素叠加的严峻考验，成功处置较大险情12处，取得未垮一堤一垸一库一坝、未死伤一人的抗洪抢险全面胜利，区农水局被评为“长沙市抗洪救灾先进集体”。

【全面推行河长制】3月，开福区启动全区河长制工作，建立三级河长体系架构，全区有三级河长206名，纳入河长制管理的河、湖、库、渠、塘、小微水体共计996处（3湖19库968渠塘河坝），落实机构、人员、经费，在市规定6项基本制度的基础上开福区另外新增10项基本制度，共16项基本制度。根据河长制巡河的工作要求，制定一巡、二查、三检、四访、五治“巡河五步法”。为落实管护责任，根据河流湖库的长度面积制定清扫保洁的经费标准，实现河湖库渠、小微水体的清扫保洁管理全覆盖。开展农村面源污染治理、黑臭水体治理、僵尸船整治、岸线整治、防洪达标等专项治理行动。通过踏勘、摸底，完成所有河流的一河一档，所有管护水体都按标准制式树立河长公示牌，建立投诉受理问题交办、处理销号的闭环管理机制，为保证一河一策的更好实施，区委、区政府对市管河流逐条研究问题清单、系统治理的责任任务清单，编制市管河流“一河一策”实施方案。动员社会参与，开展“好人当河长、小手牵大手、河长进校园”等系列大型活动，中央、省、市新闻媒体多次宣传报道。

（瞿思佳）

表1

开福区农村基本情况

	单位	开福区
一、农村乡（镇）个数	4个	
村（居）民委员会数	32个	
二、乡村户数	1.6万户	
乡村人口数	8万人	
乡村动力资源数	2.1万人	
三、年末耕地面积	3600公顷	
水田	1500公顷	
水浇地	1400公顷	
旱地	360公顷	
养殖水面	340公顷	
四、农业机械总动力	3000千瓦	

表2

开福区市级重点生态公益林到村（社区）面积小班户数情况一览表

街道	村（社区）	面积（公顷）	小班（个）	村集体（户）	组集体（户）	个人（户）	合计	合同	备注
4	19	709.98	136	18	17	745	780	23	
青竹湖街道	金霞新村社区	129.67	8	1	4	258	263	1	
	青竹湖街道	53.41	3	1	0	0	1	1	
	天胜社区	22.88	5	1	0	9	10	1	
	新太安社区—太阳山	26.75	8	1	1	2	4	1	
	霞凝社区	22.37	4	1	0	0	1	1	
	新太安社区—大安	3.47	4	1	0	16	17	1	
	青竹湖街道	0	0	0	0	0	0	1	
	小 计	258.55	32	6	5	285	296	7	

街道	村（社区）	面积（公顷）	小班（个）	村集体（户）	组集体（户）	个人（户）	合计	合同	备注
秀峰街道	鹅羊山社区	20.72	1	1	3	0	4	1	
	秀峰街道林场	71.36	5	1	0	2	3	1	
	新大塘社区	12.04	5	1	1	41	43	1	
	湘荷社区—湘粤	11.32	8	0	2	34	36	1	
	秀峰街道	0	0	0	0	0	0	1	
	小 计	115.44	19	3	6	77	86	5	
沙坪街道	中青社区－大明	14.91	5	1	1	31	33	1	
	汉回村－汉回	27.31	12	1	0	97	98	1	
	汉回－乌溪	43.81	11	1	4	127	132	1	
	檀木岭村－成功	83.07	23	1	0	0	1	1	
	双塘村－双湖	54.49	13	1	0	0	1	1	
	沙坪街道	0	0	0	0	0	0	1	
	小 计	223.59	64	5	5	255	265	6	
捞刀河街道	高岭社区－高源	18.1	9	1	0	0	1	1	
	罗汉庄村－大星	19.12	2	1	0	0	1	1	
	罗汉庄村－伍家岭	67.2	11	1	1	128	130	1	
	白霞村	7.98	1	1	0	0	1	1	
	捞刀河街道	0	0	0	0	0	0	1	
	小 计	112.4	21	4	1	128	133	5	

表3

开福区2017年22处黑臭水体项目治理基本情况表

序号	项目名称	项目位置	治理措施	面积/长度（平方米/米）	项目投资
1	斗米洲排渠	捞刀河街道苏托垸	清淤疏浚、垃圾清理、岸带修复、生态净化	1200米	96
2	廖家渡排灌渠	捞刀河街道苏托垸	截污纳管、清淤疏浚、垃圾清理、生态净化	790米	318
3	草泊湖排水渠	捞刀河街道苏托垸	清淤疏浚、垃圾清理、岸带修复、生态净化	1500米	106
4	东干渠	捞刀河街道苏托垸	清淤疏浚、垃圾清理、生态净化、清水补给	3350米	388

序号	项目名称	项目位置	治理措施	面积/长度（平方米/米）	项目投资
5	王家湖排水渠	捞刀河街道苏托垸	清淤疏浚、垃圾清理、生态净化	1550米	264
6	泗耳湖排水渠	捞刀河街道苏托垸	截污纳管、清淤疏浚、垃圾清理、生态净化	1150米	274
7	戴家河垸排渍渠	捞刀河街道苏托垸	截污纳管、清淤疏浚、垃圾清理	1200米	580
8	西干渠	捞刀河街道苏托垸	清淤疏浚、垃圾清理、生态净化	2679米	322
9	中干渠	捞刀河街道苏托垸	清淤疏浚、垃圾清理、生态净化、清水补给	4336米	518
10	沙湖子排水渠	捞刀河街道苏托垸	清淤疏浚、垃圾清理	2850米	415
11	杨柳湖排水渠	捞刀河街道苏托垸	清淤疏浚、垃圾清理、生态净化	1750米	400
12	长湘路排水渠	捞刀河街道苏托垸	清淤疏浚、垃圾清理、生态净化	1700米	115
13	北干渠	捞刀河街道苏托垸	清淤疏浚、垃圾清理、生态净化、清水补给	4105米	300
14	南干渠	捞刀河街道苏托垸	清淤疏浚、垃圾清理、生态净化	4853米	198
15	金竹河大塘基至下游	秀峰街道	清淤疏浚、垃圾清理、生态净化	950米	350
16	金竹河兴联路南处至下游	秀峰街道	清淤疏浚、垃圾清理、生态净化	530米	524
17	山窑塘	捞刀河街道苏托垸	清淤疏浚、垃圾清理、生态净化、清水补给	800米	200
18	楚家湖	捞刀河街道苏托垸	清淤疏浚、垃圾清理、生态净化、清水补给	400000平方米	3888
19	白霞撇洪渠	捞刀河街道苏托垸	清淤疏浚、垃圾清理、生态净化	2600米	175
20	工农垸中岭撇洪渠	捞刀河街道工农垸	截污纳管、清淤疏浚、垃圾清理、生态净化	2300米	461
21	工农垸沅丰坝撇洪渠	捞刀河街道工农垸	截污纳管、清淤疏浚、垃圾清理	2350米	2050
22	捞刀河（土桥撇洪渠至二环桥，左岸）	捞刀河街道	垃圾清理、岸带修复	50米	土桥撇洪渠截污由长沙县实施，开福区对岸线修复

表4

开福区河流湿地长度和面积统计表

序号	河流湿地名称	长度（千米）	河堤长度（千米）	面积（公顷）	备　注
1	湘江	17.51	18.2	976.6	
2	浏阳河	11.11	22.4	178.4	
3	捞刀河	11.68	22.1	215.6	

序号	河流湿地名称	长度（千米）	河堤长度（千米）	面积（公顷）	备　注
4	白沙河	10.2	10.0	34.32	
5	沙河	2.7	2.5	12.4	
合计		53.2	75.2	1417.32	

表5

开福区2017年水利建设项目基本情况表

序号	项目名称	项目位置	主要建设内容	工程量	项目投资（万元）	资金来源
1	霞凝垸除险工程	青竹湖街道霞凝垸	对2016年出现管涌冒沙险情处理	土方开挖1943立方米，回填20213立方米；清淤12915立方米；灌混凝土1893立方米	420	金霞经开区
2	捞刀河北岸河堤安全设施工程	捞刀河街道北岸河堤	设置波形梁钢护栏，公路标线，减速标线。各类标志牌	13.4千米	300	金霞经开区
3	戴家河泵站格栅改造工程	秀峰街道戴家河垸	对格栅进行下沉式改造，优化周边环境	土建改造80.3立方米，新增板墙27立方米，植筋钻孔440根，安装格栅机2台	195	湘江综合枢纽库区建设资金
4	2016年水毁工程	各相关街道	对2016年汛期损毁的小型水利工程修复	项目打捆，由相关街道实施	600	区财政

表6

开福区2017年畜牧业、水产品分街道完成情况统计表

	代码	计量单位	合计	浏阳河街道	秀峰街道	沙坪街道	捞刀河街道	青竹湖街道
甲	乙	丙	1	2	3	4	5	6
一、出栏肉猪头数	1	万头	3.63	0	0.06	1.35	1.29	0.93
头平均肉重	2	千克	65	0	65	65	65	65
猪肉产量	3	吨	2361.09	0	38.96	880.88	835.58	605.67
二、出售和自宰的肉用牛	4	头	167.7	0	0	0	0	167.7
头平均肉重	5	千克	125	0	0	0	0	125
牛肉产量	6	吨	20.96	0	0	0	0	20.96

	代码	计量单位	合计	浏阳河街道	秀峰街道	沙坪街道	捞刀河街道	青竹湖街道
三、出售和自宰的肉用羊	7	只	184.6	0	0	56	35	93.6
只平均肉重	8	千克	45	0	0	15	15	15
羊肉产量	9	吨	2.77	0	0	0.84	0.53	1.4
四、出售和自宰的肉用家禽（鸡鸭鹅）	10	万只	7.31	0.08	0.74	2.93	1.48	2.08
只平均肉重	11	千克	7.5	1.5	1.5	1.5	1.5	1.5
禽肉产量	12	吨	109.73	1.24	11.07	43.97	22.29	31.16
五、禽蛋产量	13	吨	114.56	1	8.96	38	25	41.6
其中：鸡蛋	14	吨	74.46	1	8.96	20	12	32.5
六、生牛奶产量	15	吨	0	0	0	0	0	0
七、山羊毛产量	16	吨	0	0	0	0	0	0
八、期末大牲畜存栏	17	头	223	0	0	78	15	130
其中：牛	18	头	223	0	0	78	15	130
其中：1. 役用牛	19	头	94	0	0	78	0	16
2. 肉用牛	20	头	129	0	0	0	15	114
3. 奶牛	21	头	0	0	0	0	0	0
九、期末猪存栏	22	万头	3.49	0	0.1	2.2	0.48	0.71
其中：能繁殖的母猪	23	万头	0.42	0	0.03	0.18	0.11	0.1
十、期末山羊存栏	24	只	200	0	0	15	0	185
十一、期末活家禽存笼	25	万羽	10.77	0.41	1.26	4.73	2.85	1.52
其中：活鸡	26	万羽	7.78	0.38	0.98	3.15	1.96	1.31
其中：蛋鸡	27	万羽	5.47	0.36	0.69	2.54	1.05	0.83
十二、桑蚕茧产量	28	吨	0	0	0	0	0	0
十三、水产品总产量	29	吨	1068	0	0	405	195	468

表7

开福区湿地斑块

斑块号	街道	村（社区）	小地名	湿地名称	面积（公顷）	湿地类	湿地型	是否城市规划区	土地权属	是否重点调查湿地	主要湿地植被
1	2	3	4	5	6	7	8	9	10	11	12
1	青竹湖街道	新源社区	毕花园	沙塘水库	2.75	人工湿地	库塘	是	集体	是	2乔+6灌+2
2	青竹湖街道	金霞新村社区	周家冲	周家冲水库	11.61	人工湿地	库塘	是	集体	是	1乔+6灌+3
3	沙坪街道	檀木岭村	师古塘	师古塘水库	3.28	人工湿地	库塘	是	集体	否	1乔+6灌+3
4	沙坪街道	钟山村	何冲	河冲水库	6.33	人工湿地	库塘	是	集体	否	7乔+2灌+1
5	沙坪街道	钟山村	鱼婆塘	鱼婆塘水库	2.6	人工湿地	库塘	否	集体	否	7乔+2灌+1
6	沙坪街道	双塘村	大毛冲	八字墙水库	2.8	人工湿地	库塘	否	集体	是	7乔+2灌+1
7	沙坪街道	双塘村	杉木湾	张山冲水库	3.4	人工湿地	库塘	否	集体	是	5乔+3灌+2
8	沙坪街道	双塘村	棉花坡	鱼翅塘水库	2.2	人工湿地	库塘	否	集体	是	5乔+3灌+2
9	沙坪街道	双塘村	双湖垸	双湖垸	21.8	人工湿地	水产养殖场	是	集体	是	1灌+9草
10	沙坪街道	檀木岭村	斗家园	成功水库	2.3	人工湿地	库塘	否	集体	是	7乔+2灌+1
11	青竹湖街道	新源社区	青竹塘	青竹塘水库	17.97	人工湿地	库塘	是	国有	是	6乔+3灌+1
12	青竹湖街道	霞凝社区	倪家场	绿城南区人工湖	4.45	人工湿地	库塘	是	国有	是	4乔+3灌+3
13	青竹湖街道	天胜社区	李家坝	李家坝	3.5	湖泊湿地	永久性湖泊	是	集体	否	2乔+3灌+5
14	青竹湖街道	霞凝社区	月星塘	月星塘	7.13	人工湿地	库塘	是	集体	是	2乔+4灌+4

因子调查一览表

质等级	土地权属	湿地利用方式	湿地主要特征或特点			胁迫因子	建议保护 措施	规划主要建设方向	备注
			生态重要性	景观价值	经济及社会影响				
13	14	15	16	17	18	20	21	22	23
Ⅱ	集体	农业灌溉 生态补水	中	中	中	自然侵蚀	自然修复	水源涵养林建设	
Ⅱ	集体	生态养殖 生态补水	中	中	中	养殖污染 自然侵蚀	护岸护坡 自然修复	水源涵养林建设	
Ⅲ	集体	生态补水	中	中	中	自然侵蚀	护岸护坡 自然修复	水源涵养林建设	
Ⅲ	集体	生态养殖 农业灌溉	中	中	中	养殖污染 生活污染	水体清洁 护岸护坡	水产养殖污染防治	
Ⅲ	集体	生态补水 农业灌溉	中	中	中	自然侵蚀	水体清洁 护岸护坡	水源涵养林建设	
Ⅲ	集体	生态养殖 生态补水	高	高	高	养殖污染 生活污染	水体清洁 护岸护坡	水源涵养林建设	
Ⅱ	集体	生态补水 农业灌溉	高	高	高	自然侵蚀 来水减少	水体清洁 护岸护坡	水源涵养林建设	
Ⅲ	集体	生态补水 农业灌溉	高	高	高	自然侵蚀 来水减少	水体清洁 护岸护坡	水源涵养林建设	
Ⅲ	集体	生态养殖	中	中	大	养殖污染	水体清洁	自然修复	
Ⅱ	集体	生态补水 农业灌溉	高	高	高	自然侵蚀 来水减少	水体清洁 护岸护坡	水源涵养林建设	
Ⅱ	国有	生态景观 生态补水	中	中	大	自然侵蚀 来水减少	自然修复	水源涵养林建设	
Ⅱ	国有	生态景观 生态补水	中	中	中	自然侵蚀	自然修复 护岸护坡	水源涵养林建设	
Ⅱ	集体	农业灌溉	中	中	中	农业面源污染	水体清洁	水源涵养林建设	
Ⅱ	集体	生态景观	中	中	中	生活污水	自然修复 水体清洁	生态景观林培育	

斑块号	街道	村（社区）	小地名	湿地名称	面积（公顷）	湿地类	湿地型	是否城市规划区	土地权属	是否重点调查湿地	主要湿地植被
1	2	3	4	5	6	7	8	9	10	11	12
15	沙坪街道	竹安村	烟坡	烟坡水库	4.96	人工湿地	库塘	是	集体	否	6乔+3灌+1
16	沙坪街道	竹安村	寒婆山	寒婆山水库	7.6	人工湿地	库塘	是	集体	否	5乔+4灌+1
17	沙坪街道	竹安村	米家场	米家场水库	4.68	人工湿地	库塘	是	集体	否	2乔+4灌+4
18	青竹湖街道	彩霞社区 金盆丘社区	王玉咀	沙河	17.36	河流	永久性河流	是	国有	否	1灌+9草
19	青竹湖街道	天胜社区 新太安社区	莫家坝	莫家坝	7.29	湖泊	永久性湖泊	是	集体	否	1灌+9草
20	青竹湖街道	湖畔社区	蔡家坝	星月水库	7.65	人工湿地	库塘	是	集体	否	5乔+4灌+1
21	青竹湖街道	新太安社区	角菱塘	角菱塘	3.32	人工湿地	库塘	是	集体	是	1乔+3灌+6
22	秀峰街道	新大塘社区	竹山湾	枫树湾水库	2.9	人工湿地	库塘	是	集体	否	5乔+3灌+2
23	沙坪街道	中青社区	黄泥塘	黄泥塘	4.07	人工湿地	库塘	是	集体	否	5乔+4灌+1
24	沙坪街道	檀木岭村 汉回村	乌溪桥	成功撇洪渠	25.9	河流	永久性河流	是	集体	否	2乔+4灌+4
25	沙坪街道 捞刀河街道	双塘村、汉回村、罗汉庄村	黄花洲	白沙河	22.4	河流	永久性河流	是	国有	否	2乔+3灌+5
26	沙坪街道	汉回村	周家湾	周家湾	6.7	人工湿地	水产养殖场	是	集体	否	3乔+3灌+4
27	沙坪街道	汉回村	铁炉冲	铁炉冲水库	4.45	人工湿地	库塘	是	集体	否	5乔+4灌+1
28	捞刀河街道	罗汉庄村	赵家冲	赵家冲水库	9.35	人工湿地	库塘	是	集体	否	5乔+3灌+2
29	秀峰街道 捞刀河街道	竹隐、戴家河、捞刀河社区	蛇咀	桃子湖	24	湖泊湿地	永久性湖泊	是	集体	否	2乔+2灌+6
30	捞刀河街道	捞刀河、高岭、中岭社区	桃花港	楚家湖	40.8	湖泊湿地	永久性湖泊	是	集体	否	2乔+2灌+6

质等级	土地权属	湿地利用方式	湿地主要特征或特点			胁迫因子	建议保护 措施	规划主要建设方向	备注
			生态重要性	景观价值	经济及社会影响				
13	14	15	16	17	18	20	21	22	23
Ⅲ	集体	生态养殖	中	中	中	自然侵蚀 来水减少	水体清洁 自然修复	水源涵养林建设	黑天鹅
Ⅲ	集体	生态养殖	中	中	中	养殖污染 自然侵蚀	水体清洁 护岸护坡	水源涵养林建设	垂钓基地
Ⅲ	集体	生态养殖	中	中	中	养殖污染 自然侵蚀	水体清洁 护岸护坡	水产养殖污染防治	垂钓基地
Ⅲ	国有	生态景观	中	中	大	自然侵蚀	护岸护坡	生态景观林培育	
Ⅲ	集体	生态养殖	中	中	中	养殖污染 自然侵蚀	水体清洁 护岸护坡	水源涵养林建设	养殖垂钓基地
Ⅱ	集体	生态景观	中	中	大	生活污染	水体清洁	生态景观林培育	
Ⅱ	集体	生态养殖	中	中	中	养殖污染	水体清洁	自然修复	
Ⅱ	集体	生态养殖	中	中	大	生活污染	水体清洁	污水治理	
Ⅱ	集体	生态养殖	中	中	中	养殖污染	水体清洁	污水治理	大明生态山庄
Ⅱ	集体	农业灌溉	中	中	大	农业面源污染	水体清洁	污水治理	
Ⅱ	国有	生态景观	中	中	中	自然侵蚀	护岸护坡 自然修复	生态景观林培育	
Ⅰ	集体	生态养殖	中	中	大	自然侵蚀	水体清洁	生态景观林培育	
Ⅱ	集体	农业灌溉	中	中	中	来水减少	护岸护坡	水源涵养林建设	
Ⅱ	集体	生态景观	中	中	中	自然侵蚀	护岸护坡	水源涵养林建设	已作污水处理
Ⅰ	集体	生态景观	中	中	大	生态污水农业面源污染	水体清洁	污染治理	
[illegible]	集体	生态景观	中	中	大	生态污水农业面源污染	水体清洁	污染治理	

斑块号	街道	村（社区）	小地名	湿地名称	面积（公顷）	湿地类	湿地型	是否城市规划区	土地权属	是否重点调查湿地	主要湿地植被
1	2	3	4	5	6	7	8	9	10	11	12
31	捞刀河街道	中岭社区	灵官树下	中岭渔场	9.87	人工湿地	水产养殖场	是	集体	否	2 灌 +8 草
32	捞刀河街道	中岭社区	鸡公湖	长沙县渔场	9.6	人工湿地	水产养殖场	是	集体	否	1 乔 +2 灌 +7
33	捞刀河街道	罗汉庄村	鸡公湖	大星渔场	5	人工湿地	水产养殖场	是	集体	否	1 乔 +2 灌 +7
34	捞刀河街道	罗汉庄村	苏家湾	罗汉庄渔场	2.1	人工湿地	水产养殖场	是	集体	否	1 乔 +2 灌 +7
35	捞刀河街道	白霞村	年鱼垅	省渔场	54	人工湿地	水产养殖场	是	集体	否	1 乔 +2 灌 +7
36	秀峰 等 5 个街道	戴家河等 9 个社区	捞刀河	捞刀河	215.6	河流湿地	永久性河流	是	国有	是	2 乔 +2 灌 +6
37	青竹湖 等 6 个街道	霞凝港等 19 个社区	湘江	湘江	976.6	河流湿地	永久性河流	是	国有	是	2 乔 +2 灌 +6
38	芙蓉北路 等 7 个街道	福城等 13 个社区	浏阳河	浏阳河	194.07	河流湿地	永久性河流	是	国有	是	2 乔 +2 灌 +6
39	洪山街道	洪山桥社区	毛家冲	龙潭水库	3.77	人工湿地	库塘	是	国有	是	4 乔 +3 灌 +3
40	洪山街道	洪山桥社区	何家围子	月湖	37	人工湿地	库塘	是	国有	是	4 乔 +3 灌 +3
41	洪山街道	洪雅社区	西冲	恒大雅苑	3.5	人工湿地	库塘	是	国有	是	4 乔 +3 灌 +3
42	洪山街道	金鹰社区	东塘冲	东塘冲水库	13	人工湿地	库塘	是	国有	是	4 乔 +3 灌 +3
43	洪山街道	金鹰社区	老冲坡	世界之窗水上舞台	13	人工湿地	库塘	是	国有	是	4 乔 +3 灌 +3
44	月湖街道	舟桥社区	陈家湾	陈家湾	3.54	人工湿地	库塘	是	国有	是	4 乔 +3 灌 +3
45	清水塘街道	花城社区	烈士公园	年嘉湖	50.8	湖泊湿地	永久性湖泊	是	国有	是	4 乔 +3 灌 +3
合计					1877						

制表说明：本表所注湿地斑块面积均是从 2 公顷以上起调，外业实地踏查、内业依据万分之一地形图勾绘结合 91 卫图助手审图。

质级	土地权属	湿地利用方式	湿地主要特征或特点			胁迫因子	建议保护 措施	规划主要建设方向	备注
			生态重要性	景观价值	经济及社会影响				
3	14	15	16	17	18	20	21	22	23
I	集体	生态养殖	中	中	中	养殖污染	水体清洁	自然修复	
I	集体	生态养殖	中	中	中	养殖污染	水体清洁	自然修复	土地权属中岭社区和白霞村
I	集体	生态养殖	中	中	中	养殖污染	水体清洁	自然修复	
I	集体	生态养殖	中	中	中	养殖污染	水体清洁	自然修复	
I	集体	生态养殖	中	中	中	养殖污染	水体清洁	自然修复	
I	国有	生态景观	高	高	大	洪涝灾害农业面源污染	水体清洁	护岸护坡	
I	国有	生态景观	高	高	大	洪涝灾害农业面源污染	水体清洁	护岸护坡	
I	国有	生态景观	高	高	大	洪涝灾害农业面源污染	水体清洁	护岸护坡	
I	国有	生态景观	高	高	中	生活污水	水体清洁	自然修复	
I	国有	生态景观	高	高	中	生活污水	水体清洁	自然修复	
I	国有	生态景观	高	高	中	生活污水	水体清洁	自然修复	
I	国有	生态景观	高	高	中	生活污水	水体清洁	自然修复	
I	国有	生态景观	高	高	大	生活污水	水体清洁	自然修复	
I	国有	生态景观	高	高	大	生活污水	水体清洁	自然修复	
I	国有	生态景观	高	高	大	生活污水	水体清洁	自然修复	

工业与信息化建设

区经济和信息化局

局　长　王晓文
副局长　何乐鸣
　　　　高俊杰（2017.1任）
　　　　章异新
纪检组长　黄　杰（2017.9免）

概况　开福区经济和信息化局内设办公室、企业运行发展科、环资电力科、信息化科、企业安全监管科和军民融合科6个科室，有干部职工14人。

工业经济指标增长平稳。2017年，全区108家规模以上工业企业，完成规模工业总产值180亿元，同比增长8%；完成规模工业增加值48亿元，同比增长8%；完成工业投资80亿元，同比增长15%。新增规模以上工业企业11家。

军民融合产业。积极争取战略地位。2017年，开福区被列为长沙市申报国家军民融合创新示范区重点区域，金霞经济开发区被定位为长沙市“五区九园”中唯一一个军民融合产业园，2017年全省军民融合发展推进会在开福召开，开福区军民融合产业发展走在全省全市前列。配套完善产业政策。推出《开福区关于加快推进以军民融合产业为主导的高新技术产业发展的实施意见》（简称“开福军融30条”），配套制定并完善《“开福军融30条”实施细则》和《军民融合企业认定管理办法》。着力建设平台基地。以“3+X”模式为区军民融合产业发展布局规划，在华创国际、福天兴业建成2万平方米的军民融合创新创业孵化示范基地，凯乐微谷军民融合研发基地加紧推进建设，在卓尔工业园建成5万平方米的军民融合示范园，并被列为全市重大观摩项目。突出抓好招商引资。按照“三注重三优先”原则大力抓招商，坚持以“项目落地为中心”抓项目落地。2017年，全区对接洽谈军民融合项目74个，其中落地运营项目25个，到位资金3.5亿元；签约项目29个，协议引资64.5亿元；对接洽谈项目20个。

创新创业工作。深入实施创新创业“135工程”和“创新创业在开福三年行动计划”，以建设“开福创园”为抓手，稳步推进华创国际和福天兴业军民融合创新创业示范基地建设。2017年，华创国际入驻孵化企业11家，拟入驻企业14家；福天兴业拟入驻企业12家。举办开福区第二届创新创业大赛，对获奖和参赛项目积极对接，争取落地开福；搭建菁芒、中健、长沙医药健康产业园、易创、民间手工艺、万科等6个创客空间，其中菁芒创客空间通过省、市级示范创客空间的验收；培育云厨、土食生活等多家生活类电商平台。

产业升级。大力推进智慧开福建设和通讯基础设施建设，2017年，全区建设4G基站419个，4G网络覆盖率95%。启动“互联网+城管、互联网+政务、互联网+制造业”等专项，鸿胜物流、德邦物流2家企业被列入湖南省2017年度“制造业+互联网”重点项目，华瑞联芯、太源楼食品、鹰皇金佰、中建五局4家企业荣获2016年度长沙“企企通”标杆企业称号，湖南快乐阳光互动娱乐传媒有限公司、湖南芒果车之家汽车销售有限公司、湖南善禧文化股份有限公司3家企业被列为湖南省2017年移动互联网重点企业。贯彻落实《中国制造2025》，深入实施智能制造工程，助推制造业转型升级、提质增效。组织推荐中民筑友（长沙）绿建科技有限公司参加“2017年智能制造综合标准化与新模式应用专项项目”的专家评审会，申报“建筑工业化PC工厂智能制造新模式应用项目。组织长沙拓沃工程机械设备有限公司、长沙纽泰自动化科技有限公司参加2017年智能制造专项项目申报。培育金霞九鼎农牧有限公司成为长沙市两型标准实施与认证试点企业并申报湖南省两型工业企业认证计划项目；组织湖南展辉食品有限公司、湖南沙坪玉玲湘绣有限公司申报长沙市两型示范企业。

推动电力“专改公”。根据《长沙市2017年已建住宅小区供电设施“专改公”工作实施方案》要求，区政府成立工作领导小组，安排配套建设资金546万元，推动涉及7个街道15个社区9148户居民的电力“专改公”项目实施改造。对每个纳入改造范围的小区，入户宣传政策，调研摸清实况，并按“一小区、一方案”的原则制定项目实施方案，指派专人负责、专人联系，确保“专改公”改造整体工作有序开展。

社会职能分离移交。根据市委、市政府的统一部署，开福区为中央企业“三供一业”分离移交和退休人员社会化管理试点工作单位。2017年，在制发执行《开福区推进国有企业退休人员社会化管理试点工作实施方案》（开办发［2017］34号）基础上，已接管市属企业生活小区114个，接收市属企业退休人员11406人，下拨专项补贴资金703万元，整个分离移交工作平稳顺利。

【开福区军民融合“双创”基地挂牌】3月31日，为贯彻落实中共开福区委、开福区人民政府全面实施的创新驱动战略和推进军民融合产业发展决策，引导和推进“开福创园”华创国际广场军民融合创新创业基地的建设与持续发展，区经济和信息化局分别与国科高精、国科咨询签订区军民融合双创基地项目合作协议并挂牌。区军民融合“双创”基地正式挂牌成立，标志着国科高精、国科咨询作为双创基地的运营管理第三方专业机构，将以扶持孵化军民融合企业（项目）为核心目标，为处于不同发展阶段的军民融合企业（项目）提供研发、生产、经营场地、公共设施与配套服务。

【开福区第二届创新创业大赛启动】6月9日，由中共长沙市开福区委员会、长沙市开福区人民政府主办的“智汇开福，筑梦北富”开福区第二届创新创业大赛正式启动。市人大常委会副主任王国海、市政协副主席龚振湘、省市经信委、省市团委、市科技局、市人社局等相关领导，区委副书记、区长刘拥兵，区委副书记谢伟峰，区政协党组书记、主席熊建伟等领导，开福区区直相关部门、各街道主要负责人，各行各业企业家代表等总计240人参加启动式。启动仪式上，刘拥兵致辞，省市区领导给2016年度高新技术企业代表授牌、颁奖，高新技术企业、军民融合企业代表介绍企业发展情况，最后省、市、区领导共同启动大赛。

【领导观摩开福区军民融合产业示范园】12月18日，湖南省委常委、长沙市委书记胡衡华，长沙市委副书记、市长、湖南湘江新区党工委书记陈文浩率领市四大家领导及各区县(市)、园区和市直部门负责人到开福区军民融合产业示范园，现场观摩开福区军民融合产业示范园项目，检阅开福区2017年军民融合产业项目建设成果。开福区领导沈裕谋、刘拥兵、杨应龙、蔡冰、张春雄、袁政国参加。开福区军民融合产业示范园总规划用地24.93公顷，规划建筑面积36万平方米，总投资12亿元，分两期开发建设。项目一期用地12.93公顷，建筑面积7.75万平方米，含卓尔一期和新亚胜光电产业园，主要建设军民融合企业研发、生产厂房和企业办公楼。项目一期建成以来，重点引进和发展北斗卫星、海洋工程、特种新材料、航空航天等高新产业。截至2017年年底，入驻庄耀光电、华讯方舟、明湘科技等军民融合企业14家，基本形成新型材料、光电精密制造、航空航天和电子信息等四大特色板块。

重点行业发展情况

【工程机械】2017年，位于沙坪街道范围内的工程机械配套大小企业有118家，其中达到规模工业企业认定条件的企业23家。沙坪街道23家工程机械配套企业年度生产总值27.63亿元，同比增长4.6%。缴纳税收1.07亿元，吸收就业人数7000人。沙坪工程机械企业绝大部分都是为三一重工、中联重科等行业巨头做配套加工，企业自主品牌及产品市场认知度不高。绝大多数企业都是自主创业而来，产品研发的后劲不足。

【生物医药】2017年，全区规模以上生物医药企业主要有湖南金六谷药业有限公司、湖南杏林春药业有限公司等3家，年产值1.37亿元，其他均集中在湖南山河医药健康供应链有限公司。湖南山河医药健康供应链有限公司是长沙医药健康产业园为提升与聚集湖南生物医学资源而重点打造的平台项目，通过孵化基地平台，打造湖南生物研发高地，聚焦产业各类资源，转化生物医学成果，提升湖南生物医学技术水平与产业发展，抢占中部地区医药健康产业发展先机。该项目是实现产业领先，科技领先，促进全省经济发展，加快产业转型升级的重大举措。基地的建设依托湖南医疗市场资源，以政府为引导，企业为主体，市场化运作。按照国家战略与市场需求，进行IVD诊断试剂、生物材料、康复理疗、3D打印技术等生物医学技术研发，成果转化。拟打造医疗器械、生物医学技术为特色的高端生物医学工程产业链。开展国际生物医学技术合作和技术转移，并通过提供一站式的政、产、学、研、金、介、贸、媒等完善的产业服务体系，加速待转化项目在园区的落地与产业化。

【食品加工】2017年，全区规模以上食品生产加工企业17家，累计实现产值25.1亿元，占全区工业生产总值的12.64%。其中长沙统一企业全年实现产值10.8亿元，为全区规模最大的食品企业，湖南展辉食品有限公司全年实现产值4.5亿元。2017年，新增一家食品企业湖南宗明食品有限公司。

【军民融合】2017年，全区对接洽谈军民融合项目74个。其中，落地运营项目25个，到位资金3.5亿元；签约项目29个，协议引资64.5亿元；正在对接洽谈项目20个。在25个落地运营项目中，军民融合产业园（卓尔）落地项目8个，分别为中航星导航定位终端新产品项目、云顶智能专业无人机项目、盾甲新材增强涂层新材料项目、海迅自动化光学惯导项目、华安通能源特种锂电池电源项目、途朗光电紫外光学仪器项目、酷弗聚能材料生产基地项目和沃美新材吸能阻尼新材料项目，总投资约3.5亿元，年产值8亿元以上，预计年均税收4000万元。军民融合“双创”基地落地项目14个，其中，华创国际广场经国科高精引进的入驻企业6家，经国科咨询引进的入驻企业5家，福天兴业3家。区内其他楼宇落地项目3个。

企业选介

【中民筑友有限公司】中民筑友有限公司是中国民生投资集团旗下核心产业之一，总部位于湖南长沙开福区，是全国首家专注于建筑产业现代化的上市企业（股票代号：00726.HK），服务于国家战略。中民筑友围绕“建筑业供给侧改革”“中国制造2025”“精准扶贫”“美丽乡村建设”和“一带一路”等国家战略进行产业布局和产品研发。中民筑友，专注装配式建筑全产业链研究和运营，通过自主研发形成拥有完全知识产权且领先行业的五大建筑工业化技术体系，专利数量超1300项，稳居全国行业第一，先后获批国家首批装配式建筑产业基地、装配式节能建筑湖南省工程研究中心、院士专家工作站等。依托领先的建筑科技优势和产融结合平台，中民筑友首创行业服务新模式，打造EMPC装配式建筑工程总承包模式，并推出新农村节能环保成套住宅、新型材料、智能装备、数字化技术等创新产品，布局并运营绿色建筑科技园、乡镇文化综合体等创新产业。中民筑友在长沙、上海、杭州、南京、深圳、佛山等全国22个省、42个城市布局绿色建筑科技园、落地装配式建筑项目。

【长沙统一企业有限公司】长沙统一企业有限公司由统一企业（中国）投资有限公司与武汉统一企业食品有限公司共同出资设立的中外合资企业，公司于2010

年6月签约入驻长沙金霞经济开发区，生产基地建设项目用地14.05公顷，位于长沙市开福区金霞经开区中青路1301号。公司于2010年9月注册成立，2011年完成生产基地的建设，2012年1月正式投产。公司注册资本3000万美元，投资总额9000万美元。“长沙统一”生产基地建设有PET低温无菌灌装饮料生产线和热灌装饮料生产线各一条，年生产饮料能力2970万箱；方便面生产线四条，年生产能力2964万箱；另有制瓶生产线二条。主要产品有：统一绿茶、冰红茶、小茗同学、鲜橙多、冰糖雪梨、阿萨姆奶茶、海之言等系列饮料；统一100、来一桶老坛酸菜面、卤肉面、汤达人等系列方便面。2017年度“长沙统一”完成工业总产值10.83亿元，税收上缴1.12亿元（连续5年税收上缴过亿）。“长沙统一企业”自投产以来，先后获得省市“就业工作先进单位”“利税大户”“诚信经营示范企业”授牌；“长沙名牌”“湖南名牌”认定。

【湖南丽臣实业股份有限公司】湖南丽臣实业股份有限公司位于长沙市开福区浏阳河路1号,始建于1956年。公司是国内表面活性剂、家庭洗涤用品、宾馆洗涤用品专业生产企业,是中国洗涤用品工业协会副理事长单位、湖南省轻工业联合会副会长单位。下设奥威公司、合洗公司、液洗公司、日化公司和动力公司五个子公司。主要从事表面活性剂、民用洗涤用品和宾馆洗涤用品的生产与销售，主要品牌有奥威系列表面活性剂；光辉、马头和贝花系列的洗衣粉、洗洁精、肥皂；丽臣、金银花、坚尔齿系列牙膏；青春系列洗发用品和一匙丽系列宾馆洗涤用品，并为宝洁和立白等公司进行OEM生产。其中表面活性剂产能、质量和研发能力居于国内同行领先地位。公司所属的奥威商标被认定为“中国驰名商标”，是国内行业中唯一的驰名商标；其生产的表面活性剂、洗衣粉、肥皂、洗洁精等多个产品被授予“湖南名牌产品”。公司被授予“全国轻工行业先进集体”“全国轻工业企业信息化先进单位”“湖南省纳税信用A级单位”“湖南省诚信建设示范单位”“湖南省创新型企业”“长沙市工业十大标志性工程龙头企业”“长沙工业十大突出贡献企业”等称号，连续多年保持“长沙市利税过亿元企业”“长沙工业三十强”等荣誉。

【长沙盾甲新材料科技有限公司】长沙盾甲新材料科技有限公司成立于2017年8月，位于长沙市开福区军民融合示范产业园（长沙市开福区青竹湖路118号），是一家致力于结构增强涂层材料研发和应用的军民融合高新技术企业。公司主要产品为结构增强涂层材料，系公司开发的具有自主知识产权的新型材料，具有抗冲击、防腐蚀、耐磨损、无污染的独特性能。可以显著增加结构的抗冲击性能，极大延长金属、塑料、混凝土等结构件的使用寿命。在国防军工、工程机械、车辆船舶、航空航天、电力能源、石油化工、建筑工程等行业有着巨大的应用需求和市场前景。结构增强涂层材料是一种革命性的高分子弹性材料，能够实现结构的快速强化和超强韧保护，具有抗冲击、防腐蚀、耐磨损、无污染的独特性能。可显著增加金属、塑料、混凝土等结构件的抗冲击性能，延长结构件的使用寿命，减少维护成本。掌握核心技术，成功研发出具有自主知识产权系列化产品，申请发明专利10余项。在国防军工、工程机械、车辆船舶、航空航天、电力能源、石油化工、建筑工程、港口设备等行业有着巨大的应用需求和市场前景。公司拥有4000平方米现代化生产厂房，增强、耐磨、防水、防腐、防爆等系列产品生产能力4500吨/年。公司先后申请和承担兵器包装箱、电动车架、防爆车架、风力叶片、船舶甲板等结构增强涂层材料技术开发等项目。

（邹海平）

园区建设

长沙金霞经济开发区

书　记　杨应龙
主　任　袁政国
副主任　刘熙宇　李剑刚　罗　辉
纪工委书记　荣爱华
青竹湖生态（科技）产业园党工委书记
　　吴正豪
青竹湖生态（科技）产业园管委会主任
　　宋奇志
金霞保税物流中心党工委书记
　　裴文欢
金霞保税物流中心管委会主任
　　侯凌新
金霞经开区机关工会主席
　　杨永达
经开区纪工委副书记　胡仕勇
经开区招商合作局局长　张中文
经开区总工程师
　　梁文一（2017.2任）
经开区征拆事务局局长
　　杨立志（2017.2任）
经开区产业发展局局长
　　王宇州（2017.2任）
　　刘展宏（2017.2免）
经开区规划建设局局长
　　王　璀（2017.2任）
　　梁文一（2017.2免）
经开区财政分局局长　张迎霞
经开区办公室主任　蔡　哲

概况　长沙金霞经济开发区内设办公室、招商合作局、征拆事务局、产业发展局、规划建设局、财政分局6个职能部门，归口管理青竹湖生态（科技）产业园、开福区高新区（筹备）、金霞保税物流中心。有编制31名。2017年，完成规模工业总产值（含商贸物流）513.6亿元，同比增长10%；规模工业增加值（含商贸物流）120.45亿元，同比增长8.3%。其中纯工业完成规模工业总产值120.83亿元，同比增长5%；规模工业增加值28.56亿元，同比增长2.2%；工业企业营业收入98.73亿元，同比增长3.17%。外贸进出口额5.58亿美元，同比增长21%。财政收入和税收分别完成20.77亿元和17.02亿元，同比分别增长15.4%和增长38.04%。2017年，获评国家级“优秀物流园区”、省级“最具创新活力物流园区”、省级“开发区节约集约用地一等奖”、省级“经济技术开发区先

5月27日，“湘欧快线”长沙——布达佩斯货运班列首发

进单位”、省级“海关特殊监管区先进单位”、市级“综治工作考核优秀等次园区”、市级“安全生产目标管理考核优秀单位”。

长沙金霞经济开发区（以下简称园区）是湖南省领先的综合性现代物流园区。园区总规划面积为84平方千米，由金霞、高岭、鹅秀、沙坪、青竹湖5个组团组成。2017年，依托沙坪工业组团，获省政府批复设立开福高新技术开发区，搭建城北科技创新和产业发展平台。园区建立综合交通体系，实现多式联运。京广铁路、石长铁路、京港澳高速、湘渝高速、107国道、319国道等与市、区内“八纵十横”的市政道路，交织成一张“四通八达”的交通网络。长沙铁路货运新北站是国家二类铁路口岸，长沙新港是国家二类水运口岸，传化公路港全面解决“物流最后一公里”问题，长沙金霞保税物流中心是开放型经济发展的重要平台，中国石化油品管道是长株潭城市群和周边地区油品管道运输的枢纽。园区主动融入国家“一带一路”和长江经济带战略，被列为长沙东部开放型经济走廊的临港（铁）片区。园区境内境外的进出口通道：长沙新港开通至欧美、韩、日的国际集装箱航线7条；长沙火车货运新北站开通至广州、深圳的“五定班列”，开通“湘欧快线”；建成联检大厅，实现“一次报关、一次验收、一次放行”。园区确立“一主一特”的产业体系，“一主”，即智能物流：入驻物流企业138家，其中5A级10家、4A级7家，形成粮食、能源、医药等物流产业集群；“一特”即军民融合：依托开福高新区，承接国防科大等院校军民融合人才和项目，大力发展航天航空、新型材料、智能装备等高新产业，打造军民融合产业示范区。园区的外向型经济、装配式建筑和商贸服务的产业集聚优势日渐凸显。

园区建设

硬环境建设。项目建设：2017年，全年开工项目67个，开工率90.5%；竣工项目45个，竣工率70.3%。其中，红星美凯龙、深国际、老百姓大药房等重特大产业项目建设提速提档，中国长沙国际铁路港二期建设超额完成进度计划。规划编制工作。配合市规划局、区政府做好长沙市城市总规、长沙市综合管廊规划、鹅秀组团城市设计、乡意桃花溪概念性方案设计等4项规划编制工作；完成金霞现代建筑示范产业园规划、城北综合交通规划、公建布点及商业网点规划、“十三五”电力规划、园区景观规划等5项规划编制工作，让规划真正起到引领园区和项目发展的作用。

软环境建设。管理突破创新。2017年，园区依托沙坪工业组团成功获批省级开福高新区，搭建城北科技创新和产业发展平台。成功实施以“精政强企”为目标的“二次改革”，在省级园区中实现“三个率先”，即率先推行政企分开，注资50亿元组建湖南金霞发展集团实现平台公司化、集团化运营并获评“AA”级；率先建立园区独立金库并正式运行；率先对接省、市关于园区、国有企业的管理政策，实施机构和人事薪酬制度改革，形成“岗位能上能下、人员能进能

6月15日，2017第九届中国物流信息化大会在长沙金霞经开区召开

出、薪酬能高能低”的动态管理机制。地位稳步提高。2017年，园区抢占智能物流、军民融合、开放型经济发展和科技创新制高点，以产业实力的提升带动园区战略地位的提高。智能物流在省市产业布局中的绝对优势巩固，承办2017（第九届）中国物流信息化大会，获评中物联“2017年度优秀物流园区”。军民融合实现快速突破，金霞军民融合产业示范园实现满园，成为全市项目建设观摩点。军民融合落地办高效服务，盾甲新材、庄耀光电、苍树科技、华讯方舟等项目获得省市领导关注与好评。内陆开放型桥头堡初步成型，园区成为全国首个实现“跨境一锁”快速通关试点，启动省内首个跨境电商保税备货模式系统建设与测试，开通“湘粤港直通快车”，将香港的口岸功能直接延伸到金霞口岸；“湘欧快线”新增长沙至布达佩斯、德黑兰班列，综合运输能力稳居全国一线班列，成为湖南对接“一带一路”的重要国际物流平台；全国首家海外人士外贸产业基地落户金霞，园区对外开放站位提高。大力支持企业科技创新，中民筑友科技集团被授予院士专家工作站、博士后创新创业实践基地，省粮科院、新亚胜、明湘科技等多家企业取得关键技术突破，全年园区共完成发明专利申请200余件，企业科技创新内生动力增强。环境不断优化。推行党政领导联点项目和产业项目周调度制，开展闲置土地“支帮促”活动和项目建设“百日攻坚”行动，创新实施安全生产模块化管理，推动产业项目建设。落实市政府131号令，争取市、区下放经济管理权限62项并办理200件审批事项，建成金霞国税分局、地税分局、工商分所并设立金霞工商税务服务大厅，为企业提供“一站式”服务。贯彻“工业30条”“人才22条”政策，出资4000万元设立中小微企业信贷风险补偿基金，撬动银行配套授信4亿元，向企业发放贷款3800万元；出资5000万元设立服务“一带一路”倡议的政府引导型基金—湖南丝路产业投资基金，为外贸企业提供综合金融服务。帮助搭建人才招聘平台，为企业提供公租房468套，解决企业用工难题。出资400万元定制公交服务，新增、优化公交线路12条，企业和居民对园区“软”“硬”环境的满意度进一步提升。全年接待客商考察、实施小分队上门招商100余批次，成功签约项目39个，累计签约投资额117.9亿元。通过项目带动、投资拉动，全年实现财政收入20.77亿元，其中，总税收17.02亿元，同比增长38%；固定资产投资238.66亿元，同比增长64.7%；规模以上服务业增加值75.75亿元，同比增长24.7%；高新技术产业产值182.55亿元，同比增长9.5%；规模工业总产值513.6亿元，同比增长10%；智能物流产业产值395.1亿元，同比增长12.35%。

9月26日，“湘粤港直通快车”通车，金霞外贸打开世界“新桥梁”

产业发展

硬环境建设。产业活力明显增强。推广普及现代物流技术，承办2017(第九届)中国物流信息化大会，支持和指导传化物流设立“智能物流信息技术研究院”，形成美享仓模式、区间供应链等研究成果。支持企业提升物流技术研究水平，湖南粮食集团获批“省级企业技术中心”，中南粮油食品科学研究院研发形成粮食储藏“四合一”升级新技术。指导康程物流、陆洋供应链、如风达快递、传化供应链、美享仓、卓奇物流等企业实现现代物流技术应用，提高企业信息化水平。完成园区重点打造的传化公路港建设，物流信息交易中心建成投入运营，传化云仓、一站式智慧物流管理平台（TMS）、智慧园区O2O运营与服务平台（PMS）及易货嘀、陆鲸等智能物流系统投入运营，打造物流数据共享、车货匹配、仓配一体的智能公路港3.0版本。2017年，“易货嘀”完成成交量3.1万单、交易金额1.4亿元；“陆鲸”完成成交量2.8万单、交易金额437.6万元。

产业优势日益凸显。霞凝货场扩建工程完成站前工程建设、基本实现货运功能，长沙新港三期建成2个2000吨级（兼顾3000吨级）泊位、“水铁联运”的铁路专用线正式签订协议，完成保税中心二期拆迁全部合法户签约、完成省内首个网购保税进口业务（保税备货模式）系统测试。金霞跨境电商监管中心在中部地区首个实现“跨境一锁”快速通关并常规运行，开通“湘粤港直通快车”，实现香港、深圳、长沙三地通关货物提单全程“一单到底”。“湘欧快线”跻身全国中欧班列前四强，新开通长沙至明斯克、布达佩斯、德黑兰3条国际班列，累计7条班列直通6个国家，成为湖南对接“一带一路”、促进外向型经济发展的重要国际物流平台。2017年，“湘欧快线”发运进出口货物7246车、14492TEU，同比增长91.34%。

产业集群不断壮大。截至2017年年底，园区聚集智能物流企业300余家，其中5A级企业10家、4A级企业7家，形成医药、能源、粮食等百亿级产业集群。2017年，园区获评中国物流与采购联合会“2017年度优秀物流园区”。全年完成智能物流（含商贸流通业）产业产值395亿元，同比增长12.3%，为2017年目标任务的116.2%。

特色产业发展

做好顶层设计。省政府于2017年12月31日正式批复设立开福高新技术产业开发区，实行省级高新技术产业开发区政策，重点发展军民融合主导产业。开福区政府设立“金霞军民融合产业园”，规划选址于沙坪组团中青路以东、前塘路以南、长青路以西、大安大道以北，规划面积约6.35平方千米，主要依托国防科技大学，重点发展军民两用新材料、新一代信息、智能制造及电子信息产业。开福区出台《关于加快推进军民融合产业为主导的高新技术产业发展的实施意见》，明确30条扶植政策，从创业创新、财税支持、引进人才、服务支撑等方面扶持军民融合企业发展。

推动项目落地。依托卓尔企业总部基地打造金霞军民融合示范园，引进军民融合企业14家，其中投产9家，正在装修5家，被列为全市项目建设流动观摩项目。园区推进金霞军民融合产业园0.4平方千米拆迁，完成全部合法户签约倒房，签订开发合作协议，正在推进项目开发公司组建、规划调整、建设计划拟定等建设前期工作。

形成产业集聚。园区新引进军民融合项目18个，其中，明湘科技、宇锋模具、中航星、天剑海洋、中南大学项目组等12个项目建成投产，华讯方舟、苍树科技、激光陀螺、烯源新材等6个项目正在装修。新增高新技术企业10家，完成申请发明专利量180件，同比增长38.5%。2017年，园区完成军民融合产业产值2.59亿元，为2017年目标任务的129.5%。

对外经济贸易。海关业务指标方面，保税中心自封关运行以来，实现进出口总值110.8亿美元，征收税款29.9亿元人民币，其中2017年进出口总值和征收税款分别为23.11亿美元、10.06亿元人民币，在全省海关特殊监管区域及场所中分别占比34.6%和94.2%，被评为湖南省海关特殊监管区先进单位。金霞口岸区域2017年（含保税物流中心、长沙新港、货运北站）进出口货值56.72亿美元，征收税款37.43亿元人民币，贡献度占全省总额的24.8%和36.8%。对外贸易方面，近三年园区累计完成外贸进出口额15.06亿美元，其中2017年完成5.56亿美元，超过全年任务的59.37%。金霞跨境电商监管中心全国首创“跨境一锁”快速通关模式，“湘粤港直通快车”实现香港、深圳、长沙三地货物提单全程“一单到底”，“湘欧快线”综合运输能力稳居全国一线班列，金霞保税中心在全省率先启动了保税备货模式，海外人士外贸产业（长沙）基地项目落户金霞。

【实施机构和人事薪酬制度改革】2月25日，按照开改发［2017］1号文件要求，长沙金霞经济开发区实施机构和人事薪酬制度改革。以金霞开发区为龙头，将青竹湖生态（科技）产业园的相关职能职责、资产资源逐步纳入金霞经开区管理运行体系；金霞保税物流中心在金霞经开区领导下保持相对独立运行，实现平台共建、资源共享、产业共兴。推行政企分开。依据金霞经开区所承担的管理与服务职能，内设办公室、招商合作局、产业发展局、规划建设局、征拆事务局、财政分局，形成“一室四局一分局”的部门架构体系。组建集团公司，下设建设子公司、资产子公司、投融资管理子公司，形成“1+3+N”的集团架构体系。

【“湘欧快线”开新线：长沙—布达佩斯国际货运班列首发】5月27日，继汉堡、华沙、莫斯科、塔什干、明斯克后，“湘欧快线”开行第六条中欧班列新线路长沙—布达佩斯班列。此趟列车是湖南首趟运行到欧洲中心地带的中欧班列，也是全国首趟经乌克兰的中欧班列。加上至西欧的汉堡、杜伊斯堡、东欧的马拉班列，湖南的中欧班列在欧洲形成一个三角平面的完美布局。匈牙利驻重庆总领事罗澜，俄罗斯远东物流中国区首席执行官亚历山大·弗雷，湖南省副省长何报翔，省商务厅厅长徐湘平，省口岸办主任杨中万，长沙海关关长黎对贞，省出入境检验检疫局局长杨杰，副市长邱继兴，市政府副秘书长王体泽等领导出席。

【2017（第九届）中国物流信息化大会在长沙召开】6月15—16日，2017（第九届）中国物流信息化大会在湖南长沙召开。本次年会重点探讨互联网经济下，新技术深度融合物流业务创造物流新模式，新技术支撑物流行业与其它行业跨界融合创造物流新业态，主要由全体大会以及国家交通物流中心建设研讨会、新技术驱动物流服务模式创新、打造中部内陆开放高地论坛等专业分论坛组成。年会由中国物流与采购联合会、长沙市人民政府主办，长沙市商务局、开福区人民政府、长沙金霞经开区承办。中国物流与采购联合会副会长崔忠付，长沙市政府副秘书长王体泽等领导出席会议。年会全体大会上，开福区委常委、长沙金霞经开区党工委书记杨应龙做《中国金霞物流谷——打造国家交通物流中心新引擎》主题演讲，重点推介金霞在建设“五型”园区、打造“中国金霞物流谷”建设发展中所取得的突破和实践经验，并全面展示未来在国家交通物流中心创建中金霞的责任与担当。

【华中地区首个内河港口绿色能源示范项目落户金霞】8月21日，长沙新港智能港口岸电绿色能源示范项目签约仪式在长沙新港举行，标志着华中地区首个内河港口绿色能源示范项目在长沙正式落地。该项目的实施为湖南大力推广“资源节约型、环境友好型”两型港口建设起到示范引领作用，将助推长株潭地区成功建设成为湖南“两型社会”示范区及加快区域经济的发展提供新的绿色动能。

【“湘粤港直通快车”通车】9月26日，“湘粤港直通快车”启动仪式暨业务推介会在长沙金霞经开区举行。启动仪式标志着湖南外贸开辟出一条通往世界的新桥梁——“湘粤港直通快车”，至此，湖南成为中部首个实现“跨境一锁”快速通关的试点省份。活动由湖南省商务厅、长沙市政府、长沙海关主办，开福区政府、长沙金霞经开区承办。长沙市委副书记、市长、湖南湘江新区党工委书记陈文浩主持启动仪式，海关总署党组成员、国家口岸办主任张广志宣布直通快车通车，副省长何报翔，省商务厅厅长徐湘平，长沙海关关长黎对贞，省口岸办主任、省商务厅党组成员杨中万，湖南出入境检验检疫局副局长熊裕庆等领导出席。“一卡入关”“自动识别”“自动抬杠”“湘粤港直通快车”的落地实行，长沙的外贸企业可借助这一便捷、高效的跨境物流通道，引世界各地的产品经香港国际机场快速“入湘”，也可让更多的优质“湘品”搭载湘粤港直通快车飞往世界各地，携手实现“买全球”“卖全球”。

（胡双玲）

表8

2017年度园区主要经济指标一览表

指标名称	单位	数值	同比增长
规模工业总产值（含商贸物流）	亿元	513.6	10%
规模工业增加值（含商贸物流）	亿元	120.45	8.3%
规模工业总产值	亿元	120.83	5%
规模工业增加值	亿元	28.56	2.2%
工业企业营业收入	亿元	98.73	3.17%
批发和零售业销售额	亿元	355.52	14.62%
住宿餐饮业营业额	万元	5537.7	–36.27%
服务业营业收入	亿元	29.94	74.67%
大服务业增加值	亿元	75.75	24.7%
实际到位外资	万美元	20406	10.6%
市外境内资金形成固定资产投资	亿元	66.48	14.7%
引进省外境内资金	亿元	29.01	13.9%
外贸进出口额	万美元	55781	21%
财政收入	亿元	20.77	15.4%
税收收入	亿元	17.02	38.04%
固定资产投资	亿元	238.66	64.7%
工业投资	亿元	42.91	32%
生产性服务业投资	亿元	159.1	70.8%
工业和生产性服务业投资占固定资产投资的比重	%	84.64	——

青竹湖生态科技（产业）园

书　　记　吴正豪
主　　任　宋奇志
副 书 记　易树新（2017．6免）
　　　　　黄伟斌
副 主 任　龙广明　张　纲
办公室主任　张再军
办公室副主任
　　　　　唐艳彬（2017．2免）
　　　　　李　维
　　　　　（2017．2任，2017．6免）
产业发展局局长
　　　　　周崇文
规划建设局局长
　　　　　姜　慎（2017．6免）
　　　　　余　彬（2017．6任）
招商局副局长
　　　　　龙　琼　苏湘杨
社会事务局副局长
　　　　　孙建生　王文辉
　　　　　吴智勇

概况　青竹湖生态科技（产业）园地处开福区最北端，按照开福区委、区政府＂区园融合、园街分离＂的原则，2017年青竹湖园区全面纳入长沙金霞经济开发区管理，园区产业、规划、建设、招商、投融资等所有职能及资料、资产移交到金霞经开区相关部门，行政性职能及资产由青竹湖街道接收，青竹湖生态科技（产业）园成立遗留问题综合管理办公室，由周崇文任主任，没有交叉任职的人员留在遗留办。

（周崇文）

长沙金霞保税物流中心

书　　记　裴文欢
主　　任　侯凌新
纪工委书记　王　湘
副 主 任　李　燕
　　　　　胡　蓉
招商部部长　周桂平
办公室主任　谷向阳（2017、2任）
财务部部长　曹　宇（2017、2免）
办公室副主任　刘宁湘
财务部副部长　刘　玄（2017、2任）

概况　长沙金霞保税物流中心是湖南省开放型经济发展的公共服务平台和长沙东部开放型经济走廊主阵地。中心规划用地100公顷，其中一期海关监管区30公顷，建成10栋总面积约14万平方米的保税仓库及配套集装箱堆场、长沙跨境电子商务监管中心及网购保税进口备货仓库、跨境电商大厦，设立金霞口岸联检大厅，关、检、汇、税实行一站式办公，是全省最大的通关报检现场。二期物流配套区70公顷，建成湖南首家保税店湖南进出口商品展示交易中心。金霞保税物流中心为长沙市委、长沙市政府派出机构，委托开福区进行管理，2014年纳入大城北体制；管委会下设长沙金霞海关保税物流投资建设有限公司作为保税中心的投资运营主体。公司与邮政速递、广州卓志合资成立湖南金霞通跨境电商服务有限公司，负责长沙跨境电子商务监管中心的场地运营。金霞保税物流中心作为海关特殊监管区，享受“境内关外”政策，具有进口保税、出口退税、深加工结转“一日游”、流通性简单加工和增值服务、国际物流配送、进出口和转口贸易、物流信息处理等多项政策功能优势。长沙金霞保税物流中心设有综合服务部、招商部和运营管理部3个部门，有员工15人,含副县级领导2人，正科级干部5人，副科级干部2人，一般干部5人，政府雇员1人。2017年，长沙金霞保税物流中心获评湖南省海关特殊监管先进单位。

产业招商。截至2017年年底，成功引进准时达供应链、奥思通贸易、速可德电子商务、

11月22日，湖南丝路产业投资基金签约仪式

7月16日，IECC项目世界村进口汽车项目启动仪式

英华易购、一达通等192家企业入驻，其中，电商大厦40家，园区关联企业17家，嘉德及其商户135家。中航星、新希望集团、派菲颀、创境科技、德润物流、英华易购、湖南品骏（唯品会的物流配套企业）为园区重点引进项目，金昶华进出口、欧运吉进出口、安港进出口公司为保税中心扩大进出口额重点引进企业。2017年，完成对外贸易额5.58亿美元，外贸破零企业28家，外贸倍增企业13家，圆满完成市、区、园区下达的各项商务指标任务。

主营业务指标。2017年，金霞口岸区域（含保税物流中心、长沙新港、货运北站）进出口货值56.72亿美元，征收税款37.43亿元人民币，贡献度占全省总额的24.8%和36.8%。2017年，保税中心累计报关8805票，同比下降0.5%；总货运量8.61万吨，同比增加22.96%；总货值23.11亿美元，同比增长88.6%；海关代征税款10.06亿元人民币，同比增长71.55%；年进出口总值和征收税款在全省海关特殊监管区域及场所中分别占比34.6%和94.2%，业务总量和税款征收量等重点业务指标在全省海关特殊监管区域及保税监管场所中排名靠前。2017年，金霞跨境监管中心累计完成订单数202.5万单，其中进口180.92万单，出口21.58万单；完成进出口额约2.2亿美元，其中进口0.45亿美元，出口1.77亿美元。

项目建设。2017年，按照海关要求对临时隔离围网进行拆除，对视频监控系统等进行迁移。7号仓库恢复原设计整改工程，并竣工验收。完成1-10号仓库的整体提质改造工程。恢复1号仓库为保税仓库，完成1号仓库（液体专用库）消防等级提升改造。完善海关监管区内安全生产责任制度，明确各方安全责任人。

政策保障。落实省市跨境电商百亿行动方案，制定《长沙市开福区跨境电商五年行动方案》并以区政府正式发文；制定《长沙市开福区跨境电商百亿行动方案专项资金管理办法》，规范专项资金管理；制定《长沙金霞保税物流中心出口退税专项资金管理办法》，鼓励和支持外贸企业扩大出口，以政策创新吸引优质外贸企业落户园区，已进入退税试点阶段；配合区商务局、区口岸办拟定《开福区关于促进开放型经济发展的若干措施》。

联检协调机制。每半年组织口岸办、海关、国检、国税、外汇、财政等部门召开联检部门联席会议，共同研究解决中心运营过程中出现的问题。组织海关、国检，对保税中心和园内企业举办多次业务培训。为“跨境一锁”的正式开通，组织人员赴江门进行考察协调；为综试区申请，赴商务部进行协调；为临时口岸申报，赴北京、广州进行沟通协调；为保税备货（B2B2C）的开通，与省商务厅、海关、国检进行了多次对接协调等。与口岸办、海关、检验检疫等职能部门保持良好的沟通协调，对企业在通关过程中遇到的实际困难，主动了解协调理顺关系，确保高效率运行。

【“跨境一锁”首单测试成功】8月8日，随着一辆满载蓝思科技手机玻璃面板的港籍货车缓缓驶入长沙金霞跨境监管中心卡口，卡口读卡设备读取车辆电子车牌后自动抬杆放行。8月9日上午10时，货车秒速通过深圳皇岗，标志着长沙金霞跨境监管中心“跨境一锁”一般贸易出口首单测试成功。这是全国除广东片区以外，基于公路舱单完成智能卡口快速通关的第一单一般贸易出口货物。9月26日，湘粤港直通快车”在长沙金霞经开区启动。

"湘粤港直通快车"的启动标志着湖南外贸开辟出一条通往世界的新桥梁。至此，湖南成为中部首个实现"跨境一锁"快速通关的试点省份。

【与中航星签订入园协议】8月10日，湖南中航星进出口贸易有限公司与长沙金霞保税物流中心正式签订入园协议，入驻电商大厦18楼。湖南中航星卫星应用集团公司是金霞经济开发区2017年重点引进的军民融合产业项目和出口生产型高科技工业项目，是专业从事卫星应用与运营服务为核心的专业化大型卫星应用科技企业，计划在园区投资建设湖南中航星总部基地大楼及卫星终端生产基地项目。（吴　静）

表9

2017年度封关运行数据统计表

日期	类别	报关票数（单）	货值（万美元）	货运量（吨）	征收税款（万元）	一日游（单）
2009年8月-12月	总业务量	216	2340	9996	1036	31
2010年1月-12月	总业务量	1241	15500	45728	5882	145
	同比增长	91%	121%	53%	89.20%	367.74%
2011年1月-12月	总业务量	2056	34789	53509	8253	431
	同比增长	66%	124%	17%	40%	197.24%
2012年1月-12月	总业务量	2850	61879	54778	10113	1467
	同比增长	38.62%	77.87%	2.37%	22.54%	240.37%
2013年1月-12月	总业务量	4992	94760	58761	19452	2866
	同比增长	75.16%	53.14%	33.63%	92.35%	95.36%
2014年1月-12月	总业务量	7394	173361	98925	45136	5353
	同比增长	48.23%	83.25%	69.36%	136.4%	86.78%
2015年1月-12月	总业务量	8399	311386	58230	50107	5517
	同比增长	13.59%	79.62%	-41.14%	11.01%	3.06%
2016年1月-12月	总业务量	8849	182542	62639	58311	5924
	同比增长	5.36%	-50.08%	7.87%	16.37%	7.4%
201t7年1-12月	总业务量	8805	231114.6	86135.9	100624.7	6154
	同比增长	-0.5%	88.6%	22.96%	71.55%	3.88%
2009年8月10日—2017年12月31日合计		44802	1107671.6	528701.9	298914.7	27888

商贸·旅游

区商务和旅游局

局　长　李　旅
副局长　刘家庆　傅驰景
　　　　邓雅心
纪检组长　罗　丹（2017.9免）
口岸办主任　黄　兵

概况　2017年，开福区商务和旅游局内设办公室、招商科、商贸服务科、旅游发展科、市场监管科5个科室，设二级机构口岸办1个，核定行政编制8人，事业编制3人，工勤编1人。

商贸

2017年，全年实施内联引资项目206个，其中新投产项目187个。全年实际到位省外境内资金115.6亿元，同比增长18.48%；引进市外境内资金形成固定资产303.1亿元，同比增长13.29%。全年全区实现社会消费品零售总额798.8亿元，同比增长10%，其中限额以上企业实现零售额312.6亿元，同比增长12.2%。

积极探索、创新消费节的举办形式。利用黄金珠宝、百货、轻奢品、汽车、建材、餐饮等特色资源，举行不同主题的消费活动，做到季季有节庆，月月有促销，有力促进区域消费升级。策划主办2017开福区消费节系列活动有：畅享购物·时尚乐活——2017开福区消费节、华创国际广场开业庆典、长沙平行进口车展系列活动、卜蜂莲花超市开业、2017开福消费节系列活动之开福金秋·富兴盛典等。消费节期间，品种涉及黄金珠宝、时尚百货、进口食品、汽车等多个领域，卜蜂莲花超市开业三天突破500万元的销售量，富兴时代在开业当天创下55万人次以上的全长沙单日到店客流量历史记录。

严格监测，合理引导消费。按照省、市商务系统的统一要求，坚持对统计数据审核严格把关，切实提高企业数据报送质量和水平，将市场商品消费动态纳入商务日常监管机制中，依法规范行业市场经济秩序。对重要消费品、生活必需品市场运行和供求状况进行严格监测，加大数据催报审核力度，监测数据报送质量显著提高，各类数据报送率、及时率100%。及时更新维护开福区商务预报网站，将区内农贸市场加入监测范围，按时完成农产品价格周报工作。其中，五一、国庆黄金周等法定假日安排专人负责数据督报，及时上报市场消费分析材料，准确分析市场运行趋势，服务政府决策，合理引导消费。

招商引资。积极开展招商活动，成效显著。全区围绕商贸物流、生物医药、金融商务、高新技术、文化创意等重点产业开展精准招商，全年引进重大产业项目36个，其中亿元以上项目20个，如台湾合作金库商业银行、金六谷医药健康产业园、湖南万睿医药物流总部、拓沃工程机械生产基地等。10亿元以上项目4个，如华润置地万象中心、香江高岭智慧物流产业园等。签约引进投资额120亿元。全年接待客商200余批次，300余人次。举办“2017开福区重大招商引资项目集中签约活动”，现场签约华讯方舟、啦啦宝贝等16个产业项

9月5日，区政府在世纪金源饭店举办全区重大招商引资集中签约活动

目，签约金额64.5亿元。积极组织参加港洽周、央企入湘对接会、湘商大会等重大节会活动，展示和推介开福区招商资源。

对外经贸。加强对外合作，促进外贸增长。2017年，全年完成进出口总额(海关口径)10.03亿美元，同比增长43.5%，其中出口总额6.89亿美元，同比增长19.7%；进口总额3.14亿美元，同比增长74.7%。对接国检、海关等部门，推进口岸建设，联合保税中心加快推进临时口岸申报工作，口岸品质显著提升。为更好促进现有口岸平台功能作用发挥，对辖区“一中心、两岸口、两通道、三平台”(一中心为长沙金霞保税物流中心，两岸口为霞凝水运口岸和霞凝铁路口岸，两通道为长沙至上海的江海联运和长沙至欧洲的中欧班列，三平台为长沙金霞跨境电商监管中心、进口粮食指定口岸、进出口商品展示交易中心)进行功能升级，完善口岸立体开放体系建设，提升通行能力、功能资质和监管服务水平。

市场监督。强化市场监管，开展专项整治。2017年是安全生产压实企业责任主体年。市场监管科以监管、检查作为重点，每月按时到所监管企业进行检查。开展春节、元旦和两会期间、汛期、“安全生产月”、夏季高温期间等专项检查整治行动。全年出动参与检查整治行动80余人次，对局监管职责范围内的全区大型商场、超市、三星级以上的酒店、A级以上的旅游景区、旅行社等多次进行检查，排查隐患130余处，安全隐患整改到位，确保全区商贸、旅游系统安全生产平稳发展。

【开福消费节暨富兴CFC时代盛大开业】10月27日，在富兴世界金融中心南广场，“开福金秋、富兴盛典”——2017开福消费节暨富兴CFC时代开业仪式隆重举行。区委书记沈裕谋，区委副书记、区长刘拥兵，区委常委、区委办主任张春雄，区政府副区长李杨等区领导出席庆典仪式。仪式现场，区委书记沈裕谋和企业负责人一起点亮象征开业的水晶球，区委副书记、区长刘拥兵代表区政府就活动开幕致辞，区直相关部门和街道负责人参加活动。CFC富兴时代是长沙城区最大体量（109万平方米）的城市综合体富兴CFC世界金融中心下的“全业态、全龄段、全时段”的商业中心。其中超20万平方米的CFC富兴时代分为FAMILY主题的一站式“欢乐体验中心”和以FRIEND为主题的“IN 1909富兴街”主题街区，以70、80、90后新兴中产阶级为主力市场，涉及300家品牌，以欢聚、乐玩、潮流、智能为项目特征，涵盖集

开福区重大项目集中签约活动现场

休闲、购物、娱乐、餐饮美食、商务金融为一体的多元化时尚消费模式，是组合写字楼、公寓住宅、酒店等多业态形成的全服务链城市综合体。

【开福区16个项目集中签约，“军民融合30条”助推产业壮大升级】9月5日，长沙市开福区举行重大招商引资项目集中签约活动。活动现场签约北斗众创、华讯方舟等16个重点项目，签约金额64.5亿元。长沙市开福区委书记沈裕谋，区委副书记、区长刘拥兵等领导出席，区委副书记谢伟峰主持签约仪式。近百位来自军民融合、文化创意、材料科技企业的负责人和客商参加签约仪式并进行项目对接洽谈。16个重点项目涵盖军民融合、文化创意、现代服务业等多个产业。这些项目投资规模大、辐射范围广，集中展示开福区招商引资工作最新成果，在优化产业结构、提升城市形象、增强发展后劲等方面，起到重要的推动和支撑作用。活动现场还发布《开福区加快推进以军民融合产业为主导的高新技术产业发展的实施意见》，简称为“开福军民融合30条”。该政策适应对象主要是以军民融合为主导的高新技术企业(项目)，为军民融合产业带来一针强心剂，助推开福区产业壮大升级。

旅游

2017年，全区有A级以上景区（点）6个，其中国家AAAA级景区3个（长沙世界之窗、海底世界、湖南省博物馆），AAA级景区3个（长沙园林生态园、沙坪小镇景区、汉回民俗文化景区）；星级旅游饭店9家，旅行社39家，旅行社分社12家，旅游服务网点95家；星级农庄15家。全年接待游客932.98万人次，同比增长9.7%，完成旅游总收入97.2亿元，同比增长8%。

表10

2017年旅游业经济指标表

项目	单位	2016年	2015年	比上年同期增长
接待游客人次	万人次	932.98	850	9.7%
旅游总收入	亿元	97.2	90	8%

加大等级旅游景区质量提升工作。高度重视区等级旅游景区质量提升综合整治工作，重点解决2016年全区等级旅游质量提升专项整治行动中存在的问题，联合区直部门及街道对区其他等级景区开展不定期整改督查。通过加大提质整改力度，全区旅游景区建设整体水平得到较大提升。

加大营销宣传，强化全区旅游行业形象。立足全区乡村旅游资源，分别在春、夏、秋、冬四季集中开展一系列活动，广泛推广区乡村休闲旅游资源。积极组织旅游活动，重点推介开福城市形象及特色旅游商品，扩大开福旅游知名度。强化节庆宣传推介，树立品牌形象，开展全国旅游日宣传活动。

加强行业管理，确保行业和市场有序发展。强化教育培训，开展安全生产和文明创建工作培训，严管安全生产。根据市、区统一部署，全面开展一系列的旅游企业安全生产大检查，强化市场监管，加大旅游市场整顿工作和旅游市场监督、检查工作。积极维护旅游者的合法权益，营造和谐、安全和有序的旅游发展环境。积极开展文明创建工作，按照区文明办的要求以及市局的统一部署，加强中国梦和社会主义核心价值观公益广告的宣传工作。

【举办第二届开福荷花季——捉鱼大赛】9月9日，一场别开生面的荷塘捉鱼大赛在开福区苏托垸举行，75组亲子家庭在荷田中体验到别样的农家趣味。“开福荷花季”从2016年开始举办，本次荷塘捉鱼大赛是2017第二届“长沙开福荷花季”的子活动，由开福区人民政府主办，开福区商务和旅游局、开福区农林水利局承办。比赛中，75组亲子分为两组，每组比赛时长为十分钟，家长穿着套靴下水捉鱼，你争我抢，小孩子则在岸边拎着桶子接过爸爸妈妈捉上岸的鱼，不断为自己的爸爸妈妈加油呐喊，333.34公顷的苏托垸荷花田格外热闹。最后，现场75对亲子中，冠军家庭捕获36条活鱼。此次大赛在苏托垸荷花田中举行，让荷风给长沙人民带来回归自然的童年风味。

（李洪源）

重点旅游景点

【开福寺】 开福寺位于长沙市湘江之滨，是一座殿宇宏伟、气势夺人的千年古寺。开福寺是禅宗临济宗杨岐派的著名寺院，始建于五代时期，历宋、元、明、清各代，数经修缮，有著名的内外16景，是湖南省重点文物保护单位，也是汉族地区佛教全国重点寺院，长沙市佛教协会的所在

地。每年春节，开福寺山门外都会举行盛大的庙会。除了祈福和赏灯，还有看戏、猜灯谜、舞龙狮、品美食。此外，湘绣、剪纸、面塑、糖画等级能手也在庙会展示传统手艺，尽显开福寺庙会质朴的民风民俗。

【沙坪湘绣文化旅游景区—沙坪小镇（AAA）】 沙坪风情小镇是开福区沙坪湘绣文化旅游景区的核心景区，是中国湘绣的发源地，国家AAA级旅游景区。景区依托沙坪湘绣产业和自然资源基

础，融合当地特有的湘绣文化、民俗文化，成为国内外知名的以湘绣产业、现代农业、旅游产业为核心的文化旅游特色小镇。

沙坪小镇的核心景区为沙坪绣坊街。街区全长1.3千米，总建筑面积13.3万平方米。沙坪绣坊街是湖南首席湘绣文化旅游商业步行街，集休闲娱乐、湘绣体验、非遗展示为一体，分布有旅游工艺品展览区、湖湘特色餐饮区、湖湘文化展示区等景点，让广大游客充分领略湘绣文化的无穷魅力。

【汉回民族村（AAA）】 汉回民族村是开福区沙坪湘绣文化旅游景区中的特色景区，为国家AAA级旅游景区。汉回民族村是长沙市唯一的少数民族聚居村。全村2000多名居民中，1/3是回族，回族在此生活已有300多年的历史。景区内有民族团结广场、回民清真寺和铁炉寺知名景区，是佛教、伊斯兰教宗教活动场所，尤其是村内保存有具有鲜明回族特色的民居、风俗和独特的饮食文化。在这个山水相映的村庄，汉族和回族村民和睦相处，共同居

住，是个以汉回文化为依托,以民俗体验、生态农业、休闲度假为主体，以宗教、美食为配套的新型旅游示范区。

【长沙园林生态园（AAA）】 长沙园林生态园是开福区沙坪湘绣文化旅游景区中的重要景区，景区总规划面积为200公顷，截至2017年年底，开放一期园区66.67公顷，景区内植物资源丰富，森林覆盖率达90%，空气质量极佳，负氧离子丰富。景区把文化、旅游生态的理念与园林融为一体，形成独有的生态文化品

牌。是集园林科研生产、花卉展示、科普教育、休闲旅游、户外拓展等多种功能于一体的现代生态园。自2009年开园以来，接待游客突破100万人次，是长沙市科普示范场馆、市青少年素质教育基地。

【长沙世界之窗（AAAA）】长沙世界之窗坐落于长沙市金鹰影

视文化城内，占地40万平方米，是全国首批AAAA级旅游景区之一，中南地区最有影响力的大型文化主题乐园；湖南省最大的旅游、影视、文化、娱乐基地，也是湖南省重要的精神文明建设基地。

长沙世界之窗是由湖南电广传媒股份有限公司、深圳华侨城

控股股份有限公司和香港中旅集团共同投资兴建的大型文化主题公园。1997年10月1日试营业以来，长沙世界之窗发展成为一个融世界各国建筑奇观、五洲风情歌舞表演、大型儿童游乐、先锋时尚活动、水上活动乐园、影视拍摄基地于一体的综合性大型主题乐园。

【长沙海底世界（AAAA）】长沙海底世界坐落于长沙市金鹰影视文化城内，占地7公顷。被国家海洋局、中国海洋协会授予“海洋科普教育基地”，也是湖南电视台的影视拍摄基地。海底世界的游览区域由海洋馆（包括极地馆）、科教馆、水上乐园、儿童乐园等五大功能区组成。是一个集观赏、休闲、娱乐、科普于一体，中南地区展示物种最多、节目内容最丰富、参与性最强、最具时尚感的海洋主题公园。先后获得

“湖南省最佳旅游景点”“长沙市文明示范窗口”等荣誉称号。被国家旅游局授予“国家AAAA级”旅游景区（点）。

【铁炉寺】 铁炉寺位于开福区沙坪街道汉回村，距长沙市区7.5千米。相传南宋初年有禅师来此结庐静修，得天人散花、猿猴献供。岳飞出兵洞庭湖时，慕名谒师，宾主谈禅论道，纵论国策，行前植茶树两株而去。康熙年间（1662–1722），百隆普振禅师（1654—1735）平江颜氏子，幼时见羊跪乳，悟母恩难报，遂发离尘之志，依开福寺心辉世祖出家，25岁负钵远游，朝礼名山，广参善士。32岁始居金山，勤修苦参十五载，彻底神悟。康熙

四十年（1701）辞返星沙，见铁炉冲云烟缭绕，古茶蔚起，遂发愿于宋禅师结庐处，开山建寺。该处四面环山，西边低阔，中为腹地，形状酷似古人烧饭用的铁炉锅，故禅师为寺命名铁炉。铁炉寺原为和尚主持，1931年正式改为尼庵。

【洪山寺】 洪山寺位于长沙市开福区山鹰潭自然风景区，紧靠风景如画的捞刀河，依山傍水，风景秀丽。该寺始建于明代，寺庙

建筑宏伟，气势非凡，佛光塔高达9层，供奉地藏菩萨。

【潮宗街历史文化街区】潮宗街是长沙市著名的老街巷，位于长沙湘江中路与黄兴路两条主干道之间，长1000余米。明清时长沙县署就在潮宗街上。民国时期，出潮宗街、过潮宗门，便到长

沙码头，长沙是中国四大米市之一，潮宗街又为长沙著名米市。走进麻石铺路的潮宗街，有大韩民国临时政府旧址、时务学堂等著名景点，书社、教堂、戏台、公馆、牌楼等比比皆是，让广大游客和市民感受到老长沙历史的记忆。

【西园北里历史步道】 西园北里是长沙市重点塑造的5条特色街巷之一，也是长沙市首条历史步道示范区的首发段，于2016年

10月启动建设，2017年底主体竣工。西园北里因唐宰相裴休在此修建西楼而得名，属长沙六大公馆群聚集区之一的文化街区，街区全长约560米，以古朴、沧桑、静谧、慢行为主题，串起左宗棠祠、李觉公馆等7处不可移动文物和15处历史人文景点，打造留住长沙记忆的历史街巷。

【中山亭】 中山亭位于长沙市开福区黄兴北路与中山路交汇处。始建于1930年，辟有辛亥革命陈列馆，陈设孙中山、黄兴、蔡

锷、宋教仁等革命党人史迹。中山亭是省会近现代标志性文物建筑之一。

【湖南省博物馆(AAAA)】 湖南省博物馆位于长沙市开福区，与烈士公园毗邻，占地面积5.1万平方米，筹建于1951年，1956年正式对外开放。2012年闭馆改扩建，2017年新馆建成并对外开放。湖南省博物馆是湖南省最大的历史艺术博物馆，也是首批国家一级博物馆、中央地方共建国家级重点博物馆、全国优秀爱国主义教育示范基地和湖南省AAAA级旅游景点。

湖南省博物馆藏品18万余件，尤以马王堆汉墓文物、商周

青铜器、楚文物、历代陶瓷、书画和近现代文物等最具特色，并以此打造6个展示人类优秀文化遗珍的基本陈列。

【长沙市博物馆】 长沙市博物馆旧馆位于市中心八一路538号，占地4.26公顷，面积4万平方米。1986年，长沙市博物馆在中共湘区委员会旧址纪念馆的基础上正式成立。长沙市博物馆新馆于2015年12月底搬迁至长沙滨江文化园长沙市“三馆一厅”。

长沙市博物馆作为一座中型综合性的地方志博物馆，它承担着收藏、保管和展示长沙市以及周边地区各类文物、照片、图书、文献资料的重任。为国家征集收藏了各级各类文物、照片、图书、文献资料共8.5万余件。其中出土文物1.05万余件，流散文物2.8万余件，字画和近现代文物6500余件；各种历史图书文献资料2万余件，各类照片2万余张。经专家鉴定，有一级文物87件套，二级文物101件套，三级文物2750件套。

【烈士公园】 烈士公园是长沙市最大的公园，位于长沙城东北部东风路1号，是座集纪念、游览和

娱乐的综合性公园。1950年动工兴建，1953年正式开放。占地118公顷，其中水面约40%。东面浏阳河环绕，其他三门面向闹市。

【长沙市滨江文化园——“三馆一厅”】 长沙滨江文化园12月28日开园，“三馆一厅”是包括长沙市博物馆、长沙市图书馆、长沙市规划展示馆、长沙市音乐

厅，以及景观塔和周边配套设施在内的长沙滨江文化园建筑群，位于长沙北辰三角洲，西滨湘江、北临浏阳河。

“三馆一厅”总建筑面积约15.5万平方米，其中：博物馆3.42万平方米，图书馆3.13万平方米，音乐厅2.76万平方米，景观塔650平方米，地下架空层5.75万平方米。整组建筑象征湖南人勇往直前、迎难而上、自强不息的群体性风格。长沙“三馆一厅”位置十分优越、环境优美清新，是广大游客和市民休闲、阅读、养性、欣赏的最佳场地。

【大明山庄】 长沙大明生态休闲山庄位于长沙市开福区沙坪街道大明村,占地面积36.67公顷,环山抱水,风光旖旎，原始生态和人工雕琢浑然一体，既保留自然生态美景，又体现出现代建筑之大

气和风韵。大明山庄是一个集会务、住宿、餐饮、飞越丛林、垂钓、农事体验、拓展训练、休闲娱乐、手工DIY、种植养殖于一体的生态农业示范基地，由商务会所、康体中心、垂钓中心、生态手工坊、农耕文化园五大板块组成。山庄拥有三星级酒店一栋,雅韵别墅4栋，总建筑面积6000平方米，集餐饮、住宿、会议、茶楼、商务洽谈于一体的特色休闲山庄，是推广农业科技的示范基地。

【和道源农庄】 和道源农庄位于长沙市唯一一个少数民族聚集村—汉回村，特色浓郁的回族民居，满眼浓郁的伊斯兰风情，距离市区12千米，交通便利，环境优美，杨柳排行，亭立湖央构成一副大自然的生态美景。和道源农庄自2009年组建以来，形成集高科农业、生态农庄、休闲体

育、茶道文化、茅台酱酒文化、绿色文化、亲子文化为一体的国家级生态农庄。

和道源农庄原位于沙坪街道板塘村，为配合开福区的乡村发展，支持家乡建设，农庄搬迁到汉回村，2016年8月5日重新对外运营。农庄分为休闲观光区、农庄餐饮区、会议娱乐区、体育运动区、垂钓休闲区、酱酒品鉴区、水上游乐区、员工生活区八大功能区。

【海天山庄】 五星级休闲度假山庄——海天山庄位于长沙市开福区沙坪街道海棠村境内，山庄依山而建，占地面积21.8公顷。山庄各类配套服务设施齐全，是一个集生态苗木种植、农业观光、休闲娱乐、团体会务、修养

健身为一体的乡村度假胜地。山庄设有标准套房、豪华套间，46间98个床位。房内安装有卫星电视及空调让您享受温馨惬意的假日时光；山庄在乌溪村拥有13.33公顷无公害农产品基地供应自产自销的纯原生态家禽和蔬菜，年出栏600头的生态养猪场，2公顷的原生态土鸡饲养园让您与健康同在；高档次KTV、乒乓球室、健身器材、台球、羽毛球、双人自行车、商场、垂钓让您与娱乐相伴。

【河村山庄】 河村山庄位于长沙市开福区沙坪街道茶子山村，其环境优美，空气清新。河村山庄投资400万元，占地23.33公顷，

是以休闲垂钓、餐饮住宿、棋牌娱乐、会议培训等项目于一体的原生态休闲农庄。优美的自然风光，粉色的浪漫小屋，古朴的农家四方小院，10公顷自然水域，吸引众多游客流连忘返。

楼宇经济

区现代服务业发展办公室

主　任　陈　迎
副主任　冯丹璐

概况　长沙市开福区现代服务业发展办公室（以下简称区现代办）于2014年10月正式成立，属公益一类事业单位。有工作人员10人，其中在编人员6人，临聘人员4人。

楼宇招商。2017年，开福区建成楼宇137栋，总面积507.8万平方米，其中商务面积316.1万平方米，商业面积191.7万平方米。全区待招商面积88.27万平方米，其中商务面积52.54万平方米，商业面积35.73万平方米。2017年，全区楼宇去库存40.2万平方米，其中写字楼去库存18.8万平方米，商业去库存21.4万平方米。全区楼宇新引进企业566家，工商注册、税务登记均在开福区的498家，租赁或购买500平方米及以上的企业67家。浙商银行、台湾合作金库商业银行、华夏保险、中国人民健康保险、光大期货、新华书店、奉天建设集团等知名企业进驻开福区楼宇。

重点楼宇产业集聚效果明显。区现代办以楼宇为载体，以产业为支撑，引导楼宇进行精准定位，逐步实现“一楼一业”。北辰文创园打造动漫游戏产业园，华创国际广场打造金融商务和军民融合专业楼宇，华尔街中心打造金融商务专业楼宇，泊富国际广场打造总部经济楼宇，新湖南大厦打造央媒省媒聚集地及新媒体创意产业园，绿地中心打造“金融+医疗”专业楼宇，富兴世界金融中心打造金融商务楼宇及创新创业基地，友谊咨询大厦打造工程咨询类专业楼宇，福天兴业打造军民融合专业楼宇等。

楼宇评定打造经济样板。2017年3月，开福区对入市运营1年以上的高端商务楼宇进行等级评定，有8个楼宇项目的15栋商务写字楼参与首批评定。成立开福区商务楼宇等级评定委员会，并委托国际房地产顾问“五大行”之一的戴德梁行具体负责实施。5月19日，开福区商务楼宇等级评定新闻发布会及授牌仪式在珠江花园酒店隆重举行。北辰时代广场、华创国际广场、泊富国际广场、华尔街中心、绿地中心、开福万达广场等6个项目的12栋甲级商务楼宇被评定为开福区首批甲级商务写字楼。

开展招商考察推介活动。区现代办组织辖区内重点楼宇项目赴成都进行楼宇经济考察学习和异地招商推介活动，学习对标成都超甲级写字楼和商业体的运营和管理。在成都举行“‘共享共赢·携手前行’2017长沙市开福区商务楼宇（成都）招商推介会”，开福区区委副书记、区长刘拥兵出席推介会并致辞，会议推介开福区区域资源和优势产业，区内8个重点楼宇项目进行项目路演。2017年11月，区现代办组织开福区楼宇经济促进会，

金融商务区高楼林立

5月19日，开福区在湖南省率先进行商务楼宇等级评定，评选出首批12栋甲级写字楼

望麓园街道、清水塘街道、东风路街道、伍家岭街道、湘雅路街道、新河街道等单位负责人赴杭州学习考察楼宇经济，实地走访下城区坤和楼宇社区、西湖区欧美中心楼宇集群、滨江区英飞特科技园。

楼宇服务。2017年3月，开福区新河街道栖凤社区“楼宇经济服务中心”挂牌成立，主动向楼宇企业开展经济服务、民生保障、城市管理、综合治理和党群建设等“五进楼宇”服务，将服务楼宇的窗口前移。2017年7月，区现代办牵头制定的《长沙市开福区促进楼宇经济发展加速商业地产科学去化实施意见》（开政发［2017］57号）正式发布，通过系列政策，实现控总量、去库存与调结构、提品质有机结合，为开福区楼宇经济的健康发展和提质增效提供坚强保障。12月23日，“‘楼宇汇聚人才，效力北富开福’—2017·开福商务楼宇专场招聘会”在开福万达广场举办，全区9个街道55家企业参与，提供800多个就业机会，活动以楼宇为载体，为楼宇项目吸引高端人才，提升企业形象，助推开福区建设充分就业现代化城区。

财税·金融

财政

区财政局

局　长　　刘　勇
副 局 长　　宁小群　严　霞
　　　　李铁钊
　　　　李伟新（2017.7免）
纪检组长　　罗　丹（2017.9任）
　　　　张　平（2017.9免）
总会计师　　黄　维
非税收入管理局局长
　　　　王晓莉
乡镇财政管理局局长
　　　　熊　静
财政评审中心主任
　　　　陈　建
国库集中支付局局长
　　　　汤　杰
财政统发工资中心主任
　　　　高　萍（2017.2任）

概况　长沙市开福区财政局是区人民政府综合管理全区财政收支、主管财政政策、实施财政监督、参与对国民经济宏观调控的职能部门。主要职责是：贯彻执行国家财政政策和法规；编制、执行全区年度财政预决算；制定全区财政管理体制和有关预算管理制度；参与全区宏观经济的决策管理，加强对资金使用的调控和监督；管理区级地方财政各项收入；负责全区国有资产、政府采购监管、国库集中支付、街镇财务监管、重点工程监管、会计管理、财务监督检查等工作。内设办公室、预算（国库）科、行政教科文科、协税护税办公室、绩效评价（会计监督）科、政府采购监督管理办公室、经济建设科、国有资产管理办公室等8个科室和国库集中支付局、财政统发工资中心、非税收入管理局、乡镇财政管理局、财政评审中心等5个二级机构；在职在编干部职工38人。

2017年，完成一般公共预算收入（原地方财政总收入）147.12亿元，同比增长12.19%，其中，全口径税收收入完成125.84亿元，同比增长12.55%，税收占一般公共预算收入的比重为85.54%，税收总量连续三年居全省城区首位；非税收入完成21.28亿元，同比增长10.11%。上划增值税（含“营改增”增值税）41.31亿元，同比增长54.5%；上划企业所得税30.49亿元，同比增长5.28%；上划个人所得税17.28亿元，同比增长9.94%。2017年，获评湖南省财政厅“2016年度预算绩效管理工作先进单位”，开福区财政局连续4年获此殊荣。

财税收入征管。根据《开福区财税目标管理考核方案》，制定月度、季度、半年和年度收入组织方案，对收入完成情况“按月考核、按季通报”，实现“以考促收”目标。支持产业发展，全年安排产业发展专项资金1.2亿元,同比增加5000万元；支持198家企业申报移动互联网、中小企业发展等项目资金，重点帮助中小企业申报市级创新创业资金，协助企业争取上级资金4.42亿元。

非税收入征管。对照省、市的项目清单和标准，认真梳理全区收费项目和收费标准，停用应取消的项目，规范项目名称和编码，完善收费依据、收费标准、分成比例等项目库信息，规范收费行为。建立非税收入常态清理机制，强化财政票据管理，加强非税征管监督检查，全年完成非税收入21.28亿元，同比增长10.11%。

预算支出管理。加大对民生民本的支出力度，全年安排民生民本支出57.54亿元，占一般公共预算支出的84.46%。加大社会保障和就业资金投入，全年安排社会保障和就业支出7.41亿元；对区与街道财政管理体制进行调整，全年为街道、社区分别安排财政资金3.09亿元、4350万元；加大对科教文卫事业的支持力度，财政资金优先保障教育强区经费投入，全年预算安排教育经费14.07亿元，全力保障学校“三年行动计划”和“美丽校园”建设。

以重点项目为载体争取政策性资金返还，中青路项目1.9亿元政策性资金全部到位。全年安排基本建设资金5.36亿元（含预算调整2.4亿元），其中专门安排1.2亿元用于消化2015年及以前年度项目工程欠款。

分类处置现有存量资金，严控新增存量资金，消化和压减存量资金规模，建立结余结转资金定期清理机制，全年收回结余结转资金4140万元，调入结余资金2.3亿元。

国库集中支付。深化街道国库集中支付改革，16个街道全部推行公务卡结算。加强与代理银行沟通，优化支付流程，提高财政资金支付效率。严格支付业务审核，加强业务培训，全年集中支付资金48.16亿元，直接支付占比98.68%。

国有资产管理。根据《中共中央关于全面深化改革若干重大问题的规定》要求，通过定点询价，选定立信会计事务所进行清产核资，推动开福区工务局与开福城建投政企分开；制定《开福区区管国有企业负责人履职待遇、业务支出管理暂行办法》（开办发［2017］36号），规范区管国有企业负责人履职待遇、业务支出行为；推进资产配置预算，资产配置实现线上申报、审核和审批；推进公车改革，成功拍卖车辆96台，成交价款219万元，溢价率39.5%。

投资评审体制改革。理顺财政评审体制，整合原区政府投资预决算中心和区政府投资审计中心职责，新成立开福区财政评审中心。全年审核预算项目635个，审定金额29.33亿元，核减金额2190万元，核减率4.24%；审核结算项目71个，审定金额8029万元，审减金额1254万元。

按照《湖南省村级组织运转保障资金管理办法》要求，加强街道和社区（村）财务管理，全年开展两次街道财务检查；配合区纪委对街道开展“违反八项规定”“雁过拔毛”专项整治等财务检查工作，规范财政资金管理。

财政绩效评价。强化绩效评价结果运用，将绩效评价结果作为专项资金继续安排以及支出结构调整的重要依据,全年对20个重点项目开展绩效评价工作，涉及金额2亿元。

政府采购监管。推进政府采购信息化管理，2017年年底，开福区公务用车管理平台正式上线试行。政府采购事项全部实现线上审核，全年完成政府采购项目2142个，采购金额3.57亿元。

会计管理。认真贯彻执行《中华人民共和国会计法》，努力提高会计信息质量，全年办结41家会计代理记账机构审批工作，并颁发代理记账许可证书。对开福区辖区内十余家会计代理记账机构进行专项检查，根据《代理记账管理办法》，对不符合规定的机构督促办理变更或注销手续。

财政监督检查。认真贯彻相关法规条例，加强对财政内部监督和财政资金监管，对年初预算的执行实行全程监控，确保财政资金的使用安全和效率。以制度规范为基础，建立健全预算编制、执行、监督、绩效考评四位一体的财政资金管理模式。以日常检查与专项监察相结合为手段，建立健全事前审核、事中监控、事后检查的全过程的动态监督机制。强化资金绩效管理，在保障资金安全的基础上，加强对资金使用效益的监督检查。完善内部监督和外部监督相结合的检查机制，充分发挥外部监督的作用。

财政管理。完善财政管理制度，出台《开福区财政专项资金分配审批管理办法》《长沙市开福区政府投资项目管理办法》等制度。推进厉行节约，严格控制“三公”经费，做好“三公”经费和预决算公开；完善财政内控制度体系，加强财政内控管理。

落实《开福区财政局关于开展“工作零差错—服务创一流”活动实施方案》，实施全员绩效考核，对科室（二级机构）工作完成情况每月进行考核、通报。开展内部晒账和资金安全检查，促进财政工作制度化、规范化和程序化。加大作风建设力度，优化财政资金支付流程，提高财政资金支付效率；开展企业走访活动，对50多家企业进行走访，深入了解企业经营发展状况，协调解决制约企业发展难题；局纪检组、办公室不定期对上班纪律和作风进行抽查，将检查结果通报并与绩效考核挂钩；严格执行“首问负责制”“限时办结制”等规定，有效解决“门难进、脸难看、事难办”等现象。

【开展税收挖潜增收行动】2017年，为开福区“财税挖潜增收年”。开福区财政局制定《开福区2017年挖潜增收行动方案》，方案明确加强税收关系属地、加强个体零散税收征管、加强土地增值税及房产税专项清理、加强纳税评估及清理长亏不倒企业、促进规模个体户向一般纳税人转化、挖掘总分机构税收、紧盯一次性税收、挖掘物流产业税收、督促外地房地产建筑企业在开福区设立独立纳税主体等9项税收挖潜增收措施，并建立由区委常委、常务副区长牵头，工商、税务、财政、城管、公安、街道等组成的联席会议制度，实行严格的考核机制。截至2017年年底，下达任务的151家企业有128家在开福区办理工商税务登记;外地房地产建筑企业有东方红建筑、中欣建筑等26家在开福区设立分公司;老项目及房产税专项清理中，在房地产销售下滑40 %的情况

7月25日，区领导调研财税工作

下，全年房地产税收完成26.8亿元，同比增加3.7亿元;挖掘总分机构税收，邮储银行湖南分行将其直属分行税收转入开福区汇总缴纳;年纳税额10万以上的67家规模个体户中有28家转为一般纳税人，其中年纳税额50万元以上的全部转为一般纳税人;全年交通物流业税收增幅75%，增幅居全区各重点行业首位。

【财政“互联网+监督”平台运行】2017年，开福区财政局按照省、市“互联网+监督”公开条目，制定全区民生资金项目公开目录、梳理民生资金指标信息，协调推进村级财务公开数据对接和财务软件系统升级改造，9月1日按要求上报全区“互联网+监督”平台汇总数据。经过各区直单位、街道对“互联网+监督”平台数据认真复核，11月14日，全省“互联网+监督”平台正式上线运行，村级财务数据对全社会公开，接受公众监督。

【开展预决算公开检查】2017年，开福区财政局按照《财政部关于开展2017年度地方预决算公开情况专项检查通知》和《湖南省市县财政预决算公开考核暂行办法》要求，对全区预决算公开情况进行检查，督促问题整改。11月财政部驻湘专员办对开福区预决算公开情况进行全面检查，检查范围包括开福区政府和所属部门的2016年决算、2017年预算公开情况，检查的内容包括预决算公开的及时性、完整性、真实性、细化程度；是否在本级政府或财政部门门户网站上设立预决算公开专栏、汇总集中公开等。通过检查，开福区69个单位2016年决算、2017年预算公开全部达到公开要求。

（郑和堂）

表11

开福区2017年一般公共预算收入完成情况表

单位：万元

项目		区人大目标	全年累计完成	同比增长	完成区人大任务进度	完成市定任务进度
地税	省地税直属局	38300	38395		100.25%	
	市地税直属分局	8940	10428		116.64%	
	区地税局	380000	388924		102.35%	
	小计	427240	437747		102.46%	
国税	市国税直属分局	67000	51176		76.38%	
	区国税局	760000	769474		101.25%	
	小计	827000	820650		99.23%	
税收收入合计		1254240	1258397	12.55%	100.33%	
非税收入		212760	212760	10.11%	100.00%	
一般公共预算收入		1467000	1471157	12.19%	100.28%	101.99%
税收占财政总收入比重		85.50%	85.54%			

备注：一般公共预算收入即地方财政总收入

地税

区地方税务局

局　　长　陈学坚
副 局 长　宋绍斌　肖晓华
　　　　　方　勇
纪检组长　邓康路
工会主席　陈中笑

概况　开福区地税局内设7个行政科室、3个直属机构、4个税源管理科、9个税务分局，负责长沙市开福区188平方公里范围内16个街道办事处、镇、局的约21500户企业和个体的地方税费征收管理工作，有在职干部198人。2017年，开福区地方税务局荣获“省文明标兵单位”；区地方税务局第六税务分局获“全省地税系统基层党支部标准化建设示范点单位”；区地方税务局获“长沙市地税系统党建工作先进单位”；区地方税务局第七税务分局获“五星级税务分局”；区地方税务局稽查局获市地税局“2016年度优秀稽查案卷”；区地方税务

9月21日，省地税局局长周巧艺（左一）指导地税局党支部标准化建设的开展情况

3月31日，开福地税在万达商业广场开展税收宣传活动

局获市地税局“2016年度稽查工作先进单位”。

组织收入。面对经济形势变化、主体税种缺失、增长预期调整等多重考验，通过精准分析、责任压实、“2233”行动、税务稽查等系列组合拳，实现计划口径48.65亿元，地方财政总收入38.84亿元，全面完成组织收入任务。完成2016年度所得12万元以上个人所得税自行纳税申报17184人，同比增长59.45%，应纳税额8.89亿万元，同比增长41.55%，已缴税额8.84亿万元，同比增长41.26%。补缴税额384.23万元,同比增长77.81%。通过对全区税源进行全面调研，形成的《从当前地方税收数据看开福区域经济发展》调研报告，在长沙地方税务第十九期刊物上发表。由稽查局报送的稽查案例，被选入由中国税务出版社出版发行的《税务稽查精解60例》。

征管转型。针对营改增后主体税种缺位、控管手段弱化等瓶颈问题，贯彻省局“全面推进地方税收征管转型”的决策部署，有步骤、有目标、有方法的推进征管转型工作的发展升级。规范征管得到强化。坚持“重点税源重点管、行业税源专业管、一般税源属地管、个体税收综治管、风险管理突出管”的税源分级分类管理思路，进一步理顺税源管理科、分局之间的职能职责。同时，根据金三系统税收管理员岗位权限和征管规范，组织编写《税收管理员征管工作手册》，为税管员开展日常征管工作，规避执法风险提供指引和帮助。国地合作实现提升。根据《国地税合作规范3.0版》和《开福区关于开展国地税合作的实施方案》的要求，做到信息共享，源头控管，而且还做到国地税两家之间的相互比较、相互监督，提高征管质量和水平。风险管理抓出实效。严格按《长沙地税系统税收风险管理实施办法（试行）》开展风险管理工作。报送的风险应对案例《某房地产项目案例》，获长沙市局税收风险管理优秀案例一等奖、省局税收风险管理优秀案例一等奖。

依法治税。执法督察扎实推进。总局大督查期间，区局核实疑点数据8798条，上报立即核实和后续核实确认单1264份。各责任部门对查纠的问题严格整改，并对管理漏洞出台防范措施，较好发挥执法监督“查错纠偏”的重要职能。区局大督查工作受到省、市局好评。“三项制度”试点初现成效。抓好行政执法公示制度、全过程记录制度、重大执法决定法制审核制度“三项制度”的试点工作，其中重大执法决定法制审核制度的试点工作得到市局的肯定，并在全市三项制度推进会上做典型发言。优惠政策落实有力。继续抓好小型微利企业、高新技术企业研发费用加计扣除等税收优惠政策的落实，并加强后续管理，对优惠备案的纳税人进行实地核查，对提供的资质、证书、文件等备查资料进行检查，防止纳税人采取欺骗手段获取优惠。法治宣传得到强化。把学法作为局党组中心组学习的重要内容，确保每季召开一次依法行政工作领导小组会议，组织会前学法，健全税务人员法治培训长效机制，使依法行政理念深入人心，积极组织干部参加学法、考法，切实提高税务人员运用法治思维和法治方式解决实际问题的能力。聘请法律顾问团队，保证法律顾问在制定税务重大行政决策、推进依法行政中发挥积极作用。拍摄制作《十个春天》微电影参加全省地税系统税收法治建设成果展评。

纳税服务。始终以“始于纳税人需求、基于纳税人满意、终于纳税人遵从”为服务目标，不断完善和落实相关制度建设，纳税服务得到进一步的优化。率先实行一窗通办，办税流程实现简化。2017年，全面推行“一窗一人办税”服务模式，第九（金霞）分局作为开福区国地税局第一家合署办公的分局，成为国地税深度融合、联合办税的示范窗口。严守底线评定纳税信用等级，信用体系日趋完善。联合国税完成辖区7431户参评企业的2016年纳税信用等级评定工作，并对评定结果进行公示。同时，2017年对省人大常委会、省委统战部、江西省工商联、市青年企业家协会等部门和单位发函要求对纳税人的纳税信用情况进行核查90人次，对存在纳税信用低、欠税等问题的17名纳税人在代表、委员推荐和行业评优中给予“不予提名”的建议。重点打造纳税人学堂，纳税宣传更加精准。围绕“纳税信用等级”“企业所得税汇算清缴培训”等内容开设15期纳税人学堂，同时为湖南粮食集团有限责任公司、周南秀峰中学、湘雅医院等提供个性化辅导，最大限度满足纳税人的培训需求。区局党组成员还分组走访企业，就深化税制改革开展调查研究，增强税企双方的沟通互信，切实提升纳税人的满意度和获得感。区局稿件被《钟山说法》和《国生开讲》栏目组采用7篇，获得社会各界广泛好评。在省局组织开展的“纳税人满意度调查”中，开福区局得分94.44分，在长沙市内五区排名第一。

开福区地税九分局干部为企业财务人员宣传税法知识

文化建设。“福”文化模式精神引领。继续以“聚焦‘福’文化”模式为抓手，开展八大主题活动，编印微读本，借助“开福地税”微信公众号平台，强化开福地税文化品牌，提升干部精神文化品位，丰富“税德载福”底蕴，推进开福地税事业的发展。巧用考核促进担当。按省、市局的集中部署，进一步完善绩效管理制度，明确规定在上级单位或外部监督审计单位组织的各类审计、巡视巡察、明查暗访等过程中被发现问题的，严格与绩效考评挂钩，并作相应的绩效扣分处理。2017年区局绩效考核成绩在全市排名第二。

【区委书记沈裕谋到区地税局调研】7月25日，开福区区委书记沈裕谋一行到开福区地税局专题调研税收工作。沈裕谋一行听取开福区地税局党组书记、局长陈学坚介绍开福地税的基本情况及工作开展情况。沈裕谋肯定区局充分挖掘有利因素，发挥主观能动性，顺利完成上半年的工作目标。他要求坚定目标不动摇，充分利用好有利因素，以征收工作为中心，集中力量发展主业；坚持以绩效为导向，加强队伍建设，充实一线征管力量，打造一支业务素质过硬的干部队伍；提供优质服务，培植好税源，落实“抓大、挖潜、勤征、培源、解难”十字方针，确保全年税收收入工作圆满完成。

【孝廉诵读会 传递清廉税风正能量】8月25日，开福地税局举办孝廉诵读会。通过诵读名家名篇、讲述家风故事、演唱廉政歌曲等形式，吸取经典精髓，传承家风文化，展示全体开福地税人“重孝、倡廉、崇善、向美”的良好风气。每个节目讲述的都是开福地税人的真实故事，每句台词表达的都是开福地税人的真情实感，凸显开福地税干部孝廉家风的渗透力和感召力。为打造清廉税风，传承孝廉家风，开福地税坚持“晒家风、扬家训、诵经典、知荣辱、讲正气、促和谐”的理念，全局上下形成一股积极向上的孝廉风气，传承好家风、建设好税风，用责任和担当书写地税事业发展的新华章。

【共享发力助推合作 便民惠民释放红利】2017年，开福地税第九税务分局充分发挥“进一家门、办两家事”的地域优势，灵活运用共享模式，多措并举地为金霞经开区纳税人服务。设备共享。国地税联合制定并严格执行办税服务厅的人员管理、办理流程、岗位职责等各项制度，完成窗口人员的系统授权，“一人双码”确保国地税业务通办。推行“实名办税”，在办税服务厅专门开设三个实名认证采集绿色通道窗口，提高办税速度。知识共享。采取多种形式共享知识，“每周一问”促学活动，“一对一”互学小组，国地税联合组建业务学习兴趣小组，将业务“学习课堂”搬进企业现场。既增强干部实际业务操作能力，优化纳税服务，又帮助企业加强纳税筹划，减少涉税风险，达到税企双赢的目的。业务共享。与国税分局共同成立联合定税实地调查小组，按片区对新办个体经营户进行日常性联合调查；联合开展纳税信用等级评定，确保信用等级告知到位；联合开展防风险、堵漏洞、促增收工作，加强业务督查，营造公平法治的税收环境。

（高川惠）

国税

区国家税务局

党组书记　谭小卫
局　　长　邓志荣
党组副书记、副局长
　　　　　侯才良
副 局 长　范建革　王中华
　　　　　陈仕斌　田晞由
　　　　　王立新
纪检组长　罗颖莉

概况　区国税局属于国家税务总局直属的垂直管理单位，由长沙市国家税务局直接管理和业务指导，主要职能是全区4万余户纳税人的日常税收管理，负责征收中央税和中央与地方共享税，主要税种有增值税、企业所得税、消费税等，并代征城建税、教育费附加等地方税费。区国税局设置有办公室、财务管理科、人事教育科、工会、机关党委办公室、监察室、信息中心、收入核算科、政策法规科、征收管理科、纳税服务科、税源管理一科、税源管理二科、税源管理三科、税源管理四科、进出口税收管理科16个科室，以及中山路税务分局、华夏路税务分局、东风路税务分局、洪山路税务分局、金霞税务分局5个税务分局，有在职干部职工224人。

组织收入。2017年，区国税局加强基础税源管理、摸清税源底数，夯实日常征管基础；加强绩效考核分解任务，提高税务干部征管水平；加强精确测算、扎实评估，堵塞征管漏洞。坚持依法征税，健全机制防范执法风险，配合执法监督手段，防范税款“跑冒滴漏”，规范税收秩序，做到应收尽收。加强与财政、地税、工商、法院、检察院、公安等部门的联系，实现涉税信息共享，形成税收合力。2017年，完成税收入库81亿元，创开福区国税税收历史新高，年均增长率10%。

日常征管。2017年，经济发展和税收工作面临的新常态，对征管工作提出新要求，区国税局组织税源管理部门分批次对辖区内纳税人基本情况进行多次排查摸底，并会同地税、工商、街道等部门，反复核实基础税源情况，摸清税源底子，了解区域经济发展情况。2017年，全区新纳入征管的纳税户8943户，增幅26.9%。针对辖区内税源结构复杂、征管难度较大的现状，细化纳税人分类分级管理办法，抓好“重点税收”，保证“中等税收”，不失“零星税收”。扎实开展所得税汇算清缴，汇缴申报率100%，差错率为0，企业盈利面36.81%。在全市国税系统较早开展非居民企业税收管理相关业务的研究，全年国际税收入库近2亿元，居于全市前列。

依法治税。防范税收执法风险。随着“营改增”的全面推行，虚开虚抵虚列等发票违法犯罪行为不断抬头，税收执法风险不断提高。2017年，区国税局把加强监管、防范风险作为一项重要工作来抓，加强税收法制建设，规范执法行为，提升税收执法水平。组织征管、法规、税源管理、监察等多个部门，深入企业排查隐患，反复核查纳税人发票使用情况，发现疑点迅速采取相应措施，避免国家税款流失，有效维护税收和经济秩序。区国税局为省局、市局提供重要线索，协助查处一系列数额巨大的发票违法犯罪案件，相关工作经验在全市得到推广。

纳税服务。深入推进“放管服”改革，2017年第一批“放管服”改革措施全部落实到位，并提前完成第二批部分措施，推进“多证合一”“两证整合”、简易注销等工作，切实方便纳税人。进一步深化国地合作，优化办税流程，持续优化纳税服务，减轻纳税人的办税负担。加强部门协作，实现信息的充分共享，减少业务处理中间环节，提高工作效率。推行国、地税实名信息双方互认、税警信息共享，企业纳税人、起征点以上个体纳税人采集比例100%。继续深入开展“便民办税春风行动”和“千名党员服务万企”大走访，实地走访全国人大代表、政协委员和纳税人，做好营改增政策服务和纳税人的培训辅导，并积极推进纳税人自开发票。继续推进网上办税、电子税务局等服务模式，持续提高纳税服务水平。积极做好实名办税、纳税信用评价管理、推进“互联网+税务”等多项新业务。

落实人才兴局战略。2017年，区国税局采取教育培训、以考促学等措施，提升干部队伍整体素质。有计划地培养、任用干部，激发队伍活力。认真贯彻省、市局文件要求，组织干部积极参与“岗位大练兵、业务大比武”和各类业务竞赛，一名干部在全省大比武中获得纳税服务管理岗第三名的成绩，两名干部获得市局“税收分析能手”一等奖，一名干部获得市局纳税评估能手三等奖。分批分期在湖南大学开展全员素质提升培训，鼓励干部岗位自学，参加各业务相关考试。

【金霞税务分局实现国地税联合办公】1月3日，开福区国家税务局金霞税务分局和长沙市开福区地方税务局第九（金霞）分局正式实行国地税联合办公，金霞经济开发区近4000名户纳税人将实现在家门口办税。作为长沙市开福区国地税局第一家合署办公的分局，金霞税务分局充分发挥“进一家门、办两家事”的地域优势，成为国地税深度融合、联合办税的示范窗口。为方便园区内纳税人办理相关业务、享受优质高效的纳税服务，根据长沙市国地税局“办税服务深度融合”的要求，金霞税务分局国地税办税服务厅利用场地优势，合二为一，全面推行“一窗一人办税”服务模式，纳税人可实现“进一家门，取一次号，到一个窗，办两家事”，不再有“国税窗口”和“地税窗口”之分，将大大节约纳税人办税成本。

【湖南省国税局总审计师王宏伟到开福区调研】2月13日，湖南省国税局总审计师王宏伟一行到开福区国家税务局管辖的湖南出版投资控股集团有限公司，走访公司董事长、全国人大代表龚曙光，调研企业经营发展情况，征求企业在税收工作方面的意见和建议，长沙市、开福区国家税务局相关领导陪同调研。走访过程中，龚曙光站在纳税人角度，对国税工作表示肯定，认为各级国税部门对企业经营发展发挥重要作用，在落实国家税收政策、帮助企业享受优惠政策等方面做得到位，有效推进企业体制改革、降税减负。王宏伟对湖南出版投资控股集团有限公司多年来依法纳税、积极支持国税部门工作表示感谢，表示各级国税部门将继续加强与企业的沟通联系，为企业提供更好的纳税服务，发挥好助力经济建设的积极作用。

（武树一）

金融

区金融工作办公室

书　记　易德乾（2017.3任）
主　任　陈　旻
副主任　文　琼（2017.3任）
　　　　胡　斌（2017.3免）
　　　　古　波（2017.3免）

概况　长沙市开福区人民政府金融工作办公室为公益一类事业单位，有员工11名，其中领导班子成员3名、在职在编干部3名、政府雇员1人、聘用人员4名。金融办内设4个科室：办公室、金融产业发展科、资本市场建设科和金融监督管理科。2017年，引进浙商银行、台湾合作金库等8家金融总部机构，全区汇聚64家全国性和省级金融总部。2017年，实现金融业增加值91亿元，同比增长8.7%，占地区生产总值9.9%；实现金融业税收36.61亿元，同比增长19.84%，占税收总收入的29.09%。

金融商务区建设。金融商务区建设领导小组坚持两月调度一次金融商务区工作，全年组织召开5次长沙金融商务区领导小组全体成员会议，共搜集交办问题110个，解决问题63个，涉及宣传推介、项目建设、征收拆迁、证照办理、产业招商、企业服务、城市管理、人防工程、提质改造、综合治理、交通管理、人才引进、教育就学等方面。

金融政策逐步完善。出台《开福区促进金融产业发展奖励办法》，兑现2016年金融产业奖励3286万元，奖励机构44家，同比增长45%。

金融监管。通过现场检查与非现场监管手段相结合、建立办公台帐、聘请专家团队等方式，强化区内2家小额贷款公司和6家融资性担保公司的监管工作，严守监管底线，严防金融风险。其中富湘小贷正在探索股份制改革，预备上市；国有上市企业快乐购物有限公司正在申报筹建网络小额贷款公司，探索“互联网+”金融新业态。

沟通平台高频高效。通过走访、建立台账、组织金融座谈会、金融对接会、金融形势分析会和知识培训等方式，举办8场专业金政对接会，加深金融机构对区域经济发展、金融形势的了解，加强金融机构与区内重点企业之间的沟通与联系。

企业融资。企业融资多渠道缓解。相继组织“信贷早春行”、高新技术和军民融合企业融资座谈会、期货知识讲座、拟上市企业培训会等活动，引导银行、保险、期货、证券、会计师事务所等金融机构和类金融机构“脱虚向实”，支持区域实体经济发展。

金融环境不断优化。建立健全工作制度，严厉打击非法集资，优化金融生态环境。截至2017年年底，全区受案35起，立案34起（含犯罪嫌疑人死亡的案件1起），破案23起，挽回经济损失1500余万元。对万达广场重点企业开展为期两个月的专项清理整治行动，排查企业357家，占万达广场总入驻企业的43%。

【“信贷早春行”缓解中小微企业融资难题】3月29日，开福区政府携手邮储银行长沙市分行召开政、银、企金融对接会。2017年邮储银行信贷早春行同步展开银政合作，就缓解小微企业融资难等问题进行座谈和交流，共献好计良策，共商破局之道，共同搭建融资服务平台和桥梁，助力小微企业发展。120多家中小微企业代表参加对接会，70多家中小微企业现场提交金融服务意向需求。邮储银行长沙市分行下设12家区(县)级支行，有239个网点。该行成立以来，始终坚持“服务三农”“服务社区”“服务中小企业”的战略定位。截至2017年末，累计投放小微企业贷款近200亿元，从传统的商贸流通领域、加工制造业到新兴的服务业、信息技术、生物医药等广泛覆盖。会上，邮储银行长沙市分行行长胡永锋介绍邮储银行服务开福经

3月4日，开福区金融业联合会举办趣味运动会

济社会发展的基本情况、主要特色、服务优势及下一步缓解中小微企业融资难的举措。与会的相关部门和企业代表就如何进一步加快实体经济发展等进行交流和探讨。邮储银行长沙市分行客户经理团队对金融政策进行宣传，收集和了解企业相关金融服务需求，帮助企业熟悉金融政策法规，找到合适的金融产品。区委常委、副区长卜超峰表示，推进银企合作，帮助企业融资解困，是政府服务企业、促进经济发展的一项重要工作。开福区全力为金融机构和企业搭建沟通、交流、合作平台，建立健全政银企三方合作长效机制，营造全区良好的金融生态环境。

【台湾合作金库商业银行长沙分行落户开福】4月17日，台湾合作金库商业银行长沙分行揭牌仪式在泊富国际广场隆重举行，正式落户长沙金融商务区。台湾合作金库商业银行董事长廖灿昌，省政府副秘书长陈仲伯，省台办主任冯波，省金融办副主任周晖，省委统战部副部长龙建湘，市委常委、统战部长谭小平、市台办主任袁义和，市政府副秘书长卢兴映，市金融办主任李晓斌，开福区委书记沈裕谋、区长刘拥兵等领导出席活动揭牌仪式。揭牌仪式上刘拥兵致辞，表示台湾合作金库银行与长沙金融商务区“强强联合”，与泊富“富上加富”，注定充满期待、势必成就辉煌。开福区将以最优的环境、最佳的服务、最好的政策给予支持和配合。台湾合作金库商业银行是台湾第四大金融控股公司，也是台湾银行业授信规模最大、营运网点最多的银行，资产总额超过新台币2.6万亿元，经营范围涉及银行、证券、保险、票券、资产管理、证券投资信托等领域。

【中国人民健康保险股份有限公司湖南分公司落户新湖南大厦】9月8日，中国人民健康保险股份有限公司湖南分公司与新湖南大厦签约仪式在新湖南大厦营销中心举行。中国人民健康保险股份有限公司湖南分公司是第63家正式落户长沙金融商务区的金融总部机构，购买新湖南大厦14楼，面积1912.59平方米。中国人民健康保险股份有限公司成立于2005年3月31日，系国务院同意、中国保监会批准设立的国内第一家专业健康保险公司，公司注册资金85.68亿元，是中国内地资金实力最为雄厚的专业健康保险公司，总部设在北京。

（李　俊）

金融机构

合作金库商业银行股份有限公司长沙分行

行　长　夏友鹏

概况　合作金库商业银行股份有限公司长沙分行（以下简称金库长沙分行）于2017年4月17日举办揭牌仪式，4月27日正式对外营业，营业地址位于湖南省长沙市开福区芙蓉中路一段416号泊富国际广场写字楼28层。在职从业人员21人，其中台派员工8人、陆籍员工13人。

金库长沙分行为入驻湖南省的首家台资银行，期望能成为最具三湘特色的台资银行，以服务湖南实体经济发展为己任，并致力于为众多企业提供优质金融服务。2017年，金库长沙分行切实执行外部监管政策，依照总行制定的经营方针，秉持“主动、灵活、创新”的经营理念，积极寻找具有发展潜力的客户，灵活运用自身各类金融商品，替客户打造既创新又富弹性的金融服务。截至2017年年底，金库长沙分行各项存款余额为1.73亿元人民币，各项贷款余额为2.37亿元人民币，财务结构稳固、业务符合规范。

渣打银行（中国）有限公司长沙分行

行　长　刘　晴

概况　渣打银行（中国）有限公司长沙分行（以下简称渣打长沙分行）于2011年12月16日获得中国银行业监督管理委员会批准筹建，2012年6月12日获得中国银行业监督管理委员会批准开业，于2012年8月22日正式开业，是渣打银行在中国开设的第22家分行、第88个网点。渣打长沙分行驻湖南省长沙市开福区芙蓉中路一段109号华创国际广场写字楼第3栋20层36—39单元。

渣打银行是一家外资银行，总部位于伦敦，在全球80个国家拥有超过84000名员工，并在伦敦、香港和孟买三地同时上市，为遍布亚洲、非洲和中东市场的个人和企业客户提供服务。截至2017年年底，渣打银行在中国持续经营160年，是国内第一批外资本地法人银行，渣打银行在全国近30个城市拥有超过100家营业网点。

渣打长沙分行受中国银监会批准，是一家全牌照银行，致力于向湖南本地企业及个人客户提供各类金融产品和优质的金融服务。自开业以来，渣打长沙银行坚持稳扎稳打，深耕湖南市场，客户群体稳步增长，本地市场认知度不断提升；在充分发挥国际网络和产品创新优势、“一带一路”、海外发债等方面，积极助力湖南企业“走出去”，同时在国内融资领域不断寻求突破，切实解决企业的融资困难。渣打长沙分行客户群体与湖南省内重点发展产业高度契合，客户群体主要集中在先进装备制造、汽车及零部件、新材料、有色金属等领域。未来将加大对“新经济”相关产业的融资支持，包括消费、医药、高科技等领域，助力湖南经济结构调整，产业转型升级。

中国银行松桂园支行

行　长　陈志峰

概况　中国银行长沙市松桂园支行（以下简称“中行松桂园支行”）成立于1999年6月，地处长沙市芙蓉中路一段456号，前身为中国银行长沙市分行，隶属于中国银行湖南省分行，为湖南省分行6家直属支行之一。内设综合管理部、业务管理部、风险管理部、公司金融部、个人金融部5个机关部门和支行营业部，下辖14个单店式经营性支行，全行有员工326人。

2017年，中行松桂园支行坚持以提高发展质量和效益为中心，牢牢把握稳中求进的工作基调，在业务发展和各项工作的推进上都取得较好的成效。截至2017年年底，支行人民币客户存款余额98.99亿元，人民币各项贷款余额144.86亿元。其中，支行紧跟政策导向，大力拓展行政事业存款和政府购买业务，争揽湖南省省级职业年金归集账户，并获取全省14个地州市中7个地区的归集资格；成功获批长沙市棚改投资有限公司48亿元授信批复，该项目为湖南省分行最大棚改政府购买授信业务。2017年，中行松桂园支行充分发挥平台优势，坚持个金、公司业务均衡发展，继续扩大负债规模，做大做强资产业务，积极调整结构、防范各类风险。全年未发生内控案件、安全事故和重大违规违纪事件；财务管理、会计核算水平不断提升；民主管理、队伍建设和工会、党团建设持续推进。

中信银行长沙分行

行　长　王顺清

概况　中信集团直属国务院管理，是一家大型综合性跨国企业集团，业务涉及金融、资源能源、制造、工程承包、房地产和其他领域。中信银行成立于1987年，原名中信实业银行，是中国改革开放中最早成立的新兴商业银行之一，是中国最早参与国内外金融市场融资的商业银行；2005年年底中信实业银行更名为中信银行，2007年4月在上海证券交易所和香港联合交易所A+H股同步上市。2000年10月28日，中信实业银行购并长沙湘财城市信用社，机构原名中信实业银行长沙分行，后更名为中信银行长沙分行，是直属中信银行总行的区域性一级分行。

截至2017年年底，中信银行长沙分行下设株洲、湘潭、衡阳、岳阳、邵阳5个二级分行，郴州分行拟筹建，共40家营业网点，正式员工1200余名。中信银行长沙分行始终坚持以支持地方经济建设为己任，充分依托中信集团金融与实业并举的独特竞争优势，全力打造综合化服务平台，提升中信银行在湖南区域的核心竞争力。分别与湖南省政府、长沙市政府、湖南省工商联、常德、株洲、湘潭、娄底、衡阳、邵阳等十余个省市级政府机构签署战略合作协议，与近50家大型集团公司客户签署战略合作协议，累计为湖南经济发展融资超过3000亿元。中信银行长沙分行牵头中信集团22家在湘子公司，开创“中信联合舰队”模式，为客户提供不止于金融、不止于实业的服务。

中信银行长沙分行总部坐落于开福区湘江北路1500号北辰时代广场中信银行大厦，是开福区重要的纳税单位。中信银行长沙分行设分行营业部、三一大道支行、芙蓉支行、东风路支行、福元路支行等5家支行，金融服务辐射全区。积极支持开福区重点项目，2017年，为开福区重点项目投放信贷资源累计43亿元。利用“线上+线下”渠道，为开福区居民提供有温度的金融服务。积极打造有温度的网点，优化升级网点服务环境，东风路支行为长沙分行倾力打造的服务样本间示范网点，成功获评中国银行业协会评选的五星级网点，为开福区居民提供良好的网点服务；通过互联网渠道，为中信湘雅等开福区100余家商户提供全付通业务，累计发生交易1万余笔，交易金额2000余万元，为开福区居民、企业提供便捷的支付结算服务。

中国平安财产保险股份有限公司湖南分公司

总经理　孙　朝

概况　中国平安财产保险股份有限公司湖南分公司成立于1994年10月28日，办公地点位于开福区华创国际广场C栋14–19楼。公司内部设有办公室、人力资源部、财务部、企划部、培训部、法律合规部、车险部、财意险部等。全省下辖14家地市三级机构（长沙、株洲、湘潭、岳阳、衡阳、常德、邵阳、娄底、永州、郴州、怀化、益阳、张家界、湘西中心支公司）、90家县市四级机构，5家五级机构。

2017年，中国平安财产保险股份有限公司湖南分公司坚持践行保险行业核心价值理念，业务规模与市场份额显著提升，公司实现持续健康发展，品牌形象大幅提升，在建设企业文化、合规经营、参与社会管理、加大环境保护力度、增强风险防范体系，为企业个人提供风险保障、客户服务不断升级与创新、有效解决理赔难等方面做大量工作，取得明显成效。业务规模与市场份额逐年提升，公司持续健康发展。坚持多渠道平衡发展，坚持效益导向；车险份额逐年上升，财产险屡获大单。2017年，湖南平安连续主承保长沙地铁4号线、5号线、6号线，凭借专业的技能及品牌实力，为湖南基础设施建设持续提供保障支持。坚持合规经营，深入排查合规风险隐患，建立风险防范体系，保证公司可持续发展。坚持科技创新，打造极致客户体验。个人客户方面，推出510极速查勘服务、一键包办、施救费直赔服务、好车主服务等项目，为保险消费者带来“简单、安心、温暖”的服务体验；团体客户方面，积极完善风险预防服务方式、搭建专门风控团队、加强防灾防损服务，进一步增强保险服务实体经营能力。

中国平安财产保险股份有限公司湖南分公司积极承担社会责任，为人民生命财产安全保驾护航。在2017年洪水灾害中承担社会责任，公司品牌形象大幅提升。连续多年推动环境污染责任险和安全生产责任险，为协助政府救护工作作出突出贡献。积极推进精准扶贫，在全省推进残疾人意外险、老年人意外伤害保险，推动扶贫项目中的个人贷款保证保险业务。截至2017年年底，累计为25152名贫困人口提供保险保障，累计承保农房29.24万户。派驻人员走访及“一对一”帮扶贫困地区，全年111人67次入户参与扶贫工作，其中长期派驻贫困村镇6人。2017年，公司荣获湖南企业诚信建设活动组委会、湖南省信用建设促进会颁发的“湖南诚信企业”；荣获腾讯大湘网颁发的“2017年度影响力传播奖”。

安信证券股份有限公司湖南分公司

总经理　周安湘

概况　安信证券股份有限公司（以下简称“安信证券”）成立于2006年8月18日，注册资本35.25亿元，以国投安信（600061.SH）为上市主体，股东为国家开发投资公司旗下的国投安信股份有限公司和上海毅胜投资有限公司。安信证券总部设于深圳，在北京、上海、广州、浙江、佛山、汕头、山东、江苏、湖南和湖北等26个省级行政区设立41家分公司（含在筹4家）、在23个省级行政区拥有360家证券营业部（含在筹），全资拥有国投安信期货有限责任公司、安信国际金融控股有限公司、安信乾宏投资有限公司，参股安信基金管理有限责任公司。公司从单一的经纪业务发展为全牌照业务综合券商，多项业务排名进入全国前列，行业地位不断提升。

安信证券湖南分公司于2016年8月18日开业，拥有券商全牌照业务，提供证券代理买卖、证券投资咨询、融资融券、基金代销、金融产品代销、商品期货、股指期货中间介绍以及与证券交易、证券投资活动有关的财务顾问等服务。湖南分公司设置4个部门，即财富管理部门（零售系统经纪业务）、产品业务部、机构业务部、运营管理部。下辖长沙、娄底、株洲、岳阳、吉首、郴州、衡阳（筹）等营业部。

安信证券湖南分公司自成立以来，始终坚持“为客户提供高效服务、为社会持续创造价值、为员工搭建广阔发展平台”的经营理念，稳健经营，合规运作，不断提升专业能力，支持和服务金融实体经济，力争成为湖南省证券行业诚信经营、管理卓越的典范。截至2017年年底，累计引进客户资产27.23亿元；累计上缴国税1235.36万元、上缴地税910.28万元，合计2145.64万元。由安信证券作为保荐券商的长缆科技002879在2017年7月7日上市。由安信证券作为保荐券商的宇环数控002903于2017年10月13日登陆深交所中小板上市。安信证券作为推荐挂牌券商为康通电子870301、威保特870043、人可股份836950、立达股份836605、博为软件836323、惠同新材833751、城光节能832616、汇博电子872649、硕博电子872435承做挂牌新三板业务。引入中国顶尖医疗大健康类股权投资机构中钰资本以有限合伙形式落户湖南，获得其市值约13.8亿上市公司金字火腿（代码002515）股份。

安信证券控股股东国家开发投资集团有限公司(以下简称国投)是国务院批准设立的国家投资控股公司和中央直接管理的国有重要骨干企业之一，是中央企业中唯一的投资控股公司，是国务院国资委确定的国有资本投资公司首批试点单位。截至2017年年底，国投总资产4941亿元，全年实现营业收入1013亿元、利润182亿元，金融板块管理资产规模1.1万亿元，股权投资基金规模1466亿元。国投已经构建基础产业、前瞻性战略性产业、金融及服务业和国际业务四大战略业务单元。国投与湖南省政府签订战略合作协议，安信证券湖南分公司作为国投集团在湘联络单位，积极协助集团寻找参与湖南省产业投资机会。安信证券湖南分公司与湖南省轻工盐业集团共同发起10亿元规模盐业产业基金、5亿元规模医疗大健康产业基金，进入基金设立阶段。参与湖南省军民融合产业基金，该基金主要由湖南省科技厅旗下湖南产业技术协调创新公司与湖南省财信金控集团发起，规模10亿元，进入基金方案论证阶段。借助安信证券专业团队为农商行提供投资顾问、资产委托管理、再融资等方面业务，拓宽农商行资金管理和融资渠道。

长沙市开福区中圆小额贷款有限公司

总经理　高　鑫

概况　长沙市开福区中圆小额贷款有限公司（以下简称“中圆小贷”）成立于2013年，是一家经湖南省金融办批准，专营小额贷款的金融服务机构，注册资金为人民币1亿元，公司地址位于长沙市开福区芙蓉中路一段 6 号沙坪商务中心 5 楼。公司设置业务部、风险管理部、综合管理部、财务部等4个职能部门。

公司贷款业务，以激活民间资本，服务小微企业为主旨，以利率合理，“小额、分散”为原则，以信用、保证和抵/质押为主要形式，面向中小微企业、个体工商户、个人提供不同期限的企业经营贷款、商户助业贷款、综合消费款、优质个人客户应急贷款等多样化贷款服务，贷款额度范围在1万元至500万元之间。

中圆小贷隶属于弘德金融管理中心，弘德金融旗下设有湖南省弘德投资管理有限公司、湖南省弘德资产经营管理有限公司、长沙市开福区中圆小额贷款有限公司、湖南中圆典当有限公司等，是一个专业从事资本运作、财富管理的金融服务运营平台。弘德金融依托雄厚的资本实力、专业的管理团队及丰富的行业资源，在业界建立良好的声誉。弘德金融通过整合和优化配置行业资源，自主研发系列金融服务产品。在股权投资领域，发起湖南弘德中创投资管理合伙企业（有限合伙）及深圳前海仟金投资合伙企业（有限合伙）两只股权投资类基金产品，总管理规模1.2亿元，计划以平均每年发行两只基金的速度进行平稳发展；在资产管理领域，通过对集团自有资产及客户委托资产的管理，实现资产收益的最大化，利用公司自身资本优势，通过参股、控股、收购、投融资等方式，积极拓展公司资产规模和经营规模，使集团及客户的资产保值增值。

湖南快乐通宝小额贷款有限公司

董事长兼总经理　伍俊芸

概况　湖南快乐通宝小额贷款有限公司（以下简称“公司”），由湖南广电旗下唯一上市公司——快乐购物股份有限公司（以下简称“快乐购”）发起设立，注册资本为30000万元，经营范围为：主营通过互联网线上在全国范围内发放小额贷款；提供财务咨询；经省政府金融办批准的其他业务；受银行委托对信贷逾期户及信用卡透支户进行催收服务（不含金融业务，凭银行委托协议开展服务）；接受银行委托承接银行外包服务；应收账款管理外包服务。（依法须经批准的项目，经相关部门批准后方可开展经营活动）。

公司经湖南省人民政府金融工作办公室审批通过并颁发湖南省小额贷款公司备案登记证书，为湖南首家本土企业发起设立的从事互联网小额贷款的小贷公司。湖南快乐通宝小额贷款有限公司依托于湖南广电体系资源，以快乐购、芒果TV等场景和用户为基础，通过大数据、金融科技等前沿技术，建立和完善适应移动信贷特点的信用评价体系和风险控制体系，在个人小额信贷、供应链金融、惠农贷款等领域为广大客户提供专业、便捷、的智能信贷服务。

瀚华担保股份有限公司湖南分公司

总经理　黄　辉

概况　瀚华担保股份有限公司湖南分公司成立于2014年6月，位于长沙市开福区万达广场写字楼A座40楼。公司秉承着“善良、勤奋、诚信、自律、担当”的理念，为湖南省内小微企业，提供专业的金融服务。

2017年，公司累计为湖南省内208户中小微企业提供79.15亿元的担保，其中2017年新增担保户数26户，业务发生额16.37亿元，在保余额60.21亿元，在保客户数92户。业务类型涵盖银行融资担保、非银行融资担保、直接融资担保等。公司坚持“分散”的风险理念。主要体现在：金额小额分散、客户所处行业分散、业务区域分散。从金额看，户均余额300万元；从行业看，公司担保的客户涵盖制造业、建筑业、批发与零售业、金融业、水利、环境和公共设施管理业等。从客户分布看，公司担保的客户涵盖长沙、株洲、湘潭、岳阳、益阳、常德、衡阳、邵阳、张家界、郴州、永州、怀化、娄底、湘西等市县，业务范围遍布全省。

瀚华湖南公司将全力打造综合性经营，多元化发展的金融服务平台；以中小企业融资担保为基础，向中小型各类经济主体提供全方位融资、增信服务。

德勤全球中国服务部

主管合伙人　袁　丰

概况　德勤为各行各业的上市及非上市客户提供审计及鉴证、管理咨询、财务咨询、风险咨询、税务及相关服务。德勤透过遍及全球逾150个国家与地区的成员所网络为超过八成的全球最大型企业以及大型全国性企业、公共机构、本地重要客户以及高成长的全球企业提供专业服务，为逾半数财富世界500强的跨国企业提供专业服务。凭借其世界一流和高质量的专业服务，协助客户应对极为复杂的商业挑战。

德勤于1917年在上海设立办事处，德勤品牌由此进入中国。如今，德勤中国的事务所网络在德勤全球网络的支持下，为中国本地和在华的跨国及高增长企业客户提供全面的审计及鉴证、管理咨询、财务咨询、风险咨询和税务服务。德勤在中国市场拥有丰富的经验，同时致力为中国会计准则、税务制度及培养本地专业会计师等方面的发展作出重要贡献。

凭借分布于全球130多个国家的约500名专业人员，德勤全球中国服务部已成为专注服务于中国市场和中国客户的最大、最强的专业网络之一，为各行各业的企业提供优质服务。

经济管理与监督

发展和改革

区发展和改革局

局　　长　缪　舜
副 局 长　蒋三阳　武华强
　　　　　孟天知（2017.6任）
　　　　　彭建如（2017.6免）
两型办副主任　宁双飞
纪检组长　苏朝晖
重点办主任　刘鹏举（2017.2任）
　　　　　王晓文（2017.2免）

概况　开福区发展和改革局成立于2005年5月，由区计划统计物价局改组为区发展和改革局，加挂区物价局的牌子，为区政府的工作机构,核定行政编制15名，事业编制3名。区发改局内设办公室、发展规划科、投资管理科（行政审批科、重大项目稽查）、体制改革科、价格管理科5个职能科（室）；1个派出机构，即价格监督监测局，与价格管理科合署办公；设有重点办、能源办公室、价格认证中心3个二级机构。2017年，获评长沙市清洁低碳技术推广工作先进单位。

主要经济指标完成情况。2017年，全区完成地区生产总值920亿元，同比增长8.8%；社会消费品零售总额798.8亿元，同比增长10.0%；累计完成固定资产投资820.4亿元，同比增长15.5%；实现服务业增加值767.2亿元，同比增长10%；完成财政总收入147.1亿元，同比增长12.2%，其中税收收入125.8亿元，占比85.5%；居民人均可支配收入达49609元。经济发展结构持续优化，三次产业结构为0.1∶16.5∶83.4，三次产业对地区生产总值的贡献率分别为-0.8%、7.1%、93.7%。

科学编制经济发展计划。编制并下达《开福区2017年度国民经济和社会发展主要预期目标》，向区人大报告“十三五”规划纲要实施情况，加强经济形势研判。进行季度、半年度特别是下半年来的经济形势分析，实时做好主要经济指标的运行监测工作，为区域经济社会发展提供有效参谋决策。科学推动规划按步骤、按计划实施。牵头经济体制改革工作，有序推进各项改革措施落地见效。对申报2016年经济发展奖励的206家企业，分17个奖项共奖励5657.03万元。

重大项目建设。全年铺排重点产业项目63个，完成投资215亿元。金融商务业竞争优势增强，新引进浙商银行、台湾合作金库银行等金融机构总部8家，全国性和省级金融总部增至64家，华创国际、富兴世界金融中心、新湖南大厦等商务楼宇相继建成开业。文化创意业比较优势放大，马栏山视频文创产业园将建成具有国际影响力的“视谷”。物流商贸业绝对优势巩固，实现物流主营业务收入400亿元，增长15%；“湘欧快线”开通长沙至布达佩斯班列，实现六趟班列与五个国家互通。积极筹建开福高新区，培育壮大高新技术企业，新增高新技术企业30家、增长79%；抢抓军民融合发展先机，成立项目落地推进办，出台“军民融合30条”，形成“3+X”产业布局，引进庄耀光电、苍树科技、华讯方舟等军民融合企业55家。

投资管理。2017年，完成30万以上政府投资项目立项、可研、估算核准等审批事项558次，批复投资总额59.43亿元；完成30万元以下政府投资项目审批次数220次，批复投资总额4568万元；完成企业、事业单位投资项目备案72次，投资总额321.41亿元。通过积极争取，长沙传化公路港物流公租房配套基础设施项目（天井路）到位中央预算内资金1300万元；长沙传化公路港物流公租房配套基础设施项目（曲湾路）到位中央预算内资金1300万元；长沙传化公路港物流公租房配套基础设施项目（奖励）到位中央预算内资金195万元。

“两型”节能推广。制定下发《开福区2017年两型标准实施与认证试点工作方案》，沙坪街道汉回村、青竹湖街道金霞村通过两型村庄认证授牌。申报市级节能专项资金项目16个，申请专项资金60余万元；创建市级节能示范单位2个，申请资金20万元；对街道、社区、企业、学校、酒店等领域单位18个项目进行区级节能配套扶持和奖励，资金120万元。进一步推进清洁低碳技术项目的推广，栖凤路社区、幸福桥社区公共机构光伏屋顶发电站项目启动建设，完成大星村社区服务中心屋顶光伏发电站建设项目建设。推进老旧小区居民家庭餐厨油烟净化治理，率先在新河街道紫凤社区、芙蓉北路街道福城社区和清水塘街道四季花城社区、湘雅路街道新湘路社区提质改造工程中予以先行试点。陈家湖社区获评市级两型示范单位，东风路街道、精英路社区等8家单位获评市级两型创建单位。完成陡岭路、王家垅、砚瓦池等多个社区天然气改造工程，涉及居民3000户。推荐湘雅医院、圣爵菲斯酒店、喜来登酒店申报市级节能示范单位。

价格监管。集中开展涉企收费政策落实教育收费检查、商品房销售明码标价等专项检查和节假日市场价格巡查，对社会反响大、群众关注度高的停车收费、商品促销和明码标价等热点价格行为进行重点整治规范，确保价格政策的落实和价格秩序的稳定。以“12358”全国价格举报信息系统和“12345”市民服务热线平台为工作载体，严格举报办理程序，落实限时办结制度，依法查处和妥善办理各级各类价格举报、投诉326件，化解价费矛盾。完善价格监测点的建设，采取监测点报送与现场采价相结合的方式，真实采集市场价格数据，科学分析价格走势。开展价格认证服务，完成各类价格评估432宗，涉及评估标的金额 577万元，不符合认定案件25件。

【召开重大产业项目集中开工动员会】10月13日，长沙市重大产业项目集中开工（开福分会场）动员活动在老百姓医药健康产业园项目现场隆重召开。区委书记沈裕谋率区主要领导参加开工仪式并宣布重大项目开工。此次集中开工的项目涵盖产业发展、基础设施和民生保障等方面，突出了基础先行、民生为本、产业转型的发展理念。老百姓医药健康产业园项目由老百姓大药房连锁股份有限公司投资10亿元开工建设，总建筑面积约12.4万平方米，主要建设现代化的仓储物流配送中心，项目建成后将显著增强医药供应链管理，有力提升物流配送和协同办公效率，为医药产业带来转型升级的新契机，为群众医药健康提供更有力的支持。卓尔军民融合产业示范园是集企业总部办公、军民融合、商务商业配套、金融服务、高新技术研发、后勤保障为一体的军民融合产业高新社区。此外，高铁时代生产厂房项目、航仔酱食厂生产厂房项目在集聚高新产业、推进智能生产、运用先进科技等方面亮点突出。

【省委常委、市委书记胡衡华观摩开福区军民融合产业示范园】12月18日，省委常委、市委书记胡衡华带领市四大家领导及相关部门负责人观摩开福区军民融合产业示范园，并对开福区项目建设表示肯定。长沙相继出台“工业30条”、军民融合政策，鼓励和扶持“军转民”“民参军”，长沙军民融合产业蓬勃兴起。开福大道正式通车，华创、富兴、绿地等4个过10亿元项目全面竣工，传化、火车北站、深国际、老板姓等在建项目加速推进。开福区重点加强与国防科大深度对接，以华创国际、福天兴业双创示范基地+凯乐微谷研发基地+卓尔、沙坪工业组团军民融合产业园+区内其他楼宇内入驻的军民融合企业，3+X布局助推军民融合。在军民融合产业示范园，引进16家企业，基本形成新型材料、光电精密制造、航空航天和电子信息四大板块产业格局。

（满一斐）

表12

开福区2017年重大

序号	项目名称	项目单位	实施单位	项目所在街道	建设性质	建设内容	起止年限
共 151个（其中，续建项目66个，新建项目85个，不含31个预备项目）							
一、政府投资类项目（共88个，其中续建27个，新建61个，不含21个预备项目）							
（一）保障性安居工程及片区改造项目（共17项）							
续建项目（共8项）							
1	潮宗街街区棚改项目（一期）★	区棚改投	区棚改投	通泰街街道	续建	项目范围东至黄兴北路，西至湘江大道，北至潮宗街，南至中山路，用地面积约130亩，征收房屋2361户，面积15.1万平方米	2016—2017
2	伍家岭片区棚改项目(一期）★	区棚改投	区棚改投	伍家岭街道	续建	项目用地69.42亩，征收约600户，单位16家，总面积12.84万平方米	2016—2017
3	油铺街S8棚改安置房源建设项目★	区北城棚改投	区北城棚改投	湘雅路街道	续建	用地面积12.96亩，总建筑面积5.12万平方米，建设2栋32层住宅楼	2014—2017
4	福鑫苑农民安置房★	长沙朝正置业投资有限公司	长沙朝正置业投资有限公司	洪山街道	续建	用地面积358亩，总建筑面积约66.3万平方米（地下建筑面积约11.7万平方米）。一期建设地块东片23栋住宅及2栋商业，总建筑面积约32万平方米；二期建设西片24栋住宅及洪山桥派出所及幼儿园	2014—2018
5	胜利村农民安置房★	区城北投	区城北投	四方坪街道	续建	用地面积58.6亩，有效用地面积35亩，总建筑面积约12万平方米,建设4栋34层住宅，1栋6层商业	2015—2018
6	中岭安置房建设★	区城北投	区城北投	捞刀河街道	续建	用地面积97亩，总建筑面积约21.2万平方米。建设8栋28~32层住宅，1栋4层商业，1栋物管用房	2016—2018
7	竹隐安置房建设★	区城北投	区城北投	秀峰街道	续建	用地面积44亩，总建筑面积约8.4万平方米。建设4栋28~32层住宅，1栋4层商业	2016—2019
8	天井安置房建设★	区城北投	区城北投	青竹湖街道	续建	用地面积59.1亩，总建筑面积约8.7万平方米	2016—2019
新建项目（共9项）							
1	潮宗街街区棚改项目（二期）★	区棚改投	区棚改投	通泰街街道	新建	项目东起黄兴北路、西至湘江大道、南起潮宗街、北至营盘路。占地面积约100亩，征收房屋约1136户、面积6.98万平方米	2017—2018
2	六堆子巷周边地块棚改项目（一期）★	区棚改投	区棚改投	望麓园街道	新建	项目东起五堆子巷、又一村巷，南至中山路，西至黄兴北路，北至左局街两厢，占地面积约60亩，征收房屋约600户，面积约6万平方米	2017—2018
3	三一大道-潘家坪（天祥日杂公司宿舍）棚改项目★	区棚改投	区棚改投	新河街道	新建	东至蛋制品仓库宿舍，南至雅泰花园，西、北至天祥公司。占地约2.67亩，涉及98户，建筑面积约5800平方米	2017—2018

项目投资计划表

总投资（万元）		资金来源	2017年计划投资（万元）		截至2016年完成投资(含前期经费)(万元)	半年度建设计划	年度建设计划	新建项目开工季度	竣工项目竣工季度	项目联系人
合计	其中拆迁		合计	其中拆迁						
3009531	1396599		3273695	515290	5443207					
537603	1261949		1130060	502940	664131					
748630	1091238		686480	368800	434200					
952700	488538		335600	130800	434200					
258000	258000	自筹	100800	100800	157200		完成征收		12月	曹 军 13017316166 王婉诗 13707487366
198000	171088	自筹	30000	30000	102000		完成征收		12月	曹 军 13017316166 王婉诗 13707487366
36500	18000	自筹	5800	0	30700	完成建设			6月	谭湘瑜 18569409069
227500	18600	自筹	93600	0	95100	一期基本完成建设，二期完成至部分主体建设	一期竣工验收，二期完成主体建设			熊念东 13637315006
55000	15600	市财政及自筹	20000	0	30000	完成部分主体建设	主体完成5层			谭湘瑜 18569409069
87100	3250	自筹	43100	0	10400	主体完成1层	主体完成5层			谭湘瑜 18569409069
41600	2100	自筹	21800	0	3800	完成正负零	主体完成0层			谭湘瑜 18569409069
49000	1900	自筹	20500	0	5000	完成桩基础	主体完成2层			谭湘瑜 18569409069
795930	602700	350880	238000	0						
118000	118000	自筹	60000	60000	0	启动征收	完成部分征收	6月		曹 军 13017316166 王婉诗 13707487366
90000	90000	自筹	20000	20000	0	启动征收	完成部分征收	6月		曹 军 13017316166 王婉诗 13707487366
8700	8700	自筹	7000	7000	0	启动征收	完成部分征收	4月		曹 军 13017316166 王婉诗 13707487366

续表12

序号	项目名称	项目单位	实施单位	项目所在街道	建设性质	建设内容	起止年限
4	东风二村地块棚改项目★	区棚改投	区棚改投	东风路街道	新建	项目位于精英路以东、工商巷以南，东风二村以西，福乐巷以北。征收户数和面积以五公告为准	2017—2018
5	精英路项目（潘家坪路-华创国际广场）★	区棚改投	区棚改投	伍家岭街道	新建	项目位于潘家坪路至华创国际广场。项目涉及征收户数84户	2017—2018
6	德雅路片区改造项目(二期)★	区棚改投	区棚改投	四方坪街道	新建	启动丝茅冲二期地块的征收，征收房屋600户，面积4.5万平方米	2017—2018
7	清水塘炮后街棚改安置房源（潇湘华庭）★	区棚改投	区棚改投	清水塘街道	新建	用地面积13.3亩，总建筑面积9万平方米，建设2栋32层住宅及地下车库	2017—2018
8	洪山局双河湾农民安置房★	区城北投	区城北投	浏阳河街道	新建	用地面积291亩，总建筑面积约51万平方米。一期建筑面积约27.5万平方米，建设10栋28~32层住宅，2栋2层商业，1栋幼儿园。二期建筑面积约23.5万平方米，建设8栋28~31层住宅，4栋2~4层商业，1栋物管用房，2栋社区用房	2017—2018
9	金盆丘社区二期农民安置房★	金盆丘社区居民委员会	金盆丘社区居民委员会	青竹湖街道	新建	占地面积约1.7万平方米，总建筑面积2.5万平方米	2017—2018
（二）市政基础设施项目（共33项）							
续建项目（共13项）							
1	开福大道 （捞刀河大桥-北二环，含下穿北二环，凤羽湖桥、楚家湖桥）★	区城建投	区城建投	捞刀河街道	续建	捞刀河大桥～北二环，长4264米，宽46米，开福大道下穿北二环工程、凤羽湖桥以及楚家湖桥工程	2016—2017
2	湘江风光带亮化及新河三角洲路网改造	区城建投	区城建投	相关 街道	续建	湘雅路至银盆岭大桥段，全线约50米宽进行亮化 秋月路：凤舞路～黄兴北路，长90米，宽20米 凤舞路：平沙路 ～江天路，长500米，宽9~14米 平沙路：凤舞路～伍家岭路，长14米宽，16米	2016—2017
3	开福大道（金霞段）★	长沙金霞经开区开发建设总公司	长沙金霞经开区开发建设总公司	秀峰街道	续建	柏叶路～绕城线，含下穿三环线涵洞，长2910米，宽46米	2015—2017
4	金霞大道（冯蔡东段）★	长沙金霞经开区开发建设总公司	长沙金霞经开区开发建设总公司	秀峰街道	续建	京广铁路桥～竹隐路，长1339米，宽46米	2016—2017
5	柏叶路（二期）★	长沙金霞经开区开发建设总公司	长沙金霞经开区开发建设总公司	秀峰街道	续建	开福大道～竹隐路，长696米，宽36米	2016—2017
6	翔通路★	长沙金霞经开区开发建设总公司	长沙金霞经开区开发建设总公司	秀峰街道	续建	开福大道～竹隐路，长710米，宽26米	2016—2017
7	裕兴路（二期）★	长沙金霞经开区开发建设总公司	长沙金霞经开区开发建设总公司	秀峰街道	续建	谊信路～湘辉路，长745米，宽26米	2016—2017

总投资（万元）		资金来源	2017年计划投资（万元）		截至2016年完成投资(含前期经费)(万元)	半年度建设计划	年度建设计划	新建项目开工季度	竣工项目竣工季度	项目联系人
合计	其中拆迁		合计	其中拆迁						
100000	100000	自筹	35000	35000	0	启动征收	完成部分征收	6月		曹 军 13017316166 王婉诗 13707487366
8000	8000	自筹	6000	6000	0	启动征收	完成部分征收	6月		曹 军 13017316166 王婉诗 13707487366
208000	208000	自筹	40000	40000	0	启动征拆	完成部分征收	6月		曹 军 13017316166 王婉诗 13707487366
73850	34000	自筹	44000	34000	0	启动建设	主体完成50%	3月		曹 军 13017316166 王婉诗 13707487366
184500	36000	自筹	134000	36000	0	一期完成正负零、二期启动建设	一期主体完成15层、二期完成正负零	1月		熊念东 13637315006
4880	0	自筹	4880	0	0	启动建设	进行主体结构施工	1月		邹其林 13787170398
358949	71481		180851	35180	127031					
208593	44732		80932	9943	126661					
81000	17600	区财政	11000	5520	70000	完成道路工程	完成建设		12月	郭华杰 13607446208
1500	0	区财政	1000	0	500	完成建设		1月	6月	郭华杰 13607446208
35371	8400	市财政+园区自筹	10850	0	24521	完成一、二标段建设	完成建设		9月	周月娥 88482589
16500	4423	园区自筹	15800	4423	700	土方工程施工	完成建设		12月	熊 鹰 88482529
7464	1865	园区自筹	5034	0	2430	完成土方工程	完成建设		12月	周月娥 88482589
4780	1107	园区自筹	2157	0	2623	完成土方工程	完成建设		12月	周月娥 88482589
6383	1161	园区自筹	4525	0	1858	完成土方工程	完成建设		12月	周月娥 88482589

续表12

序号	项目名称	项目单位	实施单位	项目所在街道	建设性质	建设内容	起止年限
8	兴隆路★	长沙金霞经开区开发建设总公司	长沙金霞经开区开发建设总公司	秀峰街道	续建	兴联路～裕城路，长1928米，宽36米	2016—2017
9	周南路	长沙金霞经开区开发建设总公司	长沙金霞经开区开发建设总公司	秀峰街道	续建	书香路~兴联路，长338米。宽16米	2016—2017
10	裕城南路	长沙金霞经开区开发建设总公司	长沙金霞经开区开发建设总公司	秀峰街道	续建	植基路~捞刀河北路，长209米，宽16米	2016—2017
11	天井路★	长沙金霞经开区开发建设总公司	长沙金霞经开区开发建设总公司	沙坪街道	续建	大安大道～大明大道，长1201米，宽36米	2016—2017
12	曲湾路★	长沙金霞经开区开发建设总公司	长沙金霞经开区开发建设总公司	沙坪街道	续建	彭家巷路～中青路，长996米，宽26米	2016—2017
13	汤家湖路★	长沙金霞经开区开发建设总公司	长沙金霞经开区开发建设总公司	青竹湖街道	续建	芙蓉北路～华宁路，长547米，宽60米	2015—2018
				新建项目（共20项）			
1	滨河北路（新欣路–开福大道）☆	区城建投	区城建投	浏阳河街道	新建	新欣路～开福大道，长约2600米，宽26米	2017—2018
2	家园路★	区城北投	区城北投	浏阳河街道	新建	福元路～滨河南路，长950米，宽16米	2017
3	胜利家园安置小区配套路网☆	区城北投	区城北投	四方坪街道	新建	规划路:东二环匝道～栖凤路，长270米，宽12米；新园路：长470米，宽12米	2017—2018
4	福鑫苑安置小区配套路网★	长沙朝正置业投资有限公司	长沙朝正置业投资有限公司	洪山街道	新建	B–1路：长497米，宽20米；花园路：长约730米，宽26米	2017
5	鹅秀路南段★	长沙金霞经开区开发建设总公司	长沙金霞经开区开发建设总公司	秀峰街道	新建	鹅羊南路～天鹅大道，长597米，宽36米	2017
6	景明路★	长沙金霞经开区开发建设总公司	长沙金霞经开区开发建设总公司	秀峰街道	新建	支路二十五~支路二十六，长1203米，宽26米	2017
7	柏君路★	长沙金霞经开区开发建设总公司	长沙金霞经开区开发建设总公司	秀峰街道	新建	高冲路~冯蔡路，长787米，宽26米	2017
8	铁港南路★	长沙金霞经开区开发建设总公司	长沙金霞经开区开发建设总公司	秀峰街道	新建	柏叶路～北二环，长1652米，宽26米	2017—2018
9	竹隐北路★	长沙金霞经开区开发建设总公司	长沙金霞经开区开发建设总公司	秀峰街道	新建	冯蔡东路～兴联路，长1840 米，宽36米	2017—2018
10	竹隐北路（二期）☆	长沙金霞经开区开发建设总公司	长沙金霞经开区开发建设总公司	秀峰街道	新建	冯蔡东路～枫树湾路，长580米，宽36米	2017—2018
11	和明路☆	长沙金霞经开区开发建设总公司	长沙金霞经开区开发建设总公司	沙坪街道	新建	枫树湾路～彭家巷路，长710米，宽36米，含下穿三环涵洞桥	2017—2018

总投资（万元）		资金来源	2017年计划投资（万元）		截至2016年完成投资(含前期经费)(万元)	半年度建设计划	年度建设计划	新建项目开工季度	竣工项目竣工季度	项目联系人
合计	其中拆迁		合计	其中拆迁						
10958	1269	园区自筹	7450	0	3508	完成土方工程	完成建设		12月	周月娥 88482589
1831	0	园区自筹	800	0	1031	完成建设			6月	周月娥 88482590
1113	500	园区自筹	800	0	313	完成路基工程	完成建设		6月	周月娥 88482590
12600	2592	园区自筹	5426	0	7174	完成二标建设	完成一标建设		12月	周月娥 88482589
11752	1948	园区自筹	7549	0	4203	完成二标建设	完成一标建设		12月	周月娥 88482589
17341	3867	园区自筹	8541	0	7800	完成路基工程	完成芙蓉北路跨立交桥建设			周月娥 88482589
150356	26749		99919	25237	370					
22000	4260	区财政	11500	4260	0		完善前期手续，启动建设	12月		郭华杰 13607446208
3600	0	自筹	3600	0	0	完成路基、排水工程	完成建设	1月	12月	郭华杰 13607446208
2000	0	自筹	1000	0	0		完善前期手续，启动建设	12月		李世敏 18975153247
8100	0	自筹	8100	0	0	完成部分土方及路基	完成建设	4月	12月	李世敏 18975153247
3448	1290	园区自筹	3448	0	0	完成路基工程	完成建设	3月	12月	周月娥 88482589
8712	2092	园区自筹	8712	2092	0	完成路基工程	完成建设	1月	6月	周月娥 88482591
5500	1650	园区自筹	5500	1650	0	完成路基工程	完成建设	1月	6月	周月娥 88482592
18493	3258	园区自筹	9442	3258	0	土方工程施工	完成路基工程	4月		熊 鹰 88482529
19168	3974	园区自筹	7800	3974	0	启动建设	土方工程施工	6月		熊 鹰 88482529
5011	1252	园区自筹	2980	1030	0	完善前期手续	启动建设	12月		熊 鹰 88482529
9134	1533	园区自筹	2400	1533		完善前期手续	启动建设	12月		熊 鹰88482529

续表12

序号	项目名称	项目单位	实施单位	项目所在街道	建设性质	建设内容	起止年限
12	大明大道☆	长沙金霞经开区开发建设总公司	长沙金霞经开区开发建设总公司	沙坪街道	新建	彭家巷北路～中青路，长1113米，宽36米	2017—2018
13	钟石路☆	长沙金霞经开区开发建设总公司	长沙金霞经开区开发建设总公司	沙坪街道	新建	中青路~荷莲路，长1004米，宽24米	2017—2018
14	李家冲路☆	长沙金霞经开区开发建设总公司	长沙金霞经开区开发建设总公司	沙坪街道	新建	曲湾路～大明路，长707米，宽18米	2017—2018
15	霞凝路☆	长沙金霞经开区开发建设总公司	长沙金霞经开区开发建设总公司	青竹湖街道	新建	霞凝路：彩霞路～湘捞路，长510米，宽36米	2017—2018
16	背街小巷提质改造项目★	区市政局	区市政局	相关街道	新建	对山月路、共和路等街巷网裂、沉塌等基础薄弱部分采用开窗补强，路面处置采用铣刨后沥青罩面或拆除原有沥青路面后重新铺设，对破损的人行道进行修复，对部分排水管道进行改造和疏浚，并根据实际情况，对道路两厢违章或围墙进行拆除，增设停车位和路灯	2017
17	城区主次干道提质改造项目★	区市政局	区市政局	相关街道	新建	对开福大道（三一大道至福元路）、青竹湖大道（芙蓉北路至中青路）、福元西路（芙蓉北路至二环线）、洪山路（滨河南路至月湖滨河路）沥青面层网裂、沉塌的路段进行开窗处理，对路面裂缝进行处置，灌注填缝料，采用SA自贴性抗裂贴对路面裂缝进行处理，洒布乳化沥青，采用SMA沥青料进行整体摊铺4厘米，对道路交通标线进行重新施划，并对交通路口的交通感应线进行恢复	2017
18	芙蓉北路周南中学路段人行天桥建设项目★	区市政局	区市政局	秀峰街道	新建	在人流量、车流量大的芙蓉北路周南中学路段增设一座人行天桥	2017
19	金马路管涵改造项目★	区市政局	区市政局	芙蓉北路街道	新建	对金马路原有管涵、箱涵进行改造建设，共计新增DN1200至DN2000的管涵约2000米	2017
20	断头路、瓶颈路建设项目	区城乡建设局	待定	相关街道	新建	对伍家岭片区、潮宗街片区交通微循环进行改造；对蔡锷路、中山路、通泰街进行拓宽改造；对西长街、福庆街进行交通整治	2017—2018
（三）社会民生类(共38项)							
				续建项目（共6项）			
1	湘江风光带（金霞段）★	长沙金霞经开区开发建设总公司	长沙金霞经开区开发建设总公司	秀峰街道	续建	三汊矶大桥～月亮岛大桥，4.5公里滨江景观带建设	2016—2017
2	陈家渡中学★	区教育局	区城建投	浏阳河街道	续建	用地面积约61亩，总建筑面积2.7万平方米，办学规模为48个班	2016—2018
	区少年宫	区教育局	区城建投	浏阳河街道	续建	建筑面积约6000平方米	2016—2018
	区教师进修学校	区教育局	区城建投	浏阳河街道	续建	建筑面积约4400平方米	2016—2018
3	四方坪小学教学楼改扩建工程	区教育局	区教育局	四方坪街道	续建	总建筑面积2600平方米，办学规模15个班	2016—2017

总投资（万元）合计	总投资（万元）其中拆迁	资金来源	2017年计划投资（万元）合计	2017年计划投资（万元）其中拆迁	截至2016年完成投资(含前期经费)(万元)	半年度建设计划	年度建设计划	新建项目开工季度	竣工项目竣工季度	项目联系人
10300	2402	园区自筹	7760	2402	0	完善前期手续	完成路基工程	9月		熊 鹰 88482529
6808	1445	园区自筹	3150	1445	0	完善前期手续	完成路基工程	6月		周月娥 88482590
4797	1748	园区自筹	3827	1748	0	完善前期手续	完成路基工程	9月		熊 鹰 88482529
7385	1845	粮食集团出资	4800	1845	370	完善前期手续	完成路基工程	9月		邓杰雄 88482529
3500	0	区财政	3500	0	0	完善前期手续	完成建设	9月	12月	刘正伟 15802633965
8960	0	区财政	8960	0	0	完善前期手续	完成建设	9月	12月	刘正伟 15802633965
1500	0	区财政	1500	0	0	完善前期手续	完成建设	9月	12月	刘正伟
1940	0	区财政及企业自筹	1940	0	0	完成建设		1月	6月	刘正伟 15802633965
待定	0	待定				完成前期手续办理	启动建设	8月		周 宇 13975147782
430024	99230		262729	98960	102900					
50989	250		43314	250	102900					
33300	0	园区自筹	12300	0	21000	完成园林景观建设	完成建设		10月	周月娥 88482589
	0	市、区财政	8000	0	300	完成正负零	主体完成4层			熊念东 13637315006
17525	0	市、区财政	2500	0	100	完成正负零	主体完成4层			言伟畅 18874141781
	0	市、区财政	2000	0	100	完成正负零	主体完成4层			言伟畅 18874141781
850	250	区财政	600	250	0	完成建设			6月	罗 璇 13973130049

续表12

序号	项目名称	项目单位	实施单位	项目所在街道	建设性质	建设内容	起止年限
4	环城绿带生态圈建设★	区农水局	区农水局	相关街道	续建	三环线两厢100米控制范围绿化改造	2015—2017
5	湖南省博物馆改扩建二期工程	湖南省博物馆	湖南省博物馆	清水塘街道	续建	总建筑面积8.4万平方米，包括公众服务与教育区、陈列展示区、典藏区、综合办公楼、停车区、文物周围库房及文保基地等建设	2014—2017
6	开福区水毁工程修复项目	区农水局	区农水局	相关街道	续建	对2016年汛期水毁工程进行修复	2016—2017
新建项目（共32项）							
1	清水塘小学改扩建★	区棚改投	区棚改投	清水塘街道	新建	用地面积17.7亩，总建筑面积1.35万平方米，办学规模24个班	2017—2018
2	西园北里历史步道★	区北城棚改投	区北城棚改投	相关街道	新建	西园北里段（湘春路–营盘路段）主街改造，同期两厢支巷启动拆迁、建设	2017
3	浏阳河南岸风光带提质改造工程及桥梁亮化工程（入江口至三一大道及北岸长沙大学段）★	区城建投	区城建投	相关街道	新建	芙蓉北路浏阳河大桥至三一大道沿线浏阳河南岸以及北岸长沙大学段进行绿化提质改造。（含芙蓉北路浏阳河大桥、车站北路浏阳河大桥、二环线洪山桥亮化工程。）	2017
4	栖凤路两厢绿化☆	区城建投	区城建投	四方坪街道	新建	三一大道~二环线，长约720米，宽约14米，绿化面积约1.7万平方米	2017—2018
5	捞刀河南岸风光带绿化工程（入湘江口至开福大道段）☆	区城建投	区城建投	芙蓉北路街道浏阳河街道	新建	湘江大道捞刀河河大桥至开福大道跨捞刀河大桥沿线捞刀河河南岸绿化景观工程。	2017—2018
6	开福大道两厢绿化工程★	区城建投	区城建投	捞刀河街道	新建	南起捞刀河桥，北至北二环，两厢分别按30米宽建设绿化带。	2017
7	区交警管理综合业务楼☆	区城建投	区城建投	捞刀河街道	新建	总用地面积11.8亩，容积率为2.5，拟建总建筑面积1.26万平方米	2017—2018
8	区文体活动中心	区文体新局	区城建投	秀峰街道	新建	项目位于植基路与登铭路交叉口西南角、规划天鹅公园北侧，建筑面积不低于3.5万平方米，图书馆不低于7500平方米，文化馆不低于6000平方米，全民健身中心（室内+室外）不低于2万平方米，建成后将集文化活动、文艺展演、图书阅览、体育健身等功能于一体	2017—2018
9	沙坪卫生服务中心（沙坪医院）★	区城建投	区城建投	沙坪街道	新建	用地面积约21.9亩，总建筑面积2.28万平方米	2017—2018
10	史家坡学校☆	区城建投	区城建投	浏阳河街道	新建	总用地面积82亩，总建筑面积5.2万平方米，办学规模63个班	2017—2018

总投资（万元）		资金来源	2017年计划投资（万元）		截至2016年完成投资(含前期经费)(万元)	半年度建设计划	年度建设计划	新建项目开工季度	竣工项目竣工季度	项目联系人
合计	其中拆迁		合计	其中拆迁						
13000	0	区财政	4000	0	9000		完成建设		12月	陈伏明 15116112578
85314	0	省财政	13314	0	72000		完成项目建设		11月	陈 峰 13873135848
1000	0	区财政	600	0	400		完成建设		12月	邹双七 13908468077
279035	98980		219415	98710	0					
42800	32000	自筹	34000	32000	0	启动建设	主体封顶	3月		曹 军 13017316166 王婉诗 13707487366
8000	1300	区财政	8000	1300	0		完成主街，启动支巷建设	1月	9月	樊 云 15116263428
15800	0	区财政	15800	0	0	启动建设	完成建设	1月	9月	李世敏 18975153247
1200	0	区财政	1200	0	0	完善用地手续	启动建设	12月		李世敏 18975153247
待定	待定	区财政及企业自筹	待定	待定	待定	完善前期手续	启动建设	11月		樊 云 15116263428
6000	0	区财政	6000	0	0	启动建设	完成建设	4月	12月	郭华杰 13607446208
13500	770	区财政	9700	770	0	完善用地手续，启动拆迁	启动建设	12月		熊念东 13637315006
待定	待定	区财政	待定	待定	待定		启动建设	9月		阳珊环 15974411999
10250	270	市、区财政	7930	0	0	启动建设	完成主体建设	6月		熊念东 13637315006
26200	7600	区财政	8500	7600	0	完善用地手续，启动拆迁	启动建设	12月		言伟畅 18874141781

续表12

序号	项目名称	项目单位	实施单位	项目所在街道	建设性质	建设内容	起止年限
11	新塘小学☆	长沙朝正置业投资有限公司	长沙朝正置业投资有限公司	洪山街道	新建	总用地面积约31.6亩，拟建总建筑面积1.8万平方米。办学规模为36个班	2017—2018
12	九龙社保融资用地整理项目	区城北投	区城北投	浏阳河街道	新建	滨河北路以南，家园路以东，渔业路以北，开福大道以西。约150亩。（含前进小学地块）	2017—2018
13	渔业路及延伸工程社保融资用地整理项目	区城北投	区城北投	浏阳河街道	新建	地块位于福元路以北，家园路以西，双河路以东，捞刀河风光带以南。总用地面积439亩，有效用地面积248亩	2017—2018
14	156社保融资用地整理项目	区城北投	区城北投	浏阳河街道	新建	南至福元路，北至渔业路，西至家园路，东至开福大道	2017—2018
15	兴联小学地块土地整理项目	区城北投	区城北投	秀峰街道	新建	该地块位于九号路以南，芙蓉北路以西，兴联路以北，总用地面积83.87亩，有效用地面积44.77亩	2017—2018
16	沙坪景区老街立面改造及标示系统建设项目★	沙坪湘绣公司	沙坪湘绣公司	沙坪街道	新建	对沙坪老街进行立面改造，长约1.3公里，总面积7.5万平方米；对景区内部标识系统和景区主干道引导表示系统进行改造	2017
17	板塘二小	长沙金霞经开区开发建设总公司	长沙金霞经开区开发建设总公司	沙坪街道	新建	用地面积28.35亩，总建筑面积1.5万平方米，办学规模24个班	2017—2018
18	植基中学改扩建工程☆	区教育局	区教育局	青竹湖街道	新建	总用地面积53.94亩，总建筑面积2.87万平方米，办学规模为36个班	2017—2018
19	长沙市一中开福中学★	区教育局	区教育局	东风路街道	新建	新建体育馆约9000平方米，包括部分功能教室	2017—2018
20	2017年标准化学校创建★	区教育局	区教育局	相关街道	新建	对江湾小学、浏阳河小学等19所学校进行标准化学校建设	2017
21	沙坪街道公办幼儿园	区教育局	长沙金霞经开区开发建设总公司	沙坪街道	新建	用地面积5.78亩，总建筑面积约3000平方米，班级规模为9个班	2017—2018
22	美丽乡村及特色小镇建设☆	区农水局	区农水局	相关街道	新建	对霞凝古镇等特色小镇实施基础设施和民居改造建设	2017—2018
23	黑臭水体整治工程★	区建设局	区农水局	相关街道	新建	对全区34处黑臭水体进行截污控源，综合整治	2017—2018
24	社区环境综合提质改造及夜景亮化建设项目★	区城管执法局	区城管执法局	相关街道	新建	拟对10个社区进行提质改造，对防水、建筑立面、道路下水、绿化景观、环卫设施、配套设施等进行改造；对万家丽路、五一路两厢楼宇进行亮化建设	2017
25	基础设施维护项目	区园林局	区园林局	相关街道	新建	建设秀峰山公园基础设施板房；对浏阳河桥-捞刀河桥江堤段水管、取水口安装及新建排水沟	2017
26	屋顶绿化及立体绿化★	区园林局	区园林局	相关街道	新建	对芙蓉北路跨浏阳河双线桥、营盘路三座人行天桥进行中央隔离带、护栏、楼梯、人行道以及给排水等建设（含亮化）；对长雅中学在内的8个学校进行屋顶覆绿、阳台绿化及给排水等	2017
27	道路绿化提质及香化彩化道路★	区园林局	区园林局	相关街道	新建	对芙蓉北路等主要道路进行道路两厢、路段各十字路口、重要节点、车辆出入口及掉头口绿化提质(含生态停车场）、彩花及香化改造	2017

总投资（万元）		资金来源	2017年计划投资（万元）		截至2016年完成投资(含前期经费)(万元)	半年度建设计划	年度建设计划	新建项目开工季度	竣工项目竣工季度	项目联系人
合计	其中拆迁		合计	其中拆迁						
11200	0	市、区财政	2800	0	0	完成前期手续	启动建设	9月		熊念东 13637315006
13500	10000	自筹	11000	10000	0	启动拆迁	完成拆迁	5月		周宏奇 13607316807
24500	24500	自筹	24500	24500	0	启动拆迁	完成拆迁	5月		周宏奇 13607316807
10920	10920	自筹	10920	10920	0	启动拆迁	完成拆迁	5月		周宏奇 13607316807
6640	6640	自筹	6640	6640	0	启动拆迁	完成拆迁	5月		周宏奇 13607316807
1800	0	自筹	1800	0	0	完成建设		1月	6月	樊 云 15116263428
7800	1300	区财政	5200	1300	0	完成拆迁及手续办理	完成主体结构施工	9月		周 伟 88482529
10580	3380	区财政	4780	3380	0	启动建设	完成部分主体建设	6月		杨新奇 13507470744
4500	0	区财政	3000	0	0	完成前期手续	主体竣工	7月		罗 璇 13973130049
4500	0	区财政	4500	0	0	完成前期手续	完成建设	7月	8月	杨新奇 13507470744
1000	300	中央资金	800	300	0	完成拆迁及手续办理	完成部分主体工程	9月		周 伟88482529
9000	0	市、区财政	6000	0	0	启动建设	部分完成建设	1月		刘 彬 13549683455
15000	0	区财政	12000	0	0	启动建设	完成部分建设	1月		邹双七 13908468077
14100	0	区财政	14100	0	0		完成建设	9月	12月	雷 鸣 13308492281
640	0	区财政	640	0	0		完成建设	7月	12月	才 源 13808458270
5088	0	区财政	5088	0	0		完成建设	9月	12月	才 源 13808458270
5600	0	区财政	5600	0	0	启动建设	完成建设	3月	12月	才 源 13808458270

续表12

序号	项目名称	项目单位	实施单位	项目所在街道	建设性质	建设内容	起止年限
28	社区公园建设项目★	区园林局	区园林局	相关街道	新建	主要包括社区公园和生态停车场建设。对各社区公园进行提质改造，增加亮化、服务、健身等配套设施	2017
29	站厕建设项目★	区环卫局	区环卫局	相关街道	新建	在开福区范围内新建、改扩建30所站厕	2017
30	机扫车垃圾处理场	区环卫局	区环卫局	相关街道	新建	新建机扫车垃圾处理场，实现机扫车垃圾自动收集、自动分类、自动装载及智能化管理	2017
31	智能厕所建设	区环卫局	区环卫局	相关街道	新建	新建智能厕所，实现厕所提质、除臭、无害、环保及智能化管理	2017
32	24小时图书馆建设项目	区文体新局	区文体新局	相关街道	新建	在芙蓉北路街道、通泰街街道、洪山街道、秀峰街道分别建设1个街区自助图书馆，每个占地面积不超过30平米，可装载纸质图书3000册,包含自助办证机、自助借还书机、消防设施等硬件及智能监控系统	2017
（四）预备项目（共21项）							
1	吉祥巷片区（中山亭西南角）地块棚改项目（一期）	区棚改投	区棚改投	通泰街街道	预备	项目东至黄兴北路，南至五一大道，西至接贵街两厢、藩城堤及西长街，北至中山路，占地约180亩，征收房屋约3283户，面积约30万平方米。一期征收范围、户数、面积以五公告为准	2017—2018
2	太平路片区棚改项目（一期）	区棚改投	区棚改投	通泰街街道	预备	东至藩城堤巷、南至杨家巷、西至西长街、北至中山西路，项目总占地面积约103亩，涉及居民户数约1200户，建筑面积约12.5万平方米。一期征收范围、户数、面积以五公告为准	2017—2018
3	新风街以东地块棚改项目	区棚改投	区棚改投	通泰街街道	预备	东至寿星街，南至营盘路，西至新风街，北至通泰街。征收户数为300户，征收面积约2.35万平方米	2017—2019
4	望麓园巷等预备融资项目	区棚改投	区棚改投	望麓园街道	预备	望麓园巷等地块	2017—2019
5	三维地块棚改项目	待定	待定	东风路街道	预备	潘家坪路与东风路交界西北角。征收户数约100户	2017—2018
6	双河湾安置小区配套路网☆	区城北投	区城北投	浏阳河街道	预备	洪山东路：车站北路～家园路，长320米，宽16米；环球东路：车站北路～家园路，长310米，宽16米	2017—2018
7	荷叶美苑安置房（暂定名）	区城北投	区城北投	秀峰街道	预备	该地块位于格润路以南、鹅羊南路以北、文慧路以东、植基路以西，有效用地面积57亩，现状容积率为1.8，拟建总建筑面积8.9万平方米	2017—2019
8	朝诰路	区城建投	区城建投	洪山街道	预备	福元路～双院路，长297米，对原状地貌163医院宿舍区至双院路段长约185米进行硬化提质	2017
9	沙坪景区生态停车场和游客服务中心☆	区城建投	区城建投	沙坪街道	预备	项目用地32亩，建设400车位生态停车场、场地绿化景观、500平方米游客服务中心、地埋式垃圾站	2017—2018
10	市民之家	区城建投	区城建投	芙蓉北路街道	预备	总建筑面积3.6万平方米，其中地下面积2.1万平方米，地上面积1.6万平方米，拟设政务中心、市民影剧院与人民档案馆，拟设车位710个	2017—2018

总投资（万元）		资金来源	2017年计划投资（万元）		截至2016年完成投资(含前期经费)(万元)	半年度建设计划	年度建设计划	新建项目开工季度	竣工项目竣工季度	项目联系人
合计	其中拆迁		合计	其中拆迁						
4475	0	区财政	4475	0	0		完成建设	9月	12月	才 源 13808458270
3600	0	区财政	3600	0	0	启动建设	完成建设	6月	11月	夏新凯 13786165819
530	0	区财政	530	0	0		完成建设	9月		夏新凯 13786165819
待定	待定	自筹	待定	待定	待定		完成建设	9月		夏新凯 13786165819
312	0	区财政	312	0	0	启动建设	完成建设	3月	8月	彭 葳 13517408360
450000	450000	自筹					完成部分征收			曹 军 13017316166 王婉诗 13707487366
200000	200000	自筹					完成部分征收			曹 军 13017316166 王婉诗 13707487366
35000	35000	自筹					完善前期手续			曹 军 13017316166 王婉诗 13707487366
待定	待定	自筹					启动拆迁			曹 军 13017316166 王婉诗 13707487366
待定	待定	自筹					启动拆迁			曹 军 13017316166 王婉诗 13707487366
4600	1440	自筹					启动前期报建手续			郭华杰 13607446208
50700	2850	自筹					启动前期报建手续			周宏奇 13607316807
273	0	区财政及富盾置业					完成前期手续办理			
1500	550	自筹					完成前期手续办理			樊 云 15116263428
28000	0	市、区财政					完善前期手续			唐彦博 13875917203

续表12

序号	项目名称	项目单位	实施单位	项目所在街道	建设性质	建设内容	起止年限
11	区医卫大楼☆	区卫计委	区城建投	四方坪街道	预备	项目东接浏阳河，南接栖凤路，西接区教师新村，北接三一大道。净用地面积11.14亩，总建筑面积为1.7万平方米	2017—2018
12	大安大道东段☆	长沙金霞经开区开发建设总公司	长沙金霞经开区开发建设总公司	沙坪街道	预备	彭家巷北路～中青路，长984米，宽46米	2017—2018
13	谊信路☆	长沙金霞经开区开发建设总公司	长沙金霞经开区开发建设总公司	秀峰街道	预备	铁港路～竹隐北路，长898米，宽46米	2017—2018
14	彭家巷路北段☆	长沙金霞经开区开发建设总公司	长沙金霞经开区开发建设总公司	捞刀河街道	预备	冯蔡东路～兴联路，长1591米，宽46米	2017—2018
15	竹隐路（南段）	长沙金霞经开区开发建设总公司	长沙金霞经开区开发建设总公司	秀峰街道	预备	高岭路～兴联路，长510米，宽40米	2017—2018
16	高岭路	长沙金霞经开区开发建设总公司	长沙金霞经开区开发建设总公司	捞刀河街道	预备	中青路～开福大道，长约2500米，宽36米	2017—2018
17	明秀路	长沙金霞经开区开发建设总公司	长沙金霞经开区开发建设总公司	捞刀河街道	预备	高岭路~玉轩路，长225，宽18米	2017—2018
18	松林路	长沙金霞经开区开发建设总公司	长沙金霞经开区开发建设总公司	青竹湖街道	预备	天井路～庙堂路，长435米，宽26米	2017—2018
19	广胜路	长沙金霞经开区开发建设总公司	长沙金霞经开区开发建设总公司	青竹湖街道	预备	松林路～烟坡路，长370米，宽16米	2017—2018
20	植基路	长沙金霞经开区开发建设总公司	长沙金霞经开区开发建设总公司	秀峰街道	预备	冯蔡东路～鹅羊南路，长740，宽36米	2018—2019
21	公共安全设施建设	公安分局	待定	相关街道	预备	选址建设月湖、浏阳河、东风路三个派出所和一个中心消防站	2017—2018
二、社会投资类项目（共63个，续建39个，新建24个，不含10个预备项目）							
（一）城市商业综合体项目（共8项）							
续建项目（共4项）							
1	绿地中心★	湖南绿地金融城置业有限公司	五矿二十三冶	清水塘街道	续建	项目占地面积34.65亩，总建筑面积20万平方米，建设4栋高档商务写字楼	2013—2018
2	富兴金融中心★	湖南省富兴置业发展有限公司	湖南省富兴置业发展有限公司	东风路街道	续建	项目用地面积99.6亩，总建筑面积约100万平方米，地上建筑面积约为73万平方米，地下建筑面积约27万平方米，建设1栋约300米的环球总部大厦，1栋约250米高的环球金融中心和2栋超150米的环球国贸大厦以及大型购物中心，商业步行街和高端住宅等	2014—2019

总投资（万元）		资金来源	2017年计划投资（万元）		截至2016年完成投资(含前期经费)(万元)	半年度建设计划	年度建设计划	新建项目开工季度	竣工项目竣工季度	项目联系人
合计	其中拆迁		合计	其中拆迁						
11500	0	市、区财政					启动报建等前期手续			熊念东 13637315006
10862	2714	园区自筹					完善前期手续			熊 鹰 88482529
9912	2477	园区自筹					完善前期手续			熊 鹰 88482529
17561	4388	园区自筹					完善前期手续			熊 鹰 88482529
待定	待定	园区自筹					完善前期手续			熊 鹰 88482529
待定	待定	园区自筹					完善前期手续			熊 鹰 88482529
待定	待定	园区自筹					完善前期手续			熊 鹰 88482529
待定	待定	园区自筹					完善前期手续			熊 鹰 88482529
待定	待定	园区自筹					完善前期手续			熊 鹰 88482529
待定	待定	园区自筹					完善前期手续			熊 鹰 88482529
5200	待定	待定					完善前期手续			谢晓阳 18073183898
10471928	134650		2143635	12350	4779076					
2323400	7000		447800	7000	619000					
1850000	0		285000	0	619000					
260000	0	自筹	45000	0	209000		完成T1栋建设			陈骈旌 18975128989
1200000	0	自筹	220000	0	120000	完成一期商业并开业	启动二期建设			丁鹏著 15080788162

续表12

序号	项目名称	项目单位	实施单位	项目所在街道	建设性质	建设内容	起止年限
3	华创国际广场	长沙华创地产集团有限公司	长沙华创地产集团有限公司	伍家岭街道	续建	项目占地面积58.11亩，总建筑面积30万平方米，包括2栋商业写字楼，1栋超高层五星级酒店和写字楼	2012—2017
4	伍家岭城市综合体	湖南健郡房地产开发有限责任公司	湖南健郡房地产开发有限责任公司	伍家岭街道	续建	项目总建筑面积15.1万平方米，主要建设酒店、公寓、写字楼	2017—2018
（二）工业项目（共4项）							
续建项目（共2项）							
1	中民筑友长沙产业园（二期）★	中民筑友有限公司	中民筑友有限公司	沙坪街道	续建	项目总用地389亩，总建筑面积19万平方米，分两期开发建设，项目二期总用地面积132亩，建筑面积约13万平米，建设2栋专业厂房，一栋PC厂房	2015—2017
2	长沙佳海工业园（二期）★	长沙佳海产业园建设投资有限公司	长沙佳海产业园建设投资有限公司	沙坪街道	续建	项目二期北片区总用地224亩，总建筑面积22万平米，其中，北片区开发总用地面积180亩，建设14栋7.1万平米多层厂房，南片区3栋7.1万平米高层厂房	2014—2018
	新建项目			共2项			102700
1	食用油加工配送中心项目（金健油脂）★	湖南粮食集团有限责任公司	湖南粮食集团有限责任公司	青竹湖街道	新建	项目用地面积约225亩，建筑面积6.4万平方米，建设2栋车间、1栋成品库、1栋科研楼、4栋物流仓库、1栋综合办公楼	2017—2018
2	罗莎蛋糕生产配送基地一期	长沙乐莎食品有限公司	长沙乐莎食品有限公司	青竹湖街道	新建	项目用地面积55亩，总建筑面积3.7万平米。分两期建设。一期用地面积9亩，建筑面积1.2万平米，建设1栋双层厂房	2017
（三）商贸物流项目（共11项）							
续建项目（共7项）							
1	高岭国际商贸城（香江·红星美凯龙合作项目）★	长沙香江红星美凯龙商业地产开发有限公司	长沙香江红星美凯龙商业地产开发有限公司	秀峰街道	续建	项目用地面积445.83亩，总建筑面积约26万平米，建设家居村、建材博览中心及家具建材配套产业	2016—2018
2	长沙传化公路港★	长沙传化公路港物流有限公司	长沙传化公路港物流有限公司	沙坪街道	续建	项目二、三期用地面积385亩，总建筑面积25.7万平米，建设城市配送中心、智能车源中心、汽修汽配中心、重卡4S展销中心、汽车检测站、加油站等	2016—2017
3	长沙深国际现代综合物流港一期★	长沙深国际综合物流港发展有限公司	长沙深国际综合物流港发展有限公司	沙坪街道	续建	项目一期用地面积约224亩建筑面积10万平方米，建设4栋单层仓库、1栋双层仓库、1栋宿舍、1栋办公楼、1栋配电房	2016—2017
4	中部进出口商品展示交易中心二期（一）★	湖南嘉德投资置业有限公司	湖南嘉德投资置业有限公司	青竹湖街道	续建	项目用地面积93.4亩，建筑面积13.6万平米（其中仓储3.5万平米）。二期用地面积53.6亩，建筑面积8万平米，建设4栋集展示中心和总部基地办公于一体的综合大楼	2017—2018

总投资（万元）		资金来源	2017年计划投资（万元）		截至2016年完成投资(含前期经费)(万元)	半年度建设计划	年度建设计划	新建项目开工季度	竣工项目竣工季度	项目联系人
合计	其中拆迁		合计	其中拆迁						
300000	0	自筹	10000	0	290000	基本完工	完成建设		10月	宁益群 13487581988
90000	0	自筹	10000	0	0	启动建设	4号栋正负零；2、3号栋完成桩基础施工			肖太宏 13787196343
452700	0		97700	0	135000					
350000	0		55000	0	135000					
100000	0	自筹	40000	0	60000	完成一栋专业厂房建设	完成厂房建设		12月	龚 彦 13787088428
250000	0	自筹	15000	0	75000	完成多层厂房建设，高层出正负零	完成高层厂房主体建设			凌象春 15974271368
0		42700	0	0						
100000	0	自筹	40000	0	0	启动建设	完成部分主体建设	6月		刘 云 13549646275
2700	0	自筹	2700	0	0	启动建设	完成建设	6月	12月	张静宇 13755006879
1070000	0		435600	0	206000					
795000	0		345000	0	206000					
300000	0	自筹	100000	0	40000		完成B2-1、B4地块主体建设			黄华清 18974925115
100000	0	自筹	45000	0	55000	完成二期建设	完成三期建设		12月	李立新 18573116636
50000	0	自筹	35000	0	15000	推进一期主体工程建设	完成主体建设		12月	黄 河 13974047401
25000	0	自筹	25000	0	0	启动建设	完成建设			屈文琦 13808486859

续表12

序号	项目名称	项目单位	实施单位	项目所在街道	建设性质	建设内容	起止年限
5	长沙绿色安全食品交易中心一期★	湖南金霞粮食批发市场有限责任公司	湖南金霞粮食批发市场有限责任公司	青竹湖街道	续建	项目总用地面积约273亩，总建筑面积43万平米，分两期建设。其中，一期开发总用地面积164亩，建筑面积17万平米，主要建设多层批发市场、高层精品批发市场和多层停车库	2016—2018
6	金霞铁路物流中心（新北站二期）★	广铁集团	广铁集团	青竹湖街道	续建	项目用地934亩，建筑面积23万平方米，主要进行特货作业区、快运作业区、冷藏作业区、笨重作业区、整车作业区、集装箱作业区专线、办公区、仓储及配套设施建设	2016—2018
7	恩瑞物流产业园标准厂房项目	湖南恩瑞投资开发有限公司	湖南恩瑞投资开发有限公司	青竹湖街道	续建	项目用地面积100亩，建设8万平方米标准厂房	2016—2018
新建项目（共4项）							
1	长沙金霞红星美凯龙家居MALL★	长沙金霞红星美凯龙家具生活广场有限公司	长沙金霞红星美凯龙家具生活广场有限公司	秀峰街道	新建	项目用地面积65.54亩，总建筑面积约11.4万平方米，建设红星美凯龙家居商场8.7万平方米、地下车库2.7万平方米	2017—2018
2	辉瑞控股医药电商产业园☆	苏州辉瑞汇鑫投资管理有限公司	苏州辉瑞汇鑫投资管理有限公司	青竹湖街道	新建	项目用地面积约76亩，建设1栋6.8万平米的双层仓库和1栋1000平米的双层配套用房	2017—2018
3	嘉里物流湖南总部项目★	嘉里物流（中国）投资有限公司	嘉里物流（中国）投资有限公司	沙坪街道	新建	项目用地面积107亩，总建筑面积5.9万平方米，建设2栋双层仓库	2017—2018
4	红星美凯龙商业广场（财富名园）	长沙理想房地产开发有限公司	长沙理想房地产开发有限公司	月湖街道	新建	项目占地面积207亩，总建筑面积50万平方米。其中红星美凯龙家居广场建筑面积约20万平方米	2017—2018
（四）服务业项目（共7项）							
续建项目（共3项）							
1	金鹰大厦前广场改造项目★	湖南广播电视台	中国建筑第五工程局有限公司	洪山街道	续建	建设 三层地下停车场及绿化广场	2015—2017
2	节目生产基地★	湖南广播电视台	湖南省第六工程有限公司	洪山街道	续建	建设一个大型剧院演播厅，5个大型演播厅，1个美术馆，新型媒体数据中心，技术配套 用房、道具库、服装室、公众参观通道等设施	2016—2018
3	凯乐微谷电子商务总部基地★	湖南盛长安房地产开发有限公司	湖南盛长安房地产开发有限公司	伍家岭街道	续建	项目用地面积约66亩，总建筑面积约12万平方米，其中写字楼9.5万平方米，商业1.5万平方米	2016—2018
新建项目（共4项）							
1	长沙国际会议中心★	长沙北辰房地产开发有限公司	长沙北辰房地产开发有限公司	新河街道	新建	项目占地面积约2.9万平方米，总建筑面积约20万平方米，包括1座约5万平方米国际会议中心，1栋约7万平方米会议配套酒店，1栋约8万平米办公楼	2017—2020

总投资（万元）		资金来源	2017年计划投资（万元）		截至2016年完成投资(含前期经费)(万元)	半年度建设计划	年度建设计划	新建项目开工季度	竣工项目竣工季度	项目联系人
合计	其中拆迁		合计	其中拆迁						
90000	0	自筹	40000	0	41000	启动主体建设	实现主体封顶			刘 云 13549646275
210000	0	自筹	85000	0	50000	完成站前、排水工程建设，推进5个作业区建设	完成5个作业区建设			吕春生 13808459608
20000	0	自筹	15000	0	5000	推进主体工程建设	完成建设		12月	高 阳 15802675666
275000	0		90600	0	0					
60000	0	自筹	52000	0	0	启动建设	完成主体建设	5月		许光达 13975179898
30000	0	自筹	15000	0	0	启动建设	推进主体工程建设	6月		黄林楠 13774469437
35000	0	自筹	19600	0	0	启动建设	基本完成主体建设	4月		全 亮 18684924233
150000	0	自筹	4000	0	0	启动建设	基本完成主体建设	3月		李 冰 13875812422
612000	0		236600	0	146400					
302000	0		106600	0	146400					
80000	0	自筹	36600	0	43400	完成主体装修和机电安装	完成建设		12月	王一茹 18674883384
150000	0	自筹	55000	0	65000	完成基础施工	完成主体建设			王一茹 18674883384
72000	0	自筹	15000	0	38000	完成基坑和地下室建设	启动主体建设			江 涛 13755014377
310000	0		130000	0	0					
180000	0	自筹	70000	0	0	地下工程施工	主体地面10层	1月		闵科峰 15274890791

续表12

序号	项目名称	项目单位	实施单位	项目所在街道	建设性质	建设内容	起止年限
2	老百姓医药健康产业园☆	老百姓大药房连锁股份有限公司	老百姓大药房连锁股份有限公司	青竹湖街道	新建	项目总用地面积202亩，建设1栋办公楼，1栋仓库，1栋电商大楼，1栋倒班楼	2017—2018
3	纽曼智能终端生产基地项目☆	湖南纽曼通信科技有限公司	湖南纽曼通信科技有限公司	青竹湖街道	新建	项目用地面积约62.85亩，建设为互联网智能终端产品的研发及生产基地，建立云服务中心，为各类移动终端用户提供丰富的个性化服务	2017—2019
4	迪卡侬长沙旗舰店暨湖南总部项目	迪卡侬（上海）体育用品有限公司	迪卡侬（上海）体育用品有限公司	秀峰街道	新建	项目用地面积17.3亩，建筑面积1万平方米，建设商业店面、室内外运动体验中心及停车场等	2017
（五）社会民生项目（共8项）							
续建项目（共2项）							
1	恒大御景半岛小学（江湾小学）★	长沙金霞开发建设有限公司	中建五局第三建设有限公司	芙蓉北路街道	续建	用地面积27.3亩，总建筑面积1.47万平方米，办学规模48个班	2015—2017
2	湘雅医院教学科研楼建设项目★	中南大学湘雅医院	中南大学湘雅医院	湘雅路街道	续建	建设7.8万平方米科研、教学、全科医生规范化临床培训基地等	2016—2018
新建项目（共6项）							131275
1	清水塘溪泉湾小学★	湖南信远智邦置业有限公司	湖南信远智邦置业有限公司	月湖街道	新建	用地面积20.7亩，建筑面积1.1万平方米，办学规模为24个班	2017—2017
2	创远小学★	长沙创远置业有限公司	长沙创远置业有限公司	秀峰街道	新建	用地面积20.4亩，建筑面积 10880平方米，办学规模为24个班	2016—2017
3	开福区实验小学（鹅羊山小学）★	长沙上城置业（绿地）	长沙上城置业（绿地）	秀峰街道	新建	用地面积34.8亩，建筑面积 3万平方米班级规模为36个班	2017
4	湘一高中部	湖南太阳山置业有限公司	湖南太阳山置业有限公司	青竹湖街道	新建	用地180亩，建筑面积8万平方米，设计规模3500人，其中初中48个教学班，高中30个教学班	2017—2018
5	湘郡培源实验学校	湖南金隅阳光投资有限公司	湖南金隅阳光投资有限公司	青竹湖街道	新建	占地150亩，建筑面积8万平方米，办学规模114个班	2017—2018
6	新河大厦	长沙恒通置业	长沙恒通置业	新河街道	新建	用地面积为9.07亩，总建筑面积2.11万平方米	2017—2018
（六）住宅房地产项目（共25项）							
续建项目（共21项）							

总投资（万元）		资金来源	2017年计划投资（万元）		截至2016年完成投资(含前期经费)(万元)	半年度建设计划	年度建设计划	新建项目开工季度	竣工项目竣工季度	项目联系人
合计	其中拆迁		合计	其中拆迁						
100000	0	自筹	40000	0	0	启动项目建设		8月		何建国 18692291098
20000	0	自筹	10000	0	0	完成拆迁和挂牌	办理规划报建手续，启动项目建设	12月		黎良毛 18684800188
10000	0	自筹	10000	0	0	启动建设	完成建设	6月	12月	伏 添 13701705244
199275	5350		89335	5350	4800					
68000	0		11000	0	4800					
5000	0	自筹	1000	0	4000	完成主体工程	完成建设		7月	李 凯 18508488744
63000	0	自筹	10000	0	800	完成土方工程	启动工程主体建设			甘世平 13974988656
5350		78335	5350	0						
5125	0	自筹	5125	0	0	主体竣工	完成建设	1月	11月	王 颖 13755105491
5000	0	自筹	5000	0	0	主体竣工	完成建设	1月	12月	梁 坚 13973120523
6000	0	自筹	6000	0	0	主体竣工	完成建设	1月	12月	戴巧玲 18674777600
60000	0	自筹	30000	0	0	启动建设	启动主体建设	4月		
40000	0	自筹	20000	0	0	启动建设	完成建设	3月		彭运良 13875920818
15150	5350	自筹	12210	5350	0	完成正负0	完成主体建设	2月		熊念东 13637315006
314553	122300		836600	0	3667876					
572553	122300		768600	0	3587576					

续表12

序号	项目名称	项目单位	实施单位	项目所在街道	建设性质	建设内容	起止年限
1	北辰三角洲	长沙北辰房地产开发有限公司	长沙北辰房地产开发有限公司	新河街道	续建	建设E6、E4、C2、C3、E7区5个地块共40栋共43万平方米的住宅	2008—2023
2	天健芙蓉盛世三期	长沙市天健房地产开发有限公司	长沙市天健房地产开发有限公司	新河街道	续建	总建筑面积38.94万平方米	2017—2018
3	汽车城上园	乐万邦房地产开发有限公司	乐万邦房地产开发有限公司	东风路街道	续建	项目占地55亩，总建筑面积约12万平米，拟建商住楼	2016—2017
4	海洋半岛花园项目	湖南海洋环球置业有限公司	湖南海洋环球置业有限公司	四方坪街道	续建	项目占地229亩，净用地108亩，总建筑面积34万平方米，建设11栋商品房住宅	2011—2018
5	恒大御景半岛	长沙金霞开发建设有限公司	中建五局第三建设有限公司湖南高岭建设集团股份有限公司	芙蓉北路街道	续建	3-8栋、9栋-11住宅、6栋商业，建筑总面积33万平米	2014—2017
6	恒大雅苑	长沙宝瑞房地产开发有限公司	深圳市建筑工程有限公司	洪山街道	续建	项目占地面积约1021亩，总建筑面积150万平方米，项目分七期开发建设	2016—2018
7	绿洲花园（威尔士春天）	湖南友联置业有限公司	湖南友联置业有限公司	月湖街道	续建	建设1栋26层酒店式公寓及1栋3层临街商铺，建筑面积3.8万平方米	2017—2018
8	恒大御景天下城一期、二期	长沙湘江名苑房地产有限公司	长沙湘江名苑房地产有限公司	秀峰街道	续建	有效用地约568亩，总建筑面积约60万平方米，主要建设内容洋房、高层住宅、商业中心和配套学校。一期占地约182亩，建筑面积约24万平方米，主要建设内容34栋住宅、3栋商业及一座幼儿园。二期占地190亩，建筑面积约28万平方米，主要建设内容高层住宅、商业中心	2016—2018
9	绿地·海外滩	长沙上城置业	长沙上城置业	秀峰街道	续建	项目用地287亩，建筑面积约88万平方米，分三期开发，二期占地面积约为66亩，建筑面积约为14万平方米，主要建设商住楼	2014
10	中铁·山语城三期	中铁房地产集团长沙置业有限公司	中铁房地产集团长沙置业有限公司	秀峰街道	续建	有效用地668亩，分三期开发，三期有效用地约110亩。其中三期二组团主要建设5栋高层及配套商业,建筑总面积131147平米。三组团主要建设4栋高层，总建筑面积104952平方米	2016—2018
11	创远·湘江壹号三、四期	长沙创远置业有限公司	长沙创远置业有限公司	秀峰街道	续建	有效用地955亩，分五期建设。项目三期主要建设5栋高层住宅，建筑面积20万平米，四期主要建设64栋山顶别墅。创远酒店建筑面积1.8万平米	2016—2018
12	福晟·钱隆国际一期	湖南晟冉房地产开发有限公司一期	湖南晟冉房地产开发有限公司	秀峰街道	续建	有效用地73亩，建筑面积23万平米，主要建设4万平米商业配套、14万平米高层住宅，5万平米办公配套。一期主要建设1栋商业综合体，3栋高层住宅	2016—2018

总投资（万元）		资金来源	2017年计划投资（万元）		截至2016年完成投资(含前期经费)(万元)	半年度建设计划	年度建设计划	新建项目开工季度	竣工项目竣工季度	项目联系人
合计	其中拆迁		合计	其中拆迁						
3300000	0	自筹	200000	0	2620000	完成E4区建设，C2C3区达到预售条件	启动建设E7区，C2C3区主体完工			叶明华 85179601
310000	0	自筹、银行贷款	24000	0	40000	土石方开挖十万方	北区地下室完成30%			钟 卿 15207414323
19000	0	自筹	7000	0	12000	完成主体建设	完成建设		12月	戴绅华 13974898385
160000	122300	自筹	15000	0	123000	启动海洋半岛花园三期10、11号栋5万平米建设	完成海洋半岛花园四期10、11号栋建设			陈克标 18975156992
100000	0	自筹	48600	0	51400	完成住宅主体及装修工程	完成3-8#栋大部分装饰工程		9月	李 凯 18508488744
530000	0	自筹+银行贷款	60000	0	423700	取得81-83#栋施工证、取得三期商住地块规划证	完成二、三期共15万平米住宅建设			宋君珂 13787125724
19000	0	自筹	19000	0	0	启动项目建设	完成部分主体工程			
220000	0	自筹	80000	0	60000	完成一期主体工程建设	完成二期洋房和中高层主体工程			李 凯 18508488744
84000		自筹	15000			启动二期开发建设	完成二期建设			胡悦雄 15873191161
80000	0	自筹	40000	0	18000		完成二组团建设，续建三组团主体工程			韩增友 13801234832
51000	0	自筹	80000	0	15000	建设三期高层、四期别墅主体，启动酒店建设	完成三期主体工程、四期别墅及酒店主体工程等建设			梁 坚 13973120523
00000	0	自筹	10000	0	51600	完成商业体建设，启动3栋高层住宅建设	续建3栋高层住宅主体工程			曾文杰 13517409540

续表12

序号	项目名称	项目单位	实施单位	项目所在街道	建设性质	建设内容	起止年限
13	福晟·钱隆世家二期	湖南晟冉房地产开发有限公司	湖南福晟房地产开发有限公司	秀峰街道	续建	有效用地181亩，建筑面积36万平方米，其中二期有效用地131亩，建筑面积约26万平方米，主要建设9栋高层（16-24栋）	2016—2018
14	长沙雅居乐花园二期	长沙雅居乐房地产开发有限公司	长沙雅居乐房地产开发有限公司	秀峰街道	续建	有效用地60亩，建筑面积约13万平米，分两期建设。二期主要建设滨江高档住宅4栋5.4万平米	2017—2018
15	鸿邦国际城一期	湖南鸿邦地产开发有限公司	湖南鸿邦地产开发有限公司	秀峰街道	续建	规划用地58.5亩，总建筑面积约17平米，主要建设高层住宅、商务会所及商业配套设施等。一期主要建设5栋高层住宅，建筑面积约8万平米	2016—2017
16	秀峰美苑（幸福考拉789）一期	长沙福兴隆房地产开发有限公司	长沙福兴隆房地产开发有限公司	秀峰街道	续建	有效用地70.2亩，总建筑面积约11.6万平米，主要建设9栋高层住宅。一期用地40亩，主要建设5栋高层住宅，建筑面积约8.6万平米。	2016—2017
17	旭辉一号大院一期	长沙紫荆置业有限公司；长沙恒高房地产开发有限公司	长沙紫荆置业有限公司；长沙恒高房地产开发有限公司	捞刀河街道	续建	有效用地778亩，建筑面积约100万平方米，主要建设低密度高档住宅小区。一期用地240亩，主要建设别墅示范区，建筑面积约29万平米	2016—2018
18	绿城青竹园（南、北五组团）	湖南青竹湖国际商务社区开发有限公司	湖南青竹湖国际商务社区开发有限公司	青竹湖街道	续建	用地面积220.5亩，建筑面积5万平米，主要建设南、北片区五组团133栋别墅	2016—2018
19	恒大林溪郡二期	湖南亦成投资有限公司	湖南亦成投资有限公司	青竹湖街道	续建	总用地面积525亩，建筑面积80万平米，主要建设别墅、高层。分三期（6个地块）建设，二期主要建设2、3号地块，总建筑面积约20万平米，主要建设别墅、高层	2016—2018
20	金隅阳光·曦园三期	湖南金隅阳光投资有限公司	湖南金隅阳光投资有限公司	青竹湖街道	续建	项目总用地面积756亩，有效用地约466亩，总建筑面积约38万平米。分五期开发建设，三期规划用地165亩，主要建设高层住宅（8万平米）、酒店（2.5万平米）	2017—2019
21	太阳星城一期（二）	湖南天景名园置业有限责任公司	湖南天景名园置业有限责任公司	青竹湖街道	续建	项目规划总用地面积801亩，总建筑面积约51万平米。分三期开发建设，一期（二）用地面积66亩，建筑面积5.4万平米	2017—2019
新建项目（共4项）							
1	湘域智慧广场	长沙域佳房地产开发有限公司	长沙域佳房地产开发有限公司	东风路街道	新建	项目占地19.5亩，总建筑面积3.3万平方米。拟建商住楼	2017—2018
2	旷代沁园二期	湖南旷代房地产开发有限公司	二十三冶建设集团	浏阳河街道	新建	二期总建筑面积为11万平米，建设8栋高层住宅楼	2016—2019
3	旷代沁园三期	湖南旷代房地产开发有限公司	二十三冶建设集团	浏阳河街道	新建	三期总建筑面积10万平米，建设商街、写字楼和酒店	2016—2019
4	开泰地产	长沙市开泰置业有限公司	长沙市开泰置业有限公司	秀峰街道	新建	项目规划用地37.24亩，总建筑面积9万平方米，主要建设5栋高层住宅，酒店、商场、地下车库等	2016—2018

总投资（万元）		资金来源	2017年计划投资（万元）		截至2016年完成投资(含前期经费)(万元)	半年度建设计划	年度建设计划	新建项目开工季度	竣工项目竣工季度	项目联系人
合计	其中拆迁		合计	其中拆迁						
130553	0	自筹	20000	0	87876	二期18#栋完成主体工程，其余8栋高层主体开工	续建8栋高层主体工程			曾文杰 13517409540
20000	0	自筹	10000	0	5000	启动二期建设	完成二期主体工程建设			张福初 13707361625
30000	0	自筹	15000	0	5000	启动一期主体建设	完成一期建设			黄文蓉 13975886048
30000	0	自筹	15000	0	15000	推进一期高层主体建设	完成一期建设		12月	钟应明 13874865539
60000	0	自筹	30000	0	10000	启动一期建设	完成一期示范区主体建设			唐武乐 15802513823
65000	0	自筹	22000	0	6000	启动项目建设	主体工程建设			金 祝 13357210666
70000	0	自筹	25000	0	32000	启动项目主体工程建设	部分工程实现主体封顶			雷欣霈 13687361076
90000	0	自筹	30000	0	11000	启动项目建设	推进主体工程建设			彭运良 13875920818
4000	0	自筹	3000	0	1000	启动项目主体建设	完成项目建设			杜 丽 13618496628
242000	0		68000	0	80300					
8000	0	自筹	3800	0	0	启动建设	完成部分主体施工	1月		曹 津 13707317282
65000	0	自筹	20100	0	30900	启动建设	完成部分主体工程	3月		张帅炎 13975899876
33000	0	自筹	29100	0	49400	启动建设	完成部分主体工程	6月		张帅炎 13975899876
36000	0	自筹	15000	0	0	启动建设	完成部分主体施工	3月		陈汉武 13907317910

续表12

序号	项目名称	项目单位	实施单位	项目所在街道	建设性质	建设内容	起止年限
（七）预备项目（共10项）							
1	芙蓉中路金融城地块项目	长沙隆熙致远房地产开发有限公司	长沙隆熙致远房地产开发有限公司	清水塘街道	预备	项目用地面积54.5亩，建筑面积约21.1万平方米，建设公寓、商业及地下商业	2017—2020
2	金鹰文化·信息生态康养谷	湖南富兴集团有限公司	长沙高杨实业有限公司	洪山街道	预备	项目用地面积1534亩，计容建筑面积为171.8万平方米，项目总体规划共涵盖：欢乐购物中心、欢乐谷、文创街区、旅游度假园、影视基地、生态住宅区六大组团及购物中心、星光酒吧街、山地运动公园、游艇俱乐部、会议中心及酒店区、新天地国际商汇、文化产业园区、度假别墅及别墅区、佛教文化民俗街区、森林度假会所区、金鹰影视基地、生态住宅区十二大功能版块	2017—2024
3	弘上投资控股物流总部基地项目☆	弘上投资控股股份有限公司	弘上投资控股股份有限公司	沙坪街道	预备	项目用地162.2亩，建设物流仓储、配送、结算中心及办公楼，打造集物流总部、仓储管理、物流金融、商务配套于一体的现代化物流平台	2017—2019
4	长沙深国际现代综合物流港二期	长沙深国际综合物流港发展有限公司	长沙深国际综合物流港发展有限公司	沙坪街道	预备	项目二期用地面积约300亩，建筑面积约23万平方米，建设分拨中心和仓储	2016—2018
5	长沙园林生态园水上欢乐世界	湖南乐水魔方旅游管理有限公司	湖南乐水魔方旅游管理有限公司	捞刀河街道	预备	占地面积160亩，为大型水上娱乐设备及休闲设施，拟建设接待中心，配套商业服务用房及设备用房，游乐设备安装，水面、沙滩及区内道路、给排水、供配电、绿化、景观等附属设施	2017—2018
6	湖南医专白霞校区项目☆	湖南医药职业中等专业学校	湖南医药职业中等专业学校	捞刀河街道	预备	项目用地87.6亩，建设湖南医专新校区，总建筑面积8万平方米，包括教学楼、图书馆、食堂、宿舍及其他配套	2017—2019
7	湘雅医院国际医疗部	中南大学湘雅医院	中南大学湘雅医院	青竹湖街道	预备	待定	2017—2020
8	金霞·和立东升总部大楼	湖南和立东升实业集团有限公司	湖南和立东升实业集团有限公司	青竹湖街道	预备	用地面积约16.47亩，建设1栋集总部办公、高端酒店和商务商业配套于一体的甲级综合写字楼	2017—2019
9	天景明园小学	湖南天景名园置业有限责任公司	湖南天景名园置业有限责任公司	青竹湖街道	预备	用地面积55.05亩，建筑面积 3万平方米，办学规模48个班	2017—2019
10	芙蓉盛世小学	长沙市天健房地产开发有限公司	长沙市天健房地产开发有限公司	新河街道	预备	用地面积20.55亩，建筑面积 1.1万平方米，班级规模为24个班	2017—2018

备注：标注为“★”的为拟列入市对区考核重大项目，标注为“☆”的为拟列入市对区考核重大预备项目。

总投资（万元）		资金来源	2017年计划投资（万元）		截至2016年完成投资(含前期经费)(万元)	半年度建设计划	年度建设计划	新建项目开工季度	竣工项目竣工季度	项目联系人
合计	其中拆迁		合计	其中拆迁						
400000	0	自筹	150000	0	0	启动项目手续报批	启动项目手续报批			林 晨 13755183082
3000000	0	自筹	80000	待定	0	推动项目手续报批	推启动项目手续报批			虢 乐 13100316228
100000	0	自筹	20000	0	0	完成拆迁	完成挂牌和报建手续办理			梁兴国 13975177998
70000	18000	自筹	25000	0	0	完成拆迁，实现挂牌	启动建设			黄 河 13974047401
9000	0	自筹	9000	0	0	完成建设				彭 辉 13908494666
20000	0	自筹	5000	0	0	完成拆迁	完成挂牌和报建手续办理，启动建设			陈小平 13908456486
待定	0	自筹	待定	待定	待定	启动前期手续办理	完成前期手续办理			曹 兴 13974805695
25000	0	自筹	10000	0	0	完成项目建设前期手续	土地平整，启动建设			邓 韵 88482588
12000	0	自筹	待定	待定	0	完成前期手续办理				陈 娟 18673105235
4500	0	自筹	3500	0	0					揭选松 18973126656

工商行政管理

长沙市工商行政管理局开福分局

局　　长　唐劲松
副 局 长　刘金山　戴海明
　　　　　李海祥　刘利军
纪检书记　沈　剑

概况　长沙市工商行政管理局开福分局（以下简称开福工商分局）有干部职工175人，（含离退休63人），在职在编干部职工112人，其中机关57人，工商所55人。开福工商分局设有综合、职能科室18个，基层工商所9个，并指导区个体私营企业协会和消费者委员会工作。截至2017年年底，开福区有各类企业26365家、外资企业378家、个体工商户47797户以及商品交易市场40个（其中集贸市场23个、专业市场17个）。

商事登记制度改革。开福工商分局全面落实商事登记改革各项政策，加快“一照一码”营业执照换发工作，巩固扩大“多证合一”改革成果，通过一系列深化商事登记改革举措（注册资本、名称登记、放宽住所、先照后证、四十三证合一、全程电子化办照等），降低市场准入门槛，激发市场活力和投资热情。截至2017年年底，开福区新办私营企业7149户，比2016年增长15.03%;新办个体户10305户，比2016年增长28.82%；全区累计存续私营企业26365户，个体户47797户，市场主体总量突破74162户。

开展“企业直通车”活动。引导和推进开福区战略性新兴产业发展。开辟支持“双创”绿色通道。2017年，开福工商分局将军民融合企业的发展作为一项重点工作来抓，在注册大厅设立“军民融合企业绿色通道”，对于军民融合企业指定专人办理；建立军民融合企业台账，安排专职人员加入军民融合企业创业群，公布注册登记咨询电话，在线及时解答注册登记相关事宜。全面推行“集群注册”“电子化办照”改革新政。印制集群注册登记的各类表格，做好对集群注册的政策及流程宣传工作，落实集群注册改革新政。截至2017年年底，全程指导注册集群企业机构10户，办理集群企业560户。10月21日，开福工商分局发出第1张电子营业执照，标志着开福区企业登记全程电子化工作全面启动。全年发放电子营业执照13张。根据开福区委、区政府统筹安排优化营商环境的要求，开福工商分局将个体工商户登记权限下放到所属9个工商所，为个体工商户就近办证提供便利；积极推进“工商银行企业通”工作，在工商银行柜台开通注册登记窗口，受理企业新办、变更等业务。

拓宽企业融资渠道，扶持企业发展。2017年，开福工商分局办理股权出质36件，帮助企业融资12.69亿元，有效促进区域经济快速发展。为13户资料齐全的企业办理动产抵押登记，为企业办理抵押贷款金5353.85万元，帮助企业解决燃眉之急。

推进社会信用体系建设。完善企业信用信息公示平台建设，营造诚信环境。全面推行“双随机、一公开”监管改革，推进年报公示、信用信息公示、异常名录等新监管举措。2017年，全区企业年报率89.98%，排长沙市内五区第1名，“双随机”抽查643户，完成率100%，排长沙市内五区第1名，公开企业经营异常名录2262条，抄送相关职能部门445户。健全完善开福区涉企信息统一归集平台。牵头制定方案，

开福工商分局大楼

3月15日，在老百姓大药房前坪组织开展“3·15”国际消费者权益日活动

明确部门责任，建立部门协作工作群。截至2017年年底，开福区有32家区属行政单位录入行政许可信息1643条、批量导入行政许可信息4726条、行政处罚信息131条，排长沙市内五区第1名。

推进长沙市商事服务管理信息平台工作，提升全区后置许可办证率。开福工商分局联合区政府督查室、区优化办、区电子政务办，对涉及商事主体后置许可审批的10个部门，12个终端进行2次专项督查、3次发文通报、召开4次联席会议，并建立专门的工作群实时通报办证情况，有力推进商事主体后置许可办证工作。截至2017年年底，开福区后置许可审批办证率89.01%，排长沙市内五区第2名，超额完成市对区考核办证率60%的工作目标。

查处案件。查处假冒伪劣、虚假广告、商标侵权等各类侵害消费者案件。2017年，开福工商分局一般程序案件立案64件，结案38件，罚没金额206.01万元，其中结案38件分别为：产品质量类案件5起，商标侵权案件7起，整治广告类17起，合同违法类案件1起，其他违法类案件8起，办结的行政处罚案件100%进行公示。强化流通领域产品质量抽检。抽检家具、装饰建材、儿童玩具、酒店一次性用品、电线电缆、厨房电器等各类产品62批次，共查处19批次不合格产品，立案5起。规范整治危化品行业。配合区安监局等职能部门，出动执法人员64人次，车辆30台次，检查烟花爆竹门店34家，对3家没有相关许可证的下达责令整改通知书；清理整顿32家加油站，抽检各加油站当批次的成品油检验报告，均符合要求。加大查处无照经营力度。全年出动检查人员620人次，查处无照经营户2644户，下达责令整改书79份，督促办照4553户，抄告无证经营线索126条。

治理非法传销。2017年，开福工商分局发放各类宣传资料3.5万余份，手机警示短信10余万条，多次联合公安、街道等相关单位召开“打传”联席会议，在重点监控区域张挂宣传警示展板153块，督办涉嫌传销信访案件4件，通过12315平台举报处理投诉90起；集中开展专项行动4次，出动执法人员1350人次，捣毁传销窝点267个，劝返遣散传销人员496人。协助区公安分局破获传销案46起，打掉涉传销团伙22个，刑拘非法传销犯罪嫌疑人188人，逮捕92人，移送起诉85人，极大震慑传销分子。

防范非法集资。开福工商分局联合公安、金融监管、街道等单位，开展4次打击非法集资的宣传行动，出动执法270余人次，发放宣传资料6000余份，在主要商业区域利用电子显示屏滚动播放非法集资法律法规。清理整顿涉嫌各类交易场所的企业191户；对辖区内万达广场入驻企业开展为期两个月的清理整治行动，清查入驻企业355户，对30户无照经营企业（分公司）下达责令整改书，对407户失联企业依法依规做好现场笔录，及时列入经营异常名录并进行公示，对3家发布非法集资宣传广告的企业行政处罚81.24万元。向区打非办及时提供涉嫌非法集资及现货、期货交易线索4起。

消费维权。逐步完善消费维权网上服务平台，打造“互联网+消费维权”的新格局；推进12315“五进”工作，建立健全55家维权服务站点，方便广大消费者就近投诉、就近解决消费纠纷。突出重点领域维权行动。开展“红盾质量维权行动”，以儿

4月25日，在万达广场组织销毁非法出版物

童用品、装饰装修材料、汽车配件等与消费安全密切相关的商品为重点，在省市媒体曝光侵害消费者合法权益4起；加大对网购七日无理由退货、售后维修等服务领域侵权行为的打击力度；查处网络违法案件，立案9起，结案7起，罚款35.35万元。加强消费引导，积极开展消费维权主题活动。开展“诚实守信”“网络诚信，消费无忧”等主题活动，发放各类宣传资料1万余份，发布消费警示15条，各大商场张贴警示标语120条。2017年，12315申诉举报中心受理消费者投诉举报3651件，办结率为97.6%；受理12345市民热线307件，办结率为98.1%，为消费者挽回经济损失342.09万元。

服务经济发展。服务至上，提升行政效能，促进区域经济发展。开福工商分局积极配合区环保委整改中央环保督查组交办工作。2017年，开福工商分局牵头办理信访件4件、协助办理3件，对无照经营户下达责令整改通知书13份，对有照无证的经营户抄告相关部门126份，取缔关停5家无照经营户。按文明创建工作要求牵头组织农贸市场整治，整改各类难点问题146项，完成3家农贸市场提质改造；开展“国家食品安全示范城市创建”活动，对全区所有中小学校内及周边200米范围内的742家各类经营户，进行地毯式清查,取缔无照经营户21户，催办营业执照79户。配合区卫生和计划生育局加强对个体工商户和私营企业流动人口的管理和服务,信息通报率和反馈率100%。做好信访、“网络问政”、“问政湖南”等工作,回复率、满意率100%。发挥职能优势,协助做好招商引资工作。2017年，开福工商分局接待招商引资企业各类咨询300余人次，办理招商引资注册资本3000万以上的商事主体46户。严把危险化学品及烟花爆竹销售等涉安行业准入关，对涉安企业建立台账，做到专人专责，不定期抽查，将安全隐患消除在萌芽状态。

（匡年丰）

质量技术监督

长沙市质量技术监督局开福分局

局　长　杨万红

副局长　胡建军　刘　慰

概况　长沙市质量技术监督局开福分局为长沙市质量技术监督局派出机构，享有市辖区分局质量技术监督管理职权，管辖长沙市开福区辖区内的质量技术监督工作并行使行政执法监督职能。内设办公室、特种设备安全监察科、标准计量科、质量和监督科4个职能科室，人员编制7人，设局长1名、副局长2名。2017年，获“开福区安全生产先进单位””长沙市质监工作先进单位”“长沙市特种设备安全监察先进单位”称号。

质量强区工作。组织召开质量强区工作联席会议3次专题研究调度质量强区工作。负责起草、征求成员单位意见并完善《开福区“质量强区”工作方案（征求意见稿）》《长沙市开福区人民政府关于推进质量强区品牌建设的扶持奖励办法（征求意见稿）》《长沙市开福区质量强区三年行动计划（2017-2019）(征求意见稿）》等6个相关制度性文件。

推进名牌战略。引导辖区内企业加强质量管理，强化品牌意识，争创名牌产品。推送青竹湖湘绣、金球湘绣、天利湘绣、伊飞湘绣、玉玲湘绣、再红湘绣、长重机器、联兴管业、中民筑友、普菲克生物10家企业申报湖南省名牌。宣传贯彻“市长质量奖”管理办法，组织13家企业参加市长质量奖申报培训，指导5家企业提交申报材料，长沙银行和湖南粮食集团2家企业入围首届“市长质量奖”现场评审，湖南粮食集团获首届长沙市“市长质量奖”。

质量提升行动。提高质量工作的全民参与度和社会认同度，发挥质量强区领导小组办公室统筹协调作用，推动全区各单位、各街道利用电子显示屏、企业宣传介质等载体宣传长沙市“城市质量精神”。组织区经信局、区环保局、工商分局、区商务和旅游局、区城乡建设局、区科技局、区食药局等9家主要强区成员单位，在世纪金源购物广场前坪举办大型质量强区暨“质量月”宣传咨询活动。

标准化工作。落实市政府《关于进一步深化标准化工作改革的实施意见》，发挥标准引领作用，开展“贯标、制标、用标、升标”标准化活动，指导老百姓大药房、食在不一样、妇联家政3家企业开展服务业标准化试点。推进标准信息自我声明公开，指导42家企业在“企业标准信息公共服务平台”声明公开119项标准,涵盖317种产品。开展标准化培训，强化标准化意识。举办开福区电梯维保单位落实安全生产主体责任暨维保技术规范宣贯培训班，150人参加，宣传《电梯维护保养规则》及电梯检规2号修改单；联合区编办举办开福区政务服务标准化培训班，区直相关部门70余人参加。在长沙滨江文化园LED显示屏循环滚动播放“标准让城市生活更智慧”宣传标语。开福区电梯安全管理综合标准化国家试点项目以95分的高分通过国标委专家组验收。

计量工作。与区卫计局联合下发《关于迅速开展社区医疗机构计量器具自查的通知》，要求各基层社区医疗加强计量管理，保证在用计量器具准确性，督促30家社区医疗卫生机构开展自查和备案。与区工商分局联合下发《关于加强农贸市场公平交易管理的通知》，要求各农贸市切实履行主体责任，确保贸易结算的公正、公平，设置和管理好公平秤，收集各商户信息，组织配合检定工作。与区食药监局、区工商分局、区城管局联合督查辖区内16家规模农贸市场。联合省计量院检查24家农贸市场计量器具，检定合格公平秤19台。开展环境监测和车检机构计量监督检查，检查3家机动车安检机构和3家尾气检验机构108台计量器具;监督检查4家污水处理厂检验设备。国庆、中共十九大期间对民生计量重点单位如大中型超市、农贸市场、加油（加气）站开展监督检查。处理计量投诉2起，群众满意率100%。

电梯安全常识进校园

认证监管工作。加强3C认证产品事中事后监管，完善20家强制认证(3C)企业81张3C证书档案建设和巡查工作。配合市质量技术监督局对机动车检验机构开展分类监管检查。开展3C认证产品专项监督抽查，抽样检测获证配电箱、电线、建筑钢化玻璃、消防产品10个批次，合格率100%。检查湖南鑫远水务、新亚胜光电等6家企业IS09001等管理体系认证情况，监督检查绿色食品和有机产品认证企业湖南金霞粮食产业有限公司。

特种设备安全监管。完善机制落实监管责任，制定《2017

年特种设备安全生产执法检查计划》，按计划依法检查特种设备生产、使用和管理单位136家次，对检查发现的问题和隐患建立管理台帐实施闭环管理。制定全年特种设备安全监察工作要点，明确重点和亮点特色工作，对各街道实行内外城区特种设备安全生产差异化考核。牵头组织区领导带队安全生产大检查工作，明确特种设备安全生产区领导责任清单，建立安全生产“一单四制”制度，制定重大隐患治理清单，落实安全生产主体责任。落实企业主体责任活动年，制定落实企业安全生产主体责任年工作方案，依照企业安全生产法定职责，梳理归纳出特种设备生产使用管理5个方面20条具体主体责任，向全区800余家特种设备生产使用管理单位负责人发出《致特种设备生产使用管理单位主要负责人关于安全生产工作的一封信》落实安全生产主体责任告知书，区属各特种设备生产使用管理单位向质监分局递交落实企业安全生产主体责任承诺书。开展质量月、“电梯安全宣传周”、特种设备安全知识“七进”活动。向市民发放自编《特种设备公民读本》《特种设备安全常识一本通（电梯、大型游乐设备）漫画册》3000本，印发《开福区电梯应急救援实地检验暨落实主体责任工作方案》（开安办发〔2017〕61号）。安全大检查保“打非治违”实效。开展“两节两会”“清明”“五一”“国庆、中秋”中共十九大期间等重要会议期间及重大节假日安全检查工作，开展为期半年电梯安全大检查，大检查行动覆盖16个街道及所属社区，摸排使用单位532家电梯5128台。召开电梯安全大检查“回头看”工作部署会，组织40家维保单位参会，督促维保单位做好96366信息录入及号牌张贴工作。联合区交警大队、区安监局、金霞经开区开展气体充装单位、佳海工业园区特种设备、电梯安全大检查专项整治行动；联合区教育局、区安监局开展2017年校用特种设备专项检查，加强闭环管理，消除安全隐患。开展安全生产“打非治违”行动、“春雷行动”“飓风行动”“霹雳行动”排查各类安全隐患18起，立案查处4起。惠民便民解决民生诉求。完成22台“三无”（无物业、无维保、无维修基金）及“老旧”（使用超过15年的）电梯安全技术评估。处理回复特种设备投诉举报117起，开展“一月一警示”教育活动10次。保障安全处置突发事件。组织对万达商业广场、双湾国际小区、山语城小区及三馆一厅的电梯进行汛期电梯安全检查，督促做好电梯修复工作。建立质监分局、住建、街道、社区共同参与投诉举报协调处理机制，处置湘江豪庭和北辰三角洲电梯舆情、雅居乐小区、北辰三角洲D2区、建鸿达现代公寓电梯问题。全年未发生一起特种设备安全责任事故。

产品质量安全监管。加强质量监管，监督巡查食品相关产品企业和生产许可证发证企业覆盖率100%。检查重点工业产品企业30家，抽检涉安工业产品12批次，合格率100%。参与省市级监督抽查，抽样送达产品检验报告89批次，完成不合格报告后处理8个。处理质量安全投诉举报9起。配合市质量技术监督局做好“双随机”监督抽查，规范事中事后监管。推进“国家食品安全示范城市”创建，制定实施方案，完成区级食品相关产品31个批次抽检任务。打击非法生产假冒伪劣产品，开展农资、建材、电线电缆、危化品、水泥、环保执法行动，出动执法人员300余人次，执法车辆80余台次，检查企业60余家，立案3起，捣毁“黑心棉”加工窝点1个、生产分装假冒水泥及其制品窝点1个。联合区工商局取缔整治散煤制售点。

宣传教育。开展重要时间节点“谁执法、谁普法”活动，开展“3·15”、创建食品安全城市启动周、安全生产宣传周、知识产权日、“世界计量日”、质量月、“世界标准日”专题宣传活动，发放读本、画册、光盘资料2000余份，报送信息60余篇（条），其中省市区媒体采用40篇。组织辖区内特种设备使用维保单位、工业生产许可、食品相关产品生产企业和车检机构91家重点行业单位负责人参加“落实企业安全生产主体责任”暨“谁执法谁普法”宣传专题培训。与长沙世界之窗有限公司主办，开福区洪山街道办事处协办，在长沙世界之窗开展落实企业应急管理主体责任特种设备防灾减灾应急知识宣传暨大型游乐设备应急救援演练。组织区内16个街道分管领导、安监站长和107个社区安全专干共139人参加特种设备安全协管员业务培训暨安全生产目标考核解析培训。牵头组织召开全区物业行业推进大会暨安全管理培训大会，区各街道分管领导、物管专干，物业服务单位负责人、业主委员会代表420人参加会议。在世纪金源购物广场举办“凝聚质量共识　共筑强区之基”主题“质量月”宣传咨询活动。

【开福区捣毁一家“黑心棉”加工窝点】4月18日，根据群众举报，长沙市质量技术监督局开福分局与长沙市质量技术监督局稽查支队开展联合行动，现场查处位于捞刀河街道高源村的一处“黑心棉”加工窝点。执法检查发现，胡姓负责人租用近500平方米的仓库，在未办理任何证照的情况下，从2016年9月份开始生产加工棉被、枕芯等棉制品。现场有零器机、电子秤、缝纫机、吹棉机、双辊吸尘弹花机等生产设备，6名工人正在加工，空气中弥漫着大量粉尘、棉絮，环境相当恶劣，厂房内满是堆积如山的废旧黑色纤维绒布原料和发黄发黑的回收废旧棉胎，随便撕开一床成品棉被，扒开外面白白的一层，露出来的东西五颜六色，肮脏不堪，是一个典型的“黑心棉”加工窝点。该次联合执法行动，收缴标注“冬宝”“土宝”字样的棉被成品1915床、回收的废旧棉胎180床、再生黑色纤维绒布14捆（每捆150千克）。执法人员调用13台货车将存在质量安全隐患的原材料和成品棉被进行异地封存，同时依法对生产场所和生产设备进行查封。

【开福区出台《湘绣（沙坪产区）地理标志产品保护办法》】6月27日，开福区人民政府正式出台《湘绣（沙坪产区）地理标志产品保护办法》。2010年，开福区人民政府向国家质检总局申请“湘绣（沙坪产区）地理标志产品保护”，2011年正式获批。开福区人民政府以此为契机，投资8亿多元，集产品发展和文化传承于一体，致力打造沙坪湘绣品牌，申报和创建国家地理标志产品保护示范区。《湘绣（沙坪产区）地理标志产品保护办法》共有27条，《湘绣（沙坪产区）地理标志产品保护办法》明确了适用对象及申请使用湘绣（沙坪产区）专用标志应当具备的条件、所需的材料和申报审批程序；明确专用标志的印制、使用及防伪标识管理、生产者年度审查等规定；明确湘绣（沙坪产区）地理标志产品的日常监督管理以及从事湘绣（沙坪产区）地理标志产品保护管理工作人员的职业准则。其中，湘绣（沙坪产区）保护范围指长沙市开福区沙坪街道、捞刀河街道、青竹湖街道、秀峰街道现辖行政区域。《湘绣（沙坪产区）地理标志产品保护办法》的出台将更有力的助推湘绣产品的发展和非物质文化遗产的传承。

【开福分局为轨道交通运营公司开展特种设备安全专题讲座】为深入开展“全国质量月”活动，广泛宣传特种设备相关法律、法规和安全知识，保障特种设备的安全运行，强化企业对特种设备安全的主体责任意识，9月15日，开福质监分局到长沙市轨道交通运营有限公司，组织开展“特种设备安全进企业”宣传教育活动，为200余名职工进行特种设备安全教育专题培训。开福分局特种设备安全监察工作人员首先向全体参会人员详细介绍特种设备的分类，结合地铁运营实际情况明确一线操作人员的工作责任、工作职能以及个人在企业安全生产主体责任中的重要性，并就《TSG08-2017特种设备使用管理规则》进行具体解读，最后通过事故案例深刻剖析工作风险，敦促交通运营一线作业人员合法合规进行操作。为确保轨道交通运营安全，落实轨道交通运营公司安全生产主体责任，开福质监分局工作人员在培训现场要求，不断加强安全管控，提高安全保障能力和服务水平；全面实施隐患排查，落实问题整改；完善应急处置机制，做到周密部署，定期演练；开展安全生产宣传、教育、培训、检查等一系列活动，全面提高职工安全意识。

（吴艳琴）

8月24日，国务院安全生产第四督导组到泊富国际广场检查安全生产工作

安全生产

区安全生产监督管理局

局　　长　王　海（2017.2任）
　　　　　肖铁华（2017.2免）
副 局 长　辜自力　黎伟军
　　　　　张仕敏
总工程师　龙志福（2017.2任）

概况　长沙市开福区安全生产监督管理局（以下简称区安监局）为区政府工作部门，在职工作人员17人，临时聘用人员8人。内设办公室，危险化学品、烟花爆竹安全监督管理科（行政审批科），工贸行业安全和职业安全健康监督管理科，综合监管科（政策法规科）4个职能科室。下设开福区安全生产监督执法大队1个二级机构，为全额拨款公益一类事业单位，编制9人，在职工作人员6人。2017年，全区发生一般生产安全事故10起，死亡6人，同比分别下降47.8%、45.45%，未发生较大生产安全事故。

基础工作。增加安全生产编制。为进一步加强开发区（园区）安全生产工作，防止和减少安全事故，区委、区政府出台《关于明确开福区开发区（园区）安全生产监督管理有关机构编制事项的通知》，明确长沙市开福区安全生产监督管理局加挂"长沙市开福区开发区（园区）安全生产监督管理局"牌子；增加长沙市开福区安全生产监督管理局副局长（乡科级副职）职数1名，专职负责开发区（园区）安全生产监督管理工作。调整后，长沙市开福区安全生产监督管理局领导职数为局长（乡科级正职）1名、副局长（乡科级副职）3名、总工程师1名；区安全生产监督执法大队增核事业编制2名，增编后，区安全生产监督执法大队核定事业编制9名。

完善安全生产责任。依据《中华人民共和国安全生产法》、《长沙市开福区人民政府有关部门及有关单位（机构）安全生产工作职责分工暂行规定》等法规，制定《中共长沙市开福区委办公室、长沙市开福区人民政府办公室关于印发区委区政府领导安全生产工作责任清单的通知》。推行重点企业主要负责人安全生产年度履职评议，找准安全生产工作中存在的问题和不足，提出切实可行的解决措施，推动企业落实主体责任。

开展"落实企业主体责任年"活动。开福区安委办牵头，将活动任务细化为5大项、28小项具体内容，对照《长沙市开福区安全生产委员会关于印发〈"落实企业安全生产主体责任年"活动方案〉的通知》的工作内容逐项抓落实。成立由区委书记任组长，区长任副组长的"落实企业安全生产主体责任年"活动驻点督导工作领导小组，下设17个分组，每季度督查活动开展情况。在交通、建设、质监、安监、消防等7个重点行业领域，筛选出中民筑友、金霞九鼎等25家标杆企业，示范带动其他企业开展活动。区安委办制定《长沙市开福区"落实企业安全生产主体责任年"检查登记表》，区安委办联合区委办和区政府办督查室，组成安全生产联合督查组，对照《方案》明确的时间节点和工作内容，全程开展安全生产督查。建设、交通、质监、安监、农水、文体、旅游、商务、教育等9个行业主管部门均制定《长沙市开福区"落实企业安全生产主体责任年"检查登记表》。2017

年，组织督查4次，出动人员236余人次，解决问题38项。

安全监管。严格安全生产监管执法。按照长沙市“三三三”（“立案三比、无案三查、办案三严”）安全生产执法评比活动要求，建立“每月一联合、两月一行动、每季一整治”安全生产监管执法工作机制，突出危险化学品、烟花爆竹、粉尘防爆、有限空间、交通运输、电气及高层建筑火灾、建筑施工、地下空间、三车三场（三车:渣土车、砂石车和混凝土搅拌车，三场:渣土消纳场、砂石采集场和混凝土搅拌场）等重点行业领域监管。2017年，组织集中执法行动4450次，出动执法人员24153人次，检查生产经营单位21595家次，排查并整改安全隐患2610处，责令停产停业整顿44家，取缔非法生产经营单位39家，行政拘留3人，实施经济处罚1206万元，暂扣油漆及稀释剂471件，甲醇13.19吨，柴油24.59吨。

开展危险化学品和烟花爆竹整治行动。持续开展危险化学品三年整治工程，按照“分期分批，先易后难”的原则，督促组织危险化学品批发经营门店逐步迁至湾田专业批发市场，实施专业化统一管理，巩固城区危险化学品生产企业搬迁清零成果，从根本上消除城区危险化学品安全风险。推进烟花爆竹整顿攻坚战，开展专项整治、打非治违，严厉打击违法违规行为，将烟花爆竹经营门店数量压减到40家以内，全面优化烟花爆竹治理结构。

推进职业健康促进工程。坚持预防为主、防治结合的原则，强化高危粉尘、高毒物品等职业病危害源头治理和前期预防，开展安全生产与职业健康一体化综合监管执法，引导职业病危害严重企业转型升级，推动企业加强职业健康基础工作，落实职业病危害告知、日常监测、定期检测评价、职业健康监护等措施，做到事先预防、提前发现、及时治疗。2017年，完成职业病危害现状评价企业3家，创建尘毒示范企业2家，开展职业病危害因素检查评价企业66家，整改隐患66个，立案处罚9起，经济处罚16万元。

强化应急救援能力建设。区安委办指导三大高危、八大行业规模企业以完善组织机构、预案体系、应急队伍、应急装备和物资等内容为重点，建立适应本单位的应急救援预案，定期组织演练，应急预案备案率100%。区安监局联合秀峰街道组织大型山体滑坡应急演练，加强应急救援基地建设，区安监局依托中山西路码头，与长沙市安全生产监督管理局共同建设蓝天水上救援基地，在湘江路中山路口的中山码头建造一栋长24米、宽9米、高5米的钢板房，用于蓝天救援队装备库房，较好地解决蓝天救援队的装备存放问题。

推进安全生产标准化创建工程。遵循“安全第一、预防为主、综合治理”的方针，推进企业安全生产标准化建设和行业安全标准化管理，并将其纳入监管执法与督查检查的重点内容，督促企业以安全风险管理、隐患排查治理、职业病危害防治为基础，以安全生产责任制为核心，建立安全生产标准化管理体系，全面提升安全生产管理水平，预防和减少事故的发生。2017年，完成三级标准化复评企业37家。

安全宣传。坚持安全生产宣传教育。依托党委中心组学习、安全生产宣传月活动、《中华人民共和国安全生产法》宣传周、《中华人民共和国职业病防治法》宣传周和安全生产宣传教育“七进”活动等平台，通过《湖南安监》《长沙安监》《长沙晚报》“湖南经视”“湖南都市”及“长沙政法”等主流媒体，宣传安全生产工作。邀请市安监局副局长、安全生产专家刘金泽为区委中心组成员授课。区安委办联合市安全生产协会举办“安全让生活更美好”散文诗歌证文大赛，评选出一等奖1名，二等奖2名，三等奖3名，优秀奖10名。区安委办牵头，以“全面落实企业安全生产主体责任”为主题，开展全国第16个“安全生产宣传月”活动，发放安全生产宣传资料2.1万份，服务群众3.7万人次。利用广播电视、报刊、网络、手机短信、宣传橱窗、标语横幅等方式开展安全生产宣传。2017年，与企业签订安全生产承诺书1828余份，发放公开信3659余份，在省级以上媒体宣传报道5篇，电视报道7条；市级媒体宣传报道13篇，电视报道6条，各级网站发布信息220篇。“开福安监”微信公众号发布信息783条。

安全培训。开展安全生产培训。区安委办将企业区分为三个层次，区级层面负责规模以上企业培训，街道负责中小企业培训，社区负责门店培训，由区安委办统一明确培训教材和课时。2017年，街道、社区完成生产经营单位负责人（安全员）培训3.6万人；教育、建设、商务、文体、农水、城管、经信、交通、安监、市政、园林、质监、环卫等行业管理部门根据区安委办的安排部署和要求，开展本行业领域企业负责人和安全管理人员培训，完成企业培训1750家，培训人员2600多人。区安委办联合联运培训学校、长沙安全生产协会、长安培训等培训机构开展企业主要负责人和安全管理人员培训班15期，培训企业人员1600多人。邀请湖南省安监局法规处处长谭德明到区委党校为社区（村）主任培训班授课，提升基层抓安全生产的能力。2017年，32个行业领域，涉及1300家企业，培训6万余人次。

推进基础能力保障工程。加强社区（村）安全生产信息员队伍建设，开展安全文化社区创建，依托“智慧开福”推进安全生产网格化综合监管平台建设。开展“安全零事故”社区创建活动，完善网格巡查、发现、报告机制，实现安全生产网格与社会基层治理网格融合，有效发挥基层网格在安全风险管控和隐患排查治理方面的重要作用。

【国务院安全生产第四督导组到泊富国际广场检查安全生产工作】8月24日，国务院安全生产第四督导组到泊富国际广场检查安全生产工作。督导组一行查阅安全生产工作方案和隐患台账，检测微型消防站的应急处置能力，察看电影院、餐厅、写字楼等地的消防设施配备及消防通道维护等相关情况，并对检查中发现的问题与不足提出整改意见。副市长廖建华，区领导沈裕谋、邹犇淼，及省市区相关单位负责人参加。

（袁润良）

食品药品监督

区食品药品监督管理局

局长（兼区食安委办主任）
李　程
副 局 长　黎　军　谷任光
王登攀（2017.6任）
李　珊（2017.6免）
纪检组长　汤叶峰（2017.9免）
区食安委办专职副主任　宋世平

概况　2017年，开福区食品药品监督管理局定编76人，在编在岗工作人员72人。内设办公室、综合管理科、政策法规科（行政审批科）、食品生产流通安全监管科、餐饮服务安全监管科、药械化安全监管科6个科室和区食品药品稽查大队（加挂投诉举报中心牌子），下设食品药品监督管理所16个。全区范围内有各类食品药品生产经营单位1.5万家。其中食品生产企业115家，食品流通单位7280家，餐饮门店5682家、大（中）专院校、中小学和幼儿园、医疗机构、养老机构、工地食堂169个；药品、保健品、化妆品企业单位1309家，是典型的食品药品安全监督管理工作大区。

强化基层监管所标准化建设。2017年，按照人岗相适原则，以岗位需求为基础，以能力匹配为本位，以2016年绩效评估情况为依据，从性格、技能、经验、体力等维度进行综合考量，对16个基层食药监所人员进行全面调配，发挥人才最优性能，筑牢监管网底。区、街道两级财政投入基层监管所专项建设资金260万元。截至2017年年底，全区16个基层食药监所全部完成规范化建设，执法装备、设施配备率100%，快速检测室及配备快速检测装备比例为100%。其中，沙坪、秀峰、青竹湖、洪山、东风路、望麓园食药监所按照国家级标准建设示范快检室；全部基层所业务及辅助用房总面积均达到和超过《长沙市基层食品药品监管能力建设两年行动方案（2016–2017年）》明确的每所150平方米的建设标准。

基础工作。全面落实创建工作责任。落实责任机制。成立创建办公室，充实创建人员，制定出台创建工作实施方案和责任分解、责任清单等文件，增加对各食安委成员单位绩效考核的分值权重。完善保障机制。安排创建经费600万元，检验检测经费由2016年230万元增加到360万元，增加明厨亮灶建设经费和农贸市场、冷链销售门店快检室经费补贴。强化督导机制。采取日常检查、定期巡查、明察暗访、联合督查等方式，加大督查工作力度，推动工作落实。2017年，区创建办对各街道开展8次明查，1次暗访；对食安委成员单位对照年初责任书开展1次半年度督查，

食药监局联合农水局对全区含“瘦肉精”畜禽产品开展联合执法检查

强化属地管理和各级责任。

依法整治。严格依法开展监管整治。强化日常监管。推行网格监管、信息公示，全力抓实日常监管。2017年，抽检19540批次（不含农贸市场和各食药监所的快检批次），合格率99.7%。全区新建农贸市场豆制品、米粉和湿面冷链集中销售示范门店42个，54家中小学校（幼儿园）、大中型餐饮单位“明厨亮灶”视频厨房对接市局监管平台。深化专项整治。部署实施学校周边、农贸市场、米粉湿面等八大专项整治行动，深入开展春秋两季学校及校园周边食安护苗行动，全面落实178个学校、幼儿园及周边食品安全责任。加大打击违法行为力度。加强与公安分局、区检察院、区法院的联动配合，加大对食药违法犯罪案件侦查力度。2017年，全区行政处罚立案358起，刑事立案20起，刑拘18人，有力地震慑食药违法行为。

宣传发动。构筑社会共治共建格局。广泛宣传发动。通过开福手机报、开福区政府门户网站等各类平台，升级开发开福食安微信公众号，适时推送全区食安工作动态。组织“3·31、安全用药月”等各类食药宣传、培训52场次，发放资料24万余份，创建工作的知晓率、支持率、满意度逐步提高。引导企业联动。全面推行涉食生产经营企业良好行为规范，制定下发餐饮、食品加工行业、农贸市场开办方及水产品告知书，签订质量安全承诺书，督促生产经营单位落实食药主体责任。畅通渠道互动。广泛动员社会力量参与食品安全监督，及时办理投诉举报事项和兑现举报奖励。2017年，受理投诉举报357起，兑现举报奖励15万元。

创新工作机制。完善溯源体系建设。按照《中华人民共和国食品安全法》及《食品生产经营过程卫生规范》等法律法规标准，结合开福区实际，分4个类型设计规范化台帐43本，让溯源体系有章可循，食品及食品原料的采购日趋规范。规范“小餐饮”经营。针对“小餐饮”监管的重点和难点，成立全区“小餐饮”办证专项工作组，在区政务中心增设2个办证窗口，采取社区协管员全程协助办理方式，全面快速推进办证和规范工作，全区累计办证3468本。规范农贸市场管理。出台《长沙市开福区人民政府办公室关于印发〈开福区农贸市场食品安全督查考核方案〉的通知》文件，落实市场开办方的主体责任，强化市场开办方食品安全主体意识，对市场经营户的要求和管理日趋到位，得到市局的高度肯定并在全市推广。

【开福区召开全区创建国家食品安全示范城市工作推进会】6月29日，开福区召开创建国家食品安全示范城市工作推进会，安排部署各项工作。区领导沈裕谋、刘拥兵、谢伟峰、许振勤、熊建伟、邹犇淼、张春雄、朱江、杨光华出席会议，相关部门、街道、社区300人参加会议。会议下发《关于印发〈开福区开展创建国家食品安全示范城市验收标准及责任分解〉的通知》《关于进一步加强食品安全工作的实施意见》等文件；各街道、相关区直部门递交责任状；会议通报表彰2016年食安创建优秀单位和先进个人，优秀代表作表态发言。区委副书记、区长刘拥兵作创建工作报告，传达长沙市相关会议精神，总结成绩，分析不足。他要求，要完善业务用房建设，加强工作力量配备，提升执法检测能力；强化日常监管、综合整治和社会共治；做好“护苗行动”，规范集贸市场管理，营造全民创建氛围；打造专业食药安全示范基地、标准示范农贸市场和“一街一品”精品工程；明确职责，加强协调配合，严格督查问责，把开福打造为食品最安全、消费最放心、市民最满意的城区之一。区委书记沈裕谋强调，食品安全工作“永远在路上”，必须坚持警钟长鸣。要牢固树立“食品安全大于天”的工作理念。将创建工作与维护社会稳定、改善民生福祉、推动产业升级相统一，实现食品药品产业由“量”向“质”升级，让老百姓吃得放心、安心、舒心。要强化落实“抓铁有痕”的工作措施。坚持党政同责齐抓，不漏死角排查，大力开展食品安全护苗行动等8个领域的专项整治行动，创新监管方式、体制机制，共建共治聚力。要坚决担当“重于泰山”的工作责任。尽职尽责，推进16个农贸市场快检室、200个“明厨亮灶”、32个冷链示范店建设，打造3个以上规范化管理农贸市场。严抓严管、善作善成，坚决把好食品安全每一道关口，为长沙创建国家中心城市提供有力保障。

【举行食品安全事故应急演练】为提高应对突发食品安全事故的组织指挥、协调配合、快速反应、应急调查、高效处置能力，11月10日，2017年开福区食品安全事故应急演练在清水塘实验小学隆重举行。此次活动由区人民政府主办，区食安委办承办，区委宣传部、区食药监局、区教育局、区卫计局、区疾控中心、捞刀河街道社区卫生服务中心、区公安分局、捞刀河街道办事处、清水塘实验小学协办。区人民政府副区长杨光华、副调研员陈再武出席活动，相关部门分管副职、各街道分管领导和食安专干、各社区（村）协管员、区食药监局干部职工、辖区各中小学校食安分管副校长、区疾病预防控制中心职工代表等300人现场观摩演练。湖南卫视进行采访报道。演练通过情形模拟、集中练兵的形式进行。现场模拟9月13日中午清水塘实验小学15名学生在学校组织的野外烧烤后出现恶心、呕吐、腹泻等疑似食物中毒的症状，开福区政府接到报告后，根据事态发展情况，按照《开福区食品安全事故应急预案》的规定，立即启动Ⅳ级应急响应。学校、区教育局、区食药监局、区卫计局、区疾控中心等快速开展应急处置和医疗救援工作。通过演练，强化食品安全事故应急处置意识和应急作战能力，构建起统一指挥、结构合理、反应灵敏、运转高效、保障有力的重大食品安全事件应急救援体系，全面提高食品安全事件应急处置能力和水平，随时做好应对一切食品安全突发事件的准备。以最大限度地减少食品安全事件的损害和影响，最大限度地保障群众身体健康和生命安全。

“高考”期间区食药监局提前介入，对全区学校食堂进行检查，为“三考”保驾护航

【开福区食药监局发放首张小餐饮经营许可证】5月15日，开福区第一张小餐饮经营许可证在区政务服务中心食药监窗口制证成功并顺利发放到申请者手中。随着《湖南省食品生产加工小作坊小餐饮和食品摊贩管理条例》和《湖南省小餐饮经营许可和食品摊贩登记管理办法（试行）》的施行，全区50平方米以下小餐饮经营企业走出无证经营状况，取得合法“身份证件”，表明“三小”食品经营许可和监管有法可依、有章可循。小餐饮许可由市级登记升级为省级许可，准入条件也相应提升，许可期限上升到3年；证书上增加日常监管机构、监管人员和签发人、投诉举报电话等内容，经营类别更加细化，

责任制度更加明确，有利于保障食品安全。新证将许可责任人、监管责任人和经营者捆绑在一起，既压实监管责任，又明晰权利义务，使许可、服务、监管、执法全方位透明化。

【开福区人民检察院驻开福区食品药品监督管理局检察联络室挂牌成立】12月15日，在长沙市开福区食药监局机关二楼会议室召开开福区食药监局检察联络会议，开福区人民检察院驻开福区食品药品监督管理局检察联络室正式挂牌成立，区检察院及区食药监局相关领导及工作人员参会。派驻检察联络室旨在通过检察官驻食药监局工作的常态化模式，加强检察机关与食药监部门的沟通和协调，实现行刑无缝对接，严厉打击危害食品药品安全违法犯罪，提高食品药品监管执法水平。区检察院副检察长廖耀群表示，检察机关有职责提起公益诉讼。食品药品领域与公共利益紧密相连，设置检察联络室能更好地促进双方沟通，交流信息，掌握线索，更好地履行监督检察职责。区食药监局副局长黎军表示，检察机关向食药监管部门派驻检察联络室，标志着全区食药监管行刑衔接进入一个新的里程碑，是贯彻十九大精神，实施食品安全战略，让人民群众吃得放心的具体举措。

【长沙市保健品行业协会开福区分会正式成立】9月8日，长沙市开福区食药监局组织召开保健品行业规范发展座谈会，成立长沙市保健品行业协会开福区分会。长沙市保健品行业协会负责人和辖区内20余家保健食品生产经营企业代表负责人参加会议。会议重点围绕“加强保健食品营销监管，规范行业秩序，落实企业主体责任”等内容进行座谈。与会人员从企业层面和行业协会角度，就企业和行业发展进行建设性讨论。通过民主投票，选举成立长沙市保健品行业协会开福区分会。会上，20余家保健食品企业代表向开福区食药监局递交保健食品安全承诺书，保证保健食品安全，接受社会监督，承担社会责任。区食药监局副局长谷任光就加强保健食品会议营销监管和保健食品专项整治等工作进行专题部署，要求保健食品生产经营企业合法经营、诚信经营、良心经营，为食品安全城市创建添光彩、做贡献。

【开福区多部门联合执法现场查获一批假酒】12月4日，开福区食品药品监督管理局接到群众举报，捞刀河街道凤羽村12组发现有人用低档酒制作高档酒，开福区食药监局联合区公安分局和捞刀河街道办事处对该窝点进行突击清查。执法人员现场抓获一名嫌疑人，该嫌疑人通过回收高档酒空瓶及包装，将低质酒灌入，摇身一变成为茅台、五粮液等“高档酒”，然后对外出售。区食药监局当场扣押涉案白酒和制作工具，区公安分局依法将嫌疑人刑拘。

（陶　金）

统计

区统计局

局　长　陈　新

副局长　陈　涛　晏　昭　谢　桦

统计普查中心主任　唐宇翔

概况　开福区统计局内设办公室、法规科、综合业务科、民调科4个职能科室，下设统计普查中心和经济调查队（副科级）2个参公二级机构。核定编制18人，在编在职16人，政府雇员1人，退休1人，临聘人员10人。

统计服务。做好专题调研，服务领导决策。2017年，区统计局充分发挥统计部门的参谋助手作用，围绕经济热点和中心工作，开展专题调查和分析研究，撰写观点鲜明、参考价值较高的专题分析报告6篇，即《开福区2016年经济形势分析》《开福区GDP与税收关系研究》《开福区全面建成小康社会统计监测报告》《开福区2016妇女儿童发展规划监测评估报告》《开福区2016年城镇单位从业人员行业结构及变动情况分析》等，参谋职能不断深化。

强化对考核数据的监测评估。区统计局认真研究绩效考核办法，加强市对区绩效考核主要经济指标的预警预测，对运行过程中出现的问题，如第三产业增加值增速、当前服务业发展存在的问题进行及时预警。加强月度经济形势分析。每月对全区重点经济指标的运行情况进行分析，按月发布数据通报，及时、动态反映区域内各项经济指标运行情况。

做好民意测评工作。2017年，成立民调科，组织开展全区有关民意测评工作，对全区90个单位进行社会公认评估工作，发放调查测评表5312份，了解社会各界对全区各有关单位依法行政和服务工作等方面的满意度以及存在的问题，并征求意见和建议，为区委、区政府决策提供依据。做好街道“十强十快”综合性考核评比指导工作。2017年，在全市“十强十快”街镇考核评比中，清水塘街道、东风路街道被评为“十强十快”街道（2016年度）。

农业普查。2017年，区财政安排区级农业普查经费50万元，各街道相应保证农业普查经费，普查经费足额到位。全年组织9个涉农街道100余名普查员进行业务培训，开展数据现场采集、整理和核实，数据录入和上传，实施事后质量抽查，数据汇总等工作。区普查办积极与上级相关部门沟通，及时掌握信息，定期向市普查办报送“三农普”工作开展情况，做好涉农街道日常指导及进度协调等工作，确保农业普查顺利进行。

健全服务业统计网络，加强服务业业务培训，提高服务业统计人员素质。注重联网直报工作规范，全区各专业直报率100%；完善区、街道、社区（村）三级统计网络；加强台帐规范和机表一致等检查力度，全面规范基层工作。根据全市统一安排，对国税、地税、质监2016年度新增（注册资本250万元以上）和2017年新增（注册资本500万元以上）约5000家单位名录进行维护。做好文化产业调查、劳动力调查、旅游调查、规模以下工业企业抽样调查、采购经理调查等日常调查工作。全年组织200余人参加统计证培训考试。全年撰写工作动态信息106篇，被长沙市统计局采用45条。

依法治统。强化统计执法队伍建设。2017年，组织法制专干参加湖南省统计局组织的全省统计执法骨干培训班，组织全区88人参加省统计局的统计调查证申请办证。开展统计开放日、统计法制宣传日等活动，以发放手册、现场咨询、播放宣传片等形式，将法制宣传生动化、通俗化，增强人们对统计工作的认知和理解。严格执行检查流程，做到持证执法、规范执法。2017年，对全区38家单位开展统计执法检查，对6个街道开展统计巡查，进一步规范全区统计工作。

【完成第三次全国农业普查】国务院决定于2016年开展第三次全国农业普查。2017年1—3月，开福区农业普查办公室组织培训动员全区普查员、普查指导员460人，对开福区农业生产能力及其产出、农村基础设施、基本社会服务和农民生活条件等进行普查。普查采用全面调查的方法，由普查员对所有普查对象逐个查点和填报。开福区登记6个涉农街道、32个村级单位、1.65万名农户、50个农业经营单位。截至2016年年底，全区耕地面积2640公顷，实际经营的林地面积（不含未纳入生态公益林补偿面积的生态林防护林）1790公顷。全区有拖拉机78台，耕整机363台，旋耕机33台，播种机2台，联合收获机7台，机动脱粒机6台。2017年4—5月，长沙市农业普查办和开福区农业普查办分别组织数据质量抽查，对普查数据质量进行评估，综合抽查结果显示，开福区第三次全国农业普查数据质量达到设计标准。2017年6—12月，开福区农普办和开福区统计局分期汇总农业普查数据，深度开发利用普查数据，编写农业普查公报并向社会公布。

（韩金周）

国土资源管理

长沙市国土资源局开福区分局

局　　长　辜松柏
党组书记　邓朝晖
副 书 记　付　煜
执法监察大队大队长　周　芳
副 局 长　尹　忠
纪检组长　陈　立

概况　长沙市国土资源局开福区分局是直属长沙市国土资源局的一个科级单位，分局有在职干部职工108人，其中，正式在编干部职工36人，聘用人员72人。内设办公室、人事监察室、财务科、用地规划科、地籍科、拆迁科、信访办7个科室。下设长沙市国土资源执法监察支队开福区大队，以及长沙市开福区征地拆迁事务所和中心管理所、捞刀河管理所、青竹湖管理所3个基层国土管理所。2017年度，长沙市国土资源局开福区分局荣获“2017年度全省国土资源系统信访工作先进集体”、开福区“2017年度项目建设要素保障先进单位一等奖”“项目建设支帮促先进单位”。

保障发展。保障发展用地。2017年，为开福区争取39个项目292.08公顷报国务院批准城市建设批次用地指标。申报供应计划76宗，面积212.41公顷。受理区辅助流程71宗，办结70宗（其中农用地转用和征收41宗，办结40宗，收回和划拨30宗，办结30宗）。耕地保护不断加强。2017年，通过长沙市永久基本农田划定工作成果的验收审核，划定永久基本农田1168.07公顷，涉及3个街道，12个村（社区），设立界桩50个，设立保护标志牌12块，签订镇、村两级责任书15份。严格落实耕地占补平衡管理工作。积极参与省公共资源交易中心补充耕地指标易地转让的网上竞拍，着力解决开福区建设用地项目耕地占补平衡难题。2017年，开福区竞得补充耕地旱地指标23.94公顷、旱改水指标35公顷，解决一批建设用地项目的耕地占补平衡问题，为项目顺利推进提供有力保障。节约集约用地管理取得新成效。通过对土地利用效率、耕地保护效率、地籍管理落实率、土地资源违法情况等进行复核，完成国土资源节约集约模范区省级达标复核工作，开福区在2016年度国土资源节约集约模范县(市、区)省级达标复核工作中荣获第二名。城镇低效用地再开发工作推进有力。开福区低效用地共401宗（33个项目），总面积为185.77公顷。深入实施城镇低效用地再开发，推动清水塘炮后街棚改项目和四方坪胜利村城中村改造项目二期和三期等3个再开发项目。对尚未进行再开发的低效用地编制专项规划，明确改造利用的目标任务、用途调整、建设强度、时序安排和保障措施等要求和技术指标。规划修编顺利完成。积极开展开福区土地利用总体规划（2016—2020年）编制工作，顺利通过湖南省人民政府批准，下达长沙市开福区主要规划指标控制表。配合开福区政府做好长沙市城市总体规划（2020—2035年）编制完善工作。

执法监察。加强闲置土地清查。按照“一宗一档”的原则，对全区闲置地块进行地毯式梳理，将20宗闲置地块建立项目数据库。积极落实去存量土地工作任务，对每宗闲置土地量身定制实施方案。积极推进闲置土地盘活支帮促工作，制定“一宗土地、一名领导、一个班子、一套方案、一抓到底”的工作方案，2017年，纳入闲置土地支帮促工作的项目20个，总面积224.15公顷，盘活面积130.99公顷，开工7个项目，开工率58.44%，超额完成全年目标任务。加大对土地违法案件的查处力度。全年开展动态巡查共892次，发现违法用地行为55宗，下达停工通知书55份，做到及时发现、及时制止。积极配合拆违控违行动，依法认定违章建筑176宗、5.77万平方米，有效控制新增违法、违章行为的蔓延。土地卫片执法工作扎实推进。开福区违法用地占用耕地占新增建设用地占用耕地的比例为4.9%，未被上级约谈问责。

维护权益。征地拆迁。2017年，实施拆迁项目74个，总征地面积721.27公顷，其中新启动项目46个，征收土地314.73公顷，拆迁房屋1237户，动迁人口4160人；续拆项目14个，征收土地107.87公顷；扫尾项目14个，征收土地298.67公顷。全年完成结算项目35个（包括新启动项目13个）。地质灾害防治。协助区政府编制年度地质灾害防治方案和应急预案，对全区地灾隐患进行详细排查，进入汛期后，分局组织全局干部职工24小时值班值守，及时发送地质灾害预警信息，并会同街道社区开展排查隐患、走访受灾户、指导避灾避险等工作，累计劝离避灾13户，紧急转移50人，全区未出现重大人员伤亡和财产损失。依法行政和信访维稳。办理行政复议案件4件，行政诉讼案件36件。共处理来信来访及上级转办件28件，接到12345市民服务热线工单19起，全部按要求进行及时回复和调解。

基础工作。村民建房。坚持“一户一宅”审批原则，严格“三到场”工作流程，2017年，审核发放村民住宅建设用地许可证79本。参加认证撤证工作会议10多次，认证40多本。政务信息公开。面对群众越来越强烈的公开诉求，分局加大推行政务公开的力度，确保15个工作日内按时办结需公开事项。2017年，依法受理政府信息公开申请112份，回复及时稳妥。2017年，在市局和区人民政府网站上主动公开征地拆迁公告127条，补偿明细表44条。档案整理规范。全年整理档案1442卷。财务管理。2017年，实现财税收入114.75万元。

（陶　娟）

审计

区审计局

局　　长　潘建军
副 局 长　张　平（2017.10任）
　　　　　金小钢
　　　　　伍树军（2017.10免）
总审计师　肖亚琴
政府投资审计中心主任
　　　　　杨玲达（2017.8免）

概况　长沙市开福区审计局为正科级行政单位，内设办公室、审计一科、审计二科和法制科等4个科室。下设政府投资审计中心1个二级机构（二级机构内部审计指导中心于2017年8月撤销，相关职能划入内设科室审计二科，相关编制划入政府投资审计中心），局机关编制16个，其中行政编制12个、投资审计中心全额拨款事业编制4个。

2017年，完成审计项目271个，其中财务审计项目12个，查出违规资金45万元，管理不规范资金51.07亿元，提出审计建议32条，向区纪委移送案件线索16条；政府投资审计项目259个，送审金额7.43亿元，审计核减金额1.21亿元，核减率16.33%，审计反腐“利剑”“尖兵”作用凸显，当好“经济卫士”。2017年，获得“开福区项目建设先进要素保障单位二等奖”荣誉称号，报送的“开福区原新港街道办事处书记宋明明、主任张武任期经济责任审计项目”荣获市审计局“优秀审计项目”。

政策落实跟踪审计。对中央、省、市、区重大决策部署贯彻落实情况进行跟踪审计，促进政令畅通，加大组织对稳增长、促改革、调结构、惠民生、防风险政策贯彻落实情况的跟踪审计力度，当好重大政策落实的“督查员”。配合上级审计部门开展保障性安居工程跟踪审计和园区审计。

经济责任审计。坚持“量力而行、确保质量、突出重点、服务改革”的原则，坚持经济责任审计与离任经济事项交接相结合，突出交通、农林水及部分街道等重点部门和单位，拓展审计内容。在四方坪街道办事处原副书记、主任的任期经济责任审计项目中，将扶贫资金纳入审计范围。指导完成全区16个街道112个村（社区）的财务清查和村居组织成员任期经济责任审计，并对青竹湖、捞刀河、沙坪和秀峰4个街道中的13个重点村居的审计报告进行复核审计。编撰《审计专报》二期，推进审计结果有效运用，取得良好成效。

财政资金审计。不断深化预算执行审计，关注专项资金使用效果，揭示资金运行体制机制上存在的问题和漏洞，推动资金整合，促进完善相关制度机制。同时，牢牢盯住公共资金使用，加强公务支出和公款消费等的审计力度，当好人民利益的“守护神”。

民生资金审计。始终把维护人民群众根本利益贯穿审计工作始终，抓好民生资金、民生项目审计。开展全区8个水利管理所专项审计，北雅中学及湘春路西入口财务收支审计，向区纪委移送案件线索5条。同时，开展6个拆迁审计项目，规范拆迁资金使用，有效增强人民群众“获得感”。

公共投资审计。围绕全区中心工作，全面把握政府投资项目总体情况，提升政府投资审计质量，有效避免财政资金损失浪费，提高项目建设资金管理使用效益。调整政府投资审计中心职能，全面退出结算审计职能，回归审计监督主责主业。

招商项目绩效审计。开展2个招商项目合同执行情况绩效审计，通过重点审查招商绩效，对招商引资项目合同执行情况作出综合评估，得到区委、区政府的充分肯定，有效促进招商引资项目从量向质的转变。

审计整改督查。加大整改落实督查力度。以审计整改为契机，把审计整改作为成果转化的“催化剂”，不断增强被审单位做好审计整改工作的责任感和紧迫感，充分发挥审计监督对推动解决问题、转变作风、改进工作和提升治理能力的重要作用。区人大主任会、常委会多次专题研究审计整改，联合区纪委开展整改督查工作，加大了监督问责力度。

（邹　婧）

交通·公路

交通·农村公路

区交通运输局

局　　长　彭　震
党组书记　彭　震（2017.6任）
　　　　　谢立平（2017.6免）
副 局 长　明国强　文舜清
　　　　　刘　平
　　　　　蒋向阳（2017.2任）
　　　　　陈振湘（2017.2免）
纪检组长　曹桃平（2017.10任）
　　　　　袁　晖（2017.9免）

概况　开福区交通运输局是区人民政府正科级直属事业单位，内设办公室、财务科、稽查科、运政综合科、农村公路管理科、安全科、公交管理科7个科室和1个区政务中心服务窗口，下设3个运管所。全局干部职工28人，区聘人员10人，临聘人员33名，退休职工8名。2017年，荣获全区绩效考核二等奖，全市农村公路工作目标管理考核优秀单位。

推进农村公路建设。协调市交通局，督促各村、社区按农村公路建设标准要求,完成农村公路新建和提质改造约32.9千米。制定《开福区公路"路长制"实施方案》，建立公路"路长制"管理机制。2017年，投入3000余万元，完成袁青线（X168）5.1千米、白土线（X166）4.6千米、黄乌线延长线（X039）5.7千米提质改造。完成农村公路提质改造计划32.9千米、安保计划4千米。坚持日常养护和重点养护相结合的养护原则，完成20余处水毁应急抢修，确保辖区农村道路安全畅通。《湖南日报》《湖南交通》对开福区农村道路交通安全城市化管理工作进行专题宣传报道。

开展"打非治违"行动。按照"联合整治"原则，开展打击非法营运、治理超限超载专项治理工作。2017年，查扣涉嫌非法营运车辆524台，处罚520台，完成全年任务125%，处罚到位率为99%，超额完成年度绩效考核目标任务。查扣违法超限超载运输车辆1705台，处罚1632台。严格规范卸载场、停车场管理制度，设立"服务监督公示牌"，接受群众监督；设立举报奖励制度；派专人对停车场、卸载场进行24小时监控，实现治超工作规范化长

4月28日，交通运输局组织开展农村公路水毁应急救援演练

效管理。

道路运输市场管理。严格依法行政审批，推行阳光政务和“一站式”审批，全年审验营运车辆2680辆。商事平台的政务处理，全年分发1071件，接收1071件，其中处理1063件，办证887件，办理率99.25%，办证率82.82%。对全区审批许可的13家营运企业进行安全检查，对3家没有营运车辆或联系不上、管理不到位的企业进行登报限期办理公告，对逾期不办理相关手续的企业予以注销道路运输经营许可证。开展2016年度的质量信誉考核工作，对区域内符合要求的6家企业进行考核，其中AA企业2家，A企业3家。对1038辆逾期未年审的货运车辆登报，并注销其道路运输证。开展老旧黄标营运车辆的淘汰核查工作，淘汰26台，对达到老旧黄标车辆标准不予审验并注销其道路运输证。

“公交都市”建设。2017年，完成长沙市创建“公交都市”下达的公交基础设施建设任务。公交专用道建设。完成大客车专用道12.1千米，其中福元西路(芙蓉北路至车站路)长1.85千米，双向大客车道长3.7千米；洪山路（滨河南路至水墨丹青）长1.6千米，双向大客车道长3.2千米;车站路（福元西路至学堂园路）长2.07千米，双向大客车道长4.14千米;开福大道（福元西路至北二环）长3.5千米，双向大客车道长7千米。总长度为18.04千米，超额完成2017年考核目标任务。公交中途站港湾式改造。完成16个港湾式公交中途站改造，芙蓉北路金霞苑站（北往南）1个、车站北路福元路口站（南往北）1个、双拥路科大北苑站2个、双拥路水木轩站2个、福元西路二环线路口站2个、福元西路海棠子站2个、福元西路八家大屋站2个、福元西路陈渔路站2个、福元西路渔业分场站2个，超额完成2017年考核目标任务。开福区中心城区500米公交站点覆盖率为95.59%，建成区公交覆盖率为98.92%。

落实交通安全生产责任制。2017年，制定《落实道路运输企业安全生产主体责任年活动方案》(开交安监发〔2017〕9号)、《2017年安全生产监管执法工作计划》。落实道路运输企业安全生产第一责任人的责任，全区24家“两客一危”企业和普货运输企业都签定道路运输企业落实安全生产主体责任承诺书，进行道路运输企业安全生产基本情况登记。严格落实“党政同责、一岗双责、齐抓共管”制度及领导干部带队检查工作制度，局长、书记全年带队检查安全生产工作31次，副局长带队检查安全生产工作55次。开展2次应急救援演练、2次安全生产知识和安全管理能力培训。联合市交通运输局、市运管处及区安监局举办交通安全知识培训班，辖区29家“两客一危”企业和普货运输企业，73名主要负责人和安全管理人员参加为期3天的培训。

（黄美荣）

交通·城市交通管理

区交警大队

大 队 长　陈积辉
教 导 员　何志华
副大队长　刘志强　贾　畅
　　　　　李　毅　邓日超

概况　开福区交警大队位于蔡锷北路324号，是长沙市公安局交通警察支队直属单位，主要负责辖区道路交通管理，维护辖区交通秩序，确保辖区道路交通安全畅通的职能部门。区交警大队下设19个中队，其中11个路面中队、7个机关中队、1个分控中心，有民警163人，职工1人，辅警86人，交通劝导员158人。2017年，区交警大队按照长沙市交警支队的总体工作安排部署，围绕全市公安交通管理工作要点，加强队伍正规化建设，抓重点工作落实，完成“百日会战”专项整治、抗击特大洪水交通保障、中共十九大安保维稳等各项工作，辖区没有发生一起群死群伤恶性交通事故，实现辖区道路交通安全、有序、畅通。

推行执法规范化建设。2017年8月，区交警大队成立党总支，下设4个支部，强化党建工作。开展“优秀团队”、雷锋式“三型警队”创建工作，完善“健康警队”建设。举办业务培训辅导班，提升民警、辅警业务水平和实战能力。多次集中组织观看“警钟”系列教育警示片、执法规范视频等。2017年，组织各类培训20余次，

倡导文明骑行共享单车

重点强化对执法办案区的管理和使用、执法记录仪音视频取证规范、交通事故处理、法律文书制作、查处酒后驾驶处理流程等。2017年，回访7万余人次，满意率98.5%。

优化勤务模式，疏导保畅。按照科技强警要求优化勤务模式，打造数字化队伍。依托“一个中心两个平台”全面落实“情指勤”勤务，勤务自主，突出预堵先疏、快速排除、科技督考等，科技强警在基层充分展现。成立铁骑中队，负责城区主干道巡逻疏导和动态纠违。设立巡逻车组20个，其中城区勤务巡逻车组19个，外围巡逻车组1个，做到辖区白天见警车晚上见警灯，7：00—22：00时段由辖区中队、铁骑中队进行不间断巡逻，22：00—7：00非勤务时段由122中队、备勤中队巡逻管控，分控中心设立应急联动岗，通过电子监控视频巡逻，实现24小时“无缝隙”全动态管控，确保能快速处置交通异常情况。

优化交通组织。持续交通组织优化，完善城市综合治理。针对辖区交通的实际情况，区交警大队对辖区主要道路及交通节点实施交通优化，协助实施陈家湖社区、福城社区、江滨社区、东风路社区、四季花城社区交通微循环改造工程；对潘家坪路（东风路至芙蓉路路段）、黄兴北路（营盘路至秋月路路段）交通进行优化；对青竹湖湘一外国语学校周边交通进行优化，缓解辖区交通压力。推动“公交都市”战略，实施城市停车管理、借道左转、可变车道、农村道路城市化管理等一系列交通管理新举措。

交通整治。开展交通整治行动，严厉查处道路交通违法行为。区交警大队根据长沙市交警支队的统一部署，2017年，组织开展46批/次整治行动，特别是针对各类重点交通违法开展“百日整治”“三车三场”百日安全生产大整治、打非治违“春雷行动”等，持续时间较长、规模较大。通过一系列密集的整治行动，加大道路交通违法行为打击力度，与2016年度相比违法打击率提升23%，事故发生率下降17%，路口守法率明显提升，禁停路段违停现象明显下降。2017年，查处各类交通违法32万余起。

交通安全宣传。开展形式多样的交通安全宣传活动。2017年，区交警大队进学校宣传交通安全45场次，进危货企业宣讲89场次，进社区宣传21场次，开展专项行动宣传24场次、主题宣传日活动12次、交通安全专题现场活动30余次，制作交通安全横幅36条，受教育人次3万余人。发送安全提示短信3.5万余条，组织媒体报道200余次，开福交警微信公众号100余条，开福交警微博2000余条，发放交通安全宣传单、禁停禁货、便民服务卡10万余张，粘贴、摆放、悬挂交通安全宣传挂图200张（块）、悬挂交通安全标语横幅200条，受教育人数10万余人。

交通保障警卫工作。开福区地处出入机场要道，且拥有世界之窗、省广电、会展中心、“三馆一厅”、烈士公园、省博物馆、省展览馆、开福寺等大型文化节会及娱乐活动场所。开福区交警大队作为长沙市内城区五个交警大队警保卫工作最多的大队，在远端分流、乱源控制，减少管控时间、阶梯式绿波、闸门式管理、滴水式放车、警卫线路车流选择上积累一定的经验。2017年，开福区交警大队完成一级警卫1批次、5趟，二级警卫12批次、57趟，三级警卫8批次、16

走进三角塘小学宣传交通安全知识

趟，市、区政府保畅任务725余次、1055余趟次。出动警车850台次，出动警力10310人次。

【开福区交警铁骑中队成立】7月28日，开福区交警铁骑中队成立。7月初，长沙市交警支队100台大功率警用摩托车即将配发一线，被誉为长沙公安交管最强大脑下最快双腿、最硬拳头的机动勤务模式再度升级。大队开始组建铁骑中队，选拔摩托车驾驶技术出色和巡逻执勤业务技能过硬的10名民警和10名辅警，明确勤务模式、工作职责和考核机制，重点在长沙核心城区的湘江大道、芙蓉路、三一大道、黄兴路等主干道开展动态巡逻管控。铁骑中队自大功率警用摩托车配发到位后，便立即组织人员进行实战训练，熟悉车辆性能、提升警务技战术技能、道路拥堵处置能力、警察礼仪及警摩使用规范等，7月底便正式投入实战。这支生力军投入实战后，以往很难查获的开车打电话、车窗抛物、发生交通事故不及时撤离现场等违法行为无处遁形，较好地弥补电子警察和传统勤务的管理盲区，实现“见警率、管事率，快速反应能力明显提升，情报分析应用能力显著提升，重点违法大幅下降”的工作目标。这也使得“铁骑”成为开福交警的一张“名片”，树立开福交警的良好形象。

（廖　江）

开福区交警大队实战技能训练

城乡建设和管理

城市规划

区规划分局

书　记　曾莫为
局　长　刘　军
副局长　张伏根
执法大队大队长
　　　　魏文玉
执法大队副大队长
　　　　李志强（2017.8任）
　　　　陈孜孜（2017.7免）

概况　长沙市城乡规划局开福区分局是长沙市城乡规划局派驻开福区的行政管理机构（正科级），内设办公室、规划审批管理一室、规划审批管理二室、规划监察执法大队，分局共有工作人员17人，其中在职在编人员11人，临聘人员6人。

规划编制。科学编制城乡规划。为落实规划改革试点工作要求，以《长沙市城市总体规划（2020—2035年）》编制工作为契机，配合开福区政府组织相关区直部门召开7次专题调研会，广泛征求各产业园、人大代表的意见，科学编制《长沙市城市总体规划》（2020—2035）开福区专题研究报告。截至2017年年底，完成对竹坡片、白霞东片控规性详细规划编制工作，完成潮宗街历史文化街区修建性详细规划编制方案初步联合审查。参与马栏山视频文创园周边环境整治优化及提质改造工作，为该片区城市设计做好前期工作；参与长沙市城乡规划局组织的历史步道街区层面城市设计工作。开展鹅秀高岭地区、周南中学周边、捞刀河口3片街区层次城市设计现状调研工作；根据市城乡规划局对城市双修工作的统一部署，牵头开福区相关部门，提出开福区对《长沙市生态修复城市修补（城市双修）现状调查及四年行动（白皮书）》（征求意见稿）的书面意见，配合开福区政府推动桃花溪流域生态修复工程、历史步道建设工程、楚家湖生态修复工程以及六个重要节点的12个社区提质改造等“城市双修”工作。

规划审批。高效推进规划审批。坚持例会制度审议审批项目，做到公平、公正、公开、阳光透明，确保行政许可决策科学民主。全年召开分局行政例会20次，审议涉及规划审批相关议题61项，竣工检查49项，行政处罚16项，执法巡查17项。严格落实行政审批流程规定，不断优化进窗受理程序，提高审批效率。全年接待单位（个人）报建72项，核发建设工程规划许可证42项，面积4.63万平方米，其中核发城市居民（单位）建设工程规划许可证8项，面积2572.75平方米，核发临时建设工程规划许可证34项，面积4.37万平方米；核发乡村建设规划工程许可证1项，面积1.2万平方米。

规划监管。依法依规监管项目。按照城乡规划执法监察动态巡查制度，严格执行分街道、分片区的网格化巡查规定，依法、依规、依程序对辖区所有批后管理项目实行动态监督。全年开展项目巡查72次，放线65处，正负零检查23次，竣工检查65次，各个环节的检查到位率100%。配合开福区城管等相关执法部门拆除各类违法建筑1308处，面积13.71

现场踏勘华远置业公司“隆熙致远”项目

万平方米。围绕金霞、金鹰、火车北站、黄兴北路4大片区提质改造、棚户区改造和征地拆迁等项目，出具违法建筑规划专业咨询意见318份，确认违法面积11.23万平方米。参加城管、国土等部门听证会13次。下达行政处罚决定书9份，移送城管综合执法大队案件13份，立案上报违法建设案件5起。严格执行规划公示规定，公示项目101项，落实第三方监督公示流程的要求，确保规划现场公示的程序到位和公众参与。全年受理不服具体行政行为引起的行政复议2起、行政诉讼5起，行政复议和行政诉讼案例胜诉率均为100%。参与黄兴北路、潮宗街、德雅路、丝茅冲、火车北站等棚户区改造项目的未登记建筑认定工作。通过现场查勘、资料查阅和召开专题会议等形式，与相关职能部门通力合作，全年完成各片区约512户未登记建筑的合法性规划认定，认定面积3.69万平方米。多次联合长沙市规勘院对疑似图斑进行筛查，对接区拆控违办进行现场踏勘，按照市城乡规划局关于疑似图斑提取及核查确认规定的要求，协助区城管对第13~15期1946个疑似图斑提出规划意见，完成第16~17期图斑的移送工作。

规划服务。规划引领服务大局。2017年，开福区委、区政府明确19个闲置土地“支帮促”项目，区规划分局主要牵头金霞恒大、开泰置业、中坤置业、隆熙致远4个项目任务。通过现场调研、召开联席办公会议、协调市城乡规划局相关处室等形式，有效解决分局牵头的4个项目闲置土地“支帮促”问题，开工率50%，完成年初开福区委、区政府下达的40%的既定工作目标。对楚天逸品、紫荆高科等6个闲置土地“支帮促”项目进行规划指导，推进其部分项目开工。2017年，为国科高精、北斗星等招商引资的军民融合项目提供合理化的规划意见，为浏阳河小学、植基小学的改建项目提供规划帮助，为红星美凯龙家居MALL、高岭国际商贸城等重点项目在规划竣工验收上给予大力支持，为城市驿站、开福文体中心、中心消防站、卫计大楼等重点民生工程项目在规划选址上提供优质服务，为苏家托污水处理厂等基础设施配套工程项目提供规划指导。参与房产办证处遗工作，协调解决辖区内3个小区涉及规划的12个问题，处遗面积6.29万平方米。完成区环保督查组转办的4件关于楚家湖填湖建平台案件。2017年，办理来信来访42件、信息公开7件，回复率100%。全年主办人大、政协提案3件，会办5件，办理率、满意率100%。其中由区规划分局主办的《关于加强开福区地铁沿线停车场规划建设的建议》作为区政协第五届二次会议重点提案，组织10余次会议调度和现场勘查，提交区政协主席会议进行3次研究，充分听取区交通局、区建设局和区交警大队意见，在规划编制和规划修改方面进一步优化地铁沿线停车场的布局，2017年，完成马厂站东侧生态停车场建设，新增停车位300个。

（陈　昊）

城乡建设

区城乡建设局

局　长　王中柱（2017.2任）
　　　　李红权（2017.2免）
副局长　徐建国（兼总工程师）
　　　　刘石泉　陈晓蓉
　　　　尹志伟（2017.2任）
　　　　熊更姣　李　兵
　　　　周　宇（2017.2免）
纪检组长　刘鸿冰（2017.9任）
　　　　魏　坤（2017.9免）
建筑工程质量安全监督站站长
　　　　刘　芳
城市建设监察大队大队长
　　　　沈　璋（2017.2任）

概况　开福区城乡建设局内设办公室、水务科、总工室（行政审批科）、房产市场科、房屋管理科等5个职能科（室）。下设开福区建筑工程质量安全监督站、开福区城市建设监察大队、招投标办公室（与总工室合署办公）、房产管理中心（与房屋管理科合署办公）4个二级机构。有干部职工62人，其中行政编19人，事业编20人。2017年，荣获开福区项目建设要素保障先进单位一类。

项目建设服务。做好项目前期技术审查工作。2017年，对84个项目进行方案或初步设计技术审查，下达审查意见3个，初步设计批复20个，办理施工图审查备案43个。抓紧重点项目推进工作。做好潮宗街历史文化街区、马栏山视频文化产业园、地铁1号线北延线、长益复线、乡意桃花溪等7个重点项目规划相关工作；为跨浏阳河人行景观桥、中青路快速化改造等10个重大项目做好服务工作。融合城市建设新理念。推进新型城镇化、特色小镇、住宅产业化、城市双修、综合管廊、海绵城市等项目建设的发展。举办开福区装配式建筑现场观摩会。

城市功能完善明显加快。做好省市重点工程协调服务。牵头就地铁5号线、3号线施工重大安全隐患处置、地铁1号线环评和社评、地铁6号线交通疏解和绿化改迁、石长铁路动车开行安全隐患问题等交通重点工程组织了十余次任务布置会、工作推进会、群众座谈会和协调会等。加快黑臭水体整治前期基础工作。完成所有34处黑臭水体整治任务的整治方案初步设计审查，移交开福区农林水利局实施，并于2017年年底全部整治到位。强化乡镇污水处理厂日常运营监管。联合街道、环保等部门采取突击检查、不定期抽查等方式，督促运营单位切实履职。配合街道做好灾后恢复工作，楚家湖、汉回乡镇污水处理站灾后修复工作有序推进。加强排口管理。对湘江、浏阳河流域沿线17个截污工程排口完成责任公示牌设立，并健全日常巡查机制。推进雨污分流改造前期研究。完成捞湖片区、金霞片区市政道路现状管线测量工作，结合社区提质改造，福城社区、江滨社区雨污分流改造工作全部完成。2017年，新建停车场24处，新增停车位3857个。打通麻园岭路，完成伍家岭片区、潮宗街、万达片区交通微循环建设，启动新河路、蔡锷路项目前期方案设计。

物业监管服务。招投标监管服务不断增强。2017年，完成招投标行政监督项目195个，总中标价16.28亿元，节约建设资金6585.88万元，优惠率3.9%。物业行业监管不断强化。受理物业投诉1024件，同比增加658件，回访满意率99.4%。指导街道、社区完成华盛新外滩和北辰定江洋等10个小区业委会的资料审核及备案工作；受理3万元以下一般维修项目66笔，办结51笔，拨付金额76.35万元；受理应急维修项目73笔，办结47笔，实际拨付金额347.84万元。完成全区119名物业专职社工招聘、培训工作，在全市率先正式上岗；完成155家物业企业信息报送审核工作；推荐10家企业、项目参与市级示范评选；成立物业行业文明创建督查工作组，对全区16个街道进行物业行业文明创建督查。

安全管理。危房处置到位。2017年，完成农村危房改造124户，投资348万元，开福区农村危房基本消除；城市危房在全面排查摸底基础上，形成专题方案报政府审定，分类别、分步骤于3年内基本完成全区城市危房整治。2017年，城市危房“以补促改”对6个项目6141.6平方米危旧房屋（构筑物）进行改造，项目总投资额为1005万元（具体金额以财评上限值为准），解决197户群众的居住安全隐患。燃气行业监管不断加强。对全区78家燃气网点进行了四轮巡查，取缔无证经营网点17家，对2家瓶装液化气网点实施行政处罚，召开现场协调会协调处理9处燃气安全隐患。

建筑施工领域安全可控。2017年，全区有区投区建在建项目56个，为31个项目办理施工许可，并加强对未报建项目的服务；多次对全区所有建筑工地进行地毯式排查，未发生一起安全生产责任事故，在全市2017年住建系统安全生产绩效考核中排名第一；所有混凝土搅拌场站及部分工地实现在线扬尘和噪音实时监控，开展在建项目扬尘治理联合执法行动，发现扬尘污染问题33个，并督促企业全部整改到位，在全市2017年住建系统建筑工地大气扬尘治理工作绩效考核中排名第一；参与全区“三车三场百日整治大行动”；整治在建项目围挡，在建项目公益广告及黄土裸露基本覆盖到位；执法检查在建工程项目52个，对23个项目下达了执法文书以督促整改，对7个项目的违法行为进行了处罚。

“放管服”工作。2017年5月，市政府令131号下放开福区城乡建设局行政职权18项。开福区城乡建设局制发《开福区城乡建设局关于委托下放长沙金霞经济开发区管理委员会部分经济管理权限的函》，对工作流程进行梳理，指导园区管委会依法做好下放权限的承接落实工作，招考专业技术人员，健全工作机制，确保下放职权接得住、用得好、放到位。配备执法车、执法记录仪，聘用法律顾问，一系列举措大大提高了全局依法行政、依法履职水平。全局涉及建筑执法的行政复议案件为0件，行政诉讼案件1件。办理中央环保督察组转交的信访件32件，落实开福区委、区政府主要领导和重要会议交办的重点任务68项，人大代表建议、政协提案18件，圆满完成全区防汛抗洪、文明创建等中心工作。

房产办证处遗工作。开福区房产办证处遗项目111个，涉及居民20784户。截至2017年年底，累计完成项目99个，为18321户居民解决有房无证难题。2017年，全区处遗项目计划为20个3365户，截至2017年年底，交办14个1428户，有3个项目344户因国土、规划未回函暂未能交办（其中2个项目部分完成），有3个项目1593户不纳入绩效考核。私改遗工作不断推进。私改遗任务51户，成立开福区处理私房改造遗留问题领导小组，明确专人负责案件立案、受理，信访接待、房产资料调档等工作，明确周一、周五的上午为信访接待时间。

房地产市场管理。2017年，完成新建商品房批准预售134.6万平方米；完成网签面积191.1万平方米，住宅网答均价7692元/m^2，新建商品房、住宅成交量在中心城区排名第二。截至2017年年底，全区近3年住宅存量面积43万平方米，房地产住宅去库存效果明显；发放租赁备案证33本；完成对珠江花城、恒大雅苑等8个楼盘，合计5404户、3500万元的产业化住宅、绿色建筑、全装修住宅补贴发放。

【开福区实现农村危房“基本清零”目标】为实现有质效、有温度的“两有”发展，开福区委、区政府2017年初提出实现全区农村危房“基本清零”的目标任务，由开福区城乡建设局牵头组织，经过住户自愿申请、社区（村）评议申报、街道审核、区级审批程序，确定改造对象141户，面积12221平方米。2017年7月，危房改造工程全面动工，12月改造完成。开福区监察、财政、区纪委驻开福区城乡建设局纪检组、街道、社区（村）等部门联合验收，共有124户通过验收（沙坪60户、青竹湖27户、捞刀河34户、秀峰2户、月湖1户），拨付改造资金348万元，实现农村土坯房基本清零目标，所有危改户春节前喜搬新居。

【开福区率先全市实现建筑工地和混凝土搅拌站噪声、扬尘实时在线监控】为解决建设工地扬尘监管难问题，开福区大胆探索，先行先试。2017年5月，率先全市召开建筑工地、混凝土搅拌站安装扬尘和噪音在线监测系统工作会议，并在恒大御景天下在建项目工地和华悦混凝土搅拌站进行试点，取得成功经验后迅速在全区推广。经过两个月攻坚克难，2017年7月，率先全市完成区内所有14家混凝土搅拌站、32家建筑工地视频监控和扬尘在线监测系统安装，实现对建筑工地和搅拌站生产和扬尘浓度24小时不间断监测，执法与治理常态化。

【物业专职社工社区全覆盖】2017年，完成全区119名物业专职社工招聘、培训，在全市率先上岗，实现物业专职社工社区全覆盖。2017年，受理物业投诉1024件，同比增加658件，回访满意率99.4%。指导街道、社区完成华盛新外滩和万达C区等10个小区业委会资料审核及备案工作；受理3万元以下一般维修项目66笔，办结51笔，拨付金额76.35万元；受理应急维修项目73笔，办结47笔，拨付金额347.84万元。完成155家物业企业信息报送审核工作；推荐10家企业、项目参与市级示范评选。社区实现物业专职社工全覆盖，提高物业行业监管水平，群众对物业管理满意度显著提升。

（罗向好）

城市建设投资

区工务局

局　长　　浣　琳（2017.2任）
　　　　　樊　伟（2017.2免）
副局长　　周　宇（2017.2任）
　　　　　王晓阳（2017.2免）
　　　　　杨启军（2017.2免）
　　　　　罗礼芳　张明蓉
　　　　　吴展鹏
纪检组长　翁远斌（2017.9免）

概况　区工务局是开福区人民政府直属事业单位，内设办公室、财务科、计划前期科、工程管理科4个职能科室。截至2017年年底，有干部职工26人，其中，全额拨款事业编18人、政府雇员3人、临聘人员4人、委派会计1人。2017年，区工务局被评为区项目建设先进业主单位、区综治工作先进单位、区征拆工作先进单位及区绩效考核一类单位。

政企分离改革。2017年3月，根据区委、区政府关于区工务局与区城投集团化改革的决策部署，区工务局统一思想，迅速落实职能职责、领导班子分工、“三定”方案、人员到岗到位、移交项目接收、办公场地等工作。接收改革移交项目13个，开展实地踏勘和项目调度，掌握进度情况、摸清症结问题，研究解决办法，推进项目建设。合理统筹人员安排，将19名干部职工调整分配到4个内设科室，确保人人有事干、事事有人干，各司其职、各尽其责，推动全局工作有序开展，实现政企分离改革平稳顺利。

项目建设。2017年，区工务局落实21个项目的建设任务，其中，市对区考核项目3个、市对区考核预备项目3个、区对局考核项目4个、区对局考核预备项目2个、交办项目8个、扫尾项目1个。区工务局坚持科学铺排、务实作为，实行联点责任制、工作倒排制、定期调度制、问题清单制确保责任上肩、真抓实干，圆满完成各项目标任务，实现西园北里历史步道、浏阳河风光带、湘江风光带亮化3个项目的提前完工，捞刀河南岸岸线整治及市政工程、栖凤路两厢绿化、朝诰路3个预备项目的提前开工建设。

基础设施项目建设方面，西园北里历史步道基本完成建设，正在扫尾；滨河北路取得初步设计批复，待水田指标落实后加快推进后续工作；家园路完成路面建设，正在扫尾；花园路正在依序推进施工进度；朝诰路实现提前开工，并完成建设；洪山片区路网完成横河路建设，斗门路、腰塘路、洪山路正在铺设沥青路面；西龙路提质改造完成建设；金河路完成立项及初步设计评审，正在深化挡墙方案并办理国土划拨手续；洪山桥派出所正在依序推进施工进度。

集市民学习娱乐用餐应急为一体的城市驿站——北辰站外景

浏阳河风光带

社会民生项目建设方面，陈家渡中学完成全部建筑主体建设，按计划推进内外装修；浏阳河风光带北辰段、海洋半岛涵园完成建设；捞刀河南岸岸线整治及市政工程实现提前开工，正在依序推进；史家坡学校取得统征用地审批单，待征拆完成后，启动后续手续办理及建设；湘江风光带亮化完成竣工验收和移交；栖风路两厢绿化实现提前开工建设，正在依序推进；湘雅路派出所完成立项，正在进行方案设计，同步跟进棚改征收；浏阳河风光带城市绿道及“天网”工程、城市驿站、区人才交流中心、公安基础设施提质改造、检察院小区提质完成建设。

规范管理添动力。2017年，区工务局建立健全各项规章制度，实现精细服务、规范化管理。汇编上级制度文件，落实《开福区政府投资项目管理办法》，确保全局各项工作有章可循、有规可依。建立健全内控制度，以“工作标准化、流程制度化、制度体系化”为目标，制定实施新的工作规范、绩效考核和监督管理三个制度体系。结合作风督查、专项检查，加强制度落实监督，通过每周“工作安排表”开展工作进度核查。开辟微信公众号“工作共享”专栏，组织“学他山之石、建品质项目”观摩，开展“中层干部党员优先、项目建设党员争先、中心工作党员率先”活动，促进各项工作。

【长沙历史步道首发段西园北里一期工程竣工】8月24日，长沙历史步道首发段—西园北里一期工程竣工验收，二期工程正在有序推进。西园北里历史步道北接湘春路、南至营盘路，长约560米，属于长沙历史步道示范线的教堂公馆主题段，是“长沙六大公馆群”聚集区之一，也是长沙不可移动文物最多的街区。项目总投资5000万元，由区工务局负责实施，工程分为两期。一期工程主要是对结构安全系数低的建筑进行加固和部分拆除，对建筑外立面、屋面、内墙、楼地面、室内给排水管线修复更换，对强弱电飞线整治（下地）、店面招牌更换、庭院整治等，对西园北里巷、寿星街、泰安里南段、通泰街及西园北里支巷进行提质改造。二期工程是在一期的基础上，以挖掘文史内涵为要求，进一步提升项目整体品质，主要是对四栋文物建筑保护、加固改造，以及西园门楼、西园历史陈列馆、西园古井、文襄园、转角记忆、黎倜康（刘少奇老师）故居、西园天桥、黄埔军校长沙同学会、泰安里广场等9个历史节点的打造与复原。

【城市驿站营造“暖心小窝”】5月，开福区启动城市驿站项目建设，为城管、园林、环卫、交警等城市管理服务一线职工和广大市民打造集用餐、休息、学习、交流、应急于一体的城市共享空间。由区工务局负责实施建设北辰站、栖凤路站、滨河南路站3处站点。3处站点于11月完成建设，交付区园林局、区环卫局进行运营和维护。城市驿站的建设，在开福区尚属首次，项目坚持“以人民为中心”的发展思想，贯彻“政府引导、社会参与、因地制宜”的整体思路，实现“人员往来方便、开放使用便捷、硬件条件较好、整洁实用节俭”的目标。实行统一选址、统一功能、统一建设，发动社会力量参与，体现“共建共享”理念。

（杨　帆）

城市管理

区城管执法局

局　　长　杨知强
纪检组长　曹桃平
副 局 长　何爱民　雷　鸣
　　　　　尹洪辉
　　　　　艾延灿（2017.6免）

概况　开福区城市管理和行政执法局内设综合办公室、业务指导科、社会卫生科、行政审批科、督查考核科等5个科室；下设1个二级机构，即区城市管理监督指挥中心。核定区城市管理和行政执法局编制18个，其中行政编制13个，事业编制5个，在编在岗人员16人（行政编13人，事业编3人）。区城市管理监督指挥中心，为全额拨款事业单位，编制5名。2017年，荣获开福区项目建设业主先进单位、长沙市文明创建标兵单位。

基层基础工作。2017年，清理堆物6万吨，清理楼道、楼顶7354处，社区公园绿化带垃圾2.38万平方米，清洗地面30平方千米。统一规范服务铭牌、楼栋牌、单元牌等指示标牌。完成18个老旧社区提质改造，打通社区道路微循环、规划停车场、提质公益活动场所等。以清水塘街道为试点，逐步向全区辐射，垃圾分类工作全面铺开。2017年，定点开展大型宣传垃圾分类、垃圾无害处理等活动3次，社区组织志愿者在居民区宣传垃圾分类56次，发放便民购物袋6500个，各种宣传资料30余万份。居民、学生自发参与垃圾分类、垃圾无害处理宣传活动72次，8650人次。建立河堤河滩清扫保洁巡查、考核制度，奖惩兑现，河提河滩保洁形成常态。加强城市协管员队伍管理，集中培训、定期体检，提升城市管理能力和水平。2017年，在湖南卫视、湖南日报、长沙晚报等20余家媒体宣传报道60余篇次，全年无重大舆情和负面报道发生。2017年，办理10件人大建议和13件政协提案，承办12345热线工单106件，全部按时办结，按时办结率为100%，市民回访满意率100%。

爱国卫生工作。2017年，开福区爱卫办扎实开展城乡环境卫生整治、病媒生物防制、农村改厕、群众性爱国卫生运动及省、市级文明卫生单位和卫生社区创建等一系列工作。2017年春季和秋季分别对开福区16个街道的重点区域进行灭鼠投药，累计投放毒谷27吨、蜡块（蜡丸）9吨。2017年夏秋季，对开福区16个街道94个社区的公共区域下水道进行两轮热烟熏杀蟑螂和蚊虫。全年新增10块灭蚊宣传栏、100盏智能太阳能灭蚊双灯、500个诱蝇笼和8000个毒饵盒。完成100座三格式无害化户厕建设任务，并通过长沙市爱卫办验收。指导各街道、社区每季度制作并张贴健康教育宣传栏。制定《关于开展第29个爱国卫生运动月活动的通知》，组织各街道爱卫专干在风帆广场进行以“为了人民的健康—65年的历史与展望”为主题的集中宣传活动。共展出宣传板报25块，宣传横幅10条，易拉宝50个，发放《为了人民的健康》宣传册1500份，发放爱卫月专刊1500份，服务群众1000余人。抗洪抢险工作结束后，开展城区（集镇）公共区域病媒生物防制工作，出动人员138人次，设备23台，使用药物热雾剂390千克、

紫凤社区提质改造后面貌焕然一新

造绿复绿让城市变美

消毒液12箱、杀鼠醚毒谷720千克、蜡块蜡丸300千克、灭蚊药包（1000小包装）11箱。为受灾严重的街道、社区、家庭，发放“除四害”药物的药物盒1500份，粘鼠板130箱，诱蝇笼200只，金额10万元。2017年，开福区创建省级文明卫生单位1个、市级文明卫生单位2个、卫生社区3个、省级卫生村1个、市级卫生村1个、垃圾分类示范村1个。

行政审批工作。截至2017年年底，办结行政许可类事项2605个，其中办理临时占用街道两侧和公共场地许可证1303个、临时占用城市道路许可证494个、临时挖掘城市道路许可证177个、户外广告（围挡）设置许可证51个、占用城市绿地许可证76个、城市树木移伐许可证5个、棚亭占道许可证88个、办理门店招牌等其他职权类事项411个。每个案卷都做到严格审查，资料齐全，有章可循，操作规范，按时或提前办结。召开关于金融商务区广告、招牌设置问题的现场办公会，最大限度地满足金融商务区各单位的需求，提高金融商务区品位。根据2017年7月12日长沙市人民政府办公厅城建处《关于督办落实2017年度第一次交通领导小组会议文浩市长关于道路移交工作要求的会议备忘》（39号）及长沙市城市管理委员会办公室关于《市政基础设施遗留问题移交处理工作实施方案》文件精神，长沙市城管委交办的12条建成通车道路于2017年全部移交。严格按照“三有”“四不”“五统一”的要求，抓好临时设摊规范点管理，取缔不符合要求的临时摊点，实现定点定位规范经营。

督查考核工作。2017年，根据《长沙市城市管理考核办法》（长城管委〔2017〕6号），完善《开福区城市管理工作考核办法（试行）》，建立城市管理工作考核制度和情况通报制度，严格落实奖惩兑现，每月刊发《开福区城市管理工作考核情况通报》。成立区城市管理综合督察组，以浏阳河为界，分两组不定期对全区市容秩序进行督查，并签发《开福城管督查通报》。2017年，下发《城市管理综合考评情况通报》11次，督查各类市容问题1000余件，向街道、社区交办长沙市城市管理局考核问题约1万件。

数字化城市管理。2017年，开福区城市管理监督指挥中心积极融入全区文明创建和城市管理工作。定期召开数字城管调度会30余次，促进数字化城管工作有序进行。组织数字城管终端操作员业务培训7次，培训新上岗工作人员20多人。制定《数字化城市管理指挥协调中心效能建设考核办法》，以制度管人管事，加强中心工作人员的效能意识、纪律意识和目标任务意识。督促拆除新增违法建筑68处。2017年，城市管理案卷受理采集36725件，处置类案卷33307件，处置类案卷结案33307件，结案率100%。2017年，在全市六区考核排名中，开福区获得3个第一、3个第二。

社区综合提质改造。2017年，开福区城市管理和行政执法局投入2.5亿元，完成3大片区、6个节点、18个社区综合提质改造。提升城市品质和形象，形成街区集成效应，项目重点对北辰三角洲片区、金融商务城片区和江湾半岛片区进行综合提质改造，着重解决民生问题，注重功能完善和品质提升，打造特色和亮点，呈现紫凤社区新的“开福样本”。投入3100多万元，完成万家丽路、五一路两厢楼宇亮化建设、黄花机场“一点三线”开福区段沿线的亮化提质和银盆岭大桥至波隆立交桥连线高架桥主城区桥梁亮化工程建设。

服务中心工作。服务全区重点工程项目建设，组织黄兴北路棚改征收项目、捞刀河街道交通枢纽项目、香江2—2项目、高岭村村民生产发展用地项目、彭家巷路项目、青竹湖医药流通项目、军民融合项目、四方坪丝茅冲棚改项目、浏阳河街道社保融资用地等44处重点项目建设内拆违、配合法院行政强征等工作，确保各重点工程的顺利推进。积极应对突发事件，参加大型维稳行动40余次，出动执法力量2500余人次，做好省市区两会、开福寺庙会、第二届中国（长沙）智能制造峰会等重大活动维稳工作。成立抗洪抢险应急分队，防汛期间出动人员4000余人次，车辆170余台次，取得了抗洪抢险的全面胜利。

【开展“门前三包”责任制专项整治行动】 2017年，开福区城市管理和行政执法局创新“门前三包”机制，制定《开福区全面落实“门前三包”责任制实施方案》，推行史上最严“门前三包”责任制专项整治行动。为保障处罚到位，区城市管理和行政执法局协同司法局，建立诚信机制，将不履行“门前三包”责任、不执行城管执法机关处罚决定的单位和个人，纳入诚信黑名单。与区法院对接，对不履行城管执法部门处罚决定的“门前三包”案件，移送法院强制执行。对街道解决不到位的“门前三包”工作中的顽疾，组织开展分片联合执法行动，彻底解决“门前三包”工作中的城市乱源。全年办理“门前三包”类案件2956起，罚款22.96万元，有效提升开福区主次干道、背街小巷市容环境卫生水平。

【创新垃圾分类“清水塘模式”】 2017年，开福区城市管理和行政执法局在清水塘街道清水塘社区创新城市管理机制和模式，从一小区一组织，一楼一栋长，一单元一门长，一户一家长，一家一监督长“五个一”着手，开展垃圾分类工作“清水塘模式”，通过加大对垃圾分类知识普及和宣传力度，社区发动物业、居民、志愿者组织等积极参与，清水塘社区大部分居民都养成了干湿分离、垃圾分类的好习惯。

（何　锦）

市容环境

区市容环境卫生管理局

书　　记　陆学龙
局　　长　李俊全
副 局 长　彭　斌　陈　迪
　　　　　敖　沙（2017.2任）
　　　　　蒋向阳（2017.2免）

概况　开福区市容环境卫生管理局（以下简称区环卫局）机构设置为“三办”（办公室、收运办、渣土管理办），“四科”（督查科、财务科、基建设备科、安全生产科），“一队”（机械作业车队），“十一所”（望麓园环卫所、湘雅路环卫所、东风路环卫所、四方坪环卫所、芙蓉北路环卫所、洪山环卫所、青竹湖环卫所、浏阳河环卫所、秀峰环卫所、沙坪环卫所、捞刀河环卫所）。有正式职工529人，其中局班子成员5人，内退5人，退休355人，在职职工164人。合同制工人2260人，其中管理员200人，驾驶员384人，渣土管理员62人,清扫员1614人。正式职工与合同制工人合计为2789人。

环卫作业。提升道路常态化洁净水平。全区890余万平方米道路面积实行“网格化”管理，按照洒水车、洗扫车、养护车、人工清扫和快速保洁“五+”常态机制，将设备和人员按职责、功能配置到责任区域，形成支持融合、协同维护的局面。日间维护以“六定”“五步清洁法”推进流程化清扫保洁，提升“全域化”维护水平和“精细化”洁净程度。每天夜间出动52台洒水车、23台洗扫车开展全路幅大清洗，保障道路见底色和无泥砂积尘。2016年下半年以来，开福区有34条道路建设竣工通车，共计120万平方米道路面积处于“空窗期”。将新增道路纳入环卫精细化、常态化维护，调整优化维护作业区域和资源配置，提高全区道路的整体品质，增设浏阳河、捞刀河环卫所。投资400余万元，购置适用高效的3T强力洒水车13台，路面养护车10台，多功能抑尘车1台。新组建的环卫所对所辖区域开展全面大清洗、大清扫，重点加大机械维护作业的调控和督查，推进专业化维护，打造“精细化维护样板区”，在5月至11月市对区专业局月考核排名中二次排名第一，一次排名第二。班子成员主要精力和时间用在道

精细化作业，区环卫清扫细分为扫、掏、捡、铲、抹五个环节

路卫生和人员、机械作业的督查，利用微信群、定位卡片机、对讲功能等，随时指出发现的问题，调动力量进行整改。局业务督查科设置白班、晚班、站厕、外城四个督查组，采用机动车、电动车、人员徒步督查方式，实行24小时“全覆盖”检查。为每个督查人员配备APP手机，利用该机的定位、拍照、对讲、轨迹显示功能，督查员将发现的情况即时上传到“智慧环卫”平台并分派到各所整改，2017年，督查发现和现场整改各类问题17809处。

设施建设维护。2017年，长沙市城管局下达开福区项目建设任务，为新建5套站厕和1座示范性公厕、改造10座老旧垃圾站。实际完成10座新建站厕、2座示范性公厕、1座城市驿站、1座洗扫车垃圾分类处理场和20座老旧站厕的提质改造，超额完成任务。实行污水、泥沙和生活垃圾“三分离”的洗扫车垃圾分类处理场为全省首座。新建公厕创新设置母婴护理间，公共垃圾站设立可回收垃圾分类屋，省、市媒体均作相关宣传报道。组织维修队伍对全区21座地下通道、290座公共站厕的用电用水等设施逐项进行检查，完成照明、水箱、水龙头、下水道等抢修维护1400余处，更换维修果皮桶470余个，对24座设备有故障而无法及时维修到位的垃圾站，采取分流和人工装运的办法，解决“爆棚”现象和市民投诉问题。

渣土管理。落实区委常委会议和区政府常务会议目标，升级工地监管，对全区16个渣土工地、13个消纳场（回填区），开工前半小时监管员组织工地负责人、车队长和工作人员召开工前会，现场确认洗车设施设备是否达标，明确开停工时间，查验车辆准运资格，指定行驶线路和消纳场，做好监管记录并拍照取证；白天派出2人对街道社会路口硬化和车轮带泥开展巡查，及时处置突发事件28起，督促街道、社区硬化工地出口道路12条。2017年，召开全区工地建设、施工、运输单位和消纳场负责人会议5次，联合相关部门、街道对中央环保督察交办案件、市级点名的14家黑消纳场开展整治。参与“三车三场”专项整治和开展全区渣土乱象百日集中整治行动。推行三环内使用智能渣土车，加大对老式渣土车和外区渣土车的查处；完善消纳场、回填区申报审批规定和流程，履行办证监管责任，对消纳场和回填区边界、标高、方量严格把关验收，提升渣土消纳全过程的安全性和规范化。

“智慧环卫”平台建设。2017年，对“智慧环卫”平台实施第二期扩容提标，完成30台维护作业车辆、外包公司13台护栏清洗车、97台垃圾运输车的车载监控设备安装；18座垃圾站光纤、摄像头、压缩箱传输设备、RFID车辆身份识别标签、语音对讲系统安装到位，垃圾站场、压缩设备视频数据现全部纳入指挥平台，平台可通过实时监控对垃圾站保洁人员和驾驶员进行语音指挥调度。通过读卡器可实时获取车辆趟次、时间、人员等信息，计算垃圾产量并分析清运情况；完成20个开工工地的场内监控和车辆识别系统安装，监控数据全部接入平台。3台渣土巡查车、局渣土办36名工作人员的相关信息和资料全部录入平台，并实施远程监控。全年接待上级领导、同行单位调研参观18次。

持续深入推进改革。交通护栏清洗实现服务外包。推动城市管理改革，对交通护栏清洗维护实行市场化服务外包和网上招标，精细核定维护量，提高中标门槛，增加机械设备，签订规范性合同。中标单位由一家增加到两家，制定精细化的作业质量检查考核标准，加大对公司的检查考核，下发逾期整改不到位终止合同的通知，交通护栏洁净水平不断提高。城乡生活垃圾运输实行“一体化”。执行政府资金类项目必须公开招标的规定，终结延续10年的职工经济承包方式。规范招标文件和招投标程序，3个经济承包标段调整为2个市场化标段，逐步采用环保型压缩式运输车，提高运输效率，减少二次污染，降低安全风险。清理、清除挂靠车辆48台，市场化标段6月1日交接后，动员公司加快外城地区100个垃圾围池的清运，全年完成50万吨生活垃圾的日产日清，基本实现全区城乡生活垃圾的“全覆盖”集中运输。餐厨垃圾实行公司专业化统一收集运输，国家发改委、环保部组织全国行业单位在开福区召开餐厨垃圾收运工作经验推广会。劳务派遣实现精准服务。完善劳务派遣服务的做法，变续签合同为重新公开招标，参照武汉等地的标准，确定新的服务费，规范社保缴费办法，劳务派遣公司由两家增加到三家，消除原服务合同的模糊空间，保障政府资金的合理使用和工人的合法权益。完成2300余名合同制工人的合同签订、社保办理转接等工作，召开劳务派遣服务专题会议6次，加大新进工人的入职培训和一线劳动用工检查，提升一线工人的劳动技能和安全保护意识。

（汤正明）

公共设施建设

区市政管理局

书　记　龙亚雄
局　长　夏圣猛
副局长　刘正伟　吴建红
　　　　郭天仆

概况　开福区市政管理局主要负责全区市政道路的日常管理工作；依法行使市政道路临时占道和挖掘的初审初堪工作；辖区内新建道路的市政验收和交接工作及新增排水管网入网验收工作；辖区内市政道路的日常维护，下水井、管的维护与疏通；全区市政维护作业标准的制定、市政维护计划编制和组织实施，以及市政维护作业质量监督考核；全区市政工程技术业务指导工作；全区无物业化粪池的清掏疏浚工作；全区城区的防汛排渍和应急处置工作。区市政管理局有职工184人，其中在职87人，离退休88人，内退9人。机构为“一室六科”：综合办公室、生产维护科（下设四个维护队）、路政管理科、工程技术科、督查科、财务科、设备供应科；另有常驻区市政管理局的市政专业执法队。

维护管理。2017年，区市政管理局对全区主次干道、背街小巷巡查3010余人次，与市政（执法）中队上门进行执法，发现并处理非法破路、人行道设置箱柜、无证占道施工、违规排污等问题200余处；开展不规范建设项目施工围挡专项整治行动，上门发放文明施工公示牌6个，督促施工单位自行制作公示牌5个，整治拆除无证、违规围挡5处；监管地铁3号线、5号线、自来水和煤气

提质改造后的青竹湖路

抢修等重点工地，送达排水管网整改和道路修复通知260余次；办理占道许可证344个，破路挖掘许可证132个；全年共修补路面14.51万平方米、维修人行道6.65万平方米、调整道路侧平石5662.7米、疏浚排水管沟46.02万米、清掏各类井6.1万个/次；受理数字化案件、12345热线、城管110案卷3107条，均按要求处置到位，结案率99%以上。

项目建设。2017年，区市政管理局承建项目建设任务24个，按照市、区两级工作安排，对车站北路、福元西路等7条道路部分路段约15千米进行提质改造；对道路路面、人行道、公共空间范畴内的闲置空坪、地下管网范畴内的排水管道、交管设施范畴内的交通标线标牌、慢行系统范畴内的自行车道等进行改善；提质改造10条背街小巷、9处排水堵点、3处微循环、78处老旧化粪池、1800余座井座井盖。整体改造江滨、福城等4个社区，新建周南中学人行天桥和16处港湾式公交站台改造项目。通过一系列民生工程的实施，全力提升老百姓的幸福指数。

防汛应急。在2017年6月底的抗洪救灾中，及时衔接长沙市气象部门并收集整理雨情，第一时间通过防汛平台向全区城防组成单位和其他部门进行发布，使全区各部门及时了解雨情，准备充分；根据市、区两级政府号召，成立一支党员骨干突击队奔赴湘江大堤，全天候值守；组织应急队，抽调排水设备对捞刀河街道卫星桥、工农垸进行紧急抽排；采用重型水泥块和砂袋盖压等方式对湘江大道万达前、西长街等部分管道井盖被水冲脱的情况进行应急处置；安排人员24小时对全区所有主次干道、背街小巷进行巡查，发现问题立即处置，避免小积水问题扩大，对易积水点进行24小时的蹲守观察。汛后，区市政管理局全体干部职工全员上路，对暴雨过后的排水管网和路面逐一进行排查和疏浚，避免淤泥堵塞管网；同时，积极响应区委、区政府号召，组织一支由9人组成的支援队伍，携6台机械设备，奔赴受灾最严重的宁乡进行支援。

实施背街小巷提质改造。2017年，区市政管理局对山月路（共和路—福元中路）、共和路（洪山路—洪西社区）、科大东街（德雅路—国防科技大学）、网船班路（金泰路—北一路）、凤嘴路、姚正街（体育馆—汽电路）、十间头及文昌阁巷、江滨北一路（江湾路—凤亭路）、江滨南一路（凤亭路—盛世路）、四方商贸城（双拥路—学堂园路）、向家湾（兴联路—长青路）等路段进行提质改造。改造内容主要是对道路网裂、沉塌等基础薄弱部分进行基础补强，路面采用铣刨或拆除沥青层后重新铺设的方式进行处置。同时，对人行道进行整体提质，对部分排水管道进行改造和疏浚，并根据实际情况，对道路两厢违章或围墙进行拆除，增设停车位。总投资约3500万元，该项目于7月14日召开技术交底会，施工单位于7月中旬进场施工，年内全部完工。

【完成芙蓉北路周南路段人行天桥建设】为解决周南中学师生及周边居民横穿芙蓉北路、湘福路的实际交通需求，消除交通安全隐患，进一步提升长沙出城主干道的整体形象，区市政管理局组织对人行天桥实施建设。该天桥位于芙蓉北路周南中学路段，桥梁为L型天桥，分别横跨芙蓉北路和湘福路，主桥桥面从上至下采用3厘米厚福建青麻石板贴面+2厘米厚环氧砂浆+5厘米厚细石混凝土，梯道及坡道从上至下采用3厘米厚福建青麻石板贴面+2厘米厚环氧砂浆。该项目由区发改局立项，立项投资估算约1500万元。项目于2月中旬进场施工，年内全部完工。

【完成清水塘路、八一路道路及人行道提质改造项目】为进一步提升清水塘路、八一路沿线城市品质，改善市民出行环境，区市政管理局组织对清水塘路、八一路道路及人行道进行了综合提质。该项目主要是对道路病害基础采用ATB—30处理，整体采用SMA—13罩面，对全线井座井盖、雨水口采用防沉降井座井盖进行更换，将全线平石改窄，对道路沿线排水进行清淤疏浚，对交通标线进行优化施划；对现有人行道重新采用“烧结砖+福建青麻石板”铺装模式进行提质，将人行道上现有井盖改造成隐形井盖，并对人行道上现有交接箱进行迁移，对所有管线进行下地。该项目总投资约700万元，由“华诚博远工程技术集团有限公司”进行设计，于7月中旬进场施工，8月底全面完工，总工期约1个半月。

【实施排水堵点疏浚改造】为不

断完善城区排水系统，逐步改变城区内涝现象，防止城区内涝，2013至2015年，区市政管理局组织对福元路片区、便河边片区等11个片区的排水堵点进行疏浚改造，基本解决辖区内雨天“看海”的问题。2017年，区市政管理局继续组织对万家丽路三一大道桥下、福元东路二环线桥下、金达小区、金帆小区北门、金鹰小区等片区管道进行疏浚改造，工程主要是对淤塞的排水管道、箱涵及明沟进行清淤，对沉塌的排水管道及明沟进行提质改造，对辖区内部分排水体系瓶颈、不完善部位进行改造，同时对周边的排水系统进行疏浚、改造，工程总投资约1000万元。项目于9月底进场施工，总工期约3个半月。

（魏锦芳）

园林绿化

区园林绿化管理局

书　记　陈　峰（2017.6任）
　　　　盛建军（2017.6免）
局　长　贺华勇
副局长　肖林生　戴晓金
　　　　才　源　范　卓

概况　开福区园林绿化管理局（以下简称区园林局）为区政府一级职能局，单位性质为公益一类事业单位，负责全区主次干道、社区及公共绿地和区属公园的绿化维护管理，绿化建设的技术指导、全民义务植树的宣传发动及组织实施、花园式单位和绿色社区创建及“绿色城市”建设及全区392.85万平米绿化维护工作。机构设置为“一室五科五园区及专项维护管理办”，即局机关综合管理办公室、生产维护科、安全督查科、绿化管理科、工程技术科、财务科；下设湘江风光带管理办公室、月湖公园管理办公室、社区公园管理办公室、秀峰山公园管理办公室、青竹湖片区管理办公室、立体彩化管理办公室6个生产维护部门。有在职职工63人，其中局领导班子6人，机关科室25人，公园管理办公室32人。退休职工77人，临聘人员582人。用于维护作业车辆数量47台，其中皮卡车17台，水车9台，路面清扫车4台，打药车4台，特殊作用车辆3台，小型货车10台。

绿化维护。对照《长沙市园林绿化精细化维护作业标准细则》，区园林局构建“5+1”作业模式（即5个公园片区和1个专项维护管理办共同作业）。在管理上实行定人员、定岗位、定责任、定目标的“四定”管理模式；在监督上形成分管局长—业务科室—维护作业园区—路段责任人的“四级”巡查网络；在督查上实行规范化、程序化的“两化”考核机制，通过车巡、路巡、细看、抽查、拍照、摄像等多维度采集考核手段，将督查情况与数字化案卷一并下发整改清单，实行日清月结，实现“日常维护、巡查管理、督查整改”三个常态。对全区公共绿地全域化、精细化、常态化维护作业，高效及时处置数字化案卷；完成创建8条精细化示范路段和2条行道树修剪整形示范路段，按照专业队伍、专业理念、专项费用的工作机制，精心管养，全面推广，提升维护标准。在各重大会议、节庆假日期间，组织对辖区各主要路口、重要节点、大型广场位置进行增花添彩、绿化造景，摆放、栽植鲜花约25万余盆。

新竹二小屋顶绿化

项目建设。按照市、区政府“绿色城市”建设工作的安排，2017年，开福区园林绿化管理局承担完成“千园之城”、道路绿化提质及香化彩化、基础设施维护、立体绿化四大类绿化项目建设36个。新建植基塔义务植树公园、四季花城、东风路社区法治主题公园等9个公园及小游园；对芙蓉北路两河段、东风路以及全区重要节点进行香化彩化，对开福大道、洪山路、湘江北路、万家丽西厢、金马路、江湾路、凤亭路等进行绿化提质改造，进一步提升城区的整体形象和品位；建设青竹湖大道管理用房及停车场、四方坪立交桥下活动板房停车场，对湘江风光带亮化维护、湘江世纪城江堤段给排水、秀峰公园给水，进一步保障基础设施和城市功能的完整性；对福元路大桥下桥口、营盘路隧道立体绿化、渔业路隧道、新竹二小、开福一中、长雅中学、四方坪小学等10处进行立体绿化，进一步提高园林景观档次和标准。

绿化管理。2017年，成立开福园林监察队，外聘10名巡查执法队员，与城管执法队联合执法，实行公共绿地全域化常态巡查管理。2017年，处理占绿毁绿事件91起，及时办理110接警案卷及各类处突应急案件228条，处置行政审批55件，查勘死危树260余株，保证居民群众的人身安全。对照市造绿复绿办考核任务，全年建成新增绿地面积49.22公顷，完成新建公园绿地36.73公顷，其他各专项建设进展顺利。经过实地查勘筛选，确定滨江、洪雅、盛世路、陈家湖、四季花城5个社区为开福区绿色创建示范社区；拟定开福区农林水利局、滨江文化园和湘江壹号3家单位为花园式申报创建单位；开展全民义务植树活动，新建1个市级义务植树基地、5个区级植树植保基地、12个中型以上植树植保基地，栽植乔灌木及地被87万株，新增绿地19万平方米。

【湖南省政协主席李薇薇到开福区参加义务植树活动】3月15日，湖南省政协主席、党组书记李薇薇，长沙市政协主席文树勋，长沙市政协秘书长谭志一行，参加在开福区植基塔小游园举行的义务植树活动，与开福区干部群众一起义务植树，弘扬植绿、护绿、爱绿的文明新风。为深入开展全民义务植树活动，开福区园林绿化管理局开展“全民护绿、万人植树”活动。植树节活动当天，开福区各街道区直部门，社会单位及广大市民群众1万余人参与义务植树活动。在开福区城市干道旁铺种1万余平方米草皮，栽种樟树、桂花、银杏、茶花等8000余株优质树种，新增4万平方米的城市新绿。

【完成北辰滨江廉政文化主题公园项目建设】2017年，为弘扬正能量，凝聚社会大众正义勇敢、奋发向上的精神力量，开福区园林绿化管理局实施北辰滨江廉政文化主题公园项目建设，打造社会主义核心价值观中心广场，建成近6000平方米寓教于景的绿化带、雕塑、休闲场所和宣传长廊，并利用6墩形象造型石巧妙地向前来游玩的市民展示20位“开福好人”，宣传身边的好人好事。北辰滨江廉政文化主题公园项目投资估算311万元，主要实施内容为在保持公园自然景观及休闲功能的前提，加入湖湘廉政文化元素，改造成带有“廉”元素的绿化带、雕塑、休闲场所、宣传长廊等。项目于2016年6月30日完成立项，2017年7月22日挂网，8月22日开标，9月7日在开福区园林绿化管理局召开技术交底会，该项目总工期90天，其中设计工期30天，施工工期60天。

【为名贵树木悬挂标识牌】11月26日，开福区园林绿化管理局对湘江风光带、社区公园、月湖公园等公园广场5000多名贵棵树木统一悬挂标识牌。标识牌除介绍树木的名称、科属、用途等内容，还附有二维码，只需用手机一扫，树木的品种、习性、喜好等信息便一目了然，堪称树木的“身份证”，极大地补充树木标识牌的信息量，增强市民认识植物、了解植物的兴趣。标识牌专门采用亚克力板制作，可以抵抗雨雪侵蚀；激光刻字的方式，让标识牌上的文字不易褪去、更加耐用。树木“身份证”第一批共制作安装5000多个，涵盖70余种植物。

（王佳乐）

征收工作

区征地办

主　任　苏　武
副主任　曹　希
　　　　李　艳（2017.6任）
　　　　余　彬（2017.6免）

概况　开福区人民政府征地办公室内设1办3科，即综合办公室、拆迁管理科、安置审核科、财务管理科。区征地办核定全额拨款事业编制9名，2017年实有工作人员19名，其中在编人员7名，聘用人员11名，借用人员1名。2017年，完成53个项目清零，实现腾地403.2公顷，拆除房屋1401户，确保集体土地征地拆迁安置工作政策平、大局稳、人事安、推进快。

加快项目签约。坚持项目为王，与国土、街道等职能部门团结协作，依法依规、公平公正，确保项目拆迁快速推进。2017年，新启动项目46个，征收土地314.87公顷，拆迁房屋1237户，动迁人口4160人；续拆项目14个；扫尾项目14个。实现腾地403.2公顷，拆除房屋1401户，创造“15天完成金霞大道（冯蔡东路）签约清零”“15天完成铁港南路签约清零”“15天完成医药流通产业园（纽曼）签约清零”“30天完成高岭仓储签约97%”“30天完成保税二期签约96%”“二公告期内完成湘绣文化园178户合法签约”的征拆速度，实现区委、区政府快速签约、快速推进的目标。

严格指标审核。严格把关，及时审核住房安置和货币安置人员名单。2017年，完成26个项目、6283个安置指标（其中：申购保障住房指标数5754.5个，申请货币补贴指标数528.5个）的审核工作。认真审核纳入两保体系人员名单、延期过渡费发放、“半边户”等工作，纳入社会保障体系3738人，完成61批次6541人、月发放额432.41万元的延期过渡费审核工作；向市局报送“半边户”资格申请296户，批回资格确认单279户，批准率94%。主动协调市国土局、市征地办，及时申报“两保”用地指标，审回“两保”用地指标53.33公顷亩，累计审回404.67公顷；认真核准申请货币安置人员名单，对接市财政部门，批回市级货币补贴资金4963.58万元。

依法处置遗留问题。坚持以人为本做好思想工作，依法依规执行司法腾地程序，做到两手抓、两手硬。2017年，完成53个项目清零，其中扫尾项目清零10个，特别是朝正垸项目拆迁腾地工作，充分发挥牵头抓总协同作用，严格坚守政策、主动服务、共同推进，确保项目在6月30日前全面完成扫尾清零，为马栏山视频文创园启动开发建设奠定坚实基础，得到省、市、区各级领导的充分肯定。统筹抓好双河湾农民安置房、胜利村城中村改造一期、二期、三期、福鑫苑二期、开福大道、霞凝货站、宏博纸业等时间跨度长、遗留问题多、工作难度大的项目拆迁扫尾，妥善解决难题，防止矛盾激化。

保障住房安置。按照安置房建设进度，及时审定拟分房人员名册，联合区城投、街道等部门提前做好分房工作方案，报区人民政府批准同意后，成功实施福港苑第三批次、福竹园二期第一批次、荷韵园第一批次分房，实现分配安置住房436户、859套，安置指标1146.5个；结合房源供需实际，制定福鑫苑安置小区分房工作，做好前期筹备工作，有效缓解金鹰片区安置压力。

（蒋登凡）

区城市房屋征收和补偿管理办公室

主　任　陈晓蓉
副主任　高晓红　王　特

概况　开福区城市房屋征收和补偿管理办公室（以下简称区征收办）为开福区政府的房屋征收部门，区政府直属全额拨款正科级事业单位，主要负责组织实施、监督辖区内国有土地上的房屋征收与补偿工作。内设综合法规科、征收拆除科、财务科、信访维稳科4个科室。有在编在岗人员12人，临聘人员7人。

推进项目征收签约。2017年，开福区实施国有土地上征收项目32个，其中新启动项目22个，扫尾考核项目10个。全年完成签约1614户，实现东风二村棚改项目（一期）、长沙市一医院项目、长沙市八中宿舍等12个项目签约清零，为实现项目拆除交地考核加分奠定坚实基础。全面完成项目清零腾地。2017年为征收项目清零腾地年，为全面完成市对区考核任务，实现保二争一的工作目标，区征收办及片区指挥部将清零腾地作为工作的重中之重来抓，分片区下达清零腾地工作任务及目标，精准调度，强力攻坚，工作取得突破。截至2017年年底，完成清零腾地项目14个，分别为长沙市一医院项目，S5、S6、S9地块项目，S庆和里周边地块和S前进服装厂地块棚改项目，S10—2地块项目，S10—2—1地块项目，S10—3地块项目，东风二村棚改项目（一期），汽电地块棚改项目（一期），清水塘炮后街棚改项目一期、二期，滨河北路及捞刀河绿化带建设项目，冯蔡东路项目，鹅秀路项目，轨道六号线（烈士公园站）。重点攻坚遗留问题化解。征收部门坚持一把手亲自抓、负总责，对重要信访事项亲自过问、亲自处理、亲自督办，定期接待群众来访、及时办结信访案件等制度。2017年，接待来访群众48批80人次，其中办理省、市信访局及市、区纪委交办件3件。结合全市信访百日攻坚行动，化解历史遗留问题41起。

建设征收电子信息系统。为规范征收资料档案管理工作，提高征收管理水平，根据市征收办下发的《长沙市国有土地上房屋征收与补偿信息系统升级建设方案》，综合实际，2017年，开福区引入征收补偿信息系统，启动征收项目信息资料的电子采集工作，采集11个新项目及45个续征项目的信息资料，完善项目资料的规范化管理，便于征收档案资料的归档及高效查询。

征收业务培训。为提高工作人员征收业务水平和素质，2017年，组织开展国有土地上房屋征收工作人员业务培训暨廉政建设培训，全区约300人参加，集中就征收工作流程、征收电子信息系统建设、征收操作中各类业务工作以及征收廉政建设等相关事项开展业务授课，培训后组织征收上岗考试，确保征收工作人员持证上岗。

【探索推行“裁执分离”】为解决被征收人签订协议后拒不履行搬迁义务的难题，区征收办拟通过“裁执分离”的方式解决征收搬迁问题。2017年，区征收办联合区法院、区法制办赴长沙县法院学习“裁执分离”工作经验，并多次组织召开研讨会、司法互动会进行专题探讨，初步形成《国有土地上房屋征收项目拒不履行征收补偿协议非诉执行“裁执分离”的工作方案》，为征收补偿协议的履行提供理论参考。

（邓　霜）

棚户区改造

区棚户区改造办公室

主　任　刘勇红

副主任　刘红南　吴建军

　　　　张文华（2017.2任）

概况　开福区棚户区改造办公室于2013年9月成立，为全额拨款事业单位，核定编制5名，同步组建长沙市大城北棚户区改造投资有限公司，负责全区棚改项目的策划、规划、征收、招商、开发等工作。2014年7月，根据市棚改统贷平台的要求，成立长沙市开福棚改投资有限责任公司，作为市棚改公司的全资子公司，专门承接国开行棚改贷款资金。棚改办、大城北棚改公司、开福棚改投实行“多块牌子、一套人马”，合署办公。棚改办和棚改公司内设办公室、项目部、财务部、工程部。2017年，区棚改办有在职在编干部职工9人，棚改公司24人。

推进棚改征收。2017年，完成棚户区改造2827户、16.93万平方米，完成投资17.1亿元，分别为年度任务的101%、105.09%、101.12%。完成东风二村一期、黄兴北路S10-3地块等7个续建项目的扫尾清零，启动德雅路片区丝茅冲二期、东风二村二期等4个新建项目，其中德雅路片区丝茅冲二期棚改项目在全市率先启动，完成签约483户、签约率96.02%，实现当年启动征收、当年进入扫尾。

抢抓项目建设进度。清水塘炮后街棚改项目于2017年3月8日正式开工建设，完成护壁桩施工和基坑土石方开挖外运。开福寺周边地块项目规划方案呈报市规划局审查。潮宗街历史文化街区修建性详规报市规划局审查。

保障项目资金。2017年，申请贷款资金29.09亿元，其中争取国开行贷款资金17.7亿元、中央棚改专项资金0.29亿元、城发基金5.44亿元、配套及商业贷款5.65亿

9月14日，长沙市安居棚改领导小组常务副组长刘新程（中）督查开福区棚改项目扫尾清零工作

元，支出各项资金28.86亿元，确保资金链安全和资金使用效益。完成六堆子巷周边地块等9个政府购买棚改服务项目的开行授信112亿元，占全市19个项目开行总授信78%。

多方筹措棚改房源。订购福泽园、新桥小区三期、幸福考拉、东业上城等优质低价房源1152套、总房款6.68亿万元，促进征收签约。

科学编制棚改计划。结合开福区实际，将集中成片的棚户区近1.5万余户棚改存量打包纳入2018—2020年棚改三年行动计划。将成熟度高、资金准备充分、具备开工条件的项目优先纳入2018年棚改计划，确定2018年棚改任务。

【国家开发银行副行长张旭光调研开福区棚改工作】4月7日，国家开发银行副行长张旭光调研开福区棚改工作，张旭光一行现场考察清水塘炮后街棚改项目和太平路片区—吉祥巷片区改造项目。湖南省住建厅副厅长宁艳芳、长沙市政府副市长廖建华及开福区委、区政府主要领导陪同调研。清水塘炮后街棚改项目是统贷平台项目，位于国际金融大厦至福康里以东、长沙市一中以南、清水塘以西、八一桥以北，总用地3.27公顷，涉及房屋693户、房屋面积5万余平方米，房屋全部拆除倒地，并启动项目建设。作为长沙“四增两减”的典型项目之一，清水塘炮后街棚改项目完成改造后，将新增教育用地约1.47公顷、1340个停车位，拓宽清水塘路，建成582套回迁安置房，在提升周边配套的同时，提高片区绿化率。太平路片区和吉祥巷片区棚改项目为开福区通泰街街道辖区范围内相邻的两个项目，总用地约18.87公顷，涉及户数约5000户，需征收房屋建筑面积约40万平方米。

（许惠玲）

城市管理综合执法

区城市管理综合执法大队

大 队 长　杨知强
教 导 员　聂新伍
副大队长　周继元
　　　　　胡　丹　何世林
　　　　　廖国强（2017.1任）
　　　　　唐国胜（2017.3任）
　　　　　陈　焰（2017.3免）

概况　长沙市开福区城市管理综合执法大队（以下简称区城管执法大队）成立于2000年6月，是参照公务员法管理的正科级全额拨款事业单位。区城管执法大队内设机关科室4个：办公室（副科级）、法制科（副科级）、政工科、督查中队；直管中队6个：控违拆违中队、特勤中队（广告中队）、餐厨垃圾中队、湘江大道北中队（园林中队）、月湖公园中队（渣土中队）、五一广场北中队（市政中队）；在16个街道各设置驻街中队1个。人员编制数为221人，截至2017年年底，有在编在岗干部职工207人。

2017年，区城管执法大队按照上级领导的工作要求并结合开福区实际，以“五乱”整治工作为契机，全面深化“最严城管”。全年大队办理行政处罚案件5762起，罚款149.35万元，取得较好的工作成绩，有力遏制各类城市管理乱象。为防止执法中队乱作为，大队法制部门加强执法案卷审核把关，在区法制部门组织的行政执法案卷评查中，区城管执法大队荣获全区第一名。2017年，组织召开听证会50场，有9起行政诉讼案件全部因程序到位审判机关作出维持的决定，且落实诉讼案件行政负责人出庭应诉制度，全部行政诉讼案件由行政负责人出庭应诉。

“三车三场”专项整治。全面推行“三化四加强”（“三化”即日常监管制度化、集中整治常态化、队伍建设正规化。“四加强”即加强宣传教育、加强经费投入、加强协调汇报、加强督查考核）举措，规范开福区“三车三场”综合整治工作。2017年，组织联合整治行动160余次，出动人员1万余人次，查处渣土类违规案件330起，罚款85.71万元。通过强力整治，全区主次干道违规渣土车数量明显减少，沿途撒漏污染乱象显著改善，基本杜绝黑工地、黑消纳场处置渣土的现象。

拆违控违专项整治。在区委、区政府的科学统筹下，区城管执法大队根据《长沙市城市建成区违法建设专项治理工作五年行动方案》和《开福区进一步加强拆违控违工作的实施方案》要求，以严格控制新增违法建设为主要任务，同步推进遗留违法建设的查处、拆除和消化处置。有力贯彻“第一时间发现、第一时间查处、第一时间拆除”的要求，落实拆控并举、以控为主、以拆促控的原则，有效巩固和提升“史上最大规模拆违控违行动”工作成果，取得良好成效。2017年，全区组织大型拆违行动300余次，出动执法力量1.8万余人次，拆除违章建筑1156处，面积15.15万平方米。

“五乱”集中整治。在市城管委统一安排及部署下，区城管执法大队成立城市管理乱象集中整治领导小组，持续开展市容秩序“五乱”集中整治，通过设置现场处罚点等多种形式掀起整治高潮。全年开展“五乱”集中整治行动1900余次，出动执法人员23041人次，对“乱设乱贴、乱摆乱卖、乱搭乱占、乱停乱放、乱吐乱扔”等五类违法违规行为累计教育劝导、处罚25672余起，罚款127.4万元。有效遏制群众反映强烈、严重影响城市品质的城市管理乱象问题，市容秩序得到明显改善。

城管执法队员查处违规车辆

分片联合执法。根据区领导关于科学划分城市管理片区，整合城市管理资源，形成城市管理联合整治拳头力量，营造日常整治高压态势的相关指示精神，区城管执法大队成立以大队长为指挥长的分片联合整治指挥部，将辖区划分为四个执法片区，分别由四名副大队长联片负责，联合区城管公安大队、各街道办事处，按照“属地为主、执法牵头、统一调度、分片整治”的工作原则进行常态化分片联合整治。2017年，开展联合整治行动100余次，有效整治城市管理的重点难点问题，营造规范有序、精致精美、和谐文明的城市环境。

静态交通执法。为提高城管执法效果，规范车辆停放，确保区域道路畅通，2017年，区城管执法大队根据区城管委《关于创新开福区静态交通管理机制的实施方案（试行）》文件要求，将城管部门采集的违停信息录入交警抓拍系统外网，建立执法共享平台，实现城管、交警联动处罚机制。通过联动执法模式，不断拓展机动车静态停车执法工作联勤联动范围、方式和内容，减少执法空隙，整合双方资源，充分实现融合、协同和职能共担，最大限度提高执法效率和处置率。

2017年，抄录擅自占用人行道停放的机动车8098台次，城管执法部门处罚到位1362台次，罚款13.62万元，移送交警部门3239台次，交警抄录2528台次，有效遏制机动车占人行道乱停乱放现象。

户外广告整治。区城管执法大队对照市城管委办公室下发的违规户外广告招牌、楼顶发光字集中整治任务清单，2017年，处理违法设置广告招牌行为440余起，立案查办未经行政审批擅自设置广告的违法案件48起，拆除违章户外广告330处，面积4.18万平方米。

“门前三包”执法。区城管执法大队积极探索“五化”保障模式（城市管理网格化、日常执法片区化、交通管理协同化、法制保障常态化、诚信机制约束化），从严查处“门前三包案件”，全面深化“最严城管”，推动“门前三包”工作。全年办理“门前三包”类案件2956起，罚款22.96万元，有效提升主次干道、背街小巷市容环境卫生水平。

食品安全及餐厨垃圾整治。按照市、区食品安全整治要求结合市城管局餐厨垃圾考核要求，根据区食品安全工作领导小组的统一部署，区城管执法大队组织各中队在校园周边和农贸市场周边开展餐厨垃圾非法收运专项整治行动和无证食品流摊整治行动，通过集中整治、蹲点守候等手段对非法收运餐厨垃圾行为及无证食品流摊进行严厉打击和查处。截至2017年年底，办理餐厨垃圾专业案件47起，处罚金额2.9万元；查处各类无证食品摊担1714起，罚款19.07万元。

防汛救灾工作。2017年6月底至7月初，长沙市遭遇超历史最高纪录的大洪水，区城管执法大队积极履职、主动作为，成立抗洪抢险应急分队，发扬城管铁军精神，堵管涌、筑堤，夜以继日奋战在抗洪一线。防汛期间，区城管执法大队共出动人员4000余人次，车辆170余台次，聘用民工2250人次，采购大量抢险应急物资，及时处置湘江大堤五水厂、湘江大道开福寺路口、湘江大道湘雅路口、湘江大道中山西路口等多处重大险情，保障人民群众生命财产安全。

服务全区中心工作。区城管执法大队全力配合区各重点工程项目建设，严格按照各重点项目建设指挥部的要求，加强部门联动和工作对接，推进违章拆除、强制排危、法院强拆、围挡整治等工作。2017年，区城管执法大队主要参与黄兴北路棚改征收项目、捞刀河街道交通枢纽项目、香江2-2项目、高岭村村民生产发展用地项目、彭家巷路项目、青竹湖医药流通项目、军民融合项目、四方坪丝茅冲棚改项目、浏阳河街道社保融资用地等44处项目建设，有力地保障各重点工程的顺利推进。2017年，受理12345工单144件，处理12319数字化平台案卷2296件，84558181城管电话平台受理群众投诉4226件。接待群众来访者60人，受理来访信件64起，办理人大、政协提案5件，做到件件有落实，事事有答复，及时解决群众反映的问题，化解矛盾纠纷。2017年，参加现场维稳行动40余次，出动执法力量2500余人次。做好省市区两会、亚太环保论坛、开福寺庙会、第二届世界物联网峰会等重大活动维稳工作。2017年，湖南卫视、湖南都市、《湖南日报》、《长沙晚报》等各级新闻媒体宣传报道60余次。

【迎接中央环保督察】4月至5月，中央第六环保督察组对湖南省环境保护工作进行全面督察。区城管执法大队从2017年初开始，加强对涉环保方面的城市管理执法工作，对违规露天烧烤摊点开展持续整治，加强对餐饮门店未安装油烟净化器的查处力度，联合街道、环保部门对未使用清洁能源的餐饮门店进行集中整治，对油烟扰民、工地夜间施工扰民开展专项整治，有效改善城市环境。环保督察期间，区城管执法大队受理中央环保督察组交办案件89起，全部按时完成，完成率达到100%。

（刘　波）

环境保护

区环境保护局

局　　长　戴紫艳
副 局 长　李鹤群　高　勇
　　　　　刘　声
纪检组长　孙杨克（2017.6免）

概况　长沙市开福区环境保护局是开福区人民政府行政组成局，内设4个科室（办公室、法规综合管理科、污染物总量控制科、科技自然生态保护科），下设2个二级机构（环境监察大队和环境监测站）。2017年，有干部职工24人，其中在编人员22人，政府雇员2人。局机关核定人员编制8名，实有人员8人；环境监察大队核定人员编制8名，实有人员6名；环境监测站核定人员编制5名，实有人员10名。

基础工作。齐抓共管的“大环保”格局初步形成。开福区委区政府高度重视环境保护工作，全年区委常委会、区政府常务会5次研究环保工作，召开区环委会全会4次，多次专题调度大气污染防治特护期、黄标车淘汰等重点难点工作。通过中央环保督察的锤炼，环境保护“党政同责”“一岗双责”深入人心，全区上下形成主动作为、密切配合、齐抓共管环保的工作氛围。建立健全约谈、巡查交办、督查督办等工作机制，在各街道城管办统一挂牌成立街道环保站，明确分管领导、站长和专干，体制机制得以理顺，环保工作合力不断加强，主要领导高度重视、责任单位各负其责的大环保工作格局基本形成。区域环境质量稳中向好。全年平均空气质量优良率为72.9%，高于全市平均1.1个百分点，地表水水质状况基本稳定，湘江开福段水质优良率100%，中央环保督察组交办的183件信访件全部办结、销号，解决一大批群众反映强烈的环境问题，信访受理、处理、满意率均为100%，群众满意度和环保意识不断提升，全年未发生等级环境污染事故，保障区域环境安全。在市对区绩效考核中，开福区生态环境保护考核结果为一等。

大气污染防治。开福区强化“五气”共治、项目推动、“人防+技防”巡查、约谈督促等手段，突出工地扬尘、餐饮油烟管控等重点，从三个方面着手开展大气污染防治攻坚。即建立特护期调度长效机制。特护期期间，区领导每周调度，空气质量达到重度污染，实行日调度机制。对辖区内60余家建筑工地负责人进行集体约谈，督促相关单位切实落实责任。构建“人防+技防”全覆盖监管模式。成立由区政府督查室、环保、建设、城管等部门组成的特护期督查工作领导小组，抽调专人，配备专车，两个常规巡查组和一个机动组相结合，巡查组全天候交叉巡查和无人机巡查相结合，构建大气污染防治“人防+技防”新模式，密集巡查，并利用微信和督办函快速交办、督办。“五气共治”与创新管理相结合。以工地扬尘、工业废气、机动车尾气、餐饮油烟、燃煤垃圾秸秆烟气为重点，不断探索新的高效治理模式。

水污染综合防治。制定并印发《2017年度长沙市开福区一江四河水环境综合整治实施方案》，实施专项整治十大重点行业、黑臭水体污染整治、楚家湖水环境综合整治等21项水污染防治项目。主动作为，圆满完成2017年度黑臭水体整治工作任务，按照“控源截污、内源治理；活水循环、清水补给；水质净化、生态修复”的技术路线，优质高效地完成金竹河、南干渠、北干渠等22处黑臭水体（二期工程）的整治。开展浏阳河综合整治、楚家湖综合整治、十大重点行业专项整治等整治行动，完成开福污水处理厂提标扩建（提标20万吨/日至一级A，扩建10万吨/日），建立区、街道、村（社区）三级河长制管理体系，并依托农村面源污染治理、美丽乡村建设以及城市管理工作，实施农村“三清四化五改”行动，建立水体管护养护机制，实现长效管理、标本兼治，提升区域水环境质量。

开展“静音”行动。开展社会生活、工业、建筑工地3个领域的噪声项目治理，在荷花池社区创建噪声控制示范区，完成人健干粉砂浆的噪声治理，安装噪声、扬尘在线监控59台套（其中搅拌站14家、建筑工地45个）。组织“三考”静音专项行动，出动执法人员140余人次，出警10次，对考点周边的商店、工地、娱乐场所等噪声源单位进行全天候巡查，严格控制噪声污染，给广大考生营造一个良好的备考、考试环境。全年收到噪声投诉220件，受理率、处理率、回复率均为100%。按照区域环境噪声监测要求，一年两次对开福区17个噪声控制点位的区域环境噪声进行监测，获得有效监测数据34组，

2017年度执法检查、调查取证

全年区域噪声平均值54.5分贝。

土壤污染防治。宣传先行。“6·5”环境日期间，开福区以展板、宣传单、有奖问答等形式进行土壤污染宣传教育，在青竹湖、传化物流、金鹰文化城设立三块大型公益广告牌，面积600余平方米，发放宣传资料6000余份，提升群众土壤污染防范意识。以面源污染整治为抓手，加强源头管控，将长沙市青竹湖森林公园列入“双随机”日常监管和网格化管理，加强管理和维护。完成全区土壤污染源、污染地块调查与评估工作，建立全区污染地块名录，组织农业废弃物的清查，启动生态保护红线划定工作，夯实土壤污染防治基础。

固体废弃物污染防治。根据《开福区危险废物专项整治工作方案》要求，在全区范围内开展涉及危险化学品和危险废物的企业单位的全面排查，强化对危险废物收集、处置单位的监管，严格执行危险废物申报登记、转移管理制度。对非法转移危险废物、无危险废物经营许可证或不按照规定收集、贮存、利用、处置危险废物等环境违法行为依法严肃查处。组织全区所有产生危险废物的工业企业和医院以及4S汽车店进行培训学习，通过下发文件、印发资料、现场指导，使产废单位明确各自的主体责任，自觉接受环保监督，逐步规范危废管理。全年有76家单位建立健全危险废物管理台账和档案，并纳入日常环境监管。全区14个预拌商品混凝土生产企业，清洗搅拌车内罐废料经压滤机处理后产生的废渣都进行综合利用或无害化处置，杜绝乱倾乱倒工业废渣的违法行为。

推进污染减排。对全区工业源、农业源、生活源、集中式处理设施源及国家重点监控企业开展环境统计。严格执行《长沙市建设项目主要污染物总量指标管理实施细则》，从严控制工业企业的新增排放量，规范实施新改扩建项目总量审核。积极开展结构减排和管理减排工作，完成开福污水处理厂提标改造。加强开福、金霞、新港3个污水处理厂的

6月3日，开福区聘请10名“中国好人”为“民间河长”

日常监管，确保稳定运行，出水达标排放，要求其按时按规上传污染源自动监控数据、自行监测结果。

环境审批。严格环境审批和环境准入。根据《中华人民共和国环境保护法》《中华人民共和国大气污染防治法》等环保相关法律法规，区环境保护局行政许可事项为建设项目环境影响评价文件审批、三同时竣工验收、排污许可证（水、大气）的核发、危险废物经营许可证核发、建设项目防治污染设施的拆除或闲置批准审批5项，均由区纪委监督实施。2017年，审批建设项目环境影响评价文件52个，办理建设项目环保竣工验收28个，核发排污许可证10本。区政务大厅环保服务窗口被评为“2016—2018年度全省依法办事示范窗口单位”。

环境监察与执法。健全“网格化+双随机”环保监管机制，理顺街道环保站工作机制，聘请专业律师为顾问，严格执法程序，区检察院和公安分局分别设立驻环保局工作联络室，加强工作联系和调度，确保案件质量和效率。全年查处案件125件，其中，行政处罚案件72件，四个配套办法案件20件（包括查封扣押案件13件，按日连续计罚1件，停产限产案件6件），移送公安11件，行政拘留9人，涉及刑事2件，刑事拘留2人。行政处罚案件办理、重大案件办理数量和处罚金额同比均大幅增长。六种主要案件类型齐全，案件质量大幅提高，案卷程序合法、适用法律准确、证据链完整。2017年，开福区环保局被市环保局评为行政处罚案卷评比优秀单位，环境行政处罚案例被区法制办评为典型指导案例。

实施环境经济政策。开展排污权有偿使用和交易，完善排污许可制度、主要污染物排污权有偿使用和交易机制，实现6家新建项目总量核定、12家工业企业排污权交易，新改扩建项目排污权交易率100%。根据企业环境行为信用评价实施要求，对开福、金霞污水处理厂等企事业单位开展环境行为信用评价，并将评价结果对社会公布。通过引导公众参与环境监督、银行等市场主体了解企业的环保信用和环境风险、构建环境保护“守信激励”和“失信惩戒”机制等主要措施，逐步形成以信用机制督促企业履行环保法定义务的工作局面。

实施清洁能源改烧。根据《长沙市人民政府关于扩大高污染燃料禁燃区范围的通告》精神，开福区内禁止燃烧原煤和煤质燃料以及重油、渣油等高污染燃料，各有关单位和个人应使用天然气、液化石油气混空气、人工煤气、液化石油气、轻质柴油、电等清洁能源。2017年，区环保局组织各街道对辖区内相关单位逐户排查，对核实确认的长沙市心齐食品有限公司、长沙利永纸制品包装有限公司两家仍使用高污染燃料的单位限期整改，拆除燃煤锅炉，改烧清洁能源，实现开福区全域燃煤锅炉拆除或清洁能源改烧，燃煤锅炉彻底退出。

开展挥发性有机物整治。投入580余万元，对长沙市政维护油料厂两套沥青拌合设备进行环保升级改造，两套设备完成改造后，生产过程中产生的沥青烟尘、生产完毕后洗锅产生的粉尘得到有效的吸附、收集、处理。对湖南华运通汽车销售公司等5家汽车4S店挥发性有机物（VOCs）进行综合整治，全面完成开福区境内汽车4S店挥发性有机物整治工作。

接受中央环保督察国检。4月24日至5月23日，中央第六环保督察组进驻湖南省开展环境保护督察工作，开福区上下密切配合、主动作为，全面夯实各项工作基础，扎实推进监管大执法、隐患大排查、问题大整改、信访大化解等行动。督查组进驻后，开福区成立由区委书记任顾问、区长任组长的协调联络组，下设5个专项工作组，开展各项工作。严密组织，从主要责任单位抽调精干力量集中办公，实行24小时值班制，建立“八统一”工作制度，建立健全信访投诉问题分发交办、核查处理、联合审查等工作机制，规范信访投诉件受理、交办、督办、统计、会办、反馈、归档等工作程序，坚持案件交办不过夜、统计工作不过夜。督察期间，开福区收到信访举报转办件32批次183件（主办159件，协办24件），占全市12.1%。其中重点案件13件（主办8件，协办5件），占全市8.12%。按污染类型分，生态2件，涉水16件，涉气25件，油烟51件，噪声49件，固废1件，垃圾17件，畜禽养殖2件，其他20件。数据显示，群众最关心的、反映最多的是油烟污染问题，占总投诉件的27.9%。其次是噪声污染，占总投诉件的26.8%。重复投诉主要为5类，主要为铁路沿线噪声扰民问题、芙蓉北路交通噪声扰民问题、垃圾清理问题、工业园问题和楚家湖及其周边问题。截至6月5日，督察组交办的信访件全部办结，其中属实174件，不属实9件。责令整改94家，查封扣押1家，停产限产6家，立案处罚5家，罚款17.7万元，约谈3人，问责4人。2017年下半年，开展对中央环保督察信访交办件的回头看，严格按照信访交办件销号标准，逐件核查，所有信访交办件均达到销号标准。

组织环境保护“春雷行动”。为加快解决区域内突出环境问题，切实改进环境保护工作，提高生态文明建设水平，开福区从2017年1月1日起，开展为期3个月的环境保护“春雷行动”。“春雷行动”包括“监管大执法”“隐患大排查”“问题大整改”“信访大化解”“档案大清理”和“机制大融合”等六大行动，聚焦大气、水、声、土壤、危废、固体废弃物等领域存在的突出环境问题和环境违法行为，切实解决环境监管不力、底数不清、久拖不决、化解不力、责任不清和档案缺失及环保部门单打独斗等问题。春雷行动期间，组织行动11次，对涉嫌环境违法的23家企业立案查处，对4家企业实施行政处罚，对4家涉嫌非法收集处置危险废物企业实施查封（扣押），2个案件移送公安。对摸排出的突出问题，发现一处，交办一处，解决一处，夯实区域环保工作基础。

加强环保宣传教育。2017年，环保宣传工作坚持“推出精品、扩大影响”的指导思想，通过加大新媒体宣传力度、利用重大环保节日影响、丰富宣传载体、积极推动环保教育基地创建、密切联系媒体等方式，不断扩大开福环保影响力。“6·5”环境日期间，组织以“好人当河长，水美映开福”“绿水青山我守护，‘五零’创建我先行”“共护青山绿水，共建两型开福”等为主题的多场大型宣传活动，聘请“中国好人”和道德模范志愿者担任民间河长，在《光明日报》、湖南卫视（新闻联播）、《湖南日报》、《长沙晚报》等新闻媒体报道。湖南日报以《大美开福，绿色崛起——长沙市开福区绿色发展纪实》为题进行报道。

（屈晓燕　张　伟　周　良　邹　霞　孔文杰　彭　韬　刘　军）

【开福区生态环境保护委员会第一次全会暨“一江四河”保护治理工作会议召开】2月15日下午，开福区生态环境保护委员会第一次全会暨“一江四河”保护治理工作会议召开。区委书记沈裕谋出席并讲话，区领导张春雄、罗伟明、蒋君参加。会议听取生态环保、黑臭水体整治、污水厂管理运行、农村面源污染治理、雨污分流整治、“河长制”建立、城市排口管理等工作情况汇报，集中交办一批生态环境保护问题清单，审议《长沙市开福区2017年度大气污染防治攻坚实施方案》《2017年度长沙市开福区“一江四河”水环境综合整治实施方案》《关于做好迎接中央省市环境保护督查工作方案》。沈裕谋要求，对环保工作认识必须到位、任务必须明确、保障必须到位，确保各项环保工作任务落到实处。

【成立街道环境保护站】3月24日，开福区召开街道环境保护站授牌暨迎接中央环保督察工作推进会议，市环保局副局长邓民生、区政府副区长蒋君出席，区环委会相关成员单位负责人、16个街道环保工作分管领导、环保站长等50余人参加会议。会议要求，各街道环保站挂牌后要切实履行环境保护工作职责，确保工作落实到位；各单位要认真做好中央环保督察迎检准备工作，确保环保工作经得起督察组考验。街道环境保护站由分管城管的副主任分管，配备站长和专干各1名。街道环保站工作职责是全面负责本辖区内生态环境保护工作，对本辖区内环境质量负责；负责完成上级下达的生态环境保护工作目标任务，制定具体工作计划并实施；承担本辖区内环境管理工作，了解和掌握辖区范围内的污染现状及治理情况，建立污染源档案，配合上级有关部门做好环保执法工作；负责辖区群众环境投诉协调处理工作，做好污染纠纷的调解、调查等工作；负责区域内环境保护宣传教育，积极宣传环境保护的方针和政策，普及环保知识。2017年，组织街道环保站长和专干参加省法制办组织的执法证考试，16人通过执法证考试，取得环保执法资格。

【市政府第二督查组对开福区大气污染防治工作进行专项督查】 11月14日，市政府第二督查组对开福区大气污染防治工作进行专项督查。督查组一行先后现场巡查辖区内建筑工地、听取工作情况汇报、查阅相关资料。督查组要求，开福区要提高政治站位，扎实做好各项工作；压实工作责任，落实垃圾秸秆禁烧、建筑工地扬尘监管、餐饮油烟控制等工作责任；完善体制机制，强化源头管控，形成执法监管长效机制；加大执法监管力度，严厉打击环境违法行为，坚决打赢大气污染防治攻坚战。

（屈晓燕）

9月28日，长沙首台“雾炮洒水车”，又名多功能抑尘车，在开福区投入作业

教育·科技

教育

区教育局

局　　长　谭树茗
副 局 长　彭　意　龙　舟
　　　　　王　平
　　　　　谭广林（2017.1任）
主任督学　毛建高
纪检组长　陆跃宁（2017.6任）
　　　　　王众思（2017.6免）

概况　开福区教育局内设办公室、基础教育科、民教幼教科、组织人事科、学校安全科、规划建设科、计划财务科及监察审计科8个职能科（室）；设区教育科研培训中心、区少年宫、区教育考试中心、区教育后勤服务中心、区教育集中支付核算中心及区现代教育技术中心等6个二级机构。2017年，开福区辖区内有义务教育阶段学校68所，其中区属公办中小学校58所（其中小学51所、中学6所、九年一贯制学校1所），市属公办初中3所（明德华兴学校、周南实验中学、田家炳实验学校），民办学校2所（青竹湖湘一外国语学校、湘一立信实验学校），附中、附小5所（长师附小、科大附小、一师二附小、科大附中、长大附中），在校中小学生59494人（其中区属公办学校中小学生40518人）。区域内有注册幼儿园120所，在园幼儿22287名。教职工3614名。2017年，开福区教育局获评教育部全国质量监测优秀组织单位、中国教育学会优秀会员单位、湖南省网络研修先进单位、长沙市中小学德育工作项目化管理首批示范单位，创建成为中国教育学会十三五教育课改实验区。

优化学校规划建设。开放发展拓展教育资源，实施学校建设“三年行动计划”。2017年建成清水塘江湾小学、开福区实验小学等8所学校（幼儿园）并开学（园），新增优质学位约1.1万个；推进开福区第一中学、福元小学等14个项目建设。投入资金约4500万元，完成周南秀峰学校等19所标准化学校（美丽校园）创建任务，改善办学条件。推进名校合作办学，先后与长沙师范学院、明德中学、长郡中学签订合作办学协议。优化教育环境。落实学校安全主体责任和“一岗双责”，加大中小学（幼儿园）人防、物防、技防财政投入，积极创建“湖南省平安校园建设先进县市区”。区属公办学校幼儿园安装摄像装置2200余个，传达室统一配备一体式访客系统。加强学校（幼儿园）标准化传达室的建设，实施“明厨亮灶”工程，加强消防安全、食品安全、交通安全等重点管控，保障师生安全。

提升教育教学质量。提升教育教学质量，以绿色发展引领教育风尚。教育综合改革。加强现代学校治理能力建设，推进学校章程落实和各项制度的“废、改、立”。全面推进信息化与督导工作深度融合，建立区、责任区、学校三级督导评估信息网络，促进教育督导现代化。代表长沙市顺利完成教育部基础教育质量监测工作并获评优秀组织单

9月8日，恒大·御景半岛清水塘江湾小学交付仪式现场

位。在开福区实验小学改革试点，探索扩大学校办学自主权和教师队伍区管校聘模式。教育质量提升。坚持立德树人，实施素质教育，培养“德、智、体、美”全面发展的高素质人才。率先出台《落实〈长沙市减轻小学生过重课业负担的六项规定（试行）〉实施方案》，设立无书面作业日，切实减轻学生课业负担。组织举办中小学生“三独”比赛、田径运动会、小学生篮球、足球联赛等丰富多样的竞赛活动，承办长沙市九运会定向越野比赛、击剑比赛、体育舞蹈比赛，培养学生的兴趣爱好。教育教学质量整体提升，2017年，中考六科一次性合格率96.8%，位居全市第一。2017年，开福区教育成果丰硕，获评2017年度中国教育学会优秀论文组织奖、湖南省武术段位制推广先进单位、2016年度湖南省教育通联二类通联站、湖南省2017年度网络研修先进单位、2017—2018年度DI创新思维活动优秀组织奖、湖南省平安校园建设先进区、湖南省师德师风重点联系县市区、长沙市中小学德育工作项目化管理首批示范单位、长沙市中小学创新作文大赛优秀组织奖、长沙市“六五普法”依法治理先进单位。

义务教育。落实规范招生政策，以共享发展促进教育公平。坚持“公办不择校、民办不择优”总原则，巩固全区起始年级无一例大班额、公办学校无一例违规招生、无一例择校生的良好局面，逐步消除其他年级大班额，学区划分调整和招生入学工作平稳有序。进城务工人员子女教育资源覆盖全区47所中小学，解决8292名进城务工人员子女入学，安排78名残疾生进入区内学校随班就读。加快公办幼儿园建设,扩充普惠、优质学前教育资源，完善学前教育公共服务体系。获评长沙市体育大课间工作优秀组织奖、长沙市艺术展演工作优秀组织奖、2016年度长沙市教育系统先进工会、长沙市教育系统职工之家建设先进单位、长沙市中小学漫画大赛优秀组织奖、长沙市生物教师实验技能竞赛优秀组织奖、“光影与梦想”2017年全市摄影大赛优秀组织奖、长沙市第12届“我与语言文字”征文比赛优秀组织奖、长沙市毒品预防教育活动“优秀组织奖”、长沙市公安局单位内部治安保卫工作“成绩突出集体”、长沙市幼儿教师师德师风竞赛优秀组织奖、第四届长沙市社区教育优秀微课程评选优秀组织奖。

加强教师队伍建设。加强教师队伍建设，以创新发展激发教育活力。加大人才引进力度，公开选调优秀中学骨干教师17名，选拔中学校长1名、免费师范生1名、幼师10名，全市率先招聘编外合同制教师205名。派遣23名优秀教师赴郴洲市汝城县支教，完成校长教师轮岗交流82人，其中骨干教师6人。加强师德师风建设，完善教师职业道德教育、考核、监督、奖惩机制，培育“四有教师”。获评2016年度基础教育微课程项目建设先进单位、2016年“湘教云”建设工作优秀区县、长沙市“一师一优课、一课一名师”优秀组织奖、长沙市“2012-2016年群体工作先进单位”

【长沙市领导到开福区调研教学工作】1月17日，长沙市人民政府副市长陈中到开福区清水塘北辰小学调研教育工作。市政府秘书长厉江华，开福区区委副书记、区长刘佣兵等领导陪同调研。陈中一行察看学校的校园环境和硬件设施建设，听取清水塘北辰小学校长李春喜关于学校班额设置、师资力量、办学特色等方面的情况介绍。在参观学校特色教育——击剑馆及学生艺术作品的过程中，陈中对名校带分校的教育模式产生浓厚兴趣，他指出，一定要传承清水塘小学品牌的办学优势，利用分校新学校硬件条件优质、校园环境优美的优势，充分挖掘师生特长，形成教学新特色、新亮点、并以此带动青少年健康成长、全面发展。

【开福区召开教学现代化强区建设推进会】9月7日，长沙市开福区庆祝2017年教师节暨教育现代化建设推进会在青竹湖湘一外国语学校举行。开福区委、区政府主要领导，区直各部门、各街道党政负责人，开福区教育系统校长、书记和行政干部，以及受表彰的先进个人和先进单位代表近1000人参加会议。会议对近两年全区教育工作进行总结，对下阶段教育工作进行部署，并对教育先进个人和先进单位进行表彰。2015年开福区召开“加快建设教育现代化强区动员大会”，提出率先在全市基本实现教育现代化的发展目标。两年多来，开福区投入资金约24亿元，新建和改建学校24所，新增优质学位2.8万个，公开招聘教师40余名，公开选调优秀中学骨干教师27名，公开选拔免费师范生7名、幼师10名。此外，还与高等院校合作举办后备校长、班主任培训班，培养一批“名校长”“名班主任”“名教师”，开福区教育系统的师资力量、硬件软件设施得到很大的提升。区委书记沈裕谋指出，开福区在教育环境上，将启动“学校建设新三年行动计划”，投入资金30亿元，改扩建学校30个左右；在师资力量上，将加强教师培训管理，推进教育教学改革，建立健全校长、教师定期交流制度，发挥优秀教师的辐射带动作用；在整体结构上，将改善农村和城乡接合部地区教育作为工作重点，着力改善办学条件，提高办学水平、教育质量和教师待遇。

【承办长沙市小学校长第十一届年会暨校长论坛】11月3日，长沙市小学校长第十一届年会暨校长论坛在开福区清水塘北辰小学召开。湖南省教育厅基础教育处处长王玲，湖南省教育科学研究院副院长赵雄辉，长沙市教育局副局长缪雅琴等领导和专家出席，来自长沙市六区四县的中小学校长400余人参加会议。本次年会由长沙市教育科学研究院、长沙市小学校长工作研究专业委员会主办，长沙市开福区教育局及其下属教育科研培训中心和清水塘北辰小学共同承办，主题为“聚焦自主发展，崇尚健康生活”清水塘北辰小学面相未来的学校课程建构与实践探索。年会分为参观校园、特色击剑操展演、开幕式和主题论坛四个环节进行。华中师范大学教育学院教授、博士生导师、教育部华中师范大学基础教育课程研究中心常务副主任郭元祥作题为《深化课程改革，培养学生关键能力》的讲座。本次小学校长年会和校长论坛对于校长们如何找准定位、挖掘资源、构建体系、持续发展，在实践中积极探索与不断反思提供很多可供借鉴的做法和经验。

（李　波）

区少年宫

主　任　刘佩林

概况　长沙市开福区少年宫是开福区教育局直属的二级机构，具体负责全区团队、体育、艺术、科技、健康教育、城乡学校少年宫六方面工作的组织指导和活动开展。有职工14人。截至2017年年底。区少年宫被评为全国“双有”活动突出贡献单位、长沙市“双有”活动优秀组织奖、湖南省武术段位制推广先进单位”、长沙市“2012–2016年群体工作先进单位”、长沙市体育工作“优秀组织奖”、长沙市艺术工作“优秀组织奖”等。

未成年人思想道德建设。2017年，区少年宫开拓创新，打造品牌，以丰富志愿服务、社会实践活动形式，加强未成年人思想道德建设。开展“中国梦”“三热爱”“我们的节日”、爱心捐赠活动、学雷锋志愿者服务活动、争做美德少年等生动活泼的德育教育活动。承办“厚德开福，教育先行”—开福区中小学生“学雷锋，做好人”主题系列活动，大力弘扬雷锋精神，鼓励广大中小学生向身边活雷锋学习。承办“我的中国梦--向国旗敬礼”主题活动，增进未成年人爱党、爱国、爱社会主义的情感。承办长沙市九运会中的中小学定向越野比赛和区中小学

5月27日，开福区举办学习和争做美德少年“六·一”庆祝表彰暨文化志愿者进校园金湾少年宫成果展示活动

大课间展示活动，活动组织严谨，获得好评。乡村学校少年宫结合自身需要选择对应的文化志愿者开展教学课程，宣传传统民间文化艺术和民族民间地方戏曲，普及非物质文化，协办的开福区文化志愿者进学校(少年宫)暨“戏曲进校园”活动，普及非物质文化遗产知识，增强广大青少年弘扬、保护和传承民族优秀传统文化的意识。8位全区文化名人、大咖作为志愿者与学校（少年宫）负责人签约，免费为乡村学校少年宫提供辅导培训讲座等全方位的文化志愿服务。

教师队伍建设。制定实施教师素质提升方案、教师读书方案和教师培训计划；认真组织校本培训和校本教研，号召全体教师开展读书活动，提升教师理论水平、专业素质和道德水平。2017年，区少年宫参加区级各类培训32人次，参加市级各类培训12人次，参加国家级培训2人次、省级培训4人次。组织教师参加异地培训学习，其中2名教师参加杭州的“千课万人”培训学习，1名教师到深圳参加合唱指挥研修班学习，1名教师到新疆参加全国十四城市体育与健康教学研讨会，1名教师到北京参加全国校长培训班的学习，1名教师到山西太原参加中小学校财务管理最新政策解读与内部控制实务操作学习，1名教师参加全国少先队工作者培训班学习，选送1名教师参加湖南省少先队骨干辅导员培训。

素质教育。区少年宫作为青少年的活动场所，是推进素质教育的载体和阵地，面向学生免费开放。2017年，区少年宫与清水塘三小承办为期15天的长沙市“快乐益家·追逐梦想”育才工程项目活动，为就读的进城务工人员和城区低保家庭子女开展暑假免费综合素质培训，270名学生免费享受每生每年 1000 元培训，开设语言（朗诵、主持）、美术（书法、绘画）、音乐（声乐、舞蹈）、体育（篮球、足球、乒乓球、武术）等项目，包括在培训期间组织为期一天的一次集中性的研学旅行。

开展丰富多彩中小学生活动。2017年，组织开展团队、体育、科技、艺术、卫生、城乡少年宫等主题活动40多个。为能给更多学生提供锻炼舞台，很多活动都是要求在校赛的基础上推荐参加区赛。其中区青少年科技创新大赛、“三独”比赛、艺术展演、省第八届少儿才艺大赛阳光运动会、大课间、体育舞蹈、中小学生篮球比赛、足球联赛、书法绘画比赛、航模与建模比赛、全国科普日、环保卫生小报比赛等活动，通过层层选拔，推荐优秀选手参加各类比赛，为他们提供更广阔的空间与平台。全年组队参加国家级、省、市级比赛约50多次，学生获市级以上奖项近3000多人次，在市级以上媒体宣传报道32次。

（周　文）

区教育考试中心

主　任　杨　文

概况　开福区教育考试中心位于望麓园街道六堆子13号，有在职职工14人，其中高级教师1人，中级教师11人，初级教师1人，高级工1人。开福区教育考试中心主要负责开福区辖区内普通高校招生考试、普通高中学业水平考试、初中毕业学业水平考试、自学考试、成人高考、全国公共英语等级考试、研究生考试、同位英语考试、同等学力申请硕士学位水平考试、教师资格证考试（笔试）。2017年，被评为“长沙市优秀考区”“长沙市高招工作目标管理先进单位”“长沙市学考工作目标管理先进单位”“长沙市成人高考工作目标管理先进单位”“长沙市招飞工作先进单位”。

基础工作。开福区教育考试中心设有报名室、中心保密室、档案室、会议室。中心保密室按照保密实施细则设置，联动110，实行无死角监控，每年都经省公安厅、省保密局、省教育厅联合检查验收。为提高教师队伍素质，组织继续教育培训，组织参加信息技术综合班的学习，提高教师的信息技术操作水平;开展业务培训,提升教师理论水平、专业素质和道德水平。杨爱红、邱容被评为长沙市考试系统先进个人，刘佩林被评为全区教育系统优秀共产党员。彭勃被评为全区教育系统优秀安全工作者。

业务工作。为确保各项考试工作顺利实施，开福区教育考试中心坚持严格要求、严明纪律、严格组织的方针，做到科学、公平、安全、规范。杜绝安全事故、杜绝泄密失密、杜绝工作差错、将违章犯纪的人和事减少到最低限度。2017年，开福区高考参考人数3912人，考点设置长沙市一中、长沙市周南中学，高考参加体检人数3906人；南航招飞通过14人，空军招飞通过4人。2017年，开福区中考涉及开福区辖区内13所初级中学及长沙县湘郡未来实验学校，设置青竹湖湘一外国语学校、长沙市一中开福中学、明德华兴中学、长雅中学、周南实验中学等5个考点，考室425个。2017年，开福区学考正考报名3402人，实际参考人数为3345人，设置长沙市一中、长沙市周南中学等2个考点，考室114个；学考补考报名人数84人；学考考查参考人数3402人（含周南新疆班考生57人）。2017年，开福区成人高考报名人数11466人，其中专升本4396人，高起本461人，高升专6609人，考场实行跨区、县（市）混合编排。开福区参考的成考考生10995人，全区设置长沙市一中、周南中学（北校区）、北雅中学、长雅中学、长沙市一中开福中学、周南实验中学、明德华兴中学、财经职中等8个考点，考室373个。

2017年，开福区自考主要包括全年两次自考报名、两次自考组考工作、两次办理毕业证及转籍等。2017年上半年全区自学考试报名4510科，报名人数1268人，上半年办理自考毕业证268人；下半年全区自考报名2552科，报名人数1146人，办理自考毕业证576人。上半年、下半年度自考考点均设置在长沙市一中开福中学,上半年两天考试动用考室151个，下半年两天考试动用考室74个。2017年，开福区组织全国英语等级（PETS）报名两次，考试两次，全年2783科。2017年，开福区教师资格证考试考点设置在长雅中学及北雅中学，考生人数2400人，动用考室88个。2017年，开福区全国研究生考试报名确认人数为6906人，考点设置长沙市北雅中学，参考人数1338人，动用考室46个。

安全工作。开福区教育考试中心坚持“安全第一、预防为主”的原则，切实加强试卷安全、考生安全、考务安全。试卷安全。加强试卷流转各个环节的安全防范措施，运送试卷、答卷过程中有开福区公安人员、开福区保密局工作人员全程参与押运。保密室为两进两间房，外室为值班室，外室配备有应急灯、灭火器、电话、空调、桌椅等；内室存放试卷，内室配备有保密铁柜、防盗铁门、110联动、红外线扫描、视频监控等。保密室考试期间实行24小时轮流值班。通过硬件配套、保密实施方案，确保试卷、答卷在运送、使用和保管三个环节的绝对安全。考生安全。通过各项制度及安全检查，确保学校送考车辆的绝对安全，通过招委会成员单位的考前联合整治行动，确保考生的食宿安全。考务安全。通过严密规范的组考实施方案来明确各项考务工作职责，使得考点、监考、保密、巡考、监控、广播等岗位职责分明，确保考务组织安全，无事故发生。

（彭　勃）

学校介绍

长沙市开福区麻园岭小学

校　长　罗婧

长沙市开福区麻园岭小学创建于1936年“西安事变”前夕，曾名为“市立十五校”，后改名为“会春区第一中心小学”。1954年，正式命名为“麻园岭小学”，一直沿用至今。学校坐落在长沙市开福区老城区，东临芙蓉路，西抵黄兴北路，南与湖南省卫生厅、中南大学湘雅附一医院毗邻，北与共青团省委接壤，是一所环境优美、交通便利、社区教育资源丰富的学校。

学校占地面积4638平方米，教学及辅助用房面积3824平方米，建筑面积2789平方米，体育运动场面积1650平方米。学校有9个教学班，375名学生，在职教师20人，其中高级职称2人。学校拥有实验室、仪器室、图书室、音乐室、美术室、体育室、卫生室、校园电视台、档案室、电脑室等教育设施设备。图书室藏书19778册，实验仪器按一类配备达标，学校配备计算机98台，其中学生计算机75台。校园电视台，安装宽带网，接通远程教育系统，整个校园实现网络化。依托学校而建的麻园岭小学城市少年宫，配备舞蹈室、书法室、棋艺室、劳技室、阅览室等“七室一场”功能室和多媒体教室，成为孩子们最喜欢的课外学园。节假日对外开放，是学校周边市民休闲娱乐场所。

学校一直以“建设书香校园，培养校园文化人”为办学目标，教师自编教材，开设《国学》课程，内容涵盖《三字经》《弟子规》《百家姓》《千字文》以及古诗词等，各班开辟“古诗赏析”小栏目，少先队大队部、各中队开展经典诵读的系列活动，让师生深层次理解国学，使国学经典融入校园文化。以长沙市“篮球特色传统项目学校”建设为抓手，弘扬篮球文化，彰显办学特色，实现“以球健体，以球启智”的目标，打造活力校园。

学校是湖南省“十一五”课题研究“优秀实验学校”、湖南省红领巾示范学校、长沙市标准化学校、长沙市文明单位、长沙市两型创建单位、长沙市体育传统项目学校、长沙市示范家长学校、长沙市经典诵读和规范汉字书写教育双特色学校。

长沙市开福区清水塘实验小学

校　长　陈银芝

长沙市开福区清水塘实验小学开办于2013年9月，是“堤亚纳湾”楼盘的配套小学，占地3.47公顷，规划45个班，名校携手名盘，学校办学条件一流，校内有四个高标准篮球场、两个排球场、一个田径场以及大型室内体育球馆。录播教室、综合实践活动室、科学室等现代化的功能室一应俱全。学校把“让每个孩子都出彩”作为办学理念，形成独具特色的管理文化、活动文化，实现内涵发展。学校先后被授予全国校园足球试点学校、湖南省武术段位制学校、长沙市文明卫生单位、长沙市模范职工之家、长沙市芙蓉标兵岗、长沙示范性劳模创新工作室、长沙市防震减灾科普教育师范学校，被列入“中法百校交流计划”。

学校通过特色活动、大队活动、社团活动、研学活动以及评价活动，让每个孩子有机会参与体验与实践，学会合作分享。

校园爱心义卖活动

开学第一课、体育艺术节、风筝节、科技节、阅读节等，每月一个特色活动；几十个兴趣社团培养孩子们的兴趣爱好；少先队阵地、中队活动帮助学生养成良好的道德品质；中法交流、研学活动让综合实践真正落地；学科检测、游戏测评、出彩精灵评价体系让学习变得“活色生香”，妙趣横生。丰富多彩的活动成为学校一张亮丽的名片，激发每一个孩子的内在潜力，让每一个孩子成为独特的生命个体。

学校有一支师德师风高尚、

专业知识扎实、教育教研水平高的科研型教师队伍。学校教师48名，其中研究生学历3人，本科学历42人，市级骨干教师3人，市级名师工作室学员6人，区级骨干教师8人，学科带头人5名。学校先后承担《中华优秀传统文化与现代课堂教学艺术研究》1项语文国家级课题,《社区服务课程建设与学生责任感研究》《综合实践活动课程常态实施策略研究》《班级特色文化建设的研究与实践》3个省级重点课题，3个市级重点资助课题，其中两项课题荣获长沙市友谊教育科研奖。获得国家级荣誉1项，省级荣誉26项，市级荣誉68项，区级荣誉200余项。学校开办以来，受到社会各界以及家长的一致好评，接待省、市级团队到学校交流学习20余次，省市新闻媒体报道30余次。

长沙市开福区清水塘江湾小学

校　长　李春喜

长沙市开福区清水塘江湾小学开办于2017年8月，是恒大地产集团湖南公司投资逾1亿元配套建设的义务教育区属公办小学。学校位于开福区湘江北路与江湾路交汇处东北角，班级规模48个教学班，提供优质小学学位2400个，建筑面积20860平方米，有3栋教学楼，配有48间标准教室，12间辅助教室，24间功能室，200米塑胶环形跑道，9人制足球场，室内高标准篮球场，容纳350人的报告厅，容纳150人的阶梯教室，450平方米的风雨操场，86个停车位的地下停车场。学校设施设备齐全，校园布局合理，建筑恢弘典雅，环境优美整洁。学校校长李春喜，开福区首届十佳名校长，高级教师，曾任清水塘小学和清水塘第二小学校长，现任清水塘江湾和清水塘北辰小学两个学校校长。学校有专职教师43人，其中高级教师2人、一级教师8人、市级骨干教师1人，研究生学历3人、本科生学历36人。

学校传承清水塘小学百年名校的优秀基因，以“做最好的自己”作为学校的办学理念。力求让学生获得生命成长、让教师实现专业提升、让学校获得优质发展。学校大力推崇“爱生、敬业、博学、善导”的教风，“勤学、专注、乐思、好问”的学风，确立“乐学笃行，心美体健”的校训，以突出鲜明的办学特色，努力打造开服品质教育，育有品行的学生、做有品位的教师，办有品质的教育。

长沙市开福区金湾小学

校　长　陈　芹

开福区金湾小学位于美丽的湘江之滨、捞刀河畔，由长沙金霞经济开发区投资近5000万元建设，学校占地面积为1.53公顷，办学规模为30个班，1500名学生。学校于2016年秋季正式开学，现

有17个教学班，在校学生765名。有专任教师40人，其中高级教师2人，一级教师11人，市级骨干教师2名，名师工作室学员2名，教师团队平均年龄30岁。

学校建有阅览室、棋艺室、科技室、计算机室、美术室、音乐室、劳技室等十多间多功能室，添置有校园网络系统、IP数字广播系统、班班通等设施设备。2017年，投入115万元新建室内乒乓球馆1个。

学校本着“让每一个孩子温暖而明亮”的办学理念，以“阳光教育”为引领，以“校园文化建设、特色品牌建设、课程建设”为抓手，建设高品质、现代化、有特色的三湘名校。开展棋类运动，打造乒乓特色，开设茶艺、书法等中国传统文化课。在实施的阳光教育活动中提炼出“善、健、敏、思”四个字，作为学校校训。

依托学校而建的金湾小学城市少年宫，坚持以“以乐促智”“以技促能”“以读养德”，研发“七彩阳光”系列活动课程。“七彩”活动课程包括人文素养类（诗文诵读、英语、日语），艺术类（合唱、舞蹈、器乐），科技类（车模航模、动画制作），传统文化类（茶艺、

书法），棋类（围棋、象棋），健体类（乒乓球、篮球、足球），思维拓展类（兴趣数学）七个门类的等25门课程。发挥少年宫教育在学生兴趣培养、个性发展和实践能力等方面的特殊功能和作用。

创设艺术节、读书节、体育节、科技节、开学节、童话节、学科节、游戏节等多种节日，让孩子体验成长的快乐。选编整套国学教育校本教材，建立集体备课资源库，总结国学教学流程，设计多种诵读形式。做到五个“一”主题活动常抓不懈，即“每周一课；每日一诵；每周一语；每月一刊；每期一展。”举办国学手抄报比赛、国学黑板报比赛，举行经典诵读竞赛等活动；使国学经典渗入孩子的健康成长中。

学校乒乓球运动项目在开福区教育局特色项目中立项。根据学生的个人兴趣、年龄、水平差异，成立校队、年级队、班级队三级乒乓球队，近80人，经常开展训练和竞赛。学校乒乓球队参加长沙市“金冠杯”乒乓球赛，3名同学获得前八的好成绩。在长沙市“世纪.云杯”交流赛中，有9名同学进入前八。学校被湖南省乒乓球协会认定为湖南省业余少儿乒乓球培训基地。

长沙开福区汉回小学

校　长　李涌波

长沙市开福区汉回小学位于长沙市开福区东侧汉回村。学校三面倚山，一面环水，风景秀丽。汉回小学是长沙市唯一的少数民族学校。原名杉仙庙学校，诞生于1932年。2006年7月，更名为长沙市开福区汉回小学。

2016年，学校校园进行整体靓化，完善硬件设施，添置大量先进教育教学设备，拥有“七室一场”功能室，提升办学条件。学校占地面积5390平方米，校舍总面积1693平方米，教职员工16名，6个教学班，学生150名。

学校以“博闻、乐学、谨言、慎行”为校训，严格要求、精心培养，学生在各级、各类竞赛中成绩突出，教学成果居全区前列。

长沙市开福区实验小学

校　长　张娟英

长沙市开福区实验小学位于绿地新外滩，是开福区“依法治校、管办评分离”的改革试点学校。学校占地面积2.27公顷，建制36个班。2017年秋季开学，7个教学班,在校学生252名，学区内适龄人口入学率100%。有专任教师16人，其中省特级教师1人，市级骨干教师6人，区级骨干教师2人，区各学科名师（名校长）工作室名师（名校长）6人。学校硬件条件一流，各班教室全部采用集电视、电脑、展示台、网络于一体的智慧教室互动黑板。配置有创客教室、电子书法教室、茶艺室等功能室。

学校作为开福区“依法治校、管办评分离”的改革试点学校，全面实行全员岗位聘任制，坚持“按需设岗、竞聘上岗、按岗聘用、合同管理”的原则，在平等自愿、协商一致的基础上，由学校与教职工签订聘用（聘任）合同，明确聘期内的岗位职责、工作目标、工作任务以及相应待遇，长沙晚报以《长沙首个管办评分离学校破冰教改》进行专题报道。学校成立监事会，统筹、保障、监督学校各项教育教学工作的运行；成立以骨干教师、首席教师为主的学术委员会，负责教师职称初评。

学校核心理念为“开启你的幸福未来”，校训为“独立生长，自由开放”，校风为“崇尚朴素，回归自然”，教风为“做小事情，有大格局”，学风为“好习惯成就一生”。学校尝试建立促进学生、学校自主全面发展的多元评价体系。2017年下学期期末开展的主题式学习表现性测评活动向全区开放获好评，并在全区做评价改革的典型经验推介。

长沙市开福区四方坪二小

校　长　常泽锋

长沙市开福区四方坪二小，位于开福区丝茅冲湘药巷3号，毗邻三一大道。学校开办于1997年8月，原名黑石渡小学，2017年更名为四方坪二小。学校有24个教学班，1135名学生。在校教职员工65人，其中专任教师61人，高级教师3人，一级教师38人，市区级学科带头10人，市区级骨干教师5人，本科学历的任课教师占82%，研究生占2%。学校占地面积11700平方米，拥有良好的基础设施和先进的现代化教育教学设备。

学校的校训是“做了不起的小军人，为中华之崛起而读书”。2012年，学校获得开福区授予的“少年军校”特色项目称号，利用与国防科技大学仅一墙之隔的地域优势，围绕培养“合格小公民，神气小军人”为目标，打造少年军校的文化品牌。2017年，国家教育部授予长沙市开福区四方坪二小为“国防特色学校”称号。

近几年，学校的教育教学工作稳中有进，质量抽测均走在开福区兄弟学校的前列。教师多次执教市、区教学公开课并获得较高的评价，在各级各类教学竞赛中成绩突出，教育论文多次在各级各类评选中获奖或在不同级别的刊物上发表。省级课题《“我是小军人”校本课程开发研究》顺利结题并获奖；市级课题《小学中高年级阅读习惯的养成研究》《小学新生行为习惯的养成研究》正在研究中。

学校重视学生在艺术、体育、科技方面的发展。舞蹈队在近几年的市区级艺术展演中频获佳绩，舞蹈《猫和老鼠》获得区特等奖第一名，舞蹈《记忆中的弄堂》和诗歌《永远的九岁》均获得区特等奖并参加市赛。学校被授予湖南省武术段位制试点学校，参加省、市武术比赛成绩优秀。组织学生参加车模、航模、纸质桥梁模型、科技小发明制作等竞赛，车模、建筑模型比赛总分排全区第三，获得铜杯。学校被评为湖南省健康学校、长沙市优秀少先队集体、长沙市德育研究先进集体、开福区绿色学校、开福区人防教育示范学校、开福区科技工作先进单位。

长沙开福区清水塘溪泉湾小学

校　长　杨湘萍

长沙市开福区清水塘溪泉湾系开福区教育局主办的公办小学，地处开福区马栏山浏阳河北侧，听泉路和葡园路交汇处西北角（听泉路257号），毗邻月湖公园。于2017年9月建成开学，学校占地15175平方米，办学规模为24个班。学校由湖南信远智邦置业有限公司全额投资建设，属金色溪泉湾商住小区配套小学。

学校以水文化为母元素，构建以“一个孩子就是一个清澈的世界”为核心理念的校园文化理念体系，确定“兼容并蓄、宁静致远”的校训，“乐学笃行、善思明理”的学风，“心仪优秀、面向未来”的教风，“怀抱善、发现美”的校风。学校通过举行内容丰富、形式多样的德育教育活动，打造“书香校园”，建设读书吧、班级图书角、梯级文化、绘本墙、毛主席诗词墙等，促进校园文化建设。

学校开设27门特色校本课程，成立清溪艺术团、朗诵诗社、戏曲舞蹈团、器乐团等。学校选送的戏曲舞蹈《传承》、诗朗诵《美丽的新学校》获开福区艺术展演一等奖，其中，《传承》以最高分代表开福区参加2017年“欢乐潇湘 品质长沙”长沙市第六届校园文化进社区暨戏曲进校园总决赛。

学校创办“清泉学堂”，通过“校长微讲台”“知音沙龙”“PK大舞台”“演讲与口才”等栏目，提升教师综合能力。张羽轩、董娟、胡露三位老师参加开福区爱阅读、善表达教师素养大赛，获一等奖，李浩参加长沙市科学教师素养大赛，获三等奖。学校与砂子塘万境水岸、岳麓一小、天心实验小学结成区域联盟，探索区域协作、共同发展的办学新模式。学校成立家长志愿者联盟，组建爱心护苗队，建立家长开放日，开设善美家校公益书法瑜伽课堂，打造一所没有“围墙”的学校。

长沙师范附属创远小学

校　长　张　华

长沙师范附属创远小学由开福区教育局与长沙师范学院于2017年4月19日签订联合办学协议，于2017年下学期正式开学。学校位于长沙市开福区芙蓉北路与创远路交汇处。校园占地面积13523.86平方米，校舍面积9317.67平方米。学校办学总规模24个班，有教师11人，其中高级教师2人，一级教师3人，国家级普通话测试员1人，省级普通话测试员1人，硕士研究生5人，国家二级心理咨询师1人。学校配备书法、美术、科学、心理咨询、阅览等功能室及多媒体教室、体育馆及室外体育场。

长沙师范附属创远小学以“传承大爱，润育英才”为办学理念，传承长沙师范学院及附属小学创办者徐特立的教育思想和办学精神。以“解放学生、解放学习力、解放课堂”为核心价值追求，推进信息化教学改革。利用学习数据分析、课堂即时评价和智能推送等技术，探索建立“智慧课堂”新型教学模式，接待教育教学专家、国培班学员等200多人到校观摩学习，湖南省教育厅、湖南省电教馆、湖南省教科院领导及专家对智慧课堂的常态化实践给予高度评价。在全省基础教育信息化应用现场会上，校长张华做典型经验发言。张佳纯老师的智慧课堂英语课获得全省英语教师课堂教学竞赛一等奖。

学校在开足、开齐、开好国家课程的基础上，与长沙师范学院附属小学同步面向全体学生开设外教、舞蹈、软笔书法、机器人、足球等系列特色校本课程，以课程的多元化与选择性满足学生需求。

学校组织学生开展丰富多彩的活动，力争“一个都不少”，让每一个孩子身心健康、个性飞扬、品德高尚、诗书传家，为每一个孩子的个性发展与终身发展奠定坚实的基础。

长沙开福区浏阳河小学

校　长　陈　炼

长沙市开福区浏阳河小学位于开福区三一大道九尾冲2号，地处三一大道、兴隆路交汇区域，毗邻伍家岭商圈、国防科技大学。学校创办于1972年8月，原名为“浏阳河路联合工厂子弟学校”，办有初中。1996年，更名为“开福区浏阳河学校”，停止初中阶段的招生。2015年8月，学校启动原址重建。2016年秋季，新学校正式开学，再次更名为长沙市开福区浏阳河小学。学校有21个教学班，974名学生，52名教师。学校占地面积14993平方米，建筑面积4220平方米。学校配备有舞蹈室、沙画室、美术室、音乐室、陶艺室、科学室、网络教

室、书法室、阅览室、多功能报告厅、劳技室等功能室，设施设备完善，体育设施齐全，校园实现网络、监控覆盖全面化。

学校立足实现为每一个孩子和孩子的差异发展、为每一位教师和教师的专业发展、为每一门学科和学科的特色发展。开设舞蹈课、国际跳棋课、街舞课、小主持人课、篮球课、葫芦丝课、管乐课程、经典阅读、写作、书法等特色课程。

学校秉承“让爱心和责任润泽孩子心灵，让创意和激情开启智慧之门”的办学理念。围绕为每一个孩子的幸福人生奠基的办学理念和差异教育的思考实践，完善基于儿童文化的差异教育为主导的办学思想。以“成长为知书达礼、乐学善思，有责任和创造力的智慧少年”为培养目标。在”充满创意的校园，学生成长的乐园，教师发展的家园”学校发展愿景的引导下，凝炼“仁爱、责任”的学校文化理念。在“务实奋进，敢于担当”的学校精神引领下，努力构建现代学校教育体系，建设一所具有高效能管理机制、高素质教师队伍、高质量教育教学、高品质学生群体、高品味特色学校。主力发展国防特色教育，打造信息技术教

育学科品牌建设。

学校被授予湖南省绿色学校、湖南省红十字模范校、长沙市家长示范学校等称号。2017年通过长沙市标准化学校建设验收，2017年通过长沙市合格实验室建设验收。多次评为开福区教育系统目标管理考核一等奖，荣获湖南省“十一五”规划教师继续教育专项《基于艺术教师成长的问题发现与行为改进实践研究》课题优秀实验点校、2010年度开福区艺术工作先进单位、长沙市优秀少先队集体标兵、长沙市“我最满意的一项少先队活动”优秀项目、开福区实施《国家学生体质健康标准》先进单位，多次荣获开福区艺术展演一等奖、开福区航空模型比赛一等奖，2017年荣获开福区内保先进单位，2017年荣获湖南省第八届国际跳棋锦标赛团体第一名。

科技·知识产权

区科学技术局

局　长　周　砾
副局长　盛建军（2017.6任 2017.9免）
　　　　李　文
　　　　谭红星（2017.1任）
　　　　梁　景（2017.9任）
　　　　陶新力（2017.9免）
　　　　肖　芳（2017.5病故）

概况　长沙市开福区科学技术局（加挂知识产权局、区科学技术协会两块牌子），内设办公室、科技发展科、知识产权科，有工作人员10人。

高新产业快速发展。开福区以“沙坪工业组团”为基础成功申报省级开福高新区。实施高新技术企业强基工程，引进和培育湖南中航星、湖南真视通、格艾德电子、国科咨询等军民融合企业和体运通信息、北美孚新材料等高新技术企业。出台《开福区高新技术企业奖励办法》，2017年，新认定高新技术企业33家、长沙市科技创新小巨人企业12家、备案科技型中小企业40家，同比分别增长87%、200%、45%。全区实现高新技术产业总产值619亿元，高新增加值258亿元，占GDP的比重超过28%，同比增长6.3%。

扎实开展创新创建。开展区级创新型单位创建，认定周南秀峰学校、友谊咨询有限公司、芙蓉路社区等6家区级创新型单位。指导青芒创客、易创大学生众创、西班跨境电商众创孵化空间3家众创空间获评省级创客空间，湖南山河生物医学技术孵化中心认定为市级科技孵化器，万科教育众创空间、湖南中健众创空间、民间手工艺创客空间3家众创通过市级众创空间备案登记。截至2017年年底，全区有区级以上众创空间9家，总面积70万平方米，在孵化企业458家，开展项目路演、创业培训、创业大赛等活动230场次。

推进产学研协同创新。成立开福区科技成果转化服务中心，为区内企业提供科技咨询和服务，支持和引导企业与各高等院校开展产学研合作，落实4名市级科技特派员驻点开福区企业帮扶指导，组织远璟生物、中立机械、沙电电气等12家企业与湖南大学、湖南农业大学、中南林科大开展专场对接活动，推动嘉德集团与长沙学院、迪赛生物与中南大学签订校企合作协议，中立机械与国防科大、湖南大学合作成立焊接机器人实验室，普菲克与湖南农大共建由科技部、教育部授牌的“益生菌高效利用产业示范基地”，鼓励开展技术交易、技术合作，全年登记技术合同263份，成交额7.34亿元。

科研成果。自主创新能力有效增强。全年争取中央、省、市科技计划项目59项，获得扶持经费1145.2万元，区本级立项科技项目26项，扶持经费490万元。全区规模以上工业企业研发投入4.58亿元，R&D经费3.91亿元。中民筑友有限公司创建省级企业工程技术中心和市级院士工作站，湖南戎腾获得湖南省技术发明一等奖、湖南省创新奖，玉玲湘绣获评长沙市第四批文化和科技融合示范企业，普菲克生物入选长沙市科技投入“双百企业”，交通勘察设计院登记技术交易合同交易额超过5亿元，中民筑友有限公司高级工程师俞大有获评“长沙市科技创新创业领军人才”。

加强知识产权管理。实施开福区专利补助，兑现发明专利补助75.8万元，全年专利申请3583件，同比增长17.9%，其中发明专利申请2238件、同比增长59.0%；专利授权1685件，同比增长11.4%，万人拥有有效发明专利30.6件，远超省市平均水平；开展“426知识产权日”主题活动，推进软件正版化工作，结合“双打”工作加大知识产权保护力度，开展文化市场、农资市场、零售流通领域专项整治执法行动309次，取缔黑窝点、黑作坊30个，办理办结案件162件，其中专利案件72件，区知识产权局被评为全省专利行政执法先进单位。

举办科技活动周。5月19日，开福区科技活动周启动仪式暨水风井同心科普社区科技宣传活动在望麓园小学隆重举行。本次活动结合社区需求，以社区全民科普建设为切入点，共建“同心科普社区”，打造科普氛围强烈的活动阵地，组织开展一系列与科普有关的宣传主题活动，形成科普特色浓郁的社区文化。通过学生的演讲、节能环保巡展、“小小科学家”体验活动展、科普绘画展、科普小报展、发放宣传材料等形式，激发广大学生爱科学、学科学、讲科学、用科学的热情，丰富学生的科学知识，提高学生科学素质，培养学生科学创新精神和实践能力，以促进学生全面发展，普及环境保护知识，传播生态文明理念，引导更多的群众、学生关注重视环保，积极投身环保工作。为丰富学生的科普知识，社区组织青少年到长沙市科普馆参观体验科普仪器，提升学生综合实践能力和科学素养，使同学们在娱乐中开阔眼界。

【湖南普菲克集团与湖南农业大学举行校企战略合作启动仪式】为加强校企合作，推动区域内产业快速发展，开福区的高新技术企业湖南普菲克集团与湖南农业大学开展全面战略合作，8月15日，校企双方在普菲克公司举行校企战略合作启动仪式。湖南普菲克集团与湖南农业大学举行校企战略合作旨在通过多种形式，共同推进高校与企业的全面产学研合作，形成专业、产业相互促进、共同发展，努力实现校企合作、产学双赢；双方在科技创新、科技成果转化与应用、人才培养和研发平台建设等方面，建立长期、稳定的合作关系。湖南农业大学校长符少辉，开福区委副书记、区长刘拥兵，副区长李杨出席启动仪式，并见证参与校企共建的“益生菌高效利用特色产业基地”授牌活动。

（邓　军）

表13

2016年开福区企业争取上级科技项目汇总表

序号	企业	项目	扶持金额（万元）	项目类别
1	中建西部建设湖南有限公司	2016年科技小巨人企业	10	高企强基工程研发经费补贴
2	湖南戎腾网络科技有限公司	2016年科技小巨人企业	10	高企强基工程研发经费补贴
3	湖南奋发计算机开发有限公司	2016年科技小巨人企业	10	高企强基工程研发经费补贴
4	长沙兴迈通信建设有限公司	2016年科技小巨人企业	10	高企强基工程研发经费补贴
5	中民筑友有限公司	2016年科技小巨人企业	10	高企强基工程研发经费补贴
6	长沙胜昊电子科技有限公司	2016年科技小巨人企业	7	高企强基工程研发经费补贴
7	湖南高铁时代数字化科技有限公司	轨道交通车辆模拟驾驶仿真实训系统开发	20	2017年第一批事前立项事后补助科技计划项目
8	长沙桑尼重型装备股份有限公司	蓝牙随车起重机关键技术研发及产业化	20	2017年第一批事前立项事后补助科技计划项目
9	长沙紫荆花涂料有限公司	水性仿大理石涂料产业化研究	15	2017年第一批事前立项事后补助科技计划项目

续表13

序号	企业	项目	扶持金额（万元）	项目类别
10	湖南拓沃重工科技有限公司	基于传统型基础处理设备的新型适用型桩工设备的开发	15	2017年第一批事前立项事后补助科技计划项目
11	湖南鑫材合金有限公司	高强高韧大型合金异形件的研究与开发	15	2017年第一批事前立项事后补助科技计划项目
12	长沙鑫雄仪器科技有限公司	智能伸长率抗拉强度试验仪的研究与开发	15	2017年第一批事前立项事后补助科技计划项目
13	中民筑友有限公司	装配式混凝土剪刀墙结构技术体系的研究与开发	15	2017年第一批事前立项事后补助科技计划项目
14	湖南赛恩斯科技发展有限公司	高效便捷型实验室废水综合处理一体化装置的研究与开发	15	2017年第一批事前立项事后补助科技计划项目
15	湖南富马科食品工程技术有限公司	粮食深加工关键设备–食品专用高扭矩同向旋转双螺杆挤压机	21	中小企业发展专项资金
16	湖南交通规划勘察设计院	湘江长沙综合枢库区水质模拟及水环境风险评价	10	2017年度第一批科技计划项目
17	中南粮油食品科学研究院有限公司	粮油食品安全检测与研发服务中心建设	50	2017年中央引导地方科技发展专项资金
18	长沙凯雪粮油食品有限公司	长沙市主食产业化工程技术研究中心	30	长沙市落实“创新33条”政策第一批科技计划项目
19	长沙市有为科技开发有限责任公司	科技创新型农业示范基地建设及现代农业技术推广	100	湖南省2017年技术创新引导计划项目
20	阿凡提信息科技（湖南）股份有限公司	国家级技术转移示范机构	100	长沙市落实“创新33条”政策第二批科技计划项目
21	湖南省青苹果数据中心有限公司	内容加工与资源建设关键技术研发	10	湖南省第七批科技发展计划项目
22	湖南金欧农业科技有限公司	克氏原螯虾规模化繁养殖特色产业科技示范基地建设	20	长沙市第二批科技计划项目
23	长沙英迈智越信息技术有限公司	消防应急与灾害救援关键技术装备研发	30	湖南省第六批科技发展计划项目
24	湖南科学技术出版社有限责任公司	虚拟现实技术及传统文化传承	30	湖南省第六批科技发展计划项目
25	湖南华虹医药网络发展有限公司	技术交易合同补贴	0.4	市两创专项
26	湖南神州祥网科技有限公司	技术交易合同补贴	0.4	市两创专项
27	湖南省公路设计有限公司	技术交易合同补贴	5	市两创专项
28	湖南泰阳网络科技有限公司	技术交易合同补贴	12.2	市两创专项
29	长沙海格北斗信息技术有限公司	技术交易合同补贴	0.4	市两创专项

续表13

序号	企业	项目	扶持金额（万元）	项目类别
30	长沙海商网络技术有限公司	技术交易合同补贴	16	市两创专项
31	长沙励思生物技术有限公司	技术交易合同补贴	3.8	市两创专项
32	长沙胜昊电子科技有限公司	技术交易合同补贴	4	市两创专项
33	中南粮油食品科学研究院有限公司	小微企业粮油科技研发检验公共技术服务平台	89	市两创专项
34	湖南中立工程机械有限公司	2017年工业特派员补贴	14	工业科技特派员
35	湖南富马科食品工程技术有限公司	新型全自动计数式预制袋高速连续真空包装机设计及关键技术研究	100	长沙市落实“创新33条”政策第三批科技计划项目
36	长沙市启程农业科技有限公司	农业科技特派员	10	农业科技特派员
37	湖南禾顺农业科技有限公司	农业科技特派员	10	农业科技特派员
38	长沙甚好农业科技有限公司	农业科技特派员	10	农业科技特派员
39	长沙市开福区竹坡水产养殖有限公司	农业科技特派员	10	农业科技特派员
40	长沙金欧国瑞农业专业合作社	农业科技特派员	10	农业科技特派员
41	湖南捷报信息技术有限公司	2017年科技小巨人企业	10	高企强基工程研发经费补贴
42	湖南靠谱科技股份有限公司	2017年科技小巨人企业	10	高企强基工程研发经费补贴
43	长沙拓沃工程机械设备有限公司	2017年科技小巨人企业	10	高企强基工程研发经费补贴
44	湖南智明信息技术有限公司	2017年科技小巨人企业	10	高企强基工程研发经费补贴
45	湖南楼友汇互联网科技有限公司	2017年科技小巨人企业	9	高企强基工程研发经费补贴
46	湖南普奇地质勘探设备研究院	2017年科技小巨人企业	9	高企强基工程研发经费补贴
47	长沙瑞熙环保设备制造有限公司	2017年科技小巨人企业	8	高企强基工程研发经费补贴
48	湖南思创华文科教科技有限公司	2017年科技小巨人企业	7	高企强基工程研发经费补贴
49	湖南君悦达科技有限公司	2017年科技小巨人企业	4	高企强基工程研发经费补贴

续表13

序号	企业	项目	扶持金额（万元）	项目类别
50	湖南金欧农业科技有限公司	2017年科技小巨人企业	4	高企强基工程研发经费补贴
51	湖南鹞翔环保能源科技有限公司	2017年科技小巨人企业	3	高企强基工程研发经费补贴
52	湖南湘风文化艺术发展有限公司	2017年科技小巨人企业	3	高企强基工程研发经费补贴
53	中民筑友有限公司		50	长沙市第六批科技计划项目
54	山河生物医学技术孵化器建设		50	长沙市第六批科技计划项目
55	长沙凯乐信息技术有限公司		25	长沙市第六批科技计划项目
56	中南粮油食品科学研究院有限公司		15	长沙市第六批科技计划项目
57	长沙拓途电子科技有限公司		15	长沙市第六批科技计划项目
58	湖南智明信息技术有限公司		15	长沙市第六批科技计划项目
59	友谊国际工程咨询有限公司		5	长沙市第六批科技计划项目
合计			1145.2	

科技普及

区科学技术协会

主　席　李　文

概况　长沙市开福区科学技术协会（以下简称区科协）是开福区科学技术工作者的群众组织，与开福区科学技术局合属办公，下设青少年科技辅导员协会、开福区老科技工作者协会。

落实重点人群教育。围绕未成年人、农民、城镇居民、领导干部和公务员着四大重点人群，联合区教育局、区农水局、区环保局、区直机关工委等部门，依托社区活动、惠农培训、青少年科技节、干部教育培训网络等平台，开展科技教育、科技推广、科技宣传、科技咨询等科普活动50余场次，全面普及科技知识，传播科学思想和科学方法，增强广大干部群众的科普意识和创新能力。

科普宣传。在“科技活动周”“科技工作者日”“科普日”系列活动，积极开展科普宣传，营造浓厚的科技创新氛围。区科协全年组织开展各类宣传活动20余场次，参加人数3000余人。承办首届长沙市科技工作者日主会场活动，举办全区科技工作者环湖竞走活动。在望麓园小学举办的科技活动周在湖南日报、长沙新闻报道。周南秀峰学校举办的“我是小创客”暨科普日启动仪式，通过让孩子参与各项有趣的科普体验，激发学生对科普知识的兴趣，活动被湖南经视新闻、长沙晚报等媒体报道宣传，并被评为长沙市科普日特色活动。全年举办4期农业科技培训，培训人员600人。实施科技特派员工作，落实5名市级农业科技特派员，4名区级科技特派员驻点企业开展帮扶工作。

科普投入。全年支出科普经费127万元，人均2元，其中科普专项经费60万元用于保障活动开展、培训宣传、设施设备维护采购及学习交流；安排创建配套、培训补助及项目扶持等经费66万元，其中对陡岭、水风井社区的科普E站示范点创建各配套5万元，对四季花城、华夏路等4家社区采购的科普E站屏媒各配套2万元，对四方坪小学获评的市级青少年科技工作室配套3万元，安排农业培训补助10万元，对金欧农业、海博农业等科普示范基地的技术研发、推广等工作进行区级项目扶持共36万元。争取上级科普专项经费38万元，推荐省、市科普项目立项5项。

阵地建设。扎实推进全区科普阵地建设，陡岭社区、三角洲社区等四个社区获评省级科普示范社区，中民筑友建设有限公司成功创建市级院士工作站，海博农业基地获评长沙市基层行动计划先进农业科普示范基地，开福长塘基地、海天山庄基地被命名为市级科普示范基地，金欧农业的彭金球被命名为市级科普带头人，华夏路社区、四季花城社区被命名为市级科普示范基地。水风井社区获评国家级社区科普E站示范点，陡岭社区获评省级社区科普E站示范点，四季花城、华夏路等四家社区配备科普E站屏媒。

青少年科技创新创建。强化科技教育示范点（基地学校）和青少年科学工作室等载体建设，开福区四方坪小学获评市级青少年科技工作室。广泛开展青少年科技创新大赛、科技创新活动，连续二十一届举办区级“雏鹰杯”中小学生航空模型比赛、“雏鹰杯”中小学生车辆模型比赛，连续举办七届区青少年科技创新大赛，组织参加各级青少年科技竞赛，获得市级以上奖励300人次，其中国家级一等奖3个，二等奖6个，省、市级一等奖分别为5个、13个。

（邓　军）

文化·体育

区文化体育新闻出版局

局　　长　王　艳
副 局 长　陈　林　成　娟
党组成员　郭云建（2017.9任）
文化市场综合执法局局长
　　　　　彭　超
文化市场综合执法局副局长
　　　　　黄建华
图书馆馆长　彭　葳
区文化馆馆长 阎　慧（2017.2任）

概况　开福区文化体育新闻出版局（以下简称区文体新局）有在编干部22人，区核定临聘人员8人。局内设办公室、体育科、市场科3个科室，下设文化市场综合执法局（正科级参公事业单位）、文化馆（副科级事业单位）、图书馆（副科级事业单位）和文物管理所4个二级机构，行使文化、体育、文物管理、文化市场综合执法、扫黄打非、新闻出版等工作职能。2017年，区文体新局荣获长沙市"扫黄打非"先进集体、长沙市文明创建先进集体、长沙市文明标兵单位、长沙市群众体育先进单位、长沙市图书总分馆建设先进单位、开福区优秀基层党组织，局党组书记、局长王艳荣获长沙市"三八"红旗手、全国"群众体育先进个人"。

公共文化建设

做好"文化创新"文章。"开福品质"强力彰显。以共建共享夯实承载力。着力基层文体阵地建设，区文体活动中心列为区办普惠型民生的重点项目，区委书记、区长亲自调度研究，完成项目选址、立项、设计方案和拆迁工作；致力项目早铺排、资金早到位、规划高品质，新建浏阳河街道1个示范性综合文化站，提质金鹰、滨江、竹隐、陈家湖、新太安5个市级示范性社区（村）文化服务中心，场馆服务、流动服务、数字服务相结合的公共文体服务圈日益完善，承载力日益强劲。以品质品牌提升竞争力。坚持以人民为中心的理念进行艺术创作，打造世界首部大型马王堆文化旅游舞台剧《大汉伊人》，献礼湖南省博物馆开馆；创作一批反映时代精神、展现人文开福的精品力作，女生小组唱《山村的笑》登上省"欢乐潇湘"总展演舞台，荣获金奖；歌舞《家风颂》在市纪委喜迎十九大"好家风"文艺活动中进行展演；选送歌手张希参加省"新人新歌大奖赛"荣获金奖，作品《中国在飞》荣获创作奖；推选的歌曲"鸡咯咯鸭嘎嘎"、电视动画片《翻开这一页》（第二季）、图书《决战崛起—中国超算强国之路》获湖南省"五个一"工程奖；湘绣作品《红纱幔》《荷花》获批2017年国家艺术基金项目。

做实"文化惠民"文章。"开福效能"强劲释放。坚持以文育民，实现幸福升级。始终以群众需求为导向，发挥区文化馆、图书馆、街道文化站等文化主阵地作用，实行无障碍、零门槛免费开放，提供歌、舞、乐等各类艺术培训，面向群众开班200余场，邀请国家级非遗传承人柳建新、主持人谢红等文化达人参与"文化微沙龙""开福大讲堂"，为群众提供便捷化、均等化、标准化的公共文化服务，幸福在老百姓家门口升级。坚持以文惠民，实现民生升温。坚持把“厚德开福建设”的精神内核融入文化传承之中，开展“文化大篷车”“五进五送”“阅读微沙龙”等惠民活动，免费送戏32场，送电影1900余场，推出文化志愿服务100余场；开展“厚德开福、满城温暖”“百姓大舞台、有艺你就来”“新人新歌大奖赛”“校园文化进社区”“传统文化进校园”“万人进剧场”“戏曲普及月”等惠民活动，群众精神更加丰盈、生活更加幸福。坚持以文乐民，实现精神升华。坚持办好微信公众号“文体新开福”，传播文体新资讯、推荐文体新信息、展现文体新动态，开辟“文化微讲堂”特色栏目，邀请省“最美基层文化人”胡承勤、演讲专家蒋维等名人一起分享文化故事，做大做强文化“朋友圈”；注重文化阵地“建管结合”，开展“悦读人生·十全十美”“圈圈故事会”等全民阅读系列活动，引进长沙市新华书店以“1+10”模式进驻开福区布点，居民能够乐享看书、借书、买书的一站式服务；加强非物质文化遗产的传承保护，评选第一批区级非遗项目代表性传承人，建立捞刀河刀剪制作技艺传承中心，开展“非遗进校园、进社区、进企业”，将非遗传承融入大众视野、融进群众生活。

【承办“扬起书香风帆、同圆读书梦想”2017湖南省首届网络读书笔记公益活动】4月22日，由湖南省文明办、开福区委、区政府主办，区委宣传部、区文体新局承办的“扬起书香风帆、同圆读书梦想”2017湖南省首届网络读书笔记公益行动暨月湖24小时自助图书馆开馆仪式在月湖公园举行。湖南省人大原副主任罗海藩，省委宣传部副部长、省文明办主任刘进能，省妇会副主席张媛媛，市委宣传部副部长、文明办主任郭润葵，市文广新局党组书记、局长杨长江，区委书记沈裕谋，区委常委、宣传部长舒全球等省市区领导及湖南省作家协会主席王跃文、岳麓书院副院长孙建平等嘉宾出席活动，共同点亮开福“读书之城”。活动现场，王跃文、孙建平、丁文山等文化名人与来自隆回、芷江贫困山区的学生代表畅谈阅读体验，分享阅读与感恩、阅读与梦想话题，现场十余家爱心单位和社会各界爱心人士一起为贫困山区的孩子认捐图书，让爱心凝聚，共圆阅读梦想。

【区人大常委会主任会议成员听取审议区现代公共文化体育服务体系建设工作】6月28日，区人大常委会党组书记、主任许振勤率人大常委会主任会议成员专题听取审议区现代公共文化体育服务体系建设。区人大常委会主任会议成员实地视察北辰动漫产业园、止间书屋、24小时自助图书馆（万达点）、汉回民俗特色文化广场，并召开工作汇报会。区人大常委会副主任王颂交、李光华、袁剑英、罗伟明、周桂林参加，区人民政府副区长杨光华陪同。许振勤充分肯定前期工作成效，对后段工作提出要注重引导，提高市民素质、提升城市品位；要创新形式内容，促进传统文化产品焕发新的生机；要加大支持力度，推动新型文化产品的发展繁荣；要精心培育扶植，打

在开福区24小时自助图书馆享受阅读的快乐

造开福文体活动新的品牌。

【推动优秀传统文化传承发展】全力打造西园北里历史步道、潮宗街等历史文化街区，完成东岳宫考古发掘，公布东岳宫放生池为不可移动文物，留存城市记忆，延续城市文脉。

文化市场管理

以监督监管激发内生力。深化行政审批改革，落实文化市场执法“双随机一公开”制度，强化文化市场监管常态化，联合长沙市文化市场综合执法局开展“扫黄打非”专项行动和“春雷”“三考静音”等重点整治行动，确保文化市场平安稳定。代表长沙市迎接国家新闻出版广电总局等四部委开展的打击非法卫星电视接收专项督查，文化市场“四级联动”网格化管理模式得到高度肯定，经验在《长沙改革交流》上进行推介。

5月21日，“幸福运动季”2017年开福区全民健身节系列活动启动仪式暨“美丽乡村”新农民运动会

群众体育

体育融合。做强“体育融合”文章，“开福影响”强势突破。点燃“幸福向北”的激情。大力实施“体育+”战略，促进体育与经济、体育、旅游等产业深度融合发展。2017年，将开福大道通车仪式与“幸福向北10千米”全民跑相结合，吸引明星主持、电台DJ与来自全国各地22个跑团近5000名跑步爱好者幸福开跑，是继长沙国际马拉松赛后又一大型文体活动赛事。湖南都市频道90分钟全程直播，中央5台、湖南卫视、腾讯视频等媒体同步网络转播，《湖南日报》、《长沙晚报》等新闻媒体，线上线下、立体式、全方位聚焦开福、宣传开福、推介开福。聚焦“马栏山”的视点。充分发挥开福区辖区范围内广电、出版、动漫、演艺湘军的集聚优势，在推进马栏山视频文创园建设中主动担当、主动作为，走访对接湖南移动、湖南电信、湖南联通等通讯龙头企业和长沙广电、中广天择等广电大咖，吸引业界大腕纷纷瞩目。2017年，马栏山视频文创园挂牌成立，湖南广电和长沙广电率先入园并奠基，中国“V谷”呼之欲出。扬起“读书之城”的风帆。新建月湖、秀峰、湘江世

6月5日，区文化市场综合执法局工作人员在网吧进行执法检查

纪城、万达广场4个24小时街区自助图书馆，与10家图书分馆、31家农家书屋服务接轨，实现与市图书馆“通借通还”。举行“扬起书香风帆、筑梦读书之城”湖南省首届网络读书笔记公益行动暨24小时自助图书馆开馆仪式，邀请省作家协会主席王跃文等文化名人，以“一个人、一段文、一座城”的阅读理念，形成以烈士公园为核心，辐射开福东南西北的智能自助公共阅读圈。湖南广播电台同频直播，中国文明网、湖南卫视、《湖南日报》等多家网络媒体进行专题报道。汇聚“全民健身”的人气。突出“文化+体育”融合发展，全面参与四年一届的长沙市九运会，组织2000余名运动员参加60个项目比赛，承办定向越野和击剑两项赛事，获得金牌86块，在夺牌进位上取得重大突破；围绕“幸福”做文章，组织策划以“幸福运动季”为主题的全民健身节，承办“组工杯”“同心杯”等市级篮球赛，举办“美丽乡村”新农民趣味运动会、“万步有约”健步走、“双先杯”拔河赛等20余项全民健身活动。

【举办“美丽乡村”新农民运动会】 5月21日，“幸福运动季”2017年开福区全民健身节系列活动启动仪式暨“美丽乡村”新农民运动会在沙坪湘绣文化广场举行。市体育局党组书记江哲明，区人大常委会副主任周桂林，区人民政府副区长杨光华，区政协副主席林永红等领导出席。来自沙坪街道机关、驻街单位（企业）及各村共20支参赛队伍参加。全民健身节围绕“幸福运动季”主题，推出“春之律动、夏之悦动、秋之炫动、冬之乐动”四个篇章的系列活动，从3月持续至11月，倡导运动、健康、快乐的生活方式，构建现代公共体育服务体系，为建设强盛、精美、幸福、厚德的新开福凝心聚力。

【举办开福大道通车仪式暨“幸福向北10千米”全民跑活动】 12月16日，开福大道通车仪式暨“幸福向北10千米”全民跑活动在开福大道与福元路口举行，5000名跑步爱好者沿开福大道由南往北跑步10千米，感受长沙城北的发展变化，倡导全民健身运动。副市长陈中，市政协副主席、市体育局局长李平，区领导沈裕谋、刘拥兵、谢伟峰、杨应龙、蔡冰、张春雄、舒全球、袁政国、杨光华出席。当天，长沙开福大道全线正式通车。新修的开福大道路幅宽46米，双向8车道，作为长沙城区新增的南北向交通大动脉，开福大道的全线通车，将在一定程度上缓解芙蓉北路的交通压力，同时将金霞经济开发区、苏托垸生态新城与老城区实现“一线牵”，为开福区“升级发展、成就北富”起到推动作用。

（刘莎莎）

12月16日，开福区举行开福大道通车仪式暨“幸福向北10千米全民跑”活动

卫 生

卫生和计划生育

区卫生和计划生育局

局　　长　陈　殷
副 局 长　谢立平（2017.6任）
　　　　　吴向阳　王湘虹
　　　　　晏　强
　　　　　李国良（2017.6免）
计生协会常务副会长　杨国慈
红十字会常务副会长　曹群良

概况 2017年，开福区卫生和计划生育局（以下简称卫计局）核定行政编制15名，内设综合办公室、法制法监科（行政审批科）、财务规划科、医政医管科、公共卫生科、计划生育基层指导科、计划生育家庭发展科、流动人口计划生育服务管理科8个职能科室。下设财务集中核算中心、区妇幼保健计划生育服务中心、区疾病预防控制中心、区卫生计生综合监督执法局、区计划生育药具管理站、区人民医院（已转型为通泰街、望麓园街道社区卫生服务中心）6个二级机构，其中前5家为全额拨款单位，后1家为差额拨款单位。驻区省部级医院4家，市级医院4家，其他各类医疗机构404家，包括政府举办的基层医疗卫生事业单位15家、社区卫生服务站30家、村卫生室40个。2017年，获评全国基层中医药工作先进单位、全国妇幼健康优质服务示范区，全省卫生计生依法行政示范区；计生工作实现连续14年"国优"、16年"省优"称号；全区15个社区卫生服务中心，有3个中心获评全国示范，4个中心获评全省群众最满意基层卫生服务机构。

卫计服务。"健康开福"升级发展。开福区卫生计生事业实施医卫强区建设的五大目标任务、六大建设工程，包括21个大项目42个子项目，在政策保障、投入机制、工作模式等方面取得突破，成效明显。召开全区卫生和健康大会，印发《开福区推进"健康开福"建设实施方案》（开办发［2017］30号），明确全区健康工作的主要方向和13个重点建设项目。区政府常务会议审议通过"健康开福"建设实施细则，将"全民健康生活方式促进工程""医疗卫生服务能力提升工程""妇幼健康提标工程""基层中医药服务普惠工

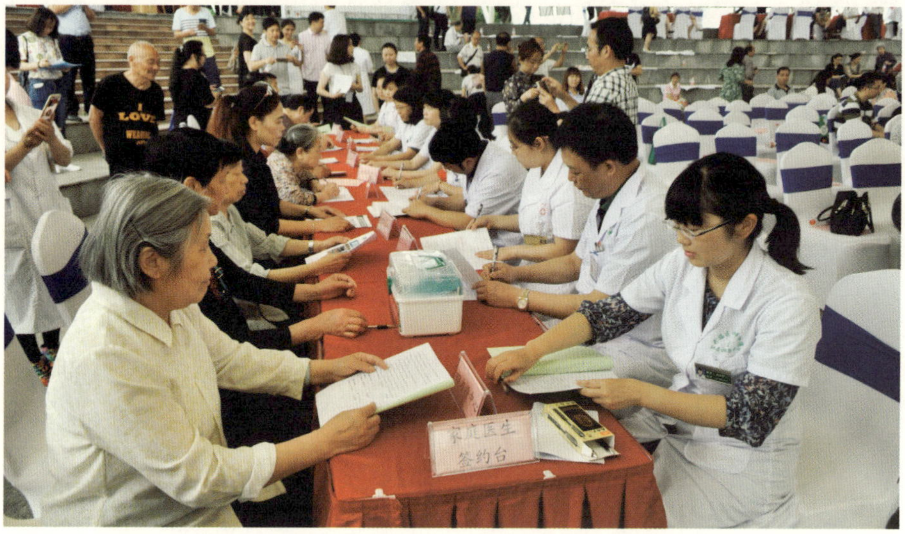

5月19日，区卫计局在风帆广场开展"我和家庭医生有个约定"活动

9月30日，区全民健康生活方式行动第二阶段工作（2017-2025年）在开福区湘江世纪城关公广场举行

程”等8大民生实事工程作为2~3年全区卫生和健康事业发展的首要任务，全区“健康融入所有政策”的工作大格局初步显现。

服务能力提质增效。基础设施巩固完善。完成伍家岭、芙蓉北路等6个街道社区卫生服务中心的提质改造，沙坪街道社区卫生服务中心新建项目投入1.03亿元，截至2017年年底，完成地下工程建设。安排专项经费410万元，支持社区卫生服务中心DR、全自动生化仪等检验检查设备的标准化建设，21个社区自助式数字化“健康小屋”、2个数字化预防接种门诊和一批数字化家庭医生随访箱投入使用。基层队伍不断优化。继续实施“四个一批”工程，全区公共卫生专业机构招录编内人员12人，基层医疗卫生机构公开招聘31人，返聘中高级职称专业技术人员24人，在职学历教育11人，新培养全科医生9人，接收定向培养本科生1人，住院医师规培1人。委托湖南中医药大学第二附属医院开展为期2个月的基层中医药适宜技术规范化培训班。依托市一医院、市中心医院、市八医院、省第二人民医院、省中医附二医院等，在全区建成8个专科优势差异化发展的“医联体”和“名（中）医工作站”，根据基层需求引导名医名科资源下沉，基层门诊人次明显提升，居民群众获得感进一步增强。

防病体系高效运转。医疗保障和卫生应急工作有序推进，洪涝灾害疫情防控和重大传染病防控成效突出；在全省率先实行二类疫苗零利润销售，财政按剂次补助到接种机构，每年为居民节省接种费用支出260万元；推进健康促进工作，组织“万步有约”职业人群激励大奖赛活动、区直机关气排球赛等多项活动，新创建支持性环境23个。妇幼健康提标提质。推进妇幼健康“十免十优”服务，全区孕产妇死亡率持续保持低水平，5岁以下儿童死亡率控制在3.93‰；率先推行免费地中海贫血基因诊断项目，免费产前筛查、农村妇女“两癌”检查、孕前优生检查等项目均超额提前完成省市目标任务。应急救护全民普及。在全区开展应急救护知识技能培训进企业、进机关、进学校、进社区（村）、进工地活动，新增救护员322人，培训近2万人次，全民应急救护能力进一步提升。获评长沙市无偿献血工作先进单位。行政效能稳步提升。2017年，完成医疗机构校验310家，督促整改60家，关门停业整顿8家；严格设置审批，进行“阳光公示”制度，新引进社会办医机构19家；在线完成医师执业注册登记893人次，护士执业注册登记 1968人次，无一例差错；开展专项执法整治行动21次，立案查处违法行为40起，责令整改201家；办结商事登记及办理卫生许可证1187家；开展集中打击“两非”行动10余次，查处“两非”案件2起。

基础工作。计生工作步入新常态。基层管理全面加强。落实目标责任制，建立日常工作通报制度，计划生育基层基础稳步提升。人口自然增长率5.8‰，符合政策生育率99.5%，出生人口性别比趋于正常。严格执行计划生育“一票否决”制度，对153个单位、1874人进行计生审查，对15名个人、1家单位实行“一票否决”。优化整合区、街妇幼保健计划生育服务资源和卫计执法资源，探索实施村级公共卫生计生项目融合，加强流动人口卫生计生服务均等化；在街道社区卫生中心探索推行一站式办理生育服务证和孕产妇保健手册模式，并全面开展生育服务证网上办证工作；建立“互联网+”计生基层群众自治新模式，在湖南省计生协基层群众自治工作会议上作典型经验推介。2017年，兑现计划生育奖励扶助金2037.65万元，奖扶对象上报准确率、资金发放到位率100%。计划生育特殊家庭关怀扶助标准提高到每人每月800元，落实“三优两免一陪”服务、家庭医生签约服务。健全全程关爱服务体系，率先在全省启动计划生育失独伤残家庭门诊医疗补助项目，对符合条件的计划生育特殊家庭，由区财政给予每人每年300元的门诊补助。

（王泽花）

妇幼保健

区妇幼健康计划生育服务中心

主 任 易 娟

概况 开福区妇幼保健计划生育服务中心是开福区卫生和计划生育局的二级机构，属全额拨款全民事业单位，地处开福区新河路217号。设有办公室、保健部、财务后勤科、妇保科（计划生育服务科）、儿保科、医技科、健教科、信息资料科、外线科、综合门诊科10个科室。开展妇女保健、儿童保健、婚姻保健、生殖保健、计划生育技术服务、社区卫生（内、外、儿、牙科门诊）服务、基层培训等业务。在职职工35人。全区16个街道，15家社区卫生服务中心，配备妇幼专干84人，其中妇保专干40人，儿保专干44人；40个行政村卫生室全部承担相应的妇幼保健工作；辖区助产机构均配备有妇幼信息专干。

儿童保健工作。巩固儿童保健合格区创建成果。加强儿童眼、耳、听力及口腔保健，做好常见病的早期识别及异常儿童的转诊、接诊工作。做好生长发育偏离儿童的监测、转诊、管理工作，做实高危儿保健及儿童营养性疾病的管理。加强0~6岁儿童健康管理工作。建立区级质量控制体系，加大督导力度。控制5岁以下儿童死亡率。加强驻区助产机构新生儿复苏适宜技术推广，助产服务机构均建立新生儿病室设置标准及新生儿疾病分级管理与转诊工作规范，落实“新生儿科医师进产房”和新生儿窒息病例评审制度；加大儿童意外伤害防范知识的普及，对儿保专干开展儿童意外伤害防范宣传教育及儿童院前急救知识培训；开展5岁以下儿童死亡专项信息质控；规范开展新生儿死亡评审工作；完善急救网络。全面落实新生儿疾病筛查和新生儿听力筛查工作。2017年，新生儿听力筛查率99.6%，新生儿疾病筛查率99.9%。规范托幼机构卫生保健管理。建立托幼机构卫生保健员网络体系，健全工作质量控制体系，托幼机构卫生保健工作质控率100%。

妇女保健工作。严防孕产妇死亡。全年辖区管理高危孕产妇4314人，助产机构上报高危孕妇妊娠风险预警报告单7367份。创新公共卫生项目，落实免费增补叶酸工作，全年免费发放叶酸24765瓶，推进免费艾滋病、梅毒、乙肝母婴阻断工作。农村孕产妇住院分娩补助工作，实行“一站式”服务，有农村孕产妇827人，补助809人，补助率97.82％。规范婚前保健服务，全区有6762人参加婚检，婚检率90.86%,检出疾病743人，疾病检出率10.99%。创新实施免费地中海贫血基因诊断工作。完成地贫初筛5286人，92人免费进行血红蛋白电泳筛查和基因检测，确诊“地贫”患者44人；辖区医疗机构初筛76089人，初筛阳性8906人，基因检测3412人，阳性1132人，产前诊断141人，阳性28人。推进免费产前筛查补助项目，完成免费产前筛查6412人，目标人群覆盖率

5月14日，在金泰路社区举行“世界家庭医生日”活动

100.19%，高危孕产妇产前干预诊断率92.9%。辖区各采血机构、产筛机构、产前诊断机构均启用湖南省免费产前筛查信息系统，全年辖区医疗机构筛查孕妇29437人，筛查阳性数1933人，筛查阳性率6.56%，产前诊断机构筛查人数为 91880人，产前诊断确诊人数4778人。完成农村适龄妇女“两癌”检查5759人，妇女病查治16898人,发现宫颈癌2例，乳腺癌4例，阳性病人均进行治疗。

计划生育技术服务工作。推进免费孕前优生健康检查项目，落实免费计划生育基本项目技术服务，继续深入推行爱心助孕特别行动，落实计划生育基本公共服务和手术并发症和病残儿医学鉴定。为育龄群众免费提供避孕药具，结合“两癌”检查和妇女病查治开展查环、查孕、随访及生殖健康科普宣传。完成孕前优生健康检查4320人，完成年度目标任务的106.93%，早孕随访率100%，妊娠结局随访率100%，实验室室间质评结果合格率100%。全年开展免费计划生育结扎术108例，人工流引产256例，取出皮埋术1例，放置宫内绝育器102例，取出宫内节育器538例。

妇幼卫生信息工作。设置信息科，实行妇幼信息专干动态管理；制定妇幼健康信息质量控制方案，按要求每季对辖区助产机构和社区卫生服务中心进行质量控制；建立季度例会制度，进行报表汇审和工作布置；落实信息资料交接和信息安全管理制度，实行妇幼卫生信息归口信息科、业务科室审核的管理模式；辖区助产机构坚持实行产科床位使用动态情况公布，区妇幼保健计划生育服务中心指派专人进行管理、督导。

健康教育工作。三级健康教育网络逐步夯实；宣传活动形式推陈出新，围绕妇幼健康重点工作，开展主题宣传日活动18场，结合“5·19”家庭医生日、基本公共卫生和计划生育服务广泛开展出生缺陷综合防控、“十免十优”服务等政策和知识的推介宣传；加强宣传阵地建设，全区21所孕妇学校均达标，孕妇学校必修课程参与率55%，母婴健康素养知识知晓率91.6%。

（王泽花）

疾病预防控制

区疾病预防控制中心

主　任　林　玲

书　记　郑晟晖

概况　开福区疾病预防控制中心（以下简称区疾控中心）是政府全额拨款事业单位，隶属开福区卫计局，承担全区疾病预防控制、突发公共卫生事件处置、预防接种管理、救灾防病、食品风险监测预警、卫生监测检验、健康教育、健康促进、从业人员健康体检考核评估督查、卫生学评价及基层医疗机构疾控工作业务培训指导考核等工作。2017年，区疾控中心有有在职职工45人（在编25人，临聘20人），内设综合办公室、财务科、疾控一科、疾控二科、检验科、质量控制科、卫生监测科、免疫规划科8个职能科室。2017年，荣获省疾控中心授予的“2017年度湖南省疾控系统健康教育和新闻宣传工作先进单位”。

免疫规划创新机制。开福区在全省率先实施二类疫苗接种服务“零利润”的惠民政策，这一措施使开福区同种二类疫苗价格比其他区县降低30%左右。针对社会对预防接种门诊硬件环境、软件服务提出的更高要求，洪山、伍家岭两个中心对照建设标准，创建市级数字化、示范性预防接种门诊。

健康教育拓宽模式。巩固省级慢病综合防控示范区成果，开展86个健康支持性环境建设，创建全民健康文化园长沙滨江文化园，创建21家特色社区自助式数字化“健康小屋”，创建微信公众号“开门健福”，为居民群众提供政策发布、健康宣传。

传染病控制。2017年，妥善处置2起突发公共卫生事件、4起暴发疫情和17起聚集性疫情，涉及人感染H7N9禽流感、流感、手足口病、流行性腮腺炎、其他感染性腹泻、诺如病毒感染、水痘等各类传染病524例。完成禽流感监测16批次96个样本，检测结果均为阴性，任务完成率100%。禽流感重点监测市场-毛家桥活禽交易市场从开福区整体搬迁长沙县黄兴镇，减少开福区禽流感发生的隐患。在防汛抗洪中，组建30人的疾控卫生应急队伍5支，对全区16个街道分片值守，灾后消毒面积88.89万平方米，无疫情发生。2017年，发生3起学校流感爆发疫情，严格落实流行病学调查、加强病例隔离、卫生消毒、健康教育等防控措施，3起疫情均在早期阶段得以有效控制，

9月30日，区全民健康生活方式行动第二阶段工作（2017—2025年）在开福区湘江世纪城关公广场举行启动仪式，图为工作人员向市民宣传健康知识

无重症及死亡病例发生。

慢性病管理。截至2017年年底，高血压健康管理率45.88%，糖尿病健康管理率32.95%。实施“城市癌症早诊早治项目”，完成高危调查问卷6064份，组织18批次2345人次的临床筛查，完成515份卫生经济学调查问卷，在全省获得最具执行力奖和最佳卫生经济学完成奖。严重精神障碍患者国家系统报告患病率4.57‰，在册患者管理率96.83%，规范管理率91.82%，患者年服药率92.84%。

其他工作有序推进。加强食品安全和卫生监测工作。全年完成食品安全风险监测任务115批次，海产品、水产品霍乱弧菌检测60批次，水质样（包括直饮水、二次供水、末梢水、井水）监测采样298批次，食源性疾病监测781例，专项检测托幼机构、中高考考点饮用水123批次，餐具样检测125批次，公共场所样检测262批次，医疗机构消毒监测629批次，全年无食源性疾病聚集性病例及暴发事件发生。加大艾滋病防控工作。辖区管理艾滋病患者的CD4检测率、结核筛查率以及患者配偶筛查检测率分别为94.8%、99.6%、93.5%，均超过全省平均水平。完善结核病防控管理。开福区2017年管理肺结核病患者筛查率100%，登记管理率100%。针对肺结核病疫情，对辖区27家中小学校进行现场结核防控工作督导，编制《关于学校结核病防控工作告家长通知书》和《关于学校结核病防控工作告学校通知书》，规范学校结核病防控工作常态化管理。努力消灭血吸虫疾病。开福区有3个疫区社区（兴联社区、鹅羊山社区、霞凝港社区），均已达到传播阻断无螺县标准。2017年，全区查螺面积182.93万平方米，超额完成全年任务的82.93%；全区汛期查病超额完成全年任务的335.5%，未发现本地感染的血吸虫病病例；全区水域灭蚴48.7万平方米，超额完成全年任务143.5%；加强血吸虫病宣传，提高居民血吸虫病知晓率；在区疾控中心建设血吸虫病网络诊断实验室，提高血吸虫病实验室诊断能力。全年妥善处置72例流行性出血热、3例钩体病、3例登革热和56例手足口病，流行病学调查和采样率均为100%。

（王泽花）

卫生计生监督执法

区卫生计生综合监督执法局

局　长　何　斌

慢性病管理。开福区卫生计生综合监督执法局在职在编干部11人，临聘人员2人。设置有办公室和3个综合执法科。2017年，全区有监管对象1799家，其中公共场所单位1121家，二次供水单位87家，医疗机构376家，学校幼儿园179家，放射诊疗单位11家，母婴保健服务机构25家。

医疗服务市场监管。制定专项工作方案，明确工作目标、工作重点和整治范围，分医疗美容专项、口腔专项、传染病防治专项、放射专项、母婴保健专项等持续推进。出动执法人员700余人次，车辆100余台次，以商业综合体、社区公寓、城乡结合部等人员密集场所为重点开展打击非法行医专项行动，完成医疗美容机构双随机交叉检查，检查医疗卫生机构、零售药店、城市生活美容机构等400余户次，取缔1家非法医疗美容机构，立案查处非法行医案件16起，罚款4.5万元，没收违法所得8050元，没收药品、器械12箱。畅通社会举报网络，对非法行医活动进行监督，依托协管员加强监控，对非法行医场所进行回访，防止其“死灰复燃”。开展医疗美容专项检查2次，湖南经视频道、长沙政法频道对违法行为现场曝光。

公共场所监管。2017年，开展7次专项检查行动和1次重点监督检查，检查公共场所单位619余家次，责令整改91家，立案处罚5起，罚款1.8万元。以公共场所集中空调通风系统、游泳场所及大型商场的卫生状况、卫生检测为重点，对区内28家人工游泳池、5家住宿场所、2家沐浴场所、6家美容美发场所、3家商场（超市）、1家影剧院、1家游艺厅、2家歌舞厅、1家候车（机、船）室，共计49家公共场所进行重点监督检查和抽检，监督抽检结果符合国家卫生标准。完成全区220家单位量化分级评定，五类经营性公共场所量化率100%，评定A级单位15家（6.8%），B级单位141家（64.1%），C级单位64家（29.1%），不予评级0家；其中A级单位数量较2016年持平，B级单位数量较2016年提高20.9%,C级单位数量比例较2016年下降21.9%，公共场所卫生安全总体水平有较大提升。

学校卫生监管。开展春秋季学校卫生监督专项检查，出动执法车辆200余台次，执法人员400余人次，检查学校68所（其中高等院校1所，职业中专2所，中学14所、小学51所）、托幼机构116所。开展学校卫生综合监督评价工作，抽取3家中学、7家小学，其中3家中学中有2家优秀、1家合格，7家小学中有5家优秀，2家合格。联合区疾病预防控制中心对所有学校、幼儿园的生活饮用水开展监督抽检，对10家检测不合格幼儿园进行集中处置，集体约谈这10家幼儿园园长，派卫生监督员上门指导，落实整改措施，经第三方检测机构采样检测，水样全部合格。开展冬季学校传染病防控措施督查。

传染病防控专项监督。把专项检查与国家环保督查结合起来，组织对各类医疗机构进行一次全面的传染病防治专项监督检查，传染病防治监督覆盖率100%，对13家在医疗废物、医疗污水方面存在问题的医疗机构进行立案查处，罚款6.5万元。对全区31家药店、8家医疗机构进行监督检查，未发现不合格的消毒产品。开展2次病原微生物实验室生物安全管理专项监督检查。结合公共卫生服务项目检查，对辖区内预防接种单位开展生物制品专项监督检查，规范预防接种操作程序。

保障群众饮水卫生安全。开展管网末梢水监测80批次，合格率100%。检查二次供水单位87家，下达卫生监督意见书，责令限期整改16家次。做好集中式消毒餐具和生活饮用水的监督抽检，确保老百姓生活饮用水安全。

卫计监督执法。严格执行卫生监督稽查工作制度，定期或者不定期地对卫生监督员的执法行为和履职情况进行稽查。2017年，立案处罚38起，其中医疗机构案件16起，公共场所案件5起，食品安全案件1起，传染病案件13起，计生案件3起，罚款17.5万元。未发生因行政处罚所引起的行政复议或行政诉讼案件。承办的“金碧物业有限公司长沙分公司未取得二次供水卫生许可证擅自供水案”被开福区法制办评选为2017年度开福区示范案例。

加强计划生育监督执法工作。2017年，调查处理长沙市某医院一名疑似“代孕”产妇事件。开展母婴保健专项检查，检查25家母婴保健技术服务医疗机构，立案查处1家，没收违法所得2230元，罚款5000元。查处“两非”，承办3起“两非”典型案件，在市卫计委“两非”案卷评查中评为优秀案卷。

规范卫生行政许可行为。进一步推行政务公开，简化办事程序，截至2017年年底，新（换）发公共场所卫生许可证521本（正式的59本，临时证462本）。建立高效投诉处理机制，设立24小时投诉举报电话，安排监督员24小时值班，及时登记、处理、反馈投诉举报事件。2017年，受理各类投诉举报39起，投诉处理率100%，群众满意率100%。组织“学校（含托幼机构）卫生管理工作培训”“医疗机构卫生监督法律知识培训”“游泳场所负责人卫生知识培训”“二次供水管理员培训”“公场所卫生管理培训”等7期法律法规知识培训班，参训人员1200多人次。全面开展国家及省级卫生监督信息平台的填报工作，做好监督单位的标绘工作，在现场信息采集后5个工作日内及时填报行政许可、日常监督、行政处罚、监督监测、双随机一公开等工作信息，信息平台填报率100%。积极宣传和推广“长沙医疗”信息平台。

（王泽花）

社会管理和服务

民政

区民政局

局　　长　张　检
副局长（兼社会工作局局长）
　　　　　张金华
副 局 长　谢　礼（2017.6免）
副 局 长（兼救助站站长）
　　　　　陈　衡（2017.6免）
副 局 长　黄　拉
纪检组长　肖文中（2017.9免）
副 局 长（兼社会救助局局长）
　　　　　朱　静

概况　开福区民政局机关及下属单位共有编制26名，其中行政编制10名，事业编制16名。内设有办公室、计划财务科、社会事务科、社会福利与慈善科、双拥优抚退伍安置科、社会组织管理科、基层政权和社区建设科7个职能科室，下设有开福区社会工作局、开福区社会救助局、开福区生活无着人员救助管理站3个二级机构。开福区老龄工作委员会由区民政局管理，开福区慈善会秘书处设区民政局，由区民政局承担区慈善会日常工作。

最低生活保障。严格落实各项低保政策，开展《长沙市居民最低生活保障办法》新政执行，城乡低保错时年审和清理整顿工作，低保对象在2016年6582户、12362人的基础上，2017年净取消920户、2752人。全面完成低保提标工作，开福区城乡居民最低生活保障标准从450元/月·人提高到550元/月·人。城乡低保应保尽保，2017年，全年累计保障低保对象71624户次、123039人次，累计发放保障金4748.28万元。

医疗救助和临时救助。组织各街道、各社区专干开展《长沙市精神障碍患者医疗救助办法》培训讲解，全年累计精神病障碍患者救助4672人次，救助金额175万元，大病救助累计救助2903人次，救助金额1257.8万元。出台《长沙市开福区临时救助实施细则（试行）》，进一步规范临时救助程序，2017年，临时救助累计救助1232人次，救助金额203.57万元。全区16个街道全部建立“一门受理、协同办理”工作窗口，切实提高社会救助工作水平。

特困人员供养。开福区有特困对象518人，其中集中供养108人，分散供养410人。2017年，继续引入长沙市开福区创乐福家庭综合服务中心负责敬老院管理，重抓安全管理，逐一排查安全隐患，并衔接相关部门逐一落实，进一步提升院务管理水平和运营效果。

基层政权和社会建设。2017年，全区35个社区开展全面提质提档建设，不断优化社区办公服务环境，大力提升社区综合服务水平，实现社区硬件和软件的全面提升。2017年，创造陈家湖等5个市和谐示范社区、留芳岭等6个市和谐精品社区、双河“暖心行动在路上”等6个社区服务品牌以及富雅坪共享家“富雅书舍”等11个“三社联动”示范项目，社区建设特色鲜明，服务品牌亮点纷呈。开福区全国社会工作者职业水平考试报名人数再创新高，截至2017年年底，全区有持证社工558人，其中社会工作师137人，助理社会工作师421人，持证社工总量在全市各区县名列前茅。开展“国际社工日”主题宣传周活动，探索社区、社会组织、社工“三社联动”的社会治理机制，加强社会工作在居民中的影响力。

社会组织管理。2017年，将区社会组织孵化基地全面升级，在留芳岭社区新建600平方米办公场地，完成装修、设备添置和人员配备等一系列工作，经过公开招投标确定由开福区厚德社会组织服务中心负责孵化基地的运营工作，为全区社会组织和社工机构开展孵化、培训、专业指导和评估等服务。截至2017年年底，成功入驻并孵化出10多家社会组织。开福区有登记备案社会组织1093家，其中社团41家，民非304家，街道备案社会组织748家。全年集中清理非法社会组织，责令整改社会组织2家，取缔非法民办教育机构1家。

慈善工作。2017年，为全区45名低保户尿毒症患者发放救助资金20.12万元，向市慈善会申报友阿困难知青帮扶49人、特大病医疗慈善救助1人。在王家垅社区鸥波港湾广场前坪开展“以法促善扬美德，共建慈善新长沙”为主题的第十二个“长沙慈善日”宣传活动。向市慈善会申报长沙市特困家庭子女高等教育慈善助学大学低保、特困家庭子女123人，发放47.3万元助学资金。区本级慈善会对考上高中的低保家庭子女50人，发放助学资金5万元。对全区11名在读孤儿，发放助学资金2.1万元。

殡葬管理。组织开展主题为“推行节地生态安葬，促进城乡文明建设”的宣传活动，每个街道设置一个集中宣传点，宣传中央、省、市的相关政策文件精神，倡导开展以敬献鲜花、植树绿化、踏青遥祭等低碳环保的方式进行祭扫，推行节地生态安葬的新风尚。按照省、市部署，区政府牵头、区民政、区园林、区城管、街道联合对秀峰公园墓葬乱象进行专项整治。城乡火化率100%，为全区704名丧者家属发放惠民殡葬补助金76.98万元。

社会福利工作。社会福利有序推进，新建5个街道日间照料中心、4个社区居家养老服务中心、5个社区居家养老服务示范点，新增养老床位135张。推进“医养结合”一体化，联合区卫计局召开“医养”结合工作对接会，推动区属养老机构与所属街道社区卫生服务中心签订服务协议，由街道社区卫生服务中心为养老机构入住老人和托底保障老人提供体验、巡诊等健康管理服务。对全区的困境儿童情况进行全面摸底调查统计，开福区困境儿童1311名，其中享受低保儿童1109人，享受残疾人“两项补贴”165人，孤儿12人，特困供养3人，其他困境儿童52人。制定出台《长沙市开福区人民政府关于印发开福区农村留守儿童关爱保护工作实施方案的通知》《长沙市开福区人民政府办公室关于印发开福区农村留守儿童关爱保护工作联席会议制度的通知》文件。对12名散居孤儿按照每月600元生活保障的标准，及时足额发放生活费。2017年，办理解除收养登记1例。全年残疾人两项补贴核定申报人数14639人次，累计发放补助资金774.8万元，并完善工作台账，实行动态管理。

救助管理。生活无着人员救助管理站严格执行省、市民政厅（局）的相关文件要求，组织开展“夏季送清凉”“冬季送温暖”“两会两节”、文明创建、开福寺祈福安保等多项救助专项整治工作。2017年，救助3012人次，其中医疗救助流浪乞讨人员200多人次，未成年人8人次，上街主动

5月27日，民政局在江滨社区举办“公益视频票 · 端午献真情”慰问活动

劝导救助700余人次。发放棉被211床、衣物800余件、鞋子500余双、方便面237箱、矿泉水364件。开展全国救助管理机构“开放日”活动，对站外托养机构和定点医疗机构进行检查及整改，对站内进行安全隐患排查整改。

救灾救济。完善冬春、旱灾、突发灾害应急救助和灾后恢复重建工作规程，严格救灾款（物）下拨和发放管理，确保“三无户”和重灾群众生活不出问题。全面规范救灾救济款物管理使用，市拨30万元的救灾资金全部采取社会化发放方式，通过银行打卡直接发放到受灾群众手中，市拨专项物资全部发放到社区雷锋超市，专项救助困难群众。配合区城乡建设局完成22户农村危房户和倒房户改造。为开福区居民购买民生保险，由保险公司承担自然灾害和见义勇为所致的赔偿责任，提高民生保障水平和自然灾害自救水平，年保险资金近100万元，全部由区财政承担。关注民生，春节期间，区民政局牵头组织开展了帮扶救助和走访慰问活动，全区各级各部门走访慰问困难群众13000余户，发放慰问金和慰问物资折合700余万元。继续对全区71名20世纪60年代精减退老职工按标准发放救济金，全面落实省市相关政策。

双拥优抚及退伍安置工作。全面落实优抚政策，完善重点优抚对象“一站式”医疗保障工作，发放各类优抚资金2846万元。开展拥军优属活动，2017年，全区慰问部队和优抚对象慰问金和物质折款152万元。退伍安置稳步推进，免费为50余人次开展职业技能培训，发放退役士兵地方性经济补助金257.97万元，义务兵家庭优待金及奖励833.3万元，完成退役士兵安置遗留问题清零工作。做好退役军人信访维稳工作，在约谈、化解个案同时，在敏感节点期间，安排专人赴京及长沙火车站配合相关街道开展涉军人员非访劝返工作，实现十九大特护期“零上访”。建立开福区退役军人联席会议机制，设立区退役军人服务办公室，指导各街道组建退役军人服务中心，再就业及生活解困工作有序推进。

老龄工作。落实好老年人优待政策，保障老年人的基本权益。老年优待证办理做到随到随办，高龄老人生活补贴按时足额发放，全年办理老年优待证4548余本，累计为12254名高龄老人发放高龄补贴791.3万元。开展智慧健康养老保障实践，投入近60万元，以政府购买服务方式，招标委托开福区社区助理服务中心为全区近700名“三无”“五保”“失独”等托底保障老人提供紧急救助、GPS定位、健康管理、生命体征监护和APP智能服务。拓展政府购买居家养老服务，通过招标引进创乐福、康乐年华、康乃馨、怡心等4家民营专业养老机构，为全区城乡430余名特困、高龄、失独等托底保障老人提供每月4至8次上门服务，服务经费约187万元。

婚姻登记。加强婚姻登记“窗口”建设，规范登记程序和流程，做好婚姻登记工作。全员统一着装配牌上岗，按要求取消婚姻登记行政事业性收费项目工本费。婚姻登记依法、规范，全年共办理结婚4384对，离婚登记2504对，出具无婚姻证明2份，查询婚姻登记档案143份，登记合格率、准确率100%。完成补录从1990年1月1日至2007年4月1日联网之前保存在区档案馆的婚姻信息档案。

地名普查。2017年，开福区民政局联合岳麓区、天心区开展勘界工作。根据市、区要求，完成开福大道、长青路、惠民街等5条道路命名工作。开展第二次全国地名普查工作，完成地名区划管理数据库建设，编制全区地名录，完成国务院、省、市地名普查验收工作。

福彩工作。2017年，社会福利与慈善科加挂开福区福利彩票销售管理中心牌子，负责全区福利彩票销售管理，按照“安全运行、健康发展”的工作方针，积极推进福彩销售工作，共计销售9755万，其中松桂园厅4204万元，盛世路厅2334万元，军人厅3217万元。改善购彩环境，投入50余万元对松桂园销售厅、军人销售厅进行改造，拆改老化设施，增加排风系统，为彩民提供良好的购彩环境。优化管理模式，引进保安公司对三个销售厅进行24小时安全固定岗及夜间巡防，保障福彩厅的安全运营。加大对员工的日常礼仪服务培训，组织参加全市福彩中心举办的礼仪大赛。

【完成村（社区）“两委”换届选举工作】5月，开福区率先在全市内五区圆满完成村（社区）“两委”换届选举工作，全区选出村（居）委主任107人，副主

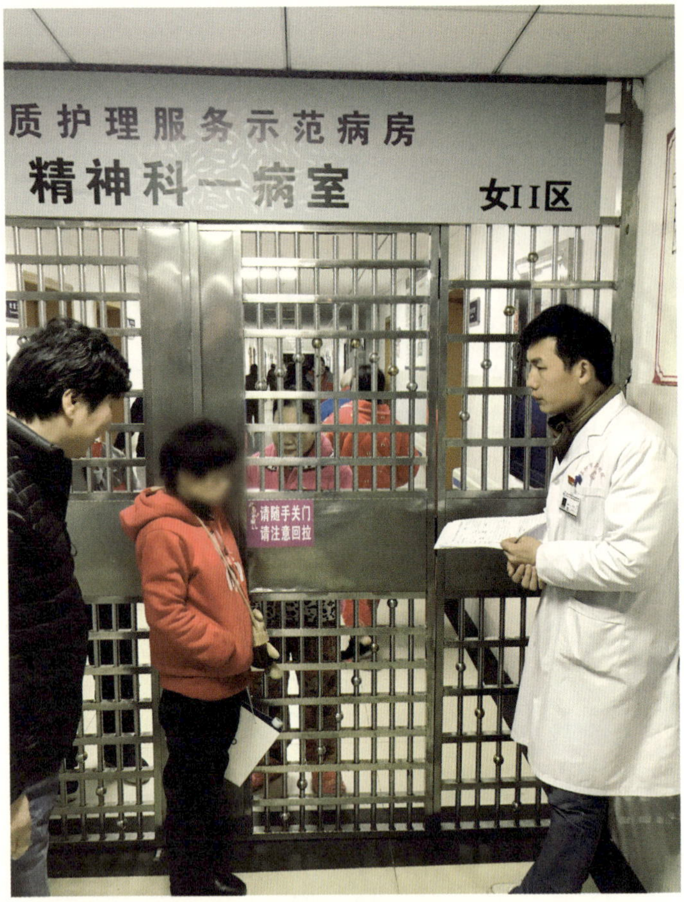

12月5日，疑似精神病生活无着流浪乞讨人员得到救助

任及委员421人。该次换届选举98个村（社区）采取直接选举方式，9个社区采取间接选举方式。新任村（社区）“两委”工作人员年龄、性别、文化程度等结构不断优化，呈现出“选民登记率高、参与投票率高、当选得票率高”的整体特点，为实现“升级发展、成就北富”提供坚强组织保障。

【创新“三社联动”运行机制】2017年，开福区民政局创新以社区为平台、社会组织为载体、社会工作人才为支撑的“三社联动”运行机制，积极打造“三社联动”社区服务示范项目。3月组织召开全区“三社联动”社区服务供需对接会，32家社会组织及98个社区负责人参加活动，现场签订合作意向书50余份。创新“三社联动”社区服务运行机制，疏通社会组织进入社区、社工人才融入社区服务的渠道，参与社区建设，为居民提供养老、助残、家庭教育等方面的服务。创建双河“鑫晨妇女儿童”、中岭“三银”品牌、幸福桥“志愿者之家”、富雅坪共享家“富雅书舍”等11个“三社联动”社区服务示范项目，获得良好的社会效果。

（胡杜豆）

社会保障

区人力资源管理中心

主　任　夏　颂

概况　开福区人力资源管理中心是开福区人力资源和社会保障局的下设二级机构，有工作人员15人。开福区人力资源管理中心主要承担全区就业创业、创业、职业能力建设、小额担保贷款、档案管理、人才新政服务、人力资源和社会保障基层平台等工作。

2017年，共发放创业担保贷款1270万元，全区城镇新增就业27836人，失业人员再就业7872人，就业困难对象再就业5840人，新增创业主体15042户，创业带动城乡就业49150人，扶持大学生创业505人，新增农村劳动力转移就业6099人，城镇登记失业率2.14%。人才服务窗口接受电话咨询3590次，现场咨询3650次，受理高校毕业生租房和生活补贴1142条，留学回国人员租房和生活补贴38条，职业技能晋级奖励21条。推进“长沙人才新政”落地落实。自8月起，区人才服务窗口累计接受电话咨询2488次，现场咨询2591次。在线受理888名青年及留学归国人员人才租房和生活补贴申请，对122名高校毕业生及留学归国人员租房和生活补贴资金发放到位。主动对接街道、社区、用人单位进行政策宣讲。走进华创国际广场与来自国科高精等军民融合和高新技术企业40余名代表进行交流并为企业单位进行答疑。

【开展“大学生就业在开福”系列活动】　“大学生就业在开福”第一季招聘季：立足辖区企业需求，架起沟通桥梁，“大学生就业在开福”走进高校系列活动从3月下旬开始，走进长沙理工大学、湖南大学、湖南师范大学、中南大学、长沙大学，并针对医护专业的大学生专场对接长沙医药健康产业园。组织260余家优质企业，提供8500余个岗位，实现学生、学校和企业供需三赢；“大学生就业在开福”第二季培训季：走进军民融合企业、金融系统、易·创大学生创业孵化基地、山河医药健康产业园开展政策宣讲沙龙，为企业新就业的大学生带来人社政策大餐。在长沙大学面向大学生开设实用性强、市场需求大、就业率高的技能培训班，培训内容涵盖人力资源管理、计算机操作、电子商务、网络编辑等。

【开展公共就业服务基层平台业务培训】 9月22日，人力资源管理中心举办公共就业服务基层平台业务培训，来自全区各街道、社区（村）基层人社工作人员近200人参培。培训旨在提高我区基层人社公共服务能力，规范基层人社就业服务平台业务工作，发挥公共就业基层平台工作效能，更好地服务于民。培训内容多，范围广，既包含新近出台的“长沙人才新政22条”、“开福区人才新政11条”，也包含了就业统计报表台账、创业担保贷款等各项日常工作的再培训。

【举办就业创业政策走进军民融合企业沙龙】 9月13日，区人社局联合湖南国科科技咨询公司在华创国际广场举办“优化服务 深化政策 共促军民融合大发展”就业创业政策宣讲沙龙。现场40余位军民融合企业代表参加。本次宣讲会，区人力资源管理中心从企业关注的“创业担保贷款”、企业招聘、社保补贴以及新近出台的“长沙市人才新政22条”四个方面进行精细化解读，并现场交流互动，为企业答疑解惑，确保各项惠企惠民政策落地落实，助力军民融合企业向更高层次发展。

【“青春建功中国梦 激情辉映开福情”大型招聘会在长沙学院举办】 高校毕业生是社会发展的重要人力资源，“人才新政”是挽留人才、挖掘人才的利器，在重视人才的环境下，高校毕业生必将实现建功立业的青春理想，开福区必将实现升级发展 成就北富的伟大梦想。10月27日，2017开福“青春建功中国梦 激情辉映开福情”大型招聘会在长沙学院举办。招聘会组织用人单位40余家，提供岗位1800余个，包括管培生、销售、教师、财务、机械类等26个工种，吸引大学生1000余人，发放《长沙市高校毕业生就业创业政策清单》600余份，招聘会共达成就业意向260余人，接待人才新政咨询300余人。

（杨 宇）

区社会保障管理中心

主 任 孔 飙

概况 长沙市开福区社会保障管理中心，为副科级参照公务员法管理的全额拨款事业单位，编制10名，是长沙市开福区人力资源和社会保障局下设的二级机构，负责全区养老保险、失业保险、工伤保险等社会保障工作以及企业退休人员管理工作。

社保征缴。企业职工基本养老保险。2017年，开福区企业养老保险基金征缴收入7.51亿元，完成2017年目标任务6.3亿元的119%。离退休人员基本养老金按时足额发放，社会化发放率100%。全年基本养老保险覆盖率100%。

机关事业单位养老保险。2017年，开福区机关事业单位在职参保人数4600人，完成2017年目标任务3500人的131%。

城乡居民基本养老保险。2017年，开福区城乡居民基本养老保险征缴收入508.49万元，完成2017年目标任务275万元的185%。

社会保障卡持卡人数。2017年，开福区社会保障卡持卡人数18.35万人，完成2017年目标任务17.52万人的105%。

工伤保险费率调整。根据长沙市人社局、长沙市财政局《关于调整工伤保险费率的通知》（长人社发〔2016〕108号）文件精神，开福区工伤保险将按照新的工伤保险基准费率执行。原三大类基准费率为：一类0.5%、二类1%、三类2%，调整后新八类基准费率为：新一类0.5%、新二类0.7%、新三类1%、新四类1.2%、新五类1.5%、新六类2.0%、新七类2.4%、新八类2.5%。

【社保一卡通进社区】11月17日，主题为“贯彻十九大精神·社保知识进社区”的2017年长沙社保一卡通进社区活动在开福区东风路街道德雅路社区举行。活动由长沙市人社局、长沙晚报主办，开福区人社局、开福区东风路街道德雅路社区承办，长沙银行协办。来自东风路街道的100余名居民群众参加当天的活动。活动现场气氛热烈，居民群众踊跃提问，工作人员有问必答，现场解惑。并且通过政策讲解、社保知识有奖抢答、发放宣传资料等多种方式，让居民群众更加深入了解社保卡。

（刘雅斓）

区医疗保险管理服务中心

主　任　柳义军

概况　长沙市开福区医疗保险管理服务中心，为副科级参照公务员法管理的全额拨款事业单位，编制9名，是长沙市开福区人力资源和社会保障局下设的二级机构，负责全区职工基本医疗保险、职工生育保险、城乡居民基本医疗保险等社会保障工作。

医保征缴。2017年，职工基本医疗保险基金征缴3.06亿元，其中基本医疗统筹2.66亿元，大病互助1122万元，公务员补助基金1737万元。2017年，办理异地报账234人次，支付医疗费用226万元。

生育保险。2017年，生育保险征缴基金1092万元。2017年，办理生育津贴和补助1339人次，支付生育津贴和补助1136万元。

城乡居民基本医疗保险。2017年，城乡居民基本医疗保险征缴基金8933.5万元，市级下达开福区城乡居民基本医疗保险目标任务为8100万元，完成全年目标任务110.3%。2017年，办理城乡居民异地报账652人次，支付医疗费用228万元。

实施医保异地联网结算。8月22日，开福区人力资源和社会保障局医疗保险管理服务中心根据湖南省人社厅发〔2017〕108号《关于切实做好跨省异地就医直接结算备案管理等有关工作的通知》文件精神，将开福区医保备案范围扩展到异地长期居住人员、常驻异地工作人员和异地转诊人员，全面取消需就医地提供的所有审批盖章程序，建立窗口备案、手机APP备案、电话（传真）备案、邮件备案等多种服务渠道，实施医保异地联网结算，确保备案渠道通畅，让参保人感受到“信息多跑路，群众少跑腿”的便利。为提高开福区异地就医住院医疗费用直接结算政策和办理流程的社会知晓度，切实维护人民群众的医保权益，根据湘人社函〔2017〕327号《湖南省人力资源和社会保障厅关于开展异地就医住院医疗费用直接结算“百日优化行动”的通知》和湘人社函〔2017〕379号《湖南省人力资源和社会保障厅关于开展“异地就医直接结算政策宣传月”活动的通知》，12月1日至31日，区医保中心在全区范围开展“异地就医直接结算政策宣传”系列活动。深入异地安置人员较多的企业，组织发放宣传单、开展现场答疑，对企业社保专员进行一对一培训；在区属协议医疗机构出入院窗口张贴异地就医直接结算须知，进行宣传；在人口聚集的街道悬挂横幅、标语，开展上街政策宣讲；在全区各社区发放异地就医直接结算政策和办理流程宣传海报，确保政策宣传到户。

（唐梅陵）

住房保障

区住房保障局

局　　长　李红权（2017.3任）
　　　　　王中柱（2017.3免）
副 局 长　邱　波　周　波
　　　　　陈雪娅（2017.10任）
纪检组长　吴丽芳（2017.3免）
　　　　　陈雪娅（2017.2任 2017.9免）

概况　开福区住房保障局内设综合办公室、登记管理科、住房管理科三个科室，为区政府下设的直属事业单位。有干部职工232人，其中在职23人，退休人员202人，临聘7人。主要职能包括全区公共租赁住房、经济适用住房等住房保障工作的受理、审核、核准、上报备案及发证；城区“半边户”、棚户区被征收对象住房保障政策、职工住房货币补贴的落实；保障性住房的产权管理和选配、租售、收回、回购、转让和租赁补贴发放、调整、终止；保障性住房房屋的租金收缴及管理；负责保障性住房项目的申报、审批、规划，建设、安全生产等工作的协调服务。

2017年，开福区住房保障局加大保障性住房供给，科学调配房源，服务棚改征收，提升住房保障工作的水平和效率，扩大住房保障工作的社会影响力，着力解决3000户城市户籍住房困难家庭的住房问题，打造开福区住房保障品牌特色。获得开福区项目建设先进要素保障单位一等奖，长沙市“安居杯”业务竞赛二等奖，开福区计划生育综合治理优秀单位，区直机关基层党建工作优秀单位，开福区综合治理优秀单位。

保障住房登记审核。多措并举为15488户次住房困难家庭解决住房问题，超额500%完成年度目标考核任务。其中，公共租赁住房社会面实物配租保障资格2690户；发放廉租住房租赁补贴11376户次，23538人次；办理经济适用房资格200户，经济适用房购房补贴46户；办理棚改安置补贴848户，发放棚改资金1.27亿元；办理农村征地“半边户”资格认定328户。完成全区80家机关事业单位及街道5962人次职工住房货币补贴的申报发放工作，发放职工住房货币补贴资金7950.5万元。就离异、丧偶或年满30周岁的单身个案，要求享受住房保障的诉求，提交专题报告，通过区政府的认定，全年提标扩面申报12批次186户次。

住房补贴发放。2017年，全区在册廉租住房租赁补贴户数861户1816人，其中无房户660户1291人，住房困难户201户525人。全年享受廉租住房租赁补贴对象各月均有户数和人数的增减变化，与2016年相比，总量减少261户578人。全年累计发放租赁补贴资金324余万元。贯彻执行《长沙市人民政府办公厅关于印发《长沙市行政事业单位发放职工住房补贴实施细则》的通知以及《开福区区属行政事业单位职工住房补贴实施方案》等相关政策文件，确保职工住房补贴审批工作依照政策执行。2017年，教育系统申报1批次遗留职工住房补贴资料，通过审批，公示人员54人，审批资金54.28万元，该专项资金于11月底由区财政拨付教育系统，至此，教育系统遗留人员职工住房补贴申报审批以及资金发放工作全部完结。区直机关及街道遗留职工住房补贴计申报19批次，通过审批，公示人员240人，审批资金301.42万。截至2017年年底，为全区80家机关事业单位及街道共5962人发放职工住房补贴7950.5万元。

棚改房源筹集。牵头统筹，筹集河西经适房60余套，北尚阳光160套结余房源；公廉租房248套；限价商品房168套；订购优质商品房1028套；引进多家信誉良好的中介机构，推出优质二手房源，基本满足棚改征收户的各种房源需求。开展“棚改大集市，上门办理业务”活动，上门为被征收户提供住房保障服务。通过与软件公司合作，创新性地研发棚改安置房源电子管理系统，对近万套定向房、经济适用房、公共租赁住房、限价商品房、市场团购房等5类实物房源进行科学分配，统一管理，并坚持“三公开”即公开房源状况、公开房源价格、公开选房情况，做到“谁先签约，谁先选房”,使棚改安置房源在阳光下运行，选房配房科学有序，房源管理高效准确，同时也确保房源周转资金管理准确无误，资金及时回笼。截至2017年年底，开福区棚改项目所办理的各类住房保障资格没有出现一例房源安置差错问题。

公共租赁住房管理。2017年，开福区新增社会面实物配租492套，历年公共租赁住房社会面实物配租2677套。截至2017年年底，全区管理公共租赁住房3425套（其中金霞经开区定向公租房422套、湖南巴士594套），16.10万平方米，涉及12个楼盘，其中福泽园322套、福润园395套、楠熙筱苑752套位于开福区；麓谷锦和园68套、诚兴园158套、山水新苑77套、新诚小区189套、谷山庭院72套位于岳麓区；凤凰苑61套、凤凰佳苑405套、粟塘小区802套、鄱阳小区124套位于雨花区。全年共收取租金412.94万元至市安居工程非税账户，其中往年欠缴租金117.55万元，年度应缴收缴租金295.39万元。

保障性住房管理。采用服务外包模式，加强保障小区的后续管理服务，提升服务质量和小区品质。开展常态化公租房违规整治行动，促进保障房小区的规范管理。采取逐户上门核查等方式，全年巡查4500户次，查处并整改违规开设麻将馆7户。对违规使用行为符合退出条件的，及时报市住房保障服务局登记管理处，全年办理保障资格取消手续385户。严格落实安全生产责任，每月进行消防安全情况进行巡查，对存在消防安全隐患的情况及时提出整改意见，督促整改到位。处理各类电话、投诉、举报20起，化解小区住户间矛盾，确保安全稳定。

公共租赁住房项目建设。湖南九州通公租房项目2015年6月启动建设，项目土建安装以及装饰工程于2016年年底完成，并获得长沙市优质工程结构奖。该公租房项目总建筑面积7600平方米，全栋建筑采用框架结构，共六层，有宿舍200间，每间建筑面积约38平方米。针对九州通公

3月8日，区住房保障局青年志愿者服务队到德雅路福润园小区开展住保普法宣传活动

租房项目没有通过消防设计备案及验收的情况，开福区住房保障局牵头统筹，研究并明确九州通公租房项目的消防规范标准，并要求项目单位在规定的时间作出整改。截至2017年年底，开福区企业投资建设项目4个，房源1312套（新源石油352套、九州通200套、统一100套、传化公路港660套），全部竣工并分配入住。

提升工作水平，为群众办实事。落实长沙市住房保障服务局“安居杯”业务竞赛活动要求，提升工作水平。参加省、市组织的各类业务培训，举办区属16个街道、片区指挥部、单位组和长房组等单位的住保专干培训班，提高业务素养。同时采取“请进来”的办法，交流学习经验。与岳麓区住房保障局、芷江侗族自治县房产局等单位交流职工住房货币补贴工作经验。2017年，开福区住房保障局在党员干部中开展“六不让”活动，为群众办实事，接待来访咨询2580人次，政务服务窗口受理并办结各项住房保障资料1870次，来访咨询1910次，所有业务均实现月结。

【为棚改货币化安置补贴和棚改奖励政策点赞】2017年，开福区住房保障局把服务棚改作为全局工作的重点，派出精兵强将深入一线，服务棚改征收工作。在服务棚改征收工作中发现不少征收户几代人住在一起，人均住房面积不足15平方米，居住环境恶劣，生活不便，迫切希望改善居住条件，但拿着征收补偿款买到称心如意的商品房还存在一定困难。在长沙市住房保障局大力支持下，开福区住房保障局提出的每户15万元的棚户区改造货币安置补贴政策顺利实施。为加快推进全区棚改征收工作，开福区住房保障局提出对全区棚户区改造项目中符合条件的被征收对象购买在开福区行政区域内具备销售条件的普通商品房或开福区、岳麓区、芙蓉区、雨花区、天心区二手房，由区财政给予3万元奖励的棚改奖励方案，该方案经区棚改征拆安置领导小组研究通过，在全区2017年新启动的棚改项目中实施。全年办理各项资格1849户，其中公租房实物配租118户，经济适用房货币补贴2户，经济适用房购房资格200户，棚户区安置补贴资格848户，棚改购房奖励681户。棚改货币安置补贴和棚改奖励政策出台，有效缓解被征收户的购房压力，实现“住有所居、住有尊严”。

（赵嶷娟）

街　道

望麓园街道

书　　记　孙铁龙
主　　任　雷凌湘
副 书 记　杨贵忠
人大工委主任
　　　　　胡　容
纪工委书记　张　博
副主任、政协联络处主任
　　　　　盘剑华
副 主 任　任新臣　黄永忠
　　　　　李银华
人大工委副主任
　　　　　余松柏（2017.2任）
组织委员　罗　芬

概况　望麓园街道地处长沙市开福区南端,东起芙蓉中路，西至黄兴北路，北抵湘春路，南起中山路，总面积达1.0平方千米。街道辖荷花池、水风井、营盘街、富雅坪及中山路等5个社区居民委员会。2017年，望麓园人口总数45588人，19136户。街道办事处内设机构9个，党政办、经济办、综治办、城管办、社会事务办、卫计办、食安办、安监站、财政所，在职在编工作人员50人。辖区内有中学3所、小学4所、幼儿园7所。

2017年，完成财政税收9.3亿元，固定资产投资33.5亿元，限上社会消费品零售总额50.8亿元，其他营利性服务业营业收入6.27亿元，利用外资3800万美元，外贸进出口总额1400万美元；新增限上商贸企业3家，限上服务业3家，规上工业1家。完成内联引资15.61亿元，超额完成全年目标任务。引进湖南省轻盐创业投资管理有限公司、家边购、湖南爱义行汽车服务有限公司等40多家企业，黄兴北路S16地块成功招商。9月24日，新湖南大厦营销中心竣工开业，天下凤凰、中国人保、联合利国、湖南文创、亚朵酒店、建设银行等知名企业成功签约。街道楼宇空置率由2017年初的8%下降到2017年末的5.5%。

以建设更加“宜居宜业、精致精美、人见人爱”的品质街区为引领，突出群众对城市品质的切实需求，推动城市建设由“面子”向“里子”，“地上”向“地下”推进。2017年，街道自筹资金，主动铺排32个城管建设项目，重点解决148个楼栋单元脏乱、32处地下管网堵塞、5个社区线网凌乱、8处背街小巷路面破损、450户居民生活油污严重等问题，开展集中整治10余次，环保知识讲座9次，设置宣传点宣传4期，制作宣传展板10块，发放环保宣传资料1万余份。拆除违章建筑16处，2790.33平方米，完成全年总任务的174%，实现违章建筑零增长。社区提质以及街道整治行动多次在《长沙晚报》、湖南卫视、湖南都市、政法频道等媒体宣传报道。

落实“综治大走访”“看门守栋、邻里守望”“红袖章”工程，开展出租房屋“三治三防三优”、三实信息录入及社会治安重点整治。发放各类综治宣传资料2万余份；发放综治工作宣传联系卡、《居民常用法律知识简明读本》、居民意见登记表共计5万份，收集居民意见6类160条；编撰综治维稳主题宣传专栏8期。突出街所联动，重点开展“打击非

望麓园街道以“升级发展，成就北富”为目标，聚力经济、社会、文化等建设，居民幸福感明显增强

法传销”“打击非法营运”“打击非法集资”等专项行动，推进金满地、小吴门重点区域专项整治。2017年，望麓园派出所破获各类刑事案件485起，治安案件456起，抓获各类犯罪嫌疑人172人。开展“特殊人群教育监管年”活动，加强社区矫正对象、刑释解教人员、肇事肇祸精神病人管理教育帮扶工作，实现“零脱管、零漏管、零重新犯罪”目标。推进出租房屋“三防三治三优”活动，清查流动人口15428人，出租房屋4276户，对87户出租房屋业主进行行政罚款，责令整改（警告）114户，抓获违法犯罪人员27人（行政拘留22人，刑拘5人）。

街道采取“3+1”网格化区域覆盖和“点、片、线、面”责任落实相结合监管模式，全街划分为34个安全生产单元小网格，建成安监、城管、综治资源共享的“智慧安全”平台，对街道主次干道、背街小巷进行全天候、无死角的全方位监管。2017年，街道、社区联合企业组织安全培训、应急救援演练共18次、安全生产知识竞赛4场，制作安全生产宣传展板18块、横幅16条，印发安全生产宣传手册3000本、安全生产宣传海报4000份、宣传单1万张、安全生产年画3000张。对48处城市危房重点监控，疏散安置44人。全面推行“分类别、分层级、全对接”监管和执法，检查企业128家，整改隐患32处，网上行政执法11家、行政处罚7家，罚款2600元。组织打非治违“春雷”“飓风”行动，检查企业、单位170家，整改安全隐患37处。街道1193家食品药品门店信息全部录入到湖南省“四查”系统，建立6类本底台帐，形成对应的6类巡查台账。开展食品安全“进社区、进学校、进企业、进机关、进门店、进工地、进家庭”的“七进”宣传活动。开展豆制品、米粉和湿面质量安全专项整治，肉及肉制品质量安全专项整治，做好70余种食品样品的抽样检测工作。加强无证照门店的清理办证整治，对“三小”（小餐饮、小作坊、小食杂）经营户进行上门代办，对于新开门店，新开一家督促办理一家，全街经营户证照执有率97%以上。2017年，在区食安创建月考核中，荣获第一名2次、第二名4次，上半年全区综合排名第一名，下半年7-10月全区综合排名第一名。全年没有发生一起安全生产、食品药品安全责任事故。

2017年，发放高龄老人补贴102.85万元。享受重度困难生活补贴291人，享受重度残疾人护理补贴250人，发放两项补贴64.82万元。带动城乡就业人数3175人，其中：带动城镇就业人数2545人，新增创业主体1098户，新增创业示范载体1户，扶持大学生创业30名；城镇新增就业人数1907人，失业人员再就业人数557人，就业困难对象再就业人数504人，新增农村劳动力转移就业269人，新增小额担保贷款100万元，城镇登记失业率2.11%。办理就业创业证152本，其中认定就业困难对象62人。办理灵活就业困难人员社保补贴110人次、金额64.36万元，企业养老保险征缴基金336万元，城乡居民养老保险征缴基金16.03万元，城乡居民医疗保险征缴基金391.48万元，社保卡持卡人数11594人。开展薪酬调查16家。2017年，最低生活保障累计救助4190户次、6882人次、金额248.88万元，精神病人药物救助301人次，大病医疗救助新增126人次，救助金额37.2万元。实现住房保障廉租房补贴新增14户，廉租房实物配租新增34户，经适房资格新增30户，经适房货补新增3户。棚改安置补贴新增51户，低收入认定40户，公、私房证明系统录入新增49户。开展“雷锋精神伴我行 健康教育进社区”“防聋治聋 精准服务”“你我汇集爱心 健康走进家庭”“互帮互助 共同成长”“执手心连心 共度好人生”“富雅夕阳”等志愿服务活动。

2017年，出生448人，男孩219人，女孩229人，性别比95.63：100，符合政策生育率100%，人口自然增长率4.43‰。发放计划生育家庭特别扶助资金135人，金额129.6万元，独生子女保健费457人，金额10.25万元，低保奖扶80人，金额4.65万元。做好禽流感、麻症接种、水灾等疾病预防及周边学校、幼儿园的接种和健康教育工作。做好均等化服务工作，开展“百日行”大清理，水风井社区作为全市十个流动人口融合示范社区向全国推介。组织义务献血226人，献血9.04万毫升，超额完成考核任务。组织妇幼健康、家庭医生签约等户外宣传5次，妇幼健康讲座4次。开展“全面两孩”政策宣传及“两癌筛查”主题宣传活动，举办“关爱女性，远离乳腺癌”为主题的系列讲座，发放各类宣传资料1.5万份。2017年，在中央、省、市新闻媒体正面宣传报道127次。结合社区道德讲堂、“读书茶室”“曲艺茶室”“心理美容室”等既有的特色市民教育品牌，开展“厚德向善人人赞 携手共迎吉祥年”“厚德喜乐会 集福闹元宵”主题活动，举办“倡导排队与礼让，传播文明正能量”文明排队礼让讨论会暨好人大本营专场主题座谈会，开展“诚信故事我来讲 厚德家风我传承”“斑马线上的文明”礼让斑马线专项整治，“好人携手志愿者 共建文明平安行”“乐享夕阳红 共筑中国梦”重阳节等主题活动。

【举办“创新放飞梦想、科技引领未来”科技活动周】5月19日，望麓园街道举办“创新放飞梦想、科技引领未来”开福区科技活动周启动仪式暨水风井同心科普社区科技宣传活动。该次活动以社区全民科普建设为切入点，旨在通过活动共建“同心科普社区”，打造科普氛围浓厚的活动阵地，组织开展系列科普宣传主题活动，增强社区科普特色文化。在科技活动周上，社区联合望麓园小学组织学生开展科技绘画大赛、科技主题演讲、科技发明制作等系列活动，还组织青少年到市科普馆体验科普仪器，用多种形式吸引孩子们了解最前沿的科技创意，激发广大学生爱科学、学科学、讲科学、用科学的热情，丰富学生的科学知识，提高学生科学素质，培养学生科学创新精神和实践能力。

【残疾人“生活小秘书”平台建设通过验收】9月7日，区政协主席熊建伟对望麓园街道营盘街社区“生活小秘书”平台开发建设工作进行验收。“生活小秘书”平台是由开福区残疾人综合服务中心、营盘街社区、开福区梦想家园社工中心一起研究开发，旨在为残疾人提供一种更加便捷生活方式的服务信息平台。熊建伟实地参观同心助残创业就业实训超市、同心书屋、同心画室、同心文化活动中心等活动阵地，全程体验“生活小秘书”的运行模式，对该平台开发建设给予肯定。熊建伟指出，区残疾人综合服务大楼项目极大地减轻残疾人家庭负担，“生活小秘书”服务信息平台的开发为低保户等低收

3月13日，志愿者在教育街开展植树活动

入重残家庭提供个性化、精准化服务，让残疾人朋友享有正常生活，有效拉近残疾人与正常人之间的距离。

【举办“至善学堂”授牌仪式】11月15日，开福区“见证成长足迹 弘扬凡人善举”主题活动暨“至善学堂”授牌仪式在望麓园街道荷花池社区举行。该次活动由长沙市文明办、开福区文明委主办；中共开福区委宣传部、开福区文明办、开福区教育局、望麓园街道承办；开福区“好人大本营”、荷花池社区、长沙师范附属小学、长沙财经学校协办。市委宣传部副部长郭润葵等领导出席。郭润葵一行参观荷花池巷成长足迹墙，了解清代经世派的代表人物、中国第一位驻外国大使郭嵩焘，近代中国革命家和教育家徐特立，中国史学界一代宗师陈寅恪，全国道德模范周美玲，“中国好人”王达佳，中医皮肤界领军人物欧阳恒，长沙市优秀护士龙利亚等。在活动现场，郭润葵为荷花池社区“至善学堂”授牌，并为聘请的五位学堂辅导员颁发聘书。活动中，长师附小学生陈甘霖和长沙财经学校学生吴胜以自身的经历讲述在成长中的开心、难过和得失。湖南师大教授张怀承为大家讲授一堂生动的国学课程——《弟子规》的当代价值。

（李 元）

清水塘街道

书 记 曾 亮

主 任 黄雅晖

副书记 黄 伟

人大工委主任 孙艳文

人大工委副主任

梁 棵（2017.2任，2017.9免）

欧文兵（2017.9任）

副主任、政协联络处主任 廖连兵

副主任 黄 巍 邓恒阳 荣佳平

组织委员 杨 丹

纪工委书记 兰 涛

概况 清水塘街道地处长沙市开福区南部，南接八一路，北抵德雅路，西临芙蓉路，东达迎宾路。街道辖清水塘、芙蓉路、便河边、四季花城4个社区，总面积2.45平方千米。截至2017年年底，辖区总人口26740人，其中常住人口22793人，流动人口3947人；总出生人数267人，出生人口性别比为96:100，符合政策生育率100%，人口自然增长率6.9‰。街道内设党政办、经济办、纪委、综治办、城建办、城管办、社会事务办、卫计办、安监站、食安办、财政所等11个办（所），在职在编工作人员48人（其中行政编制15人，事业编制33人），临聘人员10人。下设二级机构长沙市开福区清水塘街道劳动社会保障和最低生活保障管理服务站1个。辖区内有中国银行湖南省分行、中国邮政储蓄银行湖南省分行等金融机构；省体育局、省新闻出版局、省出版集团、省博物馆、省展览馆等文化产业领军单位；中共湘区委员会旧址、烈士公园等红色景点；省政协、省委统战部、省交通厅等机关大院汇聚一起。街道辖区内中学1所，小学2所，幼儿园2所。2017年，街道获评全省计划生育基层群众自治示范乡镇街道、长沙市经济社会发展综合实力“十强”街道、长沙市文明单位、长沙市综治工作红旗街道、长沙市城市管理示范街道、长沙市人口和计划生育工作优秀单位等荣誉称号。在中共湖南省委主办的《湖南工作》以及《湖南日报》等省级媒体刊物上以《四有成就现代都市街区》为题进行宣传报道；在《长沙通讯》《长沙组工通讯》上分别以《坚持“四有”发展 建设精品名街》《瞄准“五提”目标 致力“四有”发展》为题对全街工作进行宣传推介；基层党建、文明创建、垃圾分类试点等工作多次在湖南卫视、湖南经视、湖南都市等媒体上进行报道。

经济指标稳步提升。2017年，全街完成财政税收26.54亿元，总量排全区第一；完成固定资产投资38.5亿元，完成实际到位外资3600万美元，完成外贸进出口额2000万美元，完成社会消费品零售总额6.8亿元。新引进企业82家，其中注册资金8000万元以上的企业1家，5000万元以上的企业3家，1000万元以上的企业14家，500万元以上的29家。全街17栋商务楼宇入驻企业440家，其中包括湖南光合作用商贸有限公司、中航星卫星应用集团、华夏人寿保险股份有限公司、长沙星美圣酒店管理有限公司、沃顿信息科技（湖南）股份有限公司颇具影响力的企业。

截至2017年年底，炮后街棚改征收项目完成私房签约628户，签约率96.3%；完成公房签约32户，签约率100%；完成单位签约9个，签约率100%。实现炮后街项目内建筑物倒地扫尾清零，新项目启动建设。汽电棚改征收项目完成私房签约243户，签约率96.4%；腾房243户，腾房率100%；拆除房屋9栋，房屋全部倒地清零。绿地金融城项目正式营业，华远·华时代项目开工建设。清水塘小学改扩建、潇湘华庭项目启动开挖地基建设。

街道对体育馆路、东风路的12家餐饮门店进行全面治理，安装油烟静化器及高空排放装置，并要求每季度清洗；做好网络化巡查工作，加强辖区内的建筑工地、夜市等的管理和大气污染防治工作。全年开展城市管理专项整治行动86次，拆除各类违法建筑72处，1982平方米，实现违章建筑“基本清零”。提质提档工作全面完成。街道对市人大宿舍、电信宿舍区、省体育局、清水塘派出所、长沙近现代文物保护管理中心、社区办公用房、红色服务站、红色文化宣传步道姚正街巷景园小区、利众小区、姚正街26号商住楼、花园公寓、长沙市一中教师公寓等进行全面提质改造。疏通更换下水管网、路面铺设沥青、安装便民晾衣架、增加停车位、增添环卫设施、规范空中网线、拆除违章建筑以及部分围墙、房屋立面改造、安装楼道灯与防盗门、增设天网监控设备等。做好迎宾路、清水塘路和八一路、营盘路、芙蓉路、东风路人行道加宽、墙壁修复、护窗改造、两厢提质、绿化提质，统一规划宣传栏与街边立柱等立面整治。

2017年，全街计生奖扶对象311人，发放金额68.85万元；大病救助对象37人，发放金额6.12万元；临时救助对象16人，发放金额9600元；低保对象125户、175人，特困供养对象11户、11人，精神病药物救助对象27人，其中长期领药对象14人。社会面办理廉租房实物配租8户、经济适用房货币补贴2户，公共租赁住房1户；棚改项目办理经济适用房货币补贴 12 户，廉租房实物配租7户，经济适用房9户，公共租赁住房 3户。企业养老保险征缴基金303万元；城乡居民养老保险征缴基金6.73万元；城乡居民医疗保险征缴基金150万元，社会保障卡持卡人数5184人。政府购买居家养老服务6人。清水塘老年人日间照料中心验收合格，投入使用。城镇新增就业人数1639人，城镇下岗失业人员再就业432人，帮助就业困难人员实现再就业368人，新增农村劳动力转移就业206人，新增小额担保贷款180万元，扶持大学生创业30人，新增创业主体555户，带动城乡就业人数2553人，其中带动城镇就业人数2347人，新增创业示范载体1户，街道技能培训200人，企业自培200人；办理就业失业登记证113本，申报社保补贴75人次。

2月9日，清水塘社区在全市垃圾分类试点的一中宿舍区为中小学生普及垃圾分类知识

2017年，4个社区完成党委换届选举工作，新增非公党组织1家。打造“红名片”品牌、推进“红色服务”，打造特色党建阵地。建设清水塘社区红色服务站，开辟以“众学、众联、众享、众创、众扶、众为”为抓手的“六众通”互联服务阵地，创新推出以“服务零距离、安全零事故、环境零污染、治安零发案、居民零上访”为内容的“五

零”创建工作，着力提升街道居民满意、社会平安、绿色发展、生活幸福、社区和谐五大指数。营造“十九大”精神学习和文明创建浓厚氛围，制作各类宣传展板1000余块，打造清水塘路“十九大”精神学习宣传一条街、体育馆路城信经营一条街、松桂园路口公益广告示范点。新成立社会组织4家，分别为清水塘社区的满堂红老年之家，芙蓉路社区的文化艺术协会、孝德堂协会、关爱协会。新增社会组织备案在册人员48人。截至2017年年底，街道备案社会组织53家，涉及老年活动、文化艺术、公益服务、养老助残等领域。2017年，街道文化站引进帆凤艺术团，万紫千红艺术团与帆凤艺术团创作的大型舞蹈《开福恋》、新民乐团的京歌《咏梅》、便河边社区京剧社的京剧联唱《我是中国人》均荣获开福区“百品”二等奖；市一中校友艺术团的原创作品地花鼓《身边好人孟繁英》荣获开福区“百品”一等奖；清水塘街道荣获开福区第六届“百团、百品、百星”先进单位；帆凤艺术团和市一中校友艺术团分别被评为“百团”一、二等奖。

推进“平安街道”创建。街道组织治安巡防队员、居民志愿者、驻街各单位内保人员佩戴红袖章，在辖区开展巡逻，全年出动义务巡逻队1800人次。推行阳光信访，制作并发放5000余份清水塘街道网上信访知识宣传问答单。2017年，街道综治民调成绩排名全区第一,全市前列，被评为全区唯一市级红旗街道。安全生产工作全面落实。街道将2017年定为“企业安全生产主体责任年”，组织企业负责人和安全管理人员25人，参加安全管理资格培训。街道与各企业签订安全生产主体责任承诺书，落实各企业安全生产主体责任，定期开展安全生产教育培训、应急演练、隐患排查治理。全年下达企业安全生产责令整改通知书24份，处罚违法企业10家。全年安全检查300余人次，排除各类安全隐患103处，现场整改98处，限期整改3处；查处非法储存经营烟花爆竹的门店超市1家，收缴并销毁鞭炮10余盘；发现电梯安全隐患和未按照要求粘贴标识标志的9处，全部整改到位。联合相关执法部门，关停存在消防隐患且无证办学的汽电经典幼儿园，关停姚正街存在消防隐患的“黑猫旅社”，取缔唐朝大厦2家无证经营的歌厅音乐会所。全年未发生一起食品药品安全、安全生产责任事故。

【湖南省博物馆提质改造后重新开馆】11月29日，湖南省博物馆历时五年半闭馆提质改造后重新开馆。湖南省博物馆新馆总建筑面积9万多平方米，建筑高度38.5米，地下2层、地上5层，是老馆建筑面积的3倍多。新馆在原址基础上改扩建之后，文物保管、保护区域面积从原来的6000平方米增加到14550平方米，陈列展览区域面积从原来的5600平方米增加到27265平方米，公众与教育服务区域面积由原来的4000平方米增加到21370平方米。内部空间根据功能需求，主要分为公众服务与教育区、陈列展示区、典藏区、办公区、停车区、系统管理区等几大功能区，其中公众服务区域和文物典藏区面积之和占建筑面积的80%以上。湖南省博物馆新馆在面积、规模、功能和接待服务能力等方面有大幅提升。

【菲律宾民力党副秘书长乔·克里斯汀·雷维尔考察团到清水塘街道考察交流】9月22日，菲律宾民力党副秘书长、马斯巴特省副省长乔·克里斯汀·雷维尔考察团一行11人到清水塘街道清水塘社区考察交流。中联部一局东南亚处处长杜丁丁、市直机关工委副书记梁敏、长沙市国际交流服务中心主任陈曦等陪同考察。考察团一行实地了解长沙全面从严治党和加强基层党建工作的各项举措，表示深化两党在党的管理等方面的经验交流，加强两党、两国之间各领域的全方位合作交流。

【清水塘街道侨联成立】11月24日，清水塘街道归侨侨眷联合会成立会议召开。会议选举产生清水塘第一届社区归侨侨眷联合会班子，杨潮当选为第一届委员会主席，盛强当选为副主席兼秘书长。清水塘社区归侨侨眷联合会是开福区成立的第一家基层侨联组织。

【清水塘街道推行垃圾分类】2017年，清水塘街道推进垃圾分类项目，制定出台《清水塘街道垃圾分类试点工作方案》，以清水塘社区作为垃圾分类工作试点社区。将生活垃圾按“四分法”分为餐厨垃圾、有害垃圾、可回收垃圾和其他垃圾，建立与“四分法”相衔接的生活垃圾分类、收集、运输、处理等机制，创新“一小区一组织，一楼一栋长，一单元一门长，一户一家长，一家一监督长”的“五个一”管理模式。动员辖区内7个辖区单位、7支志愿者服务队伍、7个服务团队构建“三七”联盟，开展“走进环卫体验之旅”“做文明有礼的清水塘人”“垃圾分类从我做起”等主题宣传活动，市容市貌明显改观。2017年，被评为长沙市城市管理示范街道。

（陈朝晖）

湘雅路街道

书　　记　易福龙（2017.6任）
　　　　　宋明明（2017.6免）
主　　任　骆　炬
副书记　李　智
人大工委主任　任　伟
副主任、政协联络处主任
　　　　　陈芝社
组织委员　粟拱铧
副主任　曹　宇（2017.2任）
　　　　　侯胜台（2017.2任）
　　　　　黄　毅
　　　　　李　诚（2017.2免）
人大工委副主任
　　　　　古　波（2017.2任）
纪工委书记　唐爱民

概况　湘雅路街道地处长沙市开福区西南部，东至芙蓉中路，与开福区清水塘街道相邻；南到湘春路，由东向西依次与开福区望麓园街道、通泰街街道接壤；西临湘江，与岳麓区银盆岭街道隔江遥对；北部接竹山园，与开福区新河街道搭界，总面积1.47平方千米。街道办事处内设机构12个，包括党政办、文明办、党建办、经贸办、城管办、社会事务办、卫计办、食安办、综治办、安监站、财政所、纪工委，在职在编47人，在职无编1人，临时聘用人员19人。下设二级机构湘雅路街道劳动社会保障和最低生活保障管理服务站1个。辖上麻园岭、留芳岭、新湘路、三角塘、百善台、文昌阁6个社区居民委员会、202个居民小组、总人口数5.8万人，其中城镇常住人口4.53万人，流动人口1.27万人。人口出生率11.8‰，人口自然增长率4.98‰。街道辖区内有幼儿园6所、小学3所。2017年，街道荣获长沙市“五·四”红旗团委、开福区国有土地房屋征收工作先进街道一等奖、开福区“十九大”特护期信访维稳工作及信访积案化解百日攻坚贡献奖、开福区平安建设先进街道、开福区优秀政协工作联络处、开福区收入组织工作先进单位、开福区建设更高水准全国文明城市工作先进单位。

2017年，全街财税收入全年任务4.75亿元，实际完成4.8亿元，为全年目标任务101.05%。实际到位外资全年任务6000万美元，完成6600万美元，为全年目标任务110%，居全区第一；内联引资全年任务24亿元，实际完成24.36亿元，为全年目标任务101.50%，居全区第四。固定资产投资全年任务39亿元，实际完成40亿元；社会销售品零售总额全年任务18亿元，实际完成19.2亿元。截至2017年年底，街道商务楼宇10栋，总面积35.8万平方米，凯乐国际入驻企业66家，泊富广场入驻企业52家，华尔街中心入驻企业49家。2017年，新入驻楼宇企业34家，包括台湾合作金库银行长沙分行、湖南玖玖金信息服务有限公司等6家租购面积500平方米以上的企业。

截至2017年年底，潮宗街重点棚改征收项目，签约442户,为签约任务483户的91.51%。黄兴北路S10-2-1、S10-2、S5.6.9、S前进服装厂以及S庆和里等五个地块全部清零。2017年，产权面积3624.24平方米的文昌阁至东屯渡地下配套项目暨地铁6号线（文昌阁站）项目和产权面积4186平方米的湘雅路口（花鸟虫鱼市场）地块棚改征收项目启动。截至2017年年底，地铁六号线征收项目签订私房协议17户，签约率30.91%。签约腾房6户，腾房率35.29%，拆除倒地1户。湘雅路口（花鸟虫鱼市场）地块棚改项目涉及上麻园岭社区私房征收对象65户（独栋51户、楼栋14户），截至2017年年底，签订私房协议19户(独栋14户、楼栋5户），签约率29.23%。晴佳巷棚改征收项目，20天完成35户私房签约，签约率100%。

2017年，街道和各社区开展“七清行动”和“十三项整治”，优化街域环境，制作宣传栏35个、宣传板260块、宣传海报570张、手绘画29幅。加强黄兴北路两厢常态化的清理清扫，修建百善台社区、上麻园岭社区、三角塘、铁佛东街、湘江大道等5个停车场，完善湘雅医院周边道路交通微循环，提升街域面貌。纠正店外经营门店2300多家次，暂扣、收缴违规经营物品352件，拆除规范广告招牌320余处，清理牛皮癣残破标语4000余处，销毁收缴流动摊贩木推车100余台，处罚流动摊担110起。处置违规停车抄牌998台，解决人行道乱停车问题。开展卫生大清洁行动，清运堆物、生活垃圾600多车，全面治理“脏、乱、差”现象。街道以留芳岭社区创建“门前三包”示范社区以及湘雅路、上麻园岭巷创建“门前三包”示范路为契机，落实“门前三包”责任制，全街1000余家门店全部签订门前三包责任书。2017年，街道拆违任务533平方米，实际完成680.59平方米。投资700万元，完成上麻园岭社区、留芳岭社区、新湘路社区提质提档；完成文昌阁社区的文昌阁巷、工农街巷、十间头巷沿线道路提质改造；完成百善台社区的大王家巷、油铺街巷沿线道路提质改造；完成老铁路沿线道路提质改造。街道配合开福区黄兴北路立面改造指挥部，投资1000余万元，完成黄兴北路沿线立面提质。协调市城投三角洲公司对黄兴北路沿线进行绿化提质5000余平方米，新建2个临时停车场，增加临时停车位200多个。投资10余万元，完成3处围而未建地块的拆围透绿。2017年，全街11个房产办证处遗项目全部完成；投入资金700万元完成辖区内工农街42号、46号、78号危房加固改造。

2017年，新增优抚对象6人，截至2017年年底，街道优抚对象70人，代发优抚退休工资48.41万元。社区低保及特困家庭临时救助对象60户，发放临时救助款3.8万元，下拨社区工作经费374.76万元。完成6个社区居委会换届选举工作。2017年，街道以“五零”社区创建为契机，各社区结合实际开展差异化、个性化的主题创建。留芳岭社区创建“乐翼留芳 榴莲往返”党建工作品牌，打造榴莲创客、乐翼天使、乐翼国医团、乐翼知法、翼室一厅等10余个子品牌，建立全区首家医患矛盾调解中心。上麻园岭社区创建“幸福小巷”“小巷淳风、幸福满园”等公共服务品牌，凝聚小巷力量，推进社区“五零”社区创建。三角塘社区弘扬“正本清源，法制常伴青少年”，开辟未成年人“模拟法庭”法制教育基地。新湘路社区的“新心湘映”，百善台社区的“手牵手一起走”，文昌阁社区开展“老年养护指导”“寻根”行动打造“两扶三筑”品牌。街道组织开展“建功湘雅要我给力”主题实践活动，举办“喜迎十九大、同诵中国梦”书香三进系列主题活动，组织开展“街谈巷议”“守望巷助、邻里帮帮团”等系列活动20余次。街道政协委员为6个社区和3所小学赠送书籍1800本，营造“书香湘雅”的浓厚氛围。

2017年，全街组建467名平安志愿者队伍，67名群众治安信息员队伍，建立平安守护岗，发挥“红袖章”工程作用，健全情报信息网络，为居民群众解决实际困难和问题。开展“万户大走访”上门宣传活动，组织各类整治行动15次，开展便民服务400多次。2017年，化解信访积案17户，调处各类矛盾纠纷150件，调处率100%，调处成功率100%，履行率100%。开展远离毒品宣传教育活动，制作、张贴警示牌60块、宣传栏（报）10张，发放宣传小手册2000份。全面摸排吸毒人员211人，做到一人一档，定期上门看望、帮教，及时掌握动态，防止复吸。街道在区禁毒办组织的宣传禁毒知识竞赛活动中，获得二等奖。坚持安全生产“一岗双责”“党政同责”“一票否决”“失职追责”责任制。街道安委与安委成员单位签订安全生产责任状，与辖区内的企业签订安全生产责任状、承诺书，发放致企业负责人一封公开信。对不符合安全条件，存在重大安全隐患的生产经营单位坚决关停整改。在“九打九治”打非治违、油气管道、化学危险物品、烟花爆竹专项行动中，取缔烟花爆竹无证经营摊点及门店16个，取缔印刷厂2家，责令整改安全隐患15处。全面使用全省统一安全生产执法软件开展安监执法工作，办理简易执法案件2起，对违法企业罚款1600元。街道制定《湘雅路街道2017年度特种设备安全生产检查工作计划和电梯安全大检查暨电梯安全“飓风行动”工作方案》，对电梯实行网格化管理，开展特种设备、电梯大检查专项整治行动，全面落实企业主体责任，加强日常监督管理，强化宣传和培训工作。全年未发生一起安全生产、食品药品安全责任事故。

【举办“童心向党·欢唱中国梦”歌咏活动】6月22日，由省文明办、市文明办、区文明委、湘雅路街道等单位联合举办的“童心向党·欢唱中国梦”歌咏活动在三角塘小学举行。省文明办副主任熊科文，省文明办未成年人工作处处长史锋，市文明办副主任梁飞彩，市文明办未成年人工作处处长朱治东，区委常委、宣传部长舒全球，区人民政府副区长杨光华等领导出席，三角塘小学全体师生参加活动。此次活动旨在通过校园歌曲、红歌来践行“核心价值观教育”，传唱着《国家》《听妈妈讲那过去的事情》《让世界充满爱》《彩色的中国》《我向党来唱支歌》等歌曲，表达未成年人歌颂党、歌颂祖国、歌颂中国梦的深切感情，展现未成年人朝气蓬勃、积极向上的精神风貌，活跃校园文化氛围。

【召开纪念建党96周年表彰大会暨“五零”社区创建工作讲评会】7月12日，长沙市开福区湘雅路街道召开纪念建党96周年“七一”表彰大会暨“五零”社区创建工作半年度讲评会。区政协主席熊建伟，区政协副主席林永红出席会议，街道全体机关干部和社区工作人员、各党支部书记、非公企业及社会党组织负责人、受表彰的先进单位党组织负责人和先进个人200余人参加会议。会议表彰一批先进基层党组织和优秀共产党员、优秀党务工作者，全体党员与新发展的预备党员一道重温入党誓词。会议对“五零”社区创建工作半年度讲评，街道工委书记易福龙总结上半年度全街“五零”社区创建工作情况，对下半年工作进行铺排。区政协主席熊建伟从街道工作要堡垒更强、攻坚更力、化解更好、环境更优四个方面引经据典、旁征博引，要求共产党员们发挥模范带头作用，做好基层工作，树立争创一流目标，加快建设实力湘雅、加速创建“五零”社区。

（刘 银）

伍家岭街道

书　记　黎　琴
主　任　尹显亮（2017.7任）
　　　　易福龙（2017.6免）
副书记　李建波（2017.2任）
人大工委主任
　　　　甘浩文（2017.7任）
　　　　张　燚（2017.6免）
纪工委书记
　　　　龙文彪
工委委员　贺伟毅　谢险峰
人大工委副主任
　　　　范文波（2017.3任）
政协工作联络处主任
　　　　金星刚（2017.3任）
组织委员　杨秋华
副 主 任　赵红胜
　　　　罗　洋（2017.2免）

概况　伍家岭街道地处长沙市开福区中部，东与开福区四方坪街道为邻，南连东风路街道，西临新河街道，北接芙蓉北路街道,总面积6.01平方千米。2017年，街道总人口53890人，其中常住人口42989人，流动人口10891人，辖科大佳园、浏阳河、蒋家垅、紫荆园、建湘新村、陡岭社区和花城7个社区。街道在编人员44人，其中行政编制11人，事业编制25人，工勤编制8人。街道内设7个机构，党政办、综治办、卫计办、经济办、财政所、城管办、民政办。2017年，荣获开福区目标管理考核一类街道。

2017年，完成财税收入4.68亿元，其中，国税3.01亿元，地税1.67亿元，为年度任务的111%。完成外贸进出口3000万美元，为年度任务的100%；实际利用外资5500万美元，为年度任务的100%；完成固定资产投资61亿元，为年度任务的107%；完成高新技术收入1亿元，为年度任务的100%；完成R&D520万元，为年度任务的111%。2017年，社会投资重点项目4个，分别是华创国际广场、凯乐微谷、悦荟生活广场、新力紫园。华创国际广场，总建筑面积30万平方米，被长沙市评为5A级写字楼，全面投入运营。悦荟项目1#栋主体建到20层；2#栋29层主体封顶，砌体6—13层；3#栋主体27层封顶，砌体5—12层。4#栋31层主体封顶，砌体8—18层。凯乐微谷项目商务楼1号栋和2号栋主体结构封顶，1号栋砌体至17层，2号栋砌体至15层；洋房5、6、7号栋完成主体与砌体，12号栋完成地下室和架空层，8、9、10、11号栋正在施工承台和地梁。完成新力紫园售楼部建设。推进伍家岭东南角片区棚改项目扫尾清零，截至2017年年底，签约私房589户，私房签约率99.33%；单位16家，单位签

11月9日，中组部调研浏阳河社区基层党建及社会治理工作

约率94.12%；腾房576户，腾房率97.79%；完成扫尾阶段私房签约18户、单位5家，腾房63户，倒地19栋。完成伍岭路、浏阳河小学及幼儿园建设项目的签约、腾房、倒地。

落实“城管从严”要求，通过“抓常态、夯基础、深发动、强素质”等举措，城市管理水平全面提升。2017年，拆除违章建筑101处、2043.85平方米，完成2017年任务的269％，超额完成全年拆违任务，其中拆除新建违章建筑11处，360平方米，确保新建违章建筑零增长。全年组织集中整治行动120余次，纠正各类违章行为10863起，办理行政处罚案件330起，罚款金额3.06万元。开展静态交通联动执法，抄牌614台次，处罚95台，移送交警200余台。拆除芙蓉路、三一大道、车站北路等路段违规广告招牌50处2745.8平方米、违章落地灯箱222块、违规电子显示屏28个，清除玻璃帖子620处。对辖区6处围而未建地块进行综合整治，拆除围墙2万余米，平整地面2万平方米；新增绿化1万余平方米，新建停车位800余个。完成建湘新村、蒋家垅、陡岭、花城4个社区提质提档，拆除围墙500米，疏浚下水管网1.3万米，新增生态停车场3个、停车位432个，改造化粪池62个，实施道路“白改黑”6.5万平方米，完成电力“专改公”2700户，社区基础设施、人居环境、品质面貌得到全面提升。建湘新村社区、蒋家垅社区被评委市级示范提质提档社区，陡岭社区、蒋家垅社区被评委市级优秀提质提档社区。

2017年，加大对历史遗留问题和社会矛盾的化解力度，开展各类整治行动8次。全年排查矛盾纠纷413次，街道司法所调处各类矛盾纠纷104件，其中疑难复杂纠纷1件，驻所调解室27件，社区调解77件，驻所调解室制作案卷18件，简易纠纷9件，各社区简易纠纷52件，口头纠纷25件，调处率100%，调处成功率100%，履行率100%。2017年度，开展安全生产大排查5次和“打非治违”专项行动4次。在定期排查的基础上，街道开展专项整治工作：开展危险化学品专项整治，督促三一大道伍家岭加油站完成安全生产提质改造；开展有限空间作业和职业病危害治理专项整治，督促辖区内6家企业完成职业病危害检测；开展特种设备专项整治，对辖区范围内老旧“三无”电梯以及有安全隐患的特种设备随时关注跟踪并督促责任单位进行整改；开展电气火灾综合治理专项行动；开展夏季高温天气安全生产大检查，对发现存在的消防安全隐患及时上报伍家岭派出所，并督促责任单位进行整改。吸取北京大兴“11·18”和天津河西区“12·1”重大火灾事故教训，开展岁末年初重点场所重点行业领域安全生产隐患排查和集中整治工作。全年未发生一起安全生产责任事故。

2017年，全街累计低保户数5980户，累计人数10418人，累计发放低保金额366.9万元；各项优抚政策都落实到位，优抚款及时足额发放，发放优抚对象、参战人员补贴、节日慰问、立功受奖奖励等优抚款57.72万元；严格按政策落实特困户大病救助，全年实施大病医疗救助185人次，发放救助金80.8万元；办理低收入认证121户，出具无房证明321户，经济适用房货币补贴36户，廉租补贴81户，廉租房44户；实施精神病人药物救助416人，精神病人强制住院救助6人；街道一级临时救助100人次，累计发放救助金5.09万元；高龄津贴全年累计4354人次，发放津贴69.02万元；特困供养19人，累计发放供养金16.3万元；残疾人两项补贴全年累计1334人次；街道下岗失业人员实现再就业661人，完成全年计划的120%，就业困难人员再就业590人，占全年计划的107%，为105名就业困难人员实施就业援助；社保补贴返还218人，累计金额154万余元；为394名失业人员办理就业失业证，对自主创业的下岗失业人员提供150万元的小额贷款，还款率保持100%。

全面宣传落实市、区“十免十优”服务工作，为134对夫妇免费开展孕前优生健康检查，随访服务100%。报销产前筛查660人，金额10.56万元；报销新生儿疾病筛查费用393人，金额13.51万元；爱心助孕特别行动，为3对困难夫妻提供帮助；报销绝经取环费用52人，金额3.06万元；报销计划生育四项手术费15人，金额5000元；与街道卫生服务中心合作，对辖区内20-64岁的已婚妇女做免费妇科病和“两癌”检查，妇科病查治1156人（其中“两癌”检查1012人）。特别家庭奖扶新增32人，通过年审121人（伤残45人，失独76人），发放金额116.2万元；城市低保奖扶新增9人，通过年审50人，发放金额2.91万元；独生子女保健费发放1132人，发放金额22.33万元；发放纯居民城镇独生子女父母奖励154人，发放金额17.66万元。计划生育特殊家庭（失独家庭）门诊医疗补助2人，补助金额600元。举办“环境零污染·秀美亮家园”“运动让生活更美好”“幸福邻里”“展示家庭风彩，共创文明楼栋”“幸福紫荆·幸福同行”“党建引领创‘五零’社区服务心贴心”“厚德与我，健康予我”7场幸福社区节活动。2017年，群众活动精彩纷呈，中央、省、市新闻媒体正面宣传报道144次。

【全省城市基层党建工作经验交流会观摩团到科大佳园社区调研】8月30日，全省城市基层党建工作经验交流会观摩团到伍家岭街道科大佳园社区调研。省委组织部副部长蔡建和，市委常委、组织部部长张宏益，开福区委书记沈裕谋，区委常委、区委办主任张春雄，区委常委、组织部部长晏成方等领导参加。观摩团一行实地察看科大佳园社区党建工作站、社区老年大学、党员联络站、科普创意园等社区服务和活动阵地，重点了解科大佳园社区在城市基层党建、社区服务型党组织建设、协会党组织建设、“四分四有”党员积分管理和网格化管理等工作上的做法和经验。观摩团一行对科大佳园社区在完善功能布局，实现服务形式多样化、服务阵地便民化等方面给予高度评价。

【中央组织部到浏阳河社区调研】11月9日，中组部组织二局局长孙智宏、公安部五局副局长张宁到伍家岭街道浏阳河社区调研基层党建及社会治理工作。市委常委、组织部部长张宏益，区委常委、组织部部长晏成方等领导陪同。孙智宏等一行实地察看浏阳河社区党建、社会治理工作阵地和设施建设，并听取街道、社区相关工作情况汇报，孙智宏对浏阳河社区发挥党建引领，创建“五零”社区的做法予以充分肯定，对长沙市首家拥有掌上监控APP的社区点赞，并勉励社区不断创新，再创佳绩。

【创建全市首家掌上监控APP】为提升安全生产监管水平，创建平安社区，2017年9月，伍家岭街道和浏阳河社区投入10万余元，率先全市在浏阳河社区引进“掌上监控”APP，组建社区二级社会治理网格化分指挥平台，配备两名专职网格民情员，在重点路段、重点单位沿线安装9个电子监控连接至指挥平台。浏阳河社区是一个综合性社区，社区以西是厂矿小区，以东是商业小区，工作相对较复杂。社区工作人员只需通过手机“掌上监控”APP，即可24小时全天候、无死角对辖区内重点生产企业和重要路段进行监控，全面掌握辖区动态，及时发现整改安全隐患，生产、生活环境更加规范。

【华创国际广场开业】1月15日，华创国际广场正式全面开业。华创国际广场位于芙蓉北路一段，总建筑面积约30万平方米，是中部金融城配套完善、街区与购物中心完美结合的地标性城市综合体，拥有超高层商务办公楼两栋、高层商务办公楼一栋以及商业裙楼一座，汇聚环球金融中心、国际时尚中心、超奢华五星级酒店索菲特三大完美业态，有数百家国内外一线品牌和近百家餐饮业入驻。

【“共享书屋”首现建湘新村】3月6日，伍家岭街道建湘新村社区首批“共享书屋”投入使用。建湘新村社区以“沟通零距离、服务心连心”为目标，结合自身实际，发挥社区老党员、志愿者、楼栋长的作用，探索居民零距离服务模式。根据辖区党员多、老年人多、青少年人多等特点，建湘新村社区通过征集民意，打造湖南省首个“共享书屋”。为方便居民群众借阅，建湘新村社区在居民楼栋增设10余个颜色丰富的小屋子形状小书箱，书箱内放置多类书籍，供辖区居民群众借阅。同时，还建设一个室内共享书屋，实现功能分区。“共享书屋”进楼栋，既给居民群众提供方便，又浓厚全民阅读的氛围，让居民群众享受到免费阅读的“零距离”服务。

（吴晓玲）

新河街道

书　记　梅文辉
主　任　张　武
副书记、政协联络处主任　王小明
副书记　李东海
人大工委主任　杨　剑
副主任　李　宏　封新跃
　　　　聂义平
组织委员　张正军（2017.6免）
纪工委书记　贺迎春
人大工委副主任　吴　怡（2017.2任）
工委委员　任洁琳（2017.9任）

概况　新河街道东临芙蓉北路与伍家岭街道相连，南接百年湘雅与湘雅路街道相邻，西至湘江与岳麓区隔江相望，北抵浏阳河与芙蓉北路隔河相对。街道总面积6.14平方千米，总人口6万人。辖幸福桥、开福寺路、华夏路、陈家湖、三角洲、紫凤、栖凤等7个社区居委会。街道在编在岗工作人员49人，内设机构7个，即党政办、社会事务办、城管办、卫计办、综治办、经济办、财政所。辖区内有1所中学（长雅中学）、2所小学（清水塘北辰小学、紫凤小学）、4所幼儿园、1所区妇幼保健医院。有长沙市文化中心“三馆一厅”、千年古刹“开福寺”。2017年，新河街道被评为长沙市城乡居民基本养老保险街道经办服务示范点。

2017年，新河街道全年税收总任务为9.95亿元，全年累计完成区级税收10.27亿元，其中国税8.1亿元，地税2.16亿元，为年计划的103.23%。完成社会消费品零售总额42亿元；累计完成固定资产投资46.1亿元；累计完成规模工业产值27.8亿元；内联引资形成固定资产投资26.37亿元，实际利用外资4320万美元。街道有重点项目5个：北辰三角洲项目、天健芙蓉盛世三期、君悦新天地、新河大厦、湘商大厦，总投资295亿元。2017年，辖区建成商业商务楼宇14栋，入驻楼宇企业230家，新增企业78家，其中500平方米以上的企业16家，行业涉及中介服务、文化创意、广告设计、法律鉴证、电子信息、地产开发、建筑等多个领域。

2017年，街道根据最严城管的工作要求，结合实际研究制定城管考核管理方案，通过细化措施，完善奖惩，责任到人，全面落实城市管理的工作要求。取缔流动摊担700多个，拆除违章搭建面积4916.9平方米，拆除违规广告招牌、发光字、电子显示屏等3000多平方米。取缔华夏路夜宵点，集中整治老毛家桥市场周边、君悦香邸和银星路等路段的市容环境卫生秩序。开展“最严城管处罚”和“门前三包严管重罚”等行动，处理数字化城管案卷6000余条。完成281台黄标车淘汰任务。制定河长制实施方案，做好巡河记录。树立河长制公示牌，召集志愿者及市民参与巡河，培养居民群众爱护环境、保护环境的意识。根据长沙市委、长沙市人民政府2016年启动的社区提质提档三年行动计划，加强对陈家湖小区提质改造项目完成后的管理，使陈家湖小区成为长沙市乃至湖南省老旧社区提质改造的典范。参照街区制改革的“陈家湖模式”，区政府对紫凤社区人造板厂小区投入5000万元进行提质改造。2017年，改造老旧居民楼栋21栋，拆除违法建筑471处4708.01平方米，拆除小区围墙1999.5米，打通内部道路，规范和新增停车位242个；疏通地下管网，新修建管道570米，化粪池5座，疏浚化粪池18座，疏浚管道1680米；为小区楼栋各单元安装防盗门禁系统70余套，增设30盏路灯，小区内设置15盏庭院灯，将小区天网监控摄像头统一连接到区公安分局和派出所的“天网工程”。

2017年，街道重新调整网格划分，由40个网格增加至52个，重点配强配好网格民情员。加强考核奖惩激励，采取月考核方式，设定工作要求，量化工作指标，结合区对街道网格考核结果及日常工作完成情况，对工作人员和社区兑现奖惩，推动网格化取得实效。开展校园及周边治安秩序整治专项活动，对群众反映大的治安问题采取限时整治、调离社区民警、辞退不合格的巡防队员、打击处理违法业主、关闭经营场所等有力措施，净化治安环境。排查化解社会矛盾，落实特护期值班备勤及不稳定因素排查制度。开展“安全生产主体责任年”系列活动，切实增强辖区企业安全生产主体责任意识，采取常规性安全生产检查和专项安全生产检查相结合的方式，保持安全生产高压态势不松懈，确保辖区内安全生产零事故。2017年，街道联合派出所，加大安全隐患排查整治力度，重点对扳砣子赌博、小按摩场所涉黄、地下六合彩等群众反映大的治安问题采取限时整治。集中开展2次反邪教宣传活动，印发宣传资料1000份，设立8个宣传橱窗，悬挂宣传标语10幅。推进社区矫正，新河司法所服刑人员在册35人，缓刑33人，暂予监外执行2人。其中宽管1人，普管34人，无严管人员。2017年，新河司法所累计接收社区矫正人员133人，累计解矫98人。

2017年，城镇新增就业2105人，其中实现灵活就业1621人。失业人员再就业793人，就业困难对象再就业564人，零就业家庭动态就业援助100%。新增农村劳动力转移就业200人，城镇登记失业率2.11%。新增创业主体数871家，带动城乡就业人数2773人。扶持大学生创业30人。充分就业社区创建率100%。办理就业创业登记证451本。完成城乡居民养老保险征缴基金24万元。完成小额贷款120万元。全街办理市级社保补贴115人次，金额65.48万元；区级社保补贴42人次，金额27.23万元。举办3场招聘会，50家单位参加，提供岗位500余个，300余人参加。退休人员进行退休认证7523人次，失业金领取人员1470人次。应届毕业大学生建档管理60人，退役人员摸底建档10人。走访慰问1375户，慰问金和慰问物资折合人民币38.45万元。临时救助13人，发放救助金1.14万元。低保累计发放3039户，4956人，金额182.11万元；大病救助发放82人，33.75万元；精神病药物救助累计发放213人次，金额2.61万元。棚改安置补贴10户，经适房货币补贴7户，经适房购房资格单6户，廉租住房租赁补贴10户，廉租住房实物配租19户。全年发放高龄补贴人数1153人次，补贴金额68.9万元。残疾人两项补贴人数287人，发放16万元；残疾人机动车燃油补贴11人，发放3120元。

截至2017年年底，全街全员人口49484人（其中流动人口8652人，已婚育龄妇女7441人），出生231人，符合政策生育率99.57%。全年发放独生子女保键费719人16.62万元、计生低保家庭31人1.76万元、特扶148人142.08万元、特扶老年护理补贴91人19.96万元、失独特扶专项补贴5人2.5万元、失独特扶城乡居民医疗门诊补贴85人2.5万元、失独特扶城乡居民养老保险补贴2人1000元。新增城镇独生子女父母奖励651人、办理特扶爱心服务证和爱心服务卡各148本。全年报销产前筛查和新生儿疾病筛查费用26.18万元，完成免费孕前优生检查320人，出生缺陷预防控制3人，组织爱心助孕3对，免费妇女病查治927人。完成社区居民委员会和党组织“两委”换届工作，实行党员积分制管理，推进基层组织阵地建设，7个社区的办公用房除栖凤社区外，全部达标。举办第4届“长沙天之蓝琼花艺术节”，中国文明网、湖南卫视、《湖南时报》《长沙晚报》等多家媒体宣传报道。

【举办长沙第四届“天之蓝”琼花艺术节】4月8日，由长沙市园林管理局、开福区委宣传部、新河街道大工委主办的长沙第四届“天之蓝”琼花艺术节在新河街道紫凤园开幕。为办好本届琼花艺术节，新河街道举全街之力，准备4个多月，艺术节由党建篇、精美篇、动漫篇、公益篇、法治篇、幸福篇六个篇章组成，项目涉及书画、歌舞、小品、动漫、微信摇奖及知识抢答等环节，为社区居民奉献一道道精彩的精神文化大餐。新河街道文化活动一直以来开展得有声有色，为“幸福开福”撰写“福汇新河”传奇。“琼花艺术节”成为新河街道的一张金字名片，让越来越多的居民融入到群众活动中，既满足群众精神文化需求，又提升居民生活品质，受到居民的欢迎。

作为琼花主题园区的紫凤园，汇聚6个品种、近300株琼花。

【创建全市首个“四中心”社区】3月15日，新河街道栖凤社区在全市首创建立“四中心”社区，开展贴心零距离服务工作。“四中心”分别为中小微企业服务中心、军民融合企业服务中心、楼宇经济服务中心和大学生就业服务中心。此举旨在促进辖区企业发展，提升社区服务水平，搭建政府与企业、企业与群众、企业与大学生以及企业相互之间的桥梁，助力创新创业。

【楼道文化“小清新”样板在陈家湖社区全新亮相】2月26日，新河街道楼道文化“小清新”样板在陈家湖社区全新亮相，“五娭毑”“邻里互助”等成为楼道单元名，此举为长沙城区首创。陈家湖小区在2016年全面提质提档后，打造和推出楼道文化，实现提质提档由“面子”向“里子”推进。新河街道陈家湖社区根据楼道本身的人文特色，打造楼道文化，营造浓郁的楼道文化气息，搭建起邻里间联系的桥梁，对教育、熏陶居民具有潜移默化的作用，促使邻里融合为一个和谐的大家庭，真正实现“小楼道、大和谐”。

（秦远鹏）

东风路街道

书　记　毛　毅
主　任　王　强
副书记　王伟华（2017.2任）
副书记、政协联络处主任
　　　　常　青
人大工委主任　彭　礼
副主任　周飞跃　夏大石
　　　　马雄辉　高小军
组织委员　王雄球
纪委书记　陈鑫敏

概况　东风路街道位于长沙市开福区东南部，东邻车站北路，南接德雅路，西至芙蓉中路，北达三一大道，总面积5.6平方千米，辖东风路、精英路、王家垅、砚瓦池、德雅路、蚌塘、浏河、国防科大等8个社区，351个居民小组。2017年，辖区总户数21709户，总人口45811人，其中流动人口6116人。街道内设机构8个，即党政办、经济办、综治办、城管办、卫计办、社会事务办、财政所、安监站。下设二级机构2个，即两保站和政务服务中心。行政编制16人，事业编制44人，实有在编在岗工作人员50人。辖区有新时代广场、好来登酒店、华府一航线、观园国际、鸥波港湾、南航和社保等楼宇；有北京银行、渣打银行、新韩银行、平安财险、鲁银融资租赁等金融企业；有湖南省民政厅、湖南省社会科学院、湖南省招标局、湖南省长线局、湖南省电视台、湖南省电影公司等驻街单位。2017年，获评“长沙市经济社会发展综合实力‘十快’街道”“长沙市创新创业带动就业示范街道”“长沙市建设更高水准全国文明城市先进集体”“长沙市一类优秀统计站”、开福区“国有土地房屋征收工作先进单位”“开福区项目建设工作先进单位”。

2017年，完成社会消费品零售总额7.57亿元，为年计划的117.29%。完成固定资产投资44.27亿元，为年计划的106.67%。完成规模以上工业产值7.82亿元，同比增长31.1%，为年计划的131%。完成内联引资项目固定资产投资22.55亿元，为年计划的102.5%。完成外贸2680万美元，为年计划的121.82%。完成实际利用外资5000万美元，为年计划的100%。完成全口径税收6.46亿元，其中完成国税5.47亿元，完成地税9930万元，完成年度财税任务的101.67%。楼宇培育成绩显著。街道楼宇为新时代广场、好来登酒店、华府一航线、观园国际、鸥波港湾、南航和社保大楼，建筑面积36.79平方米，其中实际用于商业商务面积16.28万平方米，入驻企业362家，入驻率90.55%，仍有1.54万平方米处于闲置。街道实行动态摸底，建立“三库”，即入驻企业数据库、楼宇闲置面积库、异地经营数据库，加强对接沟通服务，将鸥波港湾作为开福区军民融合创新创业示范基地，并统筹安排。招商引资形势喜人。10月27日，税收有望过亿元的楼宇富兴商业购物中心正式开业。截至2017年年底，富兴项目完成卜蜂莲花大型超市、保利国际影院、欧悦真冰溜冰场等195家知名商家的招商，完成招商签约面积12.5万平方米，占总招商面积的94%。大森林医药有限公司与金尊上市公司成立的长沙海王医药有限公司于9月正式营业，预计年销售额15亿元。2017年，新注册企业234家，其中注册资金上千万元的有湖南德固建筑劳务有限公司、湖南湘卫医药有限公司等13家企业。

街道高度重视项目推进，设立领导小组，完善工作机制。针对征拆项目，街道实施“日调度、周讲评”工作方式，强力推进项目建设。2017年，完成东风二村（一期）模拟征收项目，此项目为全市首个一次性成功的模拟征收项目，仅6个月时间实现100%签约、100%腾房、100%倒地。精英路项目完成308户的全部签约、腾房、倒地工作。东风二村（二期）棚改项目启动签约征收，截至2017年年底，完成签约任务95%。除征拆项目外，还有楼宇建设项目3个，分别为续建项目2个即富兴世界金融中心项目和汽车城上园项目，新建项目1个即湘域·智慧广场项目，街道建立领导联系项目工作机制，先后为项目建设解决问题20余个。截至2017年年底，富兴金融中心项目一期集中商业部分全部完成并正式开业，低密度部分完成土建及安装工作；二期建设为完成土石方工程53万平方米,完成基坑支护90%。汽车城上园项目住宅面积12.5万平方米，商业5000平方米，拟建5栋商住楼和1所幼儿园，该项目完成工程量95%。湘域·智慧广场项目拟建2幢16层商住楼，该项目封顶。

2017年，街道建立网格化分指挥中心，对全街域51个网格进行统一调配，将城市管理、文明创建、社会管理等多网合一，实现“一网打尽”的综合管理。街道贯彻最严城市管理执法工作，重点整治辖区内流动摊担、店外经营、未履行门前三包责任制要求以及占道停车、拆违控违等违规违章行为，对于违法建设，实现“零容忍、零增长、零指标”的管理目标，坚决遏制新增违法建设产生。2017年，拆除项目外违法建筑13处，1469.41平方米；项目内违法建筑1处，54平方米；拆除新建违章3处，面积为42.42平方米。强化清扫保洁力度，提升辖区环境卫生水平，确保社区背街小巷、花池见本色，无积尘、无积水、无积砂、无积泥，对辖区内市容环境开展全天候巡控，纠正店外经营行为176余起，开展夜市行动200余次。有效处置各类环保案件9起。2017年，完成东风路、王家垅、科大、浏河和德雅路5个社区的提质提档工作；完成辖区内“白改黑”项目，对下水管道和粪池进行修缮、社区花园破损设施进行修补、枯萎花草树木进行补种补栽、老旧楼房进行粉刷，规范社区内停车位、减速带、晾衣架，增添便民扶手和防护栏。特别是2017年重点改造的东风路社区，完成31栋住房周边及附属设施的提质改造，提质面积2万多平方米；完成楼栋间道路沥青铺设工作，铺设面积约7000平方米；完成老旧化粪池改造15座，疏通化粪池60余处。对东风路社区公园进行提质改造，结合社区实际拟打造成以法制宣传为主题的法制公园。2017年，街道投入70余万元对辖区围墙进行彩绘,建设社会主义核心价值观宣传墙、中华民族传统文化宣传墙、法治文化宣传墙等8处，彩绘面积500余平方米。制定《东风路街道文明创建督查机制》《东风路街道文明创建目标管理考核办法》等多项规章制度，开展六大重点项目专项整治行动、“不文明行为”专项整治行动、非法小广告“牛皮廯”专项整治行动、四保十看四查专项整治行动等，推进文明创建工作。

2017年，街道通过100%入户调查、信息核对等方式实施低保户、特困户动态管理原则，确保应保尽保，应退尽退，低保全年累计发放7660户、12763人，金额486.16万元。全年累计新增41户，取消153户。特困全年累计发放334户、334人，23.88万元。特困系统录入新增41户，取消4户。对60人次特困人员进行生活救助，救助金额3.25万元。认真落实廉租住房补贴、退役军人服务、养老服务、慈善助学、残疾人服务等各项工作。联系企业、事业单位提供就业岗位300余个。以创新创业为抓手，建立农民工培训基地、新市民培训基地、高校毕业生就业见习基地和创业示范载体，组织就业培训1000余人次，新增创业主体546户，带动2638余人就业，实现街道零无就业家庭局面，获得“长沙市创新创业带动就业示范街道”荣誉称号。2017年，完成免费妇女病查治740

人，免费孕前优生健康检查330人，免费产前筛查536人，家庭医生签约8834人。东风路社区建立数字化“健康小屋”，每天都有社区卫生服务中心医生候诊，为居民群众提供专业指导和服务。

深入推进“落实企业安全生产主体责任年”，制定年度执法检查计划，精心铺排安全生产监管执法的时间、方式和内容，每月按计划进行执法检查，街道工委班子成员每月带队到各自联点社区以及分管行业开展安全生产检查。联合派出所、工商所、交警队、食安所等职能机构开展“九打九治”“三项行动”回头看、工贸行业“打非治违”等专项整治行动。开展综治宣传和消防安全宣传活动，开展评选“平安家庭”活动，逐户上门送发宣传手册，给居民讲解家庭防盗、防火知识。重建微型消防站5个、新筹建微型消防站1个。全年未发生一起安全生产、食药品安全责任事故。2017年，街道司法所和辖区各调委会调处各类矛盾纠纷227起，调解成功227起，调解成功率100%。

2017年，街道结合综合文化服务中心、市民学校等平台开展各类居民教育活动。街道牵头,社区配合开展“讲好人故事说湖湘文化 中国好人携手学者教授走进长沙学校”“社区版朗读者”“敬老孝亲 耆乐无穷——德雅路社区老人集体生日会”“微孝五老松——重阳生日“Party””让老人快乐过节、“情暖九月九，乐在夕阳红”主题党日活动、“爱心公益 助力梦想”爱心慰问活动、排队礼让示范点等活动。承办市文明办主办的活动六次，在四方坪二小、开福一中、育德小学、东风二小、小百合幼儿园开展应急疏散演练、食品安全教育日活动、名师经典进校园活动、“节俭养德、全民节约”节水日活动、“教育铸就平安”消防夏令营、文明从排队礼让开始、小小志愿者守护斑马线文明等活动10余次。全年获中央、省、市各类新闻媒体正面宣传报道80余次。通过上级认可，湖南省未成年人心理咨询总站设在浏河社区。辖区居民袁良坤获评湖南省助人为乐好人、2017年度长沙市红十字会抗洪抢险优秀志愿者；杨德才获评湖南自强模范、感动中国之感动湖南年度人物、湖南省道德模范提名奖和湖南省学雷锋志愿服务“四个100”先进典型奖。爱康残疾人就业服务中心获评“湖南省学雷锋志愿服务百强社团”。

【东风路街道五个社区完成提质提档】2017年，开福区人民政府累计投入资金2600万元，东风路街道举全街道之力，广泛征求居民群众意见建议350余条，完成王家垅、国防科大、德雅路、东风路和浏河社区全面提质提档，实施中小型提质改造项目70余个。东风路街道下辖8个社区，都是长沙市内城区典型的老旧社区。这次全面提质提档，街道新增绿化面积800余平方米，新增停车位421个，道路“白改黑”14612平方米、网线捆扎11360米，水电气改造641户、建筑立面清洗粉刷6000余平方米、拆除违章建筑950平方米。对浏河、德雅路、东风路等社区办公用房进行集中新建、扩建，新增社区办公用房3500余平方米。社区全面提质提档后，整洁的沥青路面、标准的健身场、规范的停车位、有故事的文化墙等，原来破旧拥挤的社区焕然一新。

【创建“东风茬亭” 赢得居民心】12月28日，东风路街道东风路社区在2017年提质改造中，为居民修建的一处休闲凉亭竣工并对市民开放。此休闲凉亭取名“东风茬亭”，为居民群众提供一个议事、诉说、共商的场地。创建“东风茬亭”，旨在通过居民群众闲聊的方式打造街道收集民意的平台，抓住百姓最急、最忧的问题，街道、社区共同参与，现场收集，现场解决，现场交办。在这里，居民们可以畅所欲言，提建议，谈想法。社区工作人员将内容记录下来，然后一条条地解决并给于精准回复，实现街区居民“先自治，后共治”再“共建共享”的社区治理格局。

【开展“厚德开福 向我看齐”主题活动】1月25日，东风路街道工委、东风路街道办事处、东风路人大工委联合湖南省慈善总会在东风路街道辖区范围内开展“厚德开福 向我看齐”主题活动，为辖区特困群众送去爱心物资、慰问金，总价值2.8万元。街道17名人大代表深入各自选区，走访慰问困难群众，开展“发一份慰问信，送一副春联，送一幅挂历，拉一阵家常，献一份爱心”的“五个一”贴心服务。活动旨在通过人大代表走进选区、走近选民，拉近代表与群众的距离，倾听他们的呼声，帮扶他们的难处，把党和政府的关怀送到最基层。活动在东风路社区启动，湖南省民政厅、湖南省慈善总会及街道相关领导、街道人大代表团全体成员、辖区居民群众参加。

（贺平美）

参加抗洪抢险的社区志愿者们

通泰街街道

书　记　　邓宜春（2017.2任）
　　　　　于文韬（2017.2免）
主　任　　杨　佳（2017.2任）
　　　　　邓宜春（2017.2免）
副书记、人大工委主任　吴新辉
副书记　　易海军
副主任　　毛善永　范治东
　　　　　陈素婷（2017.9任）
纪工委书记　周剑兰
副主任、政协联络处主任　魏先科
组织委员　　夏菁阳
人大工委副主任　胡溶容（2017.4任）

概况　通泰街街道位于长沙市中心城区，东部由北向南，依次与开福区望麓园街道、芙蓉区府后街街道相邻；南部与天心区坡子街街道接壤；西部濒湘江，与岳麓区望月湖街道隔江遥对；北部与开福区湘雅路街道搭界。总面积1.05平方千米。街道办事处内设机构8个，党政综合办公室、城市管理办公室、综合治理办公室、经济贸易办公室、人口与计划生育办公室、社会事务办公室、征收办公室、财政所，在职在编干部49人（其中行政编11人，事业编38人），临聘16人。辖轩辕殿、盐道坪、吉福街、连升街、寿星街、湘春路、西园7个社区。2017年，街道荣获全区目标管理考核一类街道、“十九大信访维稳特殊贡献单位”“开福区项目建设先进街道”“2017年度安全生产目标管理考核先进街道”“开福区平安建设先进街道”“长沙市人口和计划生育工作模范单位”。

2017年，全年完成全口径税收4.09亿元，完成固定资产投资45.88亿元，完成社会商品零售总额39亿元，完成外资进出口总额9052万美元，完成内联引资17.3亿元，到位外资3392万美元。完成市属企业社会职能分离移交企业2个，“专改公”项目2个。加强税源清理，变更工商注册和税务关系，新引进楼宇企业35家，其中500平方米以上企业7家；加强对投融资公司监管，开展投融资公司信息采集和全面摸底排查工作，入册投融资类公司355家，重点清理整改13家。推进棚改项目征拆。2017年是潮宗街一期征拆的攻坚之年。街道强化组织调度，集中力量攻坚，潮宗街一期完成签约1440户，完成总任务的88%，其中楼栋签约1200户，完成96.3%，独栋签约240户，完成61%。

全年组织环境卫生大扫除活动50余次，清理背街小巷、农贸市场、居民楼栋等重要场所垃圾堆物、卫生死角480余处，清除牛皮癣、残标1800余处，拆除违规广告招牌灯箱257处，清除地锁75个，清理花坛垃圾及空中垃圾78余处，清除清运河堤垃圾56车。严格落实“门前三包”责任制，纠正店外经营门店600多家，取缔流动摊担280多人次，暂扣、收缴违规经营物品126件。拆除违法建筑2985.71平方米。在主次干道安装人行道护栏，设置非机动车停车位，部分路段设置U型管、麻石球等，防止乱停乱放行为。对辖区内破损、破旧的基础设施进行维修更换，对缺失的设施进行配备完善，累计补损路面3000多平方米，补栽补种绿化带400多平方米，更换下水道井盖6个，新增配备垃圾桶200多个，更换楼道灯300余个，配备灭火器700余个，建成黄兴北路停车场1个，增加停车位100个，解决城区停车难的问题。在特大洪灾的防汛工作中，出动41台车次拖运沙石615吨，参与防汛应急队伍40人。

2017年，街道组织人员参加区就业中心组织的技能培训，申报公益性岗位48个；新增就业人员1610人，失业人员再就业人数714人,就业困难人员再就业560人,城镇登记失业率控制在2.12%；新增发放失业保险金人员94人，协助辖区企业职工内部培训200人，新增创业主体1424户；为有创业意向的失业人员申请小额贷款100万元，带动城乡就业人数5048人，扶持大学生创业35人，完成领取失业金人脸识别认证累计2400人次，协助银行发放社会保障卡9000余人；为外地居长的退休人员进行异地认证工作，办理生存认证和人脸建模累计4000人次；落实低保新政策，全街有低保户1147户，1876人，2017年累计发放低保金941.45万元；办理住房保障低收入认定208户，城乡困难居民大病救助353户，精神障碍患者医疗救助住院7户；办理廉租房补贴14户，新增廉租房实物65户，货币补贴6户；办理安置补贴81户，廉租房11 户，经适房39户,追缴违规享受住房补贴资金(2户）2400元。人口与计划生育工作有序推进，2017年末总人口37502人，出生250人（含流动人口），符合政策生育率100%,性别比107；办理一孩生育证156本，办理二孩生育证89本，办理流入人口生育证10本；完成孕前优免项目132对，完成孕妇产前筛查补助314人，报销新生儿疾病筛查补助189人；独生子女保健费申领家庭新增15户，城镇独生子女父母奖励新增27人，城市低保奖励扶助对象新增29人，计划生育特别家庭扶助对象新增33人，计划生育家庭特别扶助对象老年护理补贴106人，计划生育家庭特别扶助专项补助申领家庭4户，计划生育特殊家庭（失独家庭）门诊医疗补助3人，落实各项奖励、扶助经费238.24万元。

规范化推进平安建设。在街道办事处一楼大厅建成社会治安综合治理网格指挥中心，构建人防、物防、技防网络，形成指挥高效、布局合理、功能清晰，点面线互动、防控管打为一体的全方位、全时空、多层次的社会治安防控体系。各社区均设立维稳综治中心办公室。配齐配强社区综治工作专职人员，建立健全综治工作制度，落实综治工作保障经费；利用每月的综治工作例会加强对辖区综治单位、社区综治工作人员的培训；增强综治工作文书归档能力。全街“三实”基础数据录入率98%。履行属地责任，排查辖区不稳定因素，调处化解各类矛盾纠纷。坚持控制信访增量与化解积案存量相结合，严格落实“五包一”责任制。全年化解市交办百日攻坚信访积案10件（其中依法打处3件），网络信访平台回复处理信访案件55件。全面落实“安全第一，预防为主”的方针，抓好安全生产工作。组织辖区内企业安全责任人开展专题培训及约谈交流活动，邀请安全生产协会专家对企业负责人进行安全管理知识培训，提高安全责任意识；选取热心工作、责任心强、常驻社区的人员，通过业务培训、考核上岗的方式，建立安全信息员队伍。开展安全生产大排查、大整治，做到有检查必有记录，有隐患必有整治。2017年，行政处罚70余起，处罚金额20万余元；投入专项资金20余万元，整治房屋安全隐患9处；在2016年3个社区建成微型消防站的基础上，投资12万元，完成剩余4个社区的微型消防站建设，实现全街微型消防站全覆盖。

2017年，各社区开展提质提档，社区阵地建设卓有成效。湘春路社区成立“湘春红韵”——涵养好家风、黑玫瑰艺术团、古韵新风三个特色党小组；打造“湘春红韵”文化书苑、滨江餐饮流动人口之家等阵地，成立滨江餐饮联合党支部，让社区企业的流动党员，流而有为，流而有家。投入1000万元，对寿星街牌楼沿线，通泰街、茅棚街、草墙湾的内街整体提质改造，社区街巷环境实现美化。吉福街社区协助街道成立万达商圈党委，打造“红色灯塔”非公党建项目，为商圈党员群众提供“心愿”书社、人才蜂巢、企业服务直通车、法律快线、志愿巴士、流动党员“微共享”服务站、创客商盟、“树洞吧”等八大类服务。寿星街社区以金灿党员志愿者协会为依托，开展“喜乐融融，笑口常开闹元宵”“关爱清扫员·酷暑送清凉”等志愿服务活动。西园社区把握自身优势，启动“三社联动”项目，引进社会组织、专业社工开展社区服务，致力打造“品质西园”。区政府投资近8000万元打造西园北里历史步道基本完工。截至2017年年底，西园北里至寿星街路段一条古香古色的麻石步道铺设完成，雕琢沿街不可移动文物8处，改造沿街居民屋面、墙面71户，对路面进行绿化、亮化、美化。

【成立万达商圈党委，探索“商圈+街道（社区）+物业”党建工作模式】8月4日，通泰街街道通过整合辖区各类党建资源，成立万达商圈党委，形成“商圈+街道（社区）+物业”的党建工作模式。万达商圈党委有15个支部，党员448人，成立16个党群服务团队。在万达广场建有24小时自助图书馆，在商场6楼建有党群活动服务中心，设置提供最新省、市、区人才政策宣传咨询服务的“人才蜂巢”窗口；提供工商税务服务、零收费代办的“企业服务直通车”窗口；提供法律咨询、公益培训等服务的“法律快线”窗口；提供创业培训、项目交流“创客商盟”窗口；提供心理咨询、疏导服务的“树洞吧”；流动党员“微共享”服务站；“志愿巴士”窗口等，为商圈党员群众提供八大类服务。

【多年危房终拆除，百岁老人点赞】9月29日，通泰街185号危险房屋被成功拆除倒地。该房屋位于交通要道旁，经鉴定为D级危房，原为长沙市工农兵小学，后闲置，2012年由张军租赁一直从事废品经营。废品店长期占道为市，严重影响市容环境；员工经常在店门前烧焊，火花四溅，严重存在火灾隐患；作业时长，声音嘈杂，严重影响附近居民休息和生活。为保障人民群众生命财产安全，通泰街街道办事处联合区城乡建设局、区教育局、区安监局、街道派出所等单位对通泰街185号危房实施排危行动。排危行动分为警戒组、现场行动组、政策宣导组、突发情况处置组等8个小组，100余名工作人员，确保排危行动万无一失。在清空危房内人员、物品后，拆除组对危房进行整体拆除倒地，困扰社区及周围居民多年的隐患终于被消除，警戒线外围观的群众纷纷叫好，其中百岁老人冯振兰拄着拐棍为现场辛劳的施工人员递送茶水。

【强化分类施策，创新人口计生精准管理模式】2017年，通泰街街道坚持“以人为本，服务至上”的工作理念，调整职能职责，优化资源配置，根据辖区内高层楼宇多、商业街区多、棚改征拆人口多的特点，针对不同的区域和群体，分类施策，创新人口计生精准管理模式。流动人口“无缝隙”管理。通过整合力量集中清查、划定责任分片清查、明确专人日常采录等方式，加强流动人口信息采集录入工作，与流动人口集中的超市、市场、写字楼签订协议，实现全方位监管和无缝对接。在流动人口密集区组建行业协会，如滨江餐饮协会、万福联盟等，实现自我管理和行业自律。全面推行流动人口政策扶持、劳动技能培训、建立健康档案等系列服务，实施避孕节育、生殖健康、优生优育、传染病防治均等化服务，切实增强流动人口的认同感和归属感。拆迁人口“差异化”管理。通泰街棚改拆迁量大，形成大量的动迁户、暂寄户、空挂户、半边户，人户分离现象较为普遍。针对街道、社区出现获取信息难、访视见面难、孕情掌握难、管理到位难等“四难”局面，在征收拆迁过程中，实行分层分类动态管理，责成被征收户户口限时迁出，对户口已迁出的实行移交管理、对暂时不迁户口的实行协同管理、对迁入人员实行前置管理、对迁入后迁出的实行跟踪管理。高层楼宇“渗透式”管理。把“物业负责、业主自治、社区服务”管理机制渗透到万达高层商住楼和写字楼，建立“物业公司+综合治理单位+业主委员会”三家共建的计生管理新模式，提升全街高层商住小区计生服务到位率。

（陈月霞）

四方坪街道

书　　记　李　智
主　　任　陈红升
副书记、人大工委主任
　　　　　周　强
副书记　王　丹
副主任、政协联络处主任
　　　　　黄卫国
副主任　黄永革
　　　　　张文俊（2017.6免）
　　　　　凌洁茹（2017.9任）
　　　　　宋　娜（2017.2免）
组织委员　袁玉宝
纪工委书记　滕双春
人大工委副主任　成亚伶（2017.2任）

2月10日，市、区、街道三级领导为滨江社区同心广场揭牌

概况　四方坪街道地处开福区中南部，东部及东南部临浏阳河，与开福区月湖街道一衣带水；南部以浏阳河为界临芙蓉区；西部以车站北路为界与东风路和伍家岭街道毗连；北部临栖凤路濒浏阳河下游，与开福区浏阳河街道隔河相望。街道下辖科大景园、丝茅冲、李家冲、金帆、四方、四季美景、左岸、滨江、胜利9个社区。总面积3.91平方公里，总人口49836人，其中城镇常住人口38147人，流动人口11689人。街道办事处内设机构12个，党政办、综治办、安监站、经济办、食安办、民政办、社会事务办（劳动保障站）、卫生和计生办、城管办、创新办、先福红色遗留办、财政所，归口管理福安垸水利管理所。街道在职在编人员49人，其中公务员10人、参公人员14人、事业编15人、工人8人、集体干部2人。街道办事处位于德雅路1488号鑫政大厦。辖区内有小学1所（四方坪一小），中学1所（国防科大附属中学）。2017年，街道荣获湖南省档案工作规范化管理“省一级”单位、长沙市综治工作考核红旗街道、长沙市文明单位。

财税、经济指标平稳增长。2017年，完成财政税收4.8亿元，为年计划的100%；内联引资全年完成1.38亿元，为年计划的100%；到位外资全年完成2200万美元，为年计划的100%；社会消费品零售总额全年完成4.04亿元，为年计划的100%；固定资产投资全年累计完成4.5亿元，为年计划的100%。楼宇经济有序增强。全街有商务楼宇8座，面积22.8万平方米，入驻企业153家。采取“加强引导、盘活存量、主动介入、政策跟进”等措施，不断挖掘楼宇经济潜力。抓好“军民融合”项目服务。街道为做好军民融合企业的服务工作，在全街范围内全面调查摸底，逐一上门对接企业，全街有湖南环球爆破有限公司、长沙塔奇教育科技有限公司、湖南长工工程建设有限公司、湖南军银科技投资有限公司等10家军民融合企业，建立台账，跟踪服务。街道多次在君荣举办创新创业沙龙活动，邀请国防科技大学拟转业的科研人员参加座谈，鼓励他们到四方坪创新创业。湖南军银科技投资公司在长城万富汇购买1300平方米的办公场地。君荣律师事务所在长城万富汇购买800多平方米的办公场地。

丝茅冲棚改领跑开福。截至2017年年底，丝茅冲棚改项目一期累计签约765户，签约率93.64%。丝茅冲棚改项目二期于3月6日发布征收一公告，7月17日发布五公告，启动签约。截至2017年年底，累计签约474户，签约率94.23%；累计腾房269户，腾房率56.75%，丝茅冲棚改项目三期，范围主要涉及丝茅冲消防支队，于2017年7月20日发布征收一公告，9月22日发布抽签确定房地产价格评估机构结果公告，进行价格评估。城中村改造扫尾全面完成。街道集聚各方力量，加强协调沟通，通过耐心细致的思想工作，扎实有效的措施与办法，平稳推进胜利村南片的签约、腾房、倒房，实现项目清零。

开展社区提质改造。2017年，全面完成毛家桥家禽市场的整体关闭、搬迁，重点解决金帆小区停车场和垃圾中转站建设问题。投资12万元，修缮搪瓷厂宿舍屋顶，疏浚改造羽毛厂宿舍下水管网，修缮金帆小区健身广场。争取职能部门的支持，投资近100万元加固改造丽臣宿舍护坡，对科大景园一、二期、环卫宿舍、羽绒宿舍、邮电四巷实施自来水和天然气入户改造。集中整治浏阳河沿线圈地种菜。开展综合整治。抓好流动摊担、店外经营、早夜市的清查整治，全年整治流动摊贩4000处、店外经营3000处。开展主次干道、背街小巷的环境整治，清理卫生死角、树穴杂物、楼院"牛皮癣"等2万余处，改善"脏、乱、差"现象。对四方社区等几个农民安置小区的堆物进行彻底清理，清理建筑和生活垃圾125车。对辖区内违章建筑及时排查整治，严格做到即建即拆，杜绝新建违章。

2017年，全街新增就业人数1602人，发放低保金240.79万元。特困医疗救助52人次，发放救助金额26.66万元。审批临时救助对象15人，发放救助金7800元。办理住房保障低收入认定62户，廉租房租赁补贴12户。全年按时发放优抚人员抚恤、生活补助28万元。成立退役军人服务中心，对全街48名参战、士官、志愿兵进行摸底建档。2017年，全街落实计生奖励特别扶助资金79.68万元，落实城市低保户资金1.44万元，发放独生子女保健费26.59万元。

2017年，调处各类矛盾纠纷120起，重大和群体性矛盾纠纷2起，调处率100%，调处成功率98%，化解信访积案3起。查处并整改安全隐患54余处，安全生产行政执法检查87余家单位，下达责令整改28家，简易程序立案10家，罚款5500元。辖区落实企业安全生产主体责任64家，组织安全生产培训教育和应急救援演练37家。开展辖区"打非治违"行动，取缔11家非法销售烟花爆竹的门店，打击1家私藏400千克危险化学品门店。在长城万富汇广场举办第16个安全生产月主题活动，100余家企业，300余名居民参与，提高辖区企业、居民的安全生产意识。加强汛期防汛安全整治，完善防汛值班制度，建立领导带班制，制定应急处置预案，对辖区危房进行全面摸排，实行24小时昼夜值班，确保在最短时间内掌握汛情，迅速反映，果断处置。全年未发生一起安全生产、食品药品安全责任事故。

截至2017年年底，辖区有文化馆(站)1个，文化活动中心9处；公共图书馆(室)9个，建筑面积1200平方米，藏书2万册；有俏军嫂等群众性艺术团体2个；建成雅雀湖、先福、左岸、制药厂、胜利、四方等6个社区公园。辖区有体育场地5个，运动场3个，游泳池3个。社区全部安装健身器材，经常参加体育活动的人员占常住人口的65%。截至2017年年底，辖区有幼儿园17所，在园幼儿2042人，专任教师61人；小学1所，在校生1600人，专任教师97人，小学适龄儿童入学率100%；初中1所，在校生1627人，专任教师110人，初中适龄人口入学率100%，小升初升学率100%，九年义务教育覆盖率100%。辖区有各级各类医疗卫生机构3个，其中疾病预防控制机构1所，城市社区卫生服务中心1所，社区卫生服务站1所，有专业卫生人员62人，其中执业医师20人，执业助理医师4人，注册护士28人，2017年医疗机构（门诊部以上）完成诊疗15.78万人次。在辖区内2所基层医疗卫生机构实施国家基本药物制度，实行基本药物零差率销售；城乡居民规范化电子健康档案建档率为94.57%。2017年，街道落实"五线工作法"，创建"五零社区"。推进"一社区一特色"书记项目，打造街道"福开四方"微信公众平台，拓宽党建工作渠道。开展"新春送福饺子宴""把健康带回家—流动人口卫生计生关怀关爱专项行动""返乡爱伴行 健康带回家 幸福过大年""关爱女性·扫除乳盲""快乐老人大学""健康知识"巡讲等活动，在中国文明网、湖南都市、长沙晚报等中央、省、市新闻媒体多次宣传报道。

【举办"好人当河长，水美映开福"活动】6月3日，长沙市文明办、开福区文明委、开福区环委会、四方坪街道共同举办"好人当河长，水美映开福"世界环境日宣传活动，活动在长沙市开福区浏阳河畔月岛公园举行。湖南省文明办副主任李力明，湖南省文明办学雷锋志愿服务处处长李仕铭，长沙市环保局副局长赵玲芳，开福区委副书记、区人民政府区长刘拥兵等领导出席活动。10名“中国好人”被现场特聘为“民间河长”。他们组成的“民间护河队”将成为保护母亲河的“第三只眼睛”，起到协调治水，监督治水的作用，让河水碧绿长流。全国道德模范、孝老爱亲中国好人任菲莉作为民间河长代表与开福区浏阳河段的行政河长、开福区人民政府副区长易文斌签订缔约，共同保护美丽的浏阳河。2016年以来，开福区积极实施“碧水”行动，建立以党政领导负责制为核心的区、街道、社区（村）三级河长体系，并聘请民间河长，以保护水资源、防治水污染、改善水环境、修复水生态为主要任务，层层建立“不让垃圾下水，不让污染入河”的守水有责、护水尽责的工作机制，营造人人参与环保、共建绿色家园的浓厚氛围，实现条条河流有河长、有人管、管得好，以“河长制”实现“河长治”。

【毛家桥家禽市场全面关停搬迁】9月1日，开福区四方坪街道毛家桥家禽市场全面关停搬迁。为贯彻落实《长沙市政府专题会议纪要》（长府阅〔2017〕17号）文件精神，顺应长沙市城市发展的需要，从根本上解决毛家桥家禽市场环境脏乱差、噪音扰民的问题，彻底消除毛家桥市场的安全隐患，从8月19日开始，四方坪街道联合区商务局、区交通局、区工商局、区城管执法大队、开福区交警五中队、四方坪派出所启动毛家桥家禽市场的关停、搬迁工作。截至8月底，市场实现全面关停搬迁。毛家桥家禽市场整体关停搬迁后，纳入滨江社区提质提档的组成部分，为周边居民和经营户打造宜居宜业的生活环境。根据长沙市统筹安排，毛家桥家禽市场的关停，其经营户分流到城区外的黄兴镇、水渡河等市场。

（赵　蓉）

芙蓉北路街道

书　记　张雄伟
主　任　廖紫君
副书记　严　禹
　　　　欧阳文（2017.5任）（挂职）
副主任、政协联络处主任　谢新飞
人大工委主任　刘　飞
纪工委书记　龚莎莉
组织委员　黄格男
副主任　李良军　雷元喜
　　　　周　密（2017.2任）
　　　　杨日平（2017.2免）
人大工委副主任 王晓文（2017.2任）

概况　芙蓉北路街道位于开福区人民政府区治所在地，东起京广铁路，毗邻浏阳河街道；西至湘江东岸，与岳麓区观沙岭街道隔江相望；南抵浏阳河，与新河街道相邻；北滨捞刀河，与秀峰街道一水相隔。全街三面环水，又称“江湾半岛”。芙蓉北路街道办事处位于福城路与金马路交汇处，总面积3.45平方千米，辖江滨、欣城、福城、凤亭、金泰路、江湾、盛世路7个社区居民委员会。芙蓉北路街道办事处设六办一所，分别是党政办、经济办、卫计办、城管办、综治办、社会事务办、财政所。有在职在编干部职工42人。截至2017年年底，街道党工委下辖基层党组织44个（社区党委7个，支部37个），党员922名。截至2017年年

社区提质改造

底，辖区总人口数7.5万，其中常住人口5.8万、流动人口1.7万，人口自然增长率6.35‰。辖区内有中学1所即北雅中学，小学2所即清水塘第二小学、江湾小学，有资质的幼儿园18所。2017年，芙蓉北路街道荣获“全国社区教育示范街道”“湖南省流动人口基本公共卫生计生服务均等化示范街道”“长沙市人口和计划生育工作良好单位”“长沙市文明单位”“长沙市优秀乡镇街道统计站”。

主要经济指标超额完成。2017年，完成财政税收2.94亿元，其中国税2.32亿元，地税6144万元，为年度任务的100.61%；完成社会消费品零售总额42.24亿元，为年度任务的126%；完成固定资产投资40亿元，为年度任务的115%。项目建设稳步推进。2017年，街道有建设项目9个，其中社会投资类项目4个，政府投资类项目5个，完成投资8亿元。截至2017年年底，恒大御景项目3-8号栋正进行施工装饰，9-11号栋正施工外立面；捞刀河南岸岸线整治及市政工程项目（金沙路匝道段）启动拆迁腾地；市民之家项目完成前期手续。江湾小学、开福污水处理厂提标改造、福天兴业综合楼、金马路管涵改造、世纪春天二期项目全部竣工。楼宇经济蓬勃发展。全街6幢商务楼宇，总建筑面积42万平方米，企业招商入驻率98%以上，实现楼宇税收6435.5万元，基本形成购物商圈经济楼宇、信息服务业楼宇、纯酒店式服务业楼宇集聚的态势。2017年竣工的福天兴业综合楼与长沙农商行、建设银行等企业签订入驻协议，8000平方米的军民融合产业基地吸引高科技项目入驻。

2017年，辖区拆除违章建筑4257.98平方米，其中历史违建4065.98平方米，新建违建192平方米，坚决落实违法建筑“零增长”、违法建设行为“零容忍”。城管工作常态长效，勇当示范，5月，街道在全区城管考核中排名第二；9月，街道在全市城市管理考核中排名第一。重点抓好江湾半岛片区整体提质改造，投资总额1.6亿元，改造范围涵盖江滨社区10号地、7号地、福城社区22号地、23号地四个农安小区，完善水电管网等“里子工程”，完成立面改造、路面铺油、绿化建设，环境更加美化，功能更加完善，江湾半岛街区品质实现整体提质提档。11月，福城社区作为全市提质提档工作观摩点迎接全市观摩。湘江世纪城交通微循环改造新增标识标牌20个，防护栏2000米，确保道路出入口交通顺畅。

遗留问题得到妥善解决。区委、区政府高度重视原马厂分场算大账工作，成立由区政法委书记任组长的金霞新区（原马厂分场）算大账工作领导小组，解决原马厂分场重大信访问题。制定详细周密的工作方案，确立时间表和路线图，系统推进算大账工作。街道班子成员经过多轮全面上户走访，分生产队核准纯农业人口，多次讨论拟定两安用地集体收益分配方案，金霞公司公示23号地、7号地、10号地的账务往来清算报告，全部进程按照时间表有效推进，在2018年春节前完成马厂分场60号令拆迁安置群众集体收益的资金分配。完善安置房产权办理的所需资料，并送到市处遗办，完成房产办证遗留问题的扫尾工作。江湾半岛片区路灯建设移交工作全面启动，取得整个片区12条道路路灯初验许可证，2017年年底整个片区路灯照明全面恢复。

抗洪抢险全面胜利。2017年，面对39.51米的超历史水位洪灾，芙蓉北路街道地处湘江、浏阳河、捞刀河三江汇流之处，堤岸线长5800米，防汛形势严峻。街道全体班子成员秉持对人民生命财产高度负责的态度，带领街道社区干部不分昼夜巡堤查险，24小时值班巡查，堤岸沿线500米一棚、一点，50米一伞、一人，街道300余名党员干部、辖区50余家企业及居民群众1000余名志愿者纷纷投入到抗洪一线，实现“不漫一堤、不决一口、不垮一垸、不死伤一人”的目标。洪水退去，街道组织城管队员、巡防队员、环卫工人近百人日夜奋战、清淤保洁，经过两天两夜的艰难清理，5800米河堤沿线的二级平台上的淤泥全部清理干净，以最短的时间还居民群众一个洁净的生活环境。

2017年，街道通过就业创业培训，城镇新增就业人数1804人，扶持大学生创业人数31人，城乡居民养老保险、医疗保险、住房保障等覆盖面逐步扩大。江湾小学建成开学，开设17个班，学位充足，有效解决了辖区入学难问题。各类便民服务送服务上门，老年人日间照料中心在凤亭社区建成，流动人口享受均等化计生服务，街道在省卫计委组织的流动人口卫计服务均等化大会上作典型发言。网格化管理更加精细化，41个网格，平均一个网格服务1800名居民。互联网与党建、人大、政协、统战工作密切结合，“芙蓉北路首善通”“湘江世纪城社区”网络平台关注总人数过万人。2017年5月，十八届中央政治局委员、中央统战部原部长孙春兰到江湾社区调研街道网络统战工作，省委书记杜家毫，市委副书记、市长陈文浩陪同，给予高度评价。依托社区教育的平台，街道开设市民学校，新建一座24小时图书馆，针对不同年龄层次的社会群体开展各类教育活动和短期培训，打造厚德示范路、厚德文化墙、厚德书吧、厚德影院、厚德大戏台等品牌，开展国学诗词讲堂、“520迷你马拉松”、端午龙舟赛、湘江韵律文化节等形式多样、丰富多彩的文化活动。2017年，街道获市级以上新闻媒体报道86次，荣获全国社区教育示范街道。福城、欣城两个社区服务阵地完成提质提档，居民幸福感得到提升。

2017年，低保对象34户、45人，全年累计发放低保金19.7万元。全街优抚对象23人。新增1232名居民医保参保，全年完成企业养老保险征缴基金262万元，城乡居民养老保险征缴基金4.68万元,社保卡持卡人数1.58万人。为15人次困难户申请医疗救助，救助资金10.01万元，为居民办理临时救助9人次，救助资金7800元；区级临时救助1人次，救助资金4000元。办理廉租房补贴1户，经济适用房资格2户，廉租房实物配租3户。城镇新增就业人数1804人，其中新参保人数372人，新增灵活就业人数1432人；失业人员实现再就业人数173人；就业困难人员再就业人数101人；零就业动态就业援助100%；城镇登记失业率2.11%；新增小额担保贷款发放180万元；企业职工培训人数200人；街道培训200人；扶持大学生创业人数30人；充分就业社区创建率100%；办理就业创业证246本、困难认定31人、扶持大学生创业31人、困难群体就业援助17人、离校未就业高校毕业生实名制登记15人、发放失业金19.1万元、创业带动就业新增创业主体1392户，其中私营企业392户、个体工商户1000户，带动城乡劳动力就业2864人。

【社区课堂揭密“白色诱惑”】2月7日，开福区芙蓉北路街道金泰路社区开展“‘厚德开福’向我看齐，‘五零’社区我要给力”主题教育的社区课堂，坐满了来自长雅中学1404班的同学，社区民警带来揭开并抵制“白色诱惑”的讲解，让孩子们在开心互动中学到不少课本外的知识。不少家长也“蹭”进课堂学习。社区民警蔡志学结合现实个案，就毒品的“白色诱惑”展开讲解，让同学们认识毒品，远离毒品。“毒品的危害这么大，禁毒要从我们每一个人做起。”听完民警的生动讲解，“美德少年”何好说。“中国好人”、金泰路社区书记袁灿表示，推出禁毒教育的社区课堂旨在告诫学生们在生活中要提高自我防范意识，拒绝和远离毒品，提高自我保护能力。课后，社区组织同学们走向街头，向过往行人发放禁毒宣传资料，并将了解到的毒品知识向身边的人宣传。

【戏曲进社区夏夜消暑】7月21日，开福区喜迎十九大“欢乐潇湘 品质长沙 湘江韵律”、“戏曲普及月”戏曲进社区暨芙蓉北路街道抗洪救灾义演在江湾社区厚德大戏台热闹开唱，草根戏迷和专业演员联袂登场，给居民送上夏夜消暑的文化大餐。夜幕降临，位于芙蓉北路街道江湾社区前坪的厚德大戏台前，坐满了居民。在这里，来自社区的草根戏迷和专业演员相继登台，戏曲联唱《群英荟萃》、京剧选段《霸王别姬》、越剧《奉汤》、黄梅戏《一弯新月挂满天》、沪剧《金丝鸟》、昆曲《游园》等精彩剧目。该社区获授戏曲文化志愿者工作站。

【小学生暑假作业食品安全调查报告获点赞】9月12日，芙蓉北路街道金泰路社区开展以“食品安全，人人有责”为主题的食品安全宣讲活动。舞台上，摆放着食品的错误搭配、食品安全知识、转基因食品等相关宣传资料和宣传展板。社区干部从如何预防家庭食物中毒、食物中毒后的应急措施到如何选择安全的食品，尤其是如何从营养学的角度选择安全的食品，向居民们介绍相关食品安全小常识，深受居民们的欢迎。暑假期间，社区交给孩子们一份“食品安全，人人有责”调查报告的暑假作业，120多名孩子分工合作，采取问卷和实地采访等形式开展走访调查，交出一份让人“点赞”的社会实践暑假作业。现场，孩子们向居民展示暑假期间对社区辖区各饭店和食品店调查食品安全问题的暑假作业，并通过快板等形式向居民宣讲食品安全的重要性。芙蓉北路街道金泰路社区负责人表示，通过开展宣讲活动，促进广大居民树立科学的食品消费理念，提高相关从业人员的食品质量安全责任意识和服务意识，从而进一步规范食品生产经营活动，防范食品安全事故的发生，确保居民食品安全。

【湘江世纪城小区交通“微循环”改造，居民出行更顺畅】芙蓉北路街道湘江世纪城小区有157栋楼房，8万多居民。由于人多、车多，不少道路被车辆占用，导致小区不少路段行车难，成为芙蓉北路街道辖区交通管理的一大难点。街道在2017年初向交警部门递交片区交通设施改造方案并通过审查，经过改造，截至10月中旬，整个湘江世纪城小区“两纵八横”交通路网实现“微循环”，交通状况得到改善。此次交通微循环改造，芙蓉北路街道办事处投入50余万元，对湘江世纪城连接湘江北路的盛世路、凤亭路、江湾路等8个出口安装道路交通标志、标线，安装车辆引导设施，每条道路设置3条车辆分流隔离栏杆，对道路重新进行标志划线（斑马线、车辆禁停标志线、车辆分流线）。改造后，道路拓展成双向4车道，改善道路拥堵问题。对小区西侧防汛通道福城路口至金北路口约2800米路段,设置U型栏，确保该路段双向通畅。

（唐彬心）

洪山街道

书　记　朱旭东（2017.5任）
　　　　杨兴高（2017.5免）
主　任　黄长科
副书记　邱自力（2017.5任）
副主任　柳双林　刘玉娥
　　　　易桂军（2017.5任）
　　　　李铜强（2017.5免）
　　　　朱有元
人大工委主任　罗小红
纪工委书记　唐伟胜
副主任、政协联络处主任　李少林
组织委员　袁　露

概况　洪山街道地处长沙市开福区东南部，东二环三段279号。东部与长沙县星沙镇相邻；东南部与月湖街道接壤；西南部频浏阳河，与四方坪街道隔河相望；西部与浏阳河街道毗连；北部临捞刀河，与捞刀河街道隔河相对。街道总面积9.05平方千米，常住人口2.5万人，辖洪西、金鹰、洪山桥、洪雅4个社区居民委员会。洪山街道办事处内设党政办、党建办、经济办、城建办、城管办、综治办、卫计办、社会事务办、安监站（食安办）、财政所等10个职能部门，下设政务服务中心，在编在岗31人，临聘人员26人。辖区内有月畔湾、圣爵菲斯、藏珑·湖上国际花园、恒大雅苑等12个小区；湖南广播电视台、兴旺集团、洪山建筑有限公司等大小单位1500余家；幼儿园9所、小学2所、中学1所、大学1所；湖南省军区装备修理所、长沙民兵仓库两家军事管理单位，世界之窗、海底世界、洪山寺、月湖公园等旅游景点。

4月13日，长春市委统战部到洪山桥社区，实地调研“同心圆桌会”议事平台工作开展情况

2017年，完成总税收10.47亿元，完成固定资产投资63亿元、规模工业总产值3.8亿元、社会消费品零售总额38.9亿元、服务业营业收入161亿元、高新科技总产值145.5亿元，圆满完成主要经济指标任务。

2017年，朝正垸城中村改造二、四、六期征拆项目扫尾组织司法强拆5户，签约倒房3户，6月30日全部腾房倒地，7月15日项目整体移交月湖街道。福鑫苑农民安置房二期项目倒房1户，项目实现扫尾清零。湖南广播电视台节目生产基地补征项目于7月20日交地。花园路项目于9月1日发布一公告，12月11日完成项目结算和交地。抽调街道骨干力量10名，全力支持浏阳河街道中华湘绣园项目和439项目的拆迁工作，中华湘绣园项目实现100%的签约。26户飞地用地手续办理、原山苑等项目进展顺利。

2017年，办结以苏家公山为代表的中央环保督察交办的11起信访交办件，办结率100%；淘汰黄标车215台，生态环境有效改善。提质提档东二环匝道、洪山路、山月路、共和路和长大夜市；拆除违法建筑69处，面积4321.28平方米；整治流动摊贩违法占道行为400余起，查处人行道乱停乱放车辆260余台次，清理垃圾200余车，街区品质有效提升。在被抽检的2次市级城管工作考核中，2月份排名全市第二、4月份排名全市第四。一季度城乡环境综合整治获全区一类，城市管理水平处于全区外城区街道前列。

2017年，发放城乡低保金24.8万余元，医疗救助11人次，金额9.3万余元；走访慰问各类困难对象218户，发放慰问金12.7万余元；城镇新增就业人数1325人，失业再就业180人，就业困难对象再就业68人，为20名失业人员办理社保补贴9.2万余元。有序推进“十免十优”工作，为685名育龄妇女进行健康检查和妇科病普查，免费孕前优生检查人数65对，超额完成年度任务的8.33%。街道配合文体新局在月湖公园建立24小时自助图书馆。食品安全意识进一步增强，2017年评选出8家食品安全诚信门店，文明创建工作第二季度、第四季度考核评比排名外城区街道第一。

2017年，积极开展矛盾纠纷排查，对重点对象实施包案稳控措施，化解矛盾纠纷49起。加强对社区11名服刑人员帮扶矫正，摸排稳控30名吸毒人员，化解2户积案，圆满完成积案化解清零任务。在中共十九大特护维稳期间实现“零非访”，获评开福区“贡献奖单位”。2017年，受理12345热线工单507件，群众满意率97%。开展打非治违“三大”行动、春雷行动，由街道班子成员带队对辖区内的加油站、联合餐厅、建筑工地、畅达物流等200多家企业开展安全生产检查20多次，执法检查30多次，未发生重特大安全事故。防汛抗洪抢险期间，排查处理各类大小险情76处，处置山体滑坡5处，抢运塌方土石200余立方米，开挖导流渠10余处，内涝积水有效处置，转移安置受灾受困群众51人，确保人民生命财产安全。

【打造共建共治共享的社会治理格局】11月12日，由市委宣传部主办，长沙晚报社、市委讲师团承办的“新时代 新思想 新征程——学习宣传贯彻十九大精神《你说话吧》系列微宣讲”活动走进开福区洪山街道洪山桥社区，与会专家，开福区委书记沈裕谋、洪山街道工委书记朱旭东、洪山桥社区党支部书记以及社区居民代表围绕活动主题畅所欲言，就如何打造共建共治共享的社会治理格局，使人民获得感、幸福感、安全感更加充实、更有保障、更可持续提出一系列真知灼见。

【卢异平获评“全国卫生计生系统先进工作者”】卢异平，任洪山街道卫计办主任。她从事卫计工作22年，先后10次获评“开福区先进计生工作者”，2017年8月获评“全国卫生计生系统先进工作者”。她工作主动，处处发挥先锋模范带头作用。在2016年全省居民健康信息集中采集、录入工作中，她勇挑重担，根据街道实际情况，制定出通俗易懂的培训方案，提出分批次对单位卫计专干、组级信息员和采集员进行点对点的业务培训，认真分析探讨采集工作的重点、难点，思考如何做到“居不漏栋、栋不漏户、户不漏人”。录入工作时间紧，任务重，她凭着对工作的钻劲和过硬的业务能力，编写出“健康信息采集工作具体操作的流程索引”，采取分时段、分人员、歇人不歇机的录入方法，科学地指导社区快速地清理、核对、录入数据，全街采集数据排名稳居开福区第一。

【众志成城防汛抢险】6月22日至7月11日，湖南省普降大暴雨，引发重大洪灾。洪山街道南北面浏阳河、捞刀河两水环抱，辖区范围内有河堤1400米，其中洪西靳家冲捞刀河堤段400米，洪山桥浏阳河月湖公园堤段1000米，另有撇洪渠约6000米。为确保辖区秩序井然，群众生活安宁，全街上下众志成城防汛抢险，排查处理各类大小险情76处，处置山体滑坡5处，抢运塌方土石200余立方米，开挖导流漕10余处，内涝积水有效处置，转移安置受灾受困群众51人，取得“不漫一堤、不决一口、不死伤一人、不出现负面舆情”的全面胜利。在这次防汛抢险中，涌现出怀孕9个多月仍坚守防汛一线的“准妈妈”黄滔，58岁志愿请缨防汛跳进3米深水渠抢险的苏龙辉等一批先进党员，他们用行动谱写一曲防汛抢险的凯歌。

（王茜蓉）

月湖街道

书　记　田　营
主　任　黄忠球
副书记　申　波
人大工委主任　　方云南
纪工委书记　　刘晓健
副主任、政协联络处主任
　　　　周可佳
武装部长、副主任　肖军群
副主任　隆井江　胡　剑
组织委员　罗　坚

概况　月湖街道位于开福区东南部，北靠三一大道，毗邻月湖公园，东面与长沙县和芙蓉区接壤，西、南面浏阳河蜿蜒而过，万家丽北路贯穿其中,辖6个社区（鸭子铺社区、朝阳社区、月湖社区、马栏山社区、舟桥路社区、溪水湾社区），归口管理朝正水利管理所,全街总面积6.56平方公里。2017年，街道有家庭总户数6029（常住人口）户，总人口3.1万人，其中常住人口2.47万人，流动人口6314人。街道内设机构11个，党政办、党建办、经济办、卫生和计生办、城建办、社会事务办、综治办、城管办、财政所、安监站、食安办，下设政务服务中心，街道在编在岗工作人员43人。辖区内有楼盘小区、农民安置小区10个，驻有武警湖南省总队、湖南省高速公路管理局、长沙市公共卫生中心等数十家企事业单位，有小学1所，幼儿园15所。

2017年，月湖街道完成国民生产总值21.98亿元，比2016年增长11%；人均国民生产总值88984元，人均可支配收入26505元；完成固定资产投资34亿元，比2016年增加11.5%；实现社会消费品零售总额16.83亿元，比2016年增长10%；因马栏山视频文创园建设，大量工业企业外迁，实现规模工业产值2.2亿元，比2016年下降67.65%，以后除发展楼宇工业外，传统工业将逐步退出辖区舞台；完成内联引资7.8亿元，到位外资1000万美元，外贸进出口110万美元；实现高新技术产值9.5亿元。全年引进各类企业106家，新增限上商贸企业4家，全街第三产业从业人员共8354人；第三产业增加值9.1亿元，比上年增长10%；住宿和餐饮业营业额1.05亿元，比2016年降低4%；银行各项存款余额16.16亿元，比2016年增长14%；人民币贷款余额47.03亿元，比2016年增长10%；保险公司原保险保费收入8369万元，比2016年增长12%。全年完成全口径财政税收1.4亿元，完成进度全区排名第五。

征拆扫尾圆满清零。截至2017年6月底，朝正垸一至六期项目扫尾任务实现清零，后续保障服务有序跟进。2017年，完成清水塘溪泉湾小学建设、朝正垸水环境综合整治工程堤防项目建设；长沙地铁站（三一站、朝阳站）、葡园路、栏山路等工程项目的平稳推进。省、市、区重点建设项目马栏山视频文化创意产业园项目正在全面快速推进中。

2017年，街道投入150多万元，用于背街小巷、河堤河滩的清扫保洁，保持市容环境卫生整洁。数字化城管工作，处置数3500件，应结案数3500件，按期结案数3500件，按期结案率100%；处置12345市民投诉100多件。除“四害”工作投入7.6万元，在马栏山社区和月湖社区安装800个固定的投饵盒、100个灭蝇灯，发放宣传资料5000余份，办理环保督办案件6起；拆除马栏山涵洞立柱违章广告、威尔士春天地下车库违章建筑、威尔士春天层板违规搭建、万家丽路边立柱违章广告等，拆除市卫生服务中心、金雅酒店、捷奥医院、财富名园等违规广告招牌、亭棚100多处。

2017年，新增就业人数947人，再就业415人，创业带动就业人数831人，扶持大学生就业40人。零就业家庭动态援助100%、城镇登记失业率3%、新增创业主体数386个、充分就业社区创建率100%。新增居民养老保险55人，因拆迁享受城镇职工养老保险后退还居民养老保险款15.84万元；城镇居民医疗保险新增472人，发放失业保险金78.22万元，居民养老保险生存认证1412人。2017年，有城市居民低保5户、10人次，农村居民低保25户、38人。特困供养人员3人，其中沙坪河敬老院1人，长沙市第二福利院1人，散居“三无”1人。2017年，医疗大病救助“五保”“三无”、低保、特困户14人次，救助金额10.81万元。在册精神病人42人，药物救助110人次，救助金额1.37万元。2017年，有各类优抚优待对象63名，全年代发放优抚金28.36万元。成立退役军人之家，对辖区内各类优抚对象、困难老兵、退役士官等发放慰问金2.76万元。全年为217高龄老年人，发放高龄补贴金额9.57万元。辖区内有符合条件享受困难残疾人及重度残疾人生活补贴和护理补贴93名，有4名申请政府购买的居家托养服务。2017，举办开福区月湖街道残联第一次残疾人代表大会。

2017年，围绕创建“平安月湖”，推进街道综治工作规范化建设，形成街道、社区上下联动综治防控体系。全年对网格化管理人员进行两次系统的业务培训，配备移动终端；社区建立综治维稳工作站和人民调解委员会，配备专职调解人员。集中组织开展社会治安重点整治、消防安全整治，全面排查各类安全隐患和矛盾纠纷，全年街道班子带队检查12次，下发隐患整改通知书165份，发放宣传资料1000余份，签订责任书1000余份。开展打击传销专项行动6次，捣毁传销窝点230多个，解救人质332人，转化遣返传销人员401人。开展综治信访维稳工作，2017年，接访、劝返1000余人次。三年内劳教人员、五年内刑释人员38人。对辖区内46名吸毒人员采取“四位一体”的帮控措施，建立健全各项矫正制度，2017年矫正对象11人。

2017年，发放计划生育奖励扶助金22.67万元。为727名育龄妇女免费实施妇女病查治，金额8.23万元；为17名围绝经期妇女免费取环，金额1.02万元；为38名妇女报销四项手术费，金额1.76万元；免费产前筛查回补302人，直补106人，金额7.68万元，免费新生儿疾病筛查回补373人，合计金额13.11万元。制定《月湖街道创建国家安全城市食品药品实施方案》，张贴宣传标语600余条，发放餐饮门店 “文明餐桌提示牌”2000张，开展“3·15”“安全生产宣传月”等活动，发放食品安全预警公告、食品安全宣传资料6000多份。2017年，未发生一起食品药品、安全生产责任事故。

【省委书记杜家豪调研马栏山视频文创产业园建设】5月26日，省委书记杜家毫到开福区调研马栏山视频文创产业园建设工作。杜家豪实地察看园区建设进度，现场解剖麻雀，与省、市、区负责人共同探索园区建设发展思路、方法和路径。杜家毫指出，作为文化创意的集聚区，根在文化、贵在创意、重在人才集聚，没有人才在此集聚，产业发展无从谈起。要把鸭子铺这280公顷土地高效集约开发利用起来，以湖南广电为龙头和引爆点，坚持基础设施先行，加快完善政策、交通、金融、教育、商业等公共服务平台、生活配套，搭建产业孵化平台，创新体制机制，真正实现园区在城市中、城市在园区里，加速产业集聚、企业集聚、人才集聚、创意集聚，打造“北有中关村、南有马栏山”产业发展新格局。马栏山视频文创产业园以湖湘文化为根基，以湖南广电为依托，以“文化+”“互联网+”为手段，以数字视频为主导产业的文化创意集聚区。建设中的湖南广播电视台节目生产基地，位于长沙世界之窗和海底世界之间。与传统的节目生产基地相比，除演播厅、影视拍摄制作基地外，还包含创意工坊、观众参观通道等新业态。建成后，这里将成为集节目制作、文化创意、电视工业旅游等功能于一体的文化地标。杜家毫称赞其体现“创意产业化、产业创意化”的思路。芒果TV全网日均活跃用户数超过

4700万户，手机APP安装激活量5亿户。依托这一流量优势和节目内容优势，企业正与创维、国美等企业合作开发生产芒果电视机等终端产品。“你们提供内容，创维提供制造，国美提供渠道，必将实现强强联合。”杜家毫在考察后亦给予充分肯定。他指出，文创产业是典型的融合创新型产业，要把文化创意与信息、旅游、制造业、金融等产业嫁接融合，优化各类资源与要素组合，从而促进产业结构创新、链条创新、业态创新。

【马栏山视频文创产业园汇报会在长沙召开】11月2日，马栏山视频文创产业园汇报会在长沙召开。省委常委、常务副省长陈向群，副省长向力力出席。马栏山视频文创产业园位于长沙市开福区朝正垸鸭子铺，规划建设以视频内容为核心、具有国际影响力的“视谷”。向力力指出，建设马栏山视频文创产业园是省委、省政府作出的重大决策，是建设文化强省、促进产业升级的重大举措。相关部门要切实增强大局意识，统一思想、统一领导、统一规划、统一开发、统一招商、统一政策，加快推进项目建设，打造文化强省精品工程。陈向群强调，要站在全局和战略高度高水平谋划、推进马栏山视频文创产业园建设。要创新理念、科学规划，切实增强文化自信，打破思维定势和路径依赖，以创新精神推进项目运营、招商引资、项目建设，走出一条产城融合发展的新路子。要创新模式、精心建设，以文化创意和IP为核心内涵，统筹城市总规和项目详规、建筑设计与城市风格，打造文化强省标志性项目。要统一思想、保持定力、久久为功，坚持优势互补、凝聚各方合力，坚持科学论证、严把项目门槛，打造具有影响力的文化地标。

（张磊琪　郑　萱）

浏阳河街道

书　记　杨兴高（2017.5任）
　　　　朱旭东（2017.5免）
主　任　殷建锋
副书记、副主任、政协联络处主任
　　　　王开文
副书记　肖　杨
人大工委主任　李铜强（2017.5任）
　　　　　　　邱自力（2017.5免）
组织委员　许攀芳
副主任　李　珊（2017.6任）
　　　　王登攀（2017.6免）
　　　　肖　亮　刘学锋
纪工委书记　严许锋
人大工委副主任　阳　洁（2017.9任）

概况　浏阳河街道地处长沙市开福区治“东大门”，位于浏阳河与捞刀河二水环绕的自然湾区，金融生态区、金霞经开区和马栏山视频文创园“三金片区”的接合部，东至东二环，南濒浏阳河，西邻芙蓉北路，北抵捞刀河。街道办事处驻陈家渡社区滨河南路与开福大道交会处西北角（新墙板厂泵站内），距开福区人民政府2.9千米。辖区总面积约6平方千米。2017年末，有家庭总户数5129户，总人口23537人，其中常住人口15589人，流动人口7948人。街道辖毛家垅、双河、陈家渡、史家坡、福元路等5个社区居民委员会。街道内设机构10个，党政办、党建办、经济办、卫计办、城建办、社会事务办、综治办、城管办、安监站、财政所，归口管理捞湖水利管理所，街道在编在岗工作人员37人，临聘人员20人，“五零社区创建协管员”41人。辖区内有楼盘小区、农民安置小区10个；有解放军163医院、湖南珠江实业投资有限公司、湖南旷代房地产开发有限公司等数十家企事业单位；有小学3所、幼儿园11所。

2017年，召开重点企业座谈会，主动走访，深入开展财税“挖潜增收年”活动，加大对楼盘和商业街的扶持力度，加速产业集聚，推动福元路“百亿商圈”建设，引进楼宇企业7家，其中500平方米以上企业2家，龙湾一号引进的全球零售商业巨头沃尔玛正式签约进驻，项目投资1亿元，营业面积1万平方米。2017年，完成财税收入3.46亿元，同比增长14.24%；完成固定资产投资66.1亿元，同比增长9.84%；新增服务业单位3个，新增限上商贸业单位3个，完成限额以上零售额2076万元，超额完成任务。

推进3个新项目征拆和已拆项目扫尾，长沙湘绣文化园（26.33公顷）项目在实施公告期内签约108栋、181户，实现清零；捞湖垸社保融资用地（32.87公顷）项目签约111栋（201户），签约率为98.53%；捞湖垸社保融资用地10.4公顷项目签约96栋（175户），签约率为97.77%；双河

4月22日，福元路社区举办风筝节活动

湾项目、渔业路隧道项目完成拆迁扫尾任务。街道征拆工作获区委、区政府主要领导充分肯定并在《开福工作》2017年第3期推介。强化项目服务，着力维护施工环境，家园路完成建设，陈家渡中学主体工程全面施工，珠江好世界、五矿沁园金城二期施工建设顺利推进。

本着“严管城市就是厚待市民、厚植优势”理念,推进城市管理标准化精细化常态化。每天分4班，全天候、无缝隙对辖区进行巡逻管控，整治垃圾堆物、流动摊担、店外经营、偷倒渣土等违章行为，保持市容整洁有序。针对每月城管考核，组织重点整治、蹲点守线，确保市、区检查反馈问题及时整改。加强道路交通管理，严查占道停车、乱停乱放行为，共计抄牌处罚1000多台,“三车三场”专项整治车辆850处。加大拆违控违力度，拆除项目内违章建筑93处，面积2.13万平方米；拆除项目外违章建筑6处，面积1224平方米，确保新建违章零增长。抓好中央环保督查问题整改，集中开展工地噪声扰民、夜宵烧烤整治，处理转办件14件，办结率100%，取缔违规行为20余起，罚款900元，集中约谈18人。完成4条排水渠道黑臭体整治，对南排渠、中排渠进行修复整治。完成黄标车淘汰任务127台。加强巡查，及时制止焚烧秸秆、垃圾，抓好大气污染治理。建立街、社两级“河长制”体系，加大巡河力度，确保常态化。推进福元路、双河路两个社区提质提档工作，完善文化活动中心等基础配套设施，促进环境美化。推进“新三年造绿大行动”，新增绿地面积800平方米。强化“三社联动”，引进“侨亚养老服务”等专业社会组织。招聘6名物管社工，加强小区物业管理。

强化网格管理，扎实开展群防群治，调处各类矛盾纠纷30多件，新增社区戒毒人员5人，“禁毒妈妈联盟”参加区“禁毒之声唱享开福”文艺会演荣获第一名。推进“信访积案化解百日攻坚行动”，围绕“事要解决、息访息诉”，加强频繁见面约谈，精准锁定诉求，统筹新老拆迁政策，统筹解决拆迁问题与现实困难，化解重点信访积案8户，社会大局保持和谐稳定。坚守安全生产红线，对26.33公顷危房区域加强值守巡查，转移并安置群众60多人次，发放危房补贴20余万元，启动拆迁，彻底消除安全隐患。落实“三个必须”“一单四制”，开展安全生产培训和演练15次。与辖区146家生产经营单位签订安全生产责任书，下达整改通知书20余份，对1家未按期整改企业罚款900元。共排查单位（或部位）195处，发现并整改安全隐患问题274个，关停取缔2家无证门店，对1家门店销售违禁鞭炮予以收缴。各社区成立“微型消防站”“义务消防队”，扑灭小火灾6起。加强食品安全监管，推进国家食品安全示范城市创建，组织食品安全培训5次，制作展出各类宣传载体8000份；开展“护苗”“三小”、豆制品米粉等多项专项整治行动，查处违法行为15起，全街未发生食品安全事故。面对超历史最高水位汛情，全街上下众志成城，排查处置险情20处，实现“不漫一堤、不决一口、不死伤一人、不出现负面舆情、秩序井然”的目标。

兜住“底线民生”，及时对接协调，做好拆迁资金发放、转户、医社保等服务，协调解决拆迁户适龄子女入学、双河湾项目周边群众饮水难等问题。实施“阳光低保”，贫困家庭应保尽保，党员干部结对帮扶困难群众72户、失独家庭13户。扩大基本民生，完成承诺办事15件，办理重点民生问题10个。坚持教育优先发展，先后3次组织校园周边环境集中整治行动，开展无证办学机构清理和幼儿园规范办学行为专项检查，“新居民大讲堂”荣获全区社区教育特色课程品牌二等奖。推进健康教育，人口计生各项指标达标。建设“福元路社区图书馆”，广场舞、民乐团、合唱团等群文活动经常性开展。开展“四保十看四查”“五项专项治理”“文明礼让”专项整治，开展“讲文明树新风”“遵德守礼”公益宣传，推荐“长沙好人·身边雷锋”6人，举办“让爱留守”“放飞廉洁风弘扬好家风”“名师经典进基层”“情暖夕阳关爱老人”“第三届睦邻社区节”等志愿服务活动，形成“银发先锋团”“浏阳河爱心帮帮团”“浏阳河好家风”等文明道德品牌。

【举办“让爱留守·留守流动儿童寒假关爱行动”】1月21至23日，浏阳河街道联合开福区妇联、开福区政协群团联络委员会、长沙鑫晨妇女儿童公益发展中心开展“让爱留守·留守流动儿童寒假关爱行动”。活动当天，街道派人将新化县14名贫困山村留守儿童接到长沙，由14户爱心家庭亲情结对，与留守儿童们同吃、同玩、同乐、同住，带他们参观滨江文化园“三馆一厅”，亲身体验湖南省科技馆，游览长沙美丽街景，邀请著名心理学专家赵兰教授进行“儿童心理健康教育”辅导，并送上红包和书包、图书、学习用品、新衣服等作为新年礼物，让孩子们感受到家的温暖，享受其乐融融的年俗韵味，也提供一次难得的接触外面世界和课外学习的机会。

【沃尔玛入驻浏阳河街道】3月6日，世界500强沃尔玛(湖南)商业零售有限公司正式签约入驻长沙市开福区浏阳河街道龙湾1号商业广场。该项目营业面积1万平方米，这也是沃尔玛在开福区的首个项目。沃尔玛是世界最大的连锁零售巨头，其于2003年进入湖南，截至2017年年底在长沙3家门店正常营业。沃尔玛落户开福，是对开福商业发展现状的肯定以及对未来发展潜力的认可，将带动福元西路商圈提档升级，填补该片区中高档商业空白，打造成开福区政府版块现代商业新中心。

【举办“放飞廉政风，弘扬好家风”首届千人风筝节】4月22日，浏阳河街道福元路社区举办“放飞廉政风，弘扬好家风”首届千人风筝节，通过廉洁文艺主题节目表演、社区工作人员廉洁公开承诺、DIY手绘风筝、千人风筝比赛等群众喜闻乐见的方式，大手拉小手搭建家庭助廉的桥梁，大力倡导良好家风，让廉政新风浸润人心，着力建设风清气正的廉洁社区。活动现场免费发放上千只风筝，400余组家庭参加。

【长沙市“名师经典进基层”市民学习活动走进浏阳河街道】5月17日，长沙市“名师经典进基层”市民学习活动开福区专场在浏阳河街道珠江花城酒店三楼宴会厅举行。开场舞《清风舞韵》清新自然、灵动而活泼，“好人故事讲述”述说福元路社区阎长坚平凡而动人的故事，湖南省作家协会副会长余艳讲述“信仰的力量—杨开慧的爱情”，她用无限的创作激情、最真挚的情感和细腻动人的文字将杨开慧和毛泽东革命年代的千古爱情绝唱刻画得淋漓尽致，让读者对杨开慧忠贞、理想的爱情观念产生强烈共鸣。

（曾令文）

秀峰街道

书　　记　徐路明
主　　任　曾君湘
副 书 记　吴群辉
人大工委主任
　　陈友俊（2017.6任）
　　甘培虎（2017.6免）
政协联络处主任
　　甘浩文（2017.6免）
纪工委书记
　　罗　军
副 主 任　刘　丹　谢建阳
　　李　亮（2017.6任）
　　姚　晶（2017.9任）
　　莫茂庭（2017.6免）
组织委员　谢刚毅

概况　秀峰街道地处开福之北，东临青竹湖街道石长铁路，南至捞刀河大桥，西接湘江大道，北靠三环线辖区东西最大距离5.84千米，南北最大距离6.15千米，区域总面积21.5平方千米。2017

年，街道内设“六办”（党政综合办公室、党建办、经济发展办公室、卫生计生办公室、城市建设与管理办公室、社会管理综合治理办公室、社会事务办公室）“两中心”（公共服务中心、农业技术综合推广服务中心）“一所”（财政所）。7社区1村，即宿龙桥社区、戴家河社区、兴联社区、鹅羊山社区、新大塘社区、竹隐社区、湘民社区、湘荷村。截至2017年年底，辖区总人口32471人，其中常住人口24707人，流动人口7764人。街道所属中学1所，小学校6所、幼儿园14所。

2017年，引导包括长沙创远置业有限公司在内的6家企业变更税收关系属地，培植长效税源。定期召开企业经济工作会议并开展业务培训，促使企业把批发额转为零售额。走访中石化长沙分公司、国中医药、国药控股等企业，积极对接社零、商务指标问题，增加社零指标对全区的贡献率。全年完成财政收入5.8亿元，超额完成0.5%，同比增长41%。完成规模以上工业总产值2.63亿元，为全年任务2.1亿元的112.8%，全区排名第二。实际利用外资2968万美元，为全年任务2800万美元的106%，全区排名第三。出口外贸额完成803万美元，为全年任务450万美元的178.4%，全区排名第二。

2017年，全街有拆迁项目26个，腾地169.47公顷，涉及拆迁人口2151人，合法房屋460余栋。开展“到项目中去，在项目中建功”活动，实行“项目分工考核班子、任务上肩考查干部、示范带头考评党员”的“三考合一”制度，依法快速推进新项目，强力攻坚老项目，圆满完成全年征拆任务。在村居“两委”换届选举和防汛抗洪、铲雪除冰的特殊时期，指挥部坚持“两推动、两不误”，助推高岭智慧仓储、竹隐路、铁港路、金霞大道等20余个项目拆迁清零。街道对闲置土地处置做到“责任到位、宣传到位、清理到位”。摸清底子，进行任务分解，并对接相关企业收集问题和困难，在政策框架内帮助解决遗留问题。截至2017年年底，长沙恒高房地产开发有限公司、湖南宏吉置业发展有限公司、湖南中坤置业有限公司、湖南鸿邦房地产开发有限公司4家企业建设项目启动。

圆满完成戴家河、宿龙桥、兴联社区提质改造，加大对社区基础设施、环境卫生、绿化亮化、路面补损等基础薄弱环节的修缮。围绕“五零”社区（村）创建，开展非法消纳场及违规倾倒渣土行为的整治行动和清垃圾、清杂物、清庭院的“三清”工作，突出抓好人口聚集地、村级公路两侧等重点区域的环境综合整治，创建让居（村）民“贴心、舒心、暖心、放心、安心”的社区（村）。完成134台黄标车淘汰工作，完成率100%，清理拖离“僵尸车”30台。推进大气污染防治工作，收缴100余台燃煤灶。河长制、生猪退养等工作有序开展。

2017年，全街有居民低保户165户，累计足额发放低保金102万元，年底对低保户进行入户调查，新增1户，取消52户，提标16户，降标9户，确保应保尽保。对95名优抚对象发放优抚金11.3万元，对168名残疾人发放“两项”补贴37万元。举办“就业援助月·春风行动”秀峰街道专场招聘会，为求职者提供300余个工作岗位。组织辖区内人员参加职业培训200人次。为失地农民和失业人员办理就业创业证350本，就业困难人员认定219人次。为就业困难人员办理社会保险补贴20万多元，养老保险12.6万元，

医疗保险6万元。让数据多跑路，让群众少跑路，取消不必要的证明材料，推动“大众创业、万众创新”。新增创业主体1251家，带动城乡劳动力就业1070人。扶持大学生创业20人。新注册中小微企业344家、个体工商户646家。针对物业工作专业复杂、焦点突出、业务性强的特点，注重物业专干人员的专业素质及工作能力的提高，指导2个楼盘成立业主委员会，维护业主权益。及时处理涉及违章搭建、工地无证施工、噪音扰民、灰尘扰民、占道经营、流动摊贩、建筑垃圾堆等12345热线工单520单，工单满意率98%。

班子成员联点社区（村），机关干部深入基层一线，变群众“上访”为干部“下访”，重大节假日及重要活动期间坚持24小时值班制度。全年化解涉及拆迁遗留问题等各类信访矛盾14件。持续开展安全隐患大排查大管控大整治活动，严格落实各项安全防范责任和措施，有效防范和坚决遏制群死群伤事故。常态化检查70多次，开展打非治违、“春雷”“飓风”专项行动11次，整改安全隐患27处，全年没有发生人员伤亡的安全生产责任事故。以创建国家食品安全城市为契机，加强对门店的监管，做到适时监管、痕迹监管，发放进货台账本、消毒记录本1594本。坚持做到平时检查和专项检查相结合，面上检查和突击抽查相结合，节前检查和节后检查相结合，明查与暗访相结合，监管巡查783次。办理小餐饮证192本，办理食品经营许可证304本，食品从业人员健康体检率达到100%。全年没有发生一起食品药品安全责任事故。

2017年，出台《关于加强和改进基层党组织建设的十条意见》，明确基层党建重点难点亮点，制定党建工作任务清单，对照标准一项一项抓落实。按照“1234”工作法圆满完成村居“两委”换届选举。组织基层党组织书记、党建专干到天心区、雨花区、岳麓区、芙蓉区和开福区兄弟街道参观学习。分别投资260万元、600万元，完成竹隐、湘民社区综合办公楼主体工程建设。制作5000余本图文并茂、通俗易懂的学习中共十九大“口袋书”，推动学习活动“七进”（进企业、进农村、进机关、进校园、进社区、进军营、进网站）。将“为国尽忠、为职尽责、为家尽孝”作为厚德秀峰主旋律，建成了兴联厚德广场。各社区（村）不定期开展道德讲堂。充分利用平台、资源在楼堂馆所宣传社会主义核心价值观，启动“秀峰好人”信息收集，组织党员志愿者、“五零”创建志愿者开展志愿活动。举办妇女拔河比赛、全民健身职工羽毛球友谊赛、书画摄影展、全民植树、龙舟竞赛、跳绳比赛等活动。落实党风廉政建设和反腐败工作，全街立案9件，结案9件，给予党纪处分8人，给予政纪处分2人。受理来信来访9件，办结8件，开展“例行谈话”“提醒谈话”“任前谈话”126次。开展常态化的监督检查15次，开展对“两节”“两会”维稳工作监督检查12次。开展国家工作人员违规涉矿等经营性活动清查，违规操办或参加“升学宴”“谢师宴”的专项监督检查，高档白酒的清查以及2016年度“一卡通”惠农资金和农水资金等系列检查。成立换届风气监督组，开展监督检查6次，组织观看换届警示教育片9场次，对群众举报的不正之风进行及时处置和通报，确保换届风清气正。

【省民政厅厅长唐白玉调研社区办公综合楼建设】6月9日，湖南省民政厅党组书记、厅长唐白玉到秀峰街道湘民社区调研社区办公综合楼建设工作。秀峰街道党工委书记徐路明、办事处主任曾君湘陪同调研。唐白玉实地察看社区办公综合楼建设情况，听取社区书记章丽霞就社区基本情况和办公综合楼规划布局的介绍。唐白玉对社区建设要求：科学安全施工、保证工程质量，确保社区办公综合楼顺利建成；提前谋划，加强协调，合理布局小区资源；立足长远，科学规划，充分发挥社区办公楼的便民、利民功能。因湘民社区办公综合楼部分用地建设在湖南省备灾减负中心出让地上，故建设过程中，必须将储备中心的部分围墙、消防通道、绿化、路灯、排水管道迁移、修复，确保湖南省备灾减负中心正常运行。

【副市长李蔚调研社区提质提档工作】6月12日，长沙市人民政府副市长李蔚到秀峰街道兴联社区调研社区提质提档工作。长沙市民政局局长陈昌佳、区委书记沈裕谋、区人大常委会副会主任罗伟明等市、区领导陪同调研。李蔚一行首先实地察看社区提质提档工作开展情况，随后召开调研会。兴联社区党总支部书记彭锦龙就社区提质提档工作进行全面汇报。沈裕谋介绍开福区提质改造所有社区的整体规划，强调社区要切实摸清提质提档项目情况，加强对接协调，真正实现政府对社区开展提质提档的初衷，让其成果早日惠及更多的普通老百姓。同时要求兴联社区将垃圾站改造、停车位规范、门禁系统安装、交通标识标画等配套设施必须纳入提质提档项目。李蔚指出，社区提质提档不仅是提质改造，更应当是完善功能。兴联社区前期改造工作成果值得肯定，但社区现有的环境、人文方面还有所欠缺。要求兴联社区此次提质改造做到“三个提升”，提升人文环境；提升居民自身素质，先治标后治本；提升创业能力。

（周　琴）

捞刀河街道

书　记　于文韬（2017.2任）
　　　　范晓军（2017.2免）
主　任　吕宏凯
副书记、政协联络处主任
　　　　易建威
副书记　尹红霞
人大工委主任　谢含滋
工委委员、副主任
　　　　谢　俊　王　辉（2017.6免）
副主任　颜　艳　胡恒帅（2017.9任）
　　　　金星刚（2017.2免）
组织委员　易　清
纪工委书记　董　鹏

概况　捞刀河街道地处开福区东北部，东部与长沙县搭界；南部濒捞刀河，与芙蓉北路街道、浏阳河街道、洪山街道隔河相望；西部由南向北，依次与秀峰街道、青竹湖街道毗连；北部临沙坪街道。街道办事处设高岭社区，距开福区人民政府7.38千米。捞刀河街道总面积41.5平方千米，总人口2.91万人，其中常住人口约2.25万人，流动人口约6600人。街道辖3个社区（捞刀河社区、中岭社区、高岭社区）、3个村、（凤羽村、白霞村、罗汉庄村）。街道内设党政办、城建办、公共服务站、经贸办、财政所、农办、卫计办、社会事务办、安监站、综治办10个内设机构。驻街二级机构为捞刀河街道水利管理所。街道在编在岗工作人员41人。辖区内有6所学校，其中1所中学（沅丰坝中学）、5所小学（高源小学、大星小学、中岭小学、凤羽小学、清水塘实验小学），1所幼儿园（开福区第三幼儿园）。

2017年，完成总财政税收16494万元，完成固定资产投资42.5亿元，完成社会商品零售总额9500万元，全面完成区委、区政府下达的经济指标任务。街道从拉网排查税源，建立动态台账，加强税源监控等方面入手，对辖区纳税企业进行全面摸排，及时了解企业经营状况，认真分析各企业发展情况，高度关注企业外迁，切实做好企业特别是一些重点纳税企业的跟踪服务工作。2017年，将派玺门窗厂等6家企业税务关系变更至街道辖区，从源头上确保税源不流失。接待金诚集团、美国好莱坞影视集团考察苏托垸项目，充分展示地区的招商特点，获得客商的信任和好感；依托长沙园林生态园得天独厚的资源优势，成功引进投资1.5亿元乐水魔方水上世界项目，日客流量1000余人次。

坚持项目为王，始终将项目建设摆在重要突出位置。基础设施及安置保障项目强势推进。星沙联络道、开福大道相继建成通车，完成开福大道代征项目签约和倒房任务，并完成新增绿化带建设；启动中岭保障房项目建设；城中村改造和高岭生产发展用地签约清零；清水塘实验小学道路提质改造进场施工。招商运营和支帮促项目顺利推进。位于罗汉庄村的长沙园林生态园招引落户项目乐水魔方顺利建成正式运营，闲置土地支帮促项目恒高紫荆项目启动建设。新启动征拆项目稳步推进。2017年，新启动的区交警大楼一期项目腾地交地，青环路、水利投156亩完成调查摸底三轮会审，鸿荣源430亩项目完成一轮会审。重点难点扫尾项目有序推进。高岭交通枢纽项目顺利扫尾，并全面启动建设；香江2—2期正在全力推进征拆扫尾及遗留问题处理。

全面实施美丽村庄建设、生态河道建设、河道疏浚、绿色家园建设、农村环境面源污染整治、城乡环境综合整治等工作，居民环保意识不断增强，城乡面貌日益改观。清淤清洁净家园。积极响应环境治理“春雷

11月7日，区“唯壹捞刀河刀剪制作技艺传承中心”挂牌成立

行动”“夏季攻势”，全面推进河长制落实、治理黑臭水体、整治城乡环境和农村面源污染等工作，办结中央环保委转办案件1批次11宗，重点清理苏托垸内湖渠道32条，长57.8千米，转运白色垃圾、废弃物、水葫芦等1.35万立方米；采取周末大清扫、环境卫生大评比、交叉检查、纵向考核等一系列措施，落实路段包干责任制度，兑现每两月一次的环境考评奖惩，市容环境持续改善。专项整治优环境。依托黑臭水体整治契机，深化“两高三小两业”专项整治，对15家污染企业、11户养殖户进行及时清退；争取上级资金1800万元，对高岭向家湾安置小区提质改造，对卫星桥、彭家巷集镇店外经营及农安小区违章亭棚进行专项整治；保持拆违控违高压态势，2017年，拆除违章建筑34处，面积7915.92平方米。绿化美化添美景。组织开展义务植树活动，种植树苗1400多株、面积3.34公顷、铺设草坪600余平方米；继续成形、成片、成块推进苏托垸荷花种植工作，打造长沙城北面积最大的荷花美景胜地；结合白霞大道提质改造契机，筹资对道路两厢进行绿化提质，并合理利用空间,多层次搭配种植桂花树、茶树、红檵木等景观树木200余株，长2.5千米。湖南日报以《秋日上水景，不妨往城北》对街道环境整治进行报道。

2017年，发放各类救助资金近180万元（含计生特别扶助金23.04万元），大病医疗救助145人次，临时救助34人次。落实市、区政策，救助城乡低保对象414户836人，残疾人467名，精神病人308人次；7月历史罕见特大洪水灾害中，发放救灾资金和物资45万元，慰问受灾群众900余人。举办广场招聘会800余人次，全年城镇新增就业871人，失业再就业114人，就业困难对象再就业51人，扶持大学生创业14人次，转移农村劳动力865人次。养老、医疗、失业、生育四项保险覆盖面持续扩大，养老参保11492人，城乡医保参保17510人，新农村合作医疗参合率100%。全面普及免费老年人体检和妇科病普查等卫计公共服务，落实优生优育政策，提升优质服务水平。

强化治安防控机制，全面落实重点信访对象“五包一”工作机制，立足抓早、抓小、抓苗头化解矛盾纠纷，消减历史遗留问题。通过群众工作站、网格化管理等载体收集群众诉求142条，其中问题建议120个，解决群众反映问题112个，化解矛盾纠纷35件，帮扶困难群众140人。全年接待来访群众278人次，调解矛盾纠纷27起；通过12345市民热线、网格化管理平台等受理群众诉求511件，答复率100%，成功化解历史遗留问题5个。整合安监、食安、消防、交通、水管所等多方力量，加强隐患排查整改，强化三防工作，全年未发生一起安全生产、食品安全、消防安全事故及森林火灾和疫情。

深入开展文明创建，精心组织庆祝“文明从排队礼让开始”“向国旗敬礼”网上签名寄语、学雷锋系列主题活动等；对捞刀河社区、中岭社区、罗汉庄村3处农安小区新增健身器材，6个社区（村）11片区实现社区综合文化服务中心、农家书屋全覆盖；组织群众参加市九运会、“万步行”开幕式、湘江韵律、红歌会等文化活动，丰富群众的精神文化生活。圆满完成社区（村）“两委”换届选举工作，实现3个合并村（社区）书记、主任一肩挑。联合秀峰街道开展党建联谊活动，组织村（社区）书记、党建专干、党务工作者到芙蓉区、天心区、岳麓区等街道、社区学习观摩基层党建和社区提质提档工作。夯实基层基础，深化一社区一党建品牌的特色工程，打造高岭社区向家湾小区党建主题公园、开福区唯壹捞刀河刀剪制作技艺传承发展中心党支部党员活动室、罗汉庄村大星党支部和开福区美术家协会党支部共驻共建的极具乡村艺术特色的集装箱党建工作室等党建阵地建设示范点。开展“两帮两促”“创业富民”“结对帮扶”主题实践活动，优化经济发展环境。

【开展“绿水青山我守护 ‘五零’创建我先行”环保宣传活动】6月25日，开福区捞刀河街道联合开福区环境保护局在捞刀河社区长沙燃气实业有限公司组织开展“绿水青山我守护 ‘五零’创建我先行”环保宣传活动。开福区区委副书记谢伟峰、区人大副主任罗伟明、区政协副主席杨艳等领导出席，街道、社区全体党员干部及居民群众近1000人参加活动。此次活动以环境零污染为切入点，通过重温入党誓词，表彰环保先进企业、绿色家庭，为12支新成立的环保志愿者队伍授旗，党员志愿者宣读环保倡议，在环保公开承诺墙上签名等形式，动员党员干部发挥模范作用，在全街掀起“绿水青山就是金山银山”的环境保护宣传热潮，带动和号召更多的居民群众投入到环境保护等“五零”社区创建中来。活动还为到场的居民献上环保快板、歌舞等文艺表演，现场设置环保科普知识展区，区环保局干部现场宣传解答环保知识。

【唯壹捞刀河刀剪制作技艺传承中心挂牌成立】11月7日，长沙市开福区“唯壹捞刀河刀剪制作技艺传承中心”（以下简称中心）在捞刀河街道挂牌成立。湖南省文化厅非遗处处长陈友材，长沙市文广新局副局长周永康、长沙市文广新局非遗处处长江悠悠等领导出席揭牌仪式。捞刀河刀剪有500多年历史，其刃口锋利，不卷不崩，经久耐用，畅销国内外，被湖南省授予“非遗”传承项目。中心由沙坪街道双湖村里的一栋200多平方米简朴民居改造而来，有2个锻造间、1个淬火间、1个讲习室和若干休息间。有3位捞刀河刀剪制作技艺传承老铁匠艺人实践操作授学，加上新收的徒弟，组成一支20多人的稳定非遗传承团队，成立剪刀、菜刀和异型刀剪制作技艺小组等。老匠人们希望通过中心收受徒弟，将捞刀河刀剪制作技艺一代一代传承下去。

（刘 恋）

沙坪街道

书　记　邹　畅
主　任　胡　芳（2017.6任）
　　　　陈　峰（2017.6免）
副书记、人大工委主任
　　　　曹　雄（2017.2免）
副书记　谢俊灿（2017.2任）
　　　　王伟华（2017.2免)
人大工委主任
　　　　陈　焰（2017.2任）
副主任、政协联络处主任
　　　　胡海飞
组织委员　杨　艳
副主任　王科林　梁为超
　　　　杜卫峰
纪工委书记　刘　莎（2017.6免）
　　　　杨建波（2017.6任）
人大工委副主任　周先觉（2017.2任）

概况　沙坪有“中国湘绣之乡”的美誉，是“湘绣原产地，星城后花园”，是开福区重点打造的集旅游休闲、文化产业、健康养生的综合旅游景区。街道辖2个社区居委会（沙坪社区、中青社区）、5个行政村（钟山村、檀木岭村、汉回村、竹安村、双塘村），总面积47.5平方千米，是开福区面积最大的街道。2017年，总人口数21908人，其中常住人口18789人，流动人口3119人，境内有长沙地区唯一的少数民族村——汉回村，村中有回族422人，占街道常住人口的2.25%。辖区有幼儿园2所，小学4所，中学2所（含现代职业中专）。街道内设机构11个，党政综合办公室、大经济发展办公室、卫生与计划生育办公室、城市建设办公室、城市管理办公室、社会管理综合治理办公室、社会事务办公室、财政所、农业技术综合推广服务中心、食品安全办公室、安监站，设有编制38名，实有80人（在职在编43人，两保人员12名，党务工作者10人，物业社工8人，临聘人员7人），离退休人员17人，社区（村）两委成员51人。2017年，沙坪街道荣获“湖南省卫生计生依法办事示范窗口”“长沙市城乡环境整洁行动‘三星级’街道”“长沙市美丽乡村建设优秀单位”“长沙市食品安全示范街道创建工作优秀单位”。

2017年，完成税收2.08亿元；完成规模工业产值73.7亿元，同比增长2.2%；完成社会固定资产投资63.24亿元，同比增长24%；完成限上社会消费品零售总额5.1亿元；新增“四上”企业16家，高新企业认定5家，各项指标稳中有升，部分指标超额完成。截至2017年年底，有“四上”企业91家，其中规模工业59家、商贸业22家、住宿餐饮业3家、服务业7家。

2017年，新启动钟石路、大明幼儿园、板塘小学、曲湾路、李家冲路、大安路西段、大明路西段、中民投二期、医药流通产业园等9个项目拆迁，其中基础设施项目5个，民生工程2个，产业项目2个，征地8.27公顷，完成动迁户数26户；化解征拆遗留问题10余个；完成福竹园二期安置小区第一批次分房工作。2017年，街道建设项目17个，总投资65.12亿元。

推进城乡环境综合整治，启动上门收运模式，安装分类垃圾桶1.4万余个，发放垃圾分类宣传册6000余份，新建垃圾分拣中心5个，改建8个垃圾中转站。常态开展以“清垃圾、清杂物、清庭院”为主的“三清”整治行动，组织集中整治行动28次，出动拖拉机、挖土机158台次，发动群众4200余人次，清除卫生死角及堆物近210余处，清运垃圾280余吨。通过堵疏结合、联合整治、集中取缔等多种方式对沙坪老街、中青社区板塘小区、大明安置小区、长元小区开展集中整治行动50余次，全面清理乱堆乱放，清除乱贴乱画，治理乱泼乱倒，整治占道经营、乱堆乱放、流动摊贩等现象，规范居民区环境秩序，拆除违规亭棚，市容市貌明显改观。

农村环境明显优化。落实各项惠农富民政策，惠农补贴及时、准确、足额发放到位。完成全街5个行政村、2个社区的土地确权颁证工作，确权合同面积907.98公顷，地块数19352块，确权农户数4281户。2017年，完成沙坪街道环城绿带生态圈建设，范围覆盖三环线沿线的双塘村和汉回村乌溪片区的5个村民小组，沿三环线3千米两边各60米的造绿范围内，流转和纳入管护范围的田地山林13.33公顷；中青社区、钟山村和竹安村等种植桂花树及红桎木球等1000株；结合绕镇公路的白改黑工程，引导道路两厢农户充分利用房前屋后的空坪隙地科学栽种树木花草，改善人居环境。2017年，投入630余万元，实施茶子山路美化提质工程、茶子山片区水利建设、钟石片区水利建设、精美庭院建设、茶子山社区服务中心建设、环镇公路提质、撇洪渠清障护砌、钟山村美丽乡村建设、钟石片区村级道路硬化、茶子山路路面改油等项目11个，美丽乡村建设稳步推进，农村环境明显优化。

社会大局保持稳定。2017年，调处各类纠纷57起，调解率、调结率96%，无一起因调解不力而引发民转刑案件。有社区矫正对象9人、社区戒毒人员6人，成立帮教小组30个，帮教30人。依托百日攻坚，化解8个历史遗留问题。接待来访群众56人，受理网上信访件9起，全部按期给予答复和处理。在檀木岭村和汉回村，投入近5万元，新建两个标准警务室；投入近10万元，安装安全标识标牌和防护栏，改善村民出行条件。2017年，开展安全生产大检查活动7次，共检查企业近220余家，查出安全生产隐患200余项，全部得到整改，2家企业通过三级安全生产标准化企业验收。与企业签订安全生产和消防安全目标管理责任书、企业落实安全生产主体责任承诺书400余份。开展“春雷”“飓风”“霹雳”等专项整治行动，查封4家涉及非法经营的企业的生产设备；强制拆除无证经营混凝土搅拌场2家；收缴鞭炮68件、烟花106件；督促35家企业与第三方检测公司签订职业病现场危害因素检测合同。建立食品安全网格监管责任区7个，开展食品安全执法检查15次，立案1家，责令整改6家，捣毁无证生产加工窝点1家，取缔无证食品流通店2家。全年未发生一起安全生产、食药品安全责任事故。

2017年，城乡低保户428户、784人，月发放低保金25.08万元；大病医疗救助63人，救助金额46.44万元，临时救助30人次，救助金额2万元；长期进行精神病药物救助的58人，发放免费药物405人次，重症精神病7人住院救助；完成农村危房改造61户。城镇新增就业1081人，失业人员实现再就业137人，其中就业困难人员实现再就业103人，新增农村劳动力转移就业813人，新增创业主体571户，带动城乡就业人数3806人。完成养老保险征缴基金76.37万元，完成目标任务的106%。2017年，全街总人口数为21908人，已婚育龄妇女5885人，出生人口276人，符合政策生育率98.55%，出生人口性别比91.67%，人口自然增长率6.6‰。办理一孩生育服务证153本，二孩生育证92本。新增农村奖扶对象36名、农村特扶对象3名、独生子女保健费对象11名，享受五项奖励扶助1373人，发放金额74.71万元。组织141对夫妇免费孕前优生健康检查，3对夫妇出生缺陷干预检查;组织1936人参加妇科病普查，1532人参加两癌筛查。义务无偿献血9.44万毫升。

【省委宣传部部长蔡振红考察沙坪湘绣博物馆和绣坊街】2月16日，湖南省委常委、省委宣传部部长蔡振红到沙坪街道考察沙坪湘绣博物馆和绣坊街，市委常委、宣传部部长黎春秋，区委书记沈裕谋、区长刘拥兵等领导陪同考察。蔡振红一行参观沙坪湘绣博物馆，详细了解湘绣的历史溯源、传承发展和湘绣产业化发展情况，随后考察沙坪绣坊街。沙坪绣坊街于2015年8月6日开街并启动招商，根据规划，开福区将以沙坪湘绣小镇为核心，整合捞刀河东北片区的汉回民族村、长沙园林生态园，大力发展湘绣文化、休闲观光农业、现代旅游和养生养老四大支柱产业，打造沙坪湘绣文化旅游景区，建成长沙旅游的新地标、湖南旅游的新亮点。

【省政协主席李微微到沙坪街道调研“社区委员工作室”】10月12日，省政协党组书记、省政协主席李微微到沙坪街道调研政协联络处“线上委员工作站”及“社区委员工作室”，省政协副主席张大方、省政协秘书长卿渐伟、市政协主席文树勋、区委书记沈裕谋等领导陪同调研。李微微一行详细了解“线上委员工作站”的运转情况及“线下委员工作室”的设置情况，听取委员“三诊”（坐诊听民意、出诊察民情、会诊解民忧）工作方法情况介绍，查看委员工作台账及撰写的社情民意和提案，对工作室所取得的成果给予充分肯定。她要求进一步发挥政协委员作用，借助省政协云平台，实现省、市、区三级委员联动，勉励基层政协联络处在党委政府的领导下利用“三诊”工作法为当地的发展贡献政协力量。

【市总工会主席芮英姿到沙坪街道调研工会工作】12月13日，市人大常委会副主任、市总工会主席芮英姿携市总工会秘书长肖胜军、研究室主任谢帆一行到沙坪街道对基层工会改革、创新、亮点工作进行调研，区委副书记谢伟峰等领导陪同调研。调研组一行到沙坪街道“职工之家”，通过实地走访，面对面地了解街道基层工会建设情况，并举行座谈会。芮英姿认真听取基层工会工作情况汇报，就如何推动工会组织改革创新，增强工会活力进行探讨。她要求工会组织在建设新时期产业工人队伍上要起好引领示范作用；在构建和谐劳动关系，切实维护职工权益方面要有新作为；要进一步加强工会队伍作风建设，加快工会组织机构改革创新。

（莫　晶）

青竹湖街道

书　记　樊　伟（2017.2任）
主　任　甘培虎（2017.2任）
副书记　易树新（2017.6免）
人大工委主任
　　黄伟斌
副主任、政协联络处主任
　　张　纲
组织委员　张再军
副主任　余彬（2017.6任）
　　陈贻勤　龙广明
　　刘昌成　袁　波
纪工委书记
　　吴丽芳（2017.2任）

概况　青竹湖街道地处开福区北大门核心地段，东连沙坪街道，西濒湘江，南抵秀峰街道和捞刀河街道，北靠龙飞岭与望城区桥驿镇相连，东北部毗邻长沙县北山镇，西北部与望城区丁字湾街道隔沙河相望，总面积41平方公里，常住人口约4.2万人。街道下辖湖畔、金霞新村、新安寺、霞凝港、金盆丘、新太安、植基、天胜、彩霞、霞凝、新源11个社区。街道机关设置党政办、党建办、纪工委、重点办、经济办、农水办、综治办、食安办、卫计办、社会事务办、城管办、财政所、政务中心、安监站等14个职能部门，在职在编人员47人。辖区内有青竹湖森林公园、星月湖生态湿地公园等公园；有长沙新港、长沙火车货运北站等交通枢纽；有湖南进出口商品展示交易中心（嘉德保税店）、芒果汽车、湖心岛软件园、湖南粮食集团、卓尔电商城、青苹果数据中心、新亚胜、国药控股等企业；有绿城·青竹园、恒大·林溪郡、太阳新城、青竹湖·曦园、中铁·水映加州等小区。辖区有中学2所、小学5所、幼儿园5所。2017年，街道荣获开福区“2017年度安全生产目标管理先进街道”“2017年度项目建设先进街道”。

2017年，完成全口径税收6.33亿元，其中国税4.95亿元，地税1.38亿元，同比增长52.60%。全年新增企业218家，新增跨区建筑分公司4家，从外区迁入企业3家。全年完成规模以上工业生产总值48.8亿元，同比增长17.8%；完成社会消费品零售总额68.1亿元，同比增长12%；完成固定资产投资79.6亿元,同比增长25%；完成服务业营业额10亿元，同比增长25%。截至2017年年底，全街有“四上”企业74家，其中规模以上工业企业26家，限额以上商贸企业19家，建筑房地产企业8家，限上服务业21家。2017年，新增“四上”企业8家。

重点项目强势推进。抓新项目签约。推进医药流通中心、军民融合园、竹隐北路、和明路、青竹湖会展中心配套项目、保税二期等12个新启动项目的拆迁，征拆面积139.33公顷。抓老项目扫尾。开展项目攻坚行动，组建指挥部，稳步推进电子商务配送、汤家湖路、天井农民安置房、深国际（二期）等项目的扫尾清零。抓在建重点项目提速。2017年，省、市、区在街道投资的重大项目26个（不含5个预备项目），其中政府投资类项目11个，社会投资类项目15个。截至2017年年底，动工项目23个。抓美丽乡村建设。重点推进金霞新村一站式办公建设、张百熙陈列馆、农耕博物馆改造、优美农家庭院、主干道路两厢绿化提质改造、休闲广场、民居外立面改造、山塘加固整修工程等10个项目的建设。2017年，金霞新村社区获评“湖南省美丽乡村建设示范村”。

抓市容环境整治。成立专项工作领导小组，狠抓拆违控违，全年拆除违章建筑112处，面积1.77万平方米；开展“三车三场”专项整治和沙场专项整治，对存在问题的站场下达责令整改通知书，对违规的混凝土搅拌场进行彻底关停。加大对流动摊贩、夜宵摊点的巡查力度，发放整改通知书1100件，劝导约谈各类违章行为215起，办理行政处罚案件137起；加强环保督查，答复并结案中央环保督察组任务派遣单8件案件；开展交通专项整治行动4次，现场督查5次，下发督查整改通知书16份，制作提示牌13块，改善交通安全。抓农安小区整治。成立青竹湖街道太阳山安置小区综合整治指挥部，对太阳山安置小区进行综合整治，严格规范门店招牌，净化周边环境，优化居民生活环境，采取“先宣传摸底、后整改拆除”的工作策略逐步推进，摸底调查176户，拆除雨棚、广告棚等160余个，拆除广告招牌90块，拆除违章建筑7个，小区品质显著提升。抓爱国卫生运动。结合农村面源污染“三清”，截至2017年年底，累计开展整治行动88次，发动群众义务大清扫1万余人次，签订农户门前三包责任书3000余份，清理垃圾350余吨，全市季度爱卫工作考核进入一类街道。

2017年，街道城镇新增就业人数813人，下岗失业人员再就业970人，扶持大学生创业24人，城镇登记失业率2.79%。办理大病救助150人，报销金额100.43万元；发放临时救助金7.45万元；救助贫困学生15人，救助受灾群众303户，发放救灾资金16万元，发放救济物资419份；发放残疾人“两项”补贴35.51万元。打造新太安社区示范性综合文化服务中心，加强对体育健身器材的投资维护管理；开展“湘江韵律”“人人参与，创建绿色开福，共建品质青竹湖”环境保护宣传活动、公益性招聘会、“纪念张百熙诞辰170周年书法展”等主题活动30余次。

推进遗留问题解决。重点推进金盆丘二期安置房建设，推进社区两安用地处置，有效解决新安寺社区遗留问题。完善安全生产监管机制，重点对企业、道路交通、危险化学品、建筑工地等开展安全生产大排查、大管控、大整治。截至2017年年底，开展各类排查整治行动177次，排查安全隐患163起，下达整改指令书33份；开展食品药品专项整治，针对学校周边、农贸市场等实施“八大”专项整治、“四查”监管行动，累计下达责令整改162次，立案16起，罚款10.4万元，关闭黑作坊1家；健全应急管理体系，成立街道应急工作领导小组，在全街各社区配备应急工作人员，提升应急处突能力，联合消防部门与培训学校，组织2次综合消防演练和培训，实现全年安全生产零事故。做好综治维稳。落实区信访维稳调度会精神，开展“信访积案百日攻坚”行动，狠抓重大突出矛盾和信访问题集中化解，化解信访积案5起。积极开展矛盾纠纷排查调处，受理各类民事纠纷60余起，调解50起，调处成功率100%。加强法治宣传力度，选优配强巡防力量，完善群防群治体系，确保社会治安稳定。

【举办2017年“春风行动”招聘会】2月24日，青竹湖街道2017年“春风行动”首场招聘会在金盆丘社区成功举办。此次招聘会有湖南粮食集团有限责任公司、通程物流、湖南新亚胜科技发展有限公司等10余家企业和个体工商户免费入场进行招聘，涉及服装、保险、销售、建筑等多个行业，提供工作岗位157个。活动现场还向农村困难人口提供就业创业政策宣传服务。此次招聘会以“春风行动，促进就业”为主题，充分利用微信平台、公共就业服务机构网站以及发放宣传手册等多渠道、多方式推广宣传就业创业政策和岗位信息，促进农业劳动力特别是建档立卡农村贫困劳动力转移就业，满足企业和各类单位用人需要。招聘会当天，现场参与求职和政策咨询人数147余人次，其中有39人与用人单位达成用工意向。

【特殊的妇女节礼物“廉”书送到家】3月8日，青竹湖街道纪工委和11个社区联动，开展“三八”国际妇女节向辖区妇女同胞和党员干部家属送家庭助廉倡议书活动。活动的目的是为党员家中的“贤内助”送上节日的祝福，发放家庭助廉倡议书，提高党员干部家属的廉洁意识，让“贤内助”参与到街道党风廉政建设中来，活动得到“贤内助”们的纷纷点赞。

【开福区纪念张百熙书法征稿评审揭晓】10月24日，纪念张百熙诞辰170周年书法评审活动在长沙市开福区青竹湖街道举行。经过评委严格评审，40余幅作品从200多幅征稿书法作品中脱颖而出，并于11月在青竹湖街道金霞新村张百熙纪念馆展出。张百熙，1847年出生于青竹湖街道金霞村，中国近代进步思想家、教育改革家，晚清重臣，历任礼部、工部、刑部、户部、吏部、邮传部尚书等职务，曾担任管学大臣，亲手创办京师大学堂（北京大学前身），有着“中国大学之父”的美誉。本次纪念张百熙诞辰170周年书法展征稿启动自9月份发出后，共收到全省各地书法爱好者投稿作品200余幅，涵盖楷、行、隶、草、篆等五体书法作品，艺术形式多种多样。评审现场，原湖湘名画馆馆长张树海、湖南省书法协会副主席胡紫桂、长沙画院书法艺术顾问黄庭晖、开福书法协会主席陈毅华等评委认真审阅每一幅作品，最终40余幅作品参展，并评定10余幅获奖作品。

（李　鹏）

文件选编

长沙市开福区人民政府关于印发《开福区农村留守儿童关爱保护工作实施方案》的通知

开政发〔2017〕10号

长沙金霞经济开发区管委会，洪山管理局，青竹湖生态科技（产业）园管委会，金霞保税物流中心，各街道办事处，区属有关部门：

《开福区农村留守儿童关爱保护工作实施方案》已经区人民政府同意，现印发给你们，请认真贯彻执行。

长沙市开福区人民政府

2017年4月5日

开福区农村留守儿童关爱保护工作实施方案

为认真贯彻落实《国务院关于加强农村留守儿童关爱保护工作的意见》（国发〔2016〕13号）、《湖南省人民政府关于加强农村留守儿童关爱保护工作的实施意见》（湘政发〔2016〕17号）和《长沙市人民政府关于加强农村留守儿童关爱保护工作的实施意见》（长政发〔2016〕22号）文件精神，切实做好农村留守儿童关爱保护工作，为广大农村留守儿童创造良好环境，结合我区实际，特制定如下实施方案。

一、工作目标

全面建立我区农村留守儿童关爱保护工作体系，强制报告、应急处置、评估帮扶、监护干预等农村留守儿童关爱保护机制有效运行，侵害、伤害留守儿童权益的事件和安全事故得到有效遏制。到2020年，未成年人保护制度体系更加健全，责任分解全面落实，未成年人公共服务保障能力进一步加强，全社会关爱保护儿童意识普遍增强，儿童成长环境更为改善、安全更有保障。

二、工作内容

（一）树立强制报告意识，落实排查报告制度。学校、幼儿园、医疗机构、村（居）民委员会、社会工作服务机构、救助管理机构、福利机构及其工作人员，对农村留守儿童受侵害行为要履行强制报告职责，任何时间、任何地点发现农村留守儿童脱离监护单独居住生活或失踪、监护人丧失监护能力或不履行监护责任、疑似遭受家庭暴力、疑似遭受意外伤害或不法侵害等情况的，应当在第一时间向公安机关报告。

（二）加强监护干预力度，强化家庭监护主体责任。对于不履行监护责任的父母或受委托监护人，村（居）民委员会、公安机关和有关部门要及时予以劝诫、制止和批评教育，督促其改正，或依法取消其监护人资格；情节严重或造成严重后果的，公安等有关机关要依法追究责任。街道办事处和村（居）要加强监护干预力度，督促家庭依法履行对留守儿童的监护职责和抚养、教育义务，增强家长作为第一监护人的责任意识。鼓励外出务工人员带未成年子女共同生活或一方留家照料，或委托有监护能力的亲属代为监护照料，不得让不满16周岁的儿童脱离监护人单独居住生活。督促外出务工人员与留守儿童未成年子女常联系、多见面，经常与受委托监护人沟通交流，及时了解掌握孩子的生活、学习和心理状况，多给予亲情关爱。

（三）做好控辍保学工作，落实义务教育政策。民政部门要将摸底排查中发现的失学辍学农村留守儿童花名册通报给教育行政部门和街道办事处。教育行政部门要认真落实免费义务教育和教育资助政策，确保农村留守儿童不因贫困而失学；要督促学校按照国发〔2016〕13号、湘政发〔2016〕17号和长政发〔2016〕22号文件规定，及时掌握无故旷课农村留守儿童情况，加强教育与监督，落实辍学学生登记、劝反复学和书面报告制度，劝返无效的，应书面报告教育行政部门和街道办事处，依法采取措施劝返复学。

（四）抓好户籍登记管理，打击遗弃行为。公安机关要尽快查明部分农村留守儿童未登记户口的原因，依法为无户籍农村留守儿童登记常住户口，逐一建档，确保档案资料完整有效。街道办事处、村（居）民委员会要协助公安机关宣传无户口人员登记户口的各项政策措施以及公民登记户口的权利义务，积极动员无户籍农村留守儿童的监护人主动到公安机关申请办理常住户口登记。对于父母或其他监护人遗弃留守儿童的不法行为，公安机关要及时受理并出警处置；对于父母和其他监护人具有对留守儿童长期不予照顾、不提供生活来源，或者遗弃致使留守儿童身体严重损害或者造成其他严重后果等恶劣情节，涉嫌遗弃犯罪的，公安机关、检察机关、法院应当依法惩处。

（五）完善应急处置机制，提升救助保障能力。公安机关要及时受理农村留守儿童救助保护报告，第一时间出警调查，有针对性地采取应急处置措施。坚持依法依规处置单独居住无人监管留守儿童遭受意外伤害或不法侵害、脱离监护单独居住或离家出走、监护人丧失监护能力或不履行监护责任等情况，必要时通知并协助民政部门将留守儿童送往医疗机构接受救治或就近护送至其他亲属、村（居）民委员会或救助管理机构、福利机构临时监护照料、保护，并将相关情况及时通报到街道办事处。

（六）做好评估帮扶工作，实现精准关爱。街道办事处接到公安机关通报后，要会同民政、公安等相关部门，在村（居）民委员会、中小学校、医疗机构以及其亲属、社会工作专业服务机构的协助下，对农村留守儿童的安全处境、监护情况、身心健康状况等进行调查评估，做到精准定位到村、精准识别到户、不留死角、不漏一人，有针对性地安排监护指导、医疗救治、心理疏导、行为矫治、法律服务、法律援助等专业服务；全面落实政府救助兜底职责，对于监护人家庭经济困难且符合有关社会救助、社会福利政策的，民政及其他相关部门要及时纳入保障范围。

（七）动员社会力量参与，促进共同关爱保护。支持社会工作专业服务机构、公益慈善类社会组织、志愿服务组织等各类社会组织深入城乡社区、学校和家庭，开展农村留守儿童监护指导、心理疏导、行为矫治、社会融入和家庭关系调适等专业服务。充分发挥区工会、共青团、妇联、残联等群团组织自身优势，积极为农村留守儿童提供假期日间照料、课后辅导、心理疏导等关爱服务，促进全社会共同关爱保护农村留守儿童。

三、保障措施

（一）加强组织领导。各街道办事处和相关部门要高度重视农村留守儿童关爱保护工作，将其作为创新社区治理和落实民生保障政策的重要内容，纳入重要议事日程。各街道办事处和相关部门主要领导是辖内农村留守儿童关爱保护工作第一责任人，分管领导是直接责任人。建立健全开福区关爱保护农村留守儿童工作联席会议制度，形成政府领导，民政牵头，教育、公安、司法、财政、卫生计生等部门负责，工会、共青团、妇联、残联等群团组织参与的农村留守儿童关爱保护工作机制，明确职责分工和工作任务，及时研究解决农村留守儿童关爱保护工作的重大事项和难点问题。

（二）强化能力建设。要把“关爱保护农村留守儿童工作”作为推进我区民生工程的重要任务来抓，主动找准工作切入点，根据实施方案和目标任务稳步推进。在区救助管理站设立开福区未成年人保护中心，不断加强农村留守儿童关爱保护工作。相关街道要结合实际，利用村（居）合并后腾出的部分办公服务用房，用于“留守儿童之家”、“爱心家园”、“儿童驿站”和留守儿童服务中心等关爱服务设施建设；明确1名农村留守儿童关爱保护专干，负责掌握本区域内农村留守儿童情况，协助落实各项儿童福利政策。相关部门通过政府购买服务方式支持社会组织、爱心企业、专业服务机构等参与留守儿童关爱服务工作，为农村留守儿童提供监护指导、心理疏导、行为矫治、社会融入和家庭关系调适等专业服务。

（三）明确考核机制。各街道办事处、相关部门要将农村留守儿童关爱保护工作成效作为衡量各级领导班子和领导干部工作实绩的重要内容，明确责任制，完善工作考核和责任追究机制，强化督查，对认真履责、工作落实到位、成效明显的，要按照有关规定予以表扬；对工作不力、失职渎职、造成严重后果的，要追究相关人员责任。

（四）深化宣传引导。充分发挥广播电视、报纸杂志等传统媒体和微博、微信、QQ群等网络新媒体的舆论引导作用，开展形式多样的宣传教育活动；利用公益广告、微电影、爱心捐赠等形式，积极宣传农村留守儿童关爱保护工作的重要性、必要性，宣传留守儿童的自强精神和先进事迹，营造全社会重视、关心、支持关爱农村留守儿童工作的氛围，吸引更多的企业、公益组织和爱心人士等参与到关爱农村留守儿童行动中来。

长沙市开福区人民政府关于印发《湘绣（沙坪产区）地理标志产品保护办法》的通知

开政发〔2017〕21号

长沙金霞经济开发区管委会，洪山管理局，青竹湖生态科技（产业）园管委会，金霞保税物流中心，各街道办事处，区属各部门：

《湘绣（沙坪产区）地理标志产品保护办法》已经区人民政府同意，现印发给你们，请认真贯彻执行。

长沙市开福区人民政府

2017年6月27日

湘绣（沙坪产区）地理标志产品保护办法

第一章 总 则

第一条 为了保证湘绣（沙坪产区）的质量、特色和声誉，规范湘绣的产销行为，根据《中华人民共和国产品质量法》、《地理标志产品保护规定》、《湖南省质量技术监督局地理标志产品保护工作实施办法》等有关法律、法规、规章及文件的规定，结合我区实际，制订本办法。

第二条 本办法所称湘绣，是指属于国家质量监督检验检疫总局2011年第38号公告（以下简称公告）的产地范围，利用特定的原材料，按照传统工艺制作，其质量特征符合公告中《湘绣（沙坪产区）质量技术要求》规定的湘绣绣品。

第三条 湘绣（沙坪产区）地理标志产品保护范围为湖南省长沙市开福区沙坪街道、捞刀河街道、青竹湖街道、秀峰街道现辖行政区域。

第四条 湘绣（沙坪产区）地理标志产品的保护和监督管理工作由长沙市质量技术监督局开福分局（以下简称质监分局）负责。

第二章 使用申请

第五条 湘绣（沙坪产区）产地范围内的生产者需要使用地理标志产品专用标志的，应当向质监分局提出使用申请，经湖南省质量技术监督局审核，由国家质检总局发布核准企业使用的公告后方可使用；未经依法批准，任何单位和个人不得擅自使用。

第六条 申请使用湘绣（沙坪产区）地理标志产品专用标志的企业必须符合下列条件：

（一）在开福区沙坪街道、捞刀河街道、青竹湖街道、秀峰街道现辖行政区域范围内生产湘绣；

（二）湘绣生产加工符合公告中的《湘绣（沙坪产区）技术质量要求》）和相关地方标准要求。

第七条 凡符合条件的湘绣生产企业，均可向质监分局申请使用湘绣（沙坪产区）地理标志产品名称、专用标志和防伪标识。

第八条 质监分局收到生产者使用地理标志产品专用标志的申请后，应对申请人基本材料进行核实，对符合要求的，出具产品产自特定地域范围的证明，整理有关材料，上报省质监局；不符合要求，退回申请材料并说明情况。

第九条 申请使用湘绣（沙坪产区）地理标志产品名称、专用标志和防伪标识的企业，应提交以下资料：

（一）湘绣（沙坪产区）地理标志产品专用标志和防伪标识使用申请书；

（二）产地主管部门出具的产品产自特定地域的证明；

（三）湖南省质量技术监督局指定的质量检测机构出具的产品检测报告；

（四）有效的工商营业执照。

第十条 生产者列入国家质检总局发布核准企业使用地理标志产品专用标志的公告名单后，即可在其产品上使用地理标志产品专用标志和防伪标识，获得地理标志产品保护。

第三章 专用标志的印制

第十一条 湘绣（沙坪产区）地理标志产品专用标志由质监分局指定的印刷企业印制。

第十二条 印制的湘绣（沙坪产区）地理标志保护产品专用标志按照国家质检总局2006年第109号公告的要求执行。

第四章 防伪标识管理

第十三条 湘绣（沙坪产区）地理标志保护产品使用统一的防伪标识。

第十四条 获得湘绣（沙坪产区）地理标志产品专用标志使用权的生产者可使用地理标志产品防伪标识。

第十五条 生产者获湘绣（沙坪产区）地理标志产品专用标志使用登记注册后向质监分局提出申请，由质监分局核准发放防伪标识。

第十六条 生产者必须严格按照规定使用湘绣（沙坪产区）地理标志产品防伪标识，不得转让和挪作他用。

第十七条 湘绣（沙坪产区）地理标志产品专用标志和防伪标识的使用只限于传统工艺生产的湘绣，机绣绣品及其它绣品不在此列。

第五章 监督管理

第十八条 质监分局对地理标志保护产品进行以下日常监督管理：

（一）对产品名称进行保护，监督此方面的侵权行为，依法采取保护措施；

（二）对产品是否符合地理标志产品保护公告和标准等方面进行监督，以保证受保护产品在特定地域内规范生产；

（三）对产品生产环境、生产设备和产品的标准符合性等方面进行现场检查，以防止随意变更生产条件，影响产品的质量特色；

（四）对原材料实行进厂检验把关，生产者须将进货发票、检验数据等存档以便溯源；

（五）对生产技术工艺进行监督，生产者不得随意更改传统工艺流程，而对产品的质量特色造成损害；

（六）对质量等级、产量等进行监控，生产者不得随意改变等级标准或超额生产；

（七）对包装标识和地理标志产品专用标志的印制、发放及使用情况进行监管，建立台帐，防止滥用或其它不按照要求使用的行为发生。

第十九条 获准使用湘绣（沙坪产区）地理标志产品专用标志资格的生产者，应按照地理标志产品的有关标准及国家质检总局批准公告规定的质量技术要求组织生产，确保原料产地、加工场所、产品质量符合规定要求，等级标注必须与实物质量一致。

第二十条 获准使用湘绣（沙坪产区）地理标志产品专用标志的生产者，不得出租、出借、转让湘绣（沙坪产区）地理标志产品专用标志和防伪标识给他人使用。

第二十一条 获准使用湘绣（沙坪产区）地理标

志产品专用标志的生产者，在湘绣（沙坪产区）地理标志产品保护范围以外的车间、分厂、联营厂所生产的湘绣产品不得使用湘绣（沙坪产区）地理标志产品专用标志和防伪标识。

第二十二条 获准使用湘绣（沙坪产区）地理标志产品专用标志资格的生产者，未按相应标准和管理规范组织生产的，或者在2年内未在受保护的地理标志产品上使用专用标志的，或者年度报告审查不合格的，由质监分局通报区人民政府后，经省质监局批准，报请国家质检总局注销其地理标志产品专用标志使用注册登记，停止其使用地理标志产品专用标志并对外公告。

第二十三条 对湘绣（沙坪产区）地理标志产品专用标志的使用企业，实行年度报告和审核管理制度。年度报告由生产者在每年底向质监分局提交，内容包括地理标志产品生产、产品质量、原辅材料使用、特定工艺控制、包装标识，产品专用标志使用等。

质监分局负责对生产者年度报告进行审核。质监分局根据地理标志产品监督管理和生产者年度审查情况，提出年度地理标志产品保护工作报告，在每年底前报省、市质监局。

第二十四条 任何单位和个人不得伪造、冒用湘绣（沙坪产区）地理标志产品专用标志和防伪标识，不得擅自印刷或者使用湘绣（沙坪产区）地理标志产品专用标志及包装和防伪标识，不得使用与湘绣（沙坪产区）地理标志产品专用标志和防伪标识相近的、易产生误解的产品标识，不得扩大湘绣（沙坪产区）地理标志产品专用标志的使用范围或者将专用标志转让他人的。

任何单位和个人不得生产、销售前款规定的产品。

第二十五条 违反本规定的，由质量技术监督部门依据《中华人民共和国产品质量法》、《中华人民共和国标准化法》、《地理标志产品保护规定》等法律法规予以行政处罚；构成犯罪的，移送司法机关依法追究刑事责任。

第二十六条 从事湘绣（沙坪产区）地理标志产品保护的工作人员，应忠于职守，秉公办事；不得接受礼金、礼品；不得滥用职权，以权谋私；不得泄露企业的技术秘密。违反上述规定的，予以行政纪律处分；构成犯罪的，依法追究刑事责任。

第六章 附 则

第二十七条 本办法自2017年7月27日起施行。

长沙市开福区人民政府
关于进一步加强食品安全工作的实施意见

开政发〔2017〕22号

长沙金霞经济开发区管委会，金霞保税物流中心，各街道办事处，区属各部门：

为进一步加强我区食品安全工作，切实推进食品安全治理体系建设，提升食品安全保障水平，根据《长沙市人民政府关于进一步加强食品安全工作的实施意见》（长政发〔2017〕7号），提出如下实施意见：

一、总体要求

（一）指导思想。全面贯彻落实党的十八大和十八届三中、四中、五中、六中全会精神，深入学习贯彻习近平总书记系列重要讲话精神，按照党中央、国务院和省委、省政府、市委、市政府工作部署，以创建国家食品安全示范城市为抓手，大力实施食品安全战略，加快完善统一权威的食品安全监管体制，构建预防为主、风险管理、全程控制、社会共治的食品安全治理体系，以最严谨的标准、最严格的监管、最严厉的处罚、最严肃的问责，促进全区食品安全形势持续好转，保障人民群众“舌尖上的安全”。

（二）工作目标。通过3年努力，使全区食品安全监管能力大幅提升，依法治理成效明显，突出问题有效解决，违法行为得到遏制，食品安全状况有序可控，食品安全指标综合评价进入先进行列。食品安全状况良好，建立与我区经济社会发展水平相适应的现代食品安全治理体系，全区食品安全总体水平较大幅度提升，社会共治体系基本形成，不发生系统性区域性食品安全事故，食用农产品监测合格率达到97%以上、食品安全监督抽检合格率达到98%以上。食品安全监管到位，责任体系健全，监管机制运行协调，安全追溯体系完善，工作保障可靠有力，监管能力大幅提升，监管执法全面覆盖，风险隐患排查到位，问题治理及时有效，应急处置快速高效，生产经营依法诚信，在省、市食品安全考核评议中名列前茅。食品产业健康发展，生产经营主体责任意识显著增强，经营场所固定的食品生产经营企业普遍推行良好生产经营规范，产地准出和市场准入有效衔接，食品产业集约化、规模化和标准化水平大幅提升。群众感受明显好转，人民群众及社会各界对食品安全工作措施认可度高，公众食品消费信心明显增强，对食品安全满意度在80%以上。

二、重点任务

以长沙市创建国家食品安全示范城市为抓手，把创建工作真正作为民生工程、民心工程来抓，坚持改革创新，瞄准群众需求，强化组织领导，压实各方责任，对照创建标准，落实创建任务，完善监管机制，优化治理体系，大力提升食品产业发展水平。

（一）全面落实食品安全治理责任

1．落实食品安全属地管理责任。实施食品安全“一把手”工程，实行行政首长负责制，分管负责人为直接责任人，每年至少召开两次班子会议专题研究食品安全工作，分析研判食品安全形势，协调解决工作中的重点难点问题。合理划分食品安全职责事权，厘清监管范围和责任边界，优化监管模式，彻底堵塞食品安全漏洞。层层签订食品安全责任状，强化责任落实。

2．落实食品安全法定监管责任。食品药品监管、农业、卫生计生、公安、城管执法、工商、质监等部门要认真贯彻执行食品安全法律法规，切实履行法定监管职责，从落实层面抓好食品安全，严格落实领导责任、部门责任、基层责任和督查责任，推进食品安全监管工作关口前移、重心下移，加快形成横向到边、纵向到底的工作体系，切实有效维护食品安全。

3．落实行业主管部门管理责任。建立食品安全“一岗双责”制度，教育、卫生计生、经济和信息化、城乡建设等行业主管部门，要将本部门食品安全工作与业务工作同安排、同检查、同落实，加强食品安全宣传教育。各部门要依据职责，切实加强对学校食堂、医院食堂、工地食堂、园区和食品网络经营等所辖单位、所管行业的管理，督促落实主体责任，参与处置有关食品安全事故。

4．落实食品安全主体责任。食用农产品种养殖单位、食品生产经营者、集中交易市场开办者、网络食品交易第三方平台提供者等要对食品安全负首要责任。食用农产品种养殖环节要加强生产经营过程控制，规范农业投入品经营、使用行为，加强产品自检；食品生产经营环节要建立健全进货查验、出厂检验、索证验票、购销台账记录、产品追溯等各项管理制度。大力推进管理体系建设，督促企业落实良好生产经营规范。加强全员全过程食品安全管理。

（二）全面优化食品安全监管体系

1．构建统一权威的食品安全监管体制。加快完善统一权威的食品安全监管体制，各街道设立食安办，安排专人负责，明确食安办职责职能。加快推进区、街道、村（社区）三级监管网络建设，实行食品安全网格化监管，明晰各级职能职责，优化监管执法队伍，增强食品安全监管执法的专业性和系统性，进一步充实加强基层食品安全监管力量，2017年底全区食品安全监管人员占比不少于总人口的万分之三。

2．落实食品安全协调协作联动机制。强化区食安委职能，加强街道食安办工作力量，充分发挥综合协调、督导检查、评议考核作用。优化完善行刑衔接机制，建立健全食用农产品产地准出与市场准入管理无缝衔接机制和跨部门、跨地区食品安全信息通报、联合执法、隐患排查、事故处置等协调联动机制，建立食品安全案件查处调度协调机制，整合各类资源，提高监管效能。加强食品安全监管部门（食安）、农产品质量安全监管部门（农安）和公安“三安联动”。推动食品安全全程追溯、检验检测结果互认和监管执法等方面的合作。

（三）全面实施食品安全综合治理

1．加强食品安全源头治理。加强农业投入品的生产经营、使用管理，坚决依法查处生产销售含有违禁药品饲料的生产企业，禁止将剧毒、高毒农药用于蔬菜、瓜果、茶叶和中草药材等国家规定的农作物，着力解决农药兽药残留超标问题。实施农药化肥使用零增长工程。加强畜禽疫病防控，规范畜禽屠宰管理，完善畜禽产品检验检疫制度和无害化处理补贴政策，严防病死病害畜禽进入屠宰和肉制品加工环节。加强产地环境保护和源头治理，加大大气、水、土壤污染治理力度，降低污染物排放对食品安全的影响。落实粮食重金属污染治理各项措施。落实食用农产品产销对接制度要求，加强对食用农产品集中交易场所的监管，防止不合格食用农产品流入市场。

着力加强食品生产过程管控。规模以上食品生产企业普遍推行良好生产规范。积极推行、应用危害分析与关键控制点体系（HACCP）或食品安全管理体系（ISO22000）的相关标准，婴幼儿配方乳粉生产企业100%达到危害分析与关键控制点体系（HACCP）或食品安全管理体系（ISO22000）的相关标准，且全部具有自建或自控奶源。依法应获证的食品生产经营单位100%取得许可证件，并持续符合发证条件。

2．落实食品安全风险防控。加强食用农产品质量风险评估工作，研究建立风险等级评价体系，依法实施食品生产经营风险分级管理。统筹食品、食用农产品质量安全抽检计划，食品安全监督抽检100%覆盖本区生产的食品、食用农产品和食品相关产品。完善食品安全风险会商和预警交流机制，整合利用食品安全风险监测、监督抽检数据，加大分析研判力度，提高数据利用效率。到2020年，落实本行政区域内每年安排的食品抽检监测数量不低于每千人6批次的标准。加强食品安全应急工作，健全突发事件信息直报和舆情监测网络体系，组建食品安全专家队伍，拓展风险交流渠道和形式。

3．实施科学严格的监督管理。分级分类确定检查频率，实行标准化现场检查制度，“双随机”检查、飞行检查、跟踪检查、合规性检查、日常检查等各类检查实现全覆盖。依法严格实施食品生产经营许可制度。强化食品加工小作坊、农村食品加工场所及小食杂店、小集贸市场的监管。建立健全食品退市、召回和销毁管理制度。依法查处食品虚假宣传以及在商标、包装、标签标识等方面的违法行为。加强互联网食品经营等新业态监管，落实第三方平台提供者的食品安全管理责任。加大食品安全信息公开力度，及时公开行政许可、监督抽验、行政处罚等信息。

4．强化重点难点问题综合整治。制定食品安全风险隐患、突出问题和监管措施清单。开展养殖水产品、无合法来源进口食（冻）品、肉类、酒类等重点食品，餐饮服务和风险程度较高或有地域特色的食品相关产品专项检查。完善校园周边食品安全综合治理机制，实行校内食品安全校长负责制，加强学校及周边食品安全治理。加强农村食品安全治理工作，规范农村集体聚餐管理，开展农村学校饮用水、农村小超市食品及旅游景区食品的安全整治。加强对小摊贩、小作坊、小餐饮的食品安全监管。推进落实“明厨亮灶”工程，大中型餐饮企业、学校食堂全部建成视频厨房并对接市远程视频监管平台，小型餐饮单位全部建成透明厨房。扎实推进“地沟油”整治和餐厨废弃物管理工作，餐饮服务、食品生产等单位餐厨废弃物规范弃置率达到100%。规范食用农产品批发市场安全监管，加强农贸市场综合治理，推进农贸市场提质改造。开展食品摊贩综合治理，坚持属地管理、综合整治、疏堵结合、规范提升的原则，提升食品摊贩食品安全和经营规范化水平。适时针对突出问题开展水产品、婴幼儿乳制品、肉禽产品、豆制品等专项整治。

5．严查严惩食品安全违法犯罪。始终保持严厉打击食品安全违法犯罪的高压态势，使严查严惩成为食品安全治理常态。以违规使用高毒剧毒农药、滥用抗生素激素、超范围超限量使用食品添加剂和在食品中非法添加非食用物质等突出问题为重点，依法严厉打击群众反映强烈、危害严重的食品安全违法犯罪行为。强化部门间、区域间案件移送、督办查办、联合惩处、信息发布等沟通协作。推进公安机关食品安全犯罪侦查能力建设。健全行政执法与刑事司法衔接机制，建立行政执法机关、检察机关、审判机关信息共享、案情通报、案件移送制度，加强对违法线索、案件信息的系统分析，依法严厉打击行业“潜规则”，加大重点案件公开曝光力度。

6．构建食品安全共治格局。加强投诉举报体系能力建设，畅通投诉举报渠道，落实投诉举报奖励制度。大力开展食安创建宣传活动，区级政府门户网站等要开通食品安全专栏，要积极运用新媒体手段加大食品安全公益、科普宣传力度。鼓励加强舆论监督，客观反映食品安全问题，依法严肃处理恶意制造、传播和炒作虚假食品安全信息的行为。推进食品安全信用体系建设，实施“黑名单”制度，在金融、土地、许可等领域对失信行为进行联合惩戒。推动食品行业协会加强行业自律。引导食品生产经营企业参加食品安全责任保险。完善食品安全协管员队伍、志愿者队伍。

（四）全面提升食品安全治理能力

1．加强食品安全监管基层能力建设。以“四有”（有健全的基层监管机构，有充实的基层监管执法力量，有得力的监管执法经费和装备保障，有有效的技术支撑手段）为目标，大力推进基层食品、食用农产品监管能力建设。当前要认真落实《长沙市开福区基层食品药品监管能力建设两年行动实施计划（2016–2017年）》（开政办函〔2016〕75号），按照政府负责、规模适当、功能完善的原则，加强基层食品药品监管所业务用房建设、执法检测装备建设、人才队伍建设和示范基层监管所建设。2017年全区基层食品药品、食用农产品监管所（站）全部按标准配置到位，全面提升基层食品监管能力和水平，保障人民群众食品安全。

2．加强食品检验检测体系建设。推进快检全覆盖工程建设，2018年前在基层食药监所、农贸市场、大型超市建成食品快检室36个，快检工作覆盖全区。充分利用政府购买第三方检验检测机构服务方式，择优选择本市或其他地区有认证资质和能力的检测机构，不断加大政府购买食品检验检测服务力度，切实发挥第三方检验检测机构的重要补充作用。指导、支持生产经营企业加强自检能力建设，强化食品生产经营者主体责任。不断强化检验检测，检测经费按实列支。

3．加强食品安全应急体系建设。加强应急队伍建设，建成以监管人员为基础力量、专业人员为专业力量、协管（志愿）人员为补充力量的应急队伍。优化应急管理体制机制，修订完善食品安全应急预案，明确应急响应操作要点，不断提高预案完整性和可操作性。加强应急能力建设，制定落实突发事件应急管理知识和技能培训计划，区级统一开展食品安全应急演习每两年不少于一次，逐步实现应急处置装备标准化、制式化和规范化。全面加大食品安全重大事故的督查督办力度，健全食品安全事故查处机制，建立食品安全重大事故回访督查制度和食品安全重大事故责任追究制度。

4．加强食品安全信息化建设。认真贯彻全省统一部署，积极参与“湖南智慧食药监”信息化工程项目建设任务。参与市级构建食品药品监管综合信息平台，着重加强协同办公系统、监管执法系统、公共服务系统等平台建设和投诉举报、移动执法、行政审批、公众查询、诚信建设、风险预警等应用系统建设，满足行政执法、信息监测、应急管理、公共服务、决策支持和内部管理需求。加快推进重点食品追溯体系建设，尽快实现食品安全信息数据互联共享。

（五）全力创新食品安全监管模式

1．加快推进食品安全职业化检查员队伍建设。严格落实市局食品安全职业化检查员队伍建设方案并初步建成职业化检查员队伍，严格职业化检查员资格要求并实行等级管理，明确工作职责，建立要求严格、操作性强的食品安全检查制度。3年内基本建成一支素质高、专业化、能力强的食品安全职业化检查员队伍。

2．推动执行更严格的食品安全标准。借鉴发达国家和地区食品质量安全标准体系，对食用农产品源头治理状况和食品安全治理状况进行分析，找准问题症结，在加强过程控制和产地准出等方面改进食用农产品源头监管，在鼓励引导食品生产企业执行更严标准、强化全程监管等方面改进食品安全监管。

3．大力推行食品安全责任保险制度。突出农村集体聚餐、学校食堂、大中型餐饮单位等重点，制定食品安全责任保险制度，推行食品安全责任保险。2到3年内食品安全责任保险制度覆盖各类重点领域。

4．完善食品安全责任追偿机制。支持司法机关采取措施，对事实清楚、权利义务关系明确、争议不大的食品安全案件，适用简易民事诉讼程序支持消费者向企业追偿。对较大食品安全案件，积极通过公益诉讼渠道向企业追偿。

5．推进完善豆制品米粉湿面冷链运售管理机制。2018年6月前，推动全区各类豆制品、米粉、湿面生产单位进入园区集中生产，产品实现全程冷链配送。完善豆制品米粉湿面销售体系，按属地管理原则，今年由区财政扶持建成32家规范化冷链销售门店。加强豆制品、米粉、湿面生产小作坊监管，禁止非法小作坊生产经营。

（六）全力推动食品产业健康发展

1．优化发展环境。提高政府公共服务能力和水平，优化行政审批流程。加强知识产权保护，加大对专利、产品标识、商业秘密等方面侵权假冒的打击力度。加强市场、价格、安全等方面的监管，形成有利于企业、行业、产业良性发展格局。完善食品产业扶持政策。发挥财政资金导向作用，重点支持园区（基地）和骨干企业技术重大项目建设。从政策层面积极拓宽融资渠道，引导金融机构加大对食品企业的信贷支持。加强人才队伍建设。加大专业人才培养及创新团队建设，加大食品产业高端人才和创新人才引进力度，符合条件的高层次人才可享受市、区两级相关人才政策。

2．促进转型升级。以加强食品园区建设促进产业集约化。以园区为依托，以知名品牌和龙头企业为引领，深化现代食品工业示范基地建设，提高基础设施和公共服务水平，使关联企业集聚发展、土地集约使用、产品质量集中监管，促进食品产业转型升级。进一步加强区域食品物流、仓储企业监管力度，健全食品冷链物流建设和运行标准，提高冷链物流效率和水平。

3．强化品牌建设。引导企业制定品牌发展计划，推进品牌建设工作。加强传统食品的挖掘、传承、保护和发展工作，大力传承和挖掘老字号湘味品牌食品，打造开福食品品牌。以优势品牌扩张为重点，加强品牌整合，在优势子行业形成强大的优势品牌。

三、保障措施

（一）建立增长型投入保障机制。建立与经济社会发展水平相适应的食品安全监管经费保障机制，食品安全监管保障经费纳入财政预算并按政策规定予以保障到位。2017年按市统一部署全力解决业务用房建设、执法车辆保障、执法设施配备等突出问题。近三年重点解决检验检测设备、食品安全信息化建设、溯源体系建设、职业化检查员队伍建设、监管执法人员轮训等重大问题。按规定加强区、街道（所）执法监测专用车、现场快速检测设备配备。实施人才队伍建设工程，执行监管人员三年轮训计划，提高监管队伍素质。

（二）完善食品安全考核评价体系。将食品安全工作全面纳入政府绩效考核、综治工作（平安建设）考评考核范围。区食品安全委员会每年对街道办事处及区直有关部门食品安全工作进行评议考核并通报结果。考核结果作为综合评价街道、部门领导班子和领导干部的重要依据。对考核不合格的，由区食品安全委员会对街道办事处主要负责人和分管负责人进行约谈。发生重大食品安全事故的，有关街道和部门在文明城市、食品安全示范城市等创建工作中实行"一票否决"。完善食品安全责任追究制，加大问责力度，确保责任追究到位。对在食品安全工作中作出突出贡献的单位和个人，按照有关规定给予表彰、奖励。

四、本意见自8月1日起实施。

长沙市开福区人民政府

2017年6月28日

长沙市开福区人民政府关于公布《长沙市开福区人民政府部门（单位）公共服务事项目录》的通知

开政发〔2017〕29 号

长沙金霞经济开发区管委会，洪山管理局，青竹湖生态科技（产业）园管委会，金霞保税物流中心，各街道办事处，区属各部门：

为简化优化公共服务流程，方便基层群众办事创业，根据《国务院办公厅关于简化优化公共服务流程方便基层群众办事创业的通知》（国办发〔2015〕86号）、《湖南省人民政府办公厅关于印发〈湖南省简化优化公共服务流程方便基层群众办事创业工作方案〉的通知》（湘政办发〔2016〕22号）和《长沙市人民政府关于公布〈长沙市人民政府部门（单位）公共服务事项目录〉的通知》（长政发〔2017〕3号）的要求，区政府在对区本级公共服务事项进行梳理的基础上，形成了《开福区人民政府部门（单位）公共服务事项目录》，共计135项，现将目录清单予以公布。

区直机关各单位要抓紧做好公共服务事项的落实和衔接工作，及时公布本部门的公共服务事项目录和服务指南，实行目录清单动态管理机制，同时以群众需求为导向，不断创新服务方式，规范服务程序，进一步提升为民服务质量和水平，切实增强群众获得感。

附件：开福区人民政府部门（单位）公共服务事项目录

长沙市开福区人民政府

2017年11月3日

附件：

开福区人民政府部门（单位）公共服务事项目录

序号	项目名称	类 别	实施单位	主 要 依 据	备注
1	节能宣传周活动	主动服务类	发展和改革局	《中华人民共和国节约能源法》第八条第二款、第十条第二款；《长沙市节约能源办法》（市政府令第115号）第六条；《长沙市开福区人民政府办公室关于印发〈长沙市开福区发展和改革局主要职责内设机构和人员编制规定〉的通知》（开政办发〔2015〕38号）	
2	价格信息公布	主动服务类	发展和改革局	《中华人民共和国价格法》;《湖南省价格监督管理条例》;《长沙市开福区人民政府办公室关于印发〈长沙市开福区发展和改革局主要职责内设机构和人员编制规定〉的通知》（开政办发〔2015〕38号）	
3	受理有关价格的投诉和举报	主动服务类	发展和改革局	《中华人民共和国价格法》；《价格违法行为举报处理规定》（国家发改委2014年6号令）；《长沙市开福区人民政府办公室关于印发〈长沙市开福区发展和改革局主要职责内设机构和人员编制规定〉的通知》（开政办发〔2015〕38号）	
4	学前教育资助	依申请类	区教育局	《湖南省财政厅、湖南省教育厅关于建立学前教育资助制度的通知》（湘财教〔2012〕75号）	
5	义务教育经费保障机制补助	依申请类	区教育局	《湖南省人民政府办公厅关于印发〈湖南省进一步完善城乡义务教育经费保障机制实施方案〉的通知》湘政办发〔2016〕39号	
6	普通高中国家助学金发放	依申请类	区教育局	《湖南省财政厅、湖南省教育厅关于建立普通高中家庭经济困难学生国家资助制度的意见》（湘财教〔2010〕75号）、《长沙市财政局、长沙市教育局关于印发〈湖南省普通高中国家助学金管理办法〉的通知》（长财教〔2011〕6号）	
7	中等职业学校学生生源地助学金发放	依申请类	区教育局	《长沙市人民政府关于印发〈长沙市统筹城乡就业和社会保障实施办法〉的通知》（长政发〔2010〕10号）第九条	
8	中等职业学校国家助学金发放	依申请类	区教育局	《湖南省财政厅、湖南省物价局、湖南省教育厅、湖南省人力资源和社会保障厅关于扩大中等职业教育免学费政策范围进一步完善国家助学金制度的通知》（湘财教〔2012〕82号）	

序号	项目名称	类 别	实施单位	主 要 依 据	备注
9	中等职业学校免学费补助资金发放	依申请类	区教育局	《长沙市人民政府办公厅关于印发〈长沙市中等职业教育学生免学费工作实施办法〉的通知》（长政办函〔2016〕202号）	
10	义务教育招生咨询服务	主动服务类	区教育局	《中共长沙市委办公厅、长沙市人民政府办公厅《印发〈关于进一步做好义务教育招生入学工作的实施办法〉的通知》（长办发〔2016〕5号）、《中共长沙市开福区委员会办公室〈关于印发〈关于进一步做好义务教育招生入学工作的实施办法〉的通知》（开办发〔2016〕15号）	
11	学前教育政策咨询服务	主动服务类	区教育局	《幼儿园管理条例》、《幼儿园工作规程》、《幼儿园教育指导纲要（试行）》	
12	民办教育政策咨询	主动服务类	区教育局	《中华人民共和国民办教育促进法》	
13	区级总辅导员考核	主动服务类	区教育局	《共青团中央、教育部、人事部、全国少工委关于印发〈少先队辅导员管理办法（试行）〉》（中青联发〔2007〕24号）第六章	
14	三、四级普惠民办幼儿园的评定	依申请类	区教育局	《长沙市人民政府关于进一步加快学前教育发展的补充意见》（长政发〔2013〕34号）、《开福区普惠性民办幼儿园认定及管理办法》（开教发〔2017〕31号）	
15	教师资格认定（初中及以下）	主动服务类	区教育局	《中华人民共和国教师法》第十三条“中小学教师资格由县级以上地方人民政府教育行政部门认定。”；《中华人民共和国教师资格条例》第十三条“幼儿园、小学和初级中学教师资格，由申请人户籍所在地或者申请人任教学校所在地的县级人民政府教育行政部门认定。”	
16	学生资助政策咨询	主动服务类	区教育局	《湖南省财政厅、湖南省教育厅关于建立学前教育资助制度的通知》（湘财教〔2012〕75号）、《湖南省人民政府办公厅关于印发〈湖南省进一步完善城乡义务教育经费保障机制实施方案〉的通知》湘政办发〔2016〕39号、《湖南省财政厅、湖南省教育厅关于建立普通高中家庭经济困难学生国家资助制度的意见》（湘财教〔2010〕75号）、《长沙市财政局、长沙市教育局关于印发〈长沙市普通高中国家助学金管理办法〉的通知》（长财教〔2011〕6号）、《长沙市人民政府关于印发〈长沙市统筹城乡就业和社会保障实施办法〉的通知》（长政发〔2010〕10号）第九条、《湖南省财政厅、湖南省物价局、湖南省教育厅、湖南省人力资源和社会保障厅关于扩大中等职业教育免学费政策范围进一步完善国家助学金制度的通知》（湘财教〔2012〕82号）、《关于印发〈长沙市中等职业教育学生免学费工作实施办法〉的通知》（长政办函〔2016〕202号）	

序号	项目名称	类 别	实施单位	主 要 依 据	备注
17	教育收费政策咨询	主动服务类	区教育局	《关于印发〈湖南省中小学服务性收费和代收费管理办法〉的通知》湘发改价费〔2017〕668号	
18	安全知识宣传教育服务	主动服务类	区教育局	《长沙市开福区人民政府办公室关于印发〈长沙市开福区教育局主要职责内设机构和人员编制规定〉的通知》（开政办发〔2015〕42号）	
19	投诉受理	主动服务类	区教育局	《长沙市开福区教育局主要职责内设机构和人员编制规定》的通知（开政办发〔2015〕42号）	
20	开福区发明专利授权补助	依申请类	区科学技术局	《开福区专利补助实施办法（试行）》（开政办发〔2016〕33号）	
21	科技管理、知识产权服务培训	主动服务类	区科学技术局	《湖南省中长期科技人才发展规划（2011–2020年）》（湘科人字〔2012〕156号）第二大点第四条；《长沙市知识产权战略实施纲要》（长政发〔2014〕31号）第五大点第三条	
22	物业管理和维修资金相关政策的宣传	主动服务类	区城乡建设局	《长沙市物业专项维修资金管理办法》（长沙市人民政府令第124号）第三条、第四条第三款；《关于全面推进物业管理工作的实施意见》（长办发〔2016〕20号）	
23	防灾减灾宣传	主动服务类	区民政局	《湖南省民政厅关于请支持做好2016年防灾减灾日有关工作的函》湘民函〔2016〕31号；《长沙市应急管理办公室关于做好2016年防灾减灾宣传的通知》（长应急办函（2016）4号）	
24	殡葬改革宣传	主动服务类	区民政局	《长沙市人民政府关于进一步加强殡葬管理工作的意见》（长政发〔2008〕2号）第三点第五项	
25	长沙慈善日宣传活动	主动服务类	区民政局	《长沙市慈善事业促进条例》第二十条	
26	办理老年人优待证	依申请类	区民政局	《中华人民共和国老年人权益保障法》第五十二条；湖南省实施《中华人民共和国老年人权益保障法》办法第三十四条；湖南省长沙市《关于进一步加强老年人优待工作的通知》第三条	
27	居民最低生活保障资金给付	依申请类	区民政局	《社会救助暂行办法》（国务院令第649号）第十二条；《国务院关于进一步加强和改进最低生活保障工作的意见》（国发〔2012〕45号）；长沙市人民政府办公厅关于印发《长沙市最低生活保障办法》的通知第六章（长政办发〔2017〕13号）	

序号	项目名称	类别	实施单位	主要依据	备注
28	低收入家庭认定	依申请类	区民政局	《长沙市低收入家庭认定办法(试行)》(长政发〔2010〕3号) 第三条第二款；	
29	住房保障家庭收入认定	依申请类	区民政局	长沙市民政局关于印发〈长沙市住房保障家庭收入认定工作实施意见》的通知（长政发〔2016〕26号）	
30	为困难群众提供基本生活保障和专项救助	依申请类	区民政局	长沙市人民政府办公厅关于印发《长沙市最低生活保障办法》的通知第六章（长政办发〔2017〕13号）《关于印发（长沙市社会救助申请家庭收入计算评估指导意见）的通知》（长民发〔2015〕8号）；开福区民政局、发展局、人社局、统计局《关于印发长沙市开福区社会救助申请家庭收入计算评估实施细则》的通知（开民发〔2015〕5号）；《长沙市民政局关于落实长民发〈长沙市困难居民医疗救助办法〔2015〕31号〉文件的通知》（长民发〔2015〕37号）；《长沙市最低生活保障办法》（长政办发〔2017〕13号）；《长沙市开福区人民政府办公室关于印发〈开福区临时救助实施细则（试行）〉的通知》（开政办发〔2017〕66号）；《长沙市精神障碍患者医疗救助办法》（长政办发〔2017〕3号）第四条	
31	收养登记政策咨询	依申请类	区民政局	《中华人民共和国收养法》；《中国公民收养子女登记办法》	
32	慈善捐赠与慈善救助咨询服务	依申请类	区民政局	《中华人民共和国慈善法》第四章；《长沙市民政局关于开展长沙市“城乡低保家庭尿毒症患者”专项慈善援助项目的通知》（长民发〔2012〕45号）；《长沙市人民政府办公厅关于认真做好2015年城乡特困家庭子女高等教育慈善助学工作的通知》长政办函〔2015〕84号	
33	儿童福利服务	依申请类	区民政局	《民政部办公厅关于在全国部分地区开展基层儿童福利服务体系建设试点工作的通知》（民办函〔2015〕298号）；长沙市人民政府办公厅《关于进一步加强孤儿保障工作的实施意见》（长政办发〔2011〕46号）	
34	养老服务相关政策咨询	依申请类	区民政局	《长沙市人民政府关于加快发展养老服务业的实施意见》（长政发〔2015〕1号）	
35	城乡居民基本殡葬服务费补助给付	依申请类	区民政局	《民政部关于全面推行惠民殡葬政策的指导意见》（民发〔2012〕211号）第三大点第一点；湖南省民政厅、财政厅《关于免除城乡困难群众基本殡葬服务费的通知》（湘民发〔2012〕58号）第二条；长沙市民政局、财政局《关于进一步完善城乡居民基本殡葬服务费补助办法的通知》（长民发〔2013〕34号）第一条、第二条	

序号	项目名称	类 别	实施单位	主 要 依 据	备注
36	享受政府抚恤补助待遇的重点优抚对象价格临时补贴的给付	依申请类	区民政局	《长沙市人民政府办公厅关于贯彻〈湖南省社会救助和保障标准与物价上涨挂钩的联动机制实施指导意见〉的实施意见》（长政办发〔2011〕78号）第一点、第三点	
37	重点优抚对象医疗补助给付	依申请类	区民政局	《军人抚恤优待条例》第三十四条；民政部、财政部、劳动和社会保障部、卫生部《关于印发〈优抚对象医疗保障办法的通知〉》（民发〔2007〕101号）；关于印发《湖南省优抚对象医疗保障办法》的通知（湘民办发〔2008〕98号）；《长沙市开福区优抚对象医疗保障实施细则》（开民发〔2009〕46号）	
38	高龄老人生活补贴给付	依申请类	区民政局	长沙市老龄委《关于逐步建立高龄老人生活补贴制度的通知》（长老字〔2010〕21号）；关于印发《长沙市高龄津贴制度实施方案》的通知（长老字〔2011〕3号）；《开福区高龄津贴制度实施方案》（开民发〔2015〕9号）	
39	孤儿基本生活费给付	依申请类	区民政局	《国务院办公厅关于加强孤儿保障工作的意见》（国办发〔2010〕54号）第二点第一项；《民政部、财政部关于发放孤儿基本生活费的通知》（民发〔2010〕161号）第三点；《湖南省人民政府办公厅关于加强孤儿保障工作的实施意见》（湘政办发〔2011〕21号）第二点；湖南省民政厅、省财政厅《关于认真做好孤儿基本生活费发放工作的通知》湘民办发〔2011〕47号第四大点第二点；长沙市人民政府办公厅《关于加强困境儿童保障工作的实施意见》（长政办发〔2017〕51号）10月9日期实施	
40	对由民政部门管理的机关事业单位和退休人员遗属生活困难补助费的给付	依申请类	区民政局	《关于调整我省机关事业单位工作人员死亡后丧葬费标准和遗属生活困难补助费标准有关问题的通知》（湘人社发〔2013〕86号）第二点	
41	对由民政部门管理的机关事业单位和退休人员死亡后一次性抚恤金和丧葬费的给付	依申请类	区民政局	《关于国家机关工作人员及离退休人员死亡一次性抚恤金发放有关问题的通知》（民发〔2011〕192号）；《关于事业单位工作人员和离退休人员死亡一次性抚恤金发放办法的通知》（人社部发〔2008〕42号）；《关于调整我省机关事业单位工作人员死亡后丧葬费标准和遗属生活困难补助费标准有关问题的通知》（湘人社发〔2013〕86号）第一点、第三点	
42	自然灾害救助资金给付	依申请类	区民政局	《社会救助暂行办法》（国务院令第649号）第二十条、第二十五条；《关于全面推进自然灾害生活救助资金社会化发放的通知》（湘民发〔2014〕14号）	

序号	项目名称	类 别	实施单位	主 要 依 据	备注
43	城市生活无着的流浪人员的救助	依申请类	区民政局	《城市生活无着的流浪乞讨人员救助管理办法》（国务院令第381号）第二、四条第一款；《城市生活无着的流浪乞讨人员救助管理办法实施细则》（民政部令2003年第24号）第四、五条	
44	残疾人两项补贴的给付	依申请类	区民政局	《国务院关于全面建立困难残疾人生活补贴和重度残疾人护理补贴制度的实施方案》（国发〔2015〕52号）第三点第二项、《湖南省人民政府关于全面建立困难残疾人生活补贴和重度残疾人护理补贴制度的实施意见》（湘政发〔2015〕54号）第三大点第二项、《长沙市人民政府关于全面建立困难残疾人生活补贴和重度残疾人护理补贴制度的实施意见》（长政办函〔2016〕35号）第三点第二条第三项	
45	基本养老服务补贴	依申请类	区民政局	《关于做好推进基本养老服务补贴工作的紧急通知》（湘老龄办发〔2013〕9号）；《关于做好推进基本养老服务补贴工作的通知》（长民发〔2014〕27号）	
46	退役士兵、转业士官的接收安置和职业技能培训	主动服务类	区民政局	《退役士兵安置条例》	
47	法律援助服务	依申请类	区司法局	《法律援助条例》（国务院令第385号）第十八、十九、二十三条；《湖南省法律援助条例》（湖南省第十一届人民代表大会常务委员会公告 第53号）第二、三条	
48	组织基层法律服务工作者参与公共法律服务、法律服务专项活动	主动服务类	区司法局	《湖南省司法厅关于积极推进基层法律服务工作者担任乡（镇）村法律顾问工作的意见 》（湘司发〔2015〕69号）；《基层法律服务工作者管理办法》（2000年司法部令第60号)第三条	
49	组织律师参与政府购买公共法律服务、法律服务专项活动	主动服务类	区司法局	《湖南省司法厅、湖南省民政厅关于选聘优秀律师担任社区法律顾问的意见》（湘司发〔2013〕76号）	
50	普法宣传	主动服务类	区司法局	《湖南省法制宣传教育条例》（湖南省第十一届人民代表大会常务委员会公告 第58号）第七条	
51	长沙市公益性岗位安置就业困难人员社会保险补贴及岗位补贴	依申请类	区人力资源和社会保障局	《关于印发〈长沙市公益性岗位管理办法〉的通知》（长办发〔2012〕44号）第四章第十五条、第五章	

序号	项目名称	类 别	实施单位	主 要 依 据	备注
52	开展高校毕业生、国有企业下岗失业人员、集体企业下岗职工、国有企业关闭破产需要安置人员等群体就业创业服务活动	主动服务类	区人力资源和社会保障局	《国务院关于进一步加强就业再就业工作的通知》(国发〔2005〕36号)	
53	《就业创业证》办理	依申请类	区人力资源和社会保障局	《人力资源社会保障部关于进一步完善就业失业登记管理办法的通知》（人社部发〔2014〕97号）	
54	流动人员人事档案	依申请类	区人力资源和社会保障局	《关于进一步加强流动人员人事档案管理服务工作的通知》（人社部发〔2014〕90号）	
55	创业担保贷款	依申请类	区人力资源和社会保障局	《关于进一步完善促进就业小额担保贷款相关政策的通知》（长财金〔2014〕20号）；《关于进一步推进创业担保贷款工作的通知》（长人社发〔2016〕59号）；《关于印发〈长沙市促进就业小额担保贷款实施办法〉的通知》（长人社发〔2012〕14号）第七条、第三十条	
56	就业创业政策宣传	主动服务类	区人力资源和社会保障局	《长沙市人力资源和社会保障局关于进一步加强新一轮积极就业创业政策宣传工作的通知》（长人社函〔2016〕19号）；《长沙市开福区人民政府办公室关于印发〈长沙市开福区人力资源和社会保障局职能配置、内设机构和人员编制规定〉的通知》（开政办发〔2011〕59号）	
57	对就业困难人员实施就业援助	主动服务类	区人力资源和社会保障局	《中华人民共和国就业促进法》第五十二、五十三条；《长沙市就业困难人员就业援助实施办法》（长劳社发〔2009〕97号）；《就业服务与就业管理规定》（2007年劳社部令第28号）第五章	
58	提供职业指导和职业介绍	主动服务类	区人力资源和社会保障局	《湖南省人力资源市场条例》第四章；《就业服务与就业管理规定》(劳动和社会保障部令第28号）	
59	受理有关人力资源社会保障违法行为的举报投诉	依申请类	区人力资源和社会保障局	《劳动保障监察条例》；《湖南省劳动保障监察条例》	

序号	项目名称	类 别	实施单位	主 要 依 据	备注
60	生育保险待遇核发	依申请类	区人力资源和社会保障局	《中华人民共和国社会保险法》第五十六条；《湖南省城镇职工生育保险办法》（湖南省政府第179号令）；《长沙市人民政府关于印发〈长沙市城镇职工生育保险实施办法〉的通知》（长政发〔2004〕25号）；《关于调整生育保险统筹支付标准的通知》（长劳社发〔2008〕19号）；《关于做好城区医疗生育保险费用审核支付和医疗服务监管业务工作下移的通知》（长人社发〔2011〕81号）；《长沙市城区医疗生育保险异地医疗费用报销操作细则》（长人社发〔2011〕82号）及《关于城镇职工生育保险女职工产假待遇等有关问题的通知》（湘人社发《2016》74号）	
61	医疗保险待遇核发	依申请类	区人力资源和社会保障局	《中华人民共和国社会保险法》第三章；《长沙市城乡居民基本医疗保险实施办法》（长政办发〔2017〕23号）第六章及《长沙市职工基本医疗保险管理办法》长政办发《2017》1号文件第五章，《关于做好城区医疗生育保险费用审核支付和医疗服务监管业务工作下移的通知》（长人社发〔2011〕81号）；《长沙市城区医疗生育保险异地医疗费用报销操作细则》（长人社发〔2011〕82号）	
62	社会保险参保人员变更申报	依申请类	区人力资源和社会保障局	《中华人民共和国社会保险法》；《中华人民共和国劳动合同法》；《社会保险费申报缴纳管理规定》（人社部令第20号）；《长沙市规范用人单位社会保险参保缴费行为若干规定》	
63	基本养老保险关系转移	依申请类	区人力资源和社会保障局	《人力资源社会保障部关于贯彻落实国务院办公厅转发城镇企业职工基本养老保险关系转移接续暂行办法的通知》(人社部发〔2009〕187号)、《关于印发城镇企业职工基本养老保险关系转移接续若干具体问题意见的通知》(人社部发〔2010〕70号)、《人力资源社会保障部办公厅关于职工基本养老保险关系转移接续有关问题的函》(人社厅函〔2013〕250号)、湘人社发〔2011〕121号《关于城镇企业职工基本养老保险关系转移接续两个具体问题的通知》、《人力资源社会保障部关于城镇企业职工基本养老保险关系转移接续若干问题的通知》（人社部规〔2016〕5号）	
64	养老保险待遇核发	依申请类	区人力资源和社会保障局	《中华人民共和国社会保险法》第十六条、《湖南省关于改革企业职工基本养老金计发办法的实施意见》（湘劳社政字〔2006〕10号）第二条	

序号	项目名称	类 别	实施单位	主 要 依 据	备注
65	个人社会保险登记	依申请类	区人力资源和社会保障局	《中华人民共和国社会保险法》第八条；《社会保险费申报缴纳管理规定》（人社部令第20号）第八条	
66	企业退休人员社会化管理服务	依申请类	区人力资源和社会保障局	《关于积极推进企业退休人员社会化管理服务工作的意见》（中办发〔2003〕16号）；《关于贯彻落实中办发〔2003〕16号文件有关问题的通知》（劳社部发〔2003〕20号）；《关于转发省劳动保障厅等单位〈关于加快推进我省企业退休人员社会化管理服务工作的意见〉的通知》（湘办发〔2003〕19号）；《关于贯彻湘办发〔2003〕19号文件的意见》（长办发〔2004〕7号）	
67	就业援助月、春风行动、民营企业招聘周、高校毕业生就业服务月	主动服务类	区人力资源和社会保障局	《长沙市开福区人民政府办公室关于印发〈长沙市开福区人力资源和社会保障局职能配置、内设机构和人员编制规定〉的通知》（开政办发〔2011〕59号）	
68	组织重大动物疫情应急工作	主动服务类	区农业林业水利局	《重大动物疫情应急条例》（国务院令第450号）第四、二十七条	
69	农作物病虫害、林业有害生物防治指导	依申请类	区农业林业水利局	《中华人民共和国农业技术推广法》（主席令第60号）第二、九条	
70	河道清障	主动服务类	区农业林业水利局	《中华人民共和国河道管理条例》（国务院令第3号）第三十三条	
71	水利行业安全生产宣传	主动服务类	区农业林业水利局	《长沙市开福区人民政府办公室关于印发〈长沙市开福区农业林业水利局主要职责内设机构和人员编制规定〉的通知》（开政办发〔2015〕37号）	
72	水法制宣传	主动服务类	区农业林业水利局	《中华人民共和国水法》	
73	组织防汛抗旱宣传和演练	主动服务类	区农业林业水利局	《中华人民共和国防洪法》（主席令第88号）；《中华人民共和国防汛条例》（国务院令第441号）；《中华人民共和国抗旱条例》（国务院令第552号）第十条	
74	河道生态建设技术服务	依申请类	区农业林业水利局	《中华人民共和国河道管理条例》第十条至第三十五条；《长沙市开福区人民政府办公室关于印发〈长沙市开福区农业林业水利局主要职责内设机构和人员编制规定〉的通知》（开政办发〔2015〕37号）	

序号	项目名称	类 别	实施单位	主 要 依 据	备注
75	农产品质量安全宣传	主动服务类	区农业林业水利局	《中华人民共和国农产品质量安全法》（主席令第49号）第十条	
76	提供农业技术服务和培训	依申请类	区农业林业水利局	《中华人民共和国农业技术推广法》（主席令第60号）第十一条、第二十三条	
77	提供农业、林业和水利相关政策咨询和服务	依申请类	区农业林业水利局	《2015年长沙市农村经营管理工作要点》（长农经〔2015〕1号）	
78	发布提供农业信息	主动服务类	区农业林业水利局	《中华人民共和国农业法》（主席令第81号）	
79	水利科技推广和技术服务	依申请类	区农业林业水利局	《中华人民共和国水法》第八条	
80	受理农业投诉举报	依申请类	区农业林业水利局	《中华人民共和国农产品质量安全法》（主席令第49号）第三十八条；《长沙市开福区人民政府办公室关于印发〈长沙市开福区农业林业水利局主要职责内设机构和人员编制规定〉的通知》（开政办发〔2015〕37号）	
81	提供动物疫病相关技术服务和培训	依申请类	区农业林业水利局	《中华人民共和国动物防疫法》；《中华人民共和国畜牧法》；《中华人民共和国动物检疫管理办法》	
82	商贸旅游安全宣传活动	主动服务类	区商务和旅游局	《长沙市开福区人民政府办公室关于印发〈长沙市开福区商务和旅游局主要职责内设机构和人员编制规定〉的通知》（开政办发〔2015〕44号）	
83	提供旅游咨询	主动服务类	区商务和旅游局	《中华人民共和国旅游法》（主席令第3号）；《长沙市开福区人民政府办公室关于印发〈长沙市开福区商务和旅游局主要职责内设机构和人员编制规定〉的通知》（开政办发〔2015〕44号）	
84	接受旅游投诉	依申请类	区商务和旅游局	《中华人民共和国旅游法》（主席令第3号）；《旅游投诉处理办法》（国家旅游局令第32号）。	
85	宣传旅游法规	主动服务类	区商务和旅游局	《中华人民共和国旅游法》（主席令第3号）	
86	向市民免费开放图书借阅	主动服务类	区文化体育新闻出版局	《关于推进全国美术馆公共图书馆文化馆（站）免费开放工作的意见》（文财务发〔2011〕5号）第三项、第四项	

序号	项目名称	类 别	实施单位	主 要 依 据	备注
87	公共文化场馆免费开放	主动服务类	区文化体育新闻出版局	长沙市人民政府办公厅关于印发《长沙市公共图书馆群众艺术馆文化馆乡镇文化站免费开放实施方案》的通知（长政办函〔2011〕173号）第三项	
88	暑假政府购买服务免费向中小学生开放	主动服务类	区文化体育新闻出版局	《长沙市人民政府办公厅关于印发〈长沙市2016年暑期政府购买服务向中小学生免费开放体育场馆工作方案〉的通知》（长政办函〔2016〕111号）第一项；《长沙市人民政府办公厅关于印发〈建设现代体育公共服务体系三年行动计划（2015—2017年）〉的通知》（长政办函〔2014〕177号）第三项第五条	
89	社会体育指导员培训	主动服务类	区文化体育新闻出版局	《长沙市人民政府办公厅关于印发〈建设现代体育公共服务体系三年行动计划（2015—2017年）〉的通知》第三项第二条第2点；《长沙市开福区人民政府办公室关于印发〈长沙市开福区文化体育新闻出版局职能配置、内设机构和人员编制规定〉的通知》（开政办发〔2011〕39号）	
90	开展“文化遗产日”、“5.18国际博物馆日”宣传服务活动	主动服务类	区文化体育新闻出版局	《国务院关于加强文化遗产保护的通知》第五条第4点；《关于转发湖南省文物局〈关于开展2016年度“5.18国际博物馆日”宣传活动的通知〉的通知》（长文物〔2016〕25号）第一项	
91	受理有关文化体育新闻出版的投诉和举报	依申请类	区文化体育新闻出版局	《互联网上网营业场所管理条例》第四条；《娱乐场所管理条例》第三条、三十七条；《出版物管理条例》第六、七条	
92	向接受婚前医学检查的当事人出具婚前医学检查证明	主动服务类	区卫生和计划生育局	《中华人民共和国母婴保健法实施办法》（国务院令第308号）第十四条	
93	重点人群免费健康体检	主动服务类	区卫生和计划生育局	《国家基本公共卫生服务规范》	
94	卫生监督投诉举报的处理	主动服务类	区卫生和计划生育局	《长沙市开福区人民政府办公室关于印发〈长沙市开福区卫生和计划生育局主要职责内设机构和人员编制规定〉的通知》（开政办发〔2015〕27号）	
95	流动人口计划生育服务	主动服务类	区卫生和计划生育局	《湖南省流动人口服务与管理规定》（湖南省人民政府令第238号）第十一条	
96	生殖健康服务	主动服务类	区卫生和计划生育局	《中华人民共和国人口和计划生育法》（主席令第41号）第五章第三十一、三十三条；《湖南省人口和计划生育条例》第五章第三十一、三十二、三十六条	

序号	项目名称	类 别	实施单位	主 要 依 据	备注
97	青春健康服务	主动服务类	区卫生和计划生育局	《中华人民共和国人口和计划生育法》（主席令第41号）第二章第十三条；《湖南省人口和计划生育条例》第二章第十一条	
98	卫生计生健康教育宣传	主动服务类	区卫生和计划生育局	《国家基本公共卫生服务规范》；《健康教育服务规范》；《湖南省卫生计生委关于进一步明确健康教育工作职责的通知》（湘卫宣传发（2015）5号）；《食品安全法》；《职业病防治法》；《中华人民共和国传染病防治法》；《中华人民共和国职业病防治法》；《公共场所卫生管理条例实施细则》（卫生部令第80号）	
99	对《出生医学证明》的签发、补发、换发进行监督管理，并对其真伪进行核查和鉴定	主动服务类	区卫生和计划生育局	《卫生部关于进一步加强出生医学证明管理的通知》(卫妇社发〔2009〕96号）	
100	“十免十优”服务	主动服务类	区卫生和计划生育局	《长沙市落实全面二孩政策加强妇幼健康“十免十优”服务工作的实施细则》（长卫发〔2016〕58号）	
101	计划生育奖励扶助给付（独生子女保健费发放、计划生育家庭特别扶助发放、农村奖扶、城镇独生子女父母奖励、城市计生低保家庭扶助等）	主动服务类	区卫生和计划生育局	特扶：湖南省人口计生委关于印发《湖南省计划生育家庭特别扶助对象确认条件的政策性解释》的通知（湘人口发〔2008〕20号）；长沙市人民政府办公厅《关于进一步做好计划生育特殊家庭扶助关怀工作的实施意见》（长政办发〔2016〕54号） 农扶：湖南省人口计生委关于印发《湖南省农村部分计划生育家庭奖励扶助对象确认条件的政策性解释》的通知（湘人口发〔2008〕32号）；《人口计生委财政部关于将符合规定的“半边户”农村居民一方纳入农村部分计划生育家庭奖励扶助制度的通知》（人口政法〔2011〕53号） 独生保健费：湖南省人口计生委关于印发《湖南省独生子女保健费发放对象确认办法》的通知（湘人口发〔2011〕7号）低保：关于印发《长沙市城市低保户部分计划生育庭奖励扶助对象确认条件的政策性解释》的通知（长人口委发[2010]12号）；长沙市人民政府关于印发《长沙市计划生育奖励扶助办法》的通知（长政发〔2013〕20号） 城镇奖励：《湖南省人口和计划生育条例》（2016.3.30）；湖南省人民政府关于印发《湖南省完善城镇独生子女父母奖励办法若干规定》的通知（湘政发〔2014〕27号）;湖南省卫生计生委 湖南省财政厅 湖南省人力资源社会保障厅 湖南省国资委关于印发《湖南省城镇独生子女父母奖励制度政策解释及操作办法》的通知（湘人口发〔2014〕12号）	

序号	项目名称	类 别	实施单位	主 要 依 据	备注
102	计划生育手术并发症扶助金给付	主动服务类	区卫生和计划生育局	《湖南省计划生育手术并发症患者扶助制度实施方案》（湘人口发〔2011〕10号）第三点、《长沙市计划生育手术并发症人员扶助制度实施方案》（长人口领发〔2011〕6号）第三条	
103	独生子女家庭意外伤害保险经费给付	主动服务类	区卫生和计划生育局	《长沙市人口和计划生育工作领导小组关于大力推行计划生育家庭意外伤害保险的通知》（长计生领发〔2009〕2号）	
104	计划生育优生优育免费服务资格确认	主动服务类	区卫生和计划生育局	《关于印发〈长沙市出生缺陷高危人群优生指导服务工作方案〉的通知》（长人口委发〔2010〕4号）	
105	计划生育药具的组织供应、发放和管理与服务工作	主动服务类	区卫生和计划生育局	《中华人民共和国人口和计划生育法》第十九条；《计划生育药具工作管理办法（试行）》(国家人口计生委第10号令)第五条；《湖南省人口与计划生育条例》(2016）第二十五条	
106	计划生育技术服务经费给付	主动服务类	区卫生和计划生育局	国家计生委 财政部 卫生局 国家计委《关于落实向农村实行计划生育的育龄夫妻免费提供避孕节育技术服务的通知》（国计生发〔2001〕127号）、《关于落实向农村实行计划生育的育龄夫妻免费提供避孕节育技术服务的通知》（湘计生财发〔2001〕15号）	
107	计划生育关怀资金的给付	主动服务类	区卫生和计划生育局	关于印发《开福区计划生育特殊家庭扶助关怀办法》的通知（开政发〔2016〕36号）	
108	报送、发送政务网站城市管理相关信息	主动服务类	区城市管理和行政执法局	《长沙市开福区人民政府办公室关于印发〈长沙市开福区城市管理局职能配置、内设机构和人员编制规定〉的通知》（开政办发〔2011〕49号）第二项第一条	
109	城市管理相关行政许可、管理问题的信访、接待工作	主动服务类	区城市管理和行政执法局	《长沙市开福区人民政府办公室关于印发〈长沙市开福区城市管理局职能配置、内设机构和人员编制规定〉的通知》（开政办发〔2011〕49号）第二项第一条	
110	城市管理法律、法规、例宣传	主动服务类	区城市管理和行政执法局	《长沙市开福区人民政府办公室关于印发〈长沙市开福区城市管理局职能配置、内设机构和人员编制规定〉的通知》（开政办发〔2011〕49号）第二项第一条	
111	受理环境保护有关投诉举报及相关政策咨询	主动服务类	区环境保护局	《中华人民共和国环境保护法》（主席令第9号）（2014）第五十七条；《长沙市“12345“市民服务热线社会求助平台建设和运行工作的实施意见》（长办发〔2013〕27号）	
112	环境保护教育宣传	主动服务类	区环境保护局	《中华人民共和国环境保护法》第九条	

序号	项目名称	类别	实施单位	主要依据	备注
113	发布环境空气质量报告	主动服务类	区环境保护局	《中华人民共和国环境保护法》第五十四条	
114	“六、五”世界环境日宣传	主动服务类	区环境保护局	《中华人民共和国环境保护法》第十二条	
115	安全生产宣传	主动服务类	区安全生产监督管理局	《中华人民共和国安全生产法》（主席令第13号）第一章第十一条；《关于加强全社会安全生产宣传教育工作的意见》（安监总宣教〔2016〕42号）；《国务院安委会办公室关于开展2016年全国“安全生产月”和“安全生产万里行”活动的通知》（安委办〔2016〕1号）	
116	安全生产培训服务	主动服务类	区安全生产监督管理局	《中华人民共和国安全生产法》第二十四条；《生产经营单位安全培训规定》（国家安全监管总局令第3号）；《安全生产培训管理办法》（国家安全监管总局第44号令）第三十三条；《中共湖南省委办公厅湖南省人民政府办公厅关于加强县乡安全生产监管能力建设的意见》（湘办发〔2014〕19号）；《湖南省安全生产资格考试管理暂行规定》（湘安监〔2013〕9号）第二十七条；《中共长沙市委办公厅长沙市人民政府办公厅印发〈关于加强基层安全生产监管能力建设的实施意见〉的通知》（长办发〔2014〕31号））；《长沙市安全生产监督管理办法》（市政府令第96号）第六条	
117	安全生产信息发布	主动服务类	区安全生产监督管理局	《中华人民共和国安全生产法》第七十五条；《湖南省安全生产条例》	
118	职业病防治宣传教育及《职业病防治法》宣传周活动	主动服务类	区安全生产监督管理局	《中华人民共和国职业病防治法》第十一条；《关于开展2016年〈职业病防治法〉宣传周活动的通知》（国卫办疾控函〔2016〕375号）	
119	安全生产事故应急救援	主动服务类	区安全生产监督管理局	《生产安全事故应急预案管理办法》（国家安全生产监督管理总局令第88号）第十八条；《关于开展2016年安全生产应急演练活动的通知》（湘安办函〔2016〕24号）	
120	发布食品药品安全相关信息	主动服务类	区食品药品监督管理局	《中华人民共和国食品安全法》第113条、第118条第2款	

序号	项目名称	类 别	实施单位	主 要 依 据	备注
121	开展食品安全管理人员监督考核	主动服务类	区食品药品监督管理局	《中华人民共和国食品安全法》第44条	
122	人防宣传教育	主动服务类	区人民防空办公室	《中华人民共和国人民防空法》第45条、第46条；中共中央国务院中央军委《关于深入推进人民防空改革发展若干问题的决定》（中发〔2014〕15号）；《湖南省实施〈中华人民共和国人民防空法〉办法》第五条	
123	开展企业家、企业管理人员培训	主动服务类	区经济和信息化局	《长沙市开福区人民政府办公室关于印发〈长沙市开福区工业和信息化局职能配置、内设机构和人员编制规定〉的通知》（开政办发〔2011〕64号）；《关于印发〈长沙市开福区人民政府职能转变和机构改革方案的实施意见〉的通知》（开政办发〔2015〕10号）	
124	交通运输政务信息公开	主动服务类	区交通运输局	《中华人民共和国道路运输条例》（国务院令第406号）第四条；《湖南省道路运输条例》（湖南省第十一届人民代表大会常务委员会公告第26号）第三条	
125	受理有关交通的投诉和举报	依申请类	区交通运输局	《中华人民共和国道路运输条例》（国务院令第406号）第五十六、五十七条；《湖南省道路运输条例》（湖南省第十一届人民代表大会常务委员会公告第26号）第四十五条	
126	发布年度统计公报	主动服务类	区统计局	《中华人民共和国统计法》（主席令第15号）第二十三条、第二十四条	
127	统计人员培训服务	主动服务类	区统计局	《中华人民共和国统计法》（主席令第15号）第三十一条；《湖南省统计局办公室关于做好2016年度统计从业人员继续教育工作的通知》（湘统办〔2016〕15号）；湖南省统计局办公室《关于加强统计从业人员教育培训工作的意见》（湘统办〔2017〕14号）	
128	提供统计资料服务	依申请类	区统计局	《中华人民共和国统计法》（主席令第15号）第三章第二十三条；《长沙市人民政府关于印发〈长沙市政府信息公开实施办法〉的通知》（长政发〔2014〕9号）	
129	保障性住房（廉租房、经济适用房、公共租赁房）资格审查（初审）	依申请类	区住房保障局	《公共租赁住房管理办法》（住房和城乡建设部第11号令）第九条；《关于加快发展公共租赁住房的工作意见》（长政发〔2011〕16号）；《国务院办公厅〈关于保障性安居工程建设和管理的指导意见〉》（国办发〔2011〕45号）第二条；《湖南省公共租赁住房分配和运营管理办法》（湘建保〔2016〕209号）第十四条；《长沙市经济适用住房和廉租住房审批管理办法》（长政办发〔2011〕49号）第三条	

序号	项目名称	类 别	实施单位	主 要 依 据	备注
130	棚户区改造安置补贴审查（初审）	依申请类	区住房保障局	《关于全面加快棚户区改造工作的意见》（长政发〔2014〕38号）；《长沙市棚户区改造安置补贴审批操作细则》（长住保发〔2014〕52号）第三点第一条第二项	
131	经济适用住房货币补贴审查（初审）	依申请类	区住房保障局	《长沙市经济适用住房货币补贴实施方案》（长政办发〔2008〕9号）；《长沙市经济适用住房和廉租住房审批管理办法》（长政办发〔2011〕49号）	
132	申请公共租赁住房与审核	依申请类	区住房保障局	《廉租住房保障办法》（建设部令第162号）第五条；《湖南省公共租赁住房分配和运营管理办法》（湘建保〔2016〕209号）第十一条、十五条；《长沙市人民政府关于推进长沙市公共租赁住房和廉租住房并轨运行的实施意见》（长政发〔2015〕3号）；《公共租赁住房管理办法》（住房和城乡建设部令第11号）	
133	提供保障性住房政策咨询服务	依申请类	区住房保障局	《公共租赁住房管理办法》（住房和城乡建设部2012年令第11号）第九条；《关于加快发展公共租赁住房的工作意见》（长政发〔2011〕16号）；《国务院办公厅〈关于保障性安居工程建设和管理的指导意见〉》（国办发〔2011〕45号）第二条；《湖南省公共租赁住房分配和运营管理办法》（湘建保〔2016〕209号）第五条；《长沙市经济适用住房和廉租住房审批管理办法》（长政办发〔2011〕49号）第三条；《长沙市经济适用住房货币补贴实施方案》（长政办发〔2008〕9号）；《长沙市经济适用住房和廉租住房审批管理办法》（长政办发〔2011〕49号）	
134	被征地农民保障住房申购资格审定	主动服务类	区征地办	长沙市人民政府关于印发《长沙市征地补偿安置有关问题的规定》的通知（长政发[2015]21号）第三点第三条，《开福区农村征地拆迁安置工作指导意见》（开政发〔2013〕19号）第二点第二条；《开福区被征地农民保障住房建设和申购办法》（开政发〔2013〕20号）第二条	
135	被征地农民纳入社保人员指标数量审定	主动服务类	区征地办	《长沙市征地补偿安置条例》第四章第二十九条；《开福区农村征地拆迁安置工作指导意见》（开政发〔2013〕19号）第二点第二条	

附　录

经济社会统计资料

开福区2017年国民经济和社会发展统计公报

2017年全区以“升级发展、成就北富”为主题，坚持有质效、有温度的“两有”发展，建设物质富裕、精神富有的“两富”开福，着力打好改革攻坚、产业升级、城市提质、民生升温“四大战役”，全区经济运行总体保持在合理区间。

一、综合

初步核算，全区实现地区生产总值920亿元，同比增长8.8%。在地区生产总值中，第一产业实现增加值1.3亿元，同比下降32.6%；第二产业实现增加值151.5亿元，增长3.7%；第三产业实现增加值767.2亿元，增长10%。

全区三次产业结构为0.1∶16.5∶83.4。在地区生产总值累计增幅中，第一、二、三次产业分别拉动-0.1、0.6、8.3个百分点，三次产业对地区生产总值增长的贡献率分别为-0.8%、7.1%、93.7%。

全年完成财政总收入147.1亿元，同比增长12.2%；其中税收收入完成125.8亿元，同比增长12.6%,同比增加14亿元，税收占一般公共预算收入的比重为85.5%。

二、农业和农村经济

全年累计完成农林牧渔总产值2.51亿元，同比下降30.2%。其中，完成农业产值1.78亿元，同比下降26%；完成牧业产值0.59亿元，同比下降40.7%；完成渔业产值1328万元，同比下降28%。全年粮食种植面积2180公顷；粮食总产量1.42万吨。生猪出栏3.63万头，家禽出笼7.31万羽，水产品产量1068吨。

三、工业和建筑业

全年累计完成规模工业总产值198.6亿元，同比增长5.1%，增速较去年同期上升0.6个百分点；实现规模工业增加值47.6亿元，同比增长1%，增速较去年同期下降5.6个百分点。龙头企业支撑作用明显，全年工业总产值过亿元的企业 30家，完成工业总产值 164.6亿元，占全部规模工业总产值的83%。股份制经济占据主导地位。全年股份制企业完成工业总产值174.1亿元，占全部规模工业总产值的88%。全年新增规模工业企业11家，为全区工业经济的发展注入新动力。

全区具有资质以上等级的总承包和专业承包建筑企业59家，完成建筑业总产值356.6亿元，同比增长13.8%；实现建筑业增加值92.9亿元，同比增长15.2%；房屋施工面积1121.6万平方米，同比下降26.5%；房屋竣工面积537.3万平方米，同比增长29.8%。

四、固定资产投资

全年累计完成固定资产投资820.4亿元，同比增长15.5%，增速同比上升0.4个百分点。累计完成工业投资91.8亿元，同比下降4.1%。

全年完成房地产开发投资168.5亿元，同比上升11.7%；商品房销售面积194.6万平方米，同比下降29.4%；其中住宅销售面积144.4万平方米，同比下降36.1%；商品房销售额185.7亿元，同比下降13.6%。

五、贸 易

全年实现社会消费品零售总额798.8亿元，同比增长10.0%。增速与去年同期持平。其中：限额以上企业实现零售额312.6亿元，同比增长12.2%，增长贡献率46.7%；限额以下企业及个体户实现零售额486.2亿元，同比增长8.7%。按行业分组，批发业实现零售额138.8亿元，同比增长11.8%；零售业实现零售额592.2亿元，同比增长9.5%；住宿业实现零售额11.3亿元，同比增长7.1%；餐饮业实现零售额56.5亿元，同比增长11.5%。

全年限额以上批发零售企业累计实现零售额居前五的类别为石油及制品类、中西药品类、汽车类、粮油食品类、服装鞋帽类，分别实现零售额88.2亿元、81.7亿元、40.6亿元、20.3亿元和9.3亿元，分别增长9.3%、19.3%、14.4%、30.3%和–13.7%，对社会消费品零售总额增长贡献率分别为10.3%、18.2%、7.0%、6.5%、–2.0%。其中：石油及制品类、粮油食品类较去年增速提高11.3和23.8个百分点，贡献率较去年提高12.8和4.4个百分点。中西药品销售、粮油销售、网络汽车销售成为开福区的行业特色。

六、经济合作

全年进出口总额(海关口径)10.03亿美元，同比增长43.5%，其中出口总额6.9亿美元，同比增长19.7%；进口总额3.13亿美元，同比增长74.7%。

全年实施内联引资项目211个，其中新投产项目190个，新审批外资项目30个，协助办理外资项目0个。全年实际到位省外境内资金115.6亿元，同比增18.5%；引进市外境内资金形成固定资产303.2亿元，同比增长13.3%，其中区属236.7亿元，同比增长12.9%；外商直接投资实际到位资金6999.4万美元，同比增长256.8%，其中区属87.4万美元，同比增长17%。

全年接待国内外旅游者933万人次，同比增长8%；完成旅游总收入97.2亿元，同比增长8.3%。其中接待国内旅游者731.7万人次，同比增长3%；国内旅游收入77.4亿元，同比增长7%。接待入境旅游者201.3万人次，同比增长3.2%；入境旅游收入19.8亿元，同比增长4%。

全年园区完成规模工业总产值（含商贸物流）513.6亿元，同比增长10%；完成规模工业增加值（含商贸物流）120.5亿元，同比增长8.3%；完成服务业增加值75.8亿元，同比增长24.7%；实际到位外资完成20406万美元，同比增长10.6%；引进市外境内资金形成固定资产投资66.5亿元，同比增长14.7%；引进省外境内资金29亿元，同比增长13.9%;完成税收收入17亿元，同比增长38%；完成固定资产投资238.7亿元，同比增长64.7%。

七、教育和科学技术

全区共有区属中学7所，在校学生8811人；小学52所，在校学生34978人；幼儿园120所，其中公办园19所，局属公办园8所，在园幼儿22870人。小学适龄儿童入学率100%，小学升初中入学率100%。全区投入学生免费入学和资助经费5883万元，全区所有义务教育阶段92904人次学生全部享受免杂费入学，执行公办教育收费标准的83425人次学生全部享受“一费制”（含课本费、教辅资料费和作业本费）全免入学。全年接收外来务工人员子女8457 名，占全区中小学生人数的16.2%，全部享受免杂费、免“一费制”入学。全年补助173人次农村家庭经济困难寄宿学生生活费。全年新建和启动新建学校8所（其中楼盘配套学校5所）,扩建学校4所、农村学校附属幼儿园0所，并对31所中小学进行运动场提质建设、校园文化建设和维修改造。

全年新增高新技术企业33家，全区实现高新技术增加值258亿元，占GDP比重28%；人均科普经费1.5元。全年专利申请总数3583件，增长17.9%，专利授权1685件，增长11.4%，其中发明专利授权689件，增长34.8%。

八、文化、体育和卫生事业

全区拥有群众艺术表演团体146个，文化馆1个，公共图书馆12个(含11个社区、村图书分馆)，博物馆（纪念馆）4个，街道文化站14个。共有晨晚练点500余处，全年开展全民健身项目200余次，全民健身运动参加人数20余万人。公共文化服务不断完善，建成31个农家书屋、61所社区未成年人绿色网吧、71个示范性社区文体活动中心。

全区共有各类医疗卫生机构412个，新增31个，其中一级及以上医院30个，疾病预防控制机构3个。卫生技术人员14348人，床位9445张,新增43张。

九、环境保护和安全生产

根据新修订的《环境空气质量标准》(GB3095-2012)，全年开福区空气质量优良率为69.3%;根据《环境空气质量标准(GB3095-1996)，2017年全年开福区空气质气质量标准》量优良率为90.14%。湘江饮用水源保护区水质稳定达标，3个地表水监测断面地表水达标率100%。区域环境噪声平均为63.8分贝，稳定达标。

全年发生安全生产事故12起，各类安全生产事故死亡7人，其中工矿商贸事故死亡0人、建筑施工事故死亡1人、经营性道路交通事故死亡6人。亿元GDP生产安全事故死亡率0人；工矿商贸企业从业人员十万人生产事故死亡率0人。

十、人口、人民生活和社会保障

年末户籍人口总数48.75万人。按人口性别分:男：23.55万人，女：25.2万人。2017年全年全区合法生育率99.7%，出生婴儿男女性别比为107，计划生育免费技术服务到位率100%。

全年居民人均可支配收入49609元，比上年增长8.5%。居民人均消费支出31229元，增长4.1%。在居民消费分类中，食品烟酒人均消费10070元，增长9.4%；衣着人均消费2028元，增长9.4%；居住人均消费5405元，增长2.2%；生活用品及服务人均消费2401元，增长39.0%；交通通讯人均消费2099元，下降16.3%；教育文化娱乐人均消费5653元，增长14.1%；医疗保健人均消费3332元，下降22.4%；其他用品和服务人均消费241元，增长40.9%。

年末城镇登记失业率为2.1%；全年新增城镇就业人员7850人，失业人员再就业5625人，就业困难人员就业2340人，农村劳动力转移就业1329人；城镇零就业家庭实现动态就业援助100%。参加企业职工基本养老保险人数4.32万人，基本养老金社会化发放率100%;参加城乡居民养老保险人数4.1万人。

全区拥有敬老院1家，有床位75张，入住老人64人。拥有各类社区服务设施132个，街道社区服务中心16个，社区公共服务中心98个。全年发放城乡居民最低生活保障金4349.3万元，居民得到政府最低生活保障117379人次，其中城市居民最低生活保障83724人次，农村居民最低生活保障33655人次。城市和农村低保对象月人均发放保障金分别406元和283元。

注：1.本公报数据为初步统计数。

2.地区生产总值、各产业增加值绝对数按现价计算，增长速度按可比价计算。

3.规模以上工业统计范围为年主营业务收入2000万元及以上工业企业。

4.固定资产投资（不含农户）统计范围为计划总投资500万元及以上项目。

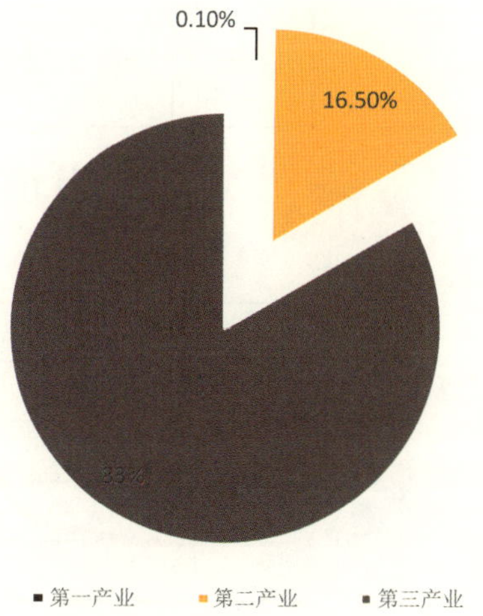

	2008 年	2009 年	2010 年	2011 年	2012 年	2013 年	2014 年	2015 年	2016 年	2017 年
地区生产总值（亿元）	287.9	334.5	393.4	472.5	532.2	600.7	661.8	722	817	920
增速 %	15.5	15.6	15.2	12.6	11.2	13	10.2	12	11.1	8.8

开福区2008—2017年地区生产总值及增速

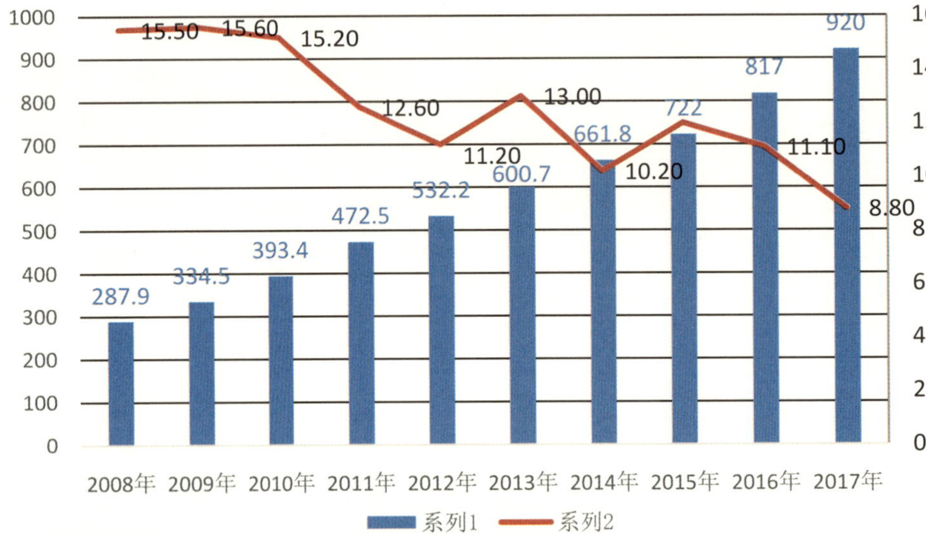

	2008 年	2009 年	2010 年	2011 年	2012 年	2013 年	2014 年	2015 年	2016 年	2017 年
地方财政收入、财政总收入（亿元）	16.3	20.3	22.5	59.8	70.5	86	106.8	120.1	133.4	147.1
增速 %	25	24.9	27	38.2	17.9	21.9	24.2	12.43	11	12.2

开福区2008—2017年地方财政收入、财政总收入

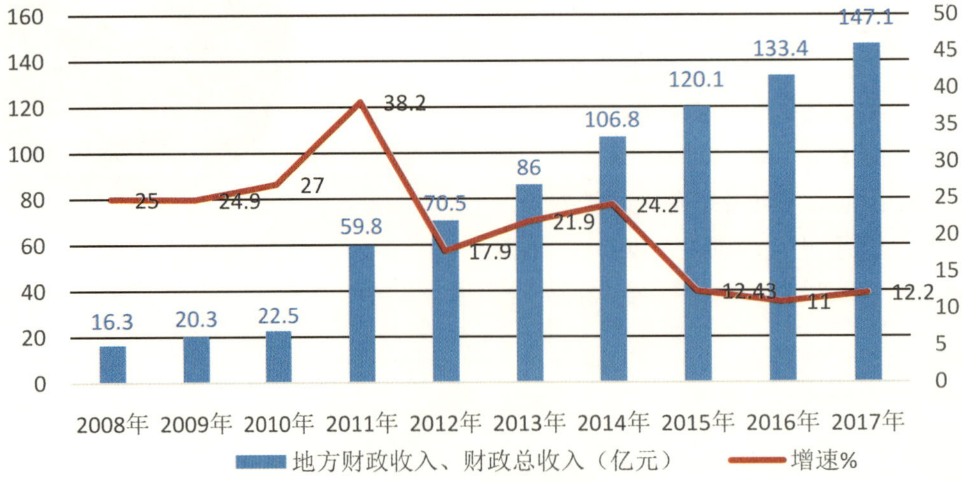

	2008 年	2009 年	2010 年	2011 年	2012 年	2013 年	2014 年	2015 年	2016 年	2017 年
全社会固定资产投资（亿元）	317.2	408.9	527.8	534.9	407.6	497.4	570.8	670.3	710	820
增速 %	32.8	28.9	29.1	32	10.3	22	20.2	17.4	15.3	15.5

开福区2008—2017年全社会固定资产投资

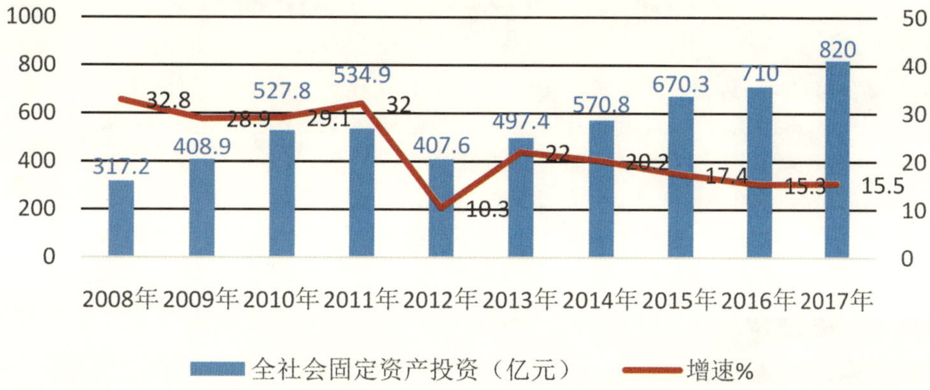

	2008 年	2009 年	2010 年	2011 年	2012 年	2013 年	2014 年	2015 年	2016 年	2017 年
社会消费品零售总额（亿元）	228.5	271.7	326.2	388.3	444.9	506.3	586.0	660.0	726.0	799.0
增速 %	24.5	18.9	20.0	19.0	14.6	13.8	15.8	12.6	10.0	10.0

开福区2008—2017年社会消费品零售总额

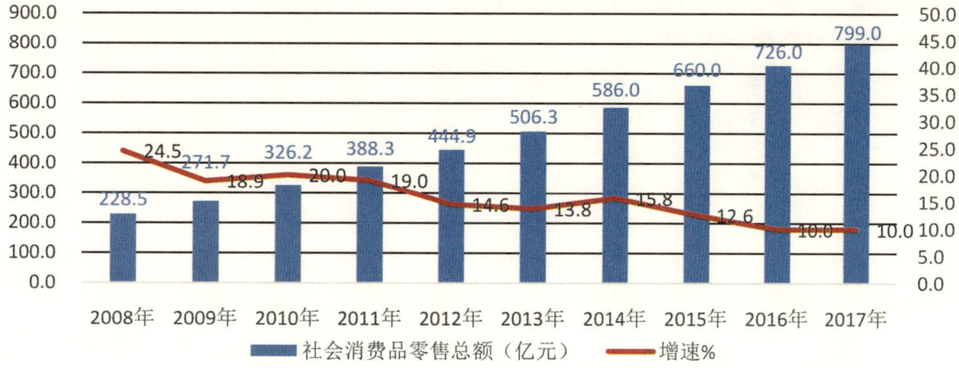

报刊摘登

新华社 XINHUA NEWS AGENCY

湖南领导专供

2017年3月6日

记者 刘良恒

中央媒体

长沙"北富"炼成记

开福区，一座负重蛰伏的老城，20年前，长沙经济版图中的开福犹如春秋战国之初的弱秦，不据地势之要，更无资源之利，在激烈的区域竞争中艰难前行；20年后，开福却实现了由贫到富、从弱到强的巨大蜕变。

"北富"炼成的三大路径

区域竞争历来是百舸争流，优胜劣汰。开福区不在省市发展的战略高地，基于自身的区情实际，在"兴北"而至"北富"的征程中，开福区不断向先进地区学，不断超越自我走在前列。就如春秋战国时期的秦国，偏居一隅，为了不被兼并，主动改革变法，奖励农耕，富国强兵。从"十五"末以来，开福区的崛起，主要是抓住了三条发展路径。

第一条是置产兴业。也就是走城市化和产业化"两化融合"的道路，把产业做强。区委书记沈裕谋将其形象地比喻为"塘、鱼、水"的关系，他认为，省会城区的分工要求我们将城市做大，就是把"塘"做大；把城市治理做好，就是把"水"治好；将城市的产业涵养好，就是把塘里的"鱼"养大养多。光"塘"大，但"水"不好，养不了"鱼"；光"水"好，但"塘"不大，也养不好养不多"鱼"；必须"塘"要大，城市能量要大，"水"要好，城市要管理好治理好，才能养好养多养大"鱼"，把城市的产业涵养好、做实做强。

这个理念，一直贯穿于开福区赶超发展的全过程。以区政府所在的江湾半岛片区为例，这里原属偏僻的郊区，为国营综合农场马厂分场，原有2.14平方公里，后捞刀河改道，扩大到了3.45平方公里，耕地面积达783亩，蔬菜种植面积占耕地总面积的95%，人口结构主要是菜农。在芙蓉北路未拉通前，"人在城边住，进城需搭船"，经济十分落后。区委、区政府矢志推进这里的城市化，将区治由兴汉门搬迁至此，并于1999年3月成立金霞路街道办事处(2006年6月，更名为芙蓉北路街道办事处)。通过引进并完成金霞污水处理厂二期、恒鑫澜北湾、顺天黄金海岸、长泰豪园、水韵花都、湘江世纪城等40余个项目的开发建设，片区迅速城市化，昔日的穷乡僻壤变成为有着30余个居民小区、六纵七横交通网络、高楼林立、车水马龙的江湾新城。人口由3500多人增加到近8万人，经济实体由6家砂场、饲料经营部增长到近700家楼宇企业。目前，随着恒大集团的进入和地铁一号线的开通，江湾半岛土地价值增长近30倍，人气、商气持续火爆。

第二条是改革创新。通过加快园区的体制改革，推动现代物流园区"实施二次创业，跻身先进园区"；通过城管体制的改革来推动城市品质的提升；通过干部人事制度的改革来激发创业的激情和创造力等等。这些工作，开福区都是以解决现实问题为前提，解放思想，更新观念，变革生产关系，不断突破束缚"北城"发展的体制机制障碍。以金霞经开区的发展为例，自1992年成立至2006年14年间，经历了六次体制变换，其中有五届正式班子、四届过渡班子。面对发展落伍和地位被边缘化，经开区痛定思痛，以壮士断腕的决心和意志，强力推进改革。按照"公司市场化、服务行业化、社会事务社区化"的改革方向和"给老人以退路，给年轻人以出路，给能人闯新路"的无情改革、有情操作的思路，经开区实施全员聘任、竞争上岗、绩效工资制度，"砸"了128人的"铁饭碗"，实现了政企分开。同时，成立总公司及其二级机构，按现代企业制度运作。与改革前的14年比，改革后的4年，园区全社会固定资产投资增长了10倍，技工贸收入增长了183倍，财政收入增加了13倍，先后被评为"中国物流实验基地"、"湖南省物流示范园区"和"湖南十大最具投资价值园区"。一个濒临死亡消失的园区，再一次起死回生，二次创业，焕发出青春的活力。

改革10年后的今天改革的红利慢慢释放完毕。面对新的形势，开福区再次举起了改革的利剑。"兴区之计在改革，强区之路在发展"。在2013年对大城北体制进行调整基础上，区委书记沈裕谋即带队赴金霞经开区调研，提出要围绕"建设大城北，进位国家级"的目标，坚决走"去行政化、重市场化、强产业化"的路子，推进"两扩三再四升级"，即园区扩权、扩容，实现管理再创新、规划再优化、队伍再提质，管理体制、规划布局、产业发展、人才队伍升级，真正以改革创新激发园区活力。

第三条是人才崛起。以洪山地区为例，由于历史原因，洪山管理局也即原长沙市国营综合农场体制几经变化，形成了一套介于企业和政府机构的特殊管理体制。管理局干部员工身份、编制各异，情况复杂。因此10年前坊间有言："稀下的经开区，复杂的洪山局。"过往年代溃堤或洪灾后，一度发生过部分群众聚众闹事、哄抢物资、打砸车辆等事件。2013年，开福区委、区政府推进街道改革工作，根据工作实际及利于管理原则，将洪山地区改为洪山、浏阳河、月湖三个街道，并在全区调配干部调整充实洪山地区各级班子。此次区划调整共调整干部139人，其中提拔重用57人、交流82人，除此以外，还对一般干部职工517人进行了调配交流，重点对洪山地区班子和队伍进行了倾斜。通过近年来广大干部的不懈努力和严实治理，洪山地区由乱而治，发展一派欣欣向荣。

打造开福区的精神内核

开福区从1997年到2016年，历任五届区委、七位区委书记，经过19年时间的不懈努力，经济社会发展取得了翻天覆地的变化。2015年地区生产总值由1997年11．9亿元跃升到722亿元，增长近61倍；地方财政总收入从1997年1.15亿元激增到120亿元，增长104倍。

在每年初召开的开福区委常委会、区政府常务会上，有一个雷打不动的议题：调整完善议事协调机构。全体县级领导均安排在重大片区征收拆迁或开发建设指挥部担任组长、副组长，确保重大项目、重要工作均有县级领导参与。议事协调机构一旦调整到位，区委、区政府主要领导率先垂范、全面调度，其他领导班子成员分赴各指挥部和联点街道推动落实，大家既当"指挥员"，又当"战斗员"，一级带着一级干，一级做给一级看，全区上下形成了凝心聚力干事创业的浓厚氛围。

着眼于"腾笼换鸟"、升级发展，长沙开展了"史上最大规模的拆违行动"。开福区各级党员干部冲锋在前、依法办事，仅2015年全区就拆除违法建筑221万平方米，实现"两年任务一年完成"。

随着市场经济的日益发展，企业家的创造对社会的作用愈来愈明显，价值贡献也越来越大。如果说一家好的企业可以带动一个产业的发展繁荣，一个好的企业家则能将它推上产业链的顶端。企业家是企业的灵魂，也是一个地方发展的核心竞争力。"创新赢得机遇，质量关乎生存，诚信塑造形象，品牌决定实力。"我们在开福企业家身上，看到了创新、质量、诚信、品牌这些美好的追求。

杨开文是湖南省医药物流领域的知名人物，他认为"只有技术创新，大力莅展现代医药物流，提升企业经营能力和服务水平，才能在不断变化发展的时代大潮中保持行业领先优势"。2009年，作为国药控股湖南有限公司执行董事长的他，审时度势、果断决策，在长沙金霞经开区投资建设国药控股湖南物流中心，目前已成为中南地区规模最大、设备最先进的医药物流中心之一。

企业家往往集多种角色于一身，既有盈利的追求，又有反哺的责任。开福的企业家们秉持湖湘文化经世致用、兼济天下的为民情怀，一直走在诚信经营、惠泽民众的发展之路上，塑造着湖湘企业的文化特质。

"一个地方的人口质量高，城区质量才会高；城区质量高，经济发展的质量才会高。燃秀民"是开福区区委书记沈裕谋经常挂在嘴边的一个词。在区第五次党代会上，开福区提出致力打造开放包容、诚信友爱、向善厚德的精神文明高地，让"为国尽忠、为职尽责、为家尽孝"成为厚德开福的精神内核，培养吸引更多的优秀民众，让厚德成为一张靓丽的精神名片。

"我是党员，又是人大代表，当然得带头！"罗玉成拖着刚下心脏搭桥手术台的病体，坚持签下了苏士壬垸片区1.1万平方米违建仓库的自拆协议书，并随即安排了仓库退租事宜，尽快腾空仓库进行拆除。3年前，罗志成租下大星村一块地，投资600多万元搭建了1.1万平方米的违建仓库，出租给印刷厂和石材加工厂，年租金过百万元。此时，罗志成的仓库成本才收回百万余元，仅直接损失就达500多万元。但罗志成的示范，带动了村民签约拆违，"第一难事"变得不难。听了罗志成的事迹，省委常委、市委书记易炼红为此点了个大大的赞。

一个好的社会培养秀民，众多秀民则能成就更好的社会。"富"不仅仅是物质层面，还应当是精神层面。

芙蓉中路金融商务区

近年来，开福区向上向善的厚德精神蔚然成风，产生了任菲莉、董志平、余柳英等一批道德模范、先进个人和集体，仅中国好人就达20多位，有148人荣获市级、区级“身边的雷锋”称号。对此，区委书记沈裕谋信心满满地告诉笔者，未来几年，开福区要力争推举一名“感动中国十大人物”，培养更多的道德模范和现代乡贤，将开福真正打造成精神富有的文明家园。

三大产业优势正在成型

区域竞争历来百舸争流优胜劣汰，正在砥砺前行的开福区，新兴的三大优势产业正在成型。

金融产业——竞争优势。过去开福区建成区面积不到15平方公里，上百米的高楼大厦很少，现在仅在芙蓉中路近8平方公里的金融商务区，就有高品质、高智能的高端商务楼宇上百栋，一大批税收过千万、过亿元、过十亿元的楼宇正拔地而起。楼宇“梧桐”筑就，产业“凤凰”栖息。目前，在这近8平方公里的土地上，集聚了全国性或省级金融总部机构59家、各类金融分支机构和新型金融机构300余家，金融业态覆盖率在全市占比达90%以上。

长沙华创国际广场

物流产业——绝对优势。2016年7月8日，全国物流园区工作年会在开福区召开，全国首批国家级示范物流园区授牌，金霞经开区成为湖南省唯一获此“国字号”殊荣的园区。近年来，金霞经开区发挥全省唯一集水、陆、空、铁、管“五元化”于一体的交通枢纽优势，主动融入“一带一部”发展格局，大力发展物流产业、开放型经济，努力打造大开放平台，构建大开放格局，提升大开放水平，相继

开通“五定班轮”“五定班列”“湘欧快线”，成为湖南对外开放的重要交通物流枢纽，整合提升口岸和保税平台功能，口岸转运率进一步提高。特别是“湘欧快线”货源持续增长，自2015年11月开始，欧洲班列出现“爆仓”，12月由每周一班增加到每周两班，2016年6月又增加到每周三班，发展势头强劲。统计显示，全省35%的报关量和40%的关税都在开福完成，在长沙打造东部开放型经济走廊中

发挥了桥头堡作用，为研究论证和申报建设“中国内陆自由贸易区”铺路搭桥。目前，经开区正朝着“建设大城北，进位国家级”的更高目标前进，通过几年努力，开福区有望为长沙再造一个新开福，为湖南做大一个北长沙、打造一个现代物流谷，为中部崛起一座生产服务新城。

文化产业——比较优势。近年来，开福区以湖南广电为核心，布局全区文化创意产业，2015年，全区文化产业增加值由2010年的85.4亿元跃升至165亿元，增长近1倍，占全区GDP比重保持在20%左右，较全市平均水平高出10多个百分点。2015年税收占比仅次于金融业，居全区第二位。2016年10月13日，省委书记杜家毫在省委常委会议上强调“要加快马栏山创意集聚区建设，力争形成‘北有中关村、南有马栏山’的网络信息产业发展新格局”，省第十一次党代会和《湖南省“十三五”时期文化改革发展规划纲要》更提出文化强省目标，要加快推进金鹰城大型全媒体节目生产基地、马栏山创意集聚区等重大项目建设，开福文创产业生逢其时。通过进一步做优配套、做美环境，可以预见，不久的将来，马栏山云谷（信息谷）经济的发展势必带动开福文创产业新一轮的大发展、大提升。

布达佩斯至长沙国际货运回程班列

新华社
XINHUA NEWS AGENCY

2017 年 11 月 28 日

记者 杨永前

中央媒体

布达佩斯至长沙中欧班列回程线路开通

布达佩斯至长沙国际货运回程班列首发仪式 2 7 日在布达佩斯多式联运物流中心举行，这标志着布达佩斯至长沙的中欧班列回程线路正式开通。

这趟班列满载着 41 个集装箱，运输的商品主要是产自匈牙利及周边国家的红酒、啤酒、麦片、奶粉和五金配件等。

匈牙利国家发展部负责交通的官员莫绍齐・拉斯洛在仪式上致辞说，实现快速、廉价和大量的货物运输将加强匈牙利企业的竞争力。中国是匈牙利在欧洲以外最重要的贸易伙伴，匈牙利的“向东开放”政策是成功的。

湖南省商务厅厅长徐湘平致辞时表示，半年前长沙至布达佩斯国际货运班列开通，今天开通布达佩斯至长沙的回程班列，这是推进“一带一路”沿线国家道路联通、贸易畅通的重大举措。

长沙至布达佩斯的首趟国际货运班列今年 6 月 16 日抵达布达佩斯多式联运物流中心，是首列途经乌克兰进入欧盟国家的中欧班列。

据统计，2016 年，中匈两国双边贸易额达 88.9 亿美元，比上年增长 10.1%。2017 年，双边贸易保持增长势头，上半年达到 48.5 亿美元，同比增长 17.3%。

经济日报 2017年4月5日 14 中央媒体

记者 刘麟

开福如何开启幸福

长沙市开福区曾因城市格局的改变而趋于沉寂。经过深入思考和探索，老城区如今又找到了发展的新动能——利用金融生态区、金霞经济开发区和金鹰文化区建设发展相关产业，带动开福区地方生产总值和财政总收入不断攀升；通过推出一系列民生举措和投资进行生态建设，促使老城区环境不断改善，人民幸福感不断提升

金融商务区高楼林立

长沙市开福区，自古就是商贾云集之地，但随着城市的发展，长沙城市功能格局悄然改变，开福区也因客流不足、商业不旺等趋于沉寂。

潮宗街曾是长沙最大的一条“米街”，却只留旧时米店遗址；伍家岭为长沙四大传统商圈之一，随着传统商贸逐渐萎缩，一度被称为长沙商圈中的“没落贵族”；毛家桥曾是长沙首屈一指的水产市场，因“全长沙最便宜的价格”而受追捧，但已经关停。

2004年，开福区的地方财政收入仅有2亿元。2005年，全区206家企业中有204家破产改制，数千名职工下岗待业……

然而，到了2015年，开福区地方财政总收入就超过120亿元，税收收入在长沙率先跨过100亿元台阶。2016年，该区实现地方生产总值800亿元，增长11.3%；社会消费品零售总额723亿元，增长9.5%；固定资产投资720亿元，增长15%；地方财政总收入133亿元，增长11%，其中税收收入114亿元，占比达85.5%，税收总量连续两年居湖南城区首位。

是什么助推老城区开启幸福之门？

“三金”产业让城区富起来

近年来，开福区利用先天的滨江资源优势和后发的开放平台优势，调整产业结构、抓项目稳投资、抓产业稳实体、抓热点稳消费、抓服务稳市场、抓融资稳供给、经济实力不断增强。2016年，开福区形成了独特的金融、金霞、金鹰“三金”产业优势。

芙蓉中路近8平方公里的金融生态区，集聚了全国性或省级金融总部机构59家、各类金融分支机构和新型金融机构300余家，金融业实现税收38亿元，一个高效益的区域金融中心正在开福区崛起。

去年7月，地处开福区的金霞经开区获批国家级示范物流园区。金霞经开区发挥集水、陆、空、铁、管“五元化”于一体的交通枢纽优势，大力发展物流产业、开放型经济，相继开通“五定班轮”“五定班列”。欧洲班列2015年11月开通，12月就由每周1班增加到每周2班，2016年6月又增加到每周3班。目前，湖南35%的报关量和40%的关税都在开福区完成。

近年来，开福区以湖南广电为核心，布局全区文化创意产业，金鹰文化区建设上升到省级层面。省第十一次党代会和《湖南省“十三五”时期文化改革发展规划纲要》提出文化强省目标，要加快推进金鹰城大型全媒体节目生产基地、马栏山创意集聚区等重大项目建设，开福区文创产业将迎来发展黄金期。

民生发展让城区“暖”起来

开福区坚持有温度的发展，从看得见的城区公园、保障性住房、新学校，到看不见的低保连年提标、城乡居民就业领域拓宽、社保覆盖范围扩大……一

项项民生举措不断增强群众幸福感。开福区投入26亿元，新改扩建20所中小学幼儿园，新增学校用地面积27.2万平方米，新增义务教育学位2.1万个；全省首个城区残疾人综合服务大楼在开福区诞生；1.6万户家庭的住房困难得到解决；健身器材覆盖率达到100%，城区15分钟、农村30分钟的公共文化服务圈基本形成；基本养老保险实现全覆盖，参保率100%；基本医疗保险参保人数达58.7万人，参保率97.3%……近5年来，开福区投入民生资金200亿元，占公共财政预算支出的85%以上。

为了拓宽就业渠道、扩充就业岗位，近年来，开福区持续推动创新创业。2015年，开福区成为“长沙市创新创业示范区”。同年，该区出台《创新创业在开福三年行动计划》《支持创客空间发展的实施意见》等系列文件，每年安排5000万元创新创业专项资金，支持初创型小微企业的发展。政策扶持，育肥了“双创”土壤，越来越多创新企业及创新人才不断涌现，在开福工商分局登记的新增企业达5000余户，个体工商户累计新增6983户。

生态建设让城区绿起来

开福区以“绿色城市”建设为抓手，追求“宜居宜业、人见人爱、精致精美”的城市建设目标。开福区启动了大规模拆违行动，按照“拆除一片、清理一片、美化一片、提质一片”的原则，把拆违还路、拆违治脏、拆违改造、拆违增绿、拆违添景等有机结合起来，新建社区公园4个，拆违复绿11万余平方米。其中，长沙最大“城中村”朝正垸的136万平方米违建，不到半年时间基本完成清除，创造了拆违控违的“开福速度”。

一个城市有了绿色，就有了生机。开福区的“百园之区、绿色开福”建设，共投入造绿建设资金5.5亿元，高标准改造和新建了湘江风光带、浏阳河风光带、秀峰山公园及31个社区公园和街头小游园，新增绿化面积1.8万亩，城区绿化率提高至42.6%。如今的开福，基本实现“开窗见绿、推窗见景、百米见园”。开福区改造芙蓉路、营盘路、福元路等“六纵八横”城市主次干道，实施湘江大道、三一大道、金融生态区及出入城口美化工程，亮化了3条河流和近500栋楼宇，使该区成为星城一道亮丽的风景。

“城市化和产业化是支撑开福区发展的两大动力。”开福区委书记沈裕谋在接受《经济日报》记者采访时表示：“开福区委、区政府致力做好‘福’字文章，让生产生活在这块土地上的人民更加舒心，在这里开启幸福、创造幸福、收获幸福。但是，旧城开启幸福门，必须找准新的竞争力。近年来，我们的经济工作坚持以财税为中心，以项目论英雄，向改革要动力，向产业项目要实力，向城市项目要魅力，向民生项目要合力，才有了如今的经济实力和城市品质，有了旧城发展的新动能。”

经济日报　2017年11月27日　记者 刘 麟　中央媒体

湖南：“一带一路”政府引导型基金成立

11月22日，长沙金霞保税物流中心管委会与名城金控集团签订湖南丝路产业投资基金（有限合伙）合作协议，成立国内首只由地方政府携手企业资本成立的服务“一带一路”战略的政府引导型基金——湖南丝路产业投资基金，基金总额1.68亿元，主要投向为服务于进出口贸易的供应链金融、商业保理、进出口贸易服务企业、“一带一路”项目、国际物流及配套产业等。

长沙金霞保税物流中心

长沙晚报

2017 年 4 月 13 日 A1 头版报道

记者 舒薇

易炼红在开福区调研经济社会发展情况时强调

争当创建国家中心城市 打造“四更”长沙的示范区

昨日，省委常委、市委书记易炼红深入开福区调研经济社会发展情况，勉励开福区乘势而上，开放崛起，争当创建国家中心城市打造“四更”长沙的示范区。

市领导夏建平、李晓宏参加调研。

去年以来，开福区统筹推进稳增长、调结构、促改革、惠民生，实现了“十三五”良好开局，实现发展新动能和人民群众获得感“双丰收”。今年一季度，开福区主要经济指标均保持了两位数的增长，特别是城区建设迈向精致精美的更高层次，主次干道和社区改造提质成效明显，造绿增绿、夜景亮化等上进一步向发展现代服务业倾斜，加快培育更多龙头企业，在新一轮的发展机遇中抢得先机。

铿锵前行的开福，越来越具国际范。在长沙霞凝铁路货场，“中欧班列”从这里始发，串联起中国与中亚、欧洲的国际铁路货运线路，途经哈萨克斯坦、俄罗斯、白俄罗斯、波兰等“一带一路”沿线国家。沿线长沙、重庆、郑州、武汉等城市纷纷开通运营，每周发往中亚和欧洲的铁路货运班列就有 3 列。目前，长沙月发车量增加到8列，排名全国第四。下一步，长沙将依托“中欧班列”打造国际陆港平台，筹建欧洲铁路烟花通道。“积极拓展开放通道，崛起可期，前景无限。”易炼红要求，开福区进一步创新理念和机制，充分发挥平台优势，为湖南对接国家“一带一路”战略，推动东部开放型经济走廊建设作出积极贡献。

调研中，易炼红对开福区经济社会发展取得的显著成效给予充分肯定。他惠民工程收到实效，城区承载能力和市民宜居指数得到大大提升。

芳草萋萋，垂柳依依，新建成开放的浏阳河风光带月岛公园已成为长沙城北又一道靓丽的滨水景观。近年来，通过实施建管并重，提档升级，开福区在打造精美城区中彰显现代都市魅力。以浏阳河两岸为例，通过实施“海绵城市”生态理念，开福区在风光带提质改造中实现了“还水景于民”。“植被覆盖要做到没有黄土裸露，要增加更多的无障碍通道，为市民们建好的公共设施要安排专人管理看护。”易炼红一路上看得细致入微，嘱咐当地有关负责同志要充分利用沿河指出，党的十九大今年召开，开福区要以更加昂扬的工作状态，更加奋进的务实作风，将区位优势、创新优势转化为发展优势，把潜能转化为发展动能，在更高起点上创造更大成绩。对开福区下一步工作，易炼红提出了五点要求：

一要发挥优势、拓展平台，把能量做得更大。充分发挥临港、临铁的独特优势，在发展外向型经济上彰显更大作为。要坚持开放引领，在长沙打造东部开放型经济走廊中担当重任，加快开放型园区建设、开放型产业培育。要拓展开放平台，积极推进铁路一类口岸建设和长沙港建设，全力推动“五定班列”“中欧班列”提速扩容，做大做强国际贸易。

二要创新发展、升级产业，把实力做得更强。贯彻落实好省委、省政府提出的创新引领、开放崛起战略，以国际视野和眼光来谋划、推动开福区的建设和发展。以创新、开放为“双引擎”，把开福的实力做得更强，始终坚持以项独特的自然优势和生态景观，造福两岸人民群众，不负浏阳河的天赐之美。

在经济发展领域，开福区以项目为引领产业转型升级，更多看不见的喜人变化在悄然发生。去年全区共铺排重点项目 153 个，新引进了医药健康产业园等投资过 10 亿元的项目，为园区发展注入新的强大动力。易炼红来到新近投产的湖南九州通现代医药物流中心实地查看。该中心以电子商务为核心，正快速成长为集分拣、包装、储存、配送、结算于一体的大型现代医药物流中心。“要坚持以高质量的项目构建高端化的产业体系。”易炼红要求园区产业布局目论英雄、排座位、定奖惩，把园区打造成为创新引领、开放崛起的高地。

三要提升标准、完善功能，把城乡做得更美。按照国家中心城市的理念和标准，高起点做好城市规划设计、提升建设管理水平，进一步完善城乡功能配套，提升城乡宜居宜业指数。

四要强化保障、创新治理，把民生做得更爽。进一步保障人民群众基本权益，提供更多公共产品，配套更多公共服务，进一步加大基层治理创新，寓管理于服务中，为长沙创建国家中心城市创新社会治理提供可借鉴、可复制、可推广的经验。

五要从严治党，提升素质，把队伍做得更优。切实加强干部作风建设，做到讲政治、守规矩，切实增强“四个意识”，坚定维护以习近平同志为核心的党中央权威，巩固、保持、扩大好山清水秀的政治生态，营造干事创业的良好氛围。

湖南日报
2017年3月27日 6 整版报道
记者 张颐佳

金霞外贸领跑全省园区

开放高地 崛起新城

历史的经验和教训告诉我们，对外开放是追随世界经济发展趋势的必然选择，亦是我国经济持续、快速、健康发展的迫切需要。

当十八届三中全会提出“构建开放型经济新体制”、“扩大内陆地区对外开放”的相关部署，中国奏响了开放的历史最强音。

开福区委书记沈裕谋说，四年多来，金霞经开区利用自己的战略定位优势、交通物流优势、开放平台优势，已经点亮了中国物流示范基地、国家级示范物流园区、国家新型工业化产业示范基地、国家电子商务示范基地和中国物流产学研示范基地5块闪亮的金字招牌。

2016年，在宏观经济趋稳的大环境下，金霞如一只展翅的大鹏，同风而起，扶摇直上，占到全省外贸通关总数的40%，机械零部件、电子产品、陶瓷、粮食等湘品通过金霞的港口、铁路、保税中心畅达全球。

通江达海的金色飘带

湘江北去，通江达海。

从2001年，省市政府将“长沙港”北迁至金霞，便迈开了全省开放型经济基础设施和功能平台建设的新步伐。

2012年1月，与长沙新港相距不到3公里的长沙铁路货运新北站正式开通运营。

2015年年11月，投资10亿元的长沙传化公路港也扎根在金霞的中青路上。

十余年来，省市区三级政府为金霞投资近100亿元，逐步形成了全省唯一的铁、水、陆、管、空“五位一体”交通运输体系。而如今，它们延展的触角如同一条条金色的飘带，为湖南连通欧亚，远渡重洋。

【镜头一】

3月2日中午，袁铮蹲在船头一边扒饭，一边看着起吊机往船上运钢。这位40余年都在“江上飘”的江西船老板，此次力邀同伴共同借贷300余万元，买回了一条长约88米，可载2800吨的货船。他说：我特意从赣江到湘江来，因为我看好长沙新港的“生意”。他只是这繁忙港口的一员，在他西侧，等待泊位靠岸的船只已经排起了长队。在他北侧，正在建设的长沙港三期如火如荼。

作为全国内河28个主要港口之一，长沙新港不仅开通了至上海港的“五定班轮”，更开辟了至韩国、日本、美国、欧洲等27条国际航线，外贸货物运输占全省外贸出口量的70%，已成为上海港的最大喂给港。

到2018年，当三期的件杂泊位、滚装斜坡码头、铁路专线全部建成，长沙港的年吞吐量预计超过1200万吨，将以海铁联运、公铁联运全面实现水、铁、公的最便捷换乘。

【镜头二】

湘欧快线物流有限公司总经理夏朝晖最近特别忙，经过他多次洽谈的哈萨卡斯坦小麦交易平台终于要在金霞落户了，他很欣喜地说：“就在4月他们会在开福区完成注册，很多其他项目我们也达成了合作意向。”在他的案头还有另一份厚厚的计划书，是关于把俄罗斯境内和绥芬河部分木材交易引导到霞凝二期铁路场地。“3月常态化开行明斯克，3月下旬开行达佩斯，4月初开行莫斯科，4月7日开行河内，5月我们预计开行中亚班列了……”

从2014年10月，“湘欧快线”开通了主线到德国杜伊斯堡，辅线到乌兹别克斯坦的塔什干和俄罗斯的莫斯科3条线路后，湖南与欧洲两个多月的传统海运物流，瞬间被提速到11—16天。成为湖南积极融入“丝绸之路”经济带建设、快速直达欧洲和中亚的一条国际物流新通道。

“湘欧快线”开通后不到一年，从2015年9月就进入常态化运营，货源持续增长，特别是长沙至汉堡线路班列经常出现“爆仓”。从每周一班到两班再到三班，“湘欧快线”常态化运营不到一年，已然跃居全国中欧班列的前四强，两年两度因“爆仓”加开班列。湖南乃至中部的电子产品、陶瓷、服饰、机械配件、化工产品等等，通过这个“金色的通道”源源不断地输向海外。

2016年，“湘欧快线”货值已超过4.93亿美元。

【镜头三】

传化公路港最近在忙一件新鲜事，就是完成了长沙城区1万多台ofo共享单车的配送和安装。去年年底，这艘全国公路物流的航母，已经完成了我省122个县市区的全部货运发班布点。常上天猫购物的市民，从去年下半年开始，可以明显感觉到“宝贝”经常给你次日达的惊喜。

而深国际、嘉里等国内领先的物流企业，也正在金霞“智能公路港”的快车道上加紧建设。如今，金霞入驻的物流及相关企业160多家，其中5A级物流企业10家，已初步形成了能源、粮食、医药三大“百亿级”物流板块，摘得“中国物流示范基地”、“国家级示

长沙铁路货运新北站

范物流园区”、“国家新型工业化产业示范基地”、“国家电子商务示范基地”、“中国物流学会产学研示范基地”、“湖南省最具投资价值示范园区”等金字招牌。

特别是2016年6月30日，长沙金霞保税物流中心开通了香港直达的港澳直通车，跨境进口业务可从香港海外仓通过陆运直送长沙跨境电商监管中心，一卡入关、自动识别、自动抬杠。极大地提高了我省跨境电商进口业务量，同时也将带动全省跨境电商出口业务的发展，实现港澳直通车双向满载运输，构建了香港至湖南长沙的公路物流新通道，为省市与香港、澳门建立更紧密的经贸关系提供了有效便利。

功能叠加的开放平台

站在长沙新港楼顶向东眺望，可见一排排蓝色的仓储，那便是长沙唯一封关运行的金霞保税物流中心。

在仓储的正北，是中部(湖南)进出口商品展示交易中心，2015年12月19日开馆当天，以日销售额3000万元的天文数字惊艳亮相。

在两地不到一公里外的东侧，金霞电商大厦高耸入云，这里不但是全省唯一的外贸综合服务平台，更是我省对接“一带一路”战略行动的前沿阵地。

区委副书记、区长刘拥兵表示，正是叠加的平台优势，让金霞成为外贸政策货真价实的“洼地”。

【镜头一】

2月21日上午，海关广东分署一行调研金霞保税物流中心，双方探讨将粤港“跨境一锁”模式如何延伸推广至湖南。

这种智能卡口的快速通关模式，是在粤港海关推行的“监管互认、信息互享、执法互助”三互模式下，通过扫描核对集装箱的信息无误后，快速通关放行的新模式。

从2006年8月，金霞保税物流中心作为中南地区第一家保税物流中心封关运行以来，不断将保税仓库、国际物流配送、进出口和转口贸易、口岸、退税等多项业务拓展深化。

长久以来，作为省市对外开放的主要支撑点，金霞保税物流中心业务总量已经遥遥领先。2016年，保税中心累计报关8051票，总货运量6.4万吨，总货值超过18.3亿美元。现场业务处合计征税20.4亿元，占到长沙海关的38%。据统计，金霞口岸区域(含长沙新港、货运北站、保税中心)通关单量为3.8万单，约占全省通关单量的40%。电话机零件、处理器、锑矿砂、吸尘器、加工机床等等通过金霞保税物流中心政策平台税源商品征税额，占到全省海关特殊监管区域及主要保税监管场所二线货物内销征税总额的80%以上。

【镜头二】

1月3日，长沙市民廖兴宇是第一位到开福区国税局金霞税务分局办理税务登记业务的市民。同一天，开福区地税局第九税务分所也在金霞电商大厦开门营业。

继海关、检验检疫、金融服务等单位和机构陆续入驻金霞以来，从2017年开始，金霞联检大厅真正实现了关、检、汇、税、工商、银行、保险等多部门一站式联合办公，通关报检一条龙服务。

从最初的保税物流，到2015年1月开通的跨境电商，再到同年12月开业的保税店，金霞正逐步转型升级为保税商贸，让保税功能和保税场所效能均得到进一步提升。

金霞与中国电信签订信息化建设战略合作协议，投资2.2亿元，已建成光纤主干接入、500G带宽出口、无线4G全区覆盖的中国电信长沙分中心，长沙电子口岸顺利入驻。

2016年，金霞保税物流中心一举获得了“湖南第一批园区外贸综合服务中心”、“湖南省外贸企业总部基地”和“湖南跨境·产贸园”等重要荣誉。

【镜头三】

泰国的乳胶枕、世界各国的红酒、韩国的化妆品……1月7日—13日，来自十余个国家100多家中外企业会聚金霞保税店，用琳琅满目的进口商品让很多市民韵了把“洋味”。

从2015年开业至今，金霞保税店已吸引了百万余人次的境内外商家、消费者参观采购。而今年，金霞保税店预计在原有的金霞馆、欧洲馆、韩国馆、澳新馆基础上，再增设美国馆、俄罗斯馆、西班牙馆等新的专供场馆。

从湖南(金霞)跨境电商产业园的线上电商交易，到金霞保税店的线下体验。近3年来，两大平台已引进各类外贸和跨境电子商务企业60余家，累计实现进出口贸易总额7.1亿美元。

2016年，金霞跨境监管中心累计完成订单数162.26万单，完成进出口额约6000万元。中部(湖南)进出口商品展示交易中心实现线上线下销售收入约 1.95 亿元。

领跑中部的智慧园区

2016 年，开福区以 133 亿元的地方财政总收入连续两年领跑湖南所有城区，成为了名副其实的“北富”。

而在“十三五”的再次飞跃中，开福大力推进金霞成为“物流之都、加贸中心、服务新城”有条条框框明晰的规划。

当“湘欧快线”、“五定班轮”、“五定班列”成为了全省大宗商品物流进出的主码头；当保税物流中心、跨境电商、中部（湖南）进出口商品展示交易中心成为全省外向型经济的大通道；开福区委常委、金霞经开区党工委书记杨应龙铿锵地提出了：“将园区具备的区位优势、交通优势、平台优势、空间优势和改革创新优势，转化为金霞‘第三次创业’的产业优势和经济优势。”

【镜头一】

人勤春来早，金霞人鸡年的春耕大概是从 2 月 6 日园区经济工作会议开始的，按照区委 1 号文件，金霞把“管理去行政化、经营重市场化、发展强产业化”作为园区释放新的“改革红利、政策红利、思想红利”的利器。

作为我省扩大对外开放、服务开放型经济发展的核心平台区，一直秉持“简政集约、通关便利和安全高效”的理念，不断完成改革制度创新。

目前，已经分步、分类复制推广了上海自贸区“先进区，后报关”、“批次进出，集中申报”、“简化通关作业随附单证”、“智能化卡口验放管理”、“集中汇总征税”、“保税展示交易”、“进口货物预检验”、“检验检疫分线监管”、“负面清单”、“第三方检验结果采信”等多项海关监管创新制度。

而当下正在积极拓展的“跨境电商保税备货模式”和粤港海关通关“跨境一锁”模式，也必将是内陆省份“制度创新”又一创举。

【镜头二】

3 月 8 日，湖南粮食集团斥资 20 亿元打造的长沙绿色食品交易中心正式开工。

在经济普遍趋冷的第一季度，选址金霞的大项目、好项目纷至沓来。园区上下，对今年财政收入增长 20% 以上；固定资产投资增长 15% 以上；社会物流总额增长 25% 以上；流通业主营业务收入增长 15% 以上充满信心。

在金霞经开区党委副书记、管委会主任袁政国看来，金霞的园区定位、交通优势、长远规划，都与“一带一路”、“长江经济带”、“创新引领，开放崛起”、“打造东部开放型经济走廊”、“建设国家中心城市，打造交通物流中心”等中央、省、市开放发展战略高度契合。

“建设大城北，进位国家级。”金霞人正以时不我待的紧迫感、舍我其谁的使命感投入到“第三次创业”的火热浪潮中。聚焦创新引领、开放崛起。大城北正在“撸起袖子加油干”！

湖南日报 2017 年 7 月 26 日 3 重点报道

以敢于担当的精神将改革进行到底

长沙市开福区委书记 沈裕谋

大型政论专题片《将改革进行到底》生动描述了党的十八大以来，以习近平同志为核心的党中央带领全国人民攻坚克难、砥砺奋进，开启并扎实推进全面深化改革的伟大实践、非凡历程。作为基层一线落实改革的“操盘手”，更要发挥“关键少数”的关键作用，以敢于担当的精神将改革进行到底。

将改革进行到底，必须把好“方向盘”。抓改革，方向比速度更重要。方向正确，改革事业就能开拓前进；方向不正，小错也会铸成大错。坚持顶层设计与基层实际相结合。全国主要领域“四梁八柱”性质的改革已全面铺开，我们要吃透上情、摸透下情，以问题为导向，自觉把改革放到“四个全面”的战略布局中去把握、去定位，定好盘子、理清路子、开对方子，确保上级部署落地生根、开花结果。坚持整体推进与重点突破相促进。促改革，要踩准“离合器”，以重点改革带动全局突破，达到“一子落而满盘活”的效果。近年来，开福区先后实施了街道村（社区）区划大撤并、产业平台大布局、园区体制大调整等事关经济社会发展的系统性改革，积蓄了发展势能，释放了发展活力。

将改革进行到底，必须打通“中梗阻”。当改革进入攻坚期和深水区，必须解决好“最先一公里”的利益调整和“最后一公里”的落实落地，打通改革“中梗阻”。亲力亲为抓改革推进。坚持实行“一把手”领衔改革的工作机制，从改革调研谋划入手，抓好中央、省委改革举措的落地和推进，不见成效不收兵。敢闯敢试抓改革破题。按照“四个有利于”原则，坚持问题导向、发展导向和民生导向，紧盯关乎长远发展的重大改革，先行先试，以改革破难题、以改革添动力。真刀真枪抓改革落地。按照“三督三察”的要求，查铺查哨、查岗查效，确保对改革落实的质量控制，让改革不空转、不打滑、不减料。

将改革进行到底，必须争当“实干家”。在改革这场只有进行时的远征中，我们要争当改革促进派、实干家，驰而不息、久久为功。想改的决心要大。围绕省委“创新引领、开放崛起”战略的实施，开福区在打造内陆开放高地、马栏山视频文创园建设、打造军民融合产业园等方面开明开放、善做善成，进一步激发了改革动力、释放了改革潜力。敢改的勇气要足。按照“三个区分开来”的要求，坚持“为敢于担当的干部担当，为敢于负责的干部负责”，旗帜鲜明地支持广大干部特别是各级“一把手”在破改革难题、碰“烫手山芋”中勇立潮头、展示担当。善改的环境要好。坚持在急难险重的改革一线培养干部，真正让改革有功者上、不会改革者让、阻碍改革者下，引导广大干部冲在最前线、拼在最难处，以饱满热情、充沛干劲抓改革，以优异成绩迎接党的十九大胜利召开。

湖南日报　2017年7月30日　5　重点报道

记者　张颐佳

开福区经济领跑全省城区

28日，长沙市开福区召开上半年经济工作会议。记者获悉，该区今年上半年以82.2亿元的地方财政总收入和67.1亿元的税收收入“双第一”，继续领跑全省城区。

今年上半年，开福区实现地区生产总值448亿元，同比增长8.5%，实现固定资产投资380亿元，同比增长15.7%，完成社会消费品零售总额369.5亿元，完成规模工业增加值22.3亿元。完成地方财政总收入82.2亿元，总量居长沙内五区第一。其中，税收收入67.1亿元，继续居全省城区首位。实现进出口总额5亿美元，同比增长60%，增速居全市第一。

继前两年开福区主要经济指标“领跑”全省城区以来，今年是第三个年头持续稳中向好。其中金融业税收占比达27.6%，支柱型产业的地位进一步加强，全区已经汇聚了61家全国性和省级金融总部。交通物流业增长迅猛，同比增长58.8%，以湘欧快线、长沙港等共同构建的金霞物流谷正成为全省对外开放的多功能平台。目前，开福区的“亿元企业”数量位列全市第一位，上半年有10家过亿元的纳税大户。

湘江河畔　幸福北城

经济日报
2017年9月5日 客户端 中央媒体
记者 闫伟奇

长沙市开福区16个重点产业项目集中签约金额达64.5亿元

9月5日，长沙市开福区重大招商引资项目集中签约活动在长沙举行，活动现场签约16个重点项目，签约金额达64.5亿元，并对外公布了军民融合产业扶持政策。

活动现场，近百位来自军民融合、文化创意、材料科技企业的负责人和客商参加了签约仪式并进行项目对接洽谈。开福区与企业代表签约了北斗众创、华讯方舟等16个重点项目，涵盖军民融合、文化创意、现代服务业等多个产业。

“我们准备投资9个多亿，将公司总部以及北京和上海的研究所搬到长沙。”湖南中航星卫星应用集团有限公司董事长卢仪军告诉记者，长沙开福区的相关政策和软件服务十分有吸引力，在土地征用、厂房免租、人才引进等方面给与了大力支持。

同时，开福区现场发布了《开福区加快推进以军民融合产业为主导的高新技术产业发展的实施意见》，简称为“开福军民融合三十条”。根据“开福军民融合三十条”，初创型企业入驻双创基地将免租，并补贴物业费、停车费。入驻的创业孵化器，如果获批国家级、省级、市级孵化平台，将连续三年给予50万元、30万元、20万元的运营补贴，孵化平台每成功孵化一家军民融合企业，给予2万元奖励。该政策适应对象是以军民融合为主导的高新技术企业（项目），为军民融合产业带来了一针强心剂。

此外，开福区将对新入驻的军民融合企业实行“三免两减半”政策，前三年实缴税收区级部分全额奖励给企业，第四、第五年实缴税收区级部分的50%奖励给企业。新建院士工作站的，将连续三年每家每年奖励200万元；新建博士后科研工作站的，每家奖励50万元；新获评国家级、省级、市级重点实验室的，分别给予100万元、50万元、30万元的奖励。首次认定或新迁入的高新技术企业，一次性奖励10万元。对新认定为市级科技创新小巨人的企业，一次性奖励5万元。对新获国家科学技术一等奖、二等奖、三等奖的创新型企业，一次性奖励50、30、20万元；新获湖南省科学技术奖一等奖、二等奖的企业，一次性奖励15万元、10万元。开福区还鼓励企业加快“军工四证”资质认证，每获一证奖励10万元，“四证”齐全后市区共奖励100万元。

开福区委书记沈裕谋介绍，除了“真金白银”扶持企业，开福区同样重视人才的引进。开福区在长沙“人才新政二十二条”的基础上加码提标，军民融合高端人才、骨干技术人员三年内实缴的区级个人所得税全额奖励给本人。对在区创新创业的高层次军事科研人才，在市里奖励基础上，再一次性奖励30万元、20万元、5万元。对军民融合企业引进的国际顶尖人才、国家级领军人才、省级领军人才，在市里奖励的基础上，再一次性奖励100万元、50万元、50万元。此外，开福区将从招商、基金、融资、上市、IPO以及营销推广等方面对企业进行全方位支持。该区设立了10亿元的军民融合产业发展基金，全力扶持企业发展。企业在主板上市的，该区在市里奖励的基础上再一次性奖励200万元；在新三板挂牌的，再一次性奖励60万元。军民融合企业参加展会和论坛，开福区将按实际参展经费的50%予以补助，等等。

中国经济时报
2017年6月14日 A7 中央媒体
记者 王晓红 王梦雅

马栏山：湖南文化强省新地标

“北有中关村、南有马栏山，发展文创产业，我们有底气有优势、有信心有能力。”湖南省委书记、省人大常委会主任杜家豪在5月26日调研马栏山后，充分肯定了马栏山文化创意产业的良好氛围，并提出今后要将马栏山不断做大做强做优，提升长沙“世界媒体之都”的品牌影响力，建设湖南文化强省新地标。

马栏山，原为长沙市开福区一普普

通通的地名，包括开福区月湖街道马栏山社区、洪山街道金鹰社区所辖地域。上个世纪 90 年代末，湖南广电坐落于此并且大放异彩，马栏山在全国广为人知。

“北有中关村、南有马栏山”

当了多年湖南广电代称的马栏山，如今，拥有了新的概念——马栏山视频文创产业园。这将是一个以湖湘文化为根基，以湖南广电为依托、以“文化+”“互联网+”为手段，以数字视频为主导产业的文化创意集聚区。

在去年 10 月 13 日的湖南省委常委会上，杜家豪首次提出打造“北有中关村、南有马栏山”产业发展新格局的响亮口号。

中关村，众所周知，是我国科教智力和人才资源最为密集的区域，被誉为中国的“硅谷”。

马栏山何以能对标并追赶中关村？在杜家豪看来，马栏山拥有得天独厚的两大优势。

一是以湖南广电为中心，一大批年轻人在这里碰撞着思想的火花，一大批创意产业在这里生成，已形成加快发展文化创意产业的良好氛围。

二是湖湘文化源远流长、底蕴深厚，以湖南广电、出版、动漫、演艺为代表的文化湘军、文创产业叫响全国。作为文化大省，湖南的文化产业一直处于稳步增速发展中。文化产业已成为湖南国民经济的支柱性产业、战略性新兴产业。2016 年，全省文化和创意产业实现增加值 1911.26 亿元，同比增长 12%，占 GDP 比重达 6.12%，支柱产业地位进一步巩固。

“比创新，我们可能比不过深圳；比总部经济，我们比不过北京；比金融，我们也比不过上海。但发展文创产业，我们有底气有优势、有信心有能力。”杜家豪说。

为实现“北有中关村、南有马栏山”这一响亮的口号，敢为天下先的移动互联网湘军以移动“互联网+”筑梦未来，将长沙打造成为继北京、上海、深圳、杭州之后的移动互联网产业第五城。长沙的“互联网+”总指数在全国 351 个城市中排在第九位，“互联网+”智慧城市分指数位列全国第三，仅次于深圳、广州，为马栏山追赶中关村打下了坚实的基础。

构建互联网产业发展新格局

杜家豪在调研时，对于下一步马栏山发展的方法路径，给出了自己的思考。类似中关村，马栏山视频文创产业也是典型的“头脑产业”，创新创意、人才集聚是两者的共同属性。“对标看齐中关村，不是说简单地照搬照抄，单纯地比规模、比大小，关键是要学习借鉴它在园区规划建设、人才培养激励、科技金融、成果转移和产业化等各个方面的政策创新之举，走出一条人无我有、人有我优、人优我特、人特我先的发展之路。”杜家豪强调。

对此，杜家豪提出两点建议：第一，作为文化创意的集聚区，根在文化、贵在创意、重在人才集聚。要坚持基础设施先行，实现园区在城市中、城市在园区里，加速产业集聚、企业集聚、人才集聚、创意集聚。

第二，文创产业是典型的融合创新型产业，要把文化创意与信息、旅游、制造业、金融等产业嫁接融合，优化各类资源与要素组合，从而促进产业结构创新、链条创新、业态创新。

鸭子铺，曾经是长沙最大的“城中村”，如今将携手金鹰片区，完成马栏山视频文创产业园核心区的新生，建成后，一个以湖南广电传媒为核心，以影视传媒、文化创意、休闲旅游等文化产业主导的文化旅游综合区——金鹰文化区，将吸引世界的目光。

同时，月湖、山鹰潭、长沙大学一带的地区也被纳入马栏山拓展区范围，马栏山中远期开发建设规划正在进行。

未来，马栏山视频文创产业园将以湖南广播电视台为核心，以文化与高科技、互联网融合发展为路径，以生态型、集群化发展为特征，着力打造与升级一批移动互联网品牌，打造国内一流、国际知名的马栏山创意集聚区，构建互联网产业发展新格局，提升长沙“世界媒体之都”品牌影响力，建设湖南文化强省新地标。

期待马栏山成为中国文创产业“代名词”那一天的到来。

中国新闻网 WWW.CHINANEWS.COM
2017年9月5日
记者 向一鹏
中央媒体

长沙开福区公布“军民融合三十条”“加码提标”引进人才

5日，长沙市开福区举行重大招商引资项目集中签约活动，共签约16个重点项目，签约金额达64.5亿元人民币。同时，该区对外公布了军民融合产业扶持政策。

签约项目涵盖多个产业

当天，近百位来自军民融合、文化创意、材料科技企业的负责人和客商参加了签约仪式并进行项目对接洽谈。开福区与企业代表签约了北斗众创、华讯方舟等16个重点项目，涵盖军民融合、文化创意、现代服务业等多个产业。

“我们准备投资9个多亿，将公司总部以及北京和上海的研究所搬到长沙。”湖南中航星卫星应用集团有限公司董事长卢仪军说，长沙开福区的相关政策和软件服务十分有吸引力，在土地征用、厂房免租、人才引进等方面给予了大力支持。

据悉，开福区在签约现场发布了《开福区加快推进以军民融合产业为主导的高新技术产业发展的实施意见》，该政策适应对象主要是以军民融合为主导的高新技术企业（项目），为军民融合产业带来了一针强心剂。

“真金白银”扶持企业

根据上述三十条，初创型企业入驻双创基地将免租，并补贴物业费、停车费；入驻的创业孵化器，如果获批国家级、省级、市级孵化平台，将连续三年给予50万元、30万元、20万元的运营补贴，孵化平台每成功孵化一家军民融合企业，给予2万元奖励。

该区将对新入驻的军民融合企业实行“三免两减半”政策，前三年实缴税收区级部分全额奖励给企业，第四、第五年实缴税收区级部分的50%奖励给企业；新建院士工作站的，将连续三年每家每年奖励200万元；新建博士后科研工作站的，每家奖励50万元；新获评国家级、省级、市级重点实验室的，分别给予100万元、50万元、30万元的奖励。

该区对首次认定或新迁入的高新技术企业，一次性奖励10万元；对新获国家科学技术一等奖、二等奖、三等奖的创新型企业，一次性奖励50、30、20万元。开福区还鼓励企业加快“军工四证”资质认证，每获一证奖励10万元，“四证”齐全后市区共奖励100万元。

“加码提标”引进各类人才

除“真金白银”扶持企业外，开福区同样重视人才的引进。该区在长沙“人才新政二十二条”的基础上“加码提标”，军民融合高端人才、骨干技术人员三年内实缴的区级个人所得税全额奖励给本人。对在区创新创业的高层次军事科研人才，在市里奖励基础上，再一次性奖励30万元、20万元、5万元；对军民融合企业引进的国际顶尖人才、国家级领军人才、省级领军人才，在市里奖励的基础上，再一次性奖励100万元、50万元、50万元。

同时，开福区将从招商、基金、融资、上市、IPO以及营销推广等方面对企业进行全方位支持，该区还设立了10亿元的军民融合产业发展基金，全力扶持企业发展。此外，金霞经开区还专门设立了3000万元转贷周转应急资金提供专项服务。

政策还明确，企业在主板上市的，开福区在市里奖励的基础上再一次性奖励200万元；在新三板挂牌的，再一次性奖励60万元。军民融合企业参加展会和论坛，开福区将按实际参展经费的50%予以补助。

长沙市开福区重大项目集中签约活动现场。

光明日报 2017年11月28日 8 中央媒体

记者 龙军

将“精神富有”提升到区域发展战略高度

——访湖南省长沙市开福区委书记沈裕谋

“十九大报告提出，没有高度的文化自信，没有文化的繁荣兴盛，就没有中华民族伟大复兴。”湖南省长沙市开福区委书记沈裕谋在接受记者采访时指出，随着中国特色社会主义进入新时代，随着人民的需要从物质文化需求发展到美好生活需要，随着中华民族迎来从站起来、富起来到强起来的伟大飞跃，文化建设也要提升至更高层面，肩负更多使命。

2015年，开福区地方财政总收入120亿元，年均增长23.2%，为2010年的近3倍，超过湖南省内5个市州；2016年，开福区完成地方财政总收入133.35亿元，同比增长11%，税收总量连续两年居湖南省城区首位；今年上半年，开福区以82.2亿元的地方财政总收入和67.1亿元的税收收入名列“双第一”，继续领跑湖南省城区。与此同时，历史文化底蕴深厚的开福区，近年来相继产生了任菲莉等14位（个）在全国具有影响力的道德模范、先进个人和群体，涌现了25位“中国好人”和148位“身边的雷锋”。

“时代需要道德的文化滋养，社会需要道德的能量积聚，城市需要道德的行为引领，民众需要道德的宽厚情怀。”沈裕谋说，党的十八大以来，开福区坚持物质文明和精神文明协调发展，突出培育和践行社会主义核心价值观，继承与创新优秀的开福地域文化传统，扎实推进道德高地建设，着力营造崇德向善、见贤思齐、德行天下的社会风尚，以“好人文化”塑造“好人之城”“厚德之城”。在区第五次党代会上，开福区还首次将“精神富有”提升到区域发展的战略高度，并出台了《打造道德高地建设厚德开福三年行动方案(2017—2019年)》。方案明确从公民道德培养、社会诚信体系建设、未成年人思想道德提升、网络文明建设和组织考评考核等方面着手，经过3年的实践，努力把开福区建设成一个有温度的人文之地、有高度的文明之地、有感受度的精神家园，让“为国尽忠，为职尽责，为家尽孝”成为厚德开福的主要精神内核。

“文化创造美好，美好需要文化。在人民日益增长的美好生活需要中，丰富的精神食粮不可或缺。”沈裕谋介绍说，开福区不仅是楚汉名城和湖湘文化的重要发祥地，也是文化产业的聚集高地，全省8大文化集团就有5家在开福区。近年来，开福区发挥文化资源的比较优势，大力发展文化创意产业，以“三馆一厅”为主体的滨江文化园、以中南传媒为主导的泊富广场、以湖南广电为核心的马栏山视频文创园已成为湖南省文化创意的“金色摇篮”。2016年开福区实现文化产业增加值112亿元，占地区生产总值的14%，领先全国、省、市水平；文化产业实现税收22.6亿元，同比增长66%，成为开福区仅次于金融业的第二大支柱产业。

沈裕谋表示：“开福区将深入贯彻落实党的十九大精神，按照建设社会主义文化强国的要求，进一步强化文化阵地意识，进一步强化文化服务意识，进一步强化文化品牌意识，努力打造文化发展新高地，在决胜全面建成小康社会阶段实现新的更大发展。”

湖南日报 2017年4月18日 1 头版头条

记者 张颐佳

厚德培沃土 文明花吐艳
——长沙市开福区开展公民道德培育纪实

刚刚过去的3月，长沙市开福区各种学雷锋志愿服务活动开展得如火如荼。但这并不是一阵风。不久前，区委、区政府联合下发“打造道德高地，建设厚德开福”三年行动方案，计划从实施公民道德培育、建设社会诚信体系、普及志愿者服务、开展未成年人教育、构筑网络文明等8个方面，营造全区崇德向善良好氛围。

以德立区民心暖

去年8月，在开福区第五次党代会上，区委首次把“厚德”提高到打造强盛、精美、幸福开福的新高度。区委书记沈裕谋提出，坚持“两有”发展、建设“两富”开福，即坚持有质效、有温度的发展，建设物质富裕、精神富有的开福。

几年前，浏阳河四方坪畔是一片荒废的浅滩。随着浏阳河风光带提质改造项目实施，区委、区政府决定，把此地打造为供市民观光休闲的月岛公园。但很多市民对这个名字还感到陌生，反而“好人公园”让大家耳熟能详。于是，公园里有一个“好人足迹”长廊，集中展示开福区近年来涌现的24位“中国好人”的感人事迹。

清水塘街道“国是家”主题街区，望麓园街道“诚立身”主题公园，湘江风光带边“俭养德”主题广场……都已成为开福区一道道美丽风景。

如今，在开福区16个街道107个社区（村），都可见到关于厚德文化的宣传，都在讲述着关于孝心、爱心、善心、忠心的美德故事。今年，该区还将加强德文化硬件建设，将在滨江文化园、西园北里巷、周南中学、明德中学、上麻园岭社区等多处厚植“德”氛围。

以德化人面貌新

开福区新河街道的陈家湖社区，是去年长沙提出社区提质提档三年行动计划后，进行提质改造的首个社区。如今，它已从“城中孤岛”变成了幸福家园。

在对陈家湖道路、绿化、管网、停车场等11项地上地下硬件设施进行改造的同时，街道精心组织、推动“共产党员楼道”“邻里互助”“家风家训”等软件建设，开展送温暖、做好事、帮扶日等活动，实现了社区从外观面貌到内涵气质的全面提升。

开福区还与湖南广电“芒果好声音”联合，将全区所有“中国好人”“湖南好人”的事迹录制成声音传记，在大街小巷、企业学校巡讲。

开福区各行业、各单位也自发开展了德文化建设。

在开福区医疗卫生系统，把“医不二价”“童叟无欺”定为医德要求，并建立医风医德档案，作为评优、晋职的条件。

在开福区交警系统，今年一季度举行了30余次文明骑行、文明行车的道路交通安全宣传。

在开福区教育系统，努力打造“师德高尚、业务精湛”的教师队伍，并在全区55所中小学校4万多名学生中，全面开展“学雷锋、做好人”“我是志愿者”“好人好事征集评选”等10大主题活动，让崇德向善的理念深入孩子们的心田。

以德为荣风尚美

先有开福寺，后有长沙城。

钟灵毓秀的开福区有着深厚的历史文化底蕴，向来不乏善人、善行、善德。近年来，全区共产生了14位在全国具有影响力的道德模范、先进个人和群体，涌现了24位“中国好人”和148位“身边的雷锋”。

双目失明却不忘帮扶他人的助人为乐“中国好人”杨德才，扶危救难多次挽救濒危孕产妇的敬业奉献“中国好人”张卫社，42年从湘江救起13条人命的见义勇为“中国好人”周海明……开福区的好人群体，涵盖了各个阶层、行业、领域，呈现出与日俱增、持续聚集的“好人效应”。

去年3月，开福区“中国好人”共同成立了“好人大本营”，以“好人帮好人、好人带志愿者、志愿者带群众”，开展一场“爱的马拉松”。他们组织“好人工作站”“卢爹爹帮帮团”“厚德志愿者之家”等公益志愿服务团体，走访贫困家庭、慰问农民工、维护环境卫生、提供志愿服务等，让“向善厚德”的文明之花在开福大地绽放。如今，“好人大本营”已成为开福区一张靓丽的名片，自愿加入其中的干部群众越来越多。

星星之火可以燎原。“为国尽忠、为职尽责、为家尽孝”的厚德开福精神，正成为长沙城北新风尚。

湖南日报 2017年12月15日 4 整版报道

记者 张颐佳

精美社区 幸福家园
——看“街区制”的开福样本

紫凤社区新貌

美国纽约、西班牙巴塞罗那、德国柏林、捷克布拉格……这些闻名遐迩的国际大都市有一个共同的特点——都是“街区制”城市。

去年2月，《中共中央国务院关于进一步加强城市规划建设管理工作的若干意见》公布，《意见》提出不仅“新建住宅要推广街区制，原则上不再建设封闭住宅小区”，还要求“已建成的住宅小区和单位大院要逐步打开”。

“新时代要有新气象，更要有新作为！”

开福区委、区政府定义的“街区制”，可不仅仅是“拆围墙”那么简单，他们从深化社区提质提档出发，今年开始，以“五大片区、六个节点”20个社区为“试验田”，开始了一场以“改善民生”为核心的“新作为”探索。

试 点

从全省首个拆除围墙社区——陈家湖社区拆除围墙、共享资源开始。

街区制，是城市建设布局的一种形式，它的特点是在城市规划的道路两侧砌好房子，且不设围墙。

开放的街区制概念发源于美国，1967年，英国政府制定了《街区保护法》，1971年，英国把街区保护法纳入了城乡规划法的体系之中，作为城乡规划的街区保护制度而存在至今。

中国式的现代化必须从中国的特点出发。在最开始文明创建的时候，很多城市把主干道旁一些老旧不好看的建筑物“洗脸打粉”，这是视觉感官提升的初期阶段；接着这些“化妆”的建筑暴露了很多问题，城市主管部门开始加大投入，对其立面、地面和道路进行整修；2016年，《长沙市社区全面提质提档三年行动计划(2016—2018年)》正式实施，如何打破一条路、一个小区、一栋建筑的改造模式？如何让绿色的公共资源实现最大共享？如何切实提升居民的受益感、参与感、幸福感？开福区开始了“陈家湖模式”的初尝试。

除了立面、路面、地下管网的改造，在不到100天的时间里，陈家湖拆除了86栋房屋周围1855米的社区围墙，拆除了135处违章建筑，新增道路出入口4个，新设交通微循环70套，新增140多套门禁系统，新增40余个摄像头接入天网，新增300余个停车位……封闭了几十年的小区四通八达，道路狭窄、空间狭小、邻里淡漠、秩序混乱的老旧模样彻底改变。

推 广

“五大片区”从地上到地下、从墙面到地面全方位提质改造，打造了较成熟的开福样板。

作为“全国基层改革创新”的典型案例，以居民的获得感、认同感、幸福感判断，“陈家湖模式”无疑是成功的。它根治了“城市病”中头痛医头脚痛医脚的补丁式救急，以一种全新的生活方式和管理理念赢得了人民的掌声。

今年开始，开福区决定扩大这块“试验田”，选定了五大片区（新河三角洲片区、江湾片区、金融商务片区、马栏山片区、开福高新片区）六大节点（城市快速道路、出入城口、品牌校区、工业园区、交通枢纽、老城区居民集居区）的20个社区推广这种模式。

改造的内容包括拆除违章建筑和围墙；对小区的路面实行“白改黑”；提质改造下水系统，增设化粪池；增添绿色景观，建设文化墙、文化长廊或文化广场；规范停车，增设停车位，实现小区交通微循环；对立面进行美化，对部分灯箱、电箱进行彩绘；对弱电管线进行地下改造；改造门禁系统，增设天网摄像头；完善标示标牌、健身器材、宣传栏、晾衣架等配套设施等等。

截至11月底，开福区累计投入“街区制”提质改造资金1.66亿元，除部分小区将在12月底前完工外，大部分小区面貌已经焕然一新，在离家最近的地方找到停车位，在新落成的文化广场聊聊天，在废墟改扩建的篮球场上出身汗……群众由内而外的喜悦心情溢于言表。

未 来

开放、智慧、共享空间敞亮了居民的心扉，提升了群众的归属感和幸福感。

心中常思百姓疾苦，脑中常谋富民之策。在开福区委书记沈裕谋看来，街区制社区提质改造的思路正弥补了现阶段人民对“不平衡不充分”的发展之间的矛盾，符合“十三五”时期创新、协调、绿色、开放、共享的五大发展理念。

“一座城市只有让民众享受到衣食住行的优质服务，这座城市才有吸引力和归属感。”沈裕谋说，创新是思路的创新，是社会管理方式的创新；协调是以城市主干道和自然山体河流为边界的片区协调，包括环境协调、文化协调和人际关系协调；绿色一方面是绿量的翻倍增加，另一方面是为大家提供了更加绿色的行为方式和生活方式；开放也不仅是畅通城市的“毛细血管”，使得路网稠密，四通八达，更是一种开放的生活态度，拆除了邻里楼栋之间的隔阂，拆除百姓和党委政府的心墙；共享公共资源、共享公共空间，共同找到文化和地域的归属感。

长沙市的社区全面提质提档是三年计划，开福区的“自加压力”街区制社区提质改造也是从今年开始，预计用三年的时间完成。作为全区“重大调研课题”，我们基本梳理到未来三个方面的发展脉络。

首先，开福街区制是对规划期内不拆迁的老旧社区进行全面提质改造，加大投入一步到位，避免重复建设，其“保质期”在15—20年，甚至更长的时间。

其次，着重解决民生所需的功能性问题，比如从源头上解决生活排水污染，规范蜘蛛网式的管线，畅通社区道路，新增停车位，新增绿色植被，彻底改善人居环境，打造绿色家园。

再者，开放的街区制小区也必然是个“智慧”的小区，依托“互联网+”在物业管理、交通管理、停车管理和安全管理方面的创新思维，实现真正的便民利民。

“保障和改善民生要抓住人民最关心最直接最现实的利益问题，既尽力而为，又量力而行，一件事情接着一件事情办，一年接着一年干。”相信通过三年的时间，随着“街区制”改革普惠到开福的更多社区，发展的成果必将更多更公平地惠及全体人民。

“在开启幸福的地方，说点幸福的事，看开福区全面推进街区制建设的社区居民怎么说：”

镜头1　紫凤社区人造板厂宿舍20栋居民蔡赞：五年前因为小区环境实在太差了，我不得已搬离了小区，前些日子突然回来眼前一亮，以一个旧棚屋为参照物，竟然找不到我家房子了，小区的绿化、健身器材、娱乐设施一应俱全，环境堪比高档小区，我现在已经搬回来住了，很多以前搬走的老邻居都回来了呢！

镜头2　兴联社区30栋3单元居民袁可丹：我们这个小区是2006年建的农安小区，这几年最头痛的事情就是“停车难”，以我们这个单元为例，6户人家就有8台车，经常需要找车位，这次提质改造不仅实现了地面“白改黑”，整洁了路面，降低了噪音，还新增了170多个车位，着实解决了个老大难问题。

镜头3　中青社区板塘小区2栋1单元黄湘林：这个地方属于工业园区，周边的流动人口非常多。以前因为没有路灯，我们女同志晚上出门还是有些提心吊胆的，这次提质改造新增了30多盏路灯，走路敞亮了，心里也就敞亮了，天气好的时候，散步聊天的邻居都多了起来，党和政府为我们完善这些细节之处，感觉心窝里暖暖的。

镜头4　上麻园岭社区319号居民徐桂兰：我们这个老房子是1981年建的，最头痛的问题是房屋漏水，顶楼的居民是外面下暴雨屋里下小雨，楼层矮的居民是外墙的水慢慢往屋里渗，着实苦不堪言。此次提质改造，政府帮我们8栋300多户漏水严重的房屋更换了新的石棉瓦，涂上了最新的防水层，彻底解决了水患。

镜头5　紫凤社区人造板厂宿舍20栋居民罗小平：我们单位已经破产清算了，院子基本处于无人监管状态，种菜的、养鸡的、搭棚子的随处可见，小偷也经常“光顾”我们这一片，和我们一街之隔的北辰100平方米的房子可以租4000块，我们只能租800块。通过这次全面提质改造，虽然拆除了围墙，但是新增了路灯、门禁系统和摄像头，小偷再也不上门了，我们的租金已经翻倍增长了。

镜头6　福城社区23片安置地2栋居民马小兵：我算马厂的“土著”居民，儿时还没有芙蓉路跨捞刀河大桥，进城总是要到浏阳河入湘江口坐渡船，老人们常说那个地方叫“落刀嘴”，是关公当年掉刀的地方。这次社区提质改造的文化墙别具匠心，有“落刀嘴”的由来、“周仓捞刀”的故事、我们小时候三病两痛拜祭的龙王庙、马厂水草丰茂的驿站……如今，虽然住进了楼房，大家在房前屋后、进进出出间又拾回了儿时共同的记忆。

镜头7　紫凤社区人造板厂宿舍16栋廖杏南：我今年70岁了，刚接到社区通知说要拆违的时候，我们全家都失眠了，因为是1楼，家中两间近30平方米的卧室是我们搭建的，房子拆了，家里人住哪？街道和社区考虑到我们的实际困难，想方设法帮我们申请到了廉租房，解决了后顾之忧，我和老伴二话没说签订了拆违协议。如今看来，小区干净了，有地方锻炼了，院落档次都不一样了，比我们以前蜗居在屋内舒爽多啦。

镜头8　东风路社区东风一村44栋居民郭海云：我在这个地方住了30年了，以前路太烂了，一到下雨天要提着裤子踮着脚选地方走，一不小心就踩进泥坑里，老房子嘛，以前地沟都是明渠上面搭块板，老鼠苍蝇可不少见，通过这次提质改造，路整平了，沟埋管了，我们这些老街坊也终于能在自家房前屋后的小花园里聚聚了，邻里街坊都伸出大拇指点赞。

湖南日报 2017年5月11日 6 半版报道

记者 郑旋

在开启幸福的地方扎根

——大学生就业在开福

湖南蕊藤农业科技有限公司是第一批入驻长沙市开福区菁芒创客空间的创业团队，初创期，有近一半员工都是应届大学毕业生甚至在校大学生。湖南商学院毕业的袁月就是团队的一员。她说："我们像一个学走路的娃娃，政府搭把手帮扶成就了我们的梦想，办公场地免费、路径引领和头脑风暴对我们都意义非凡。"

袁月只是开福区万千大学生创业者的一个小小缩影，据统计，现在大学生创业，有国家政策扶持的成功率是不依靠政策扶持的成功率的三倍左右。

开福区委书记沈裕谋说："一个人选择了一座城市，就等于把自己交给了这座城市。党委政府有责任让他工作和生活得更有尊严、更加体面。" 近年来，开福区全方位落实大学生创业扶持，开展精细化服务，在开福大地上，越来越多的人有事可干、有业可创，开启幸福生活！

【创业树典型】

从三个人到三千万

2012年，长沙雷邦环保科技有限公司在开福区第一湾一个不足30平方米的小屋诞生。他的"创始人"是一位满怀创业理想的大学生雷灿。大学时她就尝试着摆地摊、开饭店、经营农家乐，摸索着自己干点什么。大学毕业，她选定了环保作为自己的方向，加入了创业大军。

可万事开头难，没有厂房、没有资金，加她一起公司才3个人，怎么走出第一步？

"当时，我看到开福区出台了关于申请小额担保贷款的优惠政策。在区人社局领导的主动对接下，我迈开了第一步。"

2015年下半年，雷邦环保发展进入瓶颈，面临人才紧缺、产品定位不明晰、盈利模式不明朗等一系列考验。

"正值我苦恼之际，还是开福区人社局、科技局等部门'送技上门'再次走访，区里组织专家团队主动到我企业进行产品定位研究，专家们当时提出的指导性意见，为企业明确了发展方向。" 短短几年，雷邦科技从"小作坊"迅速成长为年销售额超过3000万元的示范型企业。雷灿很骄傲地说："当初落户开福，看中的就是这里对企业创新、创业的重视，事实证明，我做出了最正确的选择，应该有更多大学生可以在这里成就梦想。"

【招聘进校园】

政府、学校、大学生三赢获点赞

4月7日，一场火爆的招聘会在湖南师范大学举行。现场，企业易拉宝喷绘、宣传手册应接不暇，在众多前往咨询的毕业生中，李烨成为了幸运儿之一。经过四年酒店管理专业学习，她成功面试进入盈石（中国）湖南长沙ICITY美好生活中心青训营队伍，即将从事自己心仪的人力资源工作。

当天，像李烨一样如愿签约的毕业生还有90多人。这场招聘会，是今年开福区"大学生就业在开福"走进高校系列活动的第三场，现场有30多家单位提供了文学类、管理类、经济类、生物工程类等共1000余个岗位。

立足辖区企业需求，架起沟通桥梁，"大学生就业在开福"走进高校系列活动从3月下旬开始，已先后走进长沙理工大学、湖南大学、湖南师范大学、中南大学，并针对医护专业的大学生专场对接长沙医药健康产业园。共计150余家优质企业，提供了5000余个岗位，实现了学生、学校和企业供需三赢。

开福区人社局局长陈朝晖说："高校毕业生是实现北富的重要人力资源，以大学生为重点的青年就业是我们关注的重中之重。"

为促进高校毕业生高质量就业，开福区积极拓宽就业渠道，落实企业招用高校毕业生见习补贴、社保补贴等优惠政策，引导和鼓励高校毕业生到中小微企业就业、引导城乡基层就业；同时，认真落实求职创业、校园招聘、就业见习、创业担保贷款、创业培训等各项就业创业扶持政策。

"政府联络校招，企业招贤纳才，这对广大毕业生来说是福音。" 盈石（中国）湖南长沙ICITY美好生活中心人力资源总监王娟认为，政府搭建平台，助力企业架起与高校、学生直接沟通的桥梁，是务实之举。

【服务多举措】

扶技、扶力、扶智优揽大学生

"三年，要创造近30万个岗位！"

这是开福区委副书记、区长刘拥兵的公开承诺，也是开福区充分就业现代化强区"三年行动计划"的目标。

如今"北富"开福，南有"中部华尔街"之称的金融一条街，北有物流、生物医药、军民融合产业示范区的金霞经开区，东有马栏山影视、文创基地，西揽北辰动漫、创意集聚区……为了吸引综合素质较高的大学生就业创业，开福区从扶技、扶力、扶智三个方面多措并举，优化服务。

创业是最积极的就业，更是高质量的就业。扶技是从实际操作出发，开福区区级财政今年投入就业培训资金100

万元，全年计划开设 41 个技能培训班，培训人员超过 2000 人。涵盖了会计、物业管理师、计算机操作员、插花员、公共营养师、电子商务等几十个行业和工种。 扶力是从资金上给予了创业大学生最给力的支持。

2015 年，开福区出台《“创新创业在开福”行动计划（2015–2017）》，每年安排不低于 5000 万元的创新创业资金，用于创业就业培训、创业担保贷款及贴息等。

针对大学生创业，国家出台了创业担保贷款相关政策。毕业未超过 5 年的高校毕业生，只要你有项目并符合申请条件（建筑、娱乐、广告、美容、开网吧、氧吧、桑拿行业除外），你都可申请到 10 万至 50 万元不等的贷款，并享受政府 2 年全额贴息。目前已经有 112 名大学生成功获得了贷款。

雷灿正在为 5 月份“创业沙龙”备课，她创业成功后愿意把更多的经验分享给其他创业者，这也是开福区对大学生就业创业“扶智”的一个重要组成部分，例如在栖凤社区大学生就业服务中心等地沙龙式智慧碰撞就深受大学生欢迎。

今年下半年，开福区还将开展职业指导大讲堂、行业精英人力资源资讯交流会、重点商务楼宇人才供需见面会、山河医药园和军民融合产业园人社政策宣讲会、创新创业大赛、“大学生就业在开福”故事会等等，将为大学生就业创业者提供更强大的智力支持。

索　引

说明

一、本索引把年鉴的条目（特载、大事记、人物、统计资料、附录除外）用主题分析方法，按汉语拼音字母顺序排列。

二、类目、专稿标题用黑体字表明。

三、索引名称后的阿拉伯数字表示内容所在的页码。

J

K

L

M

N

P

Q